Wolf-Dieter Ahlborn · Heimweh nach der Ferne

Wolf-Dieter Ahlborn

Heimweh nach der Ferne

Mit den Heilbronner Weltreisenden
in sechs Jahren
durch Afrika, Asien und Australien

445 Abbildungen, davon 135 in Farbe
16 Karten, eine ausklappbar

ISBN 3-926594-05-5

INHALT

Geduld, Mut, Zuversicht

Polizeikontrolle auf einer Landstraße in Nigeria. Der Taxifahrer muß den Kofferraum öffnen, der fast nur unsere Sachen enthält. „Was ist das?", fragt ein Uniformierter. „Ein Stativ!" – „Können Sie beweisen, daß Sie es rechtmäßig erworben haben?" Die Antwort wird mir abgenommen, denn sein Kollege hat in unserer Reiseapotheke Tabletten entdeckt, von denen er behauptet: „Die sind verboten!" Weil die Beschriftung der kleinen Schachtel deutsch ist, kann er gar nicht wissen, was sie enthält. Mit solchen Tricks machen Polizisten in Westafrika Geld. 42 Grad Hitze, und da soll es einem nicht heiß werden? „So ein Blödsinn!", entfährt es mir (auf englisch). „Das ist Beamtenbeleidigung!"

Nun wird es schwierig. Wie konnte ich auch . . .! Die anderen Fahrgäste des Taxis warten. „Hab's nicht so gemeint!", überwinde ich mich, versuche noch weiteres. Der Polizist erläutert: „Wenn wir die Tabletten beschlagnahmen, muß ein vereidigter Experte sie prüfen und der Verdächtige muß hierbleiben." Unser Visum läuft gerade ab, uns gefällt es in Nigeria, da werden wir eben noch ein paar Tage bleiben. „Das kann drei Monate dauern und die betreffende Person wird in Gewahrsam genommen!", fügt der Beamte hinzu. Na, viel Vergnügen! Was tun?

„Jetzt habe ich wirklich Angst vor Ihnen", sage ich, weil mir gerade nichts anderes einfällt. Das wirkt, ungeahnt. Schließlich, so nach zehn Minuten, umarmen sich ein geschmeichelter nigerianischer Polizist und ein deutscher Journalist, mitten auf der Landstraße, und klopfen sich gegenseitig auf die Schulter. Das Taxi kann weiterfahren. In der Schachtel sind übrigens Halsschmerztabletten. –

Wir sitzen in unserem Gasthofzimmer in Tacloban auf der philippinischen Insel Leyte gerade beim Essen, da erhascht Wilmas Blick zufällig, daß sich an einer der Wände etwas bewegt hat. Wir schauen nun beide genau hin und sehen, wie sich die Spitze eines Dolches langsam aber stetig, fast geräuschlos, durch die Wand bohrt. Philippinische Bauweise ist traditionell sehr leicht. Die Trennwände zwischen den Zimmern unseres Gasthofes bestehen aus schlichtem Sperrholz. Wir trauen unseren Augen nicht, als das Messer beginnt, ein Stück aus der Sperrholzwand herauszuschneiden.

Es dauert einige Sekunden, ehe wir unsere Fassung wiedergewinnen. Wir springen auf und bearbeiten die Wand mit Fäusten. Die Dolchspitze verschwindet sofort. Nichts rührt sich mehr, kein Laut ist zu hören. „Was sollen wir tun?", fragt Wilma. Es ist zehn Uhr am Abend, im Flur gibt es keine Beleuchtung. Ratlos hebe ich die Schultern.

Am Morgen berichten wir unserer Wirtin von dem Vorfall. Entsetzt läuft sie mit dem Personal auf das Zimmer neben dem unseren. Ganz klar: Jemand hat von dort aus die Wand zerschnippeln wollen. „Aber das Zimmer war letzte Nacht gar nicht belegt!", schwört die Wirtin. Das Personal . . .!? Die beiden Männer schauen so lammunschuldig drein wie die Mädchen, die wir ohnehin sofort als unverdächtig ausschließen. Am gleichen Tage wird die Wand zwischen den beiden Zimmern mit einer weiteren Sperrholzplatte verstärkt. Der „Krimi" hat keine Fortsetzung. Aber es bleiben Rätsel. –

„Sind Sie Löwenjäger?", fragen uns in dem Dorf Fobur ein paar Betrunkene, unsere Rucksäcke betrachtend. Mit Rücksicht auf ihren Zustand können wir nicht glauben, was sie uns erzählen und wie sie dabei auf die Hügel zeigen: „Akwai zaki!" – „Es gibt dort einen Löwen!" Hier auf dem Hochland von Jos Mittelnigerias, wo besonders intensiv Landwirtschaft getrieben wird, ein Löwe? Da können wir nur schmunzeln.

Im nächsten Ort, in Kudedu, wo wir für die Nacht in das Haus des freundlichen Yohana Sarkiyani aufgenommen werden, hören wir wieder von dem Tier. Der Bauer, seine Söhne und seine Nachbarn warnen uns davor, in Richtung Zebir zu Fuß weiterzugehen, denn auf dem Wege dorthin, zwischen den Felsen, lauere der Löwe auf Beute: „Baba da fada. Yakashe shanu uku!" – „Er ist groß und gefährlich und hat bereits drei Kühe getötet!", sagen sie uns auf Hausa, der unter den Bergstämmen verbreitetsten Sprache. Die Kinder von Zebir seien deshalb bereits seit einer Woche nicht mehr nach Kudedu zur Schule gekommen.

Wir sind zwar unbewaffnet und haben von Löwenjagd sowieso keine Ahnung, aber wir sind auch nicht leicht zu erschrecken. Dennoch wollen wir kein Risiko eingehen, wenn es zu vermeiden ist. „Gut", sagen wir, „kann uns jemand mit dem Auto nach Zebir bringen?" Alle schütteln den Kopf. „Nur ein Geländewagen kann diesen felsigen Pfad bewältigen, und so etwas gibt es hier nicht." Aber wir wollen nach Zebir und noch gut zweihundert Kilometer weiter! Unsere Gastgeber begleiten uns noch durch den Bach am Ortsrand: „Viel Glück!" Ein Weißer sei vor ein paar Tagen aus der Stadt Jos gekommen und habe einen anderen Löwen geschossen, der habe zweihundertfünfzig Kilo gewogen und man habe vier Mann gebraucht, um ihn wegzutragen. Beide Tiere seien aus einem Nationalpark davongelaufen.

Der Weg führt durch schöne Schluchten und an skurrilen Felstürmen vorbei. Hier und da liegen hausgroße Brocken, dazwischen breitet sich ein Chaos von Splittern aus, teilweise von Büschen zugedeckt. Zweimal treffen wir schweißtriefende Radfahrer, die uns mit weit aufgerissenen Augen von dem Löwen erzählen. „Dort", auf einem Hügel, ganz nahe sei er, sie hätten ihn brüllen hören!

Nun wird es uns doch auch etwas komisch zumute. In der Hoffnung, daß die örtliche Spezies von Löwen auf das Fleisch von Weißen nicht scharf ist, setzen wir unseren Weg fort, beobachten unsere Umgebung aber mit mehr Aufmerksamkeit als zuvor. Nach etwa zehn Kilometern erreichen wir offeneres Land und dann kommen wir zu drei kleinen Jungen, die ganz allein auf einem Feld arbeiten. Das Gebrüll eines Löwen könne man nachts hier unten ganz deutlich vernehmen, sagen sie, gehen mit uns nach Zebir hinein, wo wir ein paar Stunden Rast einlegen. Wir erfahren aber nie, ob es dort herum wirklich einen Löwen gibt. –

Dem Tod oft näher als dem Leben

Geduld und Mut sind löbliche Tugenden. Vielleicht nur Auserwählte tragen sie beide in sich. Wir gehören wohl nicht dazu. O sicher, wir übten uns in Geduld, wie man so schön sagt, aber dann hätten wir bei Gelegenheit doch aus der Haut fahren können! Wir waren ausdauernd, auch wenn wir uns bisweilen Trottel schimpften, daß wir solche Mühen auf uns nahmen. Und wir nahmen allen Mut zusammen, den wir eben besaßen. Manchmal, wenn wir uns selbst geduldig Mut machten, fanden wir, daß unsere Leistungen insgesamt doch recht bemerkenswert seien.

8

„Hatten Sie eigentlich nie Angst?", werden wir häufig bei unseren Vorträgen gefragt. Nein, Angst nicht, aber Furcht. Wer sich ängstigt, tut gut daran, zu Hause zu bleiben. Furcht dagegen ist etwas Heilsames, sie erzeugt das Gefühl, vorsichtig sein zu müssen. Dieses Gefühl verließ uns zum Glück nie. Nichts lag uns ferner, als die Helden zu spielen. An Leib und Seele gesund nach Hause zu kommen war uns weit mehr wert. An unerwarteten und auch an vorauszusehenden Aufregungen fehlte es ja wahrlich nicht.

Laut Heilbronner Stimme sollen wir beim Abschied dem Reporter gesagt haben: „Was wir uns vorgenommen haben, das führen wir auch durch." Unsere Zuversicht verließ uns jedenfalls nicht. Wir waren stets davon überzeugt, daß wir eines fernen Tages doch wieder heil, und mit einem gewissen Stolz auf das Erreichte, in der Heimat eintreffen würden. Diese Hoffnung machte es uns leichter, auch dem Leben unterwegs seine vielen amüsanten Aspekte abzugewinnen. So manches Mal waren die Situationen, in denen wir uns befanden, auch wirklich zu komisch.

Wir wollen freilich nicht verschweigen, daß wir dem Tod unverschuldet oder auch durch eigene Unzulänglichkeit oft näher waren als dem Leben.

Die Menschen immer im Mittelpunkt

Trotz der unerhört langen Zeiträume und Routen unserer Fahrten waren wir nie daran interessiert, irgendwelche Rekorde aufzustellen. Wir bestiegen keine Eisriesen unter selbstmörderischen Bedingungen, wir glitten nicht mit einem kleinen Boot einsam über die Weltmeere. Wir haben keine Kamikaze-Mentalität. An Plätzen wie den beiden genannten gibt es wenige

Plakate der vielbeachteten Fotoschau 1978/79 und erster Vorträge nach der dritten Reise

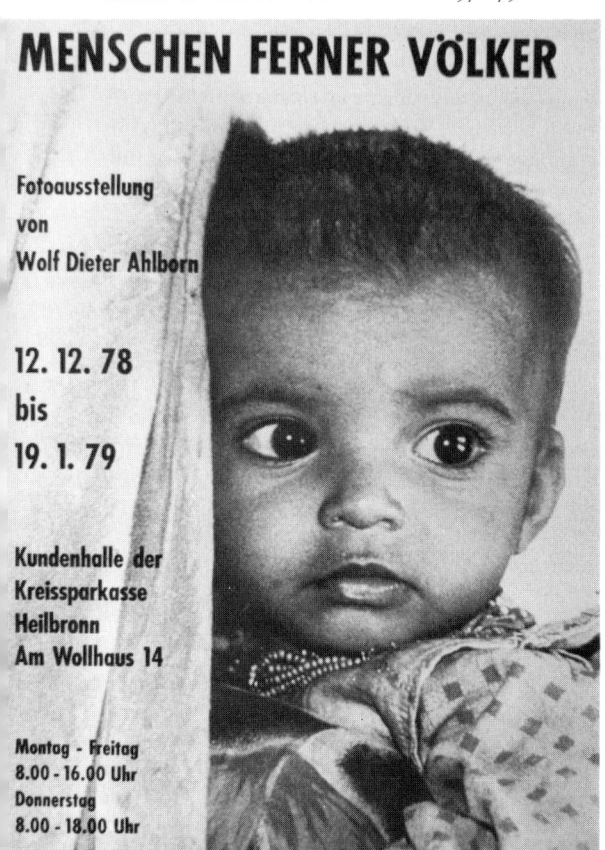

Menschen. Aber was wären unsere Reisen ohne sie gewesen? Was für uns wirklich zählte, war das Erleben mit Männern, Frauen und Kindern. Die buntschillernde Menschheit ist für uns das größte Abenteuer.

Als wir damals mit Fahrrädern die Welt umrundeten, war sie uns immer zum Berühren nahe ebenso wie später, als wir 15 000 km zu Fuß durch Berge und Busch, durch Wälder und Steppen marschierten, oder uns an vielen Orten für wenigstens zwei Monate oder auch viel länger niederließen. Wir mögen Leute. Über sie berichteten wir immer ausführlich in unseren Zeitungs- und Zeitschriftenartikeln. Und unsere Bücher spiegeln die vielen Begegnungen mit den Menschen ebenfalls wider.

Es freut uns, daß Leser und Besucher unserer nun schon über vierhundert Vorträge uns die Treue hielten. Die Skala der Anteilnahme ist sehr breit. Einmal gelangte die Kopie eines Schulaufsatzes in unsere Hände. Eine zwölfjährige Hauptschülerin schrieb darin unter dem Thema „Was liest du gerne in der Zeitung?": „Besonders gerne las ich die Reiseberichte der Ahlborns. Sie waren spannend und besonders lehrreich. Deshalb bedauerte ich, als sie zu Hause waren." Ein Mann ließ wissen, kaum daß wir nach Hause zurückgekehrt waren: „Ich hoffe, daß ich auch Ihre nächsten Reiseberichte noch lesen kann, denn ich bin bereits 76 und weiß nicht, ob ich Ihre nächste Reise noch miterleben werde."

Da wir in Sachen Weltreisen nun so langsam als „alte Hasen" betrachtet werden, bekommen wir viel Post aus dem ganzen deutschsprachigen Raum und auch von Übersee, von Leuten, die es uns gerne auf die eine oder andere Weise gleichtun möchten und denen es nach gutem Rat dürstet. Schon unser Buch „Wanderer auf vielen Straßen" über die Fahrradweltreise hatte in „Fachkreisen" und auch bei Leuten, die bisher noch nicht globetrotteten, ziemliches Aufsehen erregt. Wir sind immer gern bereit, weiterzuhelfen.

Nicht jeder, der Absichten zu Reisen der unkonventionellen Art hat, verwirklicht sie auch. In unserem eigenen Globetrotter-Archiv haben wir einige Unterlagen über gescheiterte Unternehmen, gestrandete Weltenbummler, die sich „das" doch anders vorgestellt hatten und bald wieder kehrtmachten, obwohl der Bericht über die Abreise und die großen Pläne im Blatt gestanden hatte. Bei so manchen, die wir unterwegs trafen, konnten wir nur insgeheim den Kopf schütteln, mit welch naiven Vorstellungen sie „auf die Walz" gegangen waren. Einige entdecken unterwegs ihre Geschäftstüchtigkeit und scheiden somit aus, andere laufen bald wieder erkrankt den heimatlichen Hafen an. Aber es begegneten uns auch solche, die schon lange unterwegs waren und mit denen wir einen ernsthaften Erfahrungsaustausch pflegen konnten. Daß jeder mal „klein" anfängt, wissen wir von uns selbst. Aber wir gaben nie auf.

Schon in früher Jugend holten wir uns Anregungen von berühmten Forschungsreisenden. Aber wir fanden auch Beispiele, denen wir nur bedingt oder niemals zu folgen beabsichtigten. Um den Vater seiner späteren Frau und natürlich auch diese zu beeindrucken, soll der englische Oberst Ewart Grogan in den Jahren 1897 bis 1900 angeblich als erster Afrika der Länge nach zu Fuß durchquert haben. Er schrieb darüber das Buch „Vom Kap bis Kairo". Um einen Rekord aufzustellen, wollte Ralph Sleigh mit dem Auto in drei Tagen von Algier nach Kano quer durch Nordwestafrika rasen. Wegen Erkrankung seines Beifahrers schlug der Versuch fehl. Sein Buch „Wilde Sahara" erschien 1956 in London. Der arme Ralph schrieb darin an einer Stelle: „Ich hätte gern einmal in der Lage sein wollen, für einige Zeit in einer dieser Städte anzuhalten, um zu sehen, was die Leute dort wirklich machen, was für ein Leben sie führen." Schon zweimal zuvor war er mit dem Auto nach Kapstadt gefahren, aber auch dann nur bei Rekordversuchen.

Andere unternehmungslustige Leute, die „nach uns" das Fahrrad für ausgedehnte Reisen benutzten, waren beispielsweise vier Engländer. Wir waren kaum ein Jahr zu Hause, da jagte Ray Reece, 41jährig, im Sommer und Herbst 1971 in 143 Tagen um die Welt (21 444 km auf dem direkten Landweg). Veronica und Colin Scargill nahmen ein Tandem und legten 29 000 km zurück. Sie nahmen sich immerhin eineinhalb Jahre Zeit. John H. Hathaway startete von Kanada und legte von November 1974 bis Oktober 1976 auf allen Kontinenten 81 300 km zurück. Sie alle tauchten irgendwann einmal im „Buch der Rekorde" auf. John war fast viermal so schnell gefahren wir wir. Oh, das Reisen unter Druck, nach einem Schema, mit einer dubiosen Rekordeintragung vor Augen, hätte uns nie gereizt!

Wir hatten allerdings nichts dagegen, daß Wilmas Weltreisefahrrad ab 1971 im Deutschen Zweiradmuseum neben anderen „kuriosen Exemplaren" ausgestellt wurde.

Lohn für Schwerarbeit weltweite Erfahrungen

„. . . höchste Zeit ist's, reise, reise", riet Wilhelm Busch (1832–1908) seinen Zeitgenossen. „Das Reisen ist eine Mode, eine Leidenschaft, eine Manie geworden", lamentierte Karl von Hailbronner aber schon 1841 in seinem dreibändigen Werk „Morgenland und Abendland". Wer von zu Hause einfach nur ausreißen will, wird bald entdecken, daß Reisen auf unsere Art und Weise Schwerarbeit ist. Dies scheint weithin anerkannt zu sein, denn wir wurden erfreulicherweise nur selten als „Faulenzer" oder Ähnliches betrachtet. Dies hatte wohl mit unserer journalistischen Arbeit zu tun, die sich so ideal mit dem Reisen verbinden ließ.

Eine kalifornische Zeitung brachte während unserer Radweltreise 1966 bis 1970 dieses Bild

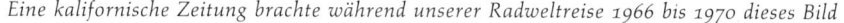

1969 äußerten wir uns in einem Interview in Managua, der Hauptstadt Nicaraguas, über das empörende soziale Unrecht, daß die Großfamilie des Präsidenten Anastasio Somoza vierzig Prozent allen Eigentums im Lande besaß. Den Artikel in der Zeitung „La Prensa" hatte auch Carlos Arguello, ein enger Freund des Staatschefs, gelesen. Er lud uns zum Mittagessen ein, aber auch hier hielten wir nicht mit unserer Meinung hinter dem Berg, daß die Dinge in Nicaragua nicht gut ausgehen könnten. Dieses Land hat seitdem einen gründlichen Wandel erlebt.

Nach Deutschland sandten wir Berichte über ähnliche Zustände in El Salvador und Guatemala, wo wir ausgedehnte Elendsquartiere neben den schönsten Villenvierteln sahen. In Guatemala trafen wir mit jungen Leuten zusammen, die offen ihre Unterstützung für schlecht organisierte Rebellen bekundeten, deren Blut in Strömen floß. Unsere Gesprächspartner waren selbst Angehörige der „Oberen Zehntausend" Guatemalas. Für ihre „Alten" seien sie Kommunisten, sagten sie uns, dabei wollten sie doch nur eine soziale und wirtschaftliche Besserung. In Guatemala sahen wir, wie sich Soldaten einen Spaß daraus machten, nichtsahnende Radfahrer mit Lassos einzufangen und auf die Straße zu stürzen. Aus Peru berichteten wir 1969 über die „sinnlose Verschwendung ungezählter Millionen, aus dem Ausland stammend, durch die herrschende Clique und die Bürokratie", unter der Überschrift „Bergehoch gehäufter Reichtum neben bitterer Armut". Inzwischen mußten die Verantwortlichen dieser Länder sich mit den heftigsten Protesten auseinandersetzen. Die alte Gewalt hat die neue gesät . . .

Bereits 1967 hatten wir aus dem Iran berichtet: „Der Kaiser hat neben begeisterten Anhängern viele Feinde, weil hier eben noch lange nicht alles richtig gemacht wird." Über ein Jahrzehnt bevor sich der Ayatollah Khomeini von den Volksmassen vergöttern ließ, hatte der Schah-in-schah

Auf dem Wege durch Nicaragua 1969 trafen wir an der Landstraße diese Bauernkinder

(König der Könige) bereits seit langem eine ähnliche Haltung an den Tag gelegt. Das Land war übersät mit glorifizierenden Denkmälern des Monarchen, bewacht von Polizisten.

Damals wußten nur wenige Menschen im Westen, wo Afghanistan überhaupt lag (viele tippten auf Afrika). Daß die Sowjets dort (wie andere Länder auch) Straßen, Brücken und Tunnels bauten, daß die meisten Autos ebenso wie ein Großteil des dort verbrauchten Weizens aus dem großen Nachbarland im Norden kamen, daß russische Militärberater überall im Land waren, dafür interessierte sich damals in der Welt kaum jemand, auch nicht, wie miserabel es den Menschen unter König Zahir Schah ging, obwohl seine Rechte durch die neue Verfassung von 1964 eingeschränkt worden waren und er sich um Wirtschaftshilfe aus West und Ost bemühte.

Hunger und Elend schrieen geradezu nach einer politischen Veränderung. Nur jedes fünfte Kind im schulfähigen Alter wurde damals unterrichtet, oft leidlich von „Mollahs", den islamischen Geistlichen, die an keinem Fach als an Religionskunde Interesse hatten. 1973 wurde der König abgesetzt, Afghanistan wurde Republik. Die Ereignisse überstürzten sich, bis hin zu dem Kampf von Rebellen gegen die sowjetische Besatzungsmacht. Erstaunlich ist nur, daß dieser Kampf von den „Mollahs" geleitet wird, die einstens alles taten, das afghanische Volk im Dunkeln zu lassen. Der Westen unterstützt sie mit Kriegsgerät und Geld. Hingegen sind im Nachbarland Iran die „Mollahs" in den Augen des Abendlandes oft nur „Verrückte". Im Westen hat es an Verständnis und Fingerspitzengefühl schon lange gehapert.

Am Anfang ein großer Plan – Fahrradweltreise

Wie fing es bei uns mit dem Reisen an? Im Sommer 1956 richtete ich mir ein altes, schwerfälliges Fahrrad einigermaßen her und startete durch den Schwarzwald in Richtung Italien. Meiner Mutter hatte ich die Unterschrift für die Ausstellung eines Reisepasses abgemogelt. Ich schaffte es bis Burgund. Nach einer Woche war ich wieder zu Hause, erschöpft und ausgehungert. Das Dumme war, daß ich nur zwanzig Mark in der Tasche gehabt hatte. Wichtige Lehre: Ohne die nötigen Kreuzerlein geht's nicht.

Im November des gleichen Jahres, genau an meinem sechzehnten Geburtstag, stellte ich einen detaillierten Plan fertig, wie ich mit (noch nicht gefundenen) Freunden per Fahrrad durch Asien bis nach China zuckeln würde. Wie viele Träume rankten sich um diesen Plan! Ich gab mir drei Jahre Zeit für die Vorbereitungen und fürs Sparen.

1959 lernte ich aber Wilma kennen, die gerade fünfzehn Jahre alt war. Die veränderte Sachlage tat meinen Plänen keinen Abbruch, im Gegenteil, nur mußte alles verschoben werden, denn für zwei Leute braucht man auch mehr Geld. 1958 war ich allein durch Norddeutschland, Dänemark und Holland geradelt. 1960 besuchte ich England auf diese Weise. Im Jahr darauf fuhr ich mit dem Rad für zehn Wochen durch Österreich, Jugoslawien, Griechenland und die Türkei nach Israel. Weitere Fahrten (aus Sparsamkeitsgründen überwiegend mit dem einfachsten Verkehrsmittel): Mit Wilma 1962 über den Balkan in die Türkei, allein nach Italien; 1964 – inzwischen ich vom Buchdrucker zum Journalisten, wir beide in den Ehestand aufgerückt – wieder nach Südosten bis Israel; 1965 kreuz und quer durch Jugoslawien. Im Jahr darauf begann unsere abenteuerliche, vierjährige Fahrradweltreise. Genau zehn Jahre waren vergangen, seit ich den ersten Plan dafür gemacht hatte. Aber nach China kamen wir damals nicht, auch nicht auf der zweiten ganz großen Reise. Erst bei der jetzt abgeschlossenen war China „reif". Als wir 1980 von zu Hause starteten, schien uns diese Möglichkeit aber noch in unerreichbarer Ferne.

Wiedersehen bei uns zu Hause Juni 1987: Henry Vollweiler (Mitte) mit Frau Pepy (rechts) aus Melbourne, sein Bruder Herbert und Frau Lore aus New York. Die Männer stammen aus Heilbronn (Seite 500)

Heilbronner in Israel und anderswo

Von Beginn an schrieb ich Reiseberichte, seit 1961 hielten wir Vorträge. Aufsehenerregend waren meine Artikel über die drei Reisen nach Israel. Mein Besuch dort 1961 und die Schilderungen fanden in Deutschland und Israel einen großen Widerhall. Erst sechzehn Jahre waren seit Kriegsende vergangen, die Wunden bluteten noch . . . Mein Aufenthalt fiel genau in die Zeit des Eichmann-Prozesses, keine besonders angenehme Zeit für deutsche Besucher. Persönlich empfand ich dies nicht so. Meine Mission wurde begrüßt.

Wir waren die ersten überhaupt, die aus Heilbronn stammende Juden dort besuchten, interviewten und einluden. Damals waren Reisen in den Judenstaat durchaus noch eine Seltenheit. Wir denken gerne daran, wie nett die Kontakte waren, die Heilbronner in Jerusalem, in Nahariya und in den Städten der Ebene am Meer in der Folgezeit mit uns pflegten. Und wir waren erfreut, Gegenbesuche aus Israel zu erhalten. Im Mai 1963 unterstützte ich erstmals in einem Zeitungsartikel die Aufstellung eines Gedenksteins für die ehemalige Heilbronner Synagoge.

Auf unseren drei Weltreisen war uns besonders auch daran gelegen, möglichst viele ehemalige Heilbronner im Ausland kennenzulernen, um über ihre Schicksale zu schreiben. Vor allem noch in den USA, in Kanada, Brasilien, Argentinien und Australien waren wir erfolgreich. Dort und in weiteren achtzehn Ländern spürten wir 110 Familien und Einzelpersonen auf, die irgendwann einmal (manche vor fünfzig Jahren!) der Heimat adieu gesagt hatten. Im Laufe der Zeit bestellten wir von drei Oberbürgermeistern Heilbronns die besten Grüße und Wünsche. Dr. Hoffmann nannte uns in seinem Brief an die Auslands-Heilbronner 1977 „gute Botschafter der Stadt Heilbronn", und er erzählte drei Jahre später in einem weiteren solchen Schreiben über uns: „Im Zeichen der Völkerverständigung sind sie zu einer neuen Tour gestartet."

In über vierzig Zeitungsreportagen schilderten wir unsere Begegnungen. 1978 unterhielt sich der Südfunk mit dem Oberbürgermeister und mir in einer im ganzen süddeutschen Raum stark beachteten Sendung „Heilbronner in aller Welt – eine Stadt hält Kontakt mit ihren ehemaligen Mitbürgern". Interviews, die ich mit einigen Auslands-Heilbronnern auf Tonband genommen hatte, wurden eingestreut. Über dreizehn Familien in den USA, in Kanada, Brasilien und Bolivien hatten wir einen abendfüllenden Tonfilm gedreht, der in der Heimatstadt großen Anklang fand. Außerdem trafen wir viele andere frühere Bewohner des württembergischen Unterlandes und benachbarter Gebiete. Wen wundert's, daß wir im Laufe der Jahre viele von ihnen bei uns zu Hause als geschätzte Gäste begrüßen durften? Überdies hielten wir briefliche Kontakte aufrecht. Wilma erhielt 1971 die in Heilbronn verliehene „Goldene Rose" für ihre Bemühungen.

Gleichzeitig blieben wir mit zahlreichen anderen Menschen der verschiedenen Länder in Verbindung und wir hatten in unserem „offenen Haus" mit den diversen Gästen oft wahrlich eine internationale Atmosphäre. Als Redakteur verfaßte ich seit 1962 (damals gab es im Arbeitsamts- bezirk Heilbronn 192 Türken, jetzt sind es – neben anderen Nationalitäten – annähernd 6000) Artikel über die kulturellen und sozialen Probleme der „Gastarbeiter", die damals noch nur wenige zur Kenntnis nehmen wollten. Zu jener Zeit war die Menschenflut aus dem Süden als Arbeitskräfte so willkommen wie es etwa türkische Trauben, italienischer Wein und spanische Apfelsinen waren.

1961: solo durch Griechenland. – 1962: mit Wilma und einem türkischen Freund in Heilbronn

Möglichst wenig Geld ausgeben

Wer sagt eigentlich, daß interessantes Reisen viel Geld kosten muß? Im Jahre 1981 mußte jemand, der auf der Pritsche eines Lastwagens vier Monate lang von London über Nairobi nach Johannesburg gekarrt werden wollte, runde 5000 Mark berappen, ein noch annehmbarer Preis, wenn man einmal die Landkarten Europas und Afrikas betrachtet. 1987 wurden vierwöchige organisierte Reisen nach China (mit Hin- und Rückflug) für zehntausend Mark und mehr pro Person angeboten. Wir beide zusammen wendeten gerade zehntausend Mark für unseren achteinhalbmonatigen (!) Chinaaufenthalt auf, von der ersten Limonade in Kanton bis zur letzten Tageszeitung in Peking alles inbegriffen, und wir fuhren keineswegs schlecht damit.

Wir wollten unserer Losung, so viel wie möglich von der Welt zu sehen und dabei möglichst wenig Geld auszugeben, treu bleiben und damit beweisen, daß man nicht reich sein muß, um eine große Reise machen zu können, selbst wenn man wie wir eine umfangreiche fotografische Ausbeute mit nach Hause bringen will. Das „Geheimnis" ist Sparsamkeit, vor und während der Reise. Man muß dabei freilich auf vieles Liebgewordene und Altgewohnte verzichten können. Wir sind daran nicht gestorben. Es ging uns gut, wir wurden nie ernstlich krank.

Afrika kam uns dann ziemlich teuer vor, aber nach 36 Monaten errechneten wir, daß wir pro Tag und Nase 15,50 Mark ausgegeben hatten, was wenig mehr war als wir veranschlagt hatten. Darin waren auch die Ausgaben enthalten, die zur Erhaltung der Gesundheit erforderlich waren, für Visa und Anschaffungen, auch die Flugpassage von Ostafrika nach Indien sowie Verluste, die uns durch Diebstahl und Betrug entstanden. Indien kostete uns dann je 13,90 Mark, Sri Lanka 11,70, Indonesien 13,40, und in den Philippinen kamen wir mit 17 Mark aus. Hongkong, Japan und Australien waren in unseren Augen irrsinnig teuer (China lag wieder im Durchschnitt).

Hinzu kamen riesige Summen für Flüge, obwohl wir uns kein einziges Mal zum regulären Preis in die Lüfte erhoben. Keine Flugkarte kostete mehr als fünfzig Prozent des Originalpreises, einmal bezahlten wir sogar nur 33 Prozent! In Colombo und Singapur, in Hongkong und Tokyo mußten wir nur auskundschaften, welches Reisebüro uns ganz normale Karten (mit dem regulären Preis daraufgeschrieben) für weniger Geld ausstellte. Für uns Reisende ging dabei durchaus alles mit rechten Dingen zu.

In Afrika hatten wir das Glück, daß der Wert des dort für die lokale Währung mehrerer Länder so wichtigen französischen Franc immer mehr verfiel. Dagegen traf uns der unglaubliche Kursanstieg des US-Dollars nach 1980 (fast hundert Prozent) vor allem im dritten und vierten Reisejahr mit voller Härte. Alles wurde dort schrecklich teuer, wo das nordamerikanische Geld bei Geschäften eine bedeutende Rolle spielt. Endlich, im sechsten Jahr, machte der dann schwache Dollar unsere schweren Verluste wenigstens teilweise wieder wett. Unter den Ausgaben wollen wir lediglich das Brief- und Paketporto hervorheben, das mehrere tausend Mark verschlang.

So viel Gepäck und doch nicht viel

Ein Blick nun auf unsere Ausrüstung für die Tour durch Afrika, Asien und Australien. Wir wundern uns manchmal selbst, wie es möglich war, sechzig bis siebzig Kilo herumzuschleppen, Lebensmittel nur zum Teil, Trinkwasserreserven nicht eingerechnet. Erst im letzten Halbjahr, in China, waren wir dann mit sehr geschrumpftem Gepäck unterwegs. Sonst, bei Dutzenden Gelegenheiten, ließen wir einen Teil unserer Sachen bei vertrauenswürdigen Personen zurück,

wenn wir auf Rundfahrten gingen. Auf dem Wege in „Hauptstoßrichtung" hatten wir alle Gepäckstücke aber bei uns. Sechzehnmal bestiegen wir damit Linienflugzeuge, aber nie mußten wir für Mehrgewicht bezahlen. (Übrigens mußten wir auf der dritten Weltreise 140 Grenzkontrollen überstehen.)

Also, dies waren die Dinge, die wir mit uns führten, als wir im Januar 1984 ein Fährschiff von Indien nach Sri Lanka bestiegen:

Wilmas Rucksack: 4 Hemden, 1 Bluse, 1 Rock, 1 Paar Sandaletten, Socken, Unterwäsche, Nähzeug, Wäscheklammern, 4 Leintücher, 1 Toilettenbeutel, Vorrat an Toilettenpapier und Seife, 1 Beutel mit Medikamenten, 2 Plastikteller, Besteck, 2 Trinkbecher, 1 Teetopf, 1 Tauchsieder, Servietten, mehrere Kilo Lebensmittel, 1 Schlafsack.

Mein Rucksack: 2 Paar Schuhe, 2 Paar Badeschlappen, Shorts, Unterwäsche, Schuhputzzeug, 1 Hose, 2 Handtücher, 1 großes Stück Plastiktuch zum Unterlegen, 3 Stücke Tüllgardine zur Fenstersicherung gegen Insekten, 1 Geschirrtuch, 1 Kochtopf, 2 Plastikschüsseln, 3 Dosen mit Gewürzen, Tee und Waschpulver, Lebensmittel, 1 Tasche mit Werkzeug und verschiedenen „kleinen Helfern", Mittel gegen Moskitos sowie Schaben und andere Insekten, 1 Taschenlampe, 1 Drahtauslöser für Kameras, 1 Schreibmaschine, 1 Schlafsack.

Wilmas Handtasche: 1 Wasserflasche (1 Liter), 1 Schnapsflasche, 1 Notizbuch, Dinge für dringenden Gebrauch, Seife, Putzlappen, Wäscheleine, Sonnenbrille.

Meine Handtasche: 2 Fotoapparate, 1 Tele- und 1 Weitwinkelobjektiv, 1 Notizbuch, Papiere, Geld, Landkarten, Sonnenbrille.

Reisetasche: 1 Radio-Tonbandgerät mit Zubehör, mehrere Tonbandkassetten, 1 Filmkamera, Fotozubehör, Zeitungen und Zeitschriften, 2 Fächer.

Koffer: 1 Filmkamera, 1 Stativ, Vorrat an neuen Filmen, 1 Filmentwicklungsdose, Entwicklungschemikalien, bereits entwickelte Filme, Tonbandkassetten, 3 Bücher über Indien, 3 Bücher aus Afrika, 1 Reiseführer, unser Buch über die Fahrradweltreise, Landkarten und Prospekte, 4 Notizbücher, Zeitungen, schriftliche Unterlagen, Schreibutensilien, Andenken zum Heimschicken, 1 Schachtel mit Thermometer, Glühbirne, Kassette für Tonkopfreinigung u.a., 1 Wasserfilter, 2 Beutel Medikamente, 1 Fliegenklatsche, 2 Windjacken, 1 Badeanzug, 1 Hosenanzug, 1 Rock, Kleiderbügel, verschiedene Lebensmittel.

Meine Güte!, wird der Leser jetzt sagen. Nur muß man bedenken, daß jeder von uns zu Hause ein Vielfaches dessen täglich benutzt, was wir mit uns hatten, und das sechs Jahre lang!

Keine Brücken abgerissen

An Heimweh litten wir eigentlich nie so recht. Vielleicht kam dies daher, weil wir wußten, daß wir wieder nach Deutschland zurückkehren konnten, wenn uns danach der Sinn stand. Wir können das Heimweh derer, die ihre Heimat aus wirtschaftlichen oder politischen Motiven – ohne Aussicht auf Rückkehr – verlassen mußten, nur zu gut verstehen. Was uns weit stärker plagte, war immer das Fernweh, oder besser gesagt: Das Heimweh nach der Ferne. Wir hatten das außerordentliche Glück, zu einem Land zu gehören und in einer Zeit zu leben, die uns die Chance boten, diese Art von Heimweh zu lindern. Wir schätzten unsere Heimat nie gering.

Es zog uns hinaus in die Fremde, aber es trieb uns nie von Deutschland fort. Das ist kein Widerspruch. Wir waren nicht zivilisationsmüde, wir waren keine „Aussteiger", wir rissen auch keine Brücken ab. Wir wollten fort, um wiederzukommen. Die Reise nach Hause begann bereits bei der Abfahrt. Heimatverbundenheit und Drang nach draußen halten sich bei uns die Waage. „Fernwehsüchtige Kosmopoliten" nannte uns bei Gelegenheit die Heilbronner Stimme. Überall zu Hause sein können . . . Dichtung war deshalb, was eine mexikanische Zeitung einmal über uns schrieb: „Unter Tränen des Schmerzes um die ferne Heimat stießen sie an Heiligabend mit ihren Freunden an."

„Als ich im Radio von Ihnen hörte, habe ich Sie mir eigentlich ganz anders vorgestellt, mit Vollbart, Schlapphut und so", wunderte sich eine junge Besucherin bei einem meiner Vorträge bei Stuttgart. „Wilma sieht gar nicht so aus, als ob sie solch interessante und gefährliche Abenteuer durchstehen könne", meinte eine Zeitung in Panama. Und ein israelisches Blatt bescheinigte uns: „Sie sind keine abgerissenen Beatniks oder zerlumpte Trampisten, die sich in anarchistischen Anwandlungen von Land zu Land treiben." Zum Glück hat man als Weltreisende nicht auf irgendeine Weise „typisch" auszusehen.

Wie erwähnt, sagen wir bei individuellen Ratsuchenden in Sachen unkonventionelles Reisen nicht nein. Aber Reiseführer wollen wir nicht sein. In gedruckter Form Tips und Informationen zu geben, Kniffe und Tricks zu verraten, außer wenn sie nicht nur um ihrer selbst willen der Erwähnung wert wären, haben wir stets abgelehnt und Leuten überlassen, die sich darauf spezialisiert haben. Wir wollen auch niemanden zum Reisen ermuntern, obwohl wir uns darüber im klaren sind, daß selbst wir unseren kleinen Anteil Schuld daran haben werden, wenn eines Tages organisiertes Reisen in entlegenen Winkeln des Erdballs, heute noch kaum leicht zu erreichen, möglich sein wird.

Dieses Buch soll wie unsere früheren Veröffentlichungen ein persönlicher Erlebnisbericht sein,

Heimatverbundenheit: Bücher zu Unterländer Themen; bei Festen (hier mit OB Dr. Hoffmann 1970)

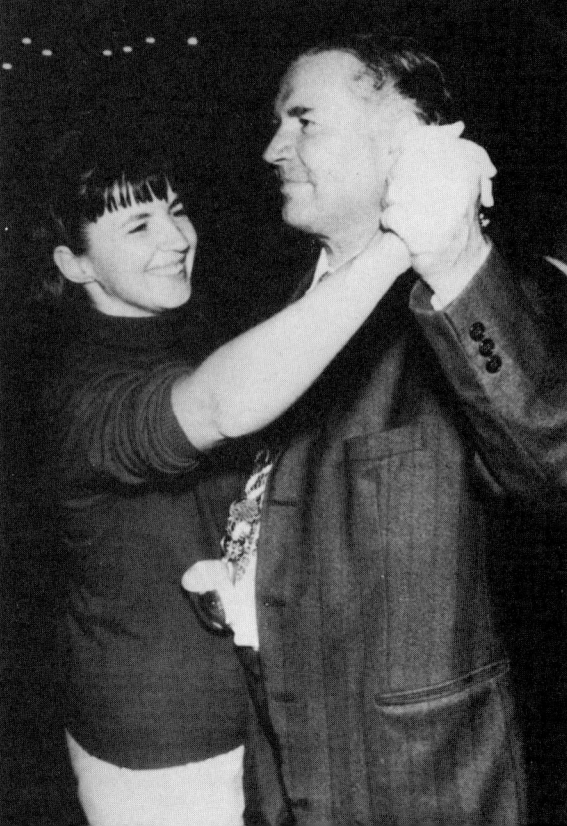

der die ausdrückliche Beschreibung von Sehenswürdigkeiten geflissentlich unterläßt. Es soll eine kritische Darlegung sein, in der beabsichtigt ist, Dinge so zu zeigen, wie sie sind, und nicht wie man sie sich vorstellt.

Ein Dankeswort

Wir möchten allen herzlich danken, die uns während dieses großen Unternehmens auf die eine oder andere Weise halfen, und wenn es nur in Form von Ermutigungen war. Die Gastfreundschaft und Unterstützung, die wir unterwegs von vielen Menschen erfuhren, können wir nicht genug hervorheben. Ohne diesen Beistand wäre unsere Reise nicht möglich gewesen.

Aus dem einen oder anderen Grund haben wir das Bedürfnis, folgenden Personen besonders zu danken (in der Reihenfolge, wie wir sie trafen):

Léon und Elfriede Frémont, Carole Napolitano, Elisabeth Kolb, Christian Dering, Henryka Bukowski, Abdoulaye Diagne, Jacques Jolly, Gerhart Maier, Hans Wiedmann, Heidemi und Herwart Scheerle, Magid E. und Nabeel Aschkar, Marlis Bühler, Marie-Claire Aymard, Jeremy Portch, Dr. Derrick M. Roberts, Ernst Mandowsky, Nde Pardung Polit, Kingsley Olawuni, Helga Ondjii, Soeur Jeanne, Frederick Crowhurst, Dr. John Look, Bernhard Guggemoos, Dr. John Calvin Toh, Anna Kangbaango, Jacinta Habiba, George und Karen Ferguson, Stephen N. Mwangi, Laadan Kamau, Naginder Singh, Gudrun und Heinz Otto Honke, Hartmut Heidemann, Prof. Gurbachan Singh, Friedrich Delius, John Lovell, Charles Roddy, Schizuko Masani, Prof. Yotaro Honda, Yonedschiro Miyamoto, Dr. Naohiro Naruhaschi, Zendschi Takaschima, Keiko Kawai, Dr. Tsutomu Anayama, Christopher und Sophia Tschon, Theresia Yoon, Hsieh Ting, Tscheyi, Damen Hybel-Hansen und Grammelsberger, Margarete und Heinrich Hüfner, Dieter und Monika Bredow.

Am Ende dieses Buches befindet sich eine Erläuterung der Schreibweise von Ortsbezeichnungen und Namen von Personen und Dingen. Auf die Farbbilder wird im Text hingewiesen. Diese Bilder haben Nummern. Für die Reisekarten wurden unterschiedliche Projektionen verwendet.

Durch den Nordwesten Afrikas

An diesem Tage äußerten sich Schmidt und Genscher zufrieden über die Koalitionsverhandlungen nach den Bundestagswahlen. In acht Monaten hatten die Verbraucher fünf Prozent Petroleum eingespart. Der Vertreter eines Chemiekonzerns am Rhein klagte über Mangel an wissenschaftlich ausgebildeten Ingenieuren. Bei der EG gab es kein Geld für billige Weihnachtsbutter. Der „Schweineberg" wuchs weiter. Bundesminister Offergeld wollte den Ländern der Dritten Welt so helfen, daß sie sich selbst ernähren könnten. Westdeutsche Kinder gaben eineinhalb Milliarden Mark im Jahr für Süßigkeiten, Spielsachen und Unterhaltung aus. Die Inflationsrate betrug fünf Prozent. Iran und Irak flogen Luftangriffe. Der US-Dollar stand bei 1,76 Mark. Im Fernsehen lief über den Wahlkampf in den USA „Ronald Reagans größte Rolle", in einem Kino „Plattfuß in Afrika". Auf der Frankfurter Buchmesse war Schwarzafrika das Schwerpunktthema, um die Neugierde auf afrikanische Kunst und Literatur zu wecken und Vorurteile abzubauen. In der Sowjetunion war Deutsch beliebteste Fremdsprache an Schulen. Über 99,9 Prozent der angesprochenen deutschen Geschäftsleute waren an einem Spezialseminar über japanische Sprache und Mentalität desinteressiert.

Es war Donnerstag, 9. Oktober 1980.

„Also, mach's gut!" – „Autsch!" Da hieb mir doch schon wieder jemand ermunternd und anerkennend auf den linken Oberarm! Eben hatten wir die langwierige Prozedur der Impfungen hinter uns, gegen Gelbfieber und Cholera, gegen Typhus und Pocken, gegen Wundstarrkrampf und Kinderlähmung. Wir kamen uns geradezu vollgepumpt vor und waren etwas schlapp. Afrika sollte ja ein besonders ungesunder Erdteil sein, hatten wir gehört. Darum hatten wir auch noch einen Tuberkulosetest machen lassen und nahmen bereits vorbeugend Tabletten gegen Malaria ein.

„Bitte einsteigen . . . !" Das halbe Hundert Leute auf dem Bahnsteig füllte den ganzen Platz vor unserem Eisenbahnwagen. Ein paar heimliche Tränen wurden vergossen: „Kommt nicht unter die Räder!" Wir wollten's gern versuchen. „Wir werden euch in Afrika besuchen!" Die Vorfreude war ganz unsererseits. Zehn nach fünf auf der Bahnsteiguhr. „Schreibt bloß bald, was los ist!" Wir waren noch nie schreibfaul gewesen. Es wurde uns nachgewinkt, bis uns die Hände in der Ferne wie ein Schwarm flatternder Tauben erschienen. Wir mögen lange Abschiedszeremonien nicht. Sie erinnern ein wenig an Trauerfeiern.

Da spukten einem seit vielen Monaten jede Menge Pläne im Kopfe herum, man war wie ausgelaugt von all dem Trubel der letzten Tage. Was man jetzt nur noch brauchte, war Abstand. Um dies zu erreichen, genügte es erstaunlicherweise, von Heilbronn eine Stunde mit dem Zug zu fahren. „Auch eine Reise von tausend Meilen beginnt mit einem Schritt", sagt ein japanisches Sprichwort. Die Umgebung war nicht mehr so vertraut, man kannte niemanden.

Der erste „Schritt" führte uns nach Mühlacker. An der Türe des Gasthofzimmers hing ein Zettel,

Umgeben von Angehörigen und Freunden: Die dritte Weltreise beginnt am 9. Oktober 1980

der besagte, der Preis schließe das Frühstück mit ein. Bei der Erkundigung nach den Frühstückszeiten wurde die Wirtin auf einen „Irrtum" aufmerksam: Sie strich den Passus mit dem „Preis inklusive Frühstück" kurzerhand von dem Aushang. In Kehl, nach einem weiteren „Schritt", im „Hotel Sonnenhof", das angeblich zu den billigeren Plätzen gehörte, durften wir das Zimmer nicht einmal vorher sehen. Mit einem Donnergrollen in der Stimme sagte man uns: „Wenn Sie schon so wenig bezahlen . . ." Wollte man uns die letzten Stunden in Deutschland vergällen? O nein, das war sicher nur Zufall! Aber wir beschlossen, das Erlebte nicht zu vergessen, wenn wir einmal irgendwo in Afrika, Indien, China oder sonstwo in einer Herberge schlecht bedient werden würden.

Im „Paradies auf Erden"

Wichtiger war jetzt Frankreich. Wir besuchten an zwei Tagen Straßburg, dann bestiegen wir den Zug nach Lyon. Wir wollten Europa noch nicht sofort den Rücken kehren, denn wir hatten etwas vergessen: rechtzeitig Französisch zu lernen. Unsere Fähigkeiten in englischer, spanischer, portugiesischer und türkischer Sprache würden uns in Nordwestafrika so gut wie nichts helfen. Also . . .
Auf einer Karte von Frankreich hatten wir uns noch zu Hause das Städtchen Nyons, etwas östlich der Hauptlinie Lyon–Marseille, ausgesucht. Wir kletterten aus dem Zug, als wir Bollène

erreichten, das direkt an der Straße nach Nyons liegt. Pleite Nummer eins: Die Station war fünf Kilometer vom Ort, es gab keinen Bus. Ein netter junger Mann aus einer benachbarten Kneipe spielte für uns Chauffeur. Pleite Nummer zwei: Für die 35 km nach Nyons gab es keinen Direktbus. Man mußte erst in eine andere Richtung fahren, dann bekam man den Anschluß. Woher sollte man das vorher wissen? Auch daran wollten wir später einmal denken, wenn wir in weniger entwickelten Ländern über die schlechten Verkehrsbedingungen zu lamentieren Anlaß zu haben glauben würden.

Nyons ist ein niedliches Städtchen mit 6000 Einwohnern, an zwei Seiten von Bächen begrenzt, 270 Meter hoch gelegen, im Department Drôme. Der französische Schriftsteller Jean Giono, damals gerade zehn Jahre tot, der in seinen frühen Werken sehr zum Mythischen geneigt hatte, soll über Nyons einmal gesagt haben: „Es kommt mir vor wie das Paradies auf Erden." Da konnte ja eigentlich nichts schiefgehen. Giono stammte aus Manosque, achtzig Kilometer südöstlich, in der Provence, und hatte sich vermutlich mit schönen Plätzchen ausgekannt.

Es war ein „goldener Oktober" für uns und für den Wein dieses Seitentals der Rhône. Gleichzeitig wie zu Hause die Weingärtner gingen hier die „vignerons" an die Lese. Auf den Ladeflächen von Lastwagen und Karren wurden die Trauben in Unmengen bei den Genossenschaftskeltern angeliefert. Ein guter Tropfen war allerdings um keine Spur billiger als am Neckar. Stolz war man in Nyons außer auf den Wein auch auf die heimischen Aprikosen, auf Trüffel, Lindenblüten, Lavendel, Honig, schwarze Oliven und Drosselpastetchen.

Selbst auf die Gefahr hin, nun kulinarische Banausen genannt zu werden, wollen wir sagen, daß uns geistige Nahrung ebenso wichtig war. An den historischen Reichtümern von Nyons und den Städtchen der Umgebung hatten wir genug zu kauen. Durch Vermittlung konnten wir uns umgehend bei dem Ehepaar Bernard Coullet ein Appartement – Wohnküche, Schlafzimmer, Bad, alles komplett eingerichtet – sichern. Wir freuten uns, daß wir sehr bald freundschaftliche Kontakte mit Einheimischen schließen konnten, die in einem Falle die ganze Reise überdauerten. Vom Vokabelbüffeln erholten wir uns bei zweihundert Kilometer langen Wanderungen in den lieblichen Landschaften im weiten Umkreis von Nyons. Dann hielten wir die Zeit für gekommen, adieu zu sagen. Übrigens fand man es hier – anders als in Deutschland – ganz natürlich, daß wir nach Afrika wollten.

Die letzten Tage vor der Überfahrt verbrachten wir in Avignon und Marseille. In der Hafenstadt nahmen wir, um uns auf das Kommende etwas einzustellen, mitten im Algerierviertel Quartier, in dem es in den Tagen zuvor wegen der Tötung eines Maghrebiners durch Polizei zu schweren Unruhen gekommen war. Mit der tunesischen Autofähre „Habib" schaukelten wir schließlich über das sturmgepeitschte Mittelmeer (in Zentraleuropa brach ein früher Winter an) nach La Goulette, dem Hafen von Tunis, und wir betraten genau an Wilmas 37. Geburtstag den Boden Afrikas.

Erste Gewöhnung an Verhältnisse

Grimmig dreinschauende Soldaten drückten uns ihre Gewehrkolben in die Rippen und trieben uns vorwärts. Es folgten Beschlagnahme unserer Kameras und Filme, Verschleppung, Vorwurf der Spionage, schließlich Ausweisung. Das war 1967 gewesen. Wir waren damals am Suezkanal mit unseren Fahrrädern mitten in die Wirren geraten, die den später als „Sechstagekrieg" bekanntgewordenen Konflikt zwischen Israel und seinen arabischen Gegnern einleiteten. Wir hatten den Nil entlang bis zum Sudan und nach Kenya gewollt. Aber auf dramatische Weise war unserem Afrikaaufenthalt nach wenigen Tagen ein Ende gesetzt worden. Wir hofften dann, wenn die Zeiten sich einmal ändern sollten, wiederkommen zu können.

Nun, dreizehn Jahre danach, unternahmen wir einen neuen Versuch. Tunesien schien uns das geeignete Land für die erste Gewöhnung an „afrikanische Verhältnisse". Vier Monate konnten wir ohne ein Visum bleiben. Wir würden schon sehen, wie sich alles entwickelte. Zwar hatten wir uns recht gut vorbereitet, aber die Etappen der Reise, die uns quer durch Afrika, dann durch Süd- und Ostasien und nach Australien führen würde (wie wir hofften), hatten wir nur ganz grob abgesteckt. Verehrer von Kurt Tucholsky, hielten wir es mit ihm, der geraten hatte: „Entwirf deinen Reiseplan im großen und laß dich im einzelnen von der bunten Stunde treiben."

Wir ahnten, daß uns wieder viel Schweres auf unserem langen Wege erwartete. Wenn wir nur an die Schikanen durch die Behörden dachten! Manche Länder erteilten Visa nur in der Heimat des Antragstellers (auf Leute wie uns nahm man dabei keine Rücksicht). Die eine Regierung erlaubte auf ihrem Staatsgebiet die Benutzung von Filmkameras nicht, in einem anderen Land wurde der Reisende mit Kamera allzuoft als Spion verdächtigt, ein drittes gewährte Journalisten überhaupt keine Einreiseerlaubnis. Aber all das sollte uns nicht davon abhalten zu filmen, zu fotografieren und Grenzen zu überschreiten. Um manchen Schwierigkeiten von vornherein aus dem Wege zu gehen, hatte übrigens jeder von uns zwei Reisepässe dabei.

Von der Hauptstadt Tunis wandten wir uns vorläufig ab und dem mittleren Landesteil zu. In der tunesischen Tiefsteppe am Mittelmeer liegt Sfax. Es war der erste Tag des 15. Jahrhunderts, als wir dort eintrafen. Tatsächlich begann am 9. November das Jahr 1401 islamischer Zeitrechnung, weshalb Sfax ein Festtagskleid angelegt hatte.

Um hohe Hotelkosten zu vermeiden, beschlossen wir, uns sofort eine kleine Wohnung im Landesstil zu suchen. Dies wollten wir in Zukunft überall dort tun, wo wir länger als nur ein paar Tage bleiben würden, wie wir es früher bereits in der Türkei, in Nepal, in Japan, in den USA und in Brasilien getan hatten.

Aber *wie* eine Wohnung finden? Als wir beim Verkehrsbüro einen ersten Anlauf unternahmen, machte man uns wenig Hoffnung. Also versuchten wir es privat. Ein Hotelportier zeigte uns sein eigenes neues, geradezu elegantes Haus, aber es schien uns unpassend, vom Preis her und überhaupt. Dann trafen wir einen Monsieur Mazouz, der Makler für wer weiß was sein sollte. Ein Büro hatte er nicht. Man sagte uns, er arbeite nur auf der Straße. Wie dem auch sei, er brachte uns in einen Stadtteil, so zwanzig Minuten zu Fuß vom Zentrum. Zwei Stunden (!) nach Beginn unserer Suche einigten wir uns mit dem Besitzer einer möblierten Wohnung im Erdgeschoß seines Hauses, mit Abdelaziz Smaoui. Der Französischlehrer und Schulinspektor erklärte sich gerne bereit, uns für zweieinhalb Monate aufzunehmen. Das Haus stand in einem Viertel, in dem hauptsächlich Arbeiter lebten. Wir hatten Anschluß an die siebenköpfige Familie von Monsieur Smaoui, zudem die Möglichkeit, unseren Hauswirt auf seinen Inspektionsfahrten zu abgelegenen Steppendörfern zu begleiten. Nebenbei lernten wir – außer Französisch – auch etwas Arabisch von ihm. Wir hatten also mehrere Fliegen mit einer Klappe geschlagen.

Sfax ist die zweitgrößte Stadt Tunesiens. Ihre Einwohnerzahl verdoppelte sich schlagartig auf rund zweihunderttausend, als das sie umgebende Territorium mit zahlreichen wildwuchernden Siedlungen kurzerhand zum Stadtgebiet erklärt worden war. Die ganze Region ist beinahe eben und mit Millionen von Ölbäumen bepflanzt. Oliven sind die Grundlage für den Reichtum der Sfaxer Stadtaristokratie. Der Handelshafen (vor allem Umschlag von Superphosphat, wie

Bab Diwan, das „Zolltor", einer der Eingänge zur „Medina" von Sfax, und die Große Moschee

Olivenöl ein Hauptausfuhrprodukt) ist bedeutend. Immer mehr Industrien siedeln sich an. Dementsprechend verschlechtert sich die Luftqualität.

Vorbei ist deshalb die Zeit, als der Reisende Sfax wie eine Fata Morgana am Horizont auftauchen sehen konnte. Aber die Altstadt ist immer noch rings von einer etwa zehn Meter hohen Mauer und von Befestigungsanlagen umgeben. Die „Medina", so die Bezeichnung für die Araberstädte, beherbergt auf einer Fläche von nur vierhundert mal sechshundert Metern nicht weniger als vierzehntausend Menschen und bietet auch sechzehnhundert Handwerkern Platz! In ihren vielen Ladengassen, den Souks, herrscht sieben Tage in der Woche dichtes Gedränge, vor allem aber am Freitag, der hier als Markttag gilt (Farbbild 2). Die gewaltige Mauer mit mehreren Stadttoren und die sogenannte Große Moschee im Zentrum der „Medina" wurden vor über elfhundert Jahren errichtet und waren bis einige Zeit vor der Besetzung Tunesiens durch Frankreich (1881) Begrenzung und Mittelpunkt von Sfax.

Vor dem größten Stadttor – dem „Bab Diwan", was „Zolltor" bedeutet – liegt die „Kolonialstadt" (von den Franzosen errichtet). In den Jahren 1942/43, nachdem alliierte Truppen im Westen und deutsche im Osten des Landes eingedrungen waren, wurde diese Neustadt wie auch teilweise die „Medina" ein Opfer deutscher Luftangriffe. Der neuere Teil mußte völlig wiederaufgebaut werden. Die schwersten Kämpfe hatten rund 170 km weiter südlich im Frühjahr 1943 an der „Marethlinie" zwischen deutschen und italienischen Truppen auf der einen und britischen auf der anderen Seite stattgefunden.

Ein Tag in der „Medina" von Sfax

Nach diesem allgemeinen Überblick wollen wir den Leser auf einen ganztägigen Rundgang durch die „Medina" unserer ersten „Heimatstadt" in Afrika mitnehmen. Ursprüngliches und Verfälschendes liegen heutzutage in solchen Marktgassen immer dicht beieinander. Musik zum Beispiel hört man hier häufig, aber sie kommt fast immer aus einem Lautsprecher. Dies sei vorausgeschickt. Aber kommen Sie mit.

Die metallenen Rolläden vor den höhlenartigen, aneinandergereihten Lädchen werden mit Donnergetöse hochgeschoben. Der Tag in der Altstadt beginnt. In der Nacht waren die engen Gassen gründlich gesäubert worden. In dem Labyrinth, hinter hohen Stadtmauern, ist es im Winter fast windstill und angenehm, während außerhalb eine frische Brise weht. Im Sommer dagegen kann man es in der Enge kaum aushalten: Die Luft ist heiß wie in einem Backofen.

Die Gassen füllen sich rasch mit Passanten und Käufern. Wir mischen uns unter sie, werden an Händlern von Stoffen und Schuhen, Altkleidern und Duftwässerchen, gedrechselten Möbeln und heiligen Schriften vorbeigeschoben. Die Männer – es sind immer Männer! – hocken auf einem Stuhl an der Tür oder hinter dem alles beherrschenden Ladentisch, den Morgenkaffee schlürfend, einen Blick in die Zeitung werfend, abwechselnd die Zehen des einen und des anderen Fußes durch Massage erwärmend, dabei die Menschenmenge nie ganz aus den Augen lassend. Geduld ist das „Geschäftsgeheimnis" dieser Händler (Farbbild 3).

Da und dort kommt bereits ein wortgewaltiger Handel in Gang. „Allah möge mich strafen, wenn ich daran auch nur *etwas* verdiene!" Es geht um eine hübsche Wolldecke. Der Händler ist seinem Kunden schon ein Stück entgegengekommen. Der verzieht angewidert das Gesicht: „Du bist ja ein Dieb! Und da nennst du dich schon so lange mein Freund!" Mit schmerzerfülltem Ausdruck in den Augen gibt der „Freund" noch ein wenig nach. Unzufrieden wirft der Kunde die Decke auf den Ladentisch. „Nicht einmal mit den Fingerspitzen werde ich deine Ware mehr anrühren!" Und er geht. Dreimal noch kehrt er zurück. Es wird jedesmal gezetert, bis der Kunde nicht mehr bezahlt, als er zu Beginn zu bezahlen bereit war. Als er den Laden mit der Decke verläßt, sehen wir den Händler mit zufriedenem Gesicht die Kasse verschließen . . .

„Bonnschur, Musjö!" grüßen uns vorbeidrängende Schulkinder immer wieder, „Guten Tag, mein Herr!" (auch die Damen) und sie setzen ihr niedlichstes Lächeln auf. In der Schule lernen die Kleinen recht früh das französische „Bonjour, Monsieur!" und wer dazu noch keine Gelegenheit hatte, nimmt es von den größeren Geschwistern an. Wo Touristen am seltensten sind, hören ausländische Besucher den freundlichen Gruß am häufigsten (auch von Erwachsenen, dann aber mit der korrekten Anrede). Wir sind zufrieden, denn in anderen arabischen Ländern war der einzige Gruß oft nur ein Steinehagel . . .

Wieder werden wir gegrüßt, diesmal von einer Frau in auffallend bunten Gewändern, eine Nomadin, die es in die Stadt verschlagen hat. Ihr tätowiertes Gesicht strahlt uns an: „Eine kleine Gabe für meine Kinder!" Jeder der Vorübergehenden kann ihr Opfer sein, kann (!), aber die meisten gehen völlig desinteressiert ihres Weges. Die Bettlerin, die uns soeben entgegengetreten war, hatte von einer unserer Bekannten kürzlich das Angebot erhalten, bei ihr täglich ein paar Stunden im Haushalt zu helfen. Die Nomadin hat sich aber nie bei ihr blicken lassen.

Nun wird das Gedränge und Geschubse besonders stark. Wir sind auf dem mehr oder weniger „schwarzen" Markt angelangt. Was Arbeiter in Koffern aus dem Ausland herbeischleppen können (wir haben noch die schwerbepackten Kolonnen von Heimkehrern und Urlaubern im Zoll vor

Sie machen Sättel für Esel in einer Gasse der „Medina"

Augen), soll hier einen Käufer finden: Aus Libyen, Frankreich, manchmal aus Deutschland. Porzellan-Services, Uhren, Anzüge, Fotoapparate, hitzebeständige Gläser, Rollstühle, Schuhe, Video-Geräte. Mancher hält den lieben langen Tag sein einziges Stück feil. Lüsterne Ladenbesitzer sind die Schwarzmarkt-Haie, Gaffer vom Lande in zerrissenen Hosen glotzen das Unerreichbare staunend an, die Polizei sorgt hin und wieder dafür, daß der Fußgängerverkehr nicht völlig zusammenbricht.

Am einen Ende des Viertels der Juweliere sind besonders viele Männer versammelt. Sie tragen den „Kabbous", eine Mütze aus roter Wolle, oder ein großes Frottierhandtuch um den Kopf gewickelt (eine Art neue Volkstracht). Sie sind in gebärdenreiche Gespräche vertieft (Farbbild 1). Am anderen Ende stehen die Frauen, in farbenprächtiger Tracht, beisammen. Erwartungsvoll richten sich ihre Augen immer wieder auf die glitzernden Auslagen der vielen Goldschmiede. Bauern und Nomaden sind es, die ihre Barschaft in Arm- und Fußreifen, Ohr- und Fingerringen, Broschen und schweren Halsketten aus Gold und Silber anlegen. Wieviel ausgegeben werden darf, entscheiden die Männer. Jedenfalls versucht jeder im Gespräch diese Mythe aufrechtzuerhalten.

Die Volkskunst müßte in Tunesien ein kümmerliches Dasein fristen, gäbe es die Touristen nicht. Der einheimische Markt ist gesättigt. Durch das ausländische Verlangen nach „typisch Tunesischem" mußte das Kunsthandwerk industrialisiert werden. Wir sehen, wie im Winter in den Gassen „auf Halde" gearbeitet wird: von Teppichknüpfern, Tuchwebern, Holzschnitzern, Lederhandwerkern. Unweit davon werden billige italienische Drucke berühmter oder ruhmlos gebliebener Maler in Massen gerahmt, Louis-XV.-Möbel gedrechselt. Die verehrende Kundschaft dafür sind ausschließlich Tunesier. Kulturaustausch.

Hier lassen sich einige junge Leute willig mit einem neuen Wundermittel auf offener Gasse die Zähne weiß polieren, dort werden Bananen in Einzelstücken und als Delikatesse (in Afrika!) feilgehalten. Hungrige füllen ihren Magen im halboffenen Speiselokal, dessen Boden mit Hobelspänen bestreut ist, damit der Schmutz und die heruntergefallenen Brocken leichter zusammengekehrt werden können (Tunesier essen meistens halb „unter dem Tisch"). Satte beenden den Verdauungsvorgang in ebenso halboffenen öffentlichen Klos.

Von den Moscheen wird zum Abendgebet gerufen. Die metallenen Rolläden rasseln in immer kürzeren Abständen herunter. In der „Medina" beginnt die Nacht. –

Von Hütten aus Blech und Reisig über Sozialwohnungsbauten und einfache Stadthäuser (wie das von uns mitbewohnte) bis zu palastartigen Villen reichte die Skala der Unterkünfte der Bewohner von Sfax. Immer mehr Reiche (es gab viele) zogen aus der lauten Stadtmitte an die Peripherie. Das ganze Gebiet war von einem einzigartigen Bauboom erfaßt. Wer es sich erlauben konnte, auch nur ein paar Steine zu kaufen, baute an, aber viel auffälliger war die Zahl der neu erstehenden Häuser. In beinahe jeder Straße wuchsen zwei, drei neue Gebäude empor. Es wurde für echten Bedarf gebaut, aber ebenso häufig wurde auch spekuliert. Tausende Häuser standen bereits leer. Wer, der die Klagen aus „armen" Ländern hört, malt sich so etwas aus? Auch unser Monsieur Smaoui hatte zwei Häuser, wovon das eine unbewohnt war. Die meisten Sfaxer wohnten freilich nur in schäbigen Unterkünften.

Wasser und Boden großes Problem

Das Ganze ist auf dem Sandboden der Mittelmeerküste errichtet. Das Grundwasser hat Salze an die Oberfläche gespült und den Boden fast unfruchtbar gemacht. Ohne besondere Behandlung gedeiht in ihm keine Kulturpflanze. Zu Hause waren wir mit dem Jäten nicht nachgekommen, hier freuten wir uns nun, wenn im „Garten" bei unserer Wohnung auch nur ein neues Unkraut gedieh. Da stand auch ein riesiger, bis fünfzehn Zentimeter starker Weinstock, dessen Blätter lediglich langsam verdorrten, aber nicht verfaulten. Dazu war es zu trocken.

Die Wasserversorgung der Menschen stellte die Techniker vor immer größere Probleme. Das Grundwasser von Sfax reichte qualitativ bei weitem nicht aus. In den Bergen, 160 km weiter westlich, hatte man das Wasser eines Oued (damit wird ein Fluß bezeichnet; in Deutschland sagt man oft „Wadi") schon vor Jahrzehnten eingefangen und per Rohrleitung nach Sfax gebracht. Aber selbst dieses Wasser mußte noch mit dem minderwertigen aus einer ebenfalls weit entfernten Quelle „gestreckt" werden. So kam es, daß das hier wirklich kostbare Naß immer leicht salzig schmeckte.

Seit einigen Monaten waren hier nur ein paar Tropfen gefallen. Offiziell hatte bereits die Regenzeit begonnen, aber nur andere Gebiete kamen in den Genuß von Niederschlägen. Dabei regnet es im Raum Sfax ohnehin nur 250 Liter auf den Quadratmeter im Jahr (also nur etwa ein Drittel dessen, was man in Deutschland verzeichnet), und dieser Regen kommt oft so heftig, daß er an der Oberfläche rasch abläuft und der Landwirtschaft wenig Nutzen bringt.

In manchen Jahren kommt es sogar zu Unwettern wie bei der „Jahrtausend-Katastrophe" von 1969, als in Sfax binnen 24 Stunden 150 Liter registriert wurden. Tja, und für solche Wassermassen gibt es eben in Tunesien keine Infrastruktur. Ein Oued bei der berühmten Stadt

Kairouan (Farbbild 4), etwa hundert Kilometer Luftlinie entfernt, das sonst im September selten Wasser führte, war plötzlich auf zehn bis fünfzehn Kilometer (!) Breite angeschwollen. Die Schäden im ganzen Land waren unermeßlich.

Im Sommer wird auch Sfax oft von saharischen Staubstürmen heimgesucht. Ausgerechnet in einer solchen Stadt waren die meisten Gehwege und Plätze unbefestigt. Ständig spürten wir als Fußgänger Sand zwischen den Zähnen und in den Augen. Eine seltsame Abhilfe gegen den Flugsand fanden die Besitzer von Restaurants und Läden, von Werkstätten, Büros und Wohnungen, indem sie die Wege einfach mit Petroleum übergossen. Mit der Zeit wurde der Sandboden dadurch ziemlich fest. Wo es Rinnsteine gab, waren sie meist mit Sand angefüllt.

Wegen der Mühe, die man sich damit machen mußte, waren künstlich angelegte Grünflächen sehr spärlich vorhanden. Eine davon, einst Stolz des Gartenbauamtes, war vor einiger Zeit in einen Parkplatz umgewandelt worden. Auf dem Stadtplan von Sfax, der nur in Arabisch erhältlich war, konnte man noch weitere „Grünflächen" finden, die in Wirklichkeit nicht einmal Dorngestrüpp Lebensraum boten. Es handelte sich hierbei um zwei Friedhöfe: um einen islamischen mit Tausenden von aufgebrochenen und verwüsteten Gräbern, und um den ehemaligen Ausländerfriedhof, dessen Grabmale jetzt zerstört waren und der als Bauhof von der Stadt genutzt wurde. Vor den Toren der Stadt lagen übrigens große deutsche und englische Soldatenfriedhöfe.

Auf dem Müll eine halbtote Katze

Wenn man als ordnungsgewohnter Mitteleuropäer „Mitbürger" einer nordafrikanischen Stadt wird, hat man häufig Grund zum Wundern. Sfax hatte eine regelrechte Müllabfuhr, allerdings nur für die „besseren" Stadtteile. Der Müll wurde in Schachteln, Tüten und Kübeln bereitgestellt. Das Einsammeln war ziemlich mühevoll. In der Innenstadt, wo der Verkehr tagsüber sehr stark war, wurde der Müll gegen Mitternacht abtransportiert, ziemlich lärmend, versteht sich. An den Stadträndern warf jeder einfach seine Abfälle dorthin, wo es ihm beliebte. Auch in allen anderen Stadtteilen – so etwa nahe Monsieur Smaouis Haus – gab es „wilde" Müllablagerungen. Fliegen und anderes Ungeziefer freuten sich über den vielen Unrat. Ohne Fliegengitter an Fenstern und Türen wurde man von den Insekten erbarmungslos attackiert. Da halfen auch die Wedel von Eukalyptuszweigen nicht viel, die in ein Insektizid getaucht und von der Stadtverwaltung an zahllosen Gebäuden aufgehängt wurden.

Übrigens fand Wilma eines Tages in einem Müllbehälter eine klapperdürre, halbtote kleine Katze. Freundin der Krallentiere, die sie nun mal ist, brachte sie das Vieh mit in unsere Küche. Bei guter Fütterung erholte es sich zusehends. Wir behielten die Katze, und weil die Einwohner der Stadt „Sfaxi" genannt werden, tauften wir den kleinen Plagegeist schlicht ebenso. Er wurde durch unsere Pflege zum Schrecken aller anderen Katzen der Umgebung. Als wir weggingen, gaben wir „Sfaxi" in gute Hände. Eine andere Katze, derer wir uns annahmen, ging in einer stürmischen Nacht schrecklich schreiend zugrunde.

Eine unserer größten Überraschungen in diesem Entwicklungsland war die starke Motorisierung, zumindest in den Städten. Nach Öffnung der Geschäfte in der „Medina" parkten vor der Stadtmauer Tausende von Mopeds und verpesteten ebenso viele dieselmotorengetriebene Autos die Luft. Wir paßten einmal eine ganze Woche lang scharf auf und da zählten wir nur einen Esel, fünf Pferde und kein einziges Kamel. Auf dem Lande sind diese Tiere immer noch die wichtigsten Helfer der Bauern. Etwa die Hälfte der Tunesier lebten in Städten, ein außergewöhnlicher

Umstand in einem Entwicklungsland. Dort herrschte auch weitverbreiteter Wohlstand. Wer auf dem Dorf zu Hause war, hatte bei öffentlichen Verkehrsmitteln das Nachsehen.

Immer, wenn wir über die „Deutsche Welle" – den Sender in Köln – von dem winterlichen Wetter in Deutschland hörten, freuten wir uns, Kälte, Schnee und Nebel fürs erste entronnen zu sein, und wir genossen den strahlenden Sonnenschein und über 20 Grad bis in den Dezember hinein (die Bauern warteten hingegen sehnsüchtig auf Regen).

Wir hatten keineswegs vor, uns nur auf Sfax zu beschränken. Es wurde vielmehr unsere Drehscheibe für Rundfahrten durch das Land. Wir wollten den Pulsschlag dieses Landes fühlen, dabei in möglichst engem Kontakt mit den Menschen, ob diese Berührung nun immer angenehm war oder nicht.

Wenig Komfort, aber hautnahes Erleben

„Gewöhnliche Linienomnibusse werden von Ausländern fast nie benutzt", hebt ein Handbuchautor warnend den Zeigefinger. „Die Busse sind veraltet, bieten wenig Komfort und haben keine Klimaanlage", weint ein anderer Reiseführerschreiber. Freilich haben auch Touristen oft seltsame Vorstellungen. Nach jedermanns Geschmack sind die Bedingungen in diesen Bussen nun wirklich nicht. Aber man erlebt Tunesien dabei hautnah. Machen wir uns also auf den Weg. Wie bei einer Kaffeefahrt in den Schwarzwald wird es dabei aber nicht zugehen.

Zum Beispiel wenn der Bus überfüllt ist, was zu den Regeln gehört. Weil nicht geheizt wird, hat das im Winter den Vorteil, daß man nicht so sehr friert. In der Hitze des Sommers werden die Schiebefenster geöffnet, auch, damit der Staub nicht *nur* durch die Ritzen des Fußbodens ins Wageninnere dringt. Dicht an dicht sitzt und steht das bunte Volk aus Stadt und Land. Und bei jedem Stopp in einer Ortschaft oder am Straßenrand gibt es eine ziemliche Drängelei, denn gewöhnlich sind die Zusteiger eher im Bus als die Aussteiger draußen. Ihnen dienen manchmal die Fenster als letzte Möglichkeit, ins Freie zu gelangen.

Bauern, die vom Markt nach Hause fahren, haben sich für gewöhnlich viel zu erzählen. Arbeiter auf dem Weg zur Fabrik grüßen sich nur kurz und schweigen dann. Einen besonders Redegewandten, der alle Passagiere unterhält, gibt es aber immer. Meist befaßt er sich mit Glaubensfragen. In einem anderen Fall raucht er vor Zorn, nur weil ein Mitfahrer eine abfällige Bemerkung über seinen Radiorecorder machte, den er durch Aufdrehen bis zum Anschlag bereits allen vorgestellt hat. Nur selten holt jemand auf einer längeren Fahrt eine Zeitung hervor. Ein Buch vollends ist nie zu sehen. Fast alle Männer sind Zigaretten-Kettenraucher. Eine großangelegte Anti-Kampagne hat nichts gefruchtet.

In Ortschaften mit Stationen versuchen Schwärme von Verkäufern, die Geldtaschen der Reisenden zu plündern. Arabisches oder französisches Weißbrot, mit Paprikapaste, Oliven, Tomatenscheiben, manchmal mit Fischstückchen gefüllt, wird am häufigsten angepriesen. Hartgekochte Eier folgen, etwas Süßes, dann Wasser, das alle Fahrgäste aus dem gleichen Becher trinken. Einfache Leute sind es, die den Bus benützen müssen. Reichere haben einen Wagen oder nehmen ein Überlandtaxi.

Mit „Bismillah" („In Gottes Namen") setzt der Chauffeur sein Gefährt in Bewegung. Kaum gewinnt es an Fahrt, bricht eine Frau in wildes Gegeifer aus. Der Mann neben ihr habe sie im Gedränge unsittlich belästigt. Der Streit darum dauert eine ganze Weile. Gewöhnlich sitzen Mann und Frau, die sich nicht kennen, nicht nebeneinander. Auf dem Lande sind fast alle Frauen in einen

Mit einer Nomadenfrau in der Oase von Gafsa (Tunesien)

(ziemlich sauberen) Schleier gehüllt, der gewöhnlich nur das Gesicht nicht bedeckt. Streit, manchmal auch Handgreiflichkeiten, gibt es auch beim Fahrkartenverkauf. Es geht um den Preis oder um das Problem, größere Scheine zu wechseln. Aber wir wissen: Die Tunesier sind weit friedlichere Menschen als ihre Nachbarn in Ost und West.

Mit Sicherheit läuft der Motor des Busses auch während einer halbstündigen Pause. Das Argument: „Ein ‚Diesel' braucht zum Anlassen viel Strom, aber unsere tunesischen Batterien sind zu schwach!" Wenn der Fahrer am Straßenrand etwa Kaktusfeigen preiswert erstehen will, läßt er sich bei der Auswahl genügend Zeit. Kommen dagegen Bauern aus einem Dorf zur Landstraße gelaufen, so kann es sein, daß der Fahrer sie „aus Zeitmangel" einfach „übersieht".

Geschmückte Nomadenfrauen mit bunten Trachten und burnustragende Bauern und Händler sind auf der Eisenbahn seltener als im Bus: Bahnfahrten sind teurer und nur in einigen Landesteilen möglich. Ausländische Reisende werden auf der Bahn feststellen, daß Begriffe wie „Sauberkeit" und „Disziplin" dort ernster genommen werden. Die strengeren Sitten gehen so weit, daß man für die Hälfte der Züge auch noch zehn Minuten vor der Abfahrt eine Reservierung kaufen muß, die soviel kostet wie eine Fahrt über vierzig Kilometer. Klar, daß es sich der kleine Mann überlegt, ob er von seinem Ort zur nächsten Stadt nicht lieber gleich den Bus nimmt. Bei den Zügen gibt es zwischen erster und zweiter Klasse nur den Unterschied, daß die „Erste" fast leer ist. Ein Reiseführer empfiehlt Ausländern diese Klasse...

Daß der Begriff „Hotel" sehr dehnbar ist, kann man auch in Europa am eigenen Leib erfahren.

Tunesien kann sich allerdings rühmen, eine hervorragende Hotel-Infrastruktur zu haben: an bestimmten Plätzen und für bestimmte Geldbeutel. Im Rest des Landes kann der, der unter Tunesiern nächtigen will, kaum wählen. „Hotels", die einmal bessere Zeiten gesehen haben, garantieren auch für den stolzen Preis von umgerechnet fünfundzwanzig Mark fürs Doppelbett (man bedenke das Einkommensgefüge: der Pro-Kopf-Anteil am Bruttosozialprodukt in Tunesien beträgt im Jahr etwa fünfhundert Mark) kein sauberes Bettzeug, kein fließendes Wasser.

Unsere Schilderung hier war deshalb so detailliert, weil wir zeigen wollten, was wir schon anfangs meinten, daß die Menschen für uns das größte Abenteuer seien.

Unter den „orientalischen" Staaten liegt Tunesien dem mittleren Europa am nächsten. In seiner Geschichte hat es sich dem nördlichen Kontinent auch nicht völlig verschlossen (womit wir freilich nicht die Besetzung durch Frankreich meinen). Kein Wunder also, daß in Tunesien manches „europäischer" ist als sonstwo in Nordafrika, daß vieles auch erträglicher ist für ausländische Besucher. Wir wollen nicht verhehlen, daß wir in elf Wochen auch manche Enttäuschung erlebten.

Reisenden, zumal wenn sie wie wir ausgetretene Touristenpfade verlassen, können schon im öffentlichen Bereich große Schwierigkeiten entstehen. Tunesien ist an historischen Sehenswürdigkeiten – vor allem immer noch sehr beeindruckenden römischen Ruinenstätten – sehr reich. Da war es zunächst erfreulich, daß es keine ausgesprochene Sperrgebiete im Lande von Habib Bourguiba, des Staatspräsidenten und „Obersten Kämpfers", wie er genannt wurde, gab. Natürlich sind Grenzzonen kritisch. Auf den von Libyen kommenden Straßen gab es Polizeikontrollen aller Fahrzeuge und Passagiere. Man befürchtete Anschläge von Libyern oder von in Libyen ausgebildeten tunesischen Guerilleros so wie im Jahre 1979.

Das Militär trat erfreulicherweise nur in einigen Gebieten stärker in Erscheinung, ebenfalls eine wesentliche Erleichterung beim Reisen, vor allem wenn man gern und viel fotografiert. Außer bei Militäranlagen sahen wir nirgends in Tunesien ein Fotografierverbot. Hinzugefügt sei, daß sich Beamtenwillkür, gleich welcher Art, uns gegenüber im Rahmen hielt.

Eine weitere Vergünstigung für Besucher aus dem nichtarabischen Ausland ist die Tatsache, daß in Tunesien fast alle Hinweis- und Firmenschilder, Wegzeichen, Bekanntmachungen und anderes außer in arabischer auch in französischer Sprache gehalten sind, ein Überbleibsel der langen Kolonialherrschaft Frankreichs (endete 1956). Französisch wird in Tunesien nicht als Fremdsprache betrachtet. Selbstverständlich bekommt man auch alle Art französischer Literatur und zusätzlich Übersetzungen von ausländischen Werken ins Arabische.

Verträglicher und ehrlich

Was uns ebenfalls auffiel, war, daß von den Tunesiern kein übertriebener Nationalismus an den Tag gelegt wurde. In dieser Hinsicht gab es ja im arabisch-islamischen Raum Beispiele zur Genüge. Sicher ist kein Volk gegen Fremdenhaß gefeit, aber ein böses Wort über unsere Abstammung und Nationalität kam uns hier nie zu Ohren.

Waren die Preise für Lebensmittel zwar recht hoch, so war doch positiv zu bewerten, daß die wichtigsten von ihnen durch die Regierung kontrolliert wurden, um dem Preiswildwuchs einen Riegel vorzuschieben. Auch die Beförderungskosten für öffentliche Verkehrsmittel waren genau festgelegt. Diese Feststellung mutet vielleicht seltsam an, ist es aber nicht: In vielen exotischen Ländern werden dem ausländischen Reisenden auch exotische Preise abgeknöpft . . .

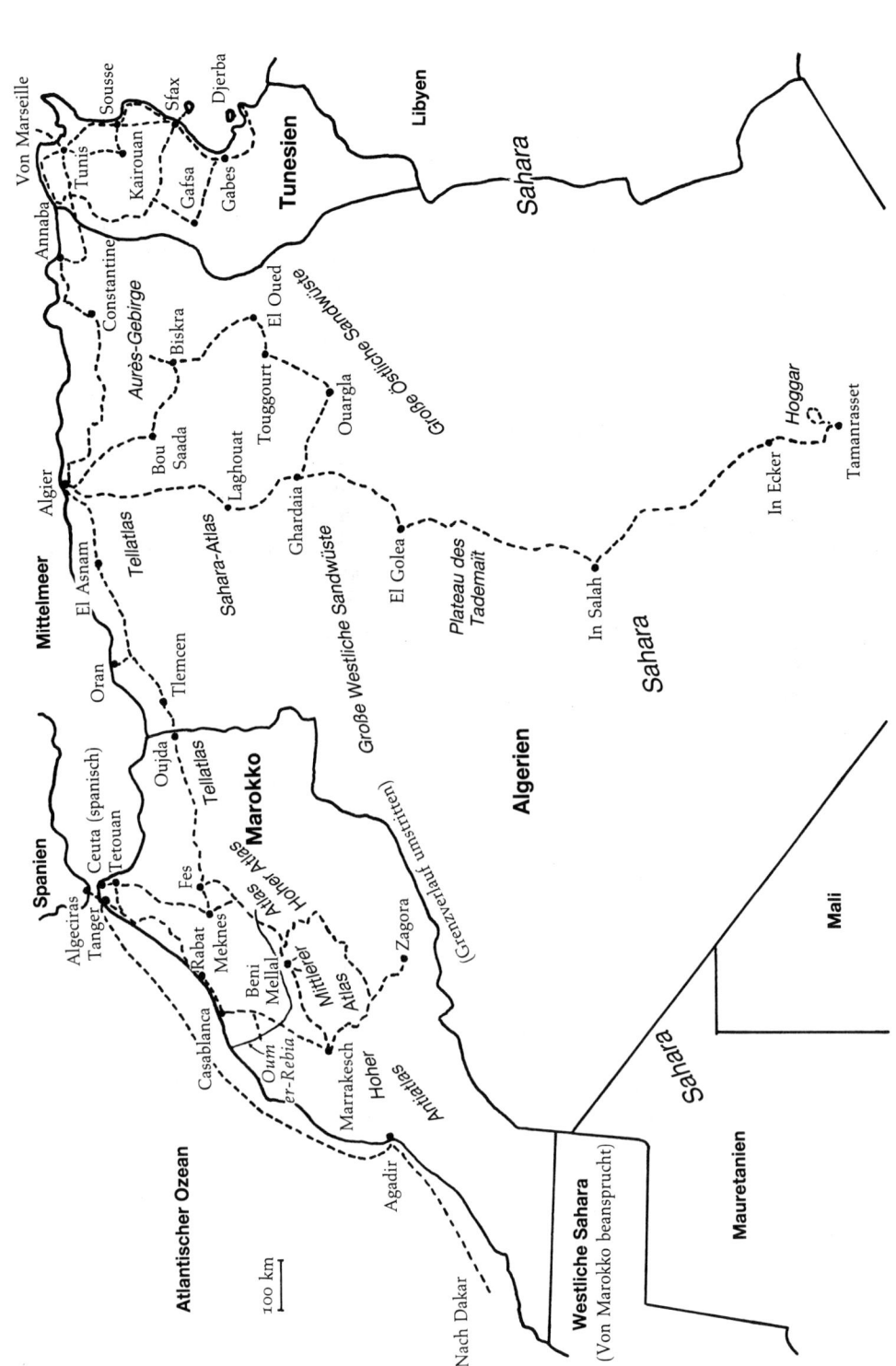

Reiseweg (Strichlinie) durch Tunesien, Algerien, Marokko und per Schiff Richtung Dakar

Die Tunesier waren in Geldfragen durchweg ehrliche Leute. Uns passierte es nie, daß man über den wahren Preis täusche, oder daß man uns Wechselgeld nicht vollständig herausgeben wollte. Außer an von Touristen überlaufenen Plätzen wie den Städten Sousse und Kairouan (in der „Andenken"branche) erlebten wir auch nicht, daß man uns etwas Unerwünschtes aufzwingen wollte.

Belästigungen von Ausländern hielten sich also im Rahmen. Wir freuten uns aufrichtig, daß wir niemals durch religiösen Eifer von Moslems zu Schaden kamen und daß wir Moscheen besuchen konnten, wenn wir auch nicht die mit Matten oder Teppichen ausgelegten Gebetsräume betreten durften. Kaum einmal mußten wir Furcht vor Räubern oder Dieben haben, auch in entlegenen Gebieten nicht (wo man uns übrigens am ehrerbietigsten grüßte). Wir geben zu, daß wir anfangs unsere Taschen krampfhaft festgehalten hatten . . .

Hinter der künstlichen Fassade . . .

„Waren Sie schon am Strand von Hammamet?", „Haben Sie die Festung von Monastir gesehen?", „Die Insel Djerba ist einen Besuch wert. Sind Sie dort gewesen?" Fragen, die uns immer wieder gestellt wurden, seit wir Tunesien betreten hatten. Uns lag nicht direkt an der Begegnung mit Menschenmassen aus Europa, wenn wir schon einmal hier unten waren.

Weihnachten rückte näher. Das war genau der Anlaß, warum das Ehepaar aus Baden-Württemberg nach Sousse gekommen war: „Zum siebenten Male verbringen wir nun schon Weihnachten in Tunesien. Für uns ist es das beste Reiseland, das wir uns vorstellen können!" Das Paar wohnte im Hotel „Marhaba" (551 Betten), mit drei Sternen. „Bin ich froh, daß die zwei Wochen 'rum sind. Tunesien ist doch ein Drecksland!" Der alleinreisende Berliner hatte die Nase voll, obwohl er immerhin im „Alyssa" (710 Betten, zwei Sterne) untergebracht war. Die Tunesier hätten zaubern können müssen, um es allen Touristen recht zu machen.

Wir wollen keinem Urlauber zu nahe treten, der sich nicht leisten kann, länger als nur einige Tage oder zwei Wochen in Nordafrika zu verweilen. In jedem Jahr verbringen – unter anderem – Hunderttausende von Deutschen ihre Ferien in Tunesien. Für die meisten ist es einfach ein orientalisches Land, das erholungs- und erlebnishungrigen Europäern vieles bietet, das ihre eigenen Alltagssorgen vergessen macht. Sie erleben „Beduinenabende" im feinen Hotel und besuchen stoßtruppweise Märkte, die ohne ihre Gegenwart überhaupt nicht mehr existieren würden.

Hinter der für Ausländer künstlich aufgerichteten Fassade steht aber so vieles, das zwar weniger romantisch, dafür aber um so erkennenswerter ist.

„Sehen Sie doch nicht immer alles so kritisch!", sagte uns einmal jemand, der gerne seine Ruhe haben wollte. Nun gut, in Tunesien sah manches besser aus als in anderen Teilen Afrikas, etwa in Algerien, aber dieses Land wurde auch nicht von Touristen überschwemmt. In Tunesien war der Kontrast augenfälliger.

Fürwahr, ein Land, in dem Milch und Honig flössen, war Tunesien noch lange nicht (trotz der ständig steigenden Einnahmen aus dem Fremdenverkehr). Á propos Milch: Der weitaus größte Teil kam aus Ländern der Europäischen Gemeinschaft, entweder schon fertig abgepackt aus Italien oder in Pulverform. Ein Liter kostete (trotz des Überschußverkaufspreises der EG) umgerechnet achtzig Pfennige bis eine Mark. Das Kilo dänische Butter machte fünf Mark. Auch der Käse kam aus Europa, allerdings war er billiger als der einheimische Schafkäse!

34

Überhaupt: die Preise. Ein Kilo Orangen kostete während der längsten Zeit des Jahres soviel wie das tunesische Pro-Kopf-Einkommen an einem Tage betrug. Selbst ein Fabrikarbeiter mit garantiertem Mindestlohn mußte sich für ein Kilo Fleisch fast einen ganzen Tag lang abrackern, während zu Hause vier oder fünf Kinder auf ihn warteten. Positiv in Tunesien: Kinder wurden weit weniger geprügelt als in anderen arabischen Ländern, obwohl in den Schulen die Rute immer parat war. Die Regierung hatte ein Familienplanungsprogramm eingeleitet, aber reichem Kindersegen waren nur wenige Tunesier abgeneigt. Kinderliebe der Eltern wurde oft herausgestellt, im öffentlichen Bereich wurde sie jedoch noch klein geschrieben.

Nur ganz wenige Kinder konnten einen Kindergarten besuchen (eine erste schulische Förderung erfahren). Rund drei Viertel der Schulpflichtigen wurden unterrichtet, aber nur für die Hälfte gab es Klassenräume und Lehrer. Tunesische Kinder gingen vormittags und nachmittags zur Schule (an sechs Tagen) – jeweils zwei Stunden. Wegen des Schichtunterrichts waren Hunderttausende von Schülern viermal am Tage auf dem Schulweg. Auf dem Lande verbrachten die Kleinen die Hohlstunden vor der Schule, auf einem staubigen Hof, denn ihr Weg zu Fuß nach Hause war oft so weit wie eine Schulstunde.

Kinderspielplätze gab es in Tunesien in großer Zahl. Alle Straßen standen ihnen zur Verfügung. Doch im Ernst: Eine Stadt wie unser Sfax mit über 200 000 Einwohnern hatte nur einen einzigen wirklichen Kinderspielplatz, genau im Zentrum zwischen qualmenden Autos und nur stundenweise geöffnet, im Sommer kürzer und mittags überhaupt nicht!

Bettler erhielten von ihren moslemischen Landsleuten (deren Glaubenspflicht dies ist) in Tunesien auch wirklich Almosen, vielleicht der Grund dafür, daß es weniger namenloses Elend gab? Die ärztliche Versorgung war – außer in Städten – alles andere als rosig. Ein Sozialversicherungssystem für Gesundheitsvorsorge, Bezahlung von Krankengeld, Krankenhausaufenthalt und anderem war im Aufbau. Für die Arbeitnehmer war die Arbeitsunfallversicherung beitragsfrei. Ein Land kritisch sehen, heißt auch Erfreuliches entdecken.

Alle Arten von Leuten

Täglich zogen unzählige interessante Menschen an uns vorüber. Wir wollen im folgenden ein paar Beispiele der unterschiedlichsten Typen geben.

In Deutschland gewesen war Ali, dem wir in der nordtunesischen Stadt El Kef in die Hände liefen. Er hatte uns bei der Busstation buchstäblich aufgelauert. Ehemalige oder auf Urlaub befindliche „Gastarbeiter" trifft man in Tunesien nur selten, anders als etwa in der Türkei. Für ihn war zwar „Deutschland prima", für sein eigenes Land hatte er aber nur negative Auszeichnungen parat (was uns schon mißtrauisch machte). Seine Wohnung sei zu klein, um uns beherbergen zu können, meinte er, obwohl wir ihn gar nicht darum gefragt hatten. Daher führte er uns ins „beste Hotel", bis er sich dort, weil das Gegenteil der Fall war, in deutscher Fäkaliensprache ausließ. Auf der Straße staunten ganze Menschenansammlungen über das ganz besonders laute Deutsch unseres Ali.

Die Fußgängerampel zeigte „Rot". Der junge Mann neben uns am Gehwegrand hielt energisch seinen Begleiter zurück, der dennoch auf die Fahrbahn treten wollte. Verwundert beobachteten wir diese Szene in Sfax, denn um die grünen und roten Lichter kümmern sich Fußgänger in Tunesien beinahe nie. Dabei fielen wir dem jungen Manne auf. Es stellte sich heraus, daß Abdullah Yabrani sich mit den schlechten Angewohnheiten seiner Landsleute nicht mehr abfinden konnte. Der Grund: Seit acht Jahren hatte er in Marburg gearbeitet und sich als lernfähig erwiesen. (Das deutsche Marburg und das tunesische Sfax sind übrigens Partnerstädte.)

Als „Ihr Bruder Said" schreibt uns seit unserer Begegnung mit ihm in einem überfüllten Überlandbus ein anderer junger Tunesier, der einmal drei Monate bei den US-Streitkräften in der Nähe Nürnbergs in technischer Ausbildung gewesen war. Dann hatte er neun Monate in den USA verbracht. Jetzt war er bei einem tunesischen Artillerie-Regiment. Er gehörte zu den höflichsten Tunesiern, die wir trafen.

Eine Deutsche, so wurde uns erzählt, habe eine kleine Parfümerie beim „Zolltor". Gegen Ende unseres Aufenthaltes in Sfax gingen wir zu der Dame hin. Sie war eine Jüdin aus Mühlhausen im Elsaß, die einen Tunesier geheiratet hatte und schon seit 56 Jahren im Lande lebte. Sie war jetzt einsam, ihr Mann hatte sich das Leben genommen. Sie sprach noch gutes Deutsch. Für jeden von uns hatte sie ein kleines Geschenk.

Um eine Ostdeutsche handelte es sich bei einer anderen Bekanntschaft, die wir zufällig machten. Ein kleines Mädchen führte einen wuscheligen Hund an der Leine von Baum zu Baum spazieren. Dieses in Tunesien ziemlich ungewohnte Bild ließ uns stutzen. Wir erfuhren, daß das Kind eine deutsche Mutter hatte, zu der es uns führte. Sein Elternhaus war nur fünfzig Meter von unserer Wohnung entfernt und wir hatten schon zwei Wochen hier zugebracht, ohne etwas zu ahnen. Deutsche in Sfax waren eine große Seltenheit. Annelores Mann Ezzedine war Tunesier, ein Ingenieur, der im östlichen Teil Deutschlands studiert hatte. Sie hießen uns wie selbstverständlich willkommen. In den nächsten beiden Monaten waren wir dann sehr oft zusammen, verbrachten Geburtstagsfeiern, Weihnachten und Silvester miteinander. Wir erhielten manche Hilfe durch unsere neue Bekanntschaft. Wir revanchierten uns unter anderem, indem wir eine Woche lang auf das zehnjährige Töchterchen Nozha aufpaßten, als das Paar nach Deutschland mußte. Annelore sagte uns, sie habe schon mehrfach versucht, mit Westdeutschen in Berührung zu kommen, aber sie habe kein Glück gehabt. „Vielleicht weil ich aus der DDR bin?", fragte sie. Wer weiß? Uns jedenfalls war das völlig egal, wir freuten uns. Wir verabredeten ein späteres Treffen in Deutschland.

Einen „Kollegen" trafen wir in Sfax auch. Der 36jährige berufslose Franzose Jean-Marie Lavanceau war mit dem Fahrrad allein durch Afrika unterwegs. Nun hielt er vor der französischen Gemeinde in ihrem Konsulat einen Vortrag. Zuletzt hatte er die Sahara durchquert, wie er erzählte. Aber leider wußte Jean-Marie über ein solch großes Abenteuer nicht viel mehr zu sagen, als daß er viele technische Schwierigkeiten mit dem Fahrrad hatte.

Es ist jetzt wohl höchste Zeit, daß ich etwas über Monsieur Smaoui erzähle. Eigentlich hatte er für die nur rund 35 Quadratmeter große Wohnung zunächst pro Monat sechzig tunesische Dinar verlangt, aber wir einigten uns dann auf 45, was damals etwa 215 Mark entsprach. Weil dies die höchste Miete war, die wir bis dato unterwegs für eine so kleine Unterkunft bezahlen mußten, Japan inbegriffen, vereinbarten wir mit ihm noch, daß außer Gas alles im Preis eingeschlossen sei. Leider hielt er sich später nicht an diese Vereinbarung, und es kam zu einer Verstimmung.

Als wir die Wohnung übernahmen, war sie in einem fürchterlichen Zustand. Madame Smaoui hatte zwar einmal durchgeputzt, aber um unsere neueste Bleibe wohnlich zu machen, mußten wir schon noch einen ganzen Tag lang schrubben. Außerdem mußten wir einiges instandsetzen. Nachts zur Ruhe zu kommen, war nicht so leicht wie gedacht, denn unsere Betten waren derart durchgelegen, daß man gekrümmt wie eine Banane darin lag. Wofür Monsieur Smaoui nichts konnte, war der Lärm, den die – teilweise nachts umherstreunenden – Hunde von Nachbarn

machten. Seine und meine Madame tauschten Kostproben aus ihren Küchen aus, was auch uns
Männern zugute kam. Im Gegensatz zu unserem Vermieter wurde ich in der nächsten Zeit aber
nicht dicker. Übrigens stellte er nach unserer zweiten Mietzahlung seine Fernsehgewohnheiten
von Schwarzweiß auf Farbe um...

Der Vollständigkeit halber will ich hier anfügen, daß zu den weniger alltäglichen Sehenswürdigkeiten, die wir während unserer Zeit in Sfax unter die Lupe nahmen, eine Ölfabrik (Olivenöl), ein
Fischereihafen, eine Kunstdüngerfabrik, Meiler für die Herstellung von Holzkohle, eine Weberei
für Schleier (die die Damen beinahe von Kopf bis Fuß einhüllten), Schulen und Krankenstationen
gehörten. Zum Besuch eines Kindergartens in unserer Nachbarschaft wurden wir eingeladen. Am
Morgen vor der geplanten Visite kam die Absage. Die Leitung des Horts hatte erfahren, daß wir
kritische Leute seien und auch fotografieren wollten. Die Mädchen und Buben waren Kinder
reicher Familien. Offiziell hieß es in der Ablehnung: „Aus hygienischen Gründen", was immer
wir uns nun darunter vorstellen wollten.

Der Zoll macht uns zu Schwarzwechslern

Es kam der Zeitpunkt, als wir einem Wechsel der Umgebung nicht abgeneigt waren. Mit der
Eisenbahn fuhren wir von Sfax ein letztes Mal hinauf nach Tunis. Wie so oft während des Winters
stürmte es, aber nun regnete es zur Freude der Bauern auch in der Landesmitte. Im Norden gab es
gleich wieder große Überschwemmungen, in den Bergen Schnee wie „seit Menschengedenken"
nicht mehr. Aber unserer Weiterreise ins Nachbarland Algerien stand nichts im Wege, was das
betraf.

Wir kamen in einem Abteil unter, in dem ein Algerier und vier Tunesier saßen. Die letzteren
wollten nach Marokko, ein weiter Weg. Sie hatten nur je eine Plastiktragetasche dabei, wollten
„einkaufen". Als wir an die Grenze kamen, wurden sie von ihren eigenen Zöllnern einer
Leibesvisitation unterzogen, die ohne Ergebnis blieb, denn natürlich nahmen sie Landeswährung
gut versteckt mit, was nicht erlaubt war. Tunesische und französische Zeitungen wurden noch
diesseits eingesammelt, weil sie in Algerien ohnehin verboten waren. Dies gab uns einen
Vorgeschmack auf das Kommende. Die algerischen Zollbeamten wollten unsere Gepäckstücke
öffnen, vergaßen es dann. Aber bei der Überprüfung unserer Barschaft waren sie genauer.

Dazu diese lustige Geschichte. Wir hatten Geld in vier verschiedenen Währungen bei uns,
umgerechnet etwa 5000 Mark, die Hälfte in Schecks. Vor den Augen unserer Mitreisenden sollten
wir nun alles ausbreiten und zählen, um das Ergebnis in einer Zollerklärung eintragen zu lassen.
Erst als wir die Beamten etwas beiseite nahmen und darauf aufmerksam machten, daß unsere
Abteilgenossen uns nach Anbruch der Dunkelheit wegen unseres Besitzes wahrscheinlich
ermorden oder uns ganz einfach aus dem fahrenden Zug werfen würden, gingen sie mit mir in den
anschließenden Gepäckwagen, wo wir, auf dem Boden sitzend, uns ans Zählen machten.

Die Geschichte hat aber eine Fortsetzung. Wir verheimlichten nichts. Ein Zöllner trug alle
Summen säuberlich in ein Formular ein. Damit sollte verhindert werden, daß man Geld „schwarz"
(zu weit besserem Kurs) wechselte. In den folgenden Tagen tauschten wir in Algier auf der Bank
tausend französische Francs in algerische Dinar. Kurze Zeit später, in einem Städtchen in der
Sahara, bot uns ein Hotelmanager fünfzig Prozent mehr. Doch leider... Da entdeckten wir, daß
der Zöllner sich geirrt hatte. Er hatte „277 Francs" eingetragen, anstatt der wirklich vorhandenen
2770. Nun waren wir in Schwierigkeiten. An der Grenze würde man uns später bei der Ausreise

fragen: „Wie konnten Sie tausend Francs wechseln, wenn Sie nur 277 hatten?" Gleichzeitig hatten wir „Glück". Wir setzten eine „1" vor die „277" im Formular. Damit war die Bankaffäre geritzt. 277 Francs hätten wir ja am Ende übrig haben dürfen. Ein anderer Vorteil war, daß wir einen Teil der nun wieder „ans Tageslicht" gekommenen weiteren Francs bei dem Hotelmanager wechseln konnten. Weil wir sparsame Menschen sind, verbrauchten wir das erstandene algerische Geld nicht. Mit dem beträchtlichen Rest gingen wir auf die Bank in einer Stadt an der marokkanischen Grenze und wechselten es in französisches Geld zurück, mit erheblichem Gewinn. Nun mußten wir natürlich die (im Vergleich zum Formular) überzähligen Francs verstecken. Was konnten wir dafür? Der Zöllner hatte uns mit seiner Schusseligkeit auf den Schwarzmarkt getrieben! Wir hatten dennoch ein ziemlich schlechtes Gewissen. Wie der Zufall es dann fügte, würdigten die algerischen Zöllner bei der Ausreise unseren Geldbeutel und unsere Gelddeklaration keines Blickes.

Sechs Wochen durch die algerische Sahara

Wir hatten uns nun längere Zeit in städtischen Zonen oder doch in deren Einflußbereich aufgehalten. Wir sehnten uns nach großen, freien Räumen. Nichts ist „endlos", auch die Wüste nicht. Aber unser Gefühl der Freiheit auf unseren Reisen wurde immer verstärkt beim Anblick von Wüsten, wo der Blick von einem günstigen Aussichtspunkt aus unglaubliche Entfernungen überwinden konnte.

Bevor wir uns anderen Themen über Algerien zuwenden, wollen wir eine sechswöchige Reise durch die Sahara-Gebiete dieses Landes beschreiben. Wir lernten dabei den Unterschied zwischen der Wüstenromantik vieler Europäer und der Realität kennen. Wir gelangten bis nach Tamanrasset im äußersten Süden, in der Mitte zwischen dem Mittelmeer und dem Golf von Guinea. Dabei besuchten wir mehrere bedeutende Oasen und das Hoggar-Gebirge. Wir kehrten dann wieder in den Norden zurück, denn nur von dort aus war ein Überschreiten der Grenze nach Marokko leicht zu bewerkstelligen. Marokko und Algerien waren zerstritten. Doch davon später. Hier nun unser Bericht über die strapaziöse Sahara-Rundreise. Wir geben ihn in Tagebuchform, damit sich der Leser einen leichteren Überblick über den Ablauf dieser Fahrt verschaffen kann. Wir starteten in Algier, der Hauptstadt.

Donnerstag, 29. Januar 1981

Fast die Hälfte unseres umfangreichen Gepäcks nimmt freundlicherweise die deutsche Botschaft in Algier in Verwahrung. Auch zwei Drittel des Inhalts unserer Reisekasse bleiben zurück. Wir sind für die Abnahme dieser Sorge sehr dankbar. Wir haben uns mit einigen Lebensmitteln ausgestattet, denn im Süden Algeriens sollen sie sehr teuer sein. Aber auch in der Hauptstadt sind die Preise hoch. Wegen Eiern stehen vor den Regierungsläden Tausende Schlange. Wir verlassen unser „Grand Hotel Moderne" (französischer Kolonialstil) neben der Kasba (der „Araberstadt") und besteigen einen Bus, der uns an diesem Tage über den Tellatlas nach Bou Saada bringt, einer von Ausländern von Algier aus gern besuchten „Edeloase". Es gibt drei Hotels, alle sind uns zu teuer. Wir kommen im „Türkischen Bad" unter, im Hammam, wo man uns ein zellenartiges Zimmer gibt. Dort stehen nur zwei entsetzlich durchhängende Betten. Das Problem hatten wir in der letzten Zeit oft. Wir behelfen uns damit, daß wir die Betten hochheben, Nachttische auf die Seite kippen und unter den Bettrost legen.

Freitag, 30. Januar 1981

Ein ausgetrocknetes, als Müllplatz mißbrauchtes Oued zieht sich durch Bou Saada. Dorthin wandert alles, was die Zivilisation den Bewohnern an Unverdaulichem beschert hat. Freitag (hier der „Sonntag") ist Hauptmarkttag. In Bou Saada können Touristen zum Beispiel handgewebte Decken kaufen; Algerier interessieren sich mehr für Thermosflaschen aus der Volksrepublik China (zur Zeit der große Renner). Beim größten Hotel käuen vier Kamele bis zum nächsten Ausritt wieder – die letzten der Oase. Das Kamel wurde weitgehend durch den Lastwagen, der Geschichtenerzähler durch den Fernsehapparat ersetzt. Auf elf Uhr ist die Busabfahrt zu unserem nächsten Ziel festgesetzt; der Wagen geht auch tatsächlich schon um halb eins. Im Flugzeug hat man zwanzig Kilo Gepäck frei. Nicht so in algerischen Bussen. Die Transport-Societé des Staates will vermeiden, daß die Leute ihren Hausrat und ihr Viehzeug mit herumschleppen. Dennoch eine ziemlich unsoziale Maßnahme in diesem Land „auf dem Weg zum Sozialismus". Die Oase Biskra ist unser Tagesziel. Dazwischen liegt die vorsaharische Steppe. Oase – wie das schon klingt! In Biskra schießen aus mehreren Geschäften zum heißen Sound Lichtorgeln ihre Blitze in die Nacht der Altstadtgassen.

Samstag, 31. Januar 1981

In aller Frühe machen wir uns zu Fuß auf den Weg ins Aurès-Gebirge, dem höchsten Nordalgeriens (bis zu 2326 Meter). Dann spielen wir Anhalter. Der erste Autofahrer nimmt uns gleich mit. Er hat eine kranke Nachbarin – sie sitzt im Fond und ist nach Landessitte verschleiert – nach Biskra zum Arzt gefahren. Der Turbanmann hat zwanzig Jahre lang in Lothringen

Schlucht des Oued el-Abiod im Aurès-Gebirge mit teils verlassenen Häusern des Ortes Rhoufi

gearbeitet. Wir wollen zu dem Dorf Rhoufi, siebzig Kilometer von der Stadt. Wir befinden uns nun in der abgelegensten und eigentümlichsten Landschaft des Nordens. Rhoufi ist einer ihrer Hauptorte. Das Oued el-Abiod hat sich in das rötliche Gebirge gegraben. In der bis hundert Meter tiefen, rund achtzig Kilometer langen Schlucht hat sich vor langem die berberische Volksgruppe der Chaouïa in steilen, terrassenartigen Wehrdörfern niedergelassen. Einige kleben so am Fels, daß sie nur über Strickleitern erreichbar sind. Viele Bewohner sind nun schon aus der Schlucht weggezogen. Die Städte und weniger mühevolle Arbeit als die unter den Tausenden von Palmen lockten. Wir verbringen den ganzen Tag bei den Zurückgebliebenen und besuchen manches verlassene Haus. Über uns die Schneegipfel des Aurès-Gebirges. Es weht ein eiskalter Wind.

Sonntag, 1. Februar 1981
Wie üblich ist auch in Biskra der Fahrkartenschalter der Busstation vergittert. Mit der Disziplin der Algerier ist es nicht so weit her. Aber auch der Umgangston der Angestellten ist rüde. Neunzig Minuten Fahrt nach Süden (alle Reisebusse kommen aus Westdeutschland), eine Stunde Pause, noch einmal eineinhalb Stunden auf Achse, dann sind wir in El Oued, in der Nähe der tunesischen Grenze. Wie üblich geht Wilma auf Suche nach Unterkunft, während ich unsere Sachen bewache (sie sind, ohne Geld, über siebentausend Mark wert). Ein guter Platz (nach unseren Begriffen) kostet in El Oued sechzig Mark. In Algerien reisen heißt, auf vieles verzichten. In einem einfachen, aber neuen Gasthof bezahlen wir ein Viertel dieser Summe. Laroussi ist der Manager. Er hat vier Jahre in der DDR zugebracht, zusammen mit viertausend Landsleuten. In Erfurt wude er zum Schweißer ausgebildet. Als er nach El Oued zurückkehrte, war er arbeitslos, wie viele seiner Kollegen. Fehlplanung . . .

Montag, 2. Februar 1981
Wir sind im Oasenbezirk Souf, Teil der Großen Östlichen Sandwüste. Wer Wüsten liebt, kann hier größten Gefallen finden. Die Dünen sind fünfzig bis sechzig Meter hoch und erstrecken sich über Hunderte von Kilometern. Sie sind durch eine starke Brise, vor allem abends, in ständiger Bewegung. Die Sandwüste ist schön wie die Bergwüste, die wir zu sehen hoffen. Morgens sind die Dünen mit Reif überzogen (Farbbild 5). Wer in Europa macht sich von der Sahara ein solches Bild?

Dienstag, 3. Februar 1981
Wer die Sandwüste bei El Oued allein in der Horizontalen betrachtet, bekommt ein falsches Bild. Hier muß man in die Tiefe gehen (aus der Luft gesehen wäre die Landschaft einem Bombentrichterfeld nicht unähnlich). Seit Jahrhunderten haben die Bewohner der Oasen Tausende trichterförmige Vertiefungen gebuddelt, in denen sie Palmenhaine anlegten. Manchmal sind die Mulden bis zwanzig Meter tief. Dort erreichen die Dattelpalmen das Grundwasser (!). Den Wüstensöhnen (sie kamen im Mittelalter aus Yemen) ist die Mühe heute aber oft zuviel. Die meisten Häuser dort sind bereits verlassen. Die Wüste gewinnt wieder die Oberhand. Die Datteln fallen häufig in den Sand, niemand hebt sie wieder auf. Auf dem Markt kostet ein Kilo vier bis fünf Mark.

Mittwoch, 4. Februar 1981
Neunzig Prozent der Menschen auf den Straßen El Oueds (und vieler anderer Oasen) sind Männer und Jungen. Die wenigen Frauen sind volkommen (meist weiß) verschleiert. Lediglich Schulmädchen gehen ohne Schleier. Übrigens besteht in Algerien, wie in vielen anderen Ländern Afrikas,

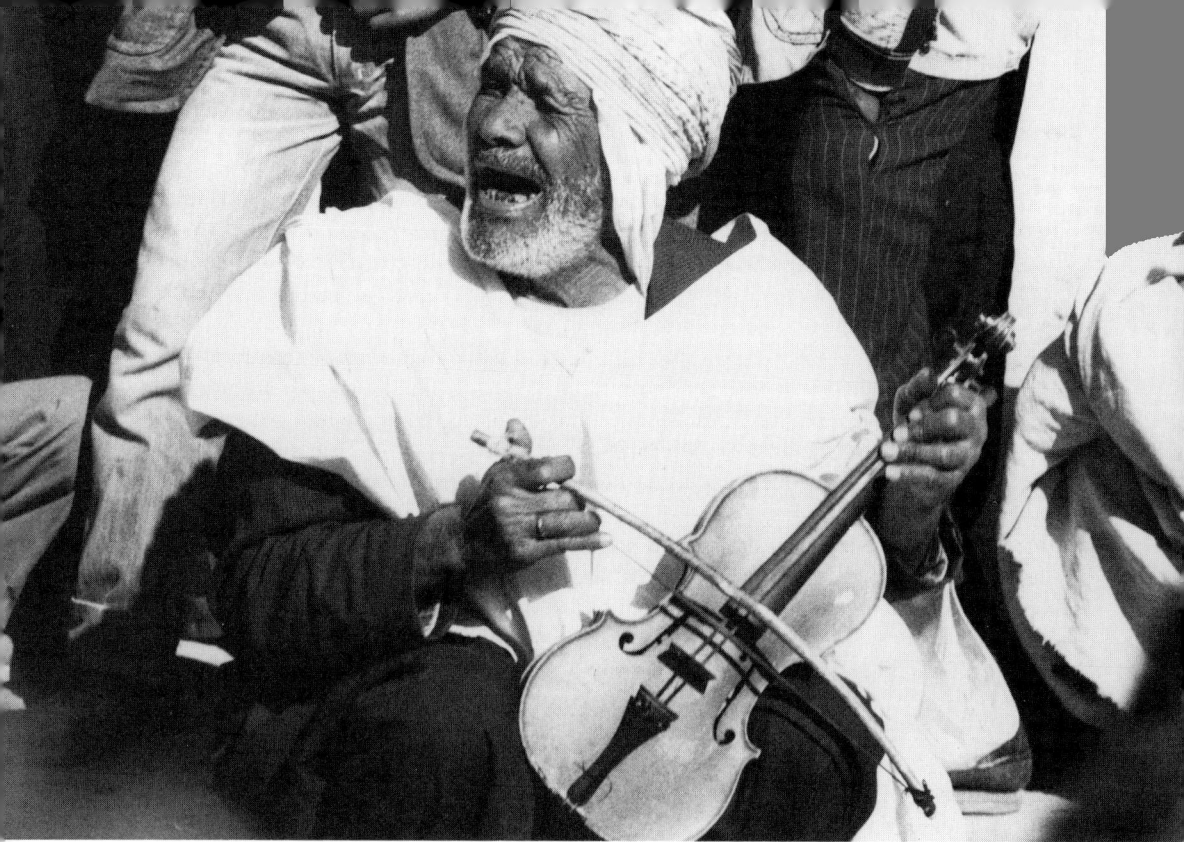

Fahrender Sänger auf dem Markt von El Oued in der Großen Östlichen Sandwüste

noch die Einrichtung der Vielehe. Jeder zehnte Mann in El Oued soll mehr als eine Frau haben. Jeden Tag ist Markt. Turban, Burnus, arabische Beinkleider mit bis zu den Kniekehlen hängendem Hosenboden sieht man neben Blue Jeans, Parkas, Blousons. Datteln sind ein sehr wichtiges Handelsobjekt, aber ebenso Nylonstoffe und Transistorradios. El Oueds ältere Häuser haben grundsätzlich Halbkuppeln statt Dächer. Die Straßen sind voll von Bummlern. Nachdenkliche Algerier meinen: „Keiner hier will mehr arbeiten." Mit Willem und Walter, zwei Belgiern, beschließen wir bei zwei Flaschen Wein unseren Aufenthalt in El Oued. Von hier geht es nach Westen und Süden.

Donnerstag, 5. Februar 1981

Während vier Tagen in der Sandwüstenoase El Oued sehen wir nur acht Kamele, aber Tausende von Autos. Ein Liter Diesel kostet im OPEC-Land Algerien umgerechnet etwa dreißig Pfennige. Weil ein Bus bereits um fünf Uhr noch im Dunkeln startet, entschließen wir uns wieder fürs Anhalterfahren. Wir haben Glück: Trotz zweier schwerer Rucksäcke werden wir rasch mitgenommen. Von El Oued durch die Sanddünen nach Touggourt. Dort verweilen wir am Denkmal für die Citroën-Expedition von 1922–23, durch deren Mission bis nach Timbuktu (mit Kettenfahrzeugen) die Ära der großen transsaharischen Verbindungen eröffnet wurde. In Touggourt beginnt ein Sandsturm. Der Fahrer eines mit Steinsalzklumpen beladenen Lastwagens – früher wurden sie von Kamelen transportiert – klaubt uns aus den Staubwolken auf. Bei Ouargla ist letzter Helfer

Guiseppe aus Sardinien, der für eine italienische Firma von Ölförderanlagen als Chauffeur arbeitet. Er meint immer wieder: „Nichts gibt es hier, außer Erdöl!" Auf zweihundert Kilometer sehen wir nur eine steinige Ebene. Nach vierhundertfünfzig Kilometern sind wir in Ghardaia.

Freitag, 6. Februar 1981

Bei unserer Ankunft gestern abend ergatterten wir das letzte Zimmer im „letzten" Hotel, einem vor Dreck starrenden Schuppen zu horrendem Preis. Heute morgen ist im angenehmen „Transatlantique" ein wunderbares Zimmer für uns frei. Nach Sturm, Staub, Kälte und brennender Sonne freuen wir uns über heißes Wasser. Ein japanisches Paar will in drei Monaten durch ganz Afrika. Wir wollen uns für die Hälfte zwei Jahre Zeit lassen. In der Stadt Ghardaia wollen wir uns ausgiebig umsehen. Sie liegt im Oasenbezirk M'zab und ist von vier weiteren Orten umgeben. Besonders interessant am M'zab ist, daß er von einer strenggläubigen islamischen Sekte, auch „Mozabiten" genannt, bewohnt wird, die im elften Jahrhundert aus Nordwestalgerien vertrieben wurde und sich hier in befestigten Städten, beinahe pyramidenartig aufgebaut, niederließ. Jede wird von einem eigentümlichen Minarett (Turm der Moschee) überragt (Farbbild 6).

Samstag, 7. Februar 1981

In Ghardaia, sechshundert Kilometer von Algier, ist schon alles viel teurer, weiter südlich muß man für das Lebensnotwendige noch mehr bezahlen, wenn man es findet... Rund fünfzehn Kilometer sind wir zu Fuß durch die Oase von Ghardaia unterwegs. Anlage und Pflege von Kanälen zur Bewässerung, ein ausgeklügeltes System zur Verteilung des Wassers eines Oued, bei dem niemand zu kurz kam, waren das Geheimnis jahrhundertelangen, zufriedenen Lebens in der Steinwüste des M'zab. Traurig aber wahr: Das ganze Netz ist außer Betrieb. Kaum ein Garten wird noch bewässert. Überall in Algerien fliehen die Menschen vor arbeitsintensiven Beschäftigungen. Ein Wunder, daß bereits vierzig Prozent der Lebensmittel importiert werden müssen?

Sonntag, 8. Februar 1981

Wanderung durch die Orte des M'zab. Beni Isguen ist die „heilige" Stadt des Bezirks. Man kann sie nur durch Stadttore betreten, vor denen Wächter sitzen, die jeden Fremden (sprich: Ungläubigen) auf Schritt und Tritt begleiten. Bis vor wenigen Jahren war Beni Isguen „verboten". Auch heute dürfen sich Fremde nicht in der Stadt niederlassen oder bei Nacht aufhalten. Die Wächter bestehen auf einem Entgelt für ihre Begleitung, bei der sie darauf achten, daß die Besucher nicht rauchen, nichts verschmutzen (vor der Stadtmauer häuft sich hausgemachter Müll), Kindern (die oft um ganz konkrete Summen betteln) keine Bonbons „anbieten". Nebenbei verscheuchen sie auch alle Passanten aus dem Blickfeld der Kamera. Für umgerechnet fünf Mark pro Person wird die „Heiligkeit" heutzutage billig verkauft.

Montag, 9. Februar 1981

Von den „Mozabiten" (sie sind berberischer Herkunft, alle zusammen etwa neunzigtausend), die man zumeist hinter dem Ladentisch, aber kaum einmal als Handwerker sieht, erzählt man sich, daß sie noch eifersüchtiger als alle anderen moslemischen Männer seien. In ihren Städten haben sie einen regelrechten Spitzeldienst eingerichtet, um ihre Frauen unter Kontrolle zu halten. Sie wachen selbst darüber, daß auch kleine Mädchen weder angerührt noch fotografiert werden.

Übrigens bleiben die Mozabiten stets unter sich, heiraten seit wenigstens neunhundert Jahren nur untereinander, sehen sich unglaublich ähnlich, sind von ungesunder Hautfarbe, meistens dickbäuchig und kurzsichtig (Merkmale, die arabisierte Algerier nicht aufweisen). Erkennungszeichen der Männer sind aber auch ein weißes Käppi und Hosen mit einer Schnur im Bund und durchhängendem Hosenboden sowie Kinnbart. Die „Mozabiten" gelten als gerissene Händler.

Dienstag, 10. Februar 1981
Wir starten in den „Großen Süden". Bis zur ersten Oase, El Golea, fährt ein Bus erst um fünfzehn Uhr. Wir wollen aber nicht nachts reisen. Daher verlegen wir uns erneut auf „Autostopp". Zuvor nehmen die seit Jahrzehnten in Algerien tätigen „Weißen Schwestern" aus der Schweiz und Frankreich in Ghardaia noch einen Teil unseres Gepäcks in Verwahrung. Wir wollen ganz leicht reisen. Mit einem Geländewagen fahren wir bis zu einer Abzweigung fünfundzwanzig Kilometer entfernt. Dann sind wir mutterseelenallein in der Wüste. Da, ein Personenwagen hält bei uns an, drei Männer steigen aus, lungern herum. Wir wären ihnen ausgeliefert ... Später sehen wir, daß ihr Lastwagen im Sand umgestürzt ist und sie auf einen Kranwagen warten. Dann hält ein Lastwagen. Der Fahrer nimmt uns zweihundertsiebzig Kilometer mit, nach El Golea. Auf der Ladefläche liegen vier Tonnen Dynamit für eine Mine. Besser als Nitroglyzerin ... Uns beunruhigt nur, daß unser Fahrer dauernd raucht. Nomaden ziehen zwischen ungeheuren Sanddünen zu den Wasserstellen. In El Golea schlafen wir in einer Schule. Ein freundlicher Student, Mustafa, leistet uns den ganzen Abend Gesellschaft. Wir praktizieren mit ihm unsere Französischkenntnisse, er lernt von uns Englisch.

Mozabitenjunge mit typischen Hosen in Ghardaia. – Hadjer Abdelkader, Lastwagenfahrer

Mittwoch, 11. Februar 1981

Fußwanderung aus der Oase, die sich über mehrere Kilometer erstreckt. Auf das Entfernungsschild hat ein Anhalter geschrieben: „Fünf Stunden Wartezeit". Nach dreißig Minuten Mitnahme in einem Lastwagen, sechzig Kilometer weit, bis zu einer Abzweigung, dann wieder warten. Hadjer Abdelkader, ein gutmütiger Kerl, nimmt uns bis In Salah weitere dreihundertvierzig Kilometer im Lastwagen mit. Er, Chauffeur der Nationalen Transportgesellschaft, ist ein guter Kenner seines Landes. Wir trennen uns am Abend nur ungern. Wir fahren über das völlig menschenleere Plateau des Tademaït. Auf der Welt kann es nichts Öderes geben. Hitze in In Salah, einem der heißesten Orte der Welt (im Sommer über fünfzig Grad). Alle Häuser sind aus Lehm. Wir schlafen im Badehaus. Um zehn Uhr nachts gibt es Brot zu kaufen, die Leute schlagen sich beinahe darum (Farbbild 9).

Donnerstag, 12. Februar 1981

Heute morgen Schwüle – in der Wüste. Mohammed Bostani – er kommt aus dem Norden – fordert uns auf, mit ihm zu fahren, sechshundertfünfundachtzig Kilometer bis Tamanrasset. Noch nie in unserem Leben haben wir in einem solch klapprigen Auto gesessen. Es hat keine Handbremse, die Fußbremse wirkt erst nach zweihundert Metern. Das Lenkrad hat zwei Handbreit Spiel, die Scheinwerfer beleuchten nachts rechts die Fahrbahn zwei Meter weit weg, links die Wolken. Die Motorhaube droht wegzufliegen, die Türen springen bei starken Erschütterungen auf. Alle möglichen Teile werden nur mit Schnüren, Draht und Stoffetzen zusammengehalten. Mohammed ist seit gestern nachmittag ohne Pause unterwegs. Er ist so müde, daß ihm dauernd die Augen zufallen. Wir schlagen ihm vor, einen längeren Halt einzulegen, aber er will weiter. Widerwillig übernehme ich das Steuer des Wagens, so gut man es eben in Händen halten kann, wenn man ständig die Tür zuhalten muß. Immer häufiger kommt kilometerweit Schlagloch auf Schlagloch. Ich fahre Slalom, Mohammed schläft, Wilma versucht die verrutschende Ladung im Fond zu bändigen. Nach fünfzig Kilometern bin ich fix und fertig. Mohammed übernimmt wieder. Er hat nicht genug Wasser dabei, ich warne ihn, aber da ist es schon geschehen: der Kühler reißt. Mohammed schmiert den Riß mit gekautem Brot zu. Nach dreihundert Kilometern die ersten Schluchten des Hoggar-Gebirges. Dann ist die Straße nur noch eine Schlaglochpiste. Vermutlich gibt es im Auto mehr Staub als draußen. Prustend sagt Mohammed, er wisse eine Abkürzung in Richtung eines Heiligengrabes. Er verliert den Weg, wir müssen zurück, verfehlen den Weg noch einmal. Insgeheim verfluchen wir Mohammed für seine Dummheit. Er fährt wie eine gesengte Sau. „Bleiben Sie hier", raten wir ihm am letzten Wasserloch, bevor die Nacht kommt. Er lacht nur, am Steuer seines schleudernden Autos. Nach fünfzig Kilometern ein von einem Lastwagen abgebrochenes großes Metallstück auf der Fahrbahn. Mohammed kann nicht ausweichen, ein Donnergetöse und alles ist aus. Der Motor macht keinen Mucks mehr, Öl und Wasser laufen davon. – Zum Glück kommt nach einer Stunde ein Lastwagen. Die drei Männer darin schleppen uns ab. Nach einer Weile reißt das Seil. Ziemlich dämlich dreinschauend blicken wir dem am Horizont entschwindenden rechten Rücklicht (das linke geht nicht) des Lastwagens nach. Mohammed schläft, ich laufe draußen auf und ab, nach einem anderen Fahrzeug, das eventuell kommen würde, Ausschau haltend. Nach einer Stunde sind unsere Helfer aber wieder da. Diesmal passen sie besser auf. Nach weiteren zwanzig Kilometern sind sie müde, wickeln sich im Sand in Decken. Ein Sandsturm bricht los. Wir bleiben im Auto, das wie der Lastwagen in einem Oued abgestellt wird. Jetzt fehlt eigentlich nur noch, daß eine Flutwelle durch das Oued rauscht!

Freitag, 13. Februar 1981

Dennoch erreichen wir an diesem Morgen Tamanrasset. Bei der Verkehrskontrolle der Polizei einige Kilometer vor der Stadt stehen die Beamten fassungslos vor dem Auto, gehen immer wieder kopfschüttelnd herum. Trotzdem geben sie dem Lastwagenfahrer und Mohammed das Zeichen zur Einfahrt nach Tam. Wir trennen uns von unserem neuesten Freund so rasch wie möglich. Tamanrasset liegt fast 1400 Meter hoch und ist der Hauptort des Hoggar-Gebirges. Rund dreitausend Menschen leben hier. Tam hat nur ein Hotel (Doppelzimmer 75 Mark). Bei jungen Europäern, die sich für einige Monate ein Haus gemietet haben, kommen wir unter. Auf einem staubigen Fußballplatz schreiben wir auf den Knien einen Zeitungsbericht. Wir sind zum Umfallen müde.

Samstag, 14. Februar 1981

Das zu Beginn des Jahrhunderts entstandene Tam (lange hauptsächlich Militärlager der Franzosen) gewinnt jetzt durch Aufwertung zur Hauptstadt einer riesigen Saharaprovinz mehr städtischen Charakter. Das Militär ist allgegenwärtig. Die Häuser haben oft Zinnen, Luftlöcher anstelle der Fenster, Stützmauern, sind mit ockerfarbenem Lehm verputzt. Bewohner sind vor allem die Tuareg (Einzahl Targi) und Schwarze, ihre ehemaligen Sklaven.

Eigenartiges Volk: die Tuareg

Bevor ich unseren Bericht nach Tagebucheintragungen fortsetze, möchte ich etwas zum Stichwort „Tuareg" (Farbbilder 32 und 47) sagen. Sie sind ein nomadisches Volk berberischen Ursprungs, das vorwiegend am Rande der Sahara in Westafrika lebt. Es soll noch rund 300 000 Angehörige haben, wovon neun Zehntel im Sahel beheimatet sind, im Hoggar-Gebirge nur ein kleiner Bruchteil. Seit 1973 gibt es dort kaum noch Nomaden. Die algerische Regierung begrüßte diese Entwicklung im Interesse einer besseren Kontrolle der Minderheiten. Das Zelt und gewisse Traditionen erinnern an die alte Lebensweise. Der Name „Tuareg" soll arabisch sein. Sie selbst nennen sich „Keltagyelmust", was soviel wie „die Verschleierten" bedeutet. Die Männer verschleiern die untere Gesichtshälfte mit dem Ende ihres Turbantuches. Oft werden sie „die Blauen Ritter" genannt. Vor langer Zeit soll ein englischer Tuchhändler über Marokko indigoblaues Baumwolltuch in die Sahara eingeführt haben, das zum Lieblingsstoff der Tuareg wurde.

In Südalgerien soll sich das Grab der Königin Ti-n-hiane befinden, von der die Tuareg ihre Herkunft ableiten. Jahrhunderte hindurch beherrschten sie die Wüste. Sie hatten geeignete Kamele und führten die Karawanen, die Datteln und Salz transportierten. Sie plünderten aber auch Karawanen und ganze Gebiete aus. Die gefürchteten Tuareg widersetzten sich Frankreichs Truppen am längsten und wurden erst 1902 unterworfen. Sie haben ihre eigene Schrift und Literatur, sind Meister im Umgang mit Leder, beim Eisenschmieden, bei der Herstellung von Silberschmuck und von Waffen. Sie sehen in der Hacke das Symbol ihrer früheren Sklaven, der „Harratin" oder „Bella", die heute – obwohl frei – oft noch mit den oder in der Nähe der Tuareg (teils vermischt) leben. Diese haben ihr Klassensystem noch nicht ganz aufgehoben: Es gibt Adelige, die Kamelherden besitzen; Vasallen, denen Ziegenherden gehören; Handwerker. Gebieter aller Tuareg ist der Amenokal, der Besitzer des Landes, dem Benutzer tributpflichtig sind. Die Frau hat eine hohe Stellung und ist im Gegensatz zum Mann, obwohl es sich bei den Tuareg um Moslems handelt, nicht verschleiert. Die Frau wacht über die Erhaltung der Kultur dieses Volkes. Bei der Dürre ab 1972 im Sahel litten die Tuareg ganz besonders. Sie verloren den Großteil ihres Viehs, leben heute teilweise an Stadträndern, suchen einen neuen Lebensunterhalt, zum Beispiel als Nachtwächter. Mehr über die Tuareg (und über die Fulbe, das große Hirtenvolk) in dem Kapitel „Unterwegs im Sahel". Nun weiter aus unserem „Bordbuch":

Sonntag, 15. Februar 1981
Wir suchen uns in höhlenähnlichen Lädchen aus einem kümmerlichen, teuren Angebot ein paar Fisch- und Gemüsekonserven für unsere Hoggar-Tour zusammen. Zunächst geht es fünfzehn Kilometer weit zu einer Mineralquelle, beliebter Treffpunkt vieler Sahara-Reisender aus Nord und Süd. Die Hoggar-Region, groß wie Frankreich, wird täglich von etwa einem Dutzend VW-Bussen, Gelände- und Lastwagen unternehmungslustiger Europäer angefahren. Obwohl vierhundert Kilometer vom Niger, ist Tam Paß- und Zollstation. An der Quelle, wo wir im eben leerstehenden Zelt zweier Deutscher schlafen, erhalten wir Tips für Schwarzafrika.

Montag, 16. Februar 1981
In den Hohen Hoggar führen nur schwierige Pisten. Unser Fußmarsch endet zunächst, als uns sieben Angelsachsen auf ihrem Lastwagen (organisierte Tour, wollen nach Südafrika) mitnehmen. Bei Kilometer 82 erreichen wir (im Regen, sieben Millimeter Niederschlag, ein Naturwunder, das nur wenige Besucher erleben) den Assekrem-Paß (2600 m). Über jetzt gespenstisch grauen, bizarren Berggipfeln dicke Wolken, ziemliche Kälte. Die Lastwagenfahrer kochen sich Tee, kehren dann um. Wir bleiben am Paß. Zwei junge Tuareg, Abderrahman und Salah, bieten uns Unterkunft. Die Steinhütte gehört einer algerischen Reiseagentur.

Dienstag, 17., bis Freitag, 20. Februar 1981
Vier Tage bleiben wir am Assekrem, einem Tafelberg, 2918 Meter hoch, dessen schiefe Ebene eine Steppe ist, weil sie mehr Niederschläge empfängt (auch Nebel und Tau). – Auf dem Assekrem stehen die Hütten französischer Mönche. Bruder Jean-Marie, mit 72 Jahren Senior, ist seit 1955 in der Einsiedelei. Sein Gesicht ist verwittert wie die Hoggar-Felsen, aber seine Augen sind jung. Er betreut die Station des algerischen Wetterdienstes und nimmt für die Universität Mainz Messungen vor. Zu Beginn des Jahrhunderts baute der Trappistenmönch Charles de Foucauld dort die erste Einsiedelei. Er lebte aber vor allem in Tam, wo er 1916 umgebracht wurde. – Von kaum einer Berglandschaft waren wir bisher so beeindruckt wie vom Hoggar. Wir sind so viel wie möglich zu Fuß unterwegs, mit Christian aus Bern und den jungen Tuareg. Ein Berggipfel liegt so günstig, daß wir in fast alle Richtungen zweihundert Kilometer weit blicken können. Um und vor uns ein Chaos von Gipfeln, Felswänden, Pfeilern, Geröll (Farbbild 7). Hinter Vulkanschloten Sand- und Steinwüsten, riesige Oueds, am Horizont dunkle, bedrohlich scheinende Gebirgszüge. – An einem Tag kommen wir zu Felszeichnungen einstiger Hoggar-Bewohner, zwei- bis fünftausend Jahre alt. In einem Tuareg-Lager essen wir mit den Leuten aus einer Schüssel. Leider sind sie zu sehr an Tauschgeschäften (Handarbeiten gegen Uhren usw.) interessiert. – Nach dem Regen am Montag scheint immer die Sonne, aber es tobt ein orkanartiger, eisiger Sturm.

Samstag, 21. Februar 1981
Wir beschließen, anders als vorgesehen, den rund hundert Kilometer langen Rückweg nach Tam auf einer westlichen Route zu Fuß zusammen mit Christian zu bewältigen. Er hat sich uns als

Mit dem bärtigen Christian im Hoggar vor Beginn unserer Wanderung durch die Wildnis

Der Targi Abderrahman am Assekrem. – In einem Lager von Tuareg im Oued Ilamane

großer Wanderer vorgestellt. Abderrahman versorgt uns zu günstigem Preis mit Lebensmitteln. Wir nehmen schweren Herzens von unseren Freunden Abschied. Nach fünfzehn Kilometern umgehen wir den 2739 Meter hohen Felskegel des Ilamane (nach Ansicht der Tuareg schönster Berg des Hoggar). Tuareg weisen uns dreien den Weg, aber sie schicken uns in die Irre. Wir haben nur eine Kartenskizze dabei. Wir verlieren die Geländewagenpiste und finden sie nie wieder. Statt dessen sind wir im zwischen zehn und fünfzig Meter breiten Flußbett des Oued Ilamane. Hin und wieder finden wir stehendes Wasser. Als wir abends Essen kochen, entrinnt ein Skorpion den Flammen zwischen die Steine. Die Nacht verbringen wir im Schlafsack im Sturm auf einem Felsen in der Schlucht.

Sonntag, 22. Februar 1981
Wo das Wasser nicht vom Sturm bewegt wurde, ist es gefroren. Ein unbeschreibliches Durcheinander von Felsen zu beiden Seiten des Oued. Dieses und die Sonne sind unsere Richtungsweiser. Das Oued führt in die Sandwüste, aber wie weit ist sie entfernt? Das Flußbett scheint sich durch die Endlosigkeit zu schlängeln. Hausgroße Felsen liegen darin, machen das Vorwärtskommen manchmal fast unmöglich. Ich trage einen zwanzig Kilo schweren Rucksack, Christian und Wilma etwas weniger. Wir haben zehn Liter Wasser dabei, aber das Oued läßt uns nicht im Stich. Wäre es nicht so kalt, könnten wir in dem zwischen Felsen stehenden, kristallklaren Wasser baden. Dort finden wir manchmal auch Bäume und Büsche (Gräser und Blumen gibt es überall im Oued), und einmal auch Menschen . . . Drei Tuareg-Frauen mit sechs Kindern laden uns in ihrem Lager zu Sauermilch und Tee ein. Tamanrasset, ja, das läge noch weit, meinen sie auf arabisch. Aber die verlorene Piste können sie uns nicht zeigen.

Montag, 23. Februar 1981
Nach einem weiteren Vormittag im Oued halte ich von einem Berg Ausschau. Der Ilamane scheint noch nicht weit entfernt zu sein. Aber ich erkenne auch andere charakteristische Berge in der Gegenrichtung. Wir beschließen, die Wanderung über dem Oued fortzusetzen, unseren Wasserspender aber nicht aus den Augen zu verlieren. Atemberaubend unser Weg unterhalb von Basaltpfeilern und über Geröllhalden! Entmutigend der Marsch über bis zum Horizont mit schwarzen Steinen bedeckte Plateaus! „Gibt es nie ein Ende?", fragt Christian, und wirft seinen Rucksack auf den Boden. Einmal stürzt er und gesteht uns, daß er an Fallsucht leidet. Er könne bei großen Anstrengungen auch kaum noch etwas sehen. Ob er will oder nicht, wir müssen wieder hinunter ins Oued, denn nur dort können wir nachts bleiben. Sechs davonstiebende Gazellen weisen uns den Weg zu einer Wasserstelle. Unser Schweizer rührt beim Brennholzsammeln (Prügel vertrockneter Büsche im Oued) und Kochen keinen Finger mehr. Er will auch fast nichts mehr essen. Ungeeignet für die Wüste . . . Unglaublich: Es gibt hier achtzig Pflanzen, die der menschlichen Ernährung dienlich sein können.

Dienstag, 24. Februar 1981
Wir kommen im Oued immer tiefer. Es ist fast windstill und es wird sehr heiß. Wir sind sehr einsam. Im Hohen Hoggar leben nur ein paar hundert Tuareg. Zwei junge Bären turnen auf einem Felsen herum. Kleine Vögel sind immer neugierig um uns, über uns kreisen oftmals Geier (weiß, mit schwarzen Flügelspitzen, von der Sonne verbrannt, wie die Tuareg sagen). Nie mehr wollen wir zwei mit jemandem, den wir nicht genau kennen, eine solch strapaziöse Bergtour unterneh-

men. Positiv: Christian hat ein leichtes Zelt, in dem auch Wilma schlafen kann, und als meine Schuhe kaputtgehen, kann ich Christian sein zweites Paar abkaufen. Wieder steige ich auf einen Berg. Wir müssen eine andere Richtung nehmen! Wir verlassen die Schlucht und marschieren zwanzig Kilometer weit durch riesige, sandbedeckte Wasserabläufe. Doch wir kommen nicht ans Ziel. Wir hoffen auf morgen.

Mittwoch, 25. Februar 1981

Dies ist der fünfte Tag seit unserem Abmarsch vom Assekrem-Paß im Hohen Hoggar, seit unserem Abschied von Abderrahman und Salah. Vier Tage wußten wir nicht, wann wir jemals wieder in die Zivilisation zurückkehren würden. Nun haben wir aber den Iharen, einen kegelförmigen Berg (Farbbild 8) in der Nähe der Mineralquelle bei Tamanrasset, entdeckt, an dem wir uns elf Tage zuvor schon einmal aufgehalten haben. Die letzte Nacht haben wir im Sandsturm zu dritt im Zelt unseres Schweizers verbracht. Wir haben kein Wasser und keine Nahrung mehr. Christian hatte zu wenig dabei. Wir teilten alles mit ihm. Ziemlich abgekämpft kommen wir gegen Mittag bei der Quelle an. Dennoch sind wir zwei sehr glücklich über unsere großartigen Erlebnisse in der Gebirgswüste. Unser und Christians Wege trennen sich. Zuletzt hatte Wilma seinen Rucksack getragen, als er am Zusammenbrechen war.

Donnerstag, 26. Februar 1981

Erstmals seit Wochen ein Ruhetag. Das heißt: Wir müssen unsere Sachen gründlich in Ordnung bringen. Wir haben ja noch einen weiten Rückweg nach Norden vor uns. Besondere Pflege

Im Oued Ilamane; vorn ein natürliches Wasserbecken. – Das Nachtlager bei In Ecker

verdienen die Kameras, mit denen wieder ein Film und Bilder für spätere Vorträge und für ein neues Weltreisebuch entstehen. An der Quelle, wo eine Herberge aus Lehm uns ein Lager auf dem Boden bietet, treffen wir das deutsche Pärchen Roland und Margit, die Fahrräder dabei haben. Sie sind aber noch unschlüssig, wie weit sie damit reisen werden. Für die letzten tausend Kilometer bis Tamanrasset waren sie schon in ein Auto umgestiegen.

Freitag, 27. Februar 1981
Mit einem Kanister voll Mineralwasser kehren wir endgültig nach Tamanrasset zurück. Wir kommen noch einmal bei den Europäern unter, die dort ein einfaches Haus gemietet haben. Die drei Deutschen und eine Französin (es gibt auch zwei Säuglinge) wollten den „vielen Problemen Europas" entrinnen und ließen sich daher vorläufig in der Wüste nieder. Und ausgerechnet hier suchen sie in einem Krankenhaus und bei der Stadtverwaltung Arbeit! Wir sind erstaunt, wie leicht sie über die vielen Probleme, von denen Algerien geplagt wird, hinwegsehen und wie eng ihre Beziehungen zum örtlichen Militär bereits sind.

Samstag, 28. Februar 1981
Der Tag dient der Beschaffung von Proviant. Auf dem Markt sind die Tuareg hauptsächliche Kunden. Die kohlschwarzen Händler stammen aus dem Niger und aus Mali. Viele Tausende von Bewohnern der Sahelzone sind vor Dürre und Armut nach Norden, nach Algerien, geflüchtet. Der derzeitige Wassermangel läßt es nicht zu, daß sich in Tamanrasset noch mehr Menschen niederlassen. Aus der Wasserleitung kommt das kostbare Naß nur an zwei Stunden pro Tag. Die Wasserknappheit hat bisher mit Erfolg verhindert, daß der Süden Algeriens vom Massentourismus schlimmster Prägung heimgesucht wird. Angeblich verboten ist in Algerien das Fotografieren von Menschenschlangen und des Gedränges in Regierungsläden. In Tam warten Hunderte von Tuareg auf die Öffnung des Ladens, die mit Verspätung erfolgt. Als dann die Leute wie Löwen über die wenigen Artikel herfallen, mache ich Filmaufnahmen. Ein Spitzel hat daraufhin nichts Besseres zu tun, als einen Polizisten zu rufen, der uns zu einer Wache bringt. Dort müssen wir unseren Film aus der Kamera nehmen und aushändigen, nichts zu machen. Unsere Personalien werden aufgenommen. Aber ein diesbezügliches Verbot – schwarz auf weiß – kann uns niemand zeigen.

Sonntag, 1. März 1981
Fußmarsch zum Stadtrand. Weil nach Norden nur ein Lastwagenomnibus (ein Kasten mit Bullaugenfenstern, in dem drei Passagiere auf zwei Plätzen sitzen müssen) geht, versuchen wir uns wieder als Anhalter. Mohammed, der schon einmal Frankreich und Deutschland besucht hat, nimmt uns in seinem (staatlichen) Lastwagen mit. Wir verstehen uns sehr gut. In der Wüste eine Gendarmeriestation. Der „Chef" dort zwingt uns zum Aussteigen, schnauzt Mohammed an, unsere Mitnahme in dem Lastwagen sei verboten. Den wahren Grund erkennen wir aber rasch: Der Gendarm setzt einen seiner Kameraden an unsere Stelle. Mohammed schaut uns traurig an, als er davonfährt. Die sogenannten „Freunde und Helfer" sind auf unseren Reisen oft „Feinde und Schädiger". Der Ort ist In Ecker. Wir kehren ihm und seinen unfreundlichen Beamten den Rücken und machen uns auf der Landstraße davon. Nichts wie weg von Polizei und allem, was Uniform trägt! Schließlich gibt es ein großes Militärlager in der Nähe. Hundertsiebzig Kilometer von Tamanrasset, woher wir kommen, vierhundertneunzig Kilometer von In Salah, wohin wir wollen,

mitten in der algerischen Sahara, sind wir nun ganz auf uns allein angewiesen. Wir legen zehn Kilometer zurück. Kein Auto kommt, es wird düster. Außerhalb des Zaunes, der das ehemalige französische Atomtestgebiet bei In Ecker umgibt, betten wir uns in den Sand. Der Himmel ist unser Dach.

Montag, den 2. März 1981

Wir sind mit dem ersten Sonnenstrahl auf (die tiefen Nachttemperaturen verursachen bei mir eine schmerzhafte Nierenerkältung). Unter einem blauen Himmel sieht vieles freundlicher aus, aber uns hält nichts mehr in dieser unheimlichen Gegend. Den ganzen Tag sind wir schließlich auf dem Rücken eines mit reparaturbedürftigen Sesseln beladenen Lastwagens unterwegs. Die Besatzung, Vater und Sohn und ein Arbeiter des Hotels in Tamanrasset, kocht in einem tollen Felsversteck auch für uns das Mittagessen. In der warmen Nachmittagssonne verlassen wir – nach beinahe drei Wochen – durch die letzten Schluchten das Hoggar-Gebirge. Am Abend sind wir in In Salah. Dort hat man heute 35 Grad gemessen, jetzt – Anfang März!

Dienstag, 3. März 1981

Anhalterfahren senkt die Reisekosten (wir sparen auf dieser Rundfahrt, bis zurück in die Stadtmitte von Algier, etwa fünfhundert Mark Fahrgeld, um viele Erlebnisse reicher), aber man braucht dafür viel Geduld. Heute müssen wir uns nach fünfstündigem Warten – es herrscht kaum Verkehr – geschlagen geben. Die letzte Nacht haben wir wieder im Badehaus von In Salah verbracht, nun lernen wir den Restaurantbesitzer Hadschi Abderrahman kennen, der uns zum Essen und zum Verweilen in seinem von einer Mauer umgebenen Garten außerhalb des Ortes einlädt. Wir schlafen dort neben den beiden Wagen von drei deutschen Touristen, die gleichfalls seine Gäste sind. Hadschi, ein baumlanger Targi, ist schon manchem Reisenden zum Helfer geworden. Der gutaussehende Mann war auch schon in mancher europäischer Zeitschrift abgebildet. Seine Spezialität: Er fährt Ski auf den Sanddünen. Aber im Schnee in Deutschland war er auch schon.

Mittwoch, 4. März 1981

Ein neuer Start; er gelingt! Vierhundert Kilometer mit einem Lastwagen über das trostlose Tademaït-Plateau, dessen Horizont sich in Luftspiegelungen verliert. In El Golea wartet unser junger Freund Mustafa (ein Student, den wir auf dem Hinweg trafen) auf uns. Bei der Ankunft (das einzige Mal!) Ärger mit dem Fahrer: Er will uns plötzlich Geld abknöpfen, mehr als der (bei Nacht fahrende) Bus gekostet hätte. Leider scheiden wir in Unfrieden von unserem Mitnehmer. –

Ein überraschender Verfolger

Nun will ich noch eine Episode beschreiben, die wir erlebten, als wir am 1. März von der Polizei praktisch in die Wüste geschickt wurden, ohne Rücksicht darauf, was uns zustoßen konnte. Wir hatten also die besagten zehn Kilometer hinter uns, als die Sonne hinter den Bergen hinabglitt. Nun stand uns der Sinn nach einem günstigen Schlafplatz, irgendwo dort draußen in der Weite. Da sahen wir plötzlich über einem Hügel seitlich hinter uns, vor dem weißen Abendhimmel unglaublich groß scheinend, eine Gestalt kommen. Instinktiv beschleunigten wir unseren Schritt. Aber die Erscheinung folgte uns, schien immer größer und bedrohlicher zu werden. So blieben wir stehen, unserem Verfolger zugewandt.

Der Mann, in langem, dunklem Gewand, war ein stattlicher Targi mittleren Alters. In seinem Gürtel steckte ein Dolch. Er grüßte uns, indem er uns die Hand gab und sie dann an die Brust führte. Der Targi bat uns, ihm eine Medizin gegen eine Halsentzündung zu geben. Wir halfen ihm. Dann ging er zurück – wohin nur?

Wir machten uns schleunigst auf den Weiterweg, denn wir wollten einen Biwakplatz außer Sichtweite des Mannes oder seiner Leute finden. Vielleicht hatten die Tuareg in der Nähe ihr Nomadenlager aufgeschlagen? Nach geraumer Zeit fanden wir eine Mulde hinter Felsen, wo wir glaubten, unterkommen zu können. Als wir aber dorthin gelangten, fanden wir – zu unserem größten Erstaunen! – ein Zelt vor. Es war kein Nomadenzelt oder ein Zelt von Soldaten, nein, ein ganz normales, farbiges Campingzelt! Niemand war zu sehen, der Zelteingang war verschlossen, es gab kein Fahrzeug, keine Räder- oder Fußspuren, es lag kein Gegenstand herum. Hier wollten wir auf keinen Fall bleiben. Also weiter!

Schließlich war es ganz dunkel. Irgendwo im Sand, der völlig rein war, breiteten wir unsere Schlafsäcke aus. Unsere Rucksäcke banden wir an einem dornenbewehrten Baum fest. Dann sahen wir nur noch die Sterne über uns und ein eiskalter Wind schüttelte den Baum.

Als wir morgens rasch zusammenpackten, blickte ich zufällig auf und sah auf einem Hügel, kaum fünfzig Meter entfernt und gegen die aufgehende Sonne, wieder die große Gestalt des Targi. Er eilte herab, um uns zu begrüßen. Auch diesmal hatte er einen Wunsch: Er bat um etwas Creme für seine Hände. Gleich darauf verschwand er, ins Nichts, aus dem er gekommen war, wie uns schien. Etwas später stieg ich auf den Hügel. Ich sah den Mann in weiter Ferne davongehen. Er mußte im Dunkeln von dort gekommen sein. Aber wie konnte er uns gefunden haben?, fragten wir uns ein paar Stunden später immer noch, als wir auf dem Lastwagen in Richtung In Salah geschaukelt wurden. –

Tja, in dieser Sahara-Rundfahrt war alles „drin". Wir verbrachten noch einen Tag in El Golea, dann erreichten wir Ghardaia wieder, die Mozabitenstadt. Hier aßen wir erstmals ausgiebig. Weitere fünf Tage später trafen wir, nach sechs Wochen in der Wüste, wieder in Algier ein.

„Sozialistische" Städte

Algerien hält von Massentourismus nicht viel. Als wichtigsten Devisenbringer hat es das Petroleum. Für die Bundesrepublik ist es ein bedeutender Handelspartner. Aber über Land und Leute weiß man bei uns recht wenig, denn es wird selten besucht und noch seltener beschrieben. Ich möchte im folgenden fünf Städtebilder skizzieren.

Am Abend: Trübe oder gar keine Beleuchtung der Straßen. Die rund 300 000 Einwohner von *Annaba* gehen früh zu Bett, früher als die Menschen der einstigen, Bône genannten Stadt. Franzosen gibt es nur noch ein paar Dutzend mit festem Wohnsitz, französische Entwicklungshelfer aber viel mehr. Ein „Lichtblick" das Plaza-Hotel, Wohnburg auf Zeit von Technikern und Monteuren aus ganz Europa. Bar im dreizehnten Stock. 250 Mark umgerechnet die Flasche Cognac, aber auch das wird bezahlt. Am Tage: Annaba, das ist vor allem Stahl und Eisen, Millionen Tonnen aus dem Kombinat El Hadschar, von den Russen gebaut, die zu Hunderten blieben. Der Besucher wird von Algeriern oft russisch angesprochen. Der sozialistische Stahl läßt verarbeitende Industrien aus dem Boden schießen. Immer mehr Wohnblocks, immer mehr Wellblech der Slums. Hohe Kriminalitätsrate (laut deutscher Botschaft werden neunzig Prozent der Überfälle auf Deutsche in Algerien hier verübt). Vorläufer Annabas war eine phönizische

Nach der Befreiung in eine glückliche Zukunft: Transparent in Constantine

Stadt, später, unter den Römern Hippo Regius genannt, war es zweitreichste Hafenstadt Nordafrikas. Eine liebliche, fruchtbare Umgebung. Die Namen Bône und Annaba werden auf eine Frucht zurückgeführt.

An drei Seiten hundert Meter senkrecht aufsteigende Kalksteinfelsen: Gibt es einen merkwürdigeren Bauplatz für eine Großstadt? Über schwindelerregende Brücken: *Constantine*. Vor dem römischen Kaiser Konstantin hatten schon nordafrikanische Könige diesen Einfall. Andere kamen und gingen. Zuvorletzt die Türken, zuletzt die Franzosen. Sie hinterließen den nachhaltigsten Eindruck. Aber der Baustil der Stadtmitte täuscht: Nirgends sonst in nordalgerischen Großstädten wohnten anteilmäßig weniger Franzosen. Platz des 1. November, der an 1954 erinnert, als die Nationale Befreiungsfront FLN den Krieg gegen die französische Armee (nicht gegen Frankreich!) auslöste. Der Platz ist sechzehn Stunden am Tage Gedränge, ausgespuckt von alten und neuen Wohnblocks. Das Woher, Wohin und Warum ein Rätsel, denn es gibt kaum Arbeitsplätze. Eine halbe Million Menschen. Das Umland fast ohne Bewohner, fast baum- und felderlos. Im Winter Schnee. Constantine wird vom Rest des Landes gefüttert. Ein älterer, arbeitender Mann: „Wie soll ernten können, der nicht sät?"

Schöne Bucht, einst Seeräubernest. Die Zitadelle thront noch immer über *Algier*. Der wie sie Kasba genannte arabische Stadtteil ist verschachtelt wie je. Wen wundert's, daß er im „algerischen" Krieg für die Franzosen die härteste Nuß war? Gassen, mit Kindern übersät. Abwasser läuft, wohin es will. In der Hauptladenstraße der Kasba alle hundert Meter ein Polizist. Darunter

53

Straßen, die bei Erfindung des Automobils angelegt wurden, heute von Menschen und Wagen überkochende Boulevards, Schaufenster der Nation. Trottoirs voll von jungem Volk, das nicht einmal mehr überlegt, wie es den Tag totschlagen soll. Menschenschlangen vor Regierungsläden. Ein Verkehrspolizist pfeift Fußgänger auf die Zebrastreifen. Wenn er Pause macht, tut wieder jeder, was er will. Wo es ruhiger zugeht, wo es Ecken und Treppen gibt, durchdringender Uringestank. Nach Algier kommen täglich viele, die nie mehr fortgehen. Nachts gibt es während Monaten kein Wasser. Zum Stadtrand hin der Duft aus Orangengärten.

Der Zug fährt im Schrittempo, eine Stunde, zwei Stunden. Die Wagen schlingern auf den Gleisen: Erdbebenzone von *El Asnam*, rascher Tod für Tausende, ein Name, damals fast täglich in der Zeitung. Prüfstein für den Zusammenhalt der Nation. Plakate überall: „El Asnam braucht unsere Hilfe!" Die Reisenden im Zug nach Oran dösen weiter. Trümmerhaufen, an Eisenarmierung hängende Betonklumpen, Lehmmauern, notdürftig überdacht, Lager, Zelte für Obdachlose, für ärztliche Versorgung, für Schulunterricht. Baumaterialtransporte, Fertighäuser, Stapelplätze für Güter zum Neubeginn der zweimal zerstörten Stadt (1954, damals noch Orléansville, und am 10. Oktober 1980). 40 000 neue Wohnungen geplant. Präsidenten (wie eben der von Benin), Minister und Botschafter machen Besuche, zeigen sich beeindruckt. Die Regierungszeitung kritisiert staatliche Stellen, die sich nicht genügend um die Lösung ihrer Aufgaben bemühen, und Ausbeuter, die die Not auszunützen wissen. Eile und Disziplin sind dringend erforderlich. Die Sommer in El Asnam sind furchtbar heiß.

Verheerendes Erdbeben 1792, 39 Jahre später französischer Besitz. Vor zwanzig Jahren: Über die Hälfte der Einwohner Europäer, Franzosen und französisierte Spanier. Heute vielleicht noch fünf Prozent: *Oran* in Westalgerien. Nirgends sonst im Land wirken die Straßenzüge so südeuropäisch, nirgends sind die Parks, öffentlichen Gärten und Anlagen zahlreicher und gepflegter. Sogar das Nationaltheater steht hier. In unmittelbarer Nachbarschaft die immer gut besuchte Große Moschee. Erstaunlich: Eine Universität gab es früher nicht. Die Läden sind voll bis zur Türe. Schiffe von Sowjetgestaden, unter der schwarzrotgoldenen Flagge Westdeutschlands, mit skandinavischen Namen und aus China im Hafen, in dem jährlich zweitausend Kähne festmachen. Das ehemalige spanische Fort Santa Cruz blickt auf die von ihrem Glanz mehr und mehr verlierende Stadt herab. Kasernen an allen Ecken und Enden. 20-Stockwerk-Wohnblocks wie Zeigefinger der „sozialistischen Revolution": „Das haben wir geschaffen!" Auf Riesenplakaten verjagt die FLN immer noch die französischen Soldaten...

Schlangestehen auf dem Weg ins Paradies

Dabei konnte man damals keineswegs sagen, daß in Algerien alles Gold war, was glänzte. Am besten sprach man mit dem kleinen Mann auf der Straße, auch wenn es sich um eine Frau handelte. Männer und Frauen, getrennt, zwei riesige Menschenschlangen, sahen wir vor einem großen Gebäude in Algier gleich nach unserer ersten Ankunft. Was war bloß geschehen? Wir erfuhren, daß es eigentlich nichts Besonderes war. In einem vom Staat betriebenen Großladen wurden Thermosflaschen verkauft, soeben aus der Volksrepublik China eingetroffen. Die Nachricht davon machte rasch die Runde, alle Welt stürzte sich zu dem betreffenden Laden. An anderen Tagen bot sich das gleiche Schauspiel, aber diesmal war es ernster: Man stand wegen Butter, nach Käse und nach Eiern an. Dabei gab es von alledem im Grunde genug. Ich möchte die Situation, in der sich die Algerier und natürlich auch wir befanden, zu schildern versuchen.

Hoffnung, daß sich die Lage bald ändern würde, hatte kaum jemand. Daß sich die Verantwortlichen aber doch Sorgen machten, konnten wir dann in den nächsten Jahren hören.

„Was wollt ihr nur in Algerien essen?", fragte man uns in Tunesien immer wieder. „Dort gibt es nichts, rein gar nichts!" Wir wußten, was wir von Verallgemeinerungen zu halten hatten, machten uns aber auf allerlei Probleme gefaßt, denn wir sahen in grenznahen Orten nur zu gut, wie Algerier mit dem Wagen herüberkamen, um aus dem reichhaltigen tunesischen Angebot auszuwählen, das zudem vergleichsweise preisgünstig war. Das bezog sich nicht nur auf Lebensmittel.

Es stimmt nicht, daß es in Algerien „nichts" gäbe, vor allem, daß Grundnahrungsmittel nicht ausreichend vorhanden seien. Abgesehen einmal vom Brot, das selbst im entlegenen algerischen Städtchen noch zum gleichen, günstigen Preis wie in Algier zu haben ist, sahen wir noch selten irgendwo so große Angebote an Mehl und Zucker, Nudeln und Reis, Bohnen in Dosen, Marmelade, Butter, Käse und Eiern – aber sie sind nicht ständig vorhanden und zudem nicht billig. Für einen supermarktgewohnten Mitteleuropäer ist das nicht leicht zu verstehen.

Für das Problem gibt es zwei Ursachen. Erstens: Das tiefverwurzelte Mißtrauen der Käufer gegen ein staatliches Verteilungssystem „sozialistischer" Prägung, dessen Dirigenten täglich öffentlich eingestehen müssen, daß es unter ziemlichen Organisationsschwächen und Verteilungsschwierigkeiten leidet. Zweitens: Das Dreiergespann Staatsläden/Privathandel/Schwarzmarkt.

Reihen wir uns einmal in eine zwei- oder dreihundert Personen lange Schlange vor einem Staatsladen (in vielen Städten vorhanden) ein. Es dauert Stunden, bis wir an die Reihe kommen. Ganz Kluge haben sich schon lange vor Geschäftsöffnung angestellt. Sie gehen ganz sicher, noch

Wartende Tuareg vor dem Staatsladen in Tamanrasset während der Mittagspause

berücksichtigt zu werden. Angenommen, wir sind auf Eier aus. Von Spanien ist eine riesige Schiffsladung Eier herübergekommen (im Tausch gegen Petroleum). In Windeseile verbreitet sich die Kunde. Die normale Hausfrau – wie wir sie kennen – kauft gewöhnlich ein, zwei Dutzend Eier auf einmal.

Nicht so in Algerien: Unter sechzig Eiern nimmt niemand mit, die meisten haben sogar neunzig und mehr Stück auf Tabletts in Händen. Wenn dann der Laden am Abend schließt, sind gewöhnlich tatsächlich keine Eier mehr vorhanden. Normalerweise hätten sie eine ganze Woche ausgereicht. Nun haben die einen alles, die anderen gehen leer aus. Die erfolgreichen Käufer meinen: „Lieber gleich anstehen als das Nachsehen haben. Vielleicht gibt es schon morgen nichts mehr!" (Ursache Nr. 1). Wie recht sie haben!

Wer den Teufelskreis begonnen hat, läßt sich wohl nicht mehr feststellen: Die betreffenden Staatsorganisationen, die nur stockend liefern, oder die Verbraucher mit ihren Hamsterkäufen. Schwächen des „sozialistischen" Systems allein? Wir erinnern uns, daß während der „Ölkrise" in Japan plötzlich der Ruf zu hören war, es gäbe bald kein Toilettenpapier mehr. Die Japaner hamsterten die pastellfarbenen Rollen, und wirklich, die Regale und Lager waren gleich darauf leergefegt . . .

In Algerien sind so oder so verursachte Engpässe aber eben keine Ausnahme. Sie gibt es täglich. Wie oben beschrieben, spielen sich Schlachten (wobei die Polizei häufig vom Schlagstock Gebrauch macht) auch um Butter, Käse, Dosenmilch, Thermosflaschen, Taschenlampen und anderes, ja sogar um Wein ab (Algerien ist Großerzeuger, aber eine 0,7-Liter-Flasche kostet mindestens sieben Mark). Bis auf den Wein ist alles importiert, die Lebensmittel meist aus der EG, die anderen Dinge zum Beispiel aus Rotchina.

Ursache Nr. 2: Die gleichen Waren können auch vom Privathandel verkauft werden. Sie werden zu üblicherweise höheren Preisen angeboten. Ein Ei kostet im Regierungsladen zum Beispiel einen halben Dinar (25 Pfennige), im Laden an der Ecke (offizielle Ansicht: „Verbündete der Revolution") aber einen Dinar und mehr. So lohnt sich das Warten in der Schlange bei sechzig oder neunzig Eiern schon.

Aber nicht genug damit: Viele Käufer sind Schwarzhändler. Es gehört zur Regel, daß Eier (oder was immer es sei) schon vor der Tür des Regierungsladens zum doppelten Preis angeboten werden. Wer genügend Geld, aber keine Zeit hat, der greift gern zu dieser Möglichkeit. So kommt er wenigstens zur gewünschten Ware. Überall auf den Gehsteigen sieht man Junge und Alte tagelang ihr Glück mit dem Weiterverkauf eines Tabletts Eier oder eines Pfunds Käse versuchen.

Hohe Preise, aber Sturm auf Luxusgüter

Unbestreitbare Tatsache ist neben der Schlamperei der staatlichen Organisationen (amtliche Statistiken weisen aus, daß genügend produziert oder importiert wird; man gibt aber Verteilungs-engpässe zu), daß die Lebensmittel meist zu teuer sind. Ein Kilo EG-Butter kostet acht bis neun Mark, ein Kilo Rindfleisch fast 35 Mark, ein Kilo guter Orangen drei bis vier Mark (Algerien ist Orangenland). Dabei sind die durchschnittlichen Einkommen ungleich geringer als in West-deutschland. Daß auch importierter Whisky zu 150 bis 200 Mark die Flasche in Regierungsläden angeboten wird, stimmte uns freilich *sehr* nachdenklich.

Bei den staatlichen Organisationen hagelt es ständig auch solche Beschwerden über zu lange Wartezeiten: Küchenherde, Kühlschränke, Heizgeräte, Farbfernseher würden rechtzeitig bestellt, aber erst nach Monaten geliefert, an die Händler, folglich auch an die Käufer. Die betreffende Organisation hat Gründe (zum Beispiel habe sie der plötzlichen großen Nachfrage nach Heizapparaten bei einer überraschenden Kältewelle im Januar unmöglich entsprechen können), aber wir trauten unseren Augen und Ohren kaum, als wir von dem Sturm auf die doch auch bei uns gelegentlich noch als Luxusgüter bezeichneten Farbfernseher aus der Zeitung und aus dem Fernsehen erfuhren. Waren wir wirklich in dem „unterentwickelten" nordafrikanischen Land Algerien? Der Regierungszeitung „El Moudjahid" mußte man recht geben, wenn sie sich über die sich häufenden Wünsche nach Geschirrspülmaschinen und Hi-Fi-Geräten ausließ: „Warum nicht gleich die elektrische Zahnbürste?" Aber hat das Regime dem Volk nicht selbst „paradiesische" Zeiten versprochen?

Selbst auf ständiger Suche nach Eßbarem, stellten wir uns einmal an einer langen Schlange wegen Eiern an. Wir verzweifelten bald, weil es kaum vorwärts ging. So verfielen wir auf einen Trick: Wir gingen durch den Lieferanteneingang in ein unterirdisches Lager des Ladens und fragten so naiv wie möglich in unserem wirklich nicht guten Französisch, ob wir Eier bekommen könnten. Etwas mitleidig schauten uns die Arbeiter an und fragten, wie viele wir denn wollten. Wir sagten: „Zehn!" Sie wackelten etwas mit dem Kopf, aber dann gingen sie und kamen mit zehn – Tabletts mit zusammen 250 Eiern zurück! Unser bescheidener Bedarf war etwas Ungewohntes und alle mußten nun lachen. Wir trabten dann mit zwanzig Eiern davon, wennschon – dennschon . . .

Im Jahre 1985 machte Präsident Chadli selbst mehrere wichtige Vorschläge, zum Beispiel die Auflösung der kopflastigen Staatsunternehmen und die teilweise Rückbesinnung auf das Profitmotiv sowie die Förderung der Landwirtschaft und die wenigstens teilweise Aufhebung uralter islamischer Diskriminierung der Frauen betreffend. Trotz vieler Gegner bei den extrem Linken und den islamischen Fundamentalisten konnte er dies nun tun, weil die Öl-Bonanza verblaßte. Es fehlte an Geld, überall. So wurden 1986 in allen Bereichen Sparsamkeitsmaßnahmen getroffen, zum Beispiel wurde die Zahl der Mekkapilger, denen die Reise vom Staat bezahlt wird, drastisch herabgesetzt.

Abschied von den „wilden" Algeriern

„Die Grenze ist geschlossen!", jagte uns jemand einen Schrecken ein, als wir unsere Absicht kundgetan hatten, demnächst von Algerien nach Marokko überzuwechseln. „Fußgänger werden an der marokkanischen Grenze nicht akzeptiert!", unkte ein anderer. Was konnten wir dafür, daß die Eisenbahnverbindung von Tunis über Algier nach Casablanca an der algerisch-marokkanischen Demarkationslinie einfach gekappt worden war, weil die beiden Länder sich um Grenzfragen streiten? Aber alles verlief einfacher, als wir es uns vorgestellt hatten. Es dauerte nur eine halbe Stunde.

Mit beiden Händen zählte der algerische Grenzer nach: siebenundfünfzig der erlaubten sechzig Tage waren wir in seinem schönen Lande gewesen. Glückwunsch! Seine Kameraden vom Zoll wunderten sich über die Anordnung der Tastatur unserer Reiseschreibmaschine so sehr, daß sie jegliche andere Kontrolle vergaßen. Bei den Marokkanern gab es ebenfalls keine Schwierigkeiten (algerische Zeitungen mit Hetzartikeln gegen das westliche Nachbarland hatten wir wohlweislich zurückgelassen).

Aber ein paar Münzen hatten wir noch übrig. Der Wirt des ersten Restaurants hinter der Grenze (nur zwanzig Meter entfernt) wollte das Geld nicht akzeptieren. Zwei marokkanische Offiziere in dem Lokal pflichteten ihm bei: „Geld von denen? Alle Beziehungen sind abgebrochen! Das sind die Feinde, das sind doch Wilde!" Angewidert blickten sie hinüber . . .

Das Land sei schön, es gäbe genügend zu essen. (In Algerien hatte jeder von uns in zwei Monaten nur 250 Gramm Fleisch – vom Kamel – gegessen!) Die Preise seien gut, aber die Leute seien nicht so freundlich wie in Algerien, berichteten uns Entgegenkommende schon Wochen vorher. Die Schönheiten Marokkos wollten wir, nach zwei Monaten des Darbens im Nachbarland, möglichst mit vollem Magen genießen. Über die Entlastung unserer Reisekasse freuten wir uns. Blieb noch das Problem mit den Leuten. Was tun?

Beni Mellal zweite „Heimatstadt auf Zeit"

Die Erfahrungen hatten uns gelehrt, daß wahre Herzlichkeit an touristischen Sammelpunkten kaum zu finden sei. Welche mittelgroße marokkanische Stadt in günstiger Lage wurde in keinem Prospekt ausführlich beschrieben?, war die Frage. Die Antwort: Beni Mellal, am Nordfuß des Mittleren Atlas und zugleich am südlichen Rand der landwirtschaftlich intensiv genutzten Tadla-Ebene gelegene, rund 75 000 Einwohner große Provinzhauptstadt.

Beni Mellal sollte für ungefähr zwei Monate unsere nach Sfax zweite „Heimatstadt auf Zeit" sein. Gleich am ersten Morgen ging Wilma von unserem kleinen Hotel zu einem Lebensmittelladen am arkadengesäumten „Freiheitsplatz", um beim Einkaufen Fühler in Richtung auf eine eigene Wohnung auszustrecken. Kaufmann Mohammed Ghazil wußte einen Rat. Er holte den Makler Smoul El Kebir herbei, der uns schon mittags in ein Haus nahe der Stadtmitte schleppte. Eine Treppe hoch, dann ein kleiner Innenhof. Die Besitzerin Zohra El Ouafi, an Stirn, Kinn und Händen die traditionelle Tätowierung, war gerade mit dem Hausputz beschäftigt. „Marokkaner wollen keine Ausländer in ihren Häusern", hatten wir von Amerikanern zuvor gehört. Zohra El Ouafi akzeptierte uns liebend gerne, zumal sie eben Geld dringend brauchen konnte. Mit einem Schmatz für Wilma besiegelte sie ihr Einverständnis (obwohl wir uns, ehrlich gesagt, auch andernorts umgetan hatten, und dabei auf Aufgeschlossenheit gestoßen waren).

Wir teilten ein Stockwerk mit Zohra und ihrem zweiten Mann, der in einer der drei Zuckerfabriken von Beni Mellal arbeitete (der erste, Soldat, starb – in der Kaserne), sowie mit vier Kindern: Nadia (8), Raschida (15), Ahmed (16) und Abdelali (20). Wir hatten ein sehr einfaches, aber großes möbliertes Zimmer, benutzten die Küche mit. Für dieses und Wasser und Strom zahlten wir umgerechnet hundert Mark im Monat. Das Eckhaus einer langen Gebäudereihe stand in einem sehr dichtbewohnten Gebiet, in dem viele Handwerker ihren Arbeitsplatz hatten. Nebenan war einer der Hauptplätze der Stadt, mit mehreren, bis zum späten Abend dichtbesetzten Straßencafés. Morgens wurden wir durch den Gebetsruf von der Moschee geweckt. Die Gegend wimmelte nur so von Kindern.

Die Stadt liegt von Rabat und Casablanca, von Fes, Meknes und Marrakesch je etwa zweihundert Kilometer entfernt. Dies erlaubte uns, bequem zu jenen Städten reisen zu können, wenn uns danach gelüstete, garantierte aber auch, daß ausländische Touristen möglichst weit von unserem Wohnort blieben. Das Städtchen liegt 580 Meter hoch, doch die Frühjahrssonne (wir kamen am 24. März an) war bereits sehr heiß. Hausberg ist der 2248 Meter hohe Dschebel Tassemit (Farbbild 10) im Mittleren Atlas. Wir bestiegen ihn zweimal (jeweils 35 km). Der größte Stausee des Landes liegt in unmittelbarer Nähe. Die Staumauer von Bin el-Ouidane ist über 120 Meter hoch. Französische Ingenieure und marokkanische Arbeiter errichteten sie von 1948 bis 1955. Das

Wasser rauscht durch zwei Kraftwerke und fließt durch zwölfeinhalb Kilometer Tunnel, ehe es die Felder erreicht, die nach ihm dürsten. Besonders während des Dammbaus war Beni Mellal schnell größer geworden.

Der Name Beni Mellal bedeutet „Stamm der Mellal". Seine Einwohner wie auch die in der Umgebung lebenden Bauernstämme der Beni Amir und Beni Moussa waren vor der Bewässerung des Landes durch den Staudamm wirtschaftlich sehr schlecht gestellt gewesen. Die Tadla-Ebene hat ihren Namen von den Tadla, einem Berberstamm, der, wie seine Nachbarn im Norden, jeder versuchten Eroberung und jeder Integration durch die Araber jahrhundertelang widerstand. Selbst Moulay Ismail, der Heerführer, der um 1700 eine Kasba (Festung) in der Tadla-Ebene baute (wo heute die kleine Stadt Kasba Tadla liegt), mußte schließlich mit diesen Hartnäckigen eine friedliche Koexistenz eingehen. Als Frankreich Marokko ab 1907 militärisch zu besetzen begann, benutzte es bald die mächtige Kasba in Tadla zum gleichen Zweck, nämlich zur Niederringung des Stammes der Tadla.

Beni Mellal war für Touren nach unserem Geschmack idealer Ausgangspunkt. Wir bereiteten uns bald auf eine mehrwöchige Wanderung über den grünen Mittleren und Hohen Atlas bis zur Wüste vor. Die Stadt hat einen herrlichen, großen Park mit einem direkt aus dem Berg strömenden breiten Bach, den größten Wochenmarkt der Tadla-Ebene („Souk el Tleta", was „Dienstagsmarkt" bedeutet) und mehrere Burgen und Ruinen in der Umgebung, ganz abgesehen von den interessanten Dörfern. Langweilig konnte es uns also kaum werden.

Von den Einwohnern Beni Mellals wurden wir mit freundlicher Zurückhaltung betrachtet. Überall wurden wir sofort akzeptiert, wo wir uns selbst willig zeigten. Mit unguten Gefühlen

Zohra El Ouafi akzeptierte uns gerne als Mieter. – Zohras Tochter Raschida

dachten wir an die große Stadt Meknes (Touristenzentrum) zurück, wo wir schon in der ersten Stunde mit Steinen beworfen worden waren ...

Kampf um einen Stadtplan

Wenn man sich mehrere Wochen lang in einer Stadt aufhält, hat man als Mitteleuropäer das Bedürfnis, auch einen Stadtplan zu besitzen. Ein Fremdenverkehrsamt gab es in Beni Mellal nicht, die drei Buchhandlungen am Ort führten keine Stadtpläne: „Wissen Sie, Touristen brauchen keinen Plan hier, es gibt nicht viel zu sehen" (worüber wir ganz anderer Meinung waren). Ob wir es nicht einmal bei der örtlichen Städtebauverwaltung des Ministeriums für Wohnungsbau versuchen wollten? Dort fiel es selbst einem Architekten, der ein Jahr in München studiert hatte, schwer, zu begreifen, wozu wir denn einen solchen Plan eigentlich brauchten. Da sahen wir an der Wand ein von deutschen Entwicklungsberatern entworfenes Plakat mit dem Grundriß von Beni Mellal darauf. Auf dem Schreibtisch lag sogar eine komplette städtebauliche Erhebung in Buchform, mit unzähligen Details und allen Arten von Plänen. Uns hätte die Fotokopie eines einzigen genügt, um einen Überblick gewinnen zu können. Der Chef des Architekten erklärte diese Pläne für unsere Zwecke für „unbrauchbar". Alle Einwände halfen nichts. Empfehlung: Die Provinzverwaltung. Ein Zimmer, wo Stadtpläne für den Hausgebrauch kopiert wurden: „Bitte, wäre es möglich ...!?" – „Da müssen wir erst den Gouverneur fragen!" Dieser von Soldaten bewachte Mann war gleicher Meinung wie die anderen: „Die Pläne sind ja ohne Straßennamen!" Unser Protest fruchtete nur so viel, daß wir im Kopierzimmer warten sollten.

Für einige Zeit uns selbst überlassen, betätigten wir uns als „Spione": Mit einem Blatt Papier und einem Schreibstift kopierten wir den Stadtplan, der an der Wand hing. Die Beamten halfen uns nicht, als sie zurückkamen. Zum Abschied konnten wir ihnen zu diesem Musterbeispiel marokkanischer Bürokratie gratulieren. Eine Woche später waren wir in Rabat. Beim National-geografischen Institut kauften wir den Stadtplan von Beni Mellal und zusätzlich Karten von Regionen des Atlas-Gebirges, die wir zu durchwandern beabsichtigten, auf ganz normale Weise. Aber in unserem Städtchen suchten wir auch vergeblich nach einer Lokalzeitung und nach Literatur über Vergangenheit und Gegenwart des Ortes.

Die Provinz Beni Mellal war fast halb so groß wie Baden-Württemberg, hatte aber nur rund 750 000 Einwohner. Die Landflucht war sehr stark. In nur zwölf Jahren verdoppelte sich die Einwohnerzahl Beni Mellals (viele Palästinenser!). Etwa 1,3 Millionen Schafe, Ziegen und Rinder weideten vor allem in den gebirgigen Teilen der Provinz. Ihre Wasserkraftwerke lieferten die Hälfte aller im Reich König Hassans II. erzeugten Elektroenergie. Das Pro-Kopf-Einkommen war eines der höchsten des Landes.

Woher wir das alles nun doch wissen? Wir mußten unser ganzes Geschick aufwenden, um einige Daten über Beni Mellal zu erhalten. Hier ebenfalls nur „auf Zeit" lebende Ausländer (Lehrer) liehen uns Veröffentlichungen über Marokko, in denen auch unsere vorübergehende „Heimat-stadt" kurz erwähnt wurde. Statistische Angaben schienen die Einwohner selbst kaum zu interessieren. Die Mehrzahl der Familien stammte ohnehin aus den Bergen. Örtliche Neuigkeiten wurden immer noch mündlich verbreitet.

Daß im Umland – teils bis in die Stadt hinein – Weizen, Zuckerrüben, Kartoffeln und Baumwolle, Orangen, Aprikosen, Oliven und Mandeln auf großen Anbauflächen (in Gärten auch Feigen und Bananen) gedeihen, konnten wir bei unseren Wanderungen erkunden. Etwa 1300 Quadratkilome-

Schlangestehen wegen Weizen. Im Hintergrund ein Teil Beni Mellals und der Tadla-Ebene

ter in der Ebene können mit Hilfe von Flüssen und Talsperren bewässert werden. Beni Mellal selbst genießt ja das Privileg, eine eigene mächtige Quelle zur Tränkung seines durstigen Landes zu haben. Die übrigen Anbauflächen hoffen stets auf Regen – oft vergebens.

Dürre macht die Armen noch ärmer

1981 war ein sehr schlechtes Jahr für die Landwirtschaft in Marokko. Wir erlebten, wie versengendem Sonnenschein ein Wetterumschwung folgte, wie ein Staubsturm den Himmel verdunkelte und die Sichtweite auf hundert Meter schrumpfte. Anschließend fiel Regen, eine ganze Nacht lang. Nur wenige Bauern konnten sich noch recht darüber freuen, denn auf zu vielen Feldern wurden die Getreidehalme schon gelb und hatten doch keine Ähren. Auf den unbewässerten Flächen der sonst fruchtbaren Tadla-Ebene, der Kornkammer Marokkos, aber auch in anderen Gebieten im Rharb, in Chaouia und Souss, standen die Dinge schlecht. Im Winter hatte der Frost einen Teil der Orangen vernichtet. Die Bauern erzählten uns, daß es eine Dürre wie diese seit dem Zweiten Weltkrieg nicht gegeben habe. Etwa ein Drittel des Viehs, Schafe und Rinder, ging zugrunde. Die Armen wurden wiederum ärmer.

Die Regierung König Hassans II. mußte drei Millionen Tonnen Getreide im Ausland aufkaufen. Die Opposition kritisierte die Landwirtschaftspolitik Rabats: „Die Landreform, 1966 beschlossen, steht immer noch aus!" Mehr als die Hälfte der bestellten Böden gehörten Großgrundbesitzern, und diese bezahlten lächerliche Steuern. Mit einem Tagelohn von umgerechnet fünf Mark schlugen sich Landarbeiter durchs Leben, die noch vor einiger Zeit Kleinbauern waren, aber aufgeben mußten. Saisonarbeiter waren noch schlechter dran. Ein Kilo Schaffleisch kostete zwischen acht und dreizehn Mark, Rindfleisch zwischen sechs und neun. Ein Kilo Mehl – die meisten ländlichen Familien backen sich ihr Brot selbst – kam auf bald eine Mark.

War die Saat aber aufgegangen und bereits weit gediehen, dann begann für die Bauern der Kummer mit körnerfressenden Vögeln. Den ganzen Tag über konnte man turbantragende Alte und vergnügte Kinder als lebende Vogelscheuchen (es gab auch die echten) durch die Weizenfelder wandern sehen. Mit schrillem Geschrei und mit Blechdosengerassel, mit Platzpatronen und mit Steinschleudern versuchten sie, die uneingeladenen Gäste zu vertreiben.

Frauen nachts von den Straßen verbannt

Jeder Tag in Beni Mellal kam uns vor wie eine Mischung aus „langem Samstag", Volksfest und Fasching. Die Geschäfte schlossen nicht vor acht Uhr abends. Aber auch dann schob sich ein vergnügungsfreudiges Volk durch die Straßen. Einige Zeit machten wir das mit, dann stellten wir uns um. Wir wurden zu entschiedenen „Tagmenschen". Waren wir in Deutschland sehr oft bis ein oder zwei Uhr morgens aufgeblieben, so ließen wir in Beni Mellal bald den „Rolladen" schon vor zehn Uhr abends herunter. Ein Schaufensterbummel war kaum möglich, denn es gab so gut wie keine Schaufenster. Gaststätten, in denen man bis zur Polizeistunde gemütlich hätte sitzen können, fehlten ebenfalls. Kultur? Zwei Kinos lockten Filmfreunde an, aber das eine war schlecht, das andere miserabel.

Wenn in Beni Mellal abends nichts „los" war, dann heißt das noch lange nicht, daß die Einwohner nichts „los" *machten*. Bei Sonnenuntergang war großer Aufbruch zum Spaziergang. Man darf sich aber keinen besinnlichen Kurzausflug durch die duftenden Felder und auf verschwiegenen Waldwegen vorstellen. Alle Welt traf sich hingegen auf den zwei, drei Hauptstraßen, Männlein wie Weiblein, vor allem junges Volk, denn über die Hälfte der Marokkaner war unter zwanzig Jahre alt. Weil die Fahrbahnen dadurch völlig blockiert wurden, sperrte man kurzerhand ab sechs Uhr abends eine Straße für Autos.

Schon ab sieben Uhr waren keine Frauen mehr in der Menschenmenge zu entdecken, auch Bettlerinnen nicht. Trotz ihrer Armut haben auch diese ihren festen, ehrenwerten Platz in der Gesellschaft. Noch vor einer Generation war es praktisch unmöglich gewesen, daß sich Frauen in der Öffentlichkeit bewegten. Hatte es sein müssen, dann waren sie verschleiert gewesen. Auch waren sie nie allein gegangen. Zwischen Sonnenunter- und -aufgang waren sie grundsätzlich von der Straße verbannt gewesen.

Das letztere hat sich bis heute noch nicht geändert, von Ausnahmen abgesehen. Eine Frau, die sich im Dunkeln allein auf die Straße wagt, ist abgestempelt: „Was treibt sie, was hat sie vor?", tuschelt es, wird geargwöhnt. Nur Prostituierte benehmen sich doch so! Viele Männer nehmen die Gelegenheit wahr, einer solchen Frau (auch einer Ausländerin) deutliche Anträge zu machen, sie zu verfolgen, mit Worten zu beleidigen, sie zu berühren (wir waren Augenzeugen). Im Arabischen – überwiegend die Sprache einer Männerkultur, der islamischen – existiert übrigens das Wort „Vergewaltigung" nicht. Es hätte von Frauen erfunden werden müssen, wenn sie etwas zu sagen gehabt hätten.

Der Leser meint nun sicher, daß es all den Mohammeds, Alis und Ahmeds (die die heute meist

Der „Freiheitsplatz" in Beni Mellal/Marokko. Hinten Berge des Mittleren Atlas

unverschleierten und oft unwahrscheinlich hübschen Mädchen auf dem Stadtbummel beäugten) nach dem Verschwinden der holden Weiblichkeit langweilig würde. O nein, nun besinnen sie sich wieder so recht ihres Mannestums und fühlen sich unter ihresgleichen erst wohl. Von naiven Späßchen können sie nie genug bekommen. Auch ohne Alkohol (religiös verboten, es gibt aber eine Kneipe) können sie ausgelassen sein und manche brüllen, als ob sie volltrunken wären. Gegen 23 Uhr ist dann der Haupttrubel auf den Straßen vorbei, aber es kehrt noch lange keine Ruhe ein, obwohl Polizeistreifen nach dem Ende der letzten Kinovorstellung die Jugendlichen nach Hause zu jagen versuchen.

Der Mann hat fast alle Rechte

Bevor ich die Stadt weiter beschreibe, will ich noch einmal das Thema „Frauen" aufgreifen. Allen tolpatschigen Reden der Oberen in der Politik (Männer), vor allem in internationalen Gremien, zum Trotz steht es um die Rechte der Frau im islamisch-arabischen Marokko – aus unserer Sicht, wohlgemerkt – sehr schlecht. Ich kann hier nur ein paar Details nennen.
Die Vielehe ist der Frau untersagt, nicht so dem Manne. Scheidung ist bei langer Abwesenheit des Mannes oder bei Ungerechtigkeiten durch ihn möglich, beim Manne je nach Wunsch. Wiederheirat ist (auch Witwen) mehrere Monate verboten, der Mann kann sofort wieder heiraten. Jungfernschaft muß bewiesen werden, während seine sexuelle Vergangenheit unberücksichtigt

bleibt. Außerehelicher Sex ist ihr gesetzlich untersagt und wird als Prostitution bestraft. Das Verbot gilt auch für den Mann, er wird allgemein aber nicht bestraft. Zum Verlassen des Hauses ist Einverständnis des Gatten nötig, während er geht, wohin und wann er will. Er allein hat das Recht, den Wohnplatz zu wählen.

Die Frau muß außer den Augen und den Fingerspitzen jeden Körperteil mit einem Schleier bedecken, wenn sie in die Öffentlichkeit geht. Der Schleier (in Marokko kurioserweise damals meistens mit Blumen bedruckte chinesische Leintücher) bedeutet, daß die Frau in der „Welt der Männer" sich „unsichtbar" macht. Seltsam: Manche Frauen äußerten sich positiv darüber, dergestalt „inkognito" umhergehen zu können. Frauen müssen Augenkontakt mit fremden Männern vermeiden, körperlichen ohnehin. Der Ehemann dagegen darf fremde Frauen betrachten, aber nicht berühren.

Während der Menstruation und bis zu vierzig Tagen nach dem Gebären darf die Frau den Heiligen Koran nicht berühren. Bei Erbschaften erhält die Frau nur halb so viel wie der Mann. Die Frau muß die Haushaltsarbeit machen, kann sich aber weigern, bezahlte Arbeit zu verrichten. Dem Manne ist selbst völlige Untätigkeit erlaubt, wenn die Familie versorgt ist. Wenn die Frau bezahlte Arbeit annehmen *will*, was mit ihrem Einkommen geschieht, was sie einkauft, all das unterliegt dem Willen des Mannes. Nichts gehört im Haushalt der Frau als Bettzeug, Frauenkleidung, Schmuck und Küchengerät, außer sie kann das Gegenteil beweisen. Das Wort einer weiblichen Zeugin wiegt nur halb so viel wie das eines Mannes. Im allgemeinen ist das Zeugnis einer Frau nicht gefragt. Aus dem Gerichtssaal ist sie generell ausgeschlossen. Die Übernahme von Ämtern wird Frauen derart erschwert, daß sie kaum jemals soweit gelangen. Sie dürfen wählen, aber ihre „Sittsamkeit" hält sie meist davon ab, ihre Stimme abzugeben.

Grundsätzlich kann gesagt werden, daß Mann und Frau tun, was der Mann will. In großen Städten gibt es davon mehr Abweichungen als auf dem Lande. Die Frauenbewegung in Marokko ist schwach. In vielen anderen islamischen Ländern sieht es aber ganz ähnlich aus.

Geräuschvolle Nachbarn

Wir hatten das Glück, in der dichtbebauten Stadtmitte zu wohnen. So waren wir auch nachts privilegiert, allen Geräuschen, die Straßen und Häusern entströmten, andächtig lauschen zu können. Ohrenpfropfen waren dagegen nämlich wirkungslos. Unseren oberflächlichen Schlaf portionierten wir nach folgendem Schema: 22.30 Uhr: wilder Streit in einem Nachbarhaus; 23.15 Uhr: vergnügte Unterhaltung im Straßencafé gegenüber; 23.45 Uhr: Ende der letzten Kinovorstellung; 1 Uhr: Rückkehr eines grölenden Geistesgestörten zu seinem Nachtlager an der Straßenecke; 2.15 Uhr: Motortest eines Mopedfahrers; 3 Uhr: Beladen eines Lastwagens mit leeren Obstkisten; 4.30 Uhr: lautsprecherverstärkter Gebetsruf von der Moschee und Hantieren der Mitbewohner über uns zur Gebetsvorbereitung; 5 Uhr: Straßenkehrer tritt in Aktion (wenn nur die leeren Konservendosen nicht wären!); 6 Uhr: Frauen klappern mit Eimern am öffentlichen Brunnen; 6.30 Uhr: der Bohnenverkäufer grast unsere Gegend ab: „Fuuuuuul!!"

Handwerk hatte in Marokko immer noch goldenen Boden, selbst wenn man nicht einer der unzähligen Gold- oder Silberschmiede war. Der größte Schatz war die Unabhängigkeit, und wäre sie auch noch so uneinträglich. Der Boden, auf dem gearbeitet wurde, war vor allem der Gehweg vor der Werkstatt, die weder genügend Platz noch Licht bot. Da wurde zünftig gehämmert, gesägt und geschliffen, egal, ob im Gewerbe-, Wohn- oder gemischten Gebiet. (Ich sehe schon manchen

In Beni Mellal gibt es mehrere öffentliche Brunnen. Nicht alle Häuser haben Wasserleitung

deutschen Gemeinderat die Stirn runzeln.) Dazu kam der Lärm röhrender Auto- und Mopedauspuffe, kamen plärrende Radios, trommelnde und flötende Bettler, wieder der durchdringende Gebetsruf (fünfmal am Tage).

Ganz herzlich freuten wir uns darüber, daß das Gezwitscher der zahllosen Gören in unserer Nachbarschaft (der Kindersegen in Marokko ist größer als im Weltdurchschnitt und als in Nordafrika allgemein!) den infernalischen Lärm der Erwachsenen doch noch übertönte. Metallrolläden, die vor jedem Laden und jeder Werkstatt waren, dienten ihnen in der Siestazeit hervorragend als Fußballtore. Trillerpfeifen schienen bei Buben und Mädchen gerade die große Errungenschaft zu sein. Lastwagenfahrer bliesen mit Fanfarenhupen die kleine Bande kurzzeitig von den Straßen und Gassen. Kurz: Jeder hatte seine Freiheit, alles klappte wunderbar. Es war so beglückend, dies beobachten und hören zu dürfen.

Schwächlinge, die wir nun mal sind, beschlossen wir aber dennoch, in Bälde feige zu emigrieren (in die Berge).

Wir bereuten es nie, Beni Mellal für unseren dreimonatigen Marokko-Aufenthalt als Hauptquartier gewählt zu haben, denn in anderen Städten ging es ja nicht weniger geräuschvoll zu. Die Schönheit der Landschaft war nicht zu übertreffen. Immer wieder fiel auf die Atlasberge Neuschnee. Wir wanderten zu Gipfeln, in Schluchten, zu Wasserfällen (einer hundert Meter hoch, Farbbild 11) und Seen, eine Art Training für unsere ganz große Tour. In der Stadt durchstreiften wir jeden Winkel. Immer wieder führte uns unser Weg zu dem gepflegten Park von

65

Ain Asserdoun (in der Berbersprache „Pferdequelle") oberhalb von Beni Mellal, in dessen Nachbarschaft auf einem Felsen eine angeblich dreihundert Jahre alte, aber mehrfach umgebaute Zitadelle steht, welche recht malerisch aussieht.

Damenhöschen und bluttriefende Schafe

Am interessantesten war für uns aber der farbenprächtige Wochenmarkt „Souk el Tleta" an Dienstagen, einer der bedeutendsten ganz Marokkos – auf einem riesigen Platz am Stadtrand, zu dem jeweils Zehntausende kommen. Man bedenke, daß Beni Mellals Straßen ohnehin von Hunderten von Geschäften und Lädchen gesäumt sind! Bemerkenswert hierbei ist, daß viele Geschäfte freitags (dem Gebetstag der Moslems), andere an Sonntagen (offizieller Ruhetag) und die wenigen jüdischen Händler samstags (Sabbat) geschlossen halten.

Doch zurück zum Wochenmarkt. Außer Obst und Gemüse werden von schlachtenbummelnden und lokalen Händlern auch tausenderlei Dinge des täglichen Bedarfs angeboten. Neckische wadenlange Damenhöschen (bei Mädchen meistens sichtbar) liegen neben Hirtenteppichen; geschlachtete Schafe hängen kopflos bluttriefend neben Bergen von Steinsalzklumpen, der König blickt aus Bildnissen auf Talismane herab, der Duft frischer Pfefferminze übertönt zuweilen den Geruch des geschäftigen Viehmarkts, Bäuerinnen bieten mit wichtigtuerischen Mienen Laienmedizin an, gewandte Legendenerzähler ziehen Hunderte von Landleuten in ihren Bann, Bettler wiederholen den lieben langen Tag nur das Wort „Allah" oder einen kurzen Koranvers, mit „Balek!"-(„Vorsicht!"-)Rufen bahnen sich Karrenlenker einen Weg durch die stoßende, drängen-

Im Bergpark Ain Asserdoun mit einer dreihundert Jahre alten Zitadelle darüber

de, feilschende, keifende, Staub aufwirbelnde, bunte Menge, ebenso wie manche Reiter, die zum Einkaufen nicht einmal vom Pferd, Maultier oder Esel steigen (Fahrräder sind relativ selten in Beni Mellal, trotz der weiten Ebene, in der es liegt).

Niemanden wird es erstaunen, daß wir – fast immer als einzige Ausländer – auf diesem Markt so manches Mal mit der Kamera auftauchten. Aber noch niemals in Nordafrika hatten wir so viele Widersacher. Immer wieder wollte man uns Aufnahmen verderben. Dabei hatten wir noch kein Völkchen getroffen wie die Einwohner von Beni Mellal, die in Wirklichkeit so scharf auf ihr eigenes Bild waren, daß es in der Stadt unserer Zählung nach etwa achtzig Fotoateliers gab! Es waren beileibe nicht nur die Jungen, die dort hineingingen. Warum also die Aversionen gegen unsere fotografische Tätigkeit (bei der wir uns immer sehr diskret verhielten)? Die Aufnahmen würden wir mitnehmen, der Abgelichtete würde sich darauf nie bewundern können, das ist alles. Fast alles. Denn auch die Furcht vor dem „Bösen Blick des Neids" spielt bei den Marokkanern (und anderen Moslems) immer noch eine große Rolle. Gegen den „Bösen Blick" soll vor allem die Farbe Blau wirksam sein, denn das „Auge des Bösen Blicks" mag sie nicht, heißt es. So werden überall (in manchen Orten ausschließlich) Türen und Fensterrahmen in verschiedenen Blautönen gestrichen. Es sind auch Handabdrücke und Amulette in Blau zu finden sowie Koraninschriften an Häusern in dieser Farbe. Und das Unwahrscheinlichste: Blaue Autos haben einen höheren Wiederverkaufswert als andere, ließen wir uns erzählen.

Betteln unter Kindern ein Sport

„Monsieur, donnez-moi un Dirham!" Der etwa zehnjährige Junge, der uns da auf französisch um eine marokkanische Münze (etwa 45 Pfennige wert) anging, sah nicht verhärmt aus, eher dreist. „Was willst du denn mit dem Geld anfangen?", fragten wir ihn. „Ich will mir das Fußballspiel ansehen" (zu dem eben die Leute herbeiströmten), meinte er. Um Eintrittskarten zu finanzieren, waren wir freilich nicht nach Marokko gekommen. Vergeblich versuchte er dann uns (Nichtrauchern) ein paar Zigaretten abzuluchsen. Als wir weggingen, hörten wir noch gut, was er uns nachzischte: „Klab!" (Hunde).

Betteln ist unter marokkanischen Kindern ein beliebter Sport. Berufsbettler – sie lagern scharenweise vor den Eingängen von Bäckereien, Apotheken, Märkten und Moscheen – kann man leicht mit den Worten „Möge Gott es dir geben!" verscheuchen. Die lieben Kleinen aber hängen sich wie Kletten an ihr Opfer. „Brot" wollten sie sich von dem Geld kaufen, hörten wir aus kaugummikauenden Mündern. „Sir f'halek!" entfuhr es da uns schließlich einmal (soviel wie: „Verzieht euch!"). Die Meute wich zurück: „Chmar!" (Esel). In Japan sagt man: „Wer lächelt statt zu toben, ist immer der Stärkere." Wir hätten es verdient gehabt, mit mehr Kosenamen aus dem Tierreich bedacht zu werden.

„Eh, Rumi!", hörten wir, vor allem auf dem Lande, Schulkinder immer wieder hinter uns her rufen. Eigentlich ist „Rumi" die Bezeichnung für Europäer, aber es schwingt auch eine Bedeutung wie „Ungläubige" darin mit. Da wir aus „Urubba" (Europa) und auch keine Moslems waren, hatte der marokkanische Nachwuchs also genau richtig getippt. Wie immer macht freilich der Ton die Musik. Wenn wir dann den Hauptschreier auf seine unwahrscheinlich abstehenden Ohren hinwiesen, hatten wir seine lachenden Mitschüler bald auf unserer Seite. Ein paar von ihnen ließen heimlich die Steine fallen, die für uns bestimmt gewesen waren. Dann war es an der Zeit, ihm die Hand zu reichen. Anschließend hatten wir jede Menge kleiner, ungewaschener Pfoten zu schütteln. Genaugenommen ist „schütteln" nicht das richtige Wort, denn in Marokko berührt man nur gegenseitig die Handflächen und führt die eigene Hand dann an die linke Brust oder an die Lippen. Übrigens verhielten sich nicht nur die Buben, sondern auch die Mädchen (bis etwa fünfzehn Jahre) derart unbekümmert. Sie schienen uns oft sogar schlagfertiger.

Ungewohnte Neulinge

Wir bildeten uns nie ein, die einzigen „Rumi" in Beni Mellal zu sein. Schon am ersten Tage zählten wir im örtlichen Telefonbuch 37 Ausländer, zumeist Franzosen, darunter acht Lehrer. Darum dachten wir auch nicht, hier großes Aufsehen zu erregen. Wir wohnten aber als einzige Ausländer im „marokkanischen" Teil von Beni Mellal. Manchem Einheimischen blieb vor Staunen der Mund offenstehen, wenn wir in aller Seelenruhe im Eingang des Hauses Nummer 7 der vierten Straße unseres Viertels verschwanden.

Vom Söller unseres Hauses (fast alle Gebäude in Marokko haben Flachdächer) konnte man ganz besonders schön die nahen, 2000 bis 3000 Meter hohen Berge des Mittleren Atlas sehen, immer wieder Anlaß für uns, dort hinaufzusteigen. Bald nahm uns dabei eine Frau von einem der Dächer (der stets aneinandergebauten Häuser) ringsum wahr. Nun trat ein nachbarschaftliches Alarmsystem in Aktion. Die Entdeckerin verschwand für geraume Zeit unter Deck, tauchte dann wieder auf, und mit ihr auf den umliegenden Dächern (auf ihnen wird Gerümpel deponiert, Wäsche getrocknet, werden Schafe, Ziegen und Hühner gehalten, wird während der heißen Jahreszeit geschlafen) schäkernde Mädchen und Frauen.

Einige kamen herüber, um uns einen guten Tag zu wünschen. Ach, wir seien keine „mirikan" (Amerikaner), sondern „alman" (Deutsche)? Daß wir keine Franzosen waren, erkannten sie an unserer Sprache. Sie verstanden, daß wir uns ihre Berge ansehen wollten, ebenso den farbenfreudigen Wochenmarkt, aber was wir überhaupt in Marokko suchten, kapierten sie nicht. Wahrscheinlich vermuteten einige, daß wir ganz einfach Spinner seien.

Zohra El Ouafi, unsere stets zum Lachen aufgelegte Zimmervermieterin, sowie ihre Familie, ließen uns völlig ungestört. Mein und dein konnten sie gut unterscheiden, und wenn unsere Türe zugezogen war, war das Zimmer für sie tabu. In der Küche war Wilma gelehrige Schülerin von Zohra, wenn es um marokkanische Gerichte ging, aber die Wirtin und ihre fünfzehnjährige Tochter Raschida waren deutschen „Versucherle" auch nicht abgeneigt. Jeden zweiten Tag überreichten sie uns „kesra delchobs" (selbstgebackenes Brot in Laibform). Das entschädigte uns dann dafür, daß sie uns täglich für mehrere Stunden den Strom abstellten. Wir ließen Zohra in dem Glauben, daß wir den Hauptschalter noch nicht entdeckt hätten . . .

Unsere Welt zu Hause ist eben anders – die komischen Typen sind wir! Dies schienen auch jene zu denken, die uns ständig mit Fotoapparaten hantieren sahen, inzwischen aber wußten, daß wir keine Bilder verkauften. An Plätzen wie dem herrlichen Park mit dem rauschenden Bergquell oberhalb Beni Mellals waren nämlich gewerbliche Fotografen stets zur Stelle, um auf Wunsch von Spaziergängern Konterfeis herzustellen. Bis vor wenigen Jahren hatten solche Künstler riesige, auf Stativen ruhende Kästen, in denen sie auch die Aufnahmen entwickelten. Heutzutage werden Color-Sofortbildkameras verwendet. Wir versprachen manchmal Bilder (und gaben sie später auch – ausnahmslos), aber unser herkömmliches System, mit Filmen zum Entwickeln, brauchte eben mehr Zeit. Dies ließ manchen Marokkaner doch sehr an der Fortschrittlichkeit Deutschlands zweifeln.

Wir lernten während unseres Aufenthaltes in Beni Mellal außer Einheimischen auch mehrere Ausländer kennen, die hier arbeiteten, wie ich im Zusammenhang mit Informationen über die Stadt bereits erwähnte. Unter ihnen waren Angehörige des amerikanischen Friedenskorps, junge Mädchen, die an Gymnasien Englischunterricht gaben. Wir waren mehrfach mit ihnen zusammen und sie erboten sich, während der geplanten Wanderung durch das Atlasgebirge nicht benötigte Teile unseres Gepäcks aufzubewahren. Auch wollten sie uns aufnehmen, wenn wir zurückkehrten. Noch einmal bei Zohra einzuziehen, hätte sich nicht gelohnt. Außerdem ging uns zuletzt die Streiterei der Familie auf die Nerven. Der Sohn Abdelali wollte von Mutter und Schwester Geld, das sie nicht hatten. Deshalb verprügelte er das um fünf Jahre jüngere Mädchen Raschida einmal sogar und es lag schluchzend vor unserer Tür, als er davonlief. Die kleine Nadia bekam regelmäßig einmal von diesem, einmal von jenem Dresche, und wir bemühten uns, sie anschließend um so mehr zu verwöhnen. Ein Zimmer mit Familienanschluß . . .

Dann war es soweit. 330 Kilometer lagen vor uns. Wir kamen durch feuchtheiße Täler zu windgepeitschten Pässen, aus Wäldern in die baumlose Einöde des Hohen Atlas. Wieder einmal wollen wir in Tagebuchform berichten, um dem Leser den Ablauf verständlicher zu machen. Am 19. Mai 1981 starteten wir von Beni Mellal. Wir fuhren zu dem Dorf El Ksiba, damit wir erst einmal die Ebene hinter uns hatten.

Mittwoch, 20. Mai 1981

Im Hotel in El Ksiba mußten wir letzte Nacht die Matratzen auf den Fußboden unseres Zimmers legen, denn der Bettrost war derart durchgelegen, daß man darauf nicht schlafen konnte. Heute morgen fühlen wir uns nicht sehr fit, am Anfang einer Mammutwanderung! El Ksiba ist ein Tor zum Atlasgebirge. Hier gibt es eine Bar, zu der die Araber und Berber heimlich kommen. El Ksiba war ein Erholungsort für französische Kolonialoffiziere, die vor der Unabhängigkeit Marokkos in der Ebene stationiert waren. Unter schroffen Felsen steigen wir bergauf. Karawanen von Maultieren, mit Brennholz beladen, kommen uns entgegen. Überall steht Wald, teils von den Franzosen gepflanzt. Es ist schwül. Brunnen auf Viehweiden spenden Erfrischung. Nomaden haben ihre schwarzen Zelte bei Hütten aufgestellt, in deren Umgebung sie mit Hilfe von Bewässerung Weizen anbauen. Ihre bissigen Hunde können wir nur durch Steinwürfe vertreiben. Abends im Marktflecken Naour, dessen Häuser über viele Quadratkilometer verstreut sind. Mohammed, der Dorflehrer – er hat acht Schüler, mehrere Hundert andere kommen ganz einfach nicht – läßt uns in der Schulstube auf dem Boden schlafen.

Donnerstag, 21. Mai 1981

Direkt neben der Schule ist heute Markt. Ein paar Händler sind mit Lastwagen von weit her gekommen, mit Orangen, Aprikosen, Karotten und Zwiebeln, Waschpulver und Seilwaren. Schafe und Ziegen werden aufgetrieben, teilweise an Ort und Stelle geschlachtet. Bauern bieten Eier an. Der Marktplatz ist einfach eine Wiese, auf der Zelte aufgestellt werden. Maultierreiter kommen von überall her. Frauen waschen am Brunnen, indem sie die Stücke mit Kernseife und einem Knüppel und mit den Füßen bearbeiten. Ihre Kleider binden sie hoch, darunter haben sie Rüschenhöschen an, die bis zu den Knien reichen. Ein 1700 Meter hoher Paß. Einladungen von Lastwagenfahrern lehnen wir ab. Tizi-n-Isli ist unser Tagesziel, ein sehr häßlicher Ort, trotz der goldenen Weizenfelder, zwischen denen er liegt. Ahmed, einer von fünf Lehrern, die uns am Ortseingang willkommen heißen, nimmt uns in sein einfaches Haus mit, das dem Dorfältesten gehört. Dieser hat sein Heim mit Sitzpolstern für 36 Personen und mit 64 wertvollen Teppichen ausgestattet. Außerdem hat er zwei von den vier Autos in Tizi-n-Isli.

Freitag, 22. Mai 1981
Ahmed ist herumgekommen, weiß viel Gescheites zu sagen. Aber er handelt nicht danach. Er frißt wie ein Tier, ist wasserscheu und verrichtet seine „Geschäfte" direkt neben seiner Wohnung, wie

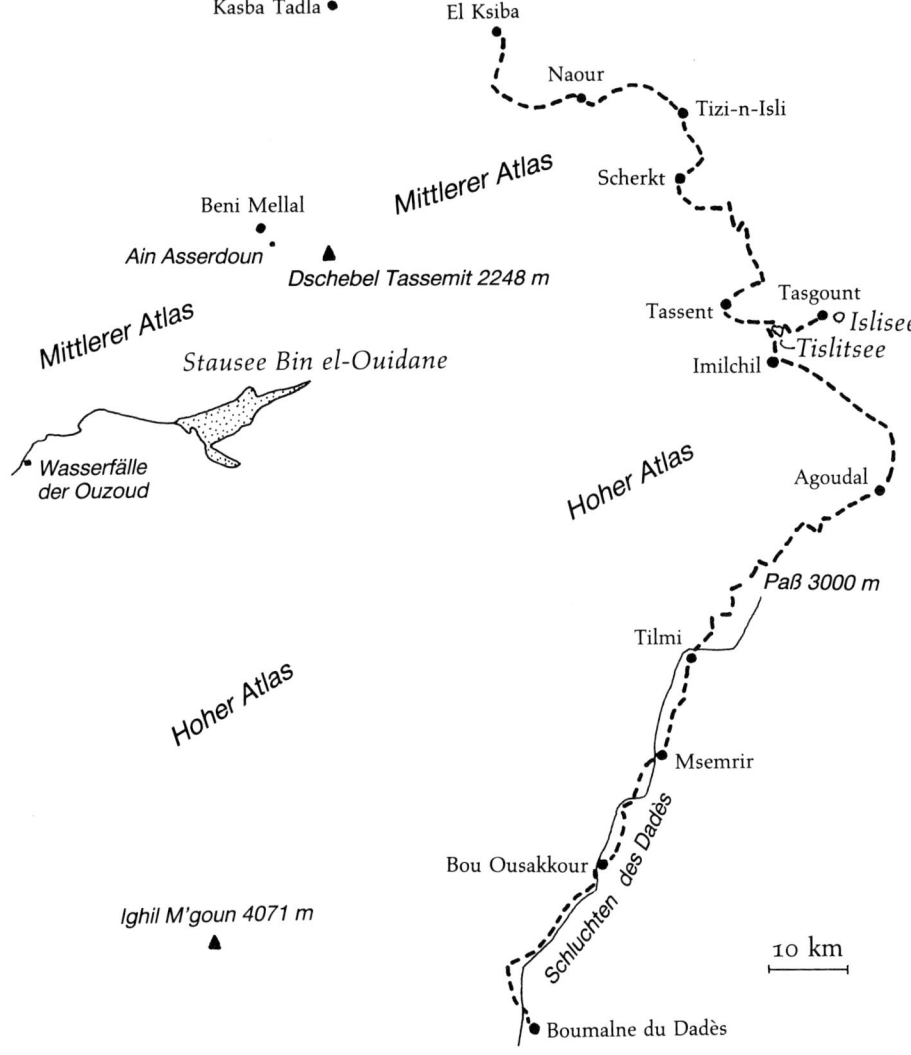

Wanderung von El Ksiba nach Boumalne du Dadès durch den Mittleren und Hohen Atlas

alle rund tausend Einwohner. Die Schulkinder starren vor Schmutz, obwohl Wasser genügend vorhanden ist. Eine „Gesundheitsstation" im Dorf ist wenig wirksam. Rast an einem herrlichen Quell, dann durch manchmal knöcheltiefen Staub weiter. Mittags nennen sich etwa zwanzig Steinhütten „Scherkt". Hier gibt es Wasser nur aus einem Rinnsal von Bach, zuvor schon oft genutzt. Wir sind durstig bei dreißig Grad und mit über zwanzig Kilo auf dem Rücken! Unser Tagespensum sind fünfundzwanzig bis dreißig Kilometer. Wälder, wohin wir schauen, aber weniger dicht als in Deutschland. Von Franzosen wurden vor vierzig Jahren Forsthäuser in alpenländischem Stil (ziemlich unpassend im Lande der Berber, aber stabil und praktisch) gebaut. In einem soll Mustafa, der Freund des Lehrers Ahmed, arbeiten. Wir treffen niemanden an, die Türen stehen offen, es wird dunkel, wir baden mit Flußwasser, kochen neben dem Haus. Um 22 Uhr legen wir uns in einem leeren Raum zur Ruhe. Hufgetrappel, Männerschritte. Ein anderer Müder, ein Einbrecher, Mustafa? Wir lauschen. Die Tür wird aufgerissen, ein Riese mit Umhang, mit einer Lampe und einem drohend erhobenen Knüppel bewaffnet, steht vor uns.

Samstag, 23. Mai 1981
Chala, der Forsthauswächter, andere Männer, die mit ihm junge Kiefern setzen, und wir lachen uns morgens halb tot über den beidseitigen Schrecken in der Nacht. Mustafa, ja, der arbeite jetzt anderswo, dort, wo wir abends sein würden. Die Waldarbeiter geben uns noch einen Kilometer das Geleit. Der Ikassene, ein breiter Bach, bewässert viele Weizenfelder. Die Bauern grüßen auch aus der Ferne, selbst die Frauen, aber die Kinder sind sehr scheu und verschwinden, sobald wir auftauchen. Erst im Jahre 1934 waren die Atlasberber endgültig „befriedet" worden. Jetzt sind sie

Chala zeigt am Morgen, wie er nachts drohend in der Tür stand. – Ein Ladenbesitzer

ruhig, obwohl sie sich über den Rassismus der Araber beklagen. Enge Schluchten, immer bergauf, dann sind wir im winzigen Ort Tassent, wieder bei einem Forsthaus. Mustafa schlachtet ein Lamm, seine Frau Fatima besteht darauf, Wilmas Hände kunstvoll mit Henna zu bemalen (Farbbild 13).

Sonntag, 24. Mai 1981
Wieder durch eine Schlucht, dann ein 2300 Meter hoher Paß. Schlagartig keine Bäume mehr, wir haben den Mittleren Atlas hinter uns, wir sind im Hohen Atlas. Zum Glück dringt an vielen Stellen noch Wasser aus dem Fels, obwohl der Winter extrem trocken war. Mittags am See Tislit, der klar und tiefblau ist. Farbenfreudig gekleidete Mädchen treiben mit Wurzelwerk und Grasbüscheln beladene Esel vorüber – Brennmaterial. Ein Friedhof besteht nur aus ein paar aufrecht stehenden Felsplatten. Keine Namen, keine Daten. Tasgount, dreißig Häuser, ist unbewohnt. Hierher kommen nur Schaf- und Ziegenhirten gelegentlich. Ein unheimlicher Ort, trotz des Grüns ringsumher. Der stellvertretende Landrat kommt im Geländewagen vorbei. Er rät uns: „Bleiben Sie nicht hier, keine Sicherheit, die Nomaden . . ." Zudem treibe ein Panther in der Gegend sein Unwesen. Ein Hirte sei letzte Woche von ihm angefallen worden. Wir gehen weiter nach Imilchil. In der Dunkelheit erreichen wir das Hotel „Hoher Atlas", das zwei Zimmer, Kerzenlicht und Bachwasser hat.

Montag, 25. Mai 1981
Ein heulender Staubsturm weckt uns. Imilchil liegt 2250 Meter hoch, die Berge sind völlig kahl. Fünf Monate ist hier Winter, sieben Monate Frühling, sagen die Leute. Da nicht Markttag ist, haben nur drei Lädchen geöffnet. Erstmals seit vier Tagen Brot. Wir hatten wenig zu essen. Dort nimmt ein Polizist unsere Personalien auf. Wir nennen auch unser Ziel, weil es aber schwer zu schreiben ist, notiert er lächelnd einen anderen Ort. Fast jedes Haus in Imilchil ist wie eine Festung aus Lehm, mit geschmückten Türmen. Männer, Frauen und Kinder, auf Weizen- und Futterfeldern beschäftigt, sind sehr kontaktfreudig und zutraulich. In Imilchil gibt es im September ein Fest, bei dem sich junge Pärchen in freier Wahl finden dürfen. Fast jede zweite Ehe wird wieder geschieden. Geschiedene versuchen dann erneut ihr Glück. Gerissene Vermittler probieren, teils mit Erfolg, selbst zehn- und zwölfjährige Mädchen „unterzubringen". Nach dem Ruhetag beginnt morgen der zweite Teil unserer Wanderung.

Dienstag, 26. Mai 1981
Dreißig Kilometer weiter Weg zum zweiten See bei Imilchil, dem Isli, und wieder zurück. Weideland, so weit das Auge reicht, aber keine Herden. Diese kommen erst dann herauf, wenn in tieferen Lagen alles abgegrast ist. Am Ufer des zwei Kilometer breiten Sees nur *ein* Bauernhaus. Weizenfelder werden mit dem Schmelzwasser eines Schneeflecks berieselt. Gewitterwolken über den Bergen, aber bis zum nächsten Winter wird kein Regen fallen. Einer der friedlichsten Plätze, die wir auf der Welt fanden.

Mittwoch, 27. Mai 1981
Den Melloul-Fluß von Imilchil aufwärts, fast vierzig Kilometer. Felder, Weiden, ja sogar Sumpf, mit Kühen, Maultieren, Pferden, gleich daneben die Bergwüste. Tiefblauer Himmel über Dörfern, die Wehrburgen gleichen (Farbbild 12). Die Bauern grüßen freundlich: „Labass!", „Wie geht's?"

Wenn sie von der Länge unserer Wanderung hören, brechen sie in den Ruf des Erstaunens aus: „Babababba!" Viele sprechen nur Tamazirht, die Berbersprache des Atlasgebirges, kein Arabisch. Sie nennen sich selbst „Imazirhen" („Menschen des Landes", sie waren die Ersten Marokkaner). Eine vergessene Region: Erdwege, während der Hälfte des Jahres unpassierbar, kein Strom, Wasser aus dem Bach, Obst und Gemüse nirgends erhältlich, kein Tierarzt, der Schlachtvieh untersucht. Kein einziges Mädchen geht zur Schule, auch nur eine Handvoll Jungen in jedem Dorf. Dabei wohnen Zehntausende hier! Nichts stört das Bild einer antiken Landschaft. Der Dorfälteste von Agoudal verhilft uns abends zu einer Bleibe. Er besorgt eigenhändig für uns Waschwasser. Rund um die Häuser ist die „Toilette".

Donnerstag, 28. Mai 1981
Schwierigster Abschnitt unserer Wanderung: fünfundvierzig Kilometer weit keine Ortschaft. Dabei müssen wir bis auf Zugspitzhöhe! Bedeckter Himmel, bedrückende Stimmung. Ausgetrocknete Bachläufe, karge Weiden. Schafe und Ziegen sterben in den Armen der Hirten. Ein schreckliches Jahr in Marokko. In anderen Wintern lag der Schnee drei, vier Meter hoch, diesmal nur ein paar Zentimeter. Am Spätnachmittag eine Quelle, Futter für Maultiere und Esel der Nomaden, die auf den kahlen Hügeln ihre schwarzen Zelte aufgeschlagen haben. Wir bleiben hier, schlafen unter den Sternen. Niemand stört uns.

Freitag, 29. Mai 1981
Ein letzter Paß, dreitausend Meter hoch, dann sehen wir den Quellfluß des Dadès, der sich später

Im Teller eine Paste aus Teilen eines Weiderichgewächses: Henna. Fatima geht ans Werk

in Schluchten durch bizarre Berglandschaften windet. Wasser und Wind haben jede Erhebung rundgeschliffen. Die große Einsamkeit entläßt uns in die ersten Dörfer des Dadès-Tales, die aufgelockerter gebaut sind als jene im Hochland. Junge Frauen auf den Feldern lassen uns nicht passieren, ehe sie uns nicht eingehend betrachtet, betastet und „msjen" (hübsch) gefunden haben. Mit dem halbmondförmigen Kopfputz, den mit Kohlepulver gezogenen dicken Lidstrichen, kreisrund rotgefärbten Wangen, den mit großen Spangen zusammengesteckten Röcken und Überwürfen, in denen sie die Make-up-Utensilien einschließlich Spiegelchen aufbewahren, mit Ketten aus Schlüsseln, Münzen, Patronenhülsen, Reißverschlüssen und Metallblättchen und mit hennagefärbten Händen und Füßen sind *sie* die Hübschen! Wilmas Augenlider und Wangen bemalen sie liebevoll. Drei der Mädchen sind Schwestern von Lhussaine, einem College-Schüler in Ferien in dem Dorf Tilmi. Er lädt uns in das Haus seines Vaters ein: „Bleibt, so lange ihr wollt!", nachdem wir ihm verraten haben, daß wir möglichst nur bei Berbern die Nächte verbringen wollen. (Als wir ihn trafen, war er in Begleitung mehrerer junger, blödelnder, arabischer, ortsfremder Lehrer.) Gleich wird uns Tee gereicht (Farbbild 14), und später sitzen wir mit Lhussaine und seinem jüngeren Bruder Brahim beim nordwestafrikanischen Lieblingsgericht „Cous-Cous", das ihr Vater und ihre Schwestern bereitet haben. Im Dunkeln zum Stelldichein der jungen Leute an der Burgruine von Tilmi, eine Überraschung für uns. Die Mädchen und Jungen treffen sich zum Plausch, schmusen miteinander und wenn sie sich richtig mögen, dann heiraten sie in Kürze, vielleicht schon nächsten Freitag. Aischa, zwölf Jahre alt, mit rundem Kindergesicht, wird im Juli heiraten, erzählt sie uns.

Samstag, 30. Mai 1981
Wir glauben in eine andere Welt geraten zu sein: Morgens treffen sich die jungen Leute auf einer großen Wiese, spielen und spaßen miteinander. Wo ist der Islam, der die Geschlechter trennt, der jede natürliche Regung zwischen Unverheirateten unterdrückt? Nachher jäten die Mädchen wieder Unkraut in den Weizenfeldern, bunte Farbtupfer im frischen Grün. Nachmittags gehen wir auf staubigen Wegen weiter flußabwärts. Es wird heißer, aber nachts weht ein erfrischender Wind. In dem Marktort Msemrir kommen wir im einzigen Zimmer des Gasthauses unter. Betten gibt es nicht.

Sonntag, 31. Mai 1981
Die Schluchten des Dadès. Manchmal sind wir am obersten Rand, dann ganz unten im Abgrund. Schroffe Felsgebirge in Ocker, Gelb, Grau, Grün. Durch Terrassierung gewinnen Bauern quadratmeterweise neue Felder. Das Flußwasser wird in schmalen Kanälen dorthin geleitet. Ab und zu Lastwagen mit menschlicher Fracht, von einem Markt zurückkehrend. Auf 270 km unseres Weges verkehrt nie ein Omnibus. Die Regierung ist an der Entwicklung der Region nicht interessiert. Die Bauern sind Selbstversorger . . . In einer Mühle in Bou Ousakkour, bei Brahim, verbringen wir die Nacht. Er hat acht Jahre in Frankreich gearbeitet, erlitt einen Verkehrsunfall, lag sechsunddreißig Tage im Koma. Jetzt zahlt die Republik ihm eine Rente. Seiner Frau gibt er die „Pille", er kennt sich da aus.

Montag, 1. Juni 1981
Vergeblich halten wir nach größeren Tieren wie Antilopen, Hasen und Wildkatzen Ausschau. Einheimische und Fremde töten alles. Touristen mit Autos begegnen uns, die die Schluchten sehen

74

wollen. Wie üblich beim Kochen mittags am Fluß eine Kinderschar um uns, die freiwillig Brennmaterial sammelt, in der Hoffnung auf das stets erbettelte „Bonbon". Die „Frau" des Gastgebers in dieser Nacht war dreizehn, als er sie letztes Jahr heiratete. Sie darf die Essenreste nachher auf dem Boden vor der Zimmertür verschlingen. In dem Haus können wir uns vor Fliegen kaum retten. Als wir allein sind, bringen wir sie zu Hunderten um.

Dienstag, 2. Juni 1981
Der Dadès hat unzählige Windungen und Kehren, die Staubstraße auch. Nun folgt Dorf auf Dorf, Gehöft auf Gehöft. Die Hauptorte sind meist von Kasbas (burgähnlichen Wohn- und Lagerhäusern) gekrönt. Bis auf das allerletzte Stück dieser letzten Etappe nach Boumalne du Dadès ist die Landschaft sehr schön. Überall stehen Walnuß- und Aprikosenbäume. Viele Quellen. Aber wir sehen auch unzählige Ruinen – die Landflucht ist sehr groß! Dann sind wir am Ziel. Zwei der fünf Zimmer unserer Herberge in Boumalne du Dadès sind wegen Einsturzgefahr unbenutzbar. Eine lange kalte Dusche. Wir kaufen ausgiebig Lebensmittel ein. Der Ort hat einen großen Markt, aber er ist weniger interessant als erhofft. Die Zahl der Berber ist schon wieder geringer als in den Bergen, die Frauen sind nicht mehr so bunt gekleidet. Abends ein phantastischer Gewitterhimmel, aber es fallen nur vereinzelte Tropfen. Gleich hinter unserem Hotel beginnt die Wüste. –

Von Boumalne du Dadès fuhren wir mit Bussen weiter, nach Zagora (Farbbild 48), wo sich die ersten Sanddünen der Sahara erheben. Dort lagen die Temperaturen schon bei vierzig Grad. Eine Woche später waren wir in Marrakesch, bald darauf wieder in Beni Mellal.

In Agoudal muß ein Eimer Waschwasser reichen. Die Einheimischen verwenden es noch sparsamer

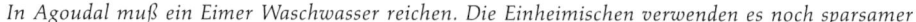

Trostlose Medienlandschaft

Von Berufs wegen und als aufmerksame Zeitungsleser beobachteten wir die Presselandschaft in Nordwestafrika mit großem Interesse. Schließlich wollten wir stets informiert sein, was um uns herum und in der weiten Welt vor sich ging. Weder Tunesien noch Algerien noch Marokko haben ein demokratisches Gesellschaftssystem in unserem Sinne. Die Herrschenden werden zwar nicht müde, die „Demokratie" in ihrem Lande und sich selbst ständig zu preisen, aber daß sie es in den jeweils wichtigsten Zeitungen seitenlang tun können, zeigt doch nur, wie es um die Freiheit im allgemeinen und um die Pressefreiheit im besonderen dort bestellt ist. Um es ganz klar zu sagen: Es gibt eigentlich keine einzige Gazette, die von der Qualität der Information und von der Verbreitung unter der Bevölkerung her mit westdeutschen Zeitungen vergleichbar wäre. Ein Umfang von zehn Seiten ist der Durchschnitt, Anzeigen inbegriffen.

Das größte Übel ist, daß immer noch ein großer Teil der Tunesier, Algerier und Marokkaner des Lesens und Schreibens unkundig ist, das zweitgrößte, daß sich weder Verleger noch Journalisten finden, die bereit sind, in Städten mit 200 000 und 300 000 Einwohnern eine gesonderte Zeitung auf die Beine zu stellen. Gewöhnlich werden die nur eine Handvoll mit 30 000 bis 80 000 Exemplaren verbreiteten Blätter in den Hauptstädten gemacht und in das ganze Land verschickt. Dabei finden regionale und lokale Belange kaum Beachtung. So kommt es, daß die meisten Einwohner über politische oder kulturelle Vorgänge in ihrer Stadt oder Ortschaft praktisch nie etwas erfahren.

Reden, die die Präsidenten Bourguiba (Tunesien) und Chadli (Algerien) sowie König Hassan II. (Marokko) oder einer ihrer Minister gehalten haben, wird ständig ein übermäßig breiter Raum zugestanden. Nichtssagende Kommuniqués über Politikerbesuche beim Staatschef, und „Hofberichte", werden an vorrangiger Stelle veröffentlicht. Hingegen fehlen kritische Stellungnahmen und Reportagen zu aktuellen Vorgängen im In- und Ausland, vor allem, wenn sie dem jeweiligen Regime nicht in den Kram passen, fast völlig. Weltnachrichten kommen weit hinten oder am Ende.

Liest zwar nur ein Bruchteil der Bevölkerung eine Zeitung, so ist andererseits das Fernsehen heute sehr stark verbreitet. Ein Umstand, der in den Dritte-Welt-Ländern Realität ist: Kaum ein Haus in Stadt und Land, sei es auch Lehmhütte oder Blechbaracke, auf dessen Dach nicht eine Fernsehantenne funkelt. Wo es keinen Stromanschluß gibt, müssen Batterien Ersatz leisten. Kein dümmliches Klischee: Selbst viele Nomaden haben TV-Geräte in ihrem Zelt. Da das Fernsehen aber wie der Hörfunk in staatlicher Hand ist, bietet sich hier das gleiche Bild wie bei den Zeitungen. Im informationellen Teil ist die „Stimme seines Herrn" überproportional laut zu vernehmen. So werden in Tunesien täglich kurz vor 20 Uhr die „Direktiven des Präsidenten", Habib Bourguiba, gesendet. Anschließend geht es mit ihm, seinem Ministerpräsidenten und anderen Politikern in den Nachrichtensendungen (arabisch und französisch) weiter. Fast kein Bericht hat Live-Ton. Statt dessen musiziert im Hintergrund irgendein Orchester. Die Wettervorhersage dauert doppelt so lang wie die Nachrichten ... Regionalprogramme? Fehlanzeige! Nichts gegen Tunesien: In Algerien und Marokko sieht es genauso mies aus. Und alle Sender, ganz gleichgültig, ob Sozialisten unterschiedlicher Prägung oder Royalisten dahinterstehen, beginnen und beenden ihre aus französischem und amerikanischem Angebot zusammengeschusterten Programme mit langen Lesungen aus dem Koran, dem heiligen Buch der Moslems.

Wenn man die Pressefreiheit in den drei nordwestafrikanischen Ländern mit dem in der

Bundesrepublik angewandten Maßstab mißt, dann kommt Algerien am schlechtesten weg. So trostlos wie hier kann eine Zeitungslandschaft nur unter einem totalitären Regime aussehen. Ausländische Kritik – inländische ist ebenfalls kaum zu hören – am Regime wird in Tunesien nicht stets sofort mit Sanktionen beantwortet. Wegen eines Artikels in „Jeune Afrique" (Junges Afrika) aus Paris über die „unmögliche Sozialpolitik in Marokko" wurde dieses Magazin nicht gleich mit einem Bann belegt. In Algerien wird „Jeune Afrique" (und werden andere Zeitungen) an der Grenze sogar ausländischen Reisenden abgenommen. Am schillerndsten ist das Presseangebot noch in Tunesien (wohl auch, um den Ansprüchen der Hunderttausende von Touristen gerecht zu werden).

Wenig Weinseligkeit

Schon seit uralten Zeiten wird in Nordwestafrika der Anbau von Reben praktiziert. Aber unter dem Einfluß des Islam, der den Genuß von Wein untersagt, dienten sie über tausend Jahre ausschließlich – wir wollen nicht so genau hinsehen – der Erzeugung von Eßtrauben. Erst in diesem Jahrhundert erlebte der Weinbau in Marokko, Algerien und Tunesien einen bemerkenswerten Aufschwung.

Es regnet und ist kalt, und überhaupt sind wir in einer Stimmung, die dringend einer Aufheiterung bedarf. Wenn wir jetzt einen Wein hätten . . . Ziemlich hoffnungslos fragen wir in einem Laden – fast verschämt – nach „schrab", wie der vergorene Rebensaft hier heißt. Immerhin schmunzelnd nennt man uns eine Gasse und ein Haus dort, wo so etwas verkauft werde. Es gibt kein Firmenschild, aber an der Tür ist mit Kreide geschrieben worden: „Bin in fünfzehn Minuten zurück." Wir warten fast eine Stunde, aber wir warten nicht allein. Immer mehr Männer stehen umherspähend an den nächsten Straßenecken. Einige haben Plastiktüten, andere einen Sack, dritte eine Schachtel bei sich. Plötzlich hält ein Auto vor dem Haus, ein Mann schließt die Tür auf. Alle Eckensteher drängen sich um ihn. Wir sind bei den ersten, denn wer weiß, wie lange der Vorrat reicht? Wir nehmen eine Flasche mit, während die anderen Kunden kaum tragen können, was sie kaufen, im einzigen Weinladen der westalgerischen Stadt Tlemcen (Zentrum eines Weinbaugebietes)!

Genau die gleichen Wetterbedingungen wie in Tlemcen trieben uns in dem tunesischen Städtchen Tabarka am Mittelmeer im Winter in ein Geschäft, das alle Arten von Alkoholika feilhielt, darunter auch einheimische Weine. Doch wir hatten kein Glück: Da Freitag war (der „Sonntag" der Moslems), wurde keines der verlockenden Getränke verkauft. Der Scheinheiligkeit vieler Anhänger Mohammeds und der uns dadurch aufgezwungenen Enthaltsamkeit schreiben wir es zu, daß wir uns in diesen Tagen schwer erkälteten.

„Monsieur, wollen Sie Wein kaufen?", riefen uns schon von weitem herumlungernde Jünglinge zu, als wir in der marokkanischen Stadt Beni Mellal einen ersten Vorstoß unternahmen. Als ob wir taub seien, machten wir uns gemäßigten Schrittes wieder davon, denn wir sahen, daß der wieder einmal einzige Weinladen (am Stadtrand) nur vormittags geöffnet hatte. Am anderen Tag machte sich Wilma auf, um eine Flasche der beliebten Marke „Chaudsoleil" (Heiße Sonne) zu erstehen, denn, so hatten wir in Erfahrung gebracht, selbst Kinder holten diesen Wein immer wieder „im Auftrag ihrer Mutter für den Gebrauch in der Küche". Na eben, Wilma wollte auch marokkanisch kochen . . .

Kuriositäten um den Wein gibt es in Nordwestafrika mehr als genug. So ist es in Marokko, wo die

Reben rund dreißigtausend Hektar bedecken und durchschnittlich über eine Million Hektoliter Wein im Jahr erzeugt werden, ganz offiziell verboten, aus der Produktion alkoholischer Getränke Gewinn zu ziehen. Dennoch läuft die Weinerzeugung, kassiert der Staat entsprechende Steuern, gibt es Bars und Restaurants mit Weinausschank in allen großen Städten. Es ist sogar illegal, an einen Moslem Wein zu verkaufen, allerdings hat dieses Verbot nur theoretischen Wert. Bestraft werden kann, wer in der Öffentlichkeit in betrunkenem Zustand angetroffen wird.

Liberaler sind die Tunesier, die sich nicht scheuen, in Restaurants auch bei geöffneten Fenstern und Türen eine und noch eine Flasche zu trinken. Dort soll jeder selbst entscheiden, was ihm frommt. Einmal konnten wir in einem Gasthaus die Trinker ganz genau beobachten und wir bemerkten, daß ihre Stimmung der bei einem deutschen Weinfest nicht unähnlich war. Nur: die Männer (immer Männer!) zechten in der heiligen Stadt Kairouan, einem der wichtigsten geistlichen Zentren des Islam (Farbbild 4). Die Toleranz geht also weit, nur der Freitag eben ist „trocken".

Wein „berge" liegen in Nordwestafrika gewöhnlich in ziemlich ebenen Gebieten, so bei Tunis, bei Mascara im Hinterland von Oran/Algerien und zwischen den marokkanischen Großstädten Meknes und Rabat. Natürlich werden auf den sonnigen Weinfeldern Rebensäfte mit hohem Alkoholgehalt produziert. Der größte Teil wird nach Europa exportiert und ist zum Verschnitt bestimmt. Aus Marokko gehen zwei Drittel des Weins nach Frankreich. Andere Importländer sind Österreich, Großbritannien, die USA, Japan und die Sowjetunion. Im Lande gibt es einen Liter nicht unter fünf Mark.

Die meisten „Roten" sind zu Fleisch (die französische Sitte, Wein zum Essen zu genießen, findet in Restaurants viele Nachahmer) bekömmlich, aber bei heißem Wetter zu meiden. Genannt seien nur einige der großen Marken wie „Sidi Larbi", „Valpierre" und „Vieux Pape". „Chaudsoleil" gibt es als Rotwein, als Weißwein und als Rosé. Der weiße „Sémillant" wird von Kennern besonders geschätzt. Zur großen Klasse gehören die Rosé-Weine von den Rebflächen südlich Casablancas, am Fluß Oum er-Rebia, so der „Botschafter der marokkanischen Weinberge", der „Gris de Boulaouane", der internationale Auszeichnungen erhielt, wie so mancher andere Wein dieses Landes, aus Tunesien und Algerien. Um sich eine Vorstellung von der Bedeutung des Weinbaus in Nordwestafrika machen zu können, muß man wissen, daß in Algerien Wein bei den landwirt- schaftlichen Exporterzeugnissen an der Spitze steht, daß auch das kleine Tunesien für Millionen Mark Wein exportiert, daß das zweitgrößte Weinlager der Welt mit einer Kapazität von vierzig Millionen Litern einer Genossenschaft bei Meknes/Marokko gehört.

Alles in allem ist die Stimmung in diesen Ländern eher trüb- als weinselig. Der Islam läßt eben jede Spur von Humor vermissen. Trotz der eine Million Hektoliter Jahresproduktion in Marokko gibt es dort zwar ein Kirschenfest, ein Dattel-, ein Rosen- und ein Honigfest, aber an ein Weinfest hat offenbar noch niemand gedacht.

Marokkanische „Liebesgeschichten"

Um dies alles in Erfahrung zu bringen, mußten wir uns sehr bemühen, bei Ämtern, Verkehrs- büros, Restaurants, Läden, Großhändlern, Genossenschaften, Erzeugern. Langsam gewöhnten wir uns an die Mühen, die nötig waren, um Informationen zu erlangen.

Wir fuhren von Marrakesch siebzig Kilometer mit dem Zug, 125 km per Anhalter und liefen dann noch zwanzig Kilometer, um nach Boulaouane am Fluß Oum er-Rebia zu gelangen. Dort sahen wir uns ausgiebig in den Weinfeldern und Anlagen um. Rückfahrt am Abend war nicht möglich, es gab keinen Bus mehr. Der Dorfälteste Mohammed Ben Moumen einigte sich mit dem Marktwächter Brahim Rahral, daß dieser uns für die Nacht aufnehmen sollte. Wir verbrachten nette Stunden zusammen. Vor allem der ältere Mann konnte uns viel erzählen.

So hörten wir auch die Geschichte der Kasba von Boulaouane. Kasbas werden im Norden Marokkos Zitadellen genannt, im Süden versteht man darunter befestigte Häuser oder große Getreidespeicher. Nun, die Kasba von Boulaouane ist eine beeindruckende Festung, abseits des Ortes, über den weiten Windungen des Oum er-Rebia eine hübsche Landschaft krönend. Eine Inschrift am monumentalen Tor erinnert daran, daß der Herrscher und Heerführer Moulay Ismail, der auch die Stadt Meknes und andere Orte zu erbauen befahl, 1710 dieses Schloß vollenden ließ. Wie es in Feudalzeiten so üblich war, mußten ihm die Bewohner Boulaouanes bei seinem Besuch ein Geschenk geben. Es fiel ihnen nichts Besseres als das schönste Mädchen der Gegend ein. Offensichtlich war die Wahl gut, denn am nächsten Morgen vermachte Moulay Ismail dem Mädchen und den Seinen alles Land, das man vom höchsten Turm der Kasba sehen konnte. Als das Mädchen starb, verschloß der Sultan die Kasba und kehrte nie zurück. Als der Dorfälteste endete, konnten wir uns denken, daß Moulay Ismail dann schleunigst anderswo eine Kasba bauen ließ und auf ein Geschenk der Einwohner des Landstriches schielte.

Eine andere Geschichte, die diesmal aber mit Liebe zu tun hatte, erfuhren wir im Atlas in Imilchil, bei unserer Wanderung. Der See Tislit ist nach der Sage ein Mädchen, der zehn Kilomter entfernte See Isli ein Jüngling. Sie sehnen sich seit Menschengedenken und für alle Ewigkeit als Verlobte nacheinander, denn sie werden nie zusammenkommen können. Doch wer weiß, vielleicht macht's in den Gebirgsmassen des Atlas mal einen Ruck?

Touristen „einfältig" und „reich"

Wir waren immer erfreut, andere Reisende zu treffen, denn Erfahrungsaustausch ist stets gewinnbringend, vorausgesetzt, daß die Gesprächspartner auf derselben „Wellenlänge" wie wir „funken". Wer wie wir mit öffentlichen Verkehrsmitteln und manchmal per Anhalter unterwegs ist, wer in einfachen Hotels oder Wohnungen Unterkunft findet und sich von dem ernährt, was ein Land seinen Einwohnern bietet, der kann uns so manchen Ratschlag geben, für den wir uns nach Kräften revanchieren.

Ein US-Reisehandbuch über Marokko bezeichnete Typen wie uns als „Abenteurer, die im Durchschnitt 85 Dirham pro Tag ausgeben" (etwa vierzig Mark; wir kamen mit einem Drittel davon aus). Eine Störung des wirtschaftlichen Gleichgewichts geht von unsereins sicher kaum aus. Doch leider spüren wir oft, daß die Einheimischen uns wie die großen Gruppen von Touristen einstufen: etwas einfältig, leicht beeindruckbar und vor allem sehr reich.

Ein junger Schweizer, den wir im Mittleren Atlas trafen, wohin er sich für einige Tage zurückgezogen hatte, um seine Enttäuschung über das Leben in den großen Städten Marokkos zu überwinden, meinte: „Vielleicht werden die Marokkaner erst in fünfzig Jahren entdecken, daß es auch in Europa nicht nur Millionärssöhne gibt. Die Zöpfchen, die der Züricher aus seinem Haupthaar geflochten hatte, brachten ihm zudem manchen Spott ein. „Lange Haare und seltsame Kleider verhelfen Besuchern nicht dazu, von der Bevölkerung akzeptiert zu werden", sagte uns ein nordamerikanischer Journalist, seit zehn Jahren in Marokko. Das Land habe ein „Hippie-Problem" gehabt. Wir meinen, es ist am besten, sich so zu kleiden, wie es von Europäern nun mal erwartet wird. Aber die Haltung der Einheimischen, vor allem der Beamten, zeugt doch von Intoleranz, denn schließlich kleiden sich ja auch diese oft sehr malerisch . . . Nicht verschwiegen werden darf im Zusammenhang mit „Hippie-Problemen", daß in Marokko der Handel mit Haschisch (stammt meist aus dem Rif-Gebirge) eher legal als nur geduldet ist. Unzählige Marokkaner sind „Kettenraucher".

Auf recht abenteuerliche Weise unterwegs sind auch meist jüngere Leute, die in Europa alte Personenwagen, Omnibusse und Lastwagen aufkaufen und sie durch Algerien zum Beispiel nach Niger oder Kamerun chauffieren. Sie kommen allein, manchmal mit Familie, oft in Gruppen (auch Mädchen), vor allem aus Frankreich, Westdeutschland und England. Die Personenwagen sind fast immer französischer, die Lastwagen und Busse deutscher Herkunft. Engländer, die wir in der Sahara sprachen, meinten, nur deutsche Marken seien bei den schweren Fahrzeugen in der Äquatorgegend gefragt. Zu dritt karrten sie im „Huckepack"-System fünf Lastwagen und ein Auto auf einmal gen Süden.

Guido und Harald aus Siegen hatten einen Wagen bis ins Hoggar-Gebirge in Algerien geschafft. Dann brauchten sie Ersatzteile. Guido flog in die Heimat und kehrte mit einem anderen Auto samt Nachschub zurück. Als sie sich dann auf den Weg nach dem Niger machten, um ihr Glück zu versuchen (sprich: einen zahlungskräftigen Käufer zu finden), waren sie schon drei Monate auf Achse. „Es wird immer schwieriger, die Konkurrenz ist zu groß!" gestanden uns „alte Hasen". Mancher zuvor Optimistische machte plötzlich ein langes Gesicht, wenn er ganze Kolonnen von ausgedienten, umlackierten Bundeswehr-Lastwagen aus dem Staub der Pisten auftauchen und die Verkaufserlöse schwinden sah.

Mit Geländewagen auf mehr vergnüglichen Reisen sind Europäer vor allem in der Sahara. Der tunesische Teil dieser Wüste ist gegenüber dem algerischen und marokkanischen ziemlich nichtssagend. Zwischen den Atlasgebirgen und in den Oasentälern Südmarokkos sind Allradfahrzeuge nicht unbedingt erforderlich. So bleibt für diese Passion vor allem Algerien. Dort ist Tamanrasset im Hoggar Haupttreffpunkt für Erfahrungsaustausch. Auf Campingplätzen, in Straßenrestaurants und vor Polizeistationen hört man aber auch von Urlaubern mit normalen Autos und Kleinbussen die unglaublichsten Geschichten. Die tollste ist die von dem Schlagloch, das so groß war, daß ein ganzes Auto darin verschwand . . .

Diese Einzelreisenden haben wenig Einfluß auf die wirtschaftliche und soziale Entwicklung Tunesiens, Algeriens und Marokkos. Sie bewirken in geringem Maße die „drohende Verfremdung der Identität des gastgebenden Volkes durch Tourismus", wie die „Arbeitsgruppe Touristeninformation Dritte Welt" des Bundesministeriums für wirtschaftliche Zusammenarbeit in Bonn es nannte.

Anders sieht es hingegen mit der in Tunesien und Marokko häufigsten Spezies von Reisenden aus, die in Gruppen (in Algerien zum Kommen nicht ermutigt) zu Urlaubszwecken, auf Kurztrips oder zu Studien (in nur wenigen Fällen) erscheint. Ihre Massen bereiten deutschen Touristikunternehmen und örtlichen Reisemanagern größte Wonne. Die Wünsche der Pauschalreisenden sind aber so landesfremd, wie ihre Einstellung zum Reiseland weltfremd ist. Höchste Ansprüche an Komfort und falsche Romantik bringen Entwicklungen in Gang, die dem Urlaubsland am Ende schaden. Nach Ansicht der erwähnten Arbeitsgruppe kommen diese Touristen in der Regel völlig unvorbereitet, zum Beispiel nach Marokko. Sie fordert daher eine bessere Ausbildung der Reiseleiter durch die Touristikunternehmen.

Vom Benehmen dieser Touristen schließt die Bevölkerung aber auf alle: Sie haben die Taschen voller Geld (was oft ja auch stimmt, allerdings auch auf sehr viele Einheimische zutrifft), sind naiv und mit den kleinsten Gesten angeblicher Gastfreundschaft von Geschäftsleuten leicht „herumzukriegen". So kann man keinen Markt in marokkanischen Altstädten besuchen, ohne wenigstens ein paarmal am Arm gepackt und zu „besonders günstigen Käufen" animiert zu werden. Wir sanken im Ansehen vieler Nordwestafrikaner erheblich, als sie erfuhren, daß wir unter den Bauern im Bus fuhren und zu Fuß durch die Berge liefen.

Sind Europäer gefühlskalt?

„Alles, was wir hier erleben, ist noch ‚Gold' gegenüber dem, was uns bevorsteht!", sagten wir uns in Tunesien, Algerien und Marokko immer wieder. Später, in Schwarzafrika, sahen wir, daß unsere Annahme *so* eben doch nicht ganz gestimmt hatte. Gemeint waren damit die auffälligen Symptome der „Unterentwicklung": Ungerechte Verteilung des Besitzes, Versorgungsmängel, Transportprobleme, Umweltverschmutzung; aber auch unser Zusammenleben mit den Einheimischen. Die Andersartigkeit der Menschen ist einer der Hauptgründe, warum wir mit Vorliebe „Dritte-Welt-Länder" aufsuchen.

Die von der unseren verschiedene Mentalität der Leute zwischen Tunis und Casablanca kann für manchen Europäer zu einem großen Problem werden, das ihn bewegen könnte, seine Pläne aufzugeben, Verträge nicht zu verlängern, weil er einfach „die Nase voll" hat. Wir hielten zwar in vollem Umfang an unseren Absichten fest, aber wir müssen zugeben, daß uns ein Wechsel von Nord- nach Westafrika schließlich nicht unwillkommen war. Um verständlich zu machen, wie Europäer unter Arabern fühlen, wollen wir vor allem die Art öffentlicher Kontakte zwischen diesen und Ausländern erklären.

Zunächst gibt es keine Privatsphäre in unserem Sinne, solange man sich (stehend oder sitzend, spielt keine Rolle) auf öffentlichen Plätzen aufhält. Die Meinung ist: Ein öffentlicher Platz ist nun mal ein öffentlicher Platz. So kann sich jeder neben jeden stellen oder setzen, selbst wenn man sich dabei berührt und selbst wenn die Umgebung sonst menschenleer ist. Ja, es ist sogar gutes Recht, einen anderen von seinem Platz zu verdrängen, wenn man dadurch einen Vorteil für sich erreicht. Sollte sich allerdings ein Stärkerer (zum Beispiel ein Erwachsener durch Kinder) gestört fühlen, zögert er nicht, sich zu behaupten.

Körperliche Berührung unter Fremden ist in Deutschland weitgehend verpönt. Jeder physische Kontakt gilt als vertrauliche Geste und setzt das Einverständnis des anderen voraus. Unter Arabern gilt dies nur für sich fremde Männer und Frauen. Es geschah oft, daß völlig Fremde (nur Männer!) mir (gelegentlich sogar Wilma) den Arm um die Schulter legten, wenn sie mit uns ein Gespräch beginnen wollten. Handberührungen sind gang und gäbe und gelten beim gleichen Geschlecht als Zeichen der Freundschaft (händchen- und fingerhaltende Männer kann man in arabischen oder allgemein islamischen Ländern oft sehen), übrigens eine ständige Quelle für interkulturelle Verärgerung zwischen Arabern und Europäern. In unserer Reaktion wollen die Orientalen „Gefühlskälte" erkennen. Berührungen der Ellbogen, Armeinhängen beim Gehen, Schulter-an-Schulter-Gehen und Küsse auf die Wangen bei Männern gehören ebenfalls hierher. Häufige Berührungen gibt es auch beim Sprechen. Meist steht man dabei so nahe beieinander, daß man den Atem des anderen fühlen kann. (In Häusern ist die Privatsphäre gewahrt und man hält als Gastgeber und Gast auf Abstand.)

Beim Gespräch schaut man sich meistens intensiv in die Augen. Vorbeigehende, Stehende oder

Sitzende trifft ein durchdringender Blick nach dem anderen. Dieses „Fixieren" ist eine arabische Eigenart ohne böse Absicht, die man auch bei Türken, Indern und anderen Orientalen findet. Besonders Mittel- und Nordeuropäer fühlen sich dadurch sehr ungemütlich, wenn nicht sogar angegriffen. Wenn sich Araber nicht ansehen, können sie nicht gut miteinander sprechen, und sie können dies auch nicht, wenn sie gehen. In Gespräche Vertiefte stehen oder sitzen.

Viele Besucher arabischer Länder dürften die dichtbevölkerten Straßen gewundert, manchmal mit geheimer Furcht erfüllt, wenn nicht sogar in Rage gebracht haben. Araber sind nicht gern allein, sie wollen unter Leuten sein. Ihre Art, „allein" zu sein, ist, dann einfach nicht zu reden. Im Verkehr herrscht meist das gleiche System wie bei den Autoscooters auf dem Rummelplatz: Man hat irgendwie Kontakt miteinander.

Geschäfte werden in aller Öffentlichkeit ausgehandelt. Auch Gespräche privater Natur, so zwischen Familienmitgliedern, können von Umstehenden und -sitzenden, etwa im Zug oder Bus, mitangehört werden, ja, diese mischen sich nicht selten sogar ein. Genaue Erklärungen werden gewöhnlich vermieden. Vor allem werden Versprechen nur vage gegeben. Europäer lassen sich oft durch eine Einladung beeindrucken. Daß stets das Wort „Inschallah!" („Wenn Gott es will") beigefügt wird, überhören sie meist. Man braucht sich deshalb nicht zu wundern, einen Gastgeber bei Annahme einer Einladung nicht zu Hause vorzufinden . . .

Krieg in der Sahara – wir nehmen das Schiff

Bei unserem Besuch in Casablanca schon vor längerer Zeit hatten wir uns nach Möglichkeiten, von Marokko nach Westafrika zu gelangen, erkundigt. Es sah ziemlich schwierig aus. Von Casablanca nach Dakar in der Republik Senegal sind es in der Luftlinie nicht weniger als 2400 Kilometer. Wir hatten aber nicht die Absicht zu fliegen. So informierten wir uns über den Landweg. Wir fanden ein großes Firmenschild mit der Angabe „Bus von Casablanca nach Nouakchott" (der Hauptstadt von Mauretanien), aber das Garagentor darunter war fest verriegelt. Wir erfuhren, daß es keine Verbindung mehr gäbe. Der Krieg König Hassans II. von Marokko gegen die Polisario, die Befreiungsfront der Westsahara (neue Republik; zuvor Kolonie Spanisch-Sahara), und gegen ihre Verbündeten, Algerien und Libyen, dabei nicht nur weitgehend von der eigenen Bevölkerung, sondern auch von den Vereinigten Staaten und Saudi-Arabien unterstützt, hatte dem internationalen zivilen Verkehr zwischen Marokko und Mauretanien (die Westsahara liegt dazwischen) ein Ende gemacht. Das konnten wir also vergessen.

Blieb nur noch die Möglichkeit, mit dem Schiff nach Westafrika zu gelangen. Bei der Agentur der französischen Schiffahrtsgesellschaft, deren Passagierdampfer „Massalia" zwischen Toulon in Südfrankreich und Dakar verkehrte, sagte man uns in Casablanca, eine Abfahrt ab Tanger sei am 22. Juni. Fünf Tage später, in Tanger, erklärte uns die gleiche Firma, die Reise sei annulliert worden. Wir hatten schon davon gehört, daß man von Südspanien auf die Kanarischen Inseln könne, von dort dann nach Dakar weiterkäme. Aber jetzt wollten wir erst einmal all unsere anderen Pläne verwirklichen. So reisten wir umher und gingen auf die bereits beschriebene Wanderung im Atlas. Am 14. Juni trafen wir dann, mit gemischten Gefühlen, in Tanger ein. Anderntags erfuhren wir, daß die „Massalia" doch am 22. Juni von Tanger abfahre. Man nannte uns den Preis, der nun allerdings bedeutend höher lag als alles, was wir bisher darüber gehört hatten. Wir buchten und bezahlten. Als wir in der Woche danach aufs Schiff gehen wollten, wurde uns offenbart, daß der Preis unserer Fahrkarten immer noch zu niedrig sei. Im Büro wurde

Arabern macht es wenig aus, sich in dichtbevölkerten Gassen und Straßen aufzuhalten

festgestellt, man habe sich „geirrt" und außerdem den neueingeführten „Treibstoffzuschlag" (höhere Ölpreise!) „vergessen". Sicher wäre mancher andere als wir auch sauer gewesen.

Weil wir nun schon mal eine Woche auf das Schiff warten mußten und in Tanger praktisch dreißig Kilometer von Spaniens südlichster Spitze entfernt waren, beschlossen wir – warum auch nicht? – für vier Tage Europa einen Besuch abzustatten. Überfahrten waren problemlos. So waren wir bald in der Stadt Algeciras und an der Costa del Sol. Wir erlebten Fronleichnamsprozessionen mit viel Pathos und viel Militär und die „Feria de Algeciras" mit einem großen „Corso" und dem wahrscheinlich ausgedehntesten Rummelplatz, den wir je gesehen hatten, der aber sicher auch der geräuschvollste war. Viele Festesfreudige sangen mit guten Stimmen auf dem nächtlichen Heimweg, wenn sie unter dem Balkon unseres Gasthauszimmers vorbeigingen. Seltsam: Nach acht Monaten in Nordwestafrika kam uns das schon geradezu etwas heimelig vor.

Nur eines erreichten wir nicht: nach Gibraltar zu gelangen. Weil Großbritannien, das den „Felsen" seit 1704 besetzt hält, sich immer wieder mit Spanien zerstreitet, das seinen ehemaligen Besitz wieder eingliedern möchte, war die Grenze damals dicht. Der Schlagbaum blieb geschlossen. O ja, auch Europäer, nicht nur Araber, Afrikaner oder Asiaten, sind zu politischem Blödsinn sehr wohl fähig. Wir wollten dies nicht vergessen, sagten wir uns, als wir unserem Kontinent zum zweiten Mal auf dieser Reise Lebewohl sagten. Bis später dann . . . !

Obwohl wir also für die Fahrt auf der „Massalia" unerwartet viel berappen mußten, war es doch die billigste Möglichkeit, nach Westafrika zu gelangen. Für den rund 3100 Kilometer langen

83

Seeweg von Tanger nach Dakar benötigte das Schiff vier Tage. Das Meer war meist so ruhig wie der Bodensee an einem schönen Sommertag. Wir kamen deshalb sicher und pünktlich am Ziel an. Alles klar!

Nur an Bord waren die Verhältnisse etwas sonderbar. Das Schiff wurde fast völlig von der sogenannten „Komfortklasse" eingenommen, die der sonst üblichen Touristenklasse vergleichbar war, allerdings auch einige luxuriöse Kabinen hatte. Daneben gab es noch die sogenannte „Sparsamkeitsklasse", deren Kabinen im Prinzip kaum weniger bequem waren. In ihrem spartanischen Eßraum aber ging es liebloser zu als in der Mensa einer Universität. Bei Selbstbedienung und ungemütlicher Esserei, weil die Plätze nicht ausreichen, wurde sie zu einer Art „Unterklasse". Zwischen den Häfen Toulon und Tanger konnten ihre Passagiere noch an allen Veranstaltungen teilnehmen, die ausnahmslos in der „Komfortklasse" stattfanden. Von Tanger nach Dakar waren dann aber die Verbindungstüren zwischen den beiden Klassen verriegelt. Die „Sparsamen" waren fortan von allen Aktivitäten ausgeschlossen. Die Ursache fanden wir rasch heraus: Von Toulon bis Tanger waren fast nur Weiße (meist Franzosen) an Bord gewesen, also kein Grund zur Panik. In Marokko aber kamen viele Schwarze (vor allem Senegalesen) hinzu, die ausnahmslos in unserer billigeren Klasse fuhren, ausreichend Anlaß, die Türen zu verschließen, damit „man" unter sich bleiben konnte. „Man": das waren 95 Prozent Weiße. Neun von zehn Reisenden in der „Sparsamkeitsklasse" waren schwarzhäutig. Wir kritisierten diese sanfte Apartheid-Politik in einem Brief an den Kapitän, der aber nicht antwortete. Die Franzosen auf der „Massalia" schienen zu denken: Nach Afrika ja, aber mit Afrikanern zusammen, das möglichst nicht . . . Wie wir dachten wohl auch Michel Duval und Philippe Gloaguen, die in einem 1981 in Paris herausgegebenen Führer für Globetrotter über die „Massalia" schrieben: „Von dem Moment an, wo Sie nicht den Höchstpreis bezahlen, werden Sie wie Vieh behandelt."

Niemand soll nun glauben, daß wir nur neidisch gewesen wären. Auf unserer Fahrt nach Westafrika lag uns nämlich zum Beispiel an einem „Polynesischen Kostümball", komplett mit Tagescocktail „Kon Tiki" und „Aloha"-Geklimper, nicht im geringsten. Übrigens schlugen wir dem Kapitän ein Schnippchen. Zusammen mit zwei gerissenen weißen Passagieren, die schon seit Toulon an Bord waren, schlüpften wir durch eine unscheinbare, unverschlossen gebliebene Tür und durch verzwickt angelegte Gänge doch in die „Komfortklasse". Als Weiße fielen wir dort ja nicht auf.

Ich beschreibe dies hier nur so genau, weil ich damit das grundsätzliche Verhältnis zwischen Weiß und Schwarz beleuchten wollte, das uns in Afrika noch viel beschäftigen sollte.

Am Senegal und zum Golf von Guinea

Wie üblich blieben wir auch in der Landeshauptstadt der Republik Senegal zunächst einmal nur so lange wie unbedingt nötig. Jeweils mehrere Monate bevor wir uns zu einem neuen Ziel in Bewegung setzten, suchten wir anhand unseres Kartenmaterials, von Literatur und von Berichten anderer Leute im angepeilten Land einen Ort aus, der in jeder Hinsicht unseren Wünschen und Plänen am ehesten gerecht zu werden versprach. Diesmal war unsere Wahl auf die Stadt Saint Louis, im Norden am Senegalstrom gelegen, gefallen. Bald würden wir erkennen, daß wir offenbar langsam einen „Riecher" für solche Plätze entwickelten.

Ich weiß, das klingt jetzt so, als ob für uns bereits alles rundherum in Ordnung gewesen sei. Das war aber keineswegs der Fall. Zwar ließ sich *eine* Angelegenheit wirklich rasch und unkompliziert erledigen: der Empfang von Geld aus Deutschland über eine Bank in Dakar. Aber wir waren mit ziemlich gemischten Gefühlen an Land gegangen, denn zum ersten Mal in unserem Leben kamen wir nun in ein Land, das ausschließlich von Menschen schwarzer Hautfarbe – von der Ausländerkolonie einmal abgesehen – bewohnt wurde. Erfahrungslos in dieser Hinsicht, machten wir uns – was ich gegen Ende des zweiten Kapitels bereits erwähnte – auf manche Überraschung gefaßt. Wir ahnten noch nicht, daß dieses Land Senegal uns auf ideale Weise helfen würde, uns auf die Zustände in Schwarzafrika einzustimmen. Voller Entsetzen liefen wir vor den furchtbar aggressiven Marktfrauen im Markt Kermel in Dakar davon. Mit Schrecken bemerkten wir, daß Marokko im Vergleich zu *dem* hier wirklich ein preiswertes Land für Besucher gewesen war. Kleine Hotels, die anderswo für unsere Zwecke praktisch und dazu unserem Geldbeutel entsprechend waren, mißfielen uns hier gleich sehr, denn sie starrten teilweise vor Schmutz und waren außer Herberge für wirklich müde Leute auch Unterschlupf für Herrschaften beiderlei Geschlechts, die sich im allgemeinen nur für ein paar Stunden darin aufzuhalten pflegten, ehe sich ihre Wege wieder trennten. Abgesehen von diesen und ähnlichen unerfreulichen Tatsachen gab es auch sehr viele angenehmere Aspekte, und als wir später weiterzogen, da war es uns, als ob wir unser Herz an die Einwohner des Senegal verloren hätten.

Wie es unsere Gewohnheit war, gingen wir möglichst rasch auf die deutsche Botschaft in Dakar, um uns mit wohlunterrichteten Leuten erst einmal grundsätzlich über die Lage im Land zu unterhalten. Dabei erfuhren wir auch, daß es in der Stadt Saint Louis Deutsche gab, die in einem Forstprojekt arbeiteten. Das war ein interessanter Anhaltspunkt, denn selbstverständlich kannten wir dort oben keine Menschenseele. Keuchend und schwitzend schleppten wir unter der Tropensonne unser Gepäck zum malerischen Bahnhofsgebäude der Hauptstadt. Der Bummelzug, in dem wir mit Mühe und Not eine Ecke für uns eroberten, fuhr mit einer Stunde Verspätung ab und kam mit drei Stunden Verzögerung in Saint Louis an, dummerweise so spät, daß wir uns erst gegen Mitternacht in einem Hotel der obenerwähnten Sorte einquartieren konnten, als gerade wieder ein Pärchen sich davonmachte. Wir denken heute noch mit leichtem Schaudern an den Schuppen zurück.

In höchster Eile meldeten wir uns deshalb schon am nächsten Morgen bei der Deutschen Forstmission. Von diesem Moment an ging wieder einmal alles sehr rasch. Elisabeth, die Sekretärin des Projekts, unterbrach ihre Arbeit, unterhielt sich mit uns, machte uns Hoffnungen. Sie lud uns sofort zu sich ein. Jemand bot uns seine Wohnung für den Monat darauf an und wir hätten unentgeltlich darin wohnen können, wenn er auf Urlaub in Europa wäre. Aber wir brauchten sofort etwas, denn wir erwarteten in Kürze Gäste aus Deutschland. Nun gut, Elisabeth legte sich ins Zeug, schaltete den Projektleiter Christian ein und siehe da, am dritten Morgen schauten wir uns bereits einen phantastischen Platz an, der tatsächlich für zwei Monate unsere Bleibe werden sollte.

Es gab in Saint Louis auch Polen, die gerade dabei waren, die letzten Geschäfte nach der Errichtung eines Fischereihafens abzuwickeln. Früher waren zahlreiche polnische Techniker und Arbeiter hier gewesen. Ihre Unterbringung war in europäischen Ansprüchen unter senegalesischen Umständen gerecht werdenden bequemen Häuschen erfolgt. Jetzt waren diese fast vollzählig unbewohnt. Der Chef der Polen, Longin Bukowski, erkannte unsere Lage und seine Möglichkeiten sofort klar, war sehr herzlich und bereit, uns ein solches Häuschen zur Verfügung zu stellen. „Bleiben Sie, so lange Sie wollen", sagte er in hervorragendem Deutsch. Dusche, Kühlschrank und Klimaanlage erfreuten uns bei 35 Grad und hoher Luftfeuchtigkeit ebenso wie eine Kochmöglichkeit in dem auch sonst gut eingerichteten Häuschen. Und das alles war – kostenlos! Zwischen Longin, seiner Frau Henryka, fünf weiteren Polen und uns entwickelte sich rasch große Sympathie, was vielleicht auch dem Umstand zuzuschreiben war, daß Wilma eine gebürtige Danzigerin ist, denn in ihrer Geburtsstadt hatte auch die polnische Baufirma ihren Sitz und die Bukowskis ihr Zuhause. Wir erlebten einige fröhliche Feste zusammen, auch bei zwei Gelegenheiten, wo Wilma und ich für alle große Parties gaben, um uns wenigstens etwas für all die Freundlichkeit zu revanchieren. Mit Longin und seiner Frau verabredeten wir ein späteres Treffen in Danzig oder in Heilbronn. Er starb jedoch drei Jahre danach auf dem Weg zur Arbeit in seiner Heimat an einem Herzinfarkt.

Stadt auf einer Insel im Strom

Natürlich waren wir nicht in den Senegal gekommen, um hier vorwiegend mit Europäern zusammen zu sein. Alle unsere Bekannten hatten dafür Verständnis, daß sie uns oft tagelang überhaupt nicht sahen, weil wir eben mit Nachforschungen beschäftigt waren. Und sie hatten eine Schwäche für die Einwohner von Saint Louis, die wir auch sehr rasch bei uns feststellten. Es handelte sich dabei um ausgesprochen freundliche Menschen, die zudem sehr gut aussahen.

Nun zu Saint Louis selbst. Die bedeutendste Stadt Nordsenegals war früher die wichtigste von Französisch-Westafrika gewesen. Auf einer etwa 250 Meter breiten und zweieinhalb Kilometer langen Flußinsel im Senegal hatte im Jahre 1659 der Franzose Louis Caullier eine Handelsniederlassung mit einer Kapelle gegründet. Nachdem er sie mit einer Mauer umgeben hatte, nannte er die Siedlung nach dem damaligen König Frankreichs „Saint-Louis-du-Sénégal". Viel später wurde es Sitz französischer Gouverneure und eines katholischen Bischofs sowie höherer Schulen. Es hatte einen bedeutenden Hafen (heute ist der Fluß versandet). Über zwanzig Jahre war Saint Louis (später Dakar) Sitz des französischen Generalgouverneurs für Westafrika. Noch bis 1960

Das Fischerdorf Guet N'Dar, eines der ältesten und wichtigsten Westafrikas

war es Residenz der Gouverneure von Senegal und Mauretanien. Sie amtierten im jetzt immer noch mächtigsten Gebäude der Innenstadt. Die Kathedrale steht nicht weit davon entfernt. Ab 1816 wurde die Stadt so gestaltet, wie sie sich heute darbietet: Die meisten Häuser auf der Insel sind zweistöckige Gebäude im Kolonialstil, unter Verwendung von viel Holz errichtet, meist mit an der Längsseite verlaufenden Kolonnaden im unteren und Balkonen im oberen Geschoß. Früher wohnten oben die Herren und die „Signaras", reiche Händlerinnen, Töchter europäischer Väter und afrikanischer Mütter. Die Euroafrikaner bildeten das vornehme Bürgertum. Unten in den Häusern lebten die Diener und Sklaven. Schon im Jahre 1778 hatte die Stadt einen eigenen Bürgermeister und die Einwohner waren französische Bürger. Saint Louis, aber auch die Städte Rufisque, Gorée und das noch kleine Dakar (die „Vier Kommunen" genannt) entsandten eigene Abgeordnete ins Pariser Parlament. Aus Saint Louis kamen bedeutende Persönlichkeiten.

Eine etwa fünfhundert Meter lange Brücke führt von der Insel zu festerem Land innerhalb des Senegaldeltas, wo ein neuerer Stadtteil vor allem Schulen – eine Universität war damals im Entstehen – und viele der Europäer (meist Experten) beherbergt. Bei fast hunderttausend Einwohnern hat Saint Louis etwa fünfzig Moscheen. Unter den Moslems sind auch viele hellhäutigere Mauretanier (Mauren), zumeist Händler. Die Mehrheit der Senegalesen in Saint Louis gehört zum Volk der Wolof, die eine Sprache gleichen Namens sprechen. Der interessanteste Stadtteil ist über zwei kürzere Brücken zu erreichen: Zwei Fischerdörfer liegen dicht beisammen auf einer über zwanzig Kilometer langen, schmalen Halbinsel, die von der mauretanischen Grenze

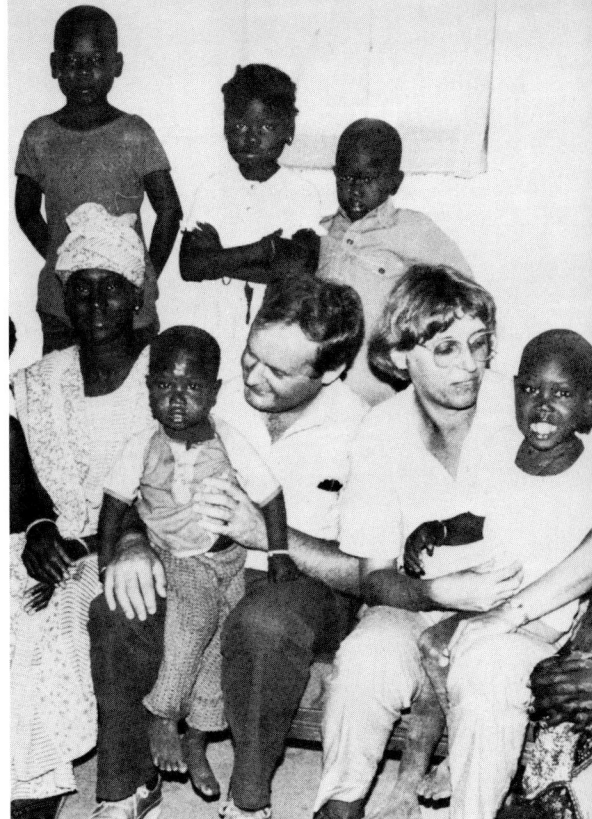

Hadi, junge Frau aus Saint Louis. – Renate und Wolfgang zu Gast in einer Familie

bis zur Mündung des Senegal in den Atlantik reicht. Tausende lebten hier. Sie waren unsere Nachbarn. Direkt vor unserer Haustüre lag der Strand des Atlantischen Ozeans, das Wasser dreißig Grad warm, und obwohl wir von Strandleben nie etwas gehalten haben, hier waren wir begeistert, denn wir hatten dabei die Gelegenheit, die Fischer und ihre Angehörigen richtig kennenzulernen. Von Badelustigen unter den Europäern wurde der Strand kaum aufgesucht, weil die Brandung sehr gefährlich war und bei der herrschenden Hitze und Schwüle konnte man ihn auch nicht gerade Sommerfrische nennen.

Besucher aus Heilbronn

Freitags zogen wir in unser neuestes Zuhause ein, sonntags mußten wir uns schon wieder auf den Weg nach Dakar machen, denn in der folgenden Nacht würden Freunde aus Heilbronn dort eintreffen. Das war knapp! „Aufwiedersehen in Afrika!", hatten im Jahr zuvor Renate Philipp und wir uns voneinander verabschiedet. Sie hatte uns auf unserer zweiten Weltreise in der Türkei, in Nepal und in Japan jeweils für ein paar Wochen besucht, im letzten Fall mit noch einer Freundin. Weil Renate befürchtete, sie würde aus der auf Südamerikakurs fliegenden Maschine vielleicht nicht rechtzeitig aussteigen, nahm sie diesmal einen Helfer mit, Wolfgang Rothkugel.

Wir holten sie also am Flugplatz ab, brachten sie dann nach Dakar, wo sie im Morgenlicht der Anblick von Villen neben Slums, von prächtig blühenden Tropenbäumen neben Schutthalden, von stattlich gebauten Menschen neben Scharen von elenden Bettlern ziemlich beeindruckte. Sie lernten gleich das, was viele „Ferntouristen" unserer Zeit so gern vergessen möchten: daß Dritte-Welt-Länder eben nicht der Schwarzwald oder der Harz, aber auch nicht die Riviera oder Dalmatien sind. Auf der 270 km langen Fahrt in einem schrottreifen Eisenbahnwagen und auf verbogenen Schienen – eine Panne verlängerte die Reise auf acht Stunden – waren wir die einzigen Europäer und wir konnten uns über Mangel an Freundlichkeit der Senegalesen nicht beklagen. Aus nach ersten Regenfällen ergrünendem Land gelangten wir an den Rand der Sahelzone, wo sich Kamele an Dorngesträuch labten. Dort liegt Saint Louis.

Wir hatten unseren Gästen von der zu erwartenden Einfachstunterkunft in Fischerhütten ohne Fließwasser und Strom erzählt. Ihre Erleichterung war deshalb groß, als sie von uns in ein Häuschen, wie wir es ja auch bewohnten, einquartiert wurden. Die Polen hatten uns auch dabei einen großen Freundschaftsdienst erwiesen. Urlaub im Senegal, nicht konfektioniert durch eine Reiseagentur, kann neben Vergnügen auch Abenteuer und Lehrreiches bieten. Mehrmals erfüllte sich der Wunsch von Renate und Wolfgang zu Reisen in den „Busch". Über Hunderte von Kilometern waren wir gemeinsam auf teils halsbrecherischen Pisten unterwegs. Sie besuchten Dörfer entlang des Senegal, auf dem sie einmal auch eine Bootsfahrt unternahmen, waren beim deutschen Aufforstungsprojekt, bei der riesigen Moschee der Muriden-Sekte im Städtchen Touba, rund 230 km entfernt. Erschreckt sahen sie das Vordringen der Wüste von Mauretanien nach Süden bei jedem neuen Sandsturm und die noch immer große Zahl von Ziegenherden, die Erzfeinde der Sahelzone.

Das Fischerdorf Guet N'Dar

„Es gibt Länder in Afrika, in denen Europäer zur Zeit gern gesehen sind, aber es gibt auch Länder, wo man sich als Weißer am besten nicht blicken läßt." Ein Reiseführer, in dem dieser Satz abgedruckt war und in dem die angebliche „Tourismustauglichkeit" des Kontinents untersucht wurde, reihte das Land Senegal bei den weißenfreundlichen Gebieten ein. Uns mißfiel diese Aufgliederung sehr, nicht etwa, weil Weiße hier und dort nicht wirklich unterschiedlich beliebt gewesen wären, sondern wegen des seltsamen Begriffs „Tourismustauglichkeit". Wir sahen später genau, daß wir Europäer uns durchaus überall „blicken lassen" konnten, auch wenn es nicht immer ganz leicht war. Aber wir erkannten ebenfalls, daß der Tourismus – das massenhafte Auftreten von flüchtigen Besuchern – fast in keinem Fall „afrikatauglich" war. Im Senegal erfreuten sich Weiße wirklich recht großer Sympathien, und wir profitierten davon.

Wir betrachteten auf unseren Reisen Kinder stets als das Spiegelbild der Erwachsenen. Die Kinder von Saint Louis und wir fanden gleich vom ersten Tag an Gefallen aneinander (Farbbild 50). Wir hatten uns kaum niedergelassen, als sich schon der vierzehnjährige Junge Abdoulaye zu uns gesellte. Kurz darauf war das um ein Jahr ältere Mädchen Fatou dabei (Farbbild 16). Die beiden waren meist in unserer Nähe oder mit uns zusammen, bis unsere zwei Monate in Saint Louis um waren. Natürlich hatten sie Geschwister, Freunde und viele kleine Nachbarn. Nach und nach lernten wir so viele von ihnen kennen, daß wir uns schon die Namen aufschreiben mußten, um sie nicht alle durcheinanderzubringen. Sie wohnten in Guet N'Dar (ausgesprochen „getndar"), einem der beiden Dörfer auf der erwähnten Halbinsel zwischen dem Atlantik und dem Senegalstrom. Guet N'Dar ist einer der ältesten, bedeutendsten und originellsten Fischerorte ganz Westafrikas. In der folgenden Betrachtung wollen wir den Leser in dieses Dorf mitnehmen.

Berüchtigte, gefährliche Brandung an Muschelsandbänken. Schäumende Wogen, tückischer Sog darunter. Er nimmt einen badenden Jungen mit sich fort. Tage später wird das Kind an Land gespült. Viele Menschen im Dorf weinen. Hunderte gehören jeweils zusammen, bilden Sippen, die ein uraltes Band verbindet. Der Verlust des Jungen trifft sie alle. Guet N'Dar hat eine lange Geschichte. Es ist mindestens so alt wie die Stadt Saint Louis selbst, also über dreihundert Jahre. „Boote mit flachem Boden aus einem Stamm, die Seitenwände aus Planken, mit Seilen zusammengenäht und geklebt": So wurden vor über zweihundertfünfzig Jahren die hier verwendeten Pirogen schon beschrieben. Um 1900 waren es fünfhundert Pirogen, mehr als im übrigen Senegal zusammengenommen. So viele sind es heute auch, allerdings größere, stabilere, motorgetriebene, häufig leuchtend-bunt bemalt. Sie werden von den fast zweieinhalbtausend Fischern geschickt durch die starke Brandung gelenkt. Nirgends im Land sind mehr Menschen in der Fischerei tätig. Am Strand Angehörige, Fischhändlerinnen, Hausfrauen und Schaulustige, oft dichtgedrängt wartend (Farbbild 15). Den Gewinn teilen sich Boots-, Motor- und Netzbesitzer sowie die Besatzung der Pirogen.

Die Familien leben unter schlimmen hygienischen Bedingungen, die jeder Bewohner durch eigene Nachlässigkeit noch verschlechtert. Die Wasserversorgung geschieht durch Zapfstellen in der jeweiligen Hauptstraße, aber nur stundenweise. Wie sollen die Tausende auf diese Weise bedient werden? Kanalisation und Müllabfuhr sind in den Fischerdörfern nicht existent, nur letzteres bei der dazwischen liegenden Markthalle. Kein Wunder, wenn das Meer einerseits und der Senegal andererseits für alle möglichen sanitären Verrichtungen Verwendung finden.

Die Hauptstraße, kilometerlang. Rechts und links Hütten aus Holz, manchmal Rohr, Blech, windschief, dazwischen feste Steinhäuser, klein und einstöckig. Ein Slum? Fünf, sechs Moscheen. Eine von ihnen sehen wir am Anfang noch als Rohbau, später vollendet. Der Vorstand der neuen Moschee ruft vor der Tür unentwegt zur Hilfe beim Bau auf, mit Arbeit und Geld. Die Fischer haben ein festes Einkommen. Das Meer versorgt sie. Ein Taxi rumpelt über die Sandstraße, auf der hier und dort Ziegen liegen, Milchspender der kleinen Leute. Schreiende Säuglinge werden gewaschen, Kinder sind überall.

Hinter einem Bretterzaun Kinder in der Koranschule. Eine Ehre, den Koran auswendig lernen zu dürfen. Der „Meister" schlägt mit einem Stab den Takt zu den Rezitationen. Vierzig, fünfzig sind es, die auf dem Sandboden kauern. Manchmal werden sie geschlagen, wenn sie nicht aufmerksam genug lernen, was ihnen da arabisch vorgekaut wird, von dem sie nichts verstehen. Ihre Sprache ist Wolof.

Trotz der Seebrise ist es sehr heiß. Wer kann, wandert mit dem Schatten von der einen auf die andere Straßenseite. Eine Ewigkeit an den wenigen Brunnen in der prallen Sonne wartende Frauen zanken sich manchmal wegen der Reihenfolge. In der Brandung toben Kinder. Viele sind so klein, daß sie im Wasser geboren zu sein scheinen. Hunderterlei Spiele. Eines davon ist „sâva", hier wie in Polynesien seit alten Zeiten getriebenes, von Europäern „entdecktes" Wellenreiten. Ein anderes ist „Froschhüpfen" der Nackedeis durch die Wellen bis zu ihrem Ziel. Die meisten jüngeren Kinder tollen nackt herum. Staunend stehen sie später um eine ertrunkene, aufgequollene Ziege, die angespült wurde. Die Millionen von Krabben, welche an diesem Sandstrand leben, werden sie in der Nacht bis aufs Skelett auffressen. Morgens hinterlassen viele der Kleinen zerfließende Häufchen am Ufer. Die meisten leiden an einer Wurmkrankheit.

Eine Reihe von Jungen geht an uns vorbei, mit wadenlangen Hemden, mit Zipfelmützen und belämmerten Gesichtern. Sie wurden beschnitten (ihre Vorhaut entfernt), wie es islamisches

Dörfliche Szene in Guet N'Dar. Wegen der Hitze hält man sich meist im Freien auf

Eine Piroge mit Außenbordmotor wird von der Besatzung durch die Brandung ans Ufer geschafft

Gesetz befiehlt, leben etwa zehn Tage mit Altersgenossen zusammen, fünf bis sieben Jahre alt, von den Eltern getrennt. Während der Operation durfte keiner weinen, nicht einmal wimmern, sonst würde er Feigling genannt. Aber sind sie nicht Kinder?

„Fatou, wir werden heute abend deine Familie besuchen!" Das Mädchen nickt erfreut und gibt einen zustimmenden Schnalzlaut von sich. Wenn sie lacht, sieht man ihr bläulich tätowiertes Zahnfleisch, Schönheitszeichen der Wolof. Vorbei an dem Platz, wo Fisch – penetrant riechend – getrocknet und geräuchert wird, kommen wir zu Fatou. Sie kauert an der Straße, läuft uns strahlend entgegen. Im Nu sind wir von vielen Kindern umringt. Fatous Mutter hat sieben lebende Kinder, das ist weit unter dem Durchschnitt. Der Vater ist tot. Im Haus, zwei winzige Zimmer klein, herrscht eine unglaubliche Hitze. Auf der Türschwelle, im Hinterhof zwischen Bretterverschlägen, läßt es sich besser aushalten. Dort, auf Matten, schlafen schon einige der Kleinen, von den größeren Geschwistern zärtlich behütet. In den Winkeln rumoren Ratten, groß wie Katzen, der Schrecken der Mädchen und Jungen. Schaben krabbeln ihnen über die Beine. Läuse und Flöhe sind selten.

Auf Vorplätzen und Hinterhöfen wird gekocht, meist Reis mit Fisch. Fatous jüngere Schwester zerstößt Pfeffer in einem Mörser. In der Nähe ein Tam-Tam und Musik aus der Karibe. Schreien. Eine Frau schenkt einem Jungen das Leben. Leben und Tod. Morgens wurde der ertrunkene Junge zum Friedhof gebracht. Die Gräber sind dort mit Fischernetzen geschmückt.

Wir treten wieder auf die Straße hinaus, die für Hunderte bis in die ersten Morgenstunden Lager ist. In den Häusern ist es zu heiß. Turbantragende Mauren sind die Besitzer kleiner Läden, in denen bis Mitternacht Licht brennt. Männer, oft die Würdenträger, sitzen in Reihen an den Hauswänden, im luftigen „bubu", einem hemdartigen, langen bestickten Gewand, mit runder hoher Mütze, manchmal auch den „Fes" auf ihrem Kopf, pantoffelartige „babusch" an den Füßen, diskutierend. Die Fischer regeln Streitigkeiten intern. Polizei ist in Guet N'Dar nie zu sehen, hat hier nichts zu sagen. „Freunde von Fatou", „. . . von Abdoulaye", hören wir immer wieder. Einige Leute nennen auch schon unsere Namen. –

Zutrauliche Kinder der Wolof

Als der Senegal im Jahre 1960 unabhängig wurde, geschah dies ohne irgendwelche kriegerische Auseinandersetzungen mit der bisherigen Kolonialmacht Frankreich. Auch nach Erlangung der Unabhängigkeit gab es innenpolitisch kaum bedeutende Querelen, deren Ursachen man den Franzosen in die Schuhe hätte schieben können. So blieb das Bild der Weißen – wieviel verdanken sie und die Senegalesen darum dem klugen früheren Präsidenten Léopold Sédar Senghor! – bei den einfachen Menschen ziemlich ungetrübt.

In der Sprache der Wolof wird unsereins „Túbap" genannt, was schlicht „Weißer" bedeutet. „Túbap! Túbap!" hörten wir täglich aus unzähligen Münden. Hautfarbe ist – das gilt in dem zu achtzig Prozent von Moslems bewohnten Land fast ebenso sicher für Religion – kein Diskussionsthema, bei dem man sich lange aufhält. Wenn wir nach dem Grundsatz gehen, daß höfliche Menschen das Aussehen eines anderen im Gespräch nicht berühren, so sind die Bewohner dieses Landes sehr taktvoll. Der Ruf „Weißer! Weißer!", der nett hervorgebracht wird, ist nichts als ein Gruß, der oft auch durch „Monsieur!" (meist „mischee" ausgesprochen) ersetzt oder etwa in der Form „Monsieur Túbap!" ergänzt wird. Wer nicht recht versteht, was wir dabei fühlten, mag erfahren, daß „Kosenamen" für Europäer nicht überall so harmlos sind. In Afghanistan zum

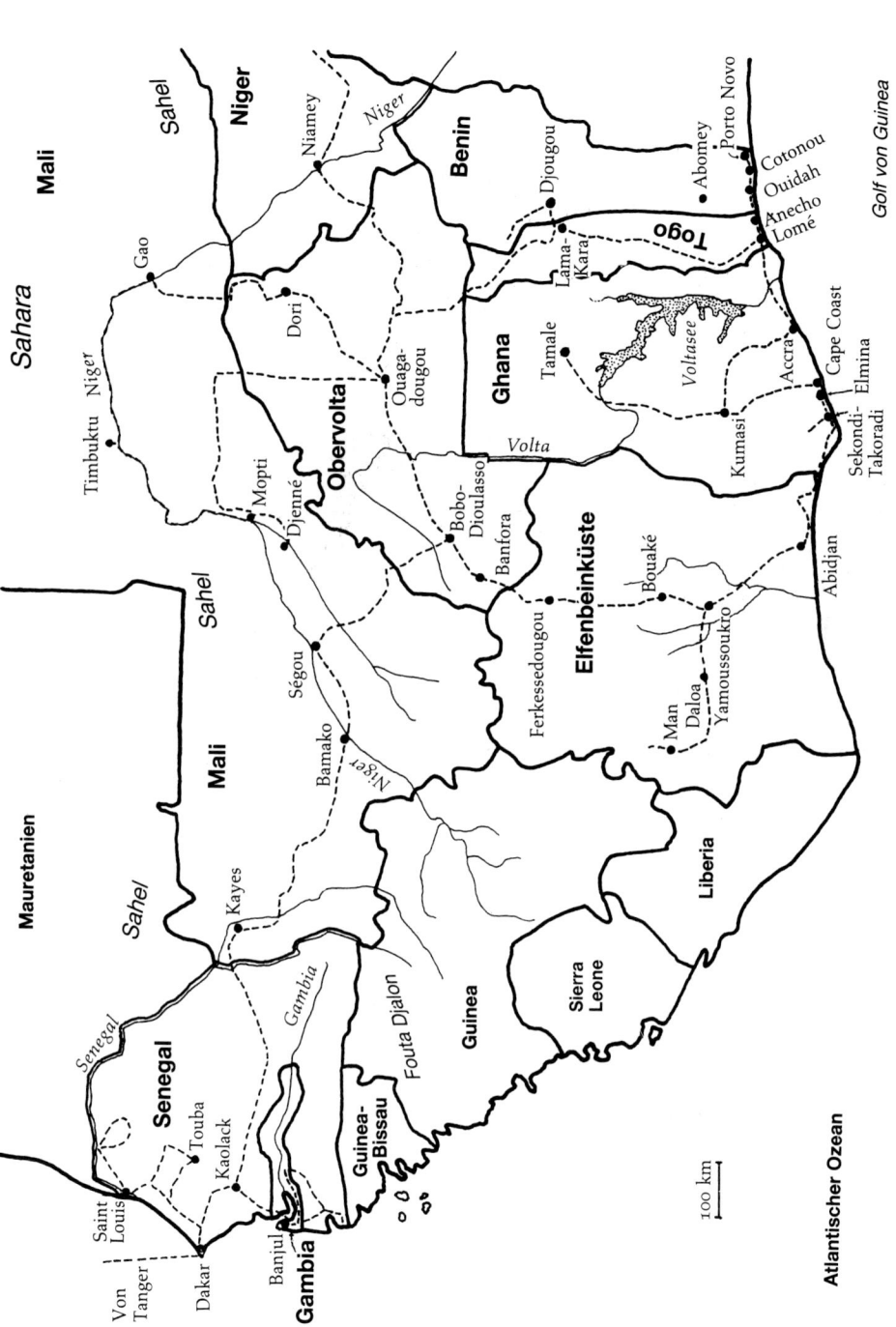

Reiseweg (Strichlinie) durch Senegal, Gambia nach Bamako in Mali, nach Obervolta, Togo, Benin, Ghana, Elfenbeinküste, wieder Obervolta und Mali, ein drittes Mal nach Obervolta (siehe Detailkarte Sahel), dann in den Niger

Beispiel nannte man uns herablasssend „Herr Kartoffel". Auch in Afrika bekamen wir noch manches zu hören.

„Deine Haut ist sehr schön!", sagten wir einmal zu einem schlanken, kohlrabenschwarzen Fischermädchen. Das hübsche Geschöpf schüttelte verlegen den Kopf und meinte: „Die ist schön!", indem sie auf unsere Haut wies. „Beide Hautfarben sind schön!", entschieden wir, aber die Kleine beharrte auf ihrer Meinung. Die Diskussion hatten wir begonnen, um die Reaktion zu testen. Wir fanden sie noch mehrfach bestätigt. Wie dem auch sei: Bei den Senegalesen besteht nicht die geringste Abneigung gegen die weiße Hautfarbe. Auch in dieser Hinsicht machten wir sonstwo in Afrika noch andere Erfahrungen.

Täglich hatten wir „Túbaps" ein „Söhnchen" oder „Töchterchen", das uns unbedingt ein Stück begleiten oder etwas Artiges erzählen wollte. Unser Erstaunen war schon in Nordwestafrika groß gewesen, und steigerte sich jetzt noch, wie viele Kinder sich mutig der französischen Sprache bedienten. Die kleine, außen schwarze, innen rosige Hand ruhte so vertrauend in der unseren, daß da schon viel Sympathie für die Fremden bestehen mußte. Auf einer unserer Eisenbahnfahrten zwischen Dakar und Saint Louis war der Zug so voll, daß viele Leute den ganzen langen Weg stehen mußten. Ein süßes Mädchen von neun Jahren war auch von der Hitze so erschöpft, daß es immer wieder im Stehen einschlief. Ich zog die Kleine teilnahmsvoll auf meinen Schoß und hielt sie in meinen Armen fest, worauf sie für die nächsten zwei Stunden entschlummerte. Weder die Eltern noch sonst irgend jemand nahm daran Anstoß. Auch auf der Straße war es so. Jedenfalls hatten wir nie den Eindruck, daß man argwöhnisch raunte: „Was machen diese Weißen mit unserem Kind?!" Sicher, auch in Deutschland denkt man vielerorts anders als früher...

Kinder und Jugendliche machten die Hälfte der Einwohnerschaft aus. Kein Wunder, daß wir mit ihnen sehr oft Kontakt hatten, den auch sie gerne suchten. In uns sahen die Mädchen und Jungen auch Beschützer, denen man vertrauen konnte, zum Beispiel, wenn ein Kleiner sich von einem Älteren bedroht fühlte, oder wenn Hunde in ihre Nähe kamen. Die Kinder liefen stets in panischer Angst vor den Tieren davon, diese dann hinterher. Die Taktik des Steinewerfens, von vielen Arabern, aber auch Türken, Persern und Indern geradezu perfekt beherrscht, schien hier fast unbekannt zu sein.

Sie wären keine Kinder gewesen, hätten sie nicht ihre Neugierde stillen wollen. Und sie *waren* neugierig! Wie oft zupften vor allem Mädchen an den Haaren meiner Arme und Beine, um zu prüfen, wie echt sie seien! Allgemeine Behaarung gibt es bei ihnen praktisch nicht. Und wie oft wollten die Kleinen sehen, wie es dort weiterging, wo die Badehose oder die Bluse verhinderten, daß unsere Haut einbräunte! Unsere Zweifarbigkeit konnte die Wolof-Kinder amüsieren.

„Wir sind Menschen des Tanzes, deren Füße Kraft gewinnen, wenn sie die harte Erde stampfen", sagte Léopold S. Senghor, auch ein bedeutender Dichter, einmal über die Leute im Senegal. Selbst unsere jungen Freunde, meist zwischen zehn und fünfzehn Jahre alt, waren manchmal richtige Tanzteufel. Ein erstes Händeklatschen, eine gesummte Melodie oder ein Trommeln auf einen Blecheimer genügte, um sie in Fahrt zu bringen. Manchmal, wenn sie zu uns an den Strand oder in den Schatten der Kiefern bei unserem Wohnplatz kamen, hörten sie nicht eher auf, bis sie erschöpft zu Boden sanken. Die feingliedrigen, samthäutigen Mädchen waren dabei immer noch ausgelassener als die Jungen. Überhaupt waren sie die Aktiveren, und auf einen Jungen, der uns besuchte, kamen wenigstens drei Mädchen. Eigentlich sammelten sie Muscheln in der Brandung, eine schwere Arbeit, wie wir aus eigener Erfahrung wissen, weil wir ihnen öfters halfen, damit sie ihr Einkommen etwas vergrößern konnten. Die Muscheln verkauften sie an Restaurants. Die

Immer zu Späßen aufgelegt waren die Muschelsammlerinnen der Wolof

kleinen Tiere wurden mit der Strömung von Muschelbänken angetrieben und die Fischerkinder konnten nach einem kurzen Test leicht feststellen, ob der Tag gut oder ungeeignet für ihr Vorhaben war. Manchmal aber hatten Fatou, ihre Schwester Hadid, sowie Adama, Mariama, Kumba, Umu und all die anderen einfach keine Lust und sie legten sich am Strand auf die faule Haut. Dabei beobachteten wir eine Eigenheit, die wir außerhalb des Senegal nie mehr sahen: die Kunst, auf den Knien liegend und auf die Ellbogen gestützt kauernd zu schlafen!

Die Erwachsenen grüßten uns übrigens knapp, ehrwürdig oder mit freundlichem Lächeln. Sonst kümmerten sie sich kaum um uns, wenn wir nichts von ihnen wollten, oder wenn *sie* nicht besondere Absichten hatten.

„Geben Sie mir ein Geschenk!"

„Weißer" – das war bei den Afrikanern leider grundsätzlich auch gleichbedeutend mit „Reicher". Mag dies in vielen Fällen und vor allem im Vergleich auch zutreffen, so wußten wir doch, daß es reiche Leute auch dort gab. Peinlich war es, immer und immer wieder um Gaben angegangen zu werden, nicht von Berufsbettlern, meine ich, sondern von den „kleinen Leuten" auf der Straße und auch von recht feisten, wohlverdienenden Geschäftsleuten, wie etwa im Markt. „Donnez-moi dix Francs!" („Geben Sie mir zehn Francs!", etwa ebensoviele Pfennige) war der häufigste, sehr bescheidene Wunsch (französisch geäußert). Wir nannten diese Bettelei bald die „Afrikanische Krankheit". Es war eine Art Zeitvertreib mit den „Túbaps". In der Rückschau können wir sagen, daß es in den ehemals von Franzosen beherrschten Ländern weit schlimmer war als in den früher den Engländern untergebenen Gebieten. Oft wurden bedeutend höhere Summen als „dix Francs" verlangt, mit dem treuherzigsten Augenaufschlag, versteht sich. Oder einfacher: „Chalis!!" („Geld" in Wolof).

Wir hätten allein im Senegal unsere Reisekasse vollständig leeren, dazu auch unsere gesamte Kleidung und sonstige Ausstattung loswerden können, hätten wir sämtliche Bitten erfüllen wollen. Wir blieben aber hart: Wer nicht eine angebrachte Entlohnung für einen uns erwiesenen, nicht selbstverständlichen Dienst zu erhalten hatte, bekam nichts. Ein paar Beispiele möchte ich kurz schildern. Einem Taxifahrer, der bereits sein Geld eingesteckt hatte, gefiel mein Hemd so sehr, daß er mich bat, es auszuziehen und es ihm zu geben. Als Wilma im Bikini am Strand war, wollte eine Dreizehnjährige, daß meine Frau ihr das Badezeug gebe. Es gefiel ihr halt so sehr. Wilma versuchte dem Mädchen mit dem jünglingshaften Wuchs klar zu machen, daß der Bikini ihr gleich mehrere Nummern zu groß sei. Aber das irritierte die Kleine nicht im geringsten. „Macht nichts", sagte sie, „meine Schwester ist fünf Jahre älter, der paßt's!"

Wir gelangten nie durch Guet N'Dar, ohne von unzähligen Kindern, Halbwüchsigen und Erwachsenen angesprochen zu werden: „Donnez-moi un cadeau!" („Geben Sie mir ein Geschenk!"). Deshalb gingen in Saint Louis ansässige Europäer nie zu Fuß durch das Dorf, möglichst auch nicht in der Stadt umher. Selbst Elisabeth konnte nur immer wieder über unseren „Mut" staunen, obwohl sie schon einige Zeit im Senegal lebte. Ganz ernstgemeint schien die Bettelei allerdings nicht, denn kurz darauf ließen die Leute wieder von uns ab, dabei doch ein freundliches Gesicht machend. Unverbesserliche Optimisten, wiederholten vor allem Kinder ihren Wunsch unablässig, bis wir an die Grenze ihres „Jagdreviers" kamen, bis wir ihre Straße verließen, und sie still, ohne irgendwelchen Unmut, wieder zu ihrer vorherigen Tätigkeit oder Untätigkeit zurückkehrten, wohl auf die nächste Gelegenheit hoffend. Nicht selten wurden wir einen

Plagegeist dadurch los, daß wir seine Bitte mit der gleichlautenden Gegenbitte und aufgehaltener Hand beantworteten, oder ihm zuvorkamen, weil wir ihm seine Absicht schon vom Gesicht ablesen konnten. Diese Gesten amüsierten ihn gewöhnlich so sehr, daß er seinen eigenen Plan aufgab. Ein leichtes Streicheln über sein krauses Haar konnte aber das gleiche bewirken.

Im Laufe der Zeit bemerkten wir, daß die ganze Sache System hatte. Waren wir nämlich an Marktständen, wo wir besonders viel kauften oder uns gut mit dem Verkäufer verstanden, gab es immer eine zusätzliche Mango oder zwei Extra-Tomaten dazu, mit dem ausdrücklichen Vermerk: „Ein Geschenk!"

Nie wurde uns ein Haar gekrümmt, nie etwas gestohlen. Angriffslust und Bösartigkeit, die wir in den acht Monaten zuvor verschiedentlich erlebt hatten, schienen hier nun beinahe unwirklich. Es herrschte Duldsamkeit zwischen Menschen verschiedener Hautfarbe, Nationalität und Religion in Saint Louis. Diebe und Halsabschneider gab es selten. Das beruhigte ungemein.

Aber einmal passierte uns folgendes: Auf dem „Unabhängigkeitsplatz" von Dakar wollten wir eigentlich nur die kühle Abendbrise genießen. Doch da sich uns der junge Latyr Diagne als Ethnologe vorstellte, freuten wir uns auf einen interessanten Plausch. Er erzählte uns viel über Eigenarten der Völker des Senegal, und wir merkten bald, daß er wirklich gut Bescheid wußte. Darum stellten wir ihm auch ein paar Fragen, die uns schon einige Zeit bewegt hatten. Nach einer Stunde schaute Latyr auf die Uhr: „Jetzt muß ich aber gehen, ich wohne nämlich außerhalb!" „Gute Nacht und vielen Dank!", drückten wir ihm die Hand. „Wie denn, wollen Sie mir nichts bezahlen?" Wir waren wirklich erstaunt. „Ich habe eine ganze Stunde für Sie aufgewendet und da soll ich nichts dafür bekommen? Jetzt muß ich auch noch den Bus nehmen!" Für umgerechnet fünf Mark wollte er's gemacht haben, ein *guter* Stundenlohn! Plötzlich gab es allerlei „Freunde" von ihm auf dem dunkler und leerer werdenden Platz um uns. Fünf Mark waren hier viel Geld. – Was hätten Sie da getan?

Neben den Wolof mehrere andere Völker

„Lieben die Deutschen die Senegalesen?", wurden wir oft gefragt. Wir wollten dem Frager nie eingestehen, daß man in Deutschland gewöhnlich gar keine Ahnung hat, wer „die Senegalesen" überhaupt sind. „Wer hier einen Besuch macht, wird sie sicher gern haben!", antworteten wir vorsichtig. In Afrika leben Hunderte von Völkern. Wir müssen gestehen, daß auch wir, ehe wir uns auf die Reise durch Afrika vorbereiteten, ziemlich unwissend waren. Wenn schon die Hausa und die Fulbe, die in mehreren Ländern Westafrikas verbreitet und zwanzig beziehungsweise über zehn Millionen Menschen sind, kaum jemals bei uns erwähnt werden, welche Chance sollen da kleinere Völker haben? Wer hat in Deutschland schon einmal von den Wolof, den Sérèr, den Tukulör, den Diola, den Sarakolé gehört, die einige der im Senegal lebenden Völker sind? Wissenschaftler sagen, sie gehörten zu den Sudannegern; in ihren Adern solle auch ein Schuß Blut von Berbern und Arabern fließen. Wie dem auch sei, sie sind von ebenmäßiger, hochgewachsener Gestalt, und haben feine Gesichtszüge mit meist schmalen Nasen. Viele sind ausgesprochene Schönheiten, Mann, Frau oder Kind. Die Wolof bewohnen vor allem die Gebiete am unteren Senegalfluß und von dort entlang der Küste bis zur Hauptstadt Dakar. Sie sind aber auch in allen großen Städten außerhalb dieser Zonen vertreten. Sie sind seßhaft und vorwiegend Bauern, deren Wohnung traditionell einräumige Rechteckhütten mit Wänden aus Lehm und einem Dach aus Stroh in Pyramidenform sind. Im 14. und 15. Jahrhundert hatten sie ein Königreich, das sich zwischen den Flüssen Senegal und Gambia erstreckte und sehr mächtig war. In dem Reisebericht eines europäischen Seefahrers hieß es damals: „Der König der Wolof kann ein Heer von etwa zehntausend Reitern und hunderttausend Mann Fußvolk ins Feld stellen." Die Fulbe, hellhäutiger als die Wolof, durchziehen vor allem als Viehzüchter insbesondere den nordöstlichen Teil der Republik. Sie werden zunehmend seßhaft gemacht. Die Sérèr sind Bauern an der mittleren Küste und im Süden. Die Tukulör sind vor allem in der Mitte des Landes zu Hause. Hauptsächlich an der südlichen Grenze leben die Diola. Nicht unbedeutend sind die Bambara, die Malinké und die Sarakolé in verschiedenen Landesteilen, sowie einige Zehntausend Mauren.

Zahlenmäßig am wichtigsten sind die Wolof, die mit vierzig Prozent aller Einwohner oder über zwei Millionen zum staatstragenden Volk geworden sind. Ihre Sprache wird auch von den anderen Völkern weitgehend verstanden. Dennoch ist Französisch Amtssprache. Tragik eines Volkes ohne Schrift. Das müsse sich ändern, wurde damals gefordert. Eine Zeitung, von vielen Intellektuellen gelesen, schrieb: „Die Demokratie, durch die Regierung in einer fremden Sprache gepredigt, ist eine Täuschung!" In einem anderen westafrikanischen Land, Elfenbeinküste, zeigte es sich, daß, bei unzähligen Stammessprachen und Dialekten, das Französische nicht nur als Amtssprache, sondern auch im Verkehr zwischen den einzelnen Gruppen geeignet ist. Ob Wolof jemals Amtssprache werden wird, hängt auch vom Ausgang der – allerdings wenig heftigen – Rivalitäten zwischen den Völkern im Senegal ab. Es wird – jetzt – mit lateinischen Buchstaben geschrieben. Eine Literatur in dieser Sprache gab es zuvor nicht. Man plante, senegalesische Kinder anstatt allein in Französisch auch in Wolof zu unterrichten, das heißt, zum erstenmal würden Kinder der Wolof ihre Muttersprache offiziell in der Schule hören. Im Radio gab es Nachrichten in allen wichtigen Sprachen. Präsident Abdou Diouf ist ein Wolof. Léopold S. Senghor, sein langjähriger Vorgänger, kam vom Volk der Sérèr.

So bietet sich also allein schon im Senegal, einem winzigen Teil Afrikas, eine interessante Völkervielfalt. Allerdings ist es nicht immer leicht für Ausländer, nach rassischen Merkmalen zu unterscheiden, wenn er Angehörige verschiedener Völker vor sich hat. Ihre traditionelle Kleidung sowie Sitten und Gebräuche geben dazu eher eine Möglichkeit. Als Uneingeweihter weiß man ja mit Sprachen, die Völker am stärksten voneinander unterscheiden, am wenigsten anzufangen.

Zwei Höhepunkte erlebten wir noch in Saint Louis, ehe wir Abschied nehmen mußten. Der eine war das Ende des Fastenmonats. Wir erkannten die Fischerfamilien und die Stadtleute kaum wieder. Waren die Kleider normalerweise bescheiden, so waren sie jetzt von der feinsten Art. Die Frauen und Mädchen gingen elegant sich wiegend umher. Jeder zeigte sich jedem! Brüder hatten oft Anzüge aus dem gleichen Stoff, Schwestern ebensolche Wickelröcke und Blusen. Frauen schlangen noch ein Tuch des gleichen Musters um den Kopf, während Mädchen ihr in winzige Zöpfchen geflochtenes Haar sehen ließen.

Der zweite Höhepunkt war ein Pirogenrennen auf dem Senegal, das zugleich Gelegenheit war, alte Sippenfehden friedlich auszutragen. Die jungen Männer standen in zwei Reihen in den besonders großen Booten, die buntbemalt waren. Schweißüberströmt kämpften sie paddelnd um den Sieg, von Tausenden an den Ufern mit Gejohle angespornt, wobei es an spöttischen Zurufen nicht fehlte. Die Gewinner brachen selbst in ein Triumphgeschrei aus. Die Menge ihrer Freunde stürzte sich dann ins Wasser, um sie zu umarmen.

Schließlich kam die Zeit, als wir uns sagten, daß wir weiter mußten, so schön es hier auch war. Ich will nicht sagen, daß wir im Senegal nur freudige Momente erlebten. Beispielsweise hatten wir mit Händlern, Taxifahrern, Polizisten und Eisenbahnern manchen Strauß auszufechten. Aber insgesamt war der Aufenthalt sehr erträglich. Wir sagten allen schwarzen und weißen Freunden nur ungern Lebewohl und hofften, eines Tages Saint Louis wieder einen Besuch abstatten zu können. Aber würde dann nicht vielleicht alles verändert sein? Die Häuschen, wovon wir eines zwei Monate bewohnt hatten, wurden später von den Polen auf einen Schwung verkauft. Am Senegal, etwa hundert Kilometer weiter nördlich, wurde von Franzosen ein Staudamm gebaut. Sie benötigten Unterkünfte für die Techniker. Der Junge Abdoulaye, der bei unserem Aufenthalt vierzehn Jahre alt war, schrieb uns gelegentlich Briefe und bestellte Grüße von Fatou und den anderen Kindern, die dann schließlich erwachsen waren.

Senegal noch fest in französischer Hand

Noch war dies aber nicht unser Abschied vom Senegal. Wir reisten weiter herum und besuchten außer der Casamance, der Region im äußersten Süden zwischen Gambia und Guinea-Bissau, noch zweimal Dakar und daneben auch Gambia. Ich habe bisher vor allem das Leben der einfachen Leute beschrieben. (Über das deutsche Forstprojekt werde ich im Kapitel „Unterwegs im Sahel" berichten.) Bleibt mir noch, einen Blick auf eine andere Seite des Lebens in diesem Land zu werfen: Die Rolle der Franzosen.

Im Senegal gab es kein einziges Weizenfeld, aber die meisten Einwohner aßen Brot. Der Weizen kam aus Frankreich. Wirtschaftlich war das Land immer noch fest in französischer Hand. Es gab rund 50 000 Nichtafrikaner, vor allem Franzosen, auch viele Libanesen. Welche Folgen hatte dies für die Senegalesen? Im Warenhaus in Dakars Avenue Albert Sarraut kam alles frisch aus

Schick gekleidete Verkäuferinnen auf dem Markt von Saint Louis

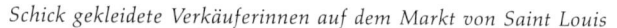

gallischen Landen auf den Tisch, was eines Durchschnittsfranzosen Herz erfreute. Besonders große Auswahl gab es bei Weinen. Wenige Waren stammten aus dem Senegal, wie Dosenmilch, aus europäischem Milchpulver hier angerührt. „Ein Einkommen unter achttausend Mark im Monat reicht nicht aus!", sagte uns einmal ein Entwicklungsexperte aus der Bundesrepublik. Ein Paket Corn-flakes für seine Kinder kostete umgerechnet acht Mark, ein Liter Dauermilch zwei Mark, das Kilo Butter siebzehn Mark. Transportkosten und Einfuhrzoll kamen zu den Originalpreisen. So wurde ein Kopfsalat sieben Mark teuer, Trauben fünfzehn Mark das Kilo.

Sollen sie's bezahlen, sie haben's ja, waren wir versucht zu sagen. Zwanzigtausend Mark Monatseinkommen waren bei Experten und Geschäftsleuten unter Franzosen keine Seltenheit. Der Haken war nur, daß fast alle Grundnahrungsmittel der Bevölkerung in städtischen Zonen ganz oder teilweise importiert werden mußten. Fast die Hälfte des Werts aller Einfuhren entfiel auf den Lebensmittelsektor. Frankreich hatte hier wie bei den Luxusgütern so etwas wie ein Monopol. Selbst im Lädchen „um die Ecke" hatte das Warenangebot den gleichen Ursprung. Die Hälfte der Einnahmen des senegalesischen Staatshaushalts kam aus den Einfuhrzöllen. Dem Land gingen jährlich rund hundert Millionen Mark Steuern allein durch den Schmuggel von Zigaretten, Textilien und Radios über Gambia und Mauretanien verloren. So wurden die kräftig absahnenden Experten aus allen Weltgegenden ihrerseits geschröpft. Eben deshalb war ja ihr Einkommen so hoch. Oder verhielt es sich umgekehrt?

Der kleine Mann im Senegal konnte da freilich nicht mithalten. Ein Landarbeiter konnte es auf zweihundert Mark im Monat bringen, ein Fabrikarbeiter auf das Doppelte. Aber Lohnempfänger waren eine kleine Minderheit. Viele Landbewohner bekamen wenig Geld zu sehen. Der Kleinverdiener konnte ja einheimische Konsumgüter kaufen, wäre zu bedenken. Ja, aber sie kamen kaum billiger zum Verkauf als die importierten. Zwei Drittel des Zuckerbedarfs beispielsweise wurden aus Eigenproduktion gedeckt, ein weiteres Drittel kam aus Brasilien und anderen Ländern als Melasse in den Senegal und wurde hier zum Endprodukt. Das Kilo Zucker kostete aber dennoch umgerechnet 2,40 Mark.

Kein Wirtschaftszweig, in dem die Franzosen nicht mitmischten. Die großen Handelshäuser und Importgesellschaften waren seit hundert bis hundertfünfzig Jahren in ihrer Hand, der Textilhandel in der von Libanesen seit mehreren Jahrzehnten. Der Senegal beklagte sich darüber nicht. Die Elfenbeinküste brachte es (mit dem wohl höchsten Anteil von Franzosen in Westafrika) sogar zum „Wirtschaftswunder". Im Senegal wurden aber moderne Technologien in der Landwirtschaft, dem wichtigsten Wirtschaftsbereich, nur sehr zögernd eingesetzt. Das Leben der kleinen Leute war hier im Vergleich zu anderen Ländern nicht das schlechteste. Einer ihrer Auswege war der billigere Schwarzmarkt (Schmuggelwaren). Aber es führte kein Weg daran vorbei, daß die fünf Millionen einfachen Senegalesen am Ende doch die Zeche für den Wohlstand, den sich hunderttausend Betuchte erlauben konnten, bezahlen mußten.

Gambia nach dem ersten Umsturzversuch

Gambia hat nur eine kurze Küstenlinie. Seine übrigen Grenzen trennen es von der Republik Senegal, in die es praktisch eingebettet ist (siehe Westafrika-Landkarte). 1982 bildeten die beiden Länder den Sene-Gambia-Bund und für die nächsten fünf Jahre war eine Zusammenlegung der Streitkräfte geplant. Wir kamen nach Gambia, als zum ersten Mal in der sechzehnjährigen Geschichte des kleinsten unabhängigen Landes auf dem Kontinent versucht worden war, die

Regierung mit Gewalt zu stürzen. In den Straßen von Banjul, der Hauptstadt, schwangen senegalesische Soldaten ihre Gewehre.

Die Straßen schwach beleuchtet, oft stockfinster, keine Neonreklamen, keine Schaufenster. Viele Menschen auf den Straßen, denn in ihren Wellblechhütten ist es viel zu heiß. Sie werden tief in den nächsten Tag hinein schlafen. Noch reger Betrieb in den Bars der Stadtmitte, starker Umsatz von zollfreiem Alkohol, auch in den von Europäern bevorzugten Orten Fajara und Bakau. Das war Banjul an einem normalen Abend kurz vor Mitternacht.

Ab und zu ein Hundebellen, ein lärmender Jeep, ein paar laute Worte an einer Straßenkreuzung, sonst regt sich nichts: Das war Banjul seit dem Ende des Umsturzversuches, der erst wenige Wochen zurücklag, um zwölf Uhr nachts. Eine Stunde vorher trat die Ausgangssperre in Kraft. An allen wichtigen Punkten der Stadt, besonders im Bereich des kaum von Schiffen angelaufenen Hafens, wachten senegalesische Soldaten. Aufgrund eines Vertrages von 1965 marschierten sie nach Gambia ein, als Oppositionelle aus dem Untergrund und Jugendliche – die nicht einmal genau wußten, was die Anführer wollten – eine Reise des Präsidenten Alhaji Sir Dawda Jawara nach London nutzten, um sich gegen sein Regime zu erheben. Er war seit sechzehn Jahren Staatschef.

Zeitungen im Senegal berichteten rechtfertigend, daß die Soldaten Dakars von der gambischen Bevölkerung „freudigen Herzens" begrüßt worden seien. Vor unserem Hotel im Herzen Banjuls, in den Städtchen und Dörfern und auch bei den Hotelkomplexen am Strand der Hauptstadt beobachteten wir jedenfalls, daß keiner der Fallschirmjäger sehr lange nach einer gambischen Braut (sie sind gleicher Abstammung) suchen mußte. Banjul war für seine unverblümt

Ein Gebäude mit Läden und Büros in Banjul, der Hauptstadt von Gambia

praktizierte Prostitution bekannt. In Senegal gab es oft Stimmen, die für einen Zusammenschluß der beiden Länder plädierten.

Aus der Vogelschau betrachtet, war Banjul nichts anderes als ein „Wellblechdorf" mit einigen wenigen festen, mehrstöckigen Gebäuden darin. Rund siebzigtausend Menschen bewohnten diese kuriose Hauptstadt, etwa ein Siebentel der Bevölkerung des Landes. Es gab nur eine Geschäftsstraße, mit wenigen Läden, aber für Leute mit viel Geld, und einen Markt, der an Armseligkeit kaum zu unterbieten war. Mehrere große Supermärkte in Hafennähe waren bei Beginn der „Revolution" geplündert und dann angezündet worden, „einfach aus Freude an der Zerstörung", wie die Regierung sich ausdrückte, als sie wieder fest im Sattel saß. Die Niederlassung von Maurel et Prom, französisch und vermutlich größtes Handelshaus in Westafrika, wurde total zerstört. Die Firma, schon im Sklavenhandel groß geworden, war in Gambia dafür bekannt, daß sie Angestellte, und wenn sie ihr selbst jahrzehntelang getreulich gedient hatten, bei Erreichen eines gewissen Alters einfach auf die Straße setzte, ohne eine Abfindung.

Die Menschen waren arm. Die Lebenserwartung der Neugeborenen war eine der niedrigsten in ganz Afrika. Wen wundert es, daß an der Wand die Schrift auftauchte: „Wir haben sechzehn Jahre geschlafen, jetzt müssen wir aufwachen!" Berechtigter Zorn konnte es allerdings nicht allein gewesen sein, der Sympathisanten der Rebellen (die Waffen in Mengen aus dem Lager der winzigen gambischen Armee holten, dabei von dieser unterstützt) und aufgestachelte Jugendliche dazu brachte, mit dem Gewehr in der einen und mit der Whiskyflasche in der anderen Hand weiter plündernd und auch mordend durch die Straßen zu ziehen. Die Wahnsinnigen liefen Amok. So mancher beglich eine persönliche Rechnung auch mit Frauen und Mädchen, die ihn einmal hatten

Der Expreß Dakar–Bamako kurz vor der Abfahrt von der senegalesischen Hauptstadt

abblitzen lassen. Über tausend Menschen verloren ihr Leben, sagt man, Rebellen und ihre Sympathisanten, einfache Mitläufer, senegalesische Soldaten, unbeteiligte Bürger, und solche, deren Rolle zweideutig war. Niemand konnte sagen, wie viele Gewehre noch immer in der Hand von Zivilisten, oft halbe Kinder, waren.

„The Gambia Times", hektografierte vier Seiten, Organ der „People's Progressive Party" des Präsidenten Jawara, faselte ständig vom „Allmächtigen Gott", der den Gambiern „Sir Dawda" (den Staatschef) gegeben habe, und von der „Vorsehung". Gambia beweihräucherte sich dauernd, ein afrikanisches Symbol für Demokratie und Freiheit zu sein. In der Welt wurde das von vielen nach- oder sogar vorgebetet, besonders in England, dessen Waren die Supermärkte gefüllt hatten. Zweimal innerhalb zehn Tagen meldeten wir uns im Hafenamt, denn wir wollten mit dem Linienschiff „Lady Chillel Jawara", benannt nach der Frau des Präsidenten, den Gambia-Fluß hinauffahren. Zweimal buchten wir, zweimal stellte sich heraus, daß das einzige Flußschiff Gambias vom Staatschef für eine Riverboatparty seiner politischen Freunde requiriert worden war. Wochenlang mußten Hunderte von Fahrgästen, die Waren bis zu vierhundert Kilometer flußaufwärts schaffen wollten, warten oder den sehr teuren Landtransport wählen. Die „Lady Chillel Jawara" war beschlagnahmt, weil die Privatjacht des Präsidenten bei der Rebellion größtenteils zerstört worden war.

Die unglaubliche Bahnreise Dakar–Bamako

Der Leser ist gewiß daran interessiert, einmal eine Eisenbahnfahrt in Afrika mitzuerleben. Er ist eingeladen, mit uns die Reise vom Senegal nach Mali, von Hauptstadt zu Hauptstadt, zu unternehmen. Für viele Reisende ist der Zug, der zweimal in der Woche von Dakar nach Bamako und in entgegengesetzter Richtung verkehrt, eine „Hölle auf Rädern", hören wir, aber das soll uns nicht stören. Es bleibt uns auch keine Wahl: In der Regenzeit ist die ohnehin schlechte Straße durch die Savanne unpassierbar. Fliegen ist zu teuer. Also: 1300 km mit der Bahn.

Für die erste Klasse müssen die Fahrkarten zwei Wochen im voraus bestellt werden, für die zweite Klasse sind sie noch im letzten Moment erhältlich. Wir können nur „Zweiter" fahren. Zwei Stunden vor der festgesetzten (aber dreieinhalb Stunden vor der tatsächlichen) Abfahrt sind wir in der Halle des im Kolonialstil errichteten Bahnhofs von Dakar. Eine große Menschenmenge wartet bereits vor einer mit einer Kette verschlossenen Drehtür, mit Koffern und Taschen, Säcken und Kisten. Die Tür setzt sich in Bewegung und sofort herrscht unbeschreibliches Gedränge.

Eine Bande von Dieben provoziert eine Panik, indem sie die Reisenden mit Püffen und Stößen aus der Fassung bringt. Männer und Frauen stürzen, können mit Mühe ihr Gepäck festhalten. „Diebe!" gellt es durch die Halle, aber für viele ist es schon zu spät. So stürze ich halb, wobei ich um meine Geldbörse erleichtert werde. Ich stelle den Dieb, aber er hat in dem Durcheinander seine Beute bereits einem Helfer zugeworfen. Jean, einem jungen Franzosen, wird die Fahrkarte aus der zugeknöpften Hemdtasche gestohlen. Er muß eine neue kaufen, Kostenpunkt achtzig Mark (zweite Klasse). Seiner Frau Marie-Christine wird die Uhr vom Arm gerissen. Die kreischende, streitende, stoßende und tretende Menge quetscht sich durch das Nadelöhr, in Schweiß gebadet. Jetzt erst kommt ein einziger Polizist in unser Blickfeld. Die Diebe dürften schon gute Beute gemacht haben.

Aber sie sind auch im Zug. Dort sind bereits alle Plätze besetzt, zum großen Teil von Männern ohne Gepäck. Schadenfroh und lauernd ist ihr Blick. Sie (Arbeitslose, Stadtstreicher, Immigranten aus den Nachbarländern) waren über die Zäune des Bahnhofsgeländes geklettert, ohne Fahrkarten, und bieten die Sitzplätze nun für rund zwanzig Mark den Reisenden an. Einige von diesen gehen darauf ein, denn auf einer vierzigstündigen Fahrt durch halb Westafrika stehen zu müssen, ist kein Vergnügen. Einige der Gauner können sogar Fahrkarten vorweisen, die sie bei Räumung ihres Platzes am Schalter wieder zurückgeben. Auf unsere Vorhaltung hin verschafft uns ein sonst untätiger Bahnpolizist wenigstens *einen* Platz. Wir müssen eben zusammenrücken, wie alle anderen Leute auch.

Der Zug besteht anfangs aus drei Wagen der zweiten Klasse (zu zweihundert Prozent überbesetzt), einem Waggon der ersten Klasse (voll), zwei Schlafwagen dieser Klasse und zwei bewirtschafteten Wagen. Später werden noch Güterwagen angekoppelt, für die Neuzusteigenden bestimmt. Die Personenwagen sind erst aus der Zeit nach dem Zweiten Weltkrieg, aber total verdreckt, ohne Licht, Wasser und Bremsen. Die meisten Fenster lassen sich nur mit Holzläden verschließen, was bei Regen notwendig wird. Dann ist es heiß wie in einem Backofen. Die Außentemperatur steigt schon auf fast vierzig Grad im Schatten. Draußen zieht die jetzt, zur Regenzeit, grüne Savanne mit unzähligen Baobab-(Affenbrot-)Bäumen vorbei. Vor allem aber gibt es Akazien und mehr als mannshohes Gras. Affen flüchten vor dem Zug aus sporadisch angelegten Hirsefeldern in den Busch.

Nach Stunden sind die Streitereien der Fahrgäste noch nicht beendet. Händlerinnen aus Bamako machen uns den Platz streitig, den ein Teil unseres Gepäcks einnimmt. Sie haben drei riesige Säcke mit etwa zweihundert Plastiknachttöpfen, weitere Behältnisse mit rund zwanzigtausend Brühwürfeln, mit Kartoffeln, Zwiebeln und Reis dabei. Die anderen Frauen haben den gleichen Beruf,

Im Zug teilten sich drei Leute zwei Sitze. Im allgemeinen waren die Mitreisenden sehr nett

wie sie so die verschiedensten Waren von Senegal nach Mali exportieren, sie geschickt unter den Sitzen und in den Gängen verteilen. Die Männer sind gegenüber diesen Frauen friedfertige Wesen, die selten die Augen und noch seltener den Mund aufmachen.

Die Menschen quetschen sich auf hölzernen Sitzen zusammen, hocken oder liegen auf dem Boden. Technische Pannen, Warten auf einen Gegenzug, Rangieren, der Grenzwechsel bringen lange Aufenthalte mit sich, Gelegenheit, der Notdurft zu genügen, irgendwo seitlich des Zuges. Frauen mit weiten Röcken machen es sich einfacher. Auf dem Boden fließt alles zusammen: Wasser und Kaffee, Öl und Urin, vermischt mit Brotfetzen, Reis und Krümeln von Kernseife, mit Erdnußschalen. Das Gepäck liegt mitten darin.

Die Nacht dauert zwölf Stunden des Wachens, des Bewachens, des Aufschreckens aus oberflächlichem Schlummer, schweißüberströmt, des Streitens mit dem Nachbarn, der sich im Schlaf zu breit macht, über den man steigt, wenn man aufstehen will, weil man nicht mehr sitzen kann. Im allgemeinen sind es aber sehr nette Menschen, die ein gemeinsames Schicksal geduldig zu ertragen versuchen. Man hört auch fröhliche Unterhaltung. Im Schein von Taschenlampen immer wieder Fahrkartenkontrollen des Kondukteurs, der von vier Bahnpolizisten begleitet wird. Große Aufregung, als die Händlerinnen für ihre Warenladungen Frachtkosten bezahlen sollen. Eine verschwindet mit einem Beamten einige Zeit in einem Schlafwagenabteil, dann kommt sie mit einem „Passierschein" zurück. Sie bezahlt nur eine lächerlich geringe Summe.

Hinter Malis Grenze werden in den Bahnhöfen durchs Wagenfenster die Mitbringsel an die Leute gebracht. Auf den Bahnsteigen warten auch Hunderte von Verkäufern, die die Reisenden mit Hühnerfleisch, Suppen, Maniok, Bananen und geröstetem Mais versorgen. In den Wagen wird ununterbrochen gegessen. In Kayes in Mali (einem der heißesten Plätze der Welt) besteigen Diebe den Zug, verschwinden später wieder, mit oder ohne Erfolg. Soldaten mit schußbereiten Maschinenpistolen patrouillieren auf dem Bahnsteig.

Die Hütten aus Ästen und Palmwedeln der Savanne Senegals sind den Lehmhäusern Malis gewichen. An der Landschaft änderte sich nur, daß jetzt ab und zu Höhenzüge zu sehen sind. Neue Fahrgäste kommen hinzu, alle wollen nach Bamako, fast niemand steigt aus. Verschiedene westafrikanische Sprachen sind zu hören, dazwischen Französisch. Die Sonne geht blutrot unter, eine zweite Nacht beginnt. Hunderte von Kilometern vom nächsten Arzt ist hier verloren, wer dem Klima nicht widersteht, vor Erschöpfung zusammenbricht, unter die Räder kommt. Die Leute fahren auf den offenen Plattformen, auf Trittbrettern und Puffern mit.

Drei Stunden nach Mitternacht am dritten Tag hat der Alptraum ein Ende. Dreckig, stinkend und mit wundem Hinterteil suchen wir in Bamako am Niger unsere Sachen zusammen, verlassen als letzte unseren Waggon, denn in der draußen wartenden Menge gehen schon wieder Diebe auf Fischzug. Kein Hotel in der Stadt bietet uns zu dieser Stunde mehr Platz. Mit Jean und Marie-Christine verbringen wir den Rest der Nacht vor der Kathedrale. Nach beinahe sechzig Stunden legen wir uns dann wieder in ein Bett. Unsere Freunde hatten vorgehabt, zwei Wochen später mit dem „Expreß" zurückzufahren. Sie geben ihre Absicht nun auf: „Nie mehr!" Wir selbst müssen es uns gut überlegen, ehe wir den Leser wieder solchen Strapazen aussetzen.

Heilbronner Experten in Obervolta

In Mali blieben wir zunächst nur eine Woche, denn wir wollten so rasch wie möglich nach Ouagadougou, der Hauptstadt Obervoltas. Dort, so hatten wir vor, würden wir wieder ein „Nest" bereiten, denn wir erwarteten den Besuch von anderen Freunden aus der Heimat, die dann aber nicht kommen sollten. Es ergab sich auch nie mehr auf dieser Weltreise, daß wir Gäste aus Deutschland bei uns begrüßen konnten. Aber wir trafen doch Heilbronner, von denen gleich die Rede sein wird. Nach Mali kamen wir später wieder zurück. Dieses Land hieß Reisende nicht gerade überschwenglich willkommen. Man benötigte ein Visum, und dieses galt nur für eine Woche. Dann mußte man es verlängern lassen. Für jede Stadt, Bamako inbegriffen, brauchte man eine Aufenthaltserlaubnis und eine Fotografiergenehmigung. Zum Glück wurde eine Regelung, wonach wir in Mali einen Bürgen zu nennen hatten, nicht auf uns angewandt. Wir fuhren mit einem Überlandtaxi weiter nach Ségou, etwas weiter flußabwärts am Niger, dann über die Grenze nach Bobo-Diòulasso in Obervolta und schließlich zu dessen Hauptstadt Ouagadougou, abgekürzt meist „Waga" genannt. Von dort aus begaben wir uns auf zwei verzwickte Rundreisen durch mehrere Länder Westafrikas. Erst sechs Monate später würde uns Waga als „Drehscheibe" ausgedient haben und und wir würden dann weiter ins Herz Afrikas vordringen.

Obervolta heute Burkina Faso genannt – ist ein ziemlich trockenes Land im Inneren Westafrikas, etwas größer als die Bundesrepublik und damals von etwa sieben Millionen Menschen bewohnt. Präsident war Oberst Saye Zerbo (Farbbild 23), der im November 1980 durch einen unblutigen Staatsstreich an die Macht gekommen war. Durch seinen Putsch hatte er vorübergehend einen Heilbronner „arbeitslos" gemacht: Gerhart Maier, der seit dem Frühjahr 1980 wirtschafts- und finanzpolitischer Berater von Premierminister Dr. Joseph Issoufou Conombo gewesen war. Dieser stand seitdem unter Hausarrest. Aber Maier war vier Wochen nach dem Staatsstreich von Zerbo zu seinem Wirtschaftsberater berufen worden.

Gerhart Maier, Berater des Präsidenten von Obervolta (links). – Hans Wiedmann lehrte Deutsch

Wir trafen ihn in seinem Dienstzimmer in der „présidence" (dem Präsidentensitz), als er gerade wieder einmal darüber nachgrübelte, wie er Schaden von diesem Entwicklungsland abwenden konnte. Er hatte zum Beispiel Projekte wie eine dritte Bierbrauerei zu beurteilen, die er „von vornherein für völlig sinnlos" hielt. Deutsche Firmen hatten dieses Projekt vorgeschlagen! Aber Maier riet dem Präsidenten, das Vorhaben fallen zu lassen, denn der Import der Maschinen und des Rohmaterials würde die Handelsbilanz Obervoltas zu stark belasten. Außerdem schaffe eine Brauerei kaum Arbeitsplätze. Schließlich konnte noch mehr Gerstensaft „die verheerenden sozio-kulturellen Auswirkungen durch Bierkonsum" in weiten Teilen Westafrikas nur noch verschlim-mern. Der Ministerrat folgte Maiers Empfehlung. Der Heilbronner mußte möglichst unparteiisch wirtschaftspolitische Grundsatzunterlagen erarbeiten, vor allem für die Bereiche Handwerk und Industrie, Bergbau, Energie und Verkehr. Die Deutsche Gesellschaft für Technische Zusammenar-beit hatte ihn als Experten entsandt. Seine Frau unterrichtete eine Zeitlang an einem Gymnasium in Ouagadougou. Im Januar 1982 kehrte Gerhart Maier ins Wirtschaftsministerium nach Bonn zurück. Aber es sollte ihn später wieder nach Afrika ziehen.

Sohn eines Kreissparkassendirektors, hatte er während seiner Referendarzeit und dann vor allem als Regierungsrat im Bundeswirtschaftsministerium in verschiedenen Ländern zu verweilen und an wichtigen Wirtschaftsverhandlungen wie die des Türkei-Konsortiums der OECD in Paris teilzunehmen gehabt. Private Reisen hatten ihn nach Nord- und Südamerika, Südostasien, Nord- und Westafrika geführt. Noch ehe wir ihm schildern konnten, daß die Temperatur in unserem Hotelzimmer auch nachts kaum unter 35 Grad lag und daß sich vor dessen Fenster auf einem Blechdach Geier ein schlafstörendes Stelldichein gaben, lud Gerhart Maier uns zu sich ein. Er war der eine, dem wir es mit zu verdanken hatten, daß wir in den nächsten Monaten so erfolgreich unterwegs sein konnten. Er gab uns unzählige Tips, war sehr verständig, nahm unser Gepäck auf, als wir auf Rundfahrt gingen, und half auch mit einer Kamera und mit Filmen aus.

Der andere, der uns ebensoviel Hilfe lieh, als Gerhart Maier wieder nach Bonn ging, war Hans Wiedmann, ebenfalls aus Heilbronn. Zuvor dort Studienrat an einem Gymnasium, war er im Herbst 1979 nach Obervolta gegangen, um „eine ungeheuer schwierige Sprache" – seine eigene – afrikanischen Schülern zu lehren, die er sehr „zutraulich und menschlich" fand. Die Zentralstelle für den Auslandsschuldienst im Bundesverwaltungsamt in Köln hatte dies vermittelt. Französisch wurde in Obervolta derart stark benützt, daß es nicht als echte Fremdsprache galt. Das waren Englisch und Deutsch. Allein an Wiedmanns Oberschule in Waga nahmen sechshundert Mädchen und Jungen (jeder dritte) Deutschstunden. Die Bundesrepublik als zweitwichtigster Handels- und Entwicklungspartner Obervoltas wurde auch in sprachlicher Hinsicht immer bedeutender. Voltaer studierten in Westdeutschland, erhielten eine Berufsausbildung. Der Bund bezahlte die Arbeit der deutschen und die Ausbildung der afrikanischen Lehrer, sowie das Lehrmaterial. Hans Wiedmann hatte nach seinen eigenen Worten „schon immer mal rausgewollt", möglichst in ein Land im frankophonen (französischsprachigen) Afrika, aber Afrikabegeisterung konnte er dennoch nicht bei sich feststellen. Gerne unternahm er Fahrten in den „Busch". Doch er freute sich, jedes Jahr einmal nach Hause fahren zu können.

Nur kurz trafen wir noch einen dritten Heilbronner in Ouagadougou: den Tierarzt und Regierungsberater Dr. Gustav Fraedrich, der bereits zwanzig Jahre in verschiedenen Ländern Afrikas zugebracht hatte. Der deutsche Experte versuchte mit Kollegen die wissenschaftlich-technischen Grundlagen für ein Gesetz in Obervolta zu schaffen, das bestimmen sollte, wo Felder, Weiden und Wälder bestanden, wo sie erhalten oder angelegt werden sollten, je nach den ökologischen Bedürfnissen. Drei Millionen Rinder und ebenso viele Schafe und Ziegen hatte das Land! Schlechte Weiden und Überweidung (dadurch Erosion) waren die großen Probleme. Dr. Fraedrich brach eine Lanze für die seit den Dürrejahren im Sahel geschmähte Ziege. Sie werde nur meist an falschen Plätzen gehalten anstatt dort, wo die Beweidung mit Ziegen keinen Schaden anrichten könne.

1983 gab es wieder einen Staatsstreich in Obervolta, das danach in Burkina Faso umbenannt wurde. Der Armeehauptmann Thomas Sankara übernahm die Macht. Auch Jahre danach galt noch die nächtliche Ausgangssperre und Soldaten in Maschinengewehrnestern bewachten den Präsidentenpalast. Von Libyen, das ihn bei dem Putsch unterstützt hatte, wandte sich Sankara vorsichtig etwas ab. Aber Burkina Faso blieb ein „revolutionäres" Land.

Helfer in Ghana

Einen Monat nach unserem ersten Weggang von Ouagadougou besuchten wir in der zweitgrößten Stadt Ghanas, in Kumasi, Herwart und Heidemi Scheerle mit Kindern. In Heilbronn war er Landwirtschafts- und Biologielehrer gewesen. Er beriet im Auftrag der Friedrich-Ebert-Stiftung seit Oktober 1980 ghanaische Bauern auf dem landwirtschaftlichen und genossenschaftlichen Sektor. Der Projektmanager kam auf schlechten Wegen in rund dreißig Dörfer, in denen neue Methoden der Viehhaltung (zum Beispiel bei Schweinen und Hühnern) eingeführt wurden und eine Vermehrung des Nutzpflanzenangebots (wie Ölpalmen) angestrebt wurde. In ihnen wurden aber auch Volksschulen gebaut, hygienische Bedingungen und Wege verbessert, wobei zu genossenschaftlicher Kooperation der Bauern und Dorfbewohner ermutigt wurde. Die Stiftung stellte hierfür Fördermittel zur Verfügung. „Im Grundsatz kann die Bereitschaft der Ghanaer zur Zusammenarbeit positiv beurteilt werden", sagte Scheerle, wenn er auch die Schwierigkeiten nicht unterschätzte, im November 1981.

Am letzten Tag des folgenden Monats stürzte der Fliegerhauptmann Jerry Rawlings den Präsidenten Dr. Hilla Limann bei einem Staatsstreich. Die Arbeit der Friedrich-Ebert-Stiftung wurde immer schwieriger, schließlich eingestellt. Die Scheerles starteten im Juli 1982 zur Fahrt durch die Sahara in Richtung Heimat. Die Schulvorhaben in den Dörfern waren weitgehend erledigt worden, dagegen blieben landwirtschaftliche Projekte auf halbem Wege stehen.

Hans-Joachim Schubert reparierte und baute in der Niederlassung einer Stuttgarter Firma in Kumasi Omnibusse für staatliche und private Transportunternehmen. Der Kraftfahrzeughandwerker aus dem Raum Heilbronn war einer von sieben deutschen Angestellten der gemeinsam mit dem ghanaischen Staat betriebenen Neoplan-Fabrik. Seit etwa einem Jahrzehnt waren in der ehemaligen „Goldküste" Bemühungen im Gange, moderne Autobusse in den Verkehr zu bringen. Sonst waren zahlreiche zum Transport von Passagieren umgebaute, oft sehr klapprige Lastwagen auf den vollkommen ruinierten Straßen unterwegs. Die Eisenbahn Ghanas war kaum noch betriebsfähig.

„Bereit sein für die Revolution!" – in Benin

Von Obervolta durch Togo nach Benin, wieder zurück nach Togo, ein zweites Mal nach Benin und ein drittes Mal nach Togo, dann weiter nach Ghana und schließlich durch die Elfenbeinküste zurück nach Obervolta – das war die genaue Reihenfolge unserer ersten großen Rundfahrt in

Versammlung der Moslems von Djougou in Benin beim Opferfest Tabaski

Westafrika. Sie dauerte drei Monate, wobei wir nur mit Rucksack unterwegs waren. Bei der Beschreibung der Erlebnisse werde ich mich an eine Ost-West-Richtung halten. Beginn ist also in Benin.

„Benin? Was ist das, wo liegt das?", konnten wir in Deutschland gelegentlich hören. Selbst in Benin tätige Entwicklungshelfer gaben freimütig zu, noch nie etwas davon gehört zu haben, ehe ihnen ihre Stelle angeboten worden war. Bis 1975 hatte Benin Dahomey geheißen. Vielen ist dieser Name eher geläufig. Dahomey wurde nicht selten in den Nachrichten erwähnt: Im ersten Jahrzehnt seiner Unabhängigkeit (ab 1960) wechselte es zwölfmal das Staatsoberhaupt, viermal durch Staatsstreiche der Armee. Präsident der Volksrepublik Benin war bei unserem Besuch 1981 der „Große Kampfgenosse" Mathieu Kerekou, der uns in Uniform mit gelöster Miene von Plakaten grüßte.

„Leute mit Rucksack, zumal wenn er grün ist, dürfen nach Benin nicht einreisen", hatten uns Europäer zuvor gewarnt. Wir hatten einen, und er war grün, aber wir hatten keine Schwierigkeiten. Es kommt wohl vor allem auf die persönliche äußere Erscheinung und auf das Verhalten eines Reisenden an, wie er empfangen wird. Grund der Rucksack-Aufregung: Ausländische Söldner mit (wie beim Militär üblich) grünen Tornistern sollen mit einem Flugzeug in der Metropole Cotonou gelandet sein, wild um sich geschossen haben und dann wieder verschwunden sein. Niemand konnte sich recht erklären, was geschehen war, außer jene, die behaupteten, der Präsident selbst habe eine Schau inszeniert, um dem Volk die „ausländische Bedrohung" zu demonstrieren.

Dabei ist Grün die Farbe der Fahne Benins. Allerdings ist auf diesem Grund ein roter Stern zu sehen, und das macht die Sache nicht unkomplizierter. Benin hat sich für den marxistisch-leninistischen Weg entschieden. Die Nation, die Provinzen, die Kreise, die Städte und die Dörfer werden durch sogenannte Revolutionsräte dirigiert. Marx und Engels, Lenin und Mao blickten in Nord und Süd von den Stirnseiten der Oberschulen und anderer Gebäude auf uns herab. Befreundete Nationen waren unter anderem die Volksrepubliken China, Kuba, Madagaskar und Libyen, wie Benins Teilnahme am Siebenten Internationalen Festival in Tripolis bewies.

So betrachtet, ist es eigentlich verwunderlich, daß sich Westdeutsche auf Reisen bis zu drei Monate ohne Visum im Lande aufhalten durften. Doch die Handelsbeziehungen zur Bundesrepublik waren eng. Freilich mußten wir jeden Übernachtungsort der „Sicherheitspolizei" angeben, aber sonst genossen wir völlige Freiheit. Mit Besuchern mochte man es sich nicht verderben. Die Grundlagen des Tourismus waren denn auch recht solide: Ein gutes Hotelzimmer war nicht unter achtzig Mark zu haben. Der Chef für Tourismus sagte, dieser sei „ein Mittel der Schaffung notwendiger Grundlagen zur Befriedigung der fundamentalen Bedürfnisse des Volkes". Über solche Sprüche konnten wir nur staunen! Während der Trockenzeit wollte man für zahlungskräftige Besucher ein Viertel der Nationalparkflächen für die offene Jagd freigeben...

Ob Benin auch auf künftigen Sporttourismus baute, war noch nicht klar zu erkennen. Jedenfalls ließ es sich in Cotonou von der Volksrepublik China gerade ein Zentrum für sämtliche Sportarten bauen, bei einem Vier-Millionen-Volk ein gewaltiges Unternehmen, ein Prestigeobjekt, das in keinem Verhältnis zu den Mitteln dieses Landes stand. Dazu kam, daß die Chinesen Tausende von Tonnen eigenen Zements mitbrachten, während Benin selbst Zementerzeuger war, wie auch das Nachbarland Togo, mit dem ein freier Warenfluß über die Grenze vereinbart worden war. Der „Osten" war auffällig nur als „Militärberater" (Sowjetunion) vertreten. Für eine Berufsschule in Ouidah, südliches Benin, die wir besuchten, lieferte Nordkorea eine schrottreife Ausrüstung als „Geschenk", reichte später dreisterweise aber dennoch eine Rechnung nach. Benin bezahlte. Volksrepubliken wissen, was sie sich gegenseitig schuldig sind.

Freiwillige Entwicklungshelfer entsandten vor allem die USA, die Bundesrepublik Deutschland und die ehemalige Kolonialmacht Frankreich, außerdem hochdotierte Experten. Diese sollten mithelfen, Benin dem „Endziel, ein wirklich unabhängiges Land zu werden" (Präsident Kerekou) näherzubringen. Daß der Westen Volksrepubliken bei ihrem Aufbau unterstützt, obwohl er dort als offenkundiger Feind dargestellt wird, ist nichts Neues. Ehrlich gesagt, nahm sich der Marxismus-Leninismus in Benin recht wässrig aus, trotz der herausposaunten Floskel unter jeder amtlichen Bekanntmachung, unter offiziellen Schreiben, am Ende von Reden: „Bereit sein für die Revolution! Der Kampf geht weiter!"

Wohl zehnmal am Tage ertönte von Radio Benin die „Internationale", aber die katholische Kirche hat über eine halbe Million Anhänger, mit einem Erzbistum Cotonou. Auch in Natitingu im Norden hat ein (französischer) Bischof seinen Sitz. Dort trafen wir einen seiner Mitarbeiter (aus Westdeutschland). Achtzig Kilometer entfernt, in Djougou, einer Moslemmetropole, waren wir Gäste beim islamischen Opferfest, zu dem sich – vor dem großen Schaf- und Ziegenschlachten bei den Häusern – viele Tausende in schönster moslemisch-afrikanischer Kleidung auf einem offenen Platz zum Gebet versammelten (Farbbild 17). Benin ist aber vor allem das Land des Animismus, der Naturreligionen, von denen sich zwei Drittel der Einwohner bisher nicht trennen wollten. Hier entstand der Voudou-Kult, von aus Amerika zurückgewanderten ehemaligen Sklaven gegründet. Er hat zum Inhalt die Abwendung von den aus Asien und Europa importierten

Religionen Islam und Christentum, Rückkehr zum Afrikanertum. Wie viele Weltanschauungen existieren in Benin also nebeneinander! Wir hatten jedenfalls den Eindruck, daß in dieser Volksrepublik (etwa fünfzig Volksgruppen) die „Internationale", „Halleluja", „Allah-hu-akbar" und Götter als Tiere, Pflanzen und Steine einander nicht störten.

Nicht gut zu vertragen schienen sich marxistisch-leninistische Theorie und Praxis, was die Versorgung der Bevölkerung mit „Produkten des ersten Bedarfs" in Regierungsläden betrifft (Motto: „Ausgeglichene Preise auf einem befreiten Markt"). Diese Produkte waren dort fast nie erhältlich, wenn doch, dann hieß es Schlangestehen. Was es gab, waren teure, importierte Konserven, so Spargel aus Frankreich und vor allem (etwa dreißig Prozent des Warenangebots) Alkoholika. Die Bevölkerung Benins kauft hauptsächlich auf den Straßen und Märkten, an kleinen Ständen, die ebenfalls überwiegend importierte Konserven offerierten. Aber auch dort waren Kisten und Schachteln mit Bieren, Weinen und Schnäpsen aus Europa aufgestapelt. In keinem anderen westafrikanischen Land waren sie billiger als in Benin. Wie die im Durchschnitt so arme Bevölkerung sich die Alkoholika erlauben konnte, ist uns nicht klar geworden. Das staatliche Brauunternehmen fühlte sich durch die ausländische Konkurrenz herausgefordert. In einer großen Anzeige frohlockte es über die Inbetriebnahme einer zweiten Bierbrauerei: „Die Bedürfnisse der werktätigen Massen können jetzt noch besser befriedigt werden!" Letzter Satz der Anzeige: „Bereit sein für die Revolution! Der Kampf geht weiter!"

Der Name „Benin" soll übrigens an eine afrikanische Zivilisation erinnern, die ihr Zentrum allerdings im heutigen Nigeria hatte. Dieses Königreich erlangte um die Mitte des 15. Jahrhunderts seinen Höhepunkt. Die Stadt Benin war wohlgeplant und sehr sauber.

Berge von importierten Waren in einer Straße von Porto Novo/Benin

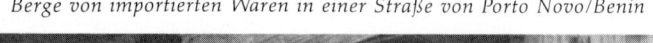

Erinnerung an Deutschland in Togo ist verblaßt

Für die Togolesen ist die deutsche Kolonialzeit weit zurückliegende Geschichte. Das stellten wir bei einem dreiwöchigen Besuch in Togo fest. Dieser Name schafft bei Deutschen manche romantische Gedankenverbindung. Ab 1884 besaß das Deutsche Reich dreißig Jahre lang ein sich vergrößerndes „Schutzgebiet" dieses Namens. Dr. Gustav Nachtigal, seines Zeichens Forscher, hatte mit König Mlapa III. in dem Lagunendorf Togo einen entsprechenden Vertrag unterzeichnet. Deutsche Kaufleute waren schon vorher da. Frankreich und England nahmen sich 1914 das Protektorat und machten einen östlichen und einen westlichen Teil daraus. Der eine wurde vier Jahrzehnte später die Republik Togo, der andere entschied sich für die Zugehörigkeit zur Goldküste, das spätere Ghana.

Zeichen der deutschen Vergangenheit in dem nicht selten als „Musterkolonie" apostrophierten Gebiet (wegen seiner angeblich „beispielhaften" Führung) werden von Deutschen nach unserer Ansicht heute überbewertet. Über siebzig Jahre „danach" Togo nur deshalb einen Besuch abzustatten, weil es einmal deutsch war, hieße unrealistisch sein. Die Nachfolger Frankreich und England (im westlichen Teil) haben viel tiefere und wohl auch noch sehr lange sichtbare Spuren hinterlassen. Hierzu gehört die Beibehaltung des Verwaltungssystems und der Amtssprachen Französisch und Englisch.

Außer einem Friedhof und einigen Ruinen von Verwaltungsgebäuden fanden wir in Mango ganz im Norden des Landes nichts mehr von der einstigen bemerkenswerten Präsenz deutscher Administration in dieser Ecke. Einen „Cimetière Allemand" (also einen deutschen Friedhof), unter anderem für Soldaten, sahen wir unter diesem Namen auch in Adjido bei Anecho westlich von Lomé. In Adjido hatte sich gleich zu Beginn eine deutsche Missionsstation befunden. Anecho war zweimal für kurze Zeit Hauptstadt Togos. In der heutigen Hauptstadt Lomé schließlich sahen wir ebenfalls deutsche Gräber, überwiegend von beim Eisenbahnbau und bei einem Schiffsunglück sowie an Krankheiten Zugrundegegangenen. Auch ein Gouverneur des Schutzgebietes, Köhler, liegt hier begraben. Auf den Grabsteinen einiger Afrikaner kann man Vornamen wie Wilhelm, Karl und Friedrich lesen. Ihre Landsleute nahmen später französische und englische Vornamen an, wie Charles, William oder Joseph.

Daß der zweite Präsident der Republik Togo (nach einem Militärputsch) Nicolas Grunitzky hieß, Sohn eines deutschen Missionars und einer Togolesin (ein weiterer Staatsstreich fegte ihn ebenfalls hinweg und ins Ausland), daß ein etwa fünfhundert Meter hoch gelegener Luftkurort nordwestlich von Lomé immer noch „Misahöhe" heißt, daß es in der Hauptstadt Restaurants mit deutschen Namen wie „Alt-München" und „Edelweiß" sowie im Lande nach Kulmbacher Rezept gebrautes Bier gibt, sind einige andere Hinweise auf die alte „Schutzmacht".

Obwohl wir uns – testweise – ausdrücklich als Deutsche zu erkennen gaben, spürten wir darauf keinerlei auffällige Reaktion. Wir trafen keinen (auch noch so alten) Menschen, der noch deutsch sprach. Hingegen wurde uns bei Gelegenheit beigebracht, daß in der „Musterkolonie" vielleicht „beispielhaft", aber nicht immer nur menschlich regiert worden sei. Nationalisten sehen in der deutschen Epoche ein ebenso trauriges Kolonialkapitel wie in der französisch-englischen. Trotz alledem stellen die Deutschen unter den Touristen (zum Beispiel im Hotel „Tropicana" in Lomé) einen bemerkenswert hohen Anteil. Sehr stark vertreten sind natürlich die Franzosen. Diese kommen zum Teil über die „Luftbrücke" Lyon–Ouagadougou mit einem besonders preisgünstigen Reiseunternehmen und schwärmen dann unter anderem nach Togo aus. „Hauptstoßrichtun-

Landstraße auf dem Danyi-Plateau im Süden Togos

gen" der ausländischen Besucher sind Naturschutzgebiete, Dörfer mit weitverstreuten, wie kleine Festungen gebauten Häusern des Volkes der Somba im Norden Togos (und Benins), sowie das Pfahldorf Ganvié in Südbenin. An den beiden letzteren Plätzen hat die Invasion von Touristen bereits zu einer völligen Mentalitätsveränderung der Bevölkerung geführt. Bauern und Fischer nehmen eine oft feindselige Haltung gegenüber Fremden ein, zugleich halten sie beide Hände auf. Andere Urlauber kommen nur wegen Märkten, Sonne und Palmen nach Togo (Farbbild 18). Das Meer kann man häufig nur betrachten, denn die atlantische Brandung ist wie überall in Westafrika sehr stark und gefährlich.

In Lomé sahen wir mehr Hochhäuser und „Betonburgen" entstehen, als wir es uns ausgemalt hatten. Die wichtigsten Straßen zu den Grenzen waren asphaltiert. Die Stadt Lama-Kara im Nordteil sah eine besonders intensive Bautätigkeit. Ein modernes Verwaltungsgebäude nach dem anderen wuchs empor. Ihre Region ist die Heimat der fleißigen Kabyé-Bauern (die Ewe im Süden werden als Träger angesehen; insgesamt gibt es vierzig verschiedene Völker und Stämme in Togo) und des Präsidenten und Grunitzky-Nachfolgers Gnassingbé Eyadema, der zugleich Gründer und Vorsitzender der Einheitspartei RPT ist. Dieses hat ein riesiges Parteihaus in Lomé, ein zweites ähnlicher Größe war eben in Lama-Kara im Entstehen. Schon sprachen viele von der „zweiten Hauptstadt". Daß es die „erste" werden könnte, argwöhnte man im Süden, denn es schien Eyademas Lieblingskind zu sein. Neutrale Beobachter witterten hinter dieser Entwicklung die Gefahr eines Staatsstreichs (der Armeegeneral kam 1967 an die Macht). Dabei war die Gründung der RPT 1969 eben darum erfolgt, die landsmannschaftlichen Spannungen abzubauen. Man fragte sich: „Wie lange wird Eyadema ‚überleben'?" Einem Wunder wird sein Überleben bei einem Flugzeugabsturz in seiner Heimat bei Lama-Kara zugeschrieben.

Noch etwas „Deutsches": Der Staatchef von Togo hat eine besondere Vorliebe für Bayern. Nicht, daß bayerische Motorräder und Autos für die Polizei etwas besonders Auffälliges wären. Solche befördern in vielen Ländern Westafrikas Präsidenten- und Ministerschützer. Eyadema weiß ein bayerisches „Lüfterl" auch an Ort und Stelle zu schätzen. Dem dortigen Staatchef fühlt er sich freundschaftlich verbunden.

In Ghana jeder ein Schwarzmarktkunde

Wir erlebten immer wieder Erstaunliches, aber diesmal waren wir wirklich nicht eben erfreut: Mit vorgehaltener Pistole forderte der Zollbeamte alle Fahrgäste, also auch uns, brüllend auf, den Autobus zu verlassen. Wir hatten soeben damit die togolesisch-ghanaische Grenze überquert und die Zollformalitäten hinter uns. Nach dem Einsteigen hatten zwei Männer behauptet, eine Kamera und ein Radio, die sie im Bus zurückgelassen hätten, seien in ihrer Abwesenheit gestohlen worden. Wir wußten nun aber, daß nur Zollbeamte sich darin aufgehalten hatten und anschließend mit einem vollen Sack ausgestiegen waren. Jetzt mußten alle Passagiere unter der Drohung des Pistolenmannes den Bus räumen. Bei niemandem wurden Kamera oder Radio gefunden, aber auch dieser Zöllner verließ den Bus dann mit einem wohlgefüllten Sack, mit nachträglich „beschlagnahmten" Zigaretten und anderem. Da wurde kein Zoll verlangt, da gab es keine Formalitäten mehr, die Beamten fuhren ab. Ebenso wie die Zigaretten würden sie nun die Kamera und das Radio auf dem Schwarzmarkt verkaufen.

Die Ein- und Ausfuhr der ghanaischen Währung, des Cedi, zum Beispiel von und nach Togo und Elfenbeinküste, war verboten. Dennoch wurde von fliegenden Wechslern an der Grenze dieses Geld ganz offen gehandelt, zum Schwarzmarktkurs, zehnmal höher als auf jeder Bank in Ghana! Wir mußten eine Kamera öffnen, um zu zeigen, daß wir darin keine Cedis versteckt hatten; eine Formalität, denn niemand, der Ghana besuchte, ging zum Geldwechseln auf die Bank. Wir hatten noch nie ein derart verlottertes Land besucht. Nichts funktionierte mehr richtig – außer Schwarzmarkt und Korruption. Ganz automatisch wurden wir in das „ghanaische System" hineingezogen. Wir hatten in Ghana Freunde, bei denen wir uns günstig „Nachschub" besorgen konnten. Wer ehrlich war, bezahlte für eine Orange sechzig Pfennige, für ein Bier zwölf Mark, im Laden wohlgemerkt. Tatsächlich besuchte aber kaum jemand dieses Land, wenn er dort nicht Geschäfte zu erledigen hatte, denn die Geldfragen und der Warenmangel schreckten ausreichend ab. Es dürfte kein „antitouristischeres" Land gegeben haben, das zugleich die Einreise so leicht machte. Westdeutsche erhielten ihr Visum ohne jede Umstände. Früher waren an der Grenze Leibesvisitationen zur Auffindung versteckter Devisen üblich, dann wurde zwangsweiser Geldumtausch bei Beantragung des Visums eingeführt. Jetzt galt eine Bestimmung, nach der Ausländer in Hotels und Restaurants in ausländischer Währung bezahlen mußten. Wir erlebten aber in der Praxis, daß die Nachricht davon noch nicht zu allen Geschäftsführern durchgedrungen war. Andernfalls wäre auch die lumpigste Bude nicht unter siebzig Mark zu haben gewesen. Aufgrund dieser Umrechnung nach offiziellem Wechselkurs konnte man Accra damals als die teuerste Hauptstadt der Welt bezeichnen. Doch beim äußerst günstigen „Schwarzumtausch" kostete alles nur ein Zehntel.

Es gibt Reis zum „Kontrollpreis". Er wird dann zum viel höheren „Marktpreis" weiterverkauft

Die Produktion stockte überall. Es fehlte an Rohstoffen, an Maschinen. Es wurde zu wenig exportiert. Waren- und Devisenmangel brachten den riesigen Schwarzmarkt hervor. Weil die ghanaische Währung ziemlich wertlos geworden war, stiegen die Preise ins Unermeßliche. Nicht so die Löhne: Für den gesetzlich garantierten Monatsmindestlohn konnte sich ein Arbeiter nicht einmal ein Paar Schuhe kaufen. Um zu harter Währung für ihre eigenen „Importe" zu kommen, schafften Schmuggler mit Unterstützung vieler Zöllner, Polizisten und Regierungsbeamter ghanaische Produkte wie Edelhölzer, Kakao, Gold und Diamanten über die Grenzen. Dem Staat entgingen die Devisen, er konnte nicht genug importieren, es fehlten die Rohstoffe für die Industrie, Maschinen für die Landwirtschaft. Es gab sicherlich keinen einzigen Beamten in Ghana, der nicht korrupt gewesen wäre. Beim Ausländeramt bekamen wir unsere Aufenthaltsverlängerung wohl nur so rasch, weil der Beamte ein Trinkgeld erhoffte. Präsident Limann rief ständig heuchlerisch zur Ehrlichkeit auf, aber seine Minister und Regionalminister waren die größten Halunken.

Verdrehte Wirtschaft

Wollte ein Händler Zement kaufen, mußte er beim zuständigen Regionalminister eine Bescheinigung holen, die ihm die Bestellung bei einer Zementfabrik erlaubte. Gewöhnlich „gab" es keinen Zement. Ein gehöriges Bestechungsgeld für den Minister förderte ihn aber wieder ans Tageslicht.

Die Regierung hatte „Kontrollpreise" verfügt. Der Sack Zement kostete so 28 Cedis. Ein Bauwilliger mußte aber beim Händler, der nun zunächst auch „keinen Zement" hatte, hundert Cedis bezahlen. Der Minister war der Schneeball, der diese Preislawine verursachte.

Alte, namhafte, internationale Handelshäuser waren überall in Ghana vertreten. Die Regale ihrer Läden waren fast leer, in ihren „Supermärkten" war das Angebot auf ein, zwei Dutzend Waren geschrumpft. Körbe, Tonkrüge, Ananas und Yamswurzeln gehörten zu der lächerlichen Offerte, die eigentlich Marktfrauen verkaufen sollten. Diese hingegen saßen im ganzen Land zu Zehntausenden hinter Tischen mit Pyramiden von Löskaffeedosen, Kondensmilch, Fischkonserven, Streichkäse, Zuckerpaketen, Seife und Zigaretten. Warum alles so verdreht war? Die Handelshäuser mußten zu „Kontrollpreisen" verkaufen, also für Kleinverdiener recht preisgünstig. Die „Marktpreise" lagen aber viel höher. Bei allen Anlieferungen verscheuerten die Geschäftsführer der großen Läden sofort „hintenherum" die Waren mit einem ordentlichen Aufschlag an gute Freunde und kleine Händler, die wiederum kräftig verdienten (Farbbild 21). Eine Milchdose kostete so am Ende anstatt zwei eben zehn Cedis. Die Regale der „Supermärkte" blieben leer. Der Mindestlohnverdiener mit seinen läppischen 350 Cedis blieb dabei auf der Strecke, wenn er nicht selbst in das Räderwerk des Gebens und Nehmens mit eingriff. So stahl er, begünstigte Diebe und sabotierte. Die Maschinerie drehte sich immer schneller. Baustoffe, Lebensmittel, Bekleidung, Medikamente, Reifen, Ersatzteile, Benzin und vieles mehr war knapp, wurde durch Schmuggel weiter verknappt, wurde gestohlen, gehortet und heimlich verkauft. Jeder im Lande, der mit Geschäften irgendwie zu tun hatte, war darin verwickelt. Arbeitslosigkeit und Unterbeschäftigung lagen bei fünfzig Prozent.

Talfahrt in Ghana. Dies war die Situation in einem „zurückentwickelten" Land, das einmal die besten Voraussetzungen für eine Zukunft in Wohlstand hatte. Als die damalige „Goldküste" 1957 als erste Kolonie in Schwarzafrika von Großbritannien in die Unabhängigkeit entlassen wurde (unter Kwame Nkrumah, gestürzt 1966), hatte sie ein dickes Polster von Devisenreserven, Reichtümer in Landwirtschaft, Wäldern und Minen, eine beispielhafte Verkehrs-, Schul- und Medizin-Infrastruktur, die letztendlich positiven Aspekte der jahrzehntelangen Ausbeutung der „Goldküste" durch England. Die Habgier vieler richtete alles zugrunde. Die Bundesrepublik war zur Zeit unserer Visite in Ghana an etwa fünfzig Entwicklungsprojekten beteiligt.

Einer Kamera wegen am Strand überfallen

Ein Landmaschinentechniker aus der DDR wurde vor einem Hotel in Accra von einem Ghanaer niedergestochen. Andere Ausländer wurden an einem beliebten Strand von einem Messerstecher um ihre ganze Habe gebracht. (Wir dachten mit Heimweh an Saint Louis!) Aber konnten wir ahnen, daß uns ähnliches zwischen zwei Dörfern friedlicher Fischer bei der Stadt Sekondi widerfahren würde, mit denen wir gerade noch geplaudert hatten?

An einer nur von Kindern belebten Stelle des Strandes stürzte ein junger Mann auf uns zu und versuchte, mir meine Kamera aus der Hand zu reißen, was ihm jedoch mißlang. Im nächsten Moment kam er von hinten heran, wollte mir einen Stein auf den Kopf schlagen und packte mich dann am Hals. Gleichzeitig kickte er mir die Kamera aus der Hand. Wir setzten uns augenblicklich zur Wehr, aber als ein Helfer des Angreifers auftauchte, hatten wir keine Chance mehr. Sie warfen sich den Apparat gegenseitig zu, wobei er zweimal in den Sand und einmal in flaches Wasser fiel. Schließlich liefen die beiden mit der Kamera davon. Wir verfolgten die Räuber eine Strecke weit, verloren sie dann aus den Augen. Andere junge Männer, die von weitem alles gesehen haben mußten und an denen die beiden mit ihrer Beute vorbeiliefen, taten verärgert, als wir ihnen Vorhaltungen machten. Dabei waren wir noch froh, daß uns nicht alles – eine weitere Kamera und ein Teleobjektiv, Pässe und Geld – geraubt worden war. Übrigens rief uns der Bursche beim Weglaufen noch zu: „Was habt ihr in unserem Land zu suchen?!"

Zeugen gab es genug, aber nur ein vierzehnjähriger Junge, Emmanuel Adaah, war mutig. Wir stellten ihm fünfzig Cedis in Aussicht, wenn er der Polizei berichtete, was er gesehen hatte (er hatte sich in geringster Entfernung aufgehalten), und doppelt soviel, wenn die Kamera durch seine Aussage wiederbeschafft werden könnte. Der Junge berichtete der Polizei in seiner Muttersprache Fanti seinerseits, was ich bereits in Englisch erklärt hatte. Emmanuel wurde von den Beamten wie ein Stück Dreck behandelt. Es kamen ihm beinahe die Tränen deshalb. Ich mußte *selbst* ein Protokoll verfassen. Ohne jede Eile, ohne das Hilfsmittel Telefon (wie in Ghana üblich außer Betrieb), ohne Polizeifahrzeug (es gab in der Stadt mit hunderttausend Einwohnern nur zwei solche Wagen, davon war eines kaputt, das andere irgendwo in Benutzung, weshalb wir stets für ein Taxi zu sorgen hatten), beschäftigte sich der Inspektor Martin Issahaku an drei Tagen mit dem Fall. Er beteuerte, daß er sich jetzt „nur für diese Angelegenheit" einsetze, worauf er von uns prompt das anvisierte Trinkgeld erhielt. Für Tatort und Spuren oder eine Rekonstruktion des Raubs interessierte er sich nicht. Wir suchten gemeinsam die Häuptlinge der beiden Fischerdörfer auf und in dem, das dem Tatort näher lag, ging ein Ausrufer umher, um die Einwohner um Mithilfe zu bitten. Für die Nacht wurden Wächter eingesetzt, die sich umtun sollten.

Ein Zeuge hatte sich gemeldet, der sagte, der jüngere Täter sei unter dem Namen Tekwich bekannt. Zunächst war jener unauffindbar, aber als der Ältestenrat darauf bestand, kam er. Alle setzten ihm zu, er solle bestätigen, was er wisse, aber der Mann weigerte sich plötzlich, auch nur über seine Beobachtungen zu sprechen. Sein Vater weinte und es hieß, er bringe Schande über das Dorf. Karkar – so hieß der Augenzeuge – blieb verschlossen. Angaben der Häuptlingsfrau im zweiten Dorf wurden von ihrem Mann beiseite gefegt: „Sie lügt!", nachdem wir ihn geweckt hatten. Wir hatten ihn auf seinem Schreibtisch schlafend vorgefunden.

Die Kamera blieb verschwunden. Martin, dem Polizisten, der drei Tage lang mit uns zusammen auf „Fahndung" gewesen war (wir bezahlten alle Taxifahrten), gaben wir zum Schluß noch zwanzig Cedis. Er versprach, die Suche auch nach unserem Weggang fortzusetzen und dann zu berichten. Wir hörten nie mehr etwas von ihm. Dem Jungen Emmanuel, der mutig all das mitgemacht hatte, drückten wir heimlich die versprochenen fünfzig Cedis („schwarz" umgerechnet drei Mark, offiziell dreißig Mark) in die Hand, und als wir ihn zum Abschied umarmten, schmiegte er sich ganz fest an uns.

Auffällig war, daß sich am Abend des nächsten Tages ein ähnliches Ereignis wie am Strand zutrug. Wir wurden im Dunkeln von drei jungen Leuten verfolgt, als wir zu unserem Hotel zurückgingen. Wir blieben deshalb abrupt stehen und sprachen auf der einsamen Straße einen vorbeikommenden älteren Mann an, dessen Kleidung ihn als Moslem auswies. Sofort machten die jungen Leute kehrt. Aber von weitem brüllten sie uns nach: „Das nächste Mal bringen wir euch um!" Unser Helfer war ein „Gastarbeiter" aus Mali.

Ich schilderte dies so ausführlich, um zu zeigen, was nach einem solchen Ereignis in Ghana passieren konnte. Land und Leuten wollten wir das Geschehene aber nicht anlasten. Das gleiche stieß Deutschen in Lomé im vielgerühmten Togo zu, und Abidjan in der reich gewordenen Elfenbeinküste dürfte bald den Weltrekord bei Überfällen halten.

O ja, wir trafen auch viele nette Menschen, in Ghana und überhaupt in Afrika. Insgesamt waren wir von der Freundlichkeit der Afrikaner sehr beeindruckt. Daß es auch die *andere* Sorte gab, nun gut...!

Noch selten waren wir in einer Stadt mit so viel spontaner Herzlichkeit willkommen geheißen worden wie in Tamale. Vom ersten Augenblick an fühlten wir uns wohl. Die Kinder umringten uns, um uns die Hand zu geben. Die Alten verbeugten sich, verscheuchten die Kleinen mit einem Wort, wenn sie uns lästig zu sein schienen, was sie aber nicht waren. Die Frauen grüßten uns lächelnd: „Naaaa!", was so viel wie „Ebenfalls!" bedeutete, weil sie unseren Wunsch für Wohlergehen voraussetzten, wie es üblich war, wenn sie ihn nicht selbst zuerst äußerten.

Tamale liegt 640 Kilometer nördlich von Accra. Als wir die Stadt in der endlos scheinenden Savanne im Norden Ghanas erreichten, bemerkten wir dies zunächst gar nicht, denn die ersten Rundhütten sahen genauso aus wie in den Dörfern ringsum. Zudem war es dunkel und keine Lichterketten kündigten die Stadt an. Der Autoscheinwerfer tastete sich durch die Straßen, in denen die Menschen vor ihren Hütten Schlaf und Erfrischung in der Nachtluft suchten. Früher am Abend hatten noch Frauen und Kinder auf Kunden gehofft, als sie von den flackernden Flämmchen blecherner Öllampen beleuchtete Zigaretten und Bonbons anboten. Vorbei am riesigen Rohbau einer Moschee (es gab keine Touristenattraktionen) kamen wir zum einzigen hellerleuchteten Ort in Tamale, wo das staatliche Rasthaus, das Polizeihauptquartier und die Kathedrale standen. Moslems, Christen und Anhänger von Naturreligionen wohnten in der Stadt beieinander. Wir hatten keine andere Wahl: Das Rasthaus war der einzige öffentliche Übernachtungsplatz. Dort hatten wir Strom, aber kein Leitungswasser. Eine trübe Brühe wurde uns eimerweise zugeteilt. Wir wollten uns aber nicht beklagen, denn wir erfuhren, daß das nächstgelegene, jedermann zugängliche „Wasservorkommen" drei Kilometer entfernt war.

In Tamale und vor allem östlich davon leben meist Dagomba. Ihre Legenden erzählen, daß sie vor Jahrhunderten von den Hügeln im Nordosten in die Ebene gezogen und – als Reitervolk – Herren des Gebiets geworden seien. Sie hatten nichts zu fürchten und bauten seitdem ihre Siedlungen ziemlich offen, im Gegensatz zu vielen Stämmen und Gruppen des westafrikanischen Savannen-gürtels, die sich in burgähnlichen Behausungen verschanzten. Ihre Hütten sind kreisrund, mit einem kegelförmigen Strohdach gedeckt. Auch der Platz davor ist rund. Aber fremde Einflüsse, teilweise von benachbarten Völkern, wo schon seit langem auch rechteckige Hausformen Verwendung finden, sind unübersehbar. (In Tamales Zentrum gab es damals auch mehrstöckige Gebäude europäischen Stils.) Die Dagomba sind von hohem, schlankem Wuchs, haben einen schmalen Kopf, wohlgeformte Nasen und dünne Lippen. Einflüsse aus nördlicheren Zonen Afrikas konnten wir deutlich erkennen.

Überall sollten wir dabei sein, dort, wo Hirsebier ausgeschenkt wurde, wo man Stoffe färbte, wo der Goldschmied und der Mann, der Amulette machte, arbeiteten, wo Mais gemahlen wurde, wo Frauen sich das krause Haar zu kurzen Zöpfen flochten, wo Nachbarn bei einem Brettspiel vereinigt waren. Nur ein paar Kleinkinder weinten vor Schrecken, weil sie Weiße noch nie gesehen hatten.

Die Nächte in Tamale waren erfüllt vom Dröhnen der Trommeln und von Gesang. Meist waren Trauerfeiern der Anlaß, Tage, Wochen oder Monate nach dem Hinscheiden eines Angehörigen. Die Trauer äußerte sich aber in Fröhlichkeit beim Tanzen und Singen. Jeder wußte doch, daß der

Die Einwohner von Tamale, vor allem die Kinder, hießen uns herzlich willkommen

Tod das Tor zu einer besseren Welt sei. An anderer Stelle tanzte und sang die Dorfjugend aus reiner Freude (Farbbild 22). Wiederum anderswo übte eine Kapelle mit Trommeln, Rasseln, Kongophon (eine Art Xylophon mit trichterartigen Klangkörpern aus Metall). Bereitwillig aufgenommen, waren wir wieder und wieder dabei, ehe wir nach Mitternacht unter einem warmen Mond unserer Unterkunft zugingen. Bis in den Schlaf hinein begleitete uns der stampfende Rhythmus Afrikas.

„Erzählen Sie von unserem Durst!"

Tamale litt unter den meisten der Probleme, die auch andere Gegenden Ghanas heimsuchten. Seine größte Sorge war das Trinkwasser. Die Menschen von Tamale mußten sich selbst um die Beschaffung kümmern. Hunderttausend Einwohner, und keine ordentliche Wasserversorgung? Wohl jede gehfähige Frau und alle Mädchen ab sechs Jahren holten wenigstens einmal am Tage Wasser. In endlosen Kolonnen zogen seit vielen Jahren Tausende und Abertausende, mit Eimern, Schüsseln und Kanistern auf dem Kopf, zum tiefsten Punkt der ausgedehnten Stadt, wo sich Quellen und das Wasserwerk befanden. Sein Druck reichte nur für einen Umkreis von ein paar hundert Metern, am Stadtrand. Andere Tausende gingen zu einem Stausee, der so kurz nach den großen Regen noch gut gefüllt war. Aber in der Trockenzeit ... Private Brunnen waren selten, denn der Grund ist Granit. Wie so vieles in Ghana, aber nicht nur in diesem Land, erstaunte uns dieser Zustand, überraschte uns aber noch mehr die Gelassenheit, mit der die Einwohner ihn akzeptierten.

Aber all das war nicht immer so gewesen. Schon vor über fünfzig Jahren, zur Zeit britischer Kolonialherrschaft, hatte Tamale seine erste Wasserversorgung erhalten. Sie war ständig weiter ausgebaut worden. Später war ein Kraftwerk errichtet worden. In allen wichtigen Straßen standen nun Laternen, zu fast allen festen Häusern führten Anschlüsse. Aber jetzt gab es Strom nur noch für das Rasthaus, die Polizei und die Kathedrale; das Wasser war buchstäblich im Eimer. Kraftwerk und Wasserwerk arbeiteten kaum noch, weil die Anlagen in miserablem Zustand waren, wie das eine Argument hieß, und weil es an Treibstoff mangelte, wie das andere lautete.

Auf Strom konnte man als einfacher Einwohner eher verzichten als auf Wasser. (Daß modernes Handwerk und Gewerbebetriebe dabei allerdings keine Chance hatten, läßt sich denken.) Die Hitze in Tamale war schwer zu ertragen. Das ganze Leben der Einwohnerschaft wurde von der Sorge um das Wasser erfüllt. Die Stadtverwaltung war wenigstens noch bereit und in der Lage, mit Tankwagen und Traktoren (die meisten standen fahruntüchtig herum, weil Ersatzteile oder Treibstoff fehlten) Wasser zu an bestimmten Punkten der Stadt stehenden ehemaligen Ölfässern zu karren, aus denen sich die Nächstwohnenden dann versorgten. Mit Vorzug wurden allerdings die amtlichen Stellen dieser Hauptstadt der Nordregion Ghanas bedient.

Die Bevölkerung griff zu verzweifelten Maßnahmen. So wurden überall dort Löcher gegraben, wo in den Leitungen noch etwas Druck vorhanden war, der aber nicht bis zum Wasserhahn reichte. Die Rohre wurden zersägt und in der Grube sammelte sich trübes Wasser. Die Frauen schöpften es dann mit Gummieimern heraus, füllten Fässer, bildeten Ketten und eine Schicksalsgemeinschaft. Daß sie dabei recht vergnügt waren, ließ uns wiederum staunen. Im Moslemviertel Nanafo, dessen Zehntausende von Einwohnern sich ausschließlich aus dem Stausee versorgen mußten, sangen etwa hundert Mädchen und Jungen, die ihre Eimer, noch leer oder schon gefüllt, bei sich hatten, begeistert ein Lied nach dem anderen für uns. Bei unseren Arbeiten an einem Film über Tamale machten alle Leute auf natürliche Weise gerne mit. Niemand belästigte oder behinderte uns. Der Häuptling von Nanafo, Fussein Tuaina, gab uns ein Interview. „Zeigen Sie in Deutschland, wie es uns ergeht", sagte er. „Vielleicht kann Deutschland uns helfen. Erzählen Sie von unserem Durst, wie unsere Tiere sterben und unsere Gärten vertrocknen, daß in der Trockenzeit nur noch Schlamm im Staubecken ist . . ." Zu den eigenen Behörden habe niemand mehr Vertrauen, alle Fragen seien nutzlos, fügte der alte Mann hinzu.

(Der Vollständigkeit halber muß ich sagen, daß in den nördlichen Gebieten Ghanas mit West- und Ostdeutschlands, Kanadas und anderer Nationen Hilfe Bewässerungs- und andere Landwirtschaftsprojekte angelaufen waren, und daß Kanada sich um die Wasserversorgung Tamales kümmern wollte.)

Übrigens bettelten die Leute von Tamale uns nie an.

Trauer beim König der Aschanti

Ein besonderes Erlebnis hatten wir auch in der von Menschen überquellenden großen Stadt Kumasi, der Metropole des Aschanti-Volkes, im südlicheren Teil Ghanas. Wir waren die einzigen europäischen, sehr höflich und freundlich behandelten Gäste bei der Trauerfeier für einen in der Woche zuvor verstorbenen Onkel des Asantehene (oder Aschantihene), des Königs der Aschanti. Fünf Stunden lang konnten wir an der Zeremonie vor dem Königspalast teilnehmen.

Der Herrscher sowie zahlreiche Häuptlinge und Tausende von Aschanti verliehen ihrer Trauer nach einem streng eingehaltenen Protokoll Ausdruck. Überwiegend in weinrotes und rostbraunes Tuch gehüllte Männer und Frauen zogen mit ihren Würdenträgern zwischen dem Palast und dem Schatzhaus hin und her, den König auf einer Sänfte tragend. Der Asantehene begrüßte später die Häuptlinge an den ihnen zugedachten Stellen des Platzes einzeln und umarmte sie (Farbbild 20). Wir standen etwas seitlich hinter einer der Abteilungen und waren natürlich leicht auszumachen. Der Blick des Asantehene fiel auf uns, er lächelte kurz und ging zur nächsten Gruppe weiter. Er war, wie die Häuptlinge, stets von tragbaren, bunten Baldachinen vor der Sonne geschützt. Sie galten als ein Statussymbol bei der Hofhaltung. Hofschelme trieben auf dem Platz ihre Possen. Ensembles sangen und tanzten zum dumpfen Schlag von Trommeln, die mit goldgefaßten Schädeln besiegter Häuptlinge geschmückt waren, und zu den Klängen von Hörnern aus den Stoßzähnen junger Elefanten. Es war ein wahrhaft seltenes Schauspiel.

Der Asantehene ist heute nur noch geistiges Oberhaupt der Aschanti. Jacob Matthew Poku, der in London Jura studiert hatte, residierte damals schon elf Jahre als Asantehene Otuomfo Nana Opoku Ware II. im Manhiye-Palast von Kumasi. Ein Aschanti-König darf nach alter Bestimmung den Boden nie barfuß betreten, muß von Dienern gestützt werden, stets jemanden bei sich haben, darf das Land nicht für längere Zeit verlassen. Seine abgeschnittenen Haare und Fingernägel wurden seit altersher in rituellen Gefäßen aufbewahrt und als Zutaten zu magischer Medizin verwendet. Es soll im siebzehnten Jahrhundert gewesen sein, daß der Oberpriester der Aschanti einen Schemel schnitzen und mit Goldblech verzieren ließ, den er dann dem damaligen König Osai Tutu bei einem Treffen der Aschanti-Würdenträger auf mysteriöse Weise übergab. Dieser

Tausende in Tamale waren zu Fuß und mit Karren ständig bei der Wasserbeschaffung

Oberpriester und der „Goldene Schemel" spielen eine wichtige Rolle in der Mythologie der Aschanti. Der Schemel wurde zu einem Sinnbild religiösen Gefühls und der Ahnen. Bei der Trauerfeier für den verstorbenen Onkel trug man ihn gleichfalls herum. Nicht einmal der König darf sich auf ihn setzen. Die englische Kolonialregierung wollte 1900 (dem gingen die sieben sogenannten Aschanti-Kriege voraus; die Aschanti setzten sich gegen die Eindringlinge aus Europa energisch zur Wehr) den „Goldenen Schemel" besitzen. Aber sie erhielt nur eine Nachahmung. Die Aschanti-Kultur hat sich um das Gold entwickelt. Es gab und gibt große Goldvorkommen („Goldküste"). Verschiedentlich sollen Asantehene in verschwenderischer Pracht gelebt haben. Die Aschanti haben ein stark entwickeltes Renommierbedürfnis. Kumasi war einst eine prächtige Stadt, aber im sechsten „Aschanti-Krieg" 1874 wurde es von den Engländern eingenommen und zerstört, 1896 wieder aufgebaut.

Menschenopfer gehören zum nationalen Ritual der Aschanti, die eines der großen Völker Westafrikas sind. Als 1935 Asantehene Osai Prempeh I. starb, sollen rund tausend Menschen auf den Straßen Kumasis gefangen und geopfert worden sein. Beim Tod seines Nachfolgers gleichen Namens 1970 flüchteten unzählige Menschen vor Angst in den Busch. Busfahrer sollen sich geweigert haben, in den ersten Tagen der Trauer nach Kumasi zu fahren. Viele Ghanaer, auch viele Aschanti, sind überzeugt, daß es auch heute noch Menschenopfer gibt...

Entgleisungen, Motorschaden, leerer Tank

Sechs Wochen reisten wir in Ghana umher. Von den vielen Eindrücken während der Fahrten möchte ich abschließend nur noch drei, die Verkehrsmittel betreffend, erwähnen. Wir unternahmen nur eine einzige Eisenbahnfahrt dort, und sie endete schon nach siebzig Kilometern. Die Abfahrten der Züge richteten sich gewöhnlich danach, ob es irgendwo eine Entgleisung gegeben hatte. So etwas kam beinahe täglich vor. Na, unser Zug fuhr zwar mit zwei Stunden Verspätung fast pünktlich ab, aber unterwegs ging's eben bald nicht mehr weiter. Mehrere Wagen eines anderen Zuges waren umgekippt. – Da von der Stadt Takoradi ein Bus zur Grenze der Elfenbeinküste erst nachmittags gehen sollte, wollten wir eine sogenannte „Mammy-Lorry" nehmen, einen Lastwagen mit Sitzbänken auf der Ladepritsche, wo die Menschen zusammengepfercht wurden, ein sehr verbreitetes Verkehrsmittel. Wir baten aber um die Plätze neben dem Fahrer, denn auf der Staubpiste war es hinten entsetzlich. Trotz aller Versprechungen fuhr eine „Mammy-Lorry" nach der anderen ab, immer wieder mit „guten Freunden" neben den Fahrern. Der staatliche Bus ging am Nachmittag wegen Motorschaden überhaupt nicht. So kehrten wir in die Nachbarstadt Sekondi zurück, um es am übernächsten Tag, wenn wieder ein Bus gehen sollte, zu probieren. Aber schon am nächsten Tag passierte die Sache mit der Kamera am Strand. – Auf dem Wege von Tamale nach Kumasi ging unserem Kleinbusfahrer das Benzin aus. Lange zuvor war den zwanzig ghanaischen Mitfahrern klar gewesen, daß dies so kommen würde. Der Busunternehmer gab seinen Chauffeuren immer nur so viel Benzin in den Tank, daß es mit Mühe und Not zum Ziel reichte. Die Fahrer, so hieß es, würden sonst den Treibstoff abzapfen und unterwegs verkaufen. Diesmal soff der Motor offenbar zu viel. Achtzig Kilometer vor Kumasi wurde erfolglos in Dörfern und kleinen Städten nach Benzin gesucht. Wir fuhren so lange, bis der Motor ausgestottert hatte. Wir schoben in der Tropenhitze den Wagen ein paar Male Steigungen hinauf. Im Schwung ging es auf Talfahrt. Als niemand mehr dazu Lust hatte, legte der Fahrer die Hände in den Schoß, einige Moslems verrichteten ihr Gebet, ein, zwei Christen schienen wirklich auf ein Wunder zu warten, denn sie machten keineswegs unglückliche Gesichter. Für uns beide kam ein Wunder in Form zweier amerikanischer Missionare, die unser Winken beachteten und uns auf ihren Lieferwagen luden. Immerhin konnten wir einen jungen Mann, der am gleichen Abend mit dem Flugzeug von Kumasi nach London fliegen wollte, noch auf dem Vehikel mit unterbringen.

Auch die Elfenbeinküste hat Sorgen

Rund achtzig Jahre alt: Abidjan, eine der großen Städte Westafrikas. Die Notwendigkeit, hier eine Eisenbahn in den französischen Sudan beginnen zu lassen, stand bei ihrer Geburt Pate. Damals und auch, als sie 1934 Hauptstadt der Elfenbeinküste wurde, ahnte noch niemand, daß Abidjan einmal der „Wasserkopf" dieses Landes werden würde. Kolonialbauten sind kaum noch zu finden. Europäische Architekten toben sich auf afrikanischem Boden aus: Beton, Stahl, Glas, Plastik auf Abidjans „Plateau", der Stadtmitte, und im luxuriösen Wohnviertel Cocody, wo auch das große „Hotel Ivoire" steht. Hier und dort haben vor allem Franzosen und Libanesen das Sagen. In den „Afrikanervierteln" mischt sich ganz Neues mit Resten der französischen Epoche und mit traditionellen Bauweisen. Treichville und Adjamé sind beliebt und verrufen zugleich: Im einen lassen sich immer „Gastarbeiter" aus Westafrika nieder (die fleißigen Voltaer stärkste Gruppe), im zweiten fühlen sich jetzt frühere Bewohner anderer Landesteile der Elfenbeinküste zu Hause. Die Verbrechensrate in diesen beiden Stadtteilen nimmt in erschreckendem Maße zu. Wir wohnten in Treichville, „in Afrika". Aber da sind noch die echten Slums, wo Hunderttausende leben.

Blick vom „Afrikanerviertel" Treichville mit der Moschee zum Stadtzentrum Abidjans

In Abidjan ballt sich fast das gesamte Industriepotential des Landes zusammen. Insgesamt ist die Elfenbeinküste auf diesem Sektor weit fortgeschritten. Die Plantagenwirtschaft trägt ebenso zum relativen Wohlstand bei. Aber es muß noch sehr viel Fleisch importiert werden, vor allem aus Obervolta. Dort wie hier sind die Ergebnisse der Tierproduktion unbefriedigend, vor allem wegen des ungenügenden oder ungeeigneten Futters. Das soll sich ändern. In einem Vorort von Abidjan beschäftigt sich das Zentrallabor für Tierernährung mit dem Problem (mit deutscher Hilfe).

Einige 250 Kilometer nordwestlich liegt Yamoussoukro, Lieblingskind des Präsidenten Felix Houphouët-Boigny (Einheitspartei). Neue Hauptstadt? Die Grundrisse sehen ganz danach aus. Über viele Kilometer dehnen sich in alle Richtungen superbreite Boulevards und Avenuen, aber es gibt bisher nur wenige Gebäude in Yamoussoukro. In der „Stadtmitte" Markt, Läden, Apotheken, Kinos, Banken für wenige Einwohner. Konfektionierte Einfamilienhäuser stehen in Gruppen an den Stadträndern, großenteils unbewohnt. Beinahe bis zum Horizont zieht sich die hohe Mauer um den Präsidentenpalast und den Sitz der „Nationalversammlung" hin. Nachts ist Yamoussoukro noch gespenstischer, wenn Zehntausende Straßenlaternen die Leere beleuchten, sinnlose Verschwendung in einem Lande, das keineswegs sinnvoll entwickelt ist. Auf dem Flugplatz, im Hotel „Le Président" und auf dem Golfkurs empfängt der Präsident seine Staatsgäste.

In Bouaké, der zweitgrößten Stadt der Elfenbeinküste, fallen die Adventisten mit ihrer Schule auf: Sie ist sehr beliebt, denn sie ist gut und billig. Jean-Claude aus der Schweiz, den wir sechs Monate zuvor auf der Fahrt von Nord- nach Westafrika (auf der „Massalia") kennengelernt hatten, gab zu, daß die Gemeinde nach über zwei Jahrzehnten nur zwanzig Mitglieder habe, nein dreißig, denn gerade an diesem Sabbatmorgen wurden zehn Afrikaner durch Untertauchen in einem Becken getauft! Ihre neuen Pflichten: Alkohol und Nikotin meiden, unter anderem. Bei den Katholiken gehört Wein zum Ritual. Die Afrikaner finden sich mit den Christen nicht leicht zurecht.

Man, eine kleine Stadt im Westen, nach Guinea hin: Hier ist die katholische Kirche besonders aktiv. Es gibt französische und polnische Pater, Schwestern aus der Schweiz, einen afrikanischen Bischof. Hier und in der Umgebung waren bei unserem Besuch mehrere Kirchen im Bau, gab es einen großen angesehenen Collège, andere Schulen, ein Konferenzzentrum mit Übernachtungsmöglichkeiten. Aber die starke bauliche Präsenz der Katholiken konnte uns nicht täuschen: Nur acht Prozent der Einwohner waren Christen. Die moslemische Konkurrenz baute eine große Moschee. Die meisten Bewohner der Region sind jedoch Animisten, Anhänger von Naturreligionen. –

Von der Landesmitte der Elfenbeinküste nach Ouagadougou in Obervolta nahmen wir die Eisenbahn. In mehreren Abschnitten fuhren wir über achthundert Kilometer mit den Zügen der RAN, einer Gesellschaft, die eigentlich einmal von Abidjan bis zum Niger Bahnen betreiben wollte. Rund zwölfhundert Kilometer ist ihre Gesamtstreckenlänge. In Westafrika gibt es mehrere Eisenbahnnetze, aber sie haben keine Verbindung miteinander, leider, denn wir hätten dem Zug leichten Herzens den Vorrang vor „Mammy-Lorries" und „Buschtaxis" gegeben.

Unterwegs im Sahel

Von Ouagadougou in den Nordosten Obervoltas, zum Niger im Osten von Mali, den Strom hinauf ins Herz dieses Land, dann wieder zur voltaischen Hauptstadt zurück – so verlief unsere zweite Rundreise von Waga aus. Waren wir bei der ersten durch sehr dicht besiedelte Gebiete, häufig in Küstennähe, gekommen, so hatten wir uns diesmal eine der abgelegensten von Menschen bewohnten Gegenden Afrikas ausgesucht. In zwei Monaten durchquerten wir zweimal die Sahelzone in diesem Abschnitt und wir legten dabei 350 km zu Fuß, 870 km auf Booten und den Rest mit Autos und Lastwagen zurück. Wir wollten uns endlich ein Bild von den Wahrheiten in diesem in Europa durch Dürreperioden bekanntgewordenen Lebensraum machen. Es war ein sehr mühevolles, abenteuerliches und lehrreiches Unternehmen.

Kaum jemals hatte ein Journalist, der über die Katastrophe schrieb, die Sahelzone auch wirklich gesehen. Seit unseren Besuchen Juli bis September 1981 und Januar bis April 1982 hat sich sehr wenig, wenn überhaupt etwas, an der Problematik dieses Raumes geändert. Zusätzliche dramatische Akzente erhielt sie nur noch durch den Staatsstreich von Thomas Sankara 1983 und die Bildung einer „revolutionären" Regierung, sowie durch einen blutigen Grenzkonflikt zwischen Obervolta (dann schon Burkina Faso) und Mali um Weihnachten 1985. Zwei der ärmsten Länder der Welt stritten sich um einen Streifen Grenzgebiet, der reich an Bodenschätzen sein soll. Etwa ein Jahrzehnt zuvor waren sie sich deshalb schon einmal in die Wolle geraten. 1985 erhielt Mali von Frankreich Schützenhilfe, der Gegner bekam sie von Libyen. Auch Mali hatte eine Militärregierung. Bei einem neuen Staatsstreich in Obervolta wurde Sankara Oktober 1987 getötet.

Der Markt von Dori

Wir fuhren von Ouagadougou, wo der Asphalt auch schon endete, mit dem Auto ab. 270 km nordöstlich lag Dori, mit rund achttausend Einwohnern Zentrum einer dünnbesiedelten, aber viehreichen Region, der erste bedeutende Ort im Sahel. Der Wagen pflügte seinen Weg durch tiefen Staub, denn jetzt war Trockenzeit. Wenn es regnete, würde sich der Staub in Schlamm verwandeln und es gäbe fast kein Durchkommen mehr. In Dori lebten Hirsebauern und Viehzüchter, wie überall im Sahel, darunter viele Tuareg und Fulbe. Auf den unbefestigten Straßen des Städtchens, vor den Häusern der Besitzer, lagerten nachts Rinder-, Ziegen- und Schafherden. Morgens wurden sie aus allen Richtungen zum ausgedehnten, aber flachen See von Dori getrieben, das gleiche Bild wie in Oursi (Farbbild 28) und Markoy, zwei Marktflecken etwa neunzig Kilometer nördlich und nordöstlich, und überall dort, wo solche Wasserlachen zu finden waren. Allein in dieser Gegend ging die Zahl der Tiere von seßhaft gewordenen einstigen Nomaden in die Hunderttausende. Sie fraßen auf den Feldern das Hirsestroh und, weil ihnen dies nicht reichte, in der weiten Umgebung den Busch kahl. Ewig hungrig umhertrottend, zerstampften sie den Boden mit ihren Hufen. Am Ende waren auch die letzten Gräser zertreten. Die Erde war damit schutzlos Sonne, Wind und schließlich Regen ausgesetzt. Das Vieh war, *so* wie es noch immer gehalten wurde, der größte Feind des Sahel. Näheres darüber, wie es dazu kam, etwas später. Zunächst ein Rundgang durch Dori.

Auf dem staubigen Markt der Ortschaft wurden Dinge des Grundbedarfs angeboten. Dazu gehörten auch Taschenlampen, Sonnenbrillen und Armbanduhren – Kleinigkeiten, aber sie mußten eben importiert werden. Es waren drei Statussymbole, auf die kein Mann mehr verzichten mochte. Einen Schritt weiter war, wer ein Radio oder ein Fahrrad besaß. War letzteres wegen der schlechten Wege im Sahel noch nicht sehr stark verbreitet, so war doch abzusehen, daß schon wenige Jahre später in keiner Familie mehr ein Rundfunkempfänger (oft: Stereo-Radiorecorder) fehlen würde. In den Läden, die den Markt säumten, wurden massenweise Kassetten angeboten. Wir gönnten den Leuten ihren Spaß, aber wir dachten auch an die schwindenden Devisen solcher Länder, und an die zunehmende Verflachung der Kulturen. Kaum jemand nahm noch ein Musikinstrument zur Hand oder sang. So mancher Händler machte seine Rechnung mit einem Taschenkalkulator auf! Wir stellten fest, daß in Europa oft ein ganz falsches Bild, im Fernsehen wie in den Zeitungen, von den Menschen im Sahel gezeichnet wurde.

In drei Wochen im Nordosten sahen wir nur ein halbes Dutzend Unterernährter, von Säuglingen einmal abgesehen, die feiste Mütter (immerhin!) zu Gesundheitsberatungsstellen brachten. Bemühungen von Kanadiern und anderen war es zu verdanken, daß diese armen Würmer doch überlebten. Den betreffenden Familien fehlte es an nichts, wie die kanadische Helferin aus längerer Erfahrung berichtete. Sie hatten lediglich keine Ahnung von Babyernährung. Wir machten beim Zusammensein mit den verschiedensten Familien im Sahel noch eine andere interessante Feststellung: Beim Essen bekamen die Eltern und größten Kinder stets die Hauptportion, die Kleinsten mußten sich mit sehr wenig zufrieden geben. Fleisch bekamen diese fast nie, vielleicht nur schon abgenagte Knochen... Überall fanden wir Säcke, Kisten und Dosen von ausländischen Lebensmittellieferungen, Geschenke, die aber auf Märkten verkauft wurden.

In Dori fiel uns an den Ständen auch herrliches Gemüse auf. Ausländer hatten den Anbau von Salat, Tomaten, Blumenkohl, Roter Bete und Karotten eingeführt. Das Gemüse wuchs am Seeufer, aber auch in einigen Dörfern in der Nähe. Abnehmer waren vor allem Auswärtige, wie Beamtenfamilien aus dem Süden. Es gab lokales Gemüse, wie Okra und Bohnen. Mit den neuen Arten konnten sich die Einheimischen noch kaum anfreunden, denn sie paßten nicht recht zum traditionellen Essen, dem zähen Hirsebrei. Wenn schon, dann wurden die fremden Gemüse gegessen, wie man sie aus dem Boden zog (Farbbilder 25 und 26).

Ein Arzt für 60 000 Einwohner

Es gab nur wenige Handwerker, keine Fabrik in Dori. Strom fehlte ganz, Wasser gab es an öffentlichen Zapfstellen und in wenigen Häusern stundenweise. Die meisten der nach den Saheldürren gebohrten Tiefbrunnen zur Wasserversorgung waren schon ausgetrocknet. Die Suche ging an verschiedenen Stellen weiter. Im Krankenhaus für diesen Landstrich ging es mehr als bescheiden zu. Der nächste Arzt war ein deutscher Entwicklungshelfer in dem Marktflecken Gorom Gorom, fünfzig Kilometer entfernt, den nächsten Zahnarzt gab es in der Hauptstadt! In Obervolta kam ein Arzt auf 60 000 Einwohner, aber im Sahel sah das Verhältnis noch fürchterlicher aus. Angeblich fehlte es überall an Geld. Aber vieles kam uns so irrsinnig vor. In

Straßenszene in der Hauptstadt Ouagadougou. Fahrräder und Mopeds überwiegen

Dori wurde gerade an einer Moschee gebaut, die 700 000 Mark kosten sollte, wie ein Schild am Bauplatz bekanntgab. Die am Öl noch schwer verdienende Republik Gabun (in der nur ein Prozent Moslems lebten, wozu der Präsident gehörte), die Islamische Bank und Libyens Gaddafi waren die Geldgeber. Der Islam war auf Expansionskurs. Schulen in Dori? – Die Einschulungsquote in Obervolta betrug zehn Prozent.

Dori war Zoll- und Grenzstation für Reisende nach Niger und Mali, auch wenn deren Grenzen noch fünfzig und hundert Kilometer entfernt sind. Das Städtchen verfügte über ein Postamt und über einen Flugplatz, auf dem zweimal pro Woche Maschinen aus Ouagadougou landeten. Hauptsächlich Beamte und Militärs benutzten sie. Dori war auch Garnison. Etwa achthundert gelangweilte Soldaten waren stationiert. Sie waren hierher verlegt worden, als Mali und Obervolta 1974 ihren ersten militärischen Grenzkonflikt hatten. Ihre Eigenversorgung mit Wasser und Lebensmitteln schien die Hauptaufgabe der Soldaten zu sein. Die gutgenährten jungen Männer wurden weder zur Instandsetzung des miserablen Wegenetzes – ein Hauptgrund für Versorgungsschwierigkeiten! – noch zur Aufforstung des immer waldärmer werdenden Sahel eingesetzt. In den beiden Bars von Dori, wo Bier und Wein serviert wurden, wenn es mit dem Nachschub geklappt hatte, waren immer Soldaten anzutreffen. Wahrlich, besonders der Gerstensaft war ein sehr populärer Trunk in Obervolta geworden. Die Krieger waren aus dem Süden, meist Christen oder „Heiden". Aber die Moslems von Dori waren tolerant. Direkt neben der einen Bar rasselten Kinder bis in die Nacht hinein in einer Koranschule ihre arabische Litanei herunter.

Eine große Zahl von Frauen und Mädchen war immer wieder von den Soldaten schwanger. Eine resolute Französin, die seit zehn Jahren in einem Sozialzentrum Stickarbeiten überwachte, versuchte, die Frauen aus den Armen „zahlungskräftiger" Soldaten zu holen und ihnen einen ordentlicheren Broterwerb (Brot gab es auch hier!) zu ermöglichen. Auch ein „Entwicklungsprojekt" . . . (Farbbild 24).

Millionen Kubikmeter Holz verbrannt

Man müßte annehmen, daß nach den Katastrophen der Vergangenheit die voltaische Regierung alles daransetzte, eine Wiederholung zu vermeiden. Aber es geschah so gut wie nichts. Es war rührend, mitanzusehen, wie sich an einigen Orten dieses Riesenraumes deutsche Forstleute mit der Aufzucht von Bäumchen auf ein paar wenigen Hektar abmühten, während jährlich durchschnittlich 24 Hektar Naturwald bei der Mahlzeitenzubereitung eines einzigen 500-Einwohner-Dorfes eingeäschert wurden. Es waren wahrscheinlich Tausende Quadratkilometer Busch, die im ganzen Sahel im Jahr verfeuert wurden. Mit der Zerstörung des Gebiets durch eine nicht mehr zu verantwortende Überweidung ging noch die Verminderung des Waldbestandes direkt durch den Menschen einher: durch Abholzung und absichtlich gelegte Buschfeuer. Bodenerosion war danach die übliche Folge. Wir trafen keine Leute im Sahel, die aus eigenem Antrieb auf die Idee gekommen wären, einen Baum zu pflanzen. Die Forstwirtschaft in Obervolta stand noch ganz am Anfang. Bei der Entwicklung halfen maßgeblich Deutsche. Der voltaische Energiebedarf wurde fast völlig durch Holz gedeckt. Fast fünf Millionen Kubikmeter verbrannten

Junge Spinnerin und Hirse zerstoßende Frau in einem Dorf bei Dori

bei der Zubereitung der Mahlzeiten der Voltaer im Jahre 1982, allein in der Hauptstadt Ouagadougou achthundert Tonnen täglich. Das Kochen geschah mit Hilfe von drei Steinen, denn Öfen gab es noch kaum. Mit den offenen Feuerstellen läßt sich die Wärmemenge nur zu fünf bis zehn Prozent nutzen, der Rest verflüchtigt sich. Damals wurde – wieder auch von Deutschen – mit verschiedenen billigen Ofenmodellen experimentiert. Selbst Sonnenöfen waren in der Diskussion. Sonnenschein hat Obervolta wirklich genug.

Trotz Protesten der Deutschen Forstmission erließ das für Umwelt zuständige Ministerium ein Dekret, das pro Familie einen fünfmal höheren Holzbedarf zugestand als weltweit errechnet. Die noch bewaldeten Flächen waren aber bei fortschreitender Entkräftung nicht in der Lage, derart hohe Zuwächse zu erbringen. Logische Folge: Der Busch lichtete sich noch rascher, der Boden wurde immer erosionsanfälliger, wurde verwüstet.

„Ich glaube nicht, daß sich die Leute der Notwendigkeit von Aufforstungen bewußt sind." Zu diesem Urteil kam damals ein Forstinspektor, der zwei Jahre für den Deutschen Entwicklungsdienst DED in Obervolta tätig gewesen war, in seinem Abschlußbericht. Mit den „Leuten" meinte er die Bevölkerung von Orten, in denen mit der Verwirklichung des sogenannten „Dorfwaldprogramms" begonnen worden war. Während seiner Tätigkeit habe er ein Sichzurückziehen der Bevölkerung beobachten können, sobald Experten oder Entwicklungshelfer vor Ort waren, schrieb er an anderer Stelle. Den Experten seien die Problemlösungen überlassen, ein eigenes Engagement aber weitgehend unterlassen worden. Darin sähe er eine Gefahr für die Menschen. Er kam zu dem Schluß: „Letztlich glaube ich, daß eine Entwicklung nur von der Bevölkerung ausgehen kann."

„Hilfe zur Selbsthilfe" funktioniert nicht

Ihre Entwicklungshilfe sei „Hilfe zur Selbsthilfe", behaupten die meisten der in der Unterstützung von Dritte-Welt-Ländern engagierten Organisationen. Bis jetzt scheint dieses Prinzip noch kaum irgendwo den beabsichtigten Erfolg gezeigt zu haben. Jedenfalls ist das von vielen erkannt worden. Die beiden großen Kirchen forderten die Bundesregierung auf, dafür zu sorgen, daß öffentliche Entwicklungshilfe mehr zur Mobilisierung der jeweiligen Bevölkerung beitrage und deren Eigenanstrengungen unterstützte. Der damalige Präsident von Obervolta, Saye Zerbo (Farbbild 23), forderte in einer Programmrede Besinnung auf die eigenen Kräfte und Mobilisierung der Bevölkerung. Planungsvorstellungen der voltaischen Politiker und Behörden, in denen diese Idee gleichfalls immer wieder vorgetragen wurde, waren wie Zerbos Ausführungen nur leere Worte. Es fehlte ein Gesamtkonzept. Ein Beispiel beweist das: Hirse aus ausländischen Nahrungsmittelhilfen wurde weit billiger verkauft als Hirse auf den örtlichen Märkten. Resultat: Die voltaischen Bauern überlegten es sich gut, ob sie mehr Hirse erzeugen sollten, als sie selbst verbrauchten. Es werde langfristig an der Bevölkerung selbst liegen, der Regierung entwicklungsfördernde Maßnahmen abzuverlangen, meinte der oben zitierte DED-Mann.

Sage und schreibe über dreihundert teils öffentlich, teils privat finanzierte „Entwicklungshilfe"Organisationen aus allen Teilen der Welt waren in diesem Land tätig. Die Bundesrepublik Deutschland (war nach Frankreich zweitwichtigstes Geberland) gab laut Ergebnis von Regierungsverhandlungen Obervolta in den Jahren 1981/82 fast 95 Millionen Mark als Zuschuß. Unter anderem sollten damit Maßnahmen gefördert werden, die eine Selbstversorgung mit Grundnahrungsmitteln zum Ziel hatten. Mit internationaler Hilfe soll die Sahelzone bis zum Jahre 2000 unter anderem „genügend einheimische Fachleute zur Verbesserung der Landwirtschaftsverhältnisse" erhalten, wie die Konferenz des „Sahel-Clubs" beschloß, an der außer den betroffenen Ländern auch Frankreich und eine Delegation der Organisation für wirtschaftliche Zusammenarbeit und Entwicklung (OECD) teilnahmen. Allein im Jahre 1979 waren aus internationalen Quellen 1,7 Milliarden Dollar in die Sahelzone geflossen.

Obervolta erhielt „Entwicklungshilfe" bereits seit zwei Jahrzehnten, seit Erreichen der Unabhängigkeit. Aber keines seiner Probleme, wozu außer der Nahrungsmittelfrage eben auch die fortwährende Abhängigkeit von „Entwicklungshilfe" gehört, konnte gelöst werden. Dazu muß gesagt werden, daß es in Obervolta durchaus Jahre der Überproduktion gibt, daß aber durch Verteilungsfehler der Eindruck von Mangel erweckt wurde. Weil eine schwerfällige Bürokratie in Obervolta und weil man bei den Gebern auf die Tatsachen nicht rechtzeitig aufmerksam wurde, strömten Hirse, Reis und Mais auch in jenen „fetten" Jahren ins Land.

Mehr Vieh auf immer kleinerem Lebensraum

Es scheint, den reichen Ländern ist bei Bekanntwerden der ersten Nachrichten einer Saheldürre Anfang der siebziger Jahre der Schrecken derart in die Glieder gefahren, daß heute fast alle Verhandlungen über weitere Sahelhilfen für den Bittsteller von Erfolg gekrönt sind. In Forderungen dieser Art erschöpft sich weitgehend die Aktivität zur „Lösung" der anstehenden Probleme. Der Sahel, Beispiele Obervolta und Mali, zeigte uns sehr deutlich, daß wenig, sehr wenig geschehen war, um eine grundlegende Änderung der Verhältnisse herbeizuführen.

Noch nie sah es im Sahel so traurig aus. Die in die Millionen Tiere gehenden Viehherden konnte der bereits schwer angeschlagene Lebensraum nicht mehr verkraften. Bis 1974 waren dreißig Prozent der Herden durch Dürren verlorengegangen. Nun gab es aber mehr Vieh als je zuvor! Anstatt die Herden durch gezielte Verkaufsaktionen drastisch zu verringern, förderten die Regierungen von Obervolta die Anlegung von Wasserlöchern und Regenauffangbecken zur Tränkung des Viehs. Dies ermutigte zu noch erhöhter Tierhaltung. Der Busch wurde um so schneller kahlgefressen, der Lebensraum der Menschen wurde immer kleiner. „Entwicklungshilfe"-Organisationen schauten schweigend zu, Geberländer stellten keine entsprechenden Bedingungen.

Ich habe mich bereits anläßlich unseres Besuchs in der algerischen Ortschaft Tamanrasset und im Hoggar-Gebirge mit den Tuareg beschäftigt. Ich schrieb, wie die gefürchteten „Blauen Ritter" (Farbbild 32) erst 1902 von den Franzosen unterworfen wurden. Mit dieser Niederlage begann die Zerstörung der Gesellschaft der Tuareg. Sie verloren die Kontrolle über ihr Land, mußten in einen harten Wettbewerb mit den nach Norden vordringenden Fulbe, einem anderen Nomadenvolk, viel zahlreicher als sie, um die Weideplätze treten. Die Kolonialmacht Frankreich forcierte den Anbau von Erdnüssen im Sahel und seinen Nachbargebieten. Die neuen Staaten brauchten in den sechziger Jahren Devisen, die sie über die Landwirtschaft gewinnen wollten. Die Ackerflächen wurden nach Norden ausgedehnt, bis in die Weidegebiete der Fulbe. Sie wurden abgedrängt und drängten ihrerseits die Tuareg ab. In alten Zeiten hatten die Tuareg das Gras durch ihr Vieh nie ganz abweiden lassen. Verfuhren sie nun danach, dann nahmen sich die Fulbe die Weiden. Die Tuareg mußten ihre guten alten Nomadenpraktiken aufgeben, wodurch sie vollends demoralisiert wurden. Als die unabhängig gewordenen Staaten über ihr Gebiet dann volle Gewalt ausübten, auch über das Land einzelner Stämme also, kam es für die Tuareg immer seltener in Frage, in entfernte Gebiete zu ziehen, wenn sie dabei Staatsgrenzen überschreiten mußten. Sie blieben wo

Der Baobab, der „Affenbrotbaum", beherrscht das Bild des Sahel

sie waren, sahen ihr Vieh sterben, das zuvor die Weiden in Wüsten verwandelt hatte. (Afrika hat seine Humusdecke großenteils verloren.)

Das Vieh der Tuareg starb während der Dürren 1973/74 nicht an Durst, sondern es verhungerte. Es gab Brunnen, aber bald kein Futter mehr. Tausend Jahre lang hatten die Tuareg die Weiden geschützt, immer wieder Dürren durchgemacht und doch die Futterplätze ihrem Vieh erhalten. Wenn man die Tuareg fragt, dann sagen sie, daß die letzte Dürre nicht die schlimmste gewesen sei. Zum Beispiel sei es 1915 viel ernster gewesen. 1930/32 seien die Heuschrecken gekommen, auch 1940/43 habe es noch eine furchtbare Dürreperiode gegeben. Damals wie immer zuvor wurde die Kopfzahl des Viehs von den Tuareg unter der höchsten Kapazität der Weiden gehalten. Diesmal nicht. Dieses Sichgehenlassen, diese fatalistische Haltung ist eine Folge der Demoralisierung. Diese wiederum ist die Ursache der Verwüstung. Völker haben ihren Sinn für Ökologie verloren, den sie in so langen Zeiträumen entwickelt hatten, als in Europa kein Mensch an etwas Derartiges dachte. Die Verwüstung des Sahel ist keine Naturkatastrophe, sondern das Werk von Menschen, die selbst schon „verwüstet" sind. Auch das Zusammenleben der Hirten mit den Bauern zum gegenseitigen Nutzen brach zusammen. Hirten hatten Fleisch, Felle und Milch gegen Hirse getauscht. Die Tiere hatten das überflüssige Stroh von den Feldern der Bauern gefressen und ihren Dung darauf hinterlassen. Bis auf Ausnahmen ist auch dies zu Ende gegangen. Die kommerzialisierte Landwirtschaft der Franzosen nach ihrer Besetzung Westafrikas war letztendlich der auslösende Faktor für die völlig gewandelten Verhältnisse, auch für die Verwüstung des Sahel.

Ein deutsches Forstprojekt

Von Saint Louis im Senegal aus war das Forstprojekt der Deutschen Forstmission auf einem rund zweihundert Kilometer langen Weg zu erreichen. Das Gebiet gehört bereits zum Sahel. 1973 hatte die Planung dafür begonnen, zwei Jahre später die Verwirklichung. Neunzig Prozent der benötigten Summen kamen aus der Bundesrepublik über die Gesellschaft für Technische Zusammenarbeit, sowie Ausrüstung. Das Projekt wurde als Reaktion auf die Dürreperioden in Angriff genommen. In dem Gebiet hatten die Franzosen einst in dreißig bis vierzig Kilometer Abstand Brunnenstellen angelegt. Durch das Vieh war um diese Tränkplätze im Laufe der Zeit eine Wüste entstanden, die sich mehr und mehr ausdehnte. Ziel des deutschen Forstprojekts war, durch zeitweilige Sperrung und durch Bepflanzung von etwa dreihundert Hektar mit einheimischen Hölzern (verschiedene Akazien), die Wald und Viehfutter zugleich sein sollten, solche Plätze wiederzubeleben. Damals waren die Maßnahmen auf vier Brunnenstellen mit 1300 Hektar Neupflanzungen ausgedehnt. Zur Überwachung gab es deutsche Experten, senegalesische Forstbeamte. Diese hatten Buschfeuer und Brandrodung, Holzdiebstahl und Wilddieberei zu verhindern. Durch neue Arbeitsplätze sollten überwiegend nomadisierende Volksgruppen zur Seßhaftwerdung angereizt werden. Auch Forsthäuser, Baumschulen und Werkstätten wurden eingerichtet. Parallel wurde mit verschiedenen Grassorten auf Weideland experimentiert. Bei unserem Besuch sagten uns Deutsche, die Ziele seien erreicht worden, das Projekt zügig gelaufen. Man vertrat die Meinung, daß Umweltschäden umkehrbar seien, zerstörerische Entwicklungen gestoppt werden könnten. Der Sahel habe durchaus noch eine Zukunft. Ich meine, dies wäre sehr wünschenswert, allein mir fehlt der Glaube. Schon bald darauf gab es neue Katastrophen durch Dürren.

Wüsten an sich sind eine alte Sache. Auf natürlichem Wege sollen sie schon vor Hunderten Millionen von Jahren durch Klimaveränderungen in allen Erdteilen außer in Europa entstanden sein. Es wird gesagt, daß das Gebiet der Sahara zur Zeit des Auftretens des Menschen dort viel kleiner war als in der neueren Geschichte. Funde und Höhlenzeichnungen weisen darauf hin, daß es dort, wo heute Wüste ist, in grünendem Land einmal eine wohlentwickelte Tierwelt gegeben haben könnte. Über lange Zeiträume dürften die Menschen das ökologische Gleichgewicht dieses Lebensraums nur in begrenztem Maße gestört haben. In neuerer Zeit aber gab es immer folgenreichere Eingriffe. Während der letzten fünfzig Jahre soll die Sahara dadurch um etwa eine Million Quadratkilometer größer geworden sein. Jährlich dehnt sich, so heißt es, die Fläche dieser Einöde um Zehntausende Quadratkilometer aus, das bedeutet, die Wüste rückt im Süden (aber auch im Norden) auf der gesamten Breite Afrikas jedes Jahr um einige Kilometer vor. Wir konnten diesen Vormarsch im Sahel bei Sand- und Staubstürmen deutlich beobachten.

Wanderer geheimnisvollen Ursprungs – die Fulbe

Zu den seltsamsten Völkern Afrikas gehören die Fulbe. Von den Franzosen werden sie „Peul" (ausgesprochen: pöl) genannt, von den Engländern „Fulani", um nur drei der vielen Bezeichnungen für sie zu erwähnen. Die Fulbe begegneten uns im Senegal, in Obervolta und Mali, im Niger und in Nigeria, in Kamerun und in der Zentralafrikanischen Republik. Sie sind überwiegend Nomaden in den Savannen, haben sich gelegentlich aber auch in Dörfern und Städten niedergelassen. Zumeist sahen wir sie mit ihren Rinderherden (Farbbild 34), die Frauen unter anderem als

Verkäuferinnen von Sauermilch und Butter, die sie, in halbierten Riesenkalebassen (also Gefäßen aus der Schale des Flaschenkürbisses) auf dem Kopf balancierend, in Dörfern anderer Stämme zum Kauf anboten. Oft waren die Fulbe unsere Weggenossen oder unsere Gastgeber. Mit Freude erinnern wir uns ihrer Gastfreundschaft (Farbbild 41).

Die Herkunft der Fulbe war und ist eines der meistdiskutierten Themen der Völkerkundler. Die einen versuchten ihre Abstammung von den Malaien oder Polynesiern nachzuweisen, andere

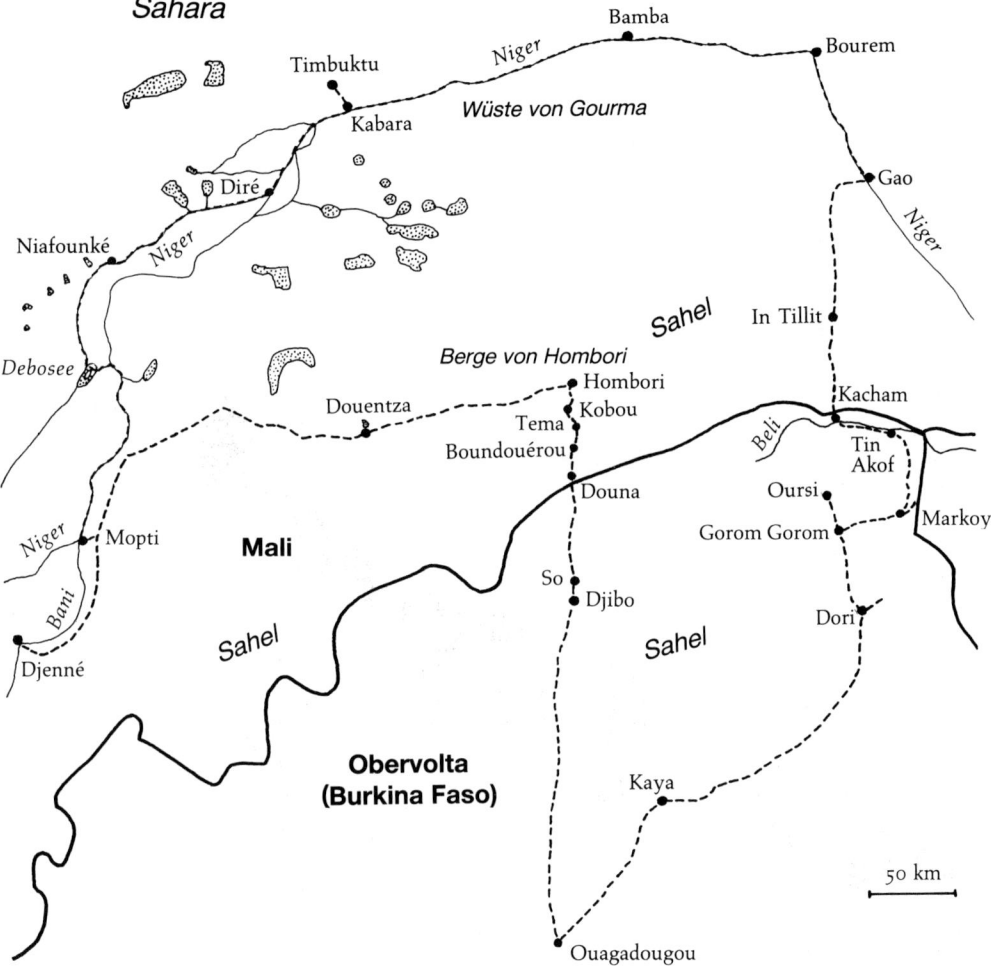

Reiseweg (Strichlinie) durch den Sahel: Von Ouagadougou nach Gao, auf dem Niger über Kabara/ Timbuktu bis Mopti, von dort nach Djenné und Hombori, dann zurück nach Ouagadougou. Abschnitte Gorom Gorom – Oursi, Tin Akof – In Tillit und Hombori – Djibo zu Fuß

wollten sie von den alten Ägyptern, von den Zigeunern, von einem Teil der „Kinder Israel" ableiten. Der für England arbeitende deutsche Reisende Heinrich Barth brachte sie im vergangenen Jahrhundert mit den „Weißen Äthiopiern" in Verbindung, von denen im Altertum die Rede gewesen war. Häufiger ist zu hören, daß die Fulbe schon vor dem Beginn unserer Zeitrechnung aus Westasien nach Afrika gekommen seien. Ihre eigene Überlieferung könnte den Schluß zulassen, daß sie jüdisch-syrischen Ursprungs seien, was oft bezweifelt wird. Sie könnten quer durch Nordafrika nach Westen gewandert sein, dann hinunter bis zum Senegal und nach Guinea, von wo ab dem zwölften Jahrhundert ihre Ausbreitung über ganz Westafrika bis nach Kamerun erfolgte. Die Fulbe sind nicht nur einfach Nomaden, sie sind wirklich ein Volk auf der Wanderung. Die Welle der Fulbe ist längst schon in den Tschad hinübergeschwappt und sie breiten sich derzeit in der Zentralafrikanischen Republik und in der Republik Sudan aus. Möglicherweise werden sie eines Tages Afrika südlich der Sahara und nördlich des Äquators zu ihrem Lebensraum rechnen. Die Diskussion um ihre Abstammung soll aber nicht zu dem Schluß verleiten, die Fulbe seien weiß. Durch ihre Vermischung mit Negerstämmen im Laufe der letzten sieben Jahrhunderte hat sich ihr Aussehen grundsätzlich gewandelt, wenn sie einmal andere Züge getragen haben sollten. Sie sind im Durchschnitt aber hellhäutiger als die anderen Völker Westafrikas. Hinweise aus der Geschichte zeigen, daß sie einmal glattes Haar gehabt haben könnten.

Ebenso wie die Menschen selbst ist ihre Sprache Objekt der Forschung und häufig Anlaß zu Spekulationen. Das Fulfulde ist neben Hausa die verbreitetste Sprache in Westafrika, mit starker Ausstrahlung bis zur Republik Sudan. In Nordkamerun und im Tschad ist es die allgemein benutzte Sprache. Es ist hier leider nicht der Platz vorhanden, über die Eigenarten dieser Sprache

Im Lager Kacham im Norden Obervoltas: Magenmedizin für einen Mann; rechts Häuptling Rhassu

zu schreiben, aber ich möchte wenigstens eine Kostprobe geben. Die Fulbe, traditionell Viehhirten, haben in ihrer wortreichen Sprache (viele Dialekte) zum Beispiel für Rinder rund achtzig Bezeichnungen, um die Farbe des Fells oder das übrige Aussehen zu beschreiben. Ein Rind mit einem „Leopardenmuster" heißt „sirge", während „gege" auf einen ganz weißen Körper mit einem schwarzen Gesicht hinweist. Mit „lelwaye" werden „Augen wie die einer Gazelle" bezeichnet, mit „wudde" eine Kuh ohne Schwanz, mit „tolle" eine solche mit nur einem Horn. „Haa fuddam wolde wonno, wolde wondi bee Allah, wolde nde Allah" heißt in Deutsch: „Im Anfang war das Wort, und das Wort war bei Gott, und Gott war das Wort." Es stammt aus dem Evangelium des Johannes, denn für die Fulbe gibt es auch Bibelübersetzungen (in mehreren Versionen). „Gott" bleibt bei ihnen „Allah". Die meisten Fulbe sind aber ohnehin Moslems. Sie haben sich einst dem Islam ergeben, als sie von den Arabern dazu gezwungen wurden, aber im neunzehnten Jahrhundert wurden sie *selbst* fanatische Eroberer im Glauben. Sie übernahmen bestehende Staaten in ihre Gewalt, vor allem im Gebiet des heutigen Nordnigeria, und ihr großer Eiferer Osman dan Fodio ließ den „Heiligen Krieg" erklären. In Teilen Nigers, Nigerias und Kameruns leben die Bororo, ebenfalls Fulbe, die nur Nomaden blieben und nur teilweise islamisiert sind, während ein Teil weiterhin seiner alten Naturreligion anhängt. Im Senegal und in Guinea hört man davon reden, daß die Fulbe zur geistigen Elite Westafrikas werden könnten.

Fußmarsch durch die menschenarme Savanne

Nach der Durchquerung der Gebiete Obervoltas, in denen noch feste Siedlungen zu finden waren, erreichten wir die Grenze von Mali. Dann traten wir einen hundert Kilometer langen Fußmarsch durch die nun fast wasserlose und sehr menschenarme, aber sehr schöne Savanne an, die stellenweise einer Parklandschaft glich. Die Nomaden konnten sich nicht erinnern, jemals Weiße zu Fuß in diesem Raum gesehen zu haben. Auszüge aus unserem Tagebuch:

Mittwoch, 27. Januar 1982
Wir stehen am Fluß Beli, der in der Regenzeit zum Niger hin fließt. Jetzt besteht er aus einer Kette von langsam austrocknenden Seen. Kein Ort hier, nur ein Militärposten, wo wir schlafen werden. In der Nähe aus ein paar Stangen und Zweigen Marktstände. Mit dem einzigen Geländewagen dieser Woche, der Fahrgäste mitnimmt, sind wir zum heutigen Markt von Tin Akof gelangt. Scheinbar aus dem Nirgends kommen hochgewachsene Tuareg, Bella (ehemalige Sklaven der ersteren) und Fulbe herbei, Männer und Frauen, um grünen Tee aus China, Würfelzucker, Bruchstücke von Steinsalzplatten, Streichhölzer und bedruckte Stoffe zu erstehen. Ihre Kamele liegen wiederkäuend im Schatten großer Bäume. Einige bieten Ziegen und Schafe zum Verkauf an, doch solche Geschäfte gehen schlecht, denn alle besitzen Vieh.

Donnerstag, 28. Januar 1982
Den Beli aufwärts wandern wir durch abgeerntete Hirsefelder, über welche wie über die gelbbraunen Grasflächen große Rinderherden getrieben werden. Auf zwanzig Kilometer finden wir drei Handpumpen vor, mitten in der Flur, die sauberes Wasser für die Halbnomaden bedeuten. Das Vieh wird am Beli getränkt. Im Lager Kacham führen uns lanzen- und schwertbewehrte Bella zu Häuptling Rhassu. Der freundliche Alte nimmt uns in sein aus Strohmatten errichtetes, hübsches Familienzelt auf. Es wird ein Huhn für uns geschlachtet. Als Dank überreichen wir

geräucherten Fisch aus dem Beli, Medikamente, Seife und Tee. Am Feuer, unter dem jungen Mond, sitzen wir lange mit Rhassu, seinen Leuten und dem Marabout, dem islamischen Priester, zusammen. Einige nackte Halbwüchsige toben im Staub, später fallen sie über unsere abgenagten Hühnerknochen her.

Freitag, 29. Januar 1982
Wir müssen achtzig Kilometer nach Norden, und es wird nur an zwei Stellen Wasser geben, schmutziges Wasser. Wir brechen in die Wildnis auf, haben alles dabei (fünfundzwanzig Kilo Gepäck jeder), was wir brauchen werden, um dort durchzukommen (und wir wollen ja noch viel, viel weiter), auch unsere Film- und Fotoausrüstung sowie ein Tonbandgerät, aber nur sechs Liter Wasser (sechs Kilo!), in der Hoffnung, die bezeichneten Stellen zu finden oder Hirten zu treffen. Zwei Männer aus Häuptling Rhassus Sippe führen uns zur imaginären Grenze Malis, zu Kamelspuren, die sich am Horizont verlieren. Diese Hufabdrücke, eine dunkle, niedrige Hügelkette im Osten und die Sonne sind unsere Wegweiser. Fast kahle Flächen wechseln mit Buschland. Wo es einmal feucht war, stehen herrlich hohe Bäume, grün oder mit farbigen Blättern, die uns an Herbst erinnern. Im Morgen- und Abendlicht leuchtet das Gras golden, mit olivenfarbenen Tupfern von Sträuchern dazwischen. Bei mittags 38 Grad im Schatten bringt uns der kräftige, trockene Nordwind etwas Kühlung. Wir sehen heute keinen Menschen mehr. Wir legen uns zum Schlafen hin, wo wir bei Sonnenuntergang gerade sind. Ein Flugzeug, das zwischen den Sternen seine Bahn zieht, unterstreicht unsere Einsamkeit.

Samstag, 30. Januar 1982
Morgens nur neun Grad. Wir finden das erste der beiden bezeichneten Wasserlöcher nicht. Alle Viehtränken sind schon ausgetrocknet, kein einziges Rind ist zu sehen. Streifen dichten Waldes lösen eine dürre Heidelandschaft ab, auf die wieder üppige Vegetation folgt. Überall blühen duftende Mimosen. Wir durchqueren kilometerbreite sandige Flußläufe, die nur Monate hindurch sporadisch Wasser führen. Das völlig flache Land ist übersät von unzähligen riesigen Termitenburgen. Wilde Perlhühner laufen im Schwarm aufgeregt hochflatternd davon, eine grüne Schlange entflieht. Wir hoffen, Gazellen zu sehen wie in der Sahara, und Antilopen, aber die Menschen haben hier gründlich „aufgeräumt". Stille ringsum, nur der Wind weht, der ausdörrende, der erst am Abend stirbt. Ermattet legen wir uns in einen Schatten, die Kühle abzuwarten. Plötzlich tritt aus dem Busch ein Fulbe, das Schwert gegürtet. Wir sind hocherfreut. Warabaden Dicko ist seit drei Tagen unseren Spuren gefolgt. Wir waren immer richtig gegangen! (Hinter uns liegen seit gestern sechzig Kilometer.) Der Fulbe erklärt sich für Geld bereit, ohne sein Bündel vorauszugehen und Wasser zu holen. Wir gehen noch eine Stunde, dann bleiben wir und warten. Mißtrauisch halten wir Wache, denn vielleicht holt er nicht Wasser, sondern andere Bewaffnete? Mit einem großen Feuer erleichtern wir ihm aber die Rückkehr durch die nächtliche Savanne. Nach vier Stunden ist er da. Wir freuen uns über die schwarzbraune, stinkende Brühe, die er bringt. Doch Geduld! Bis Mitternacht sind wir mit dem Abkochen beschäftigt.

Sonntag, 31. Januar 1982
Zwei große Krähen kreisen argwöhnisch um uns. Wir haben unter dem blattlosen Baum geschlafen, der ihnen gehört. Nach zweistündigem Eilmarsch mit dem Fulbe kommen wir zu Bella, die um einen Pfuhl lagern, aus dem unser Helfer abends das Wasser geschöpft hatte.

Tausende von Rindern ziehen dorthin, saufen und baden, wühlen den Schlamm auf, hinterlassen ihre Exkremente. Große Bäume trinken vom Grundwasser, aber der Boden ist viele Kilometer im Umkreis von millionenfachem Viehtritt atomisiert und vegetationslos wie an allen Wasserstellen im Sahel. Mit halbkugelförmigen Kalebassenschalen wird trübes Trinkwasser aus zwei bis drei Metern tiefen Löchern geholt. Auch dieses hat noch einen scharf-erdigen Geschmack und stillt keinen Durst. Grüner Tee und ein Huhn sind Geschenke des Häuptlings für uns, wofür aber Gegengaben erwartet werden. Unser Fulbe verläßt uns, geht zu seinem heimatlichen Lager. Vor uns liegen noch fünfzehn Kilometer Sanddünen, in denen kein festes Auftreten möglich ist. Zwei Schritte vor, einen zurück! Am Abend erreichen wir In Tillit, eine Wasserlache und eine Grenzstation. Der Zöllner kommt uns mit einem großen Becher kühlen, gefilterten Wassers zu Hilfe.

Montag/Dienstag, 1./2. Februar 1982
Die siebenköpfige Familie von Souleymane Keita teilt mit uns alles, was sie hat. An einer Wand der Behausung des strenggläubigen Moslems sehen wir in großen Buchstaben geschrieben: „Glücklich ist, der Mitleid mit den Elenden hat" und „Gib dem zu essen, der da hungert." Von Bezahlung will er nichts wissen, aber wir bestehen darauf. Ein Nachbar, Viehzüchter, macht Wetteraufzeichnungen. Seit vier Monaten hat es nicht geregnet. Der sonst tiefblaue Himmel ist jetzt grau: Ein Staubsturm aus der Sahara hüllt alles ein. Schemenhaft streben unzählige Herden der Wasserlache zu. Mehr Vieh, immer mehr Vieh! – ist die Losung, ist das Kapital der Nomaden, die kaum Geld kennen, Rinder und Ziegen, und wenn sie bei der nächsten Dürre allesamt zugrunde gehen!

Hilfe für einen Mann mit eiternder Wunde. – Warabaden Dicko, der uns das Wasser besorgte

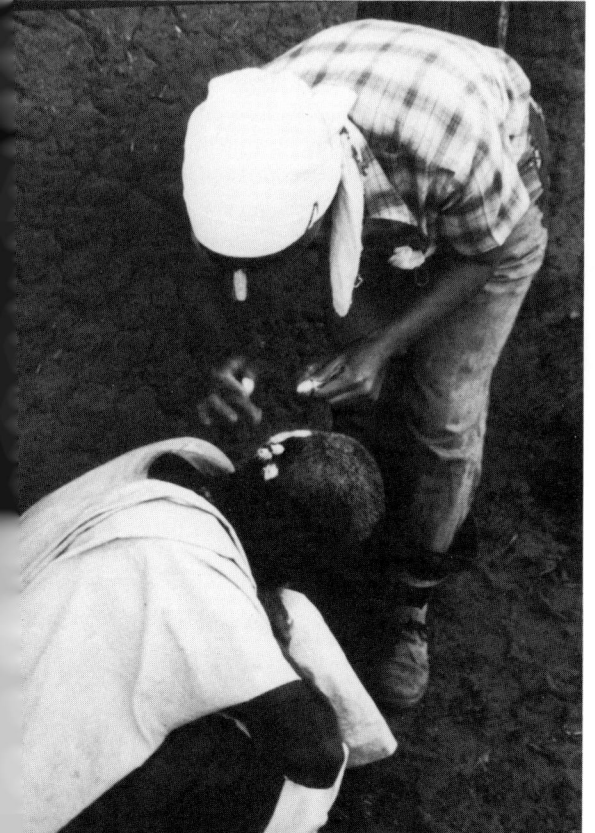

Ältere Mädchen in In Tillit. Sie machen gerade Schularbeiten (!)

Mittwoch, 3. Februar 1982

Enttäuschung: Ein Mann bietet uns die Mitfahrt nach Gao in seinem Geländewagen an, fährt aber dann heimlich ohne uns ab. Es ist ziemlich kalt, aber die meisten Kinder haben außer einem kurzen Hemd nichts an. Sie sind so erkältet, daß ihnen aus der Nase ein ständiger Strom von Schleim quillt. Souleymane Keitas Familie gehört zum Volk der Bambara und stammt aus der Gegend von Bamako. Vertrauensbeweis: Er gibt uns einen Brief mit Geldinhalt für einen Mann in Gao mit. Ein kleiner Lastwagen von Japanern, die etwa dreißig Kilometer entfernt nach Uran suchen, kommt. Wir können vorne beim (malischen) Fahrer sitzen, der ein höflicher Mann ist. 120 km sind es auf Sandpisten bis zum Nigerstrom bei Gao. Wir müssen geduldig auf die Fähre warten, die uns fünf Kilometer weit ans andere Ufer bringt. Noch eine halbe Stunde weiter und wir sind in der Stadt (Farbbild 29). Dort können wir endlich wieder duschen – mit Hilfe eines Eimers und eines Schöpfers. In unserem einfachen Hotel wimmelt es von Moskitos. Wir nehmen immer Tabletten gegen Malaria.

870 km den Niger stromaufwärts

Über Impressionen in Gao und in anderen Städten entlang des Niger werde ich noch schreiben. Zunächst zu unserer Reise auf dem Strom (Farbbild 30). Erst siebzehn Tage nach dem Start von Gao würden wir in Mopti ankommen! Bei unseren verschiedenen Unternehmungen in Westafrika hatten wir in den letzten Monaten immer mehr Zeit aufgewandt, als ursprünglich geplant. Dadurch kamen wir nach Gao, als die Regensaison lange zurücklag und der Niger bereits Niedrigwasser führte. Die Passagierschiffe, die einen Liniendienst verrichten, waren nun schon fest an ihren Liegeplätzen vertäut. Eine Transportgelegenheit über Land entlang des Niger gibt es nur sehr selten. Die Pisten sind zu schlecht. So hatten wir nur die Möglichkeit, auf einer sogenannten Pinasse zu fahren, auf einem großen, überdachten Nachen mit Außenbordmotor. Ein solches Boot wurde im Hafen von Gao gerade zur Abfahrt fertiggemacht.

Der Eigner des Nachens schwor, daß er „heute noch" ablegen werde, und wir sollten ihm daher nur gleich das Fahrgeld geben. Wir hofften indes auf unser Glück und verbrachten, ohne schon zu bezahlen, noch eine Nacht im Hotel. Wirklich lag die Pinasse anderntags immer noch unbeweglich da, und wir gingen in aller Ruhe an Bord. Aus angekündigten zwei Reisetagen nach Timbuktu wurden vier, und der Tarif von zehntausend Mali-Francs (umgerechnet knapp vierzig Mark) war weit überzogen, wie wir zu spät feststellten. Zeitprobleme hatten wir indes nicht. Ausgerechnet an dem Nachmittag, als die Pinasse losmachte, begann wieder einmal ein mehrtägiger, eiskalter saharischer Staubsturm, der uns völlig „einpuderte" und zugleich das Wasser des Stromes aufwühlte. Der Niger ist an vielen Stellen seines mittleren Laufes bis zu vier Kilometer breit. Zum Glück war unser Boot mit dreißig Metern Länge und 3,50 Metern Breite groß genug, daß ihm die bis zu einem Meter hohen Wellen nichts anhaben konnten. In der Mitte, wo die aus einem Vorder- und einem Hinterteil bestehende, mit Seilen „zusammengenähte" und mit Klammern gehaltene Pinasse eine Schwachstelle hatte, mußte aber dauernd Wasser geschöpft werden.

Uns wurde ein erhöhter Platz am Heck des Bootes zugewiesen. Dort störte zwar der Motorenlärm,

Bootslände in Gao am Niger. Mit der Pinasse fuhren wir nach Timbuktu

aber wir konnten die Pinasse und ihre rund fünfzig Passagiere gut überblicken. Diese saßen wie wir auf aus Stroh geflochtenen Matten, die sie über Säcke mit Erdnüssen – die Fracht – gebreitet hatten. Über dem hölzernen Gefährt wölbte sich ein aus Stangen, Ästen und Matten gefertigtes Schutzdach. In der Mitte befand sich die offene Kochstelle für Mannschaft und Reisende. Alle schliefen an Bord, eben dort, wo sie sonst auch saßen. Das war unbequem, aber wenigstens sicher. Wegen der Kälte kamen wir auch tagsüber fast nicht aus unseren Schlafsäcken heraus. Landesteg war ein Brett, aber die letzten Schritte mußte man fast immer durch schlammiges, würmerverseuchtes Wasser waten. Der Steuermann saß am Bug, damit er Untiefen leichter erkennen konnte. Mehrmals täglich lief unser Boot auf Sandbänke auf. Sein flacher Boden war für derlei Kollisionen geeignet. Gewöhnlich stand die Pinasse nach einem kräftigen Ruck fest in der rauschenden Flut, aber nach ein paar Stößen mit langen Bambusstangen ließ sie sich durch die Besatzung wieder flottmachen. Etwa an der nördlichsten Stelle, die der Niger auf seinem 4200 Kilometer langen Wege von Guinea nach Nigeria am Rande der Sahara erreicht, befindet sich ein felsiger Engpaß, an dem mit besonderer Vorsicht navigiert werden muß. Bei unseren Zickzackmanövern über den Fluß sparten Fischer in ihren Einbäumen und Dorfbewohner an den Ufern nicht mit Ratschlägen.

Reise zwischen Sanddünen und ein Vogelparadies

Das eigentliche Ufer war oft überhaupt nicht zu sehen. Wir glitten an den seichten Rändern von immer grün scheinenden Inseln entlang, auf „Kanälen", die den Rhein bei Köln an Breite bei weitem übertreffen. Manchmal war aber nur Wasser um uns, in alle Richtungen bis zum Horizont. Auf den Inseln sahen wir vier Tage lang Rinderherden, die den nomadisierenden Fulbe und Tuareg gehörten, welche teils halbkugelförmige, teils eckige Mattenzelte bewohnten. Fischer legten überall im Strom vom Einbaum aus ihre Netze aus. Zahllose Schwimmer (Reisigbündel, Styroporstücke!) markierten sie und mußten umfahren werden. Der Fischreichtum im Niger war sprichwörtlich, aber die Fänge wurden jetzt bescheidener.
Mehrere hundert Kilometer weit ging die Reise zwischen den Dünen der Sahara (im Norden) und denen der Wüste von Gourma. Grüner wurde es erst auf dem zweiten Abschnitt, zwischen Timbuktu und Mopti. Viermal sahen wir Flußpferde, die sich trotz der Nähe unseres Bootes und von Dörfern im flachen Wasser nicht irritieren ließen. Kraniche, Silberreiher, Heilige Ibisse, Wildenten, Eisvögel, Möwen, Schwalben, Schnepfen und andere Stelzenvögel, viele von ihnen aus Europa und Westsibirien zur Überwinterung hier, sahen wir zunächst zu Hunderten, dann zu Hunderttausenden, vor allem am Debosee, den der Niger etwa 130 Kilometer nördlich von Mopti bildet. Täglich stoppten wir wenigstens einmal an den Länden von Marktorten, die in der Regel aber einen verschlafenen Eindruck machten. Größere Aufregung verursachte meist nur die Ankunft eines Bootes wie des unseren. Frauen und Mädchen wurden Erdnüsse und Fladenbrot, Fisch und Milch an die Reisenden los. Diese gehörten fast alle zu dem entlang des mittleren Niger lebenden Volk Sonrhai. Reisemotive waren Verwandtenbesuche, Umzug oder Heimkehr vom Arbeitsplatz im Ausland (in der Republik Niger). Einige hatten große Blechkoffer dabei, andere überdimensioniert scheinende Radiorecorder. Die Frau des Kapitäns kochte für alle.
Die Weiterreise von Timbuktu nach Mopti machten wir – am Bug sitzend – auf einer ähnlichen, kleineren Pinasse. Sie fuhr mit nur einer Handvoll Leuten ab, machte daher bald für beinahe zwei Tage fest. Es wurden mehrere Tonnen Matten zugeladen, und mit etwa fünfundzwanzig Reisenden ging die Fahrt weiter, die eine Woche dauerte. Häufiges Auflaufen und Motorschäden

(leider fuhren wir stundenweise auch im Dunkeln) brachten Verzögerungen mit sich, die wir schon einkalkuliert hatten. Diesmal weigerten wir uns aber, den zunächst geforderten, gegenüber dem für andere Passagiere um fast hundert Prozent überhöhten Fahrpreis zu entrichten.

Auf beiden Booten waren die meisten Leute erkältet. Viele machten sich nicht die Mühe, ins Wasser zu speien und zu rotzen, sondern schmierten alles an Bordwand, Verstrebungen und Dach. Da es keine andere Möglichkeit gab, pinkelten die Männer während der Fahrt über Bord, die Frauen (mit ihren langen Wickelröcken) in einen Nachttopf. (Wir verkniffen „es" uns bis zum nächsten Stopp.) Wenn die Pinasse festmachte, setzten sich die Herren direkt ans Ufer, dem Boote zugewandt, um ihre Geschäfte und ihre Intimwaschungen zu verrichten. Einen Meter entfernt wusch man Geschirr und Wäsche. Auch zur rituellen Waschung vor dem stets zur rechten Zeit verrichteten Gebet war das bei den Länden schlammige, manchmal schon gärende Wasser „sauber". Verständlich, daß die Leute mitten im Fluß das ziemlich klare Wasser unbehandelt tranken. Wir freilich mußten uns da anders verhalten. Nach drei Wochen am Niger waren wir immer noch gesund und blieben es auch. Nicht *einmal* wurde es uns während der langen Reise auf dem Niger langweilig. Menschen, Natur und Technik sorgten dafür.

Gao, Timbuktu, Mopti, Djenné

Ein Grabmal, eine Moschee, beides aus Lehm, sowie beschriftete Grabsteine aus spanischem Marmor: Letzte Zeugen einer verblüffenden Vergangenheit. Schon lange war die Stadt dem Druck ihrer Nachbarn ausgesetzt gewesen, als vor vierhundert Jahren vor ihren Toren Spanier

Auf dem Boot reisten etwa fünfzig Passagiere. Mit einem kleineren ging es nach Mopti

aufzogen, die Söldner in den Diensten des Sultans von Marrakesch waren. *Gao,* Hauptstadt des Reiches der Sonrhai, und mit ihr andere blühende Zentren des Handels und des Geistes am mittleren Niger, wurden geplündert. Gaos 70 000 Einwohnern wurden dreißig Kamelladungen Gold und Pfeffer genommen. Unter den Marokkanern brach das Handelsstraßennetz zusammen. 1770 wurde Gao dann Opfer der Tuareg. Darauf folgte eine ganze Serie von Bedrohungen, die 1898 mit dem Eindringen der Franzosen in die Stadt endeten. Der Wiederaufbau verschuldete ihren heutigen schachbrettartigen Grundriß. Der Kolonialstil will vertuschen, daß Gaos Geschichte schon vor 1100 Jahren begann. Im Hafen machten früher bis zu vierhundert Schiffe und siebenhundert Einbäume fest. Im Transsaharahandel spielte Salz eine große Rolle. Auf dem Markt heute Sonrhai, Tuareg, Fulbe, Mauren und Bambara. Doch der Handel, wie der Ackerbau – Reis, hinter Deichen am Fluß! –, ist jetzt weniger wichtig als die Viehhaltung.

Dumpfes Schlagen des Tambours bis Mitternacht: Tuareg- und Maurenzelte an den Stadträndern. Dann schläft *Timbuktu* (von: Tim-Buktu, der Brunnen Buktus, Name der Hüterin dieser Wasserstelle) im Sand. Das Morgenlicht berührt zuerst die Zinnen der hochgebauten Häuser aus Stein und Lehm, fällt dann auf durchbrochene Holzfenster, ehe sich nägelbeschlagene, schwere Türen zu den Gassen hin öffnen, wo die Sonne schließlich die Gräber heiliger Männer erreicht. Auf dem Markt werden Steinsalz und Zucker, Matten und Krüge, Tomaten und Zwiebeln – in bewässerten Gärten bei den Dünen gezogen – ausgebreitet. Frischgeschlachteter Hammel ist noch warm, Fladenbrot aus bienenkorbförmigen Öfen vor den Häusern schon kalt. Bauchladenbesitzer verkaufen Sardinen und Huhn in Dosen – europäische Lebensmittelspenden. Kaum Kleider der Weißen, kaum Autos in Timbuktu. Man kommt hierher vorzugsweise mit Nigerbooten. Der Strom ist fünfzehn Kilometer entfernt, aber in der wasserreichen Zeit verringert ein Kanal diese Distanz auf die Hälfte. Einst dehnte sich die Stadt bis zum Niger aus. Heute stürzen selbst in ihrem Zentrum immer mehr Häuser ein. Mehr als der Handel mit den nordafrikanischen Ländern begründeten die Geisteswissenschaften den Ruhm des legendären Timbuktu vor drei-, vierhundert Jahren. Zehntausende von Studenten an den Universitäten, mehr Bücher als sonstwo in Afrika: Die Europäer hörten es mit Staunen. Das war unter dem Reich der Sonrhai, zuvor dem von Mali. Aber auch hier brachten Marokkaner, Tuareg und selbst die Fulbe den Untergang. Als europäische Forscher – wie Heinrich Barth – im neunzehnten Jahrhundert hier anlangten, war Timbuktu trotz seiner intakten großen Moscheen nur noch ein Phantom seiner selbst, abseits der neuen Handelsstraßen. Nachklang der großen Zeiten: Am Jahresanfang kommen noch immer die Karawanen aus Taoudeni, siebenhundert Kilometer nördlich von Timbuktu, mit schweren Steinsalzbarren an den Flanken der Kamele, wie seit vierhundert Jahren.

Wo der große Strom an seinem mittleren Lauf sich verzettelt und tausend Kanäle bildet, ist das Fischervolk der Bozo zu Hause. Eines ihrer Lager war der Beginn von *Mopti,* heute Treffpunkt der Fischer und Fischhändler, der Bootsleute und Lastwagenfahrer. Vor allem getrockneter Fisch geht bis in die Nachbarländer. Ab 1900 blühte hier der Handel großer europäischer Häuser mit Schmuckfedern und Gummi, mit Wolle, Leder und Reis. Mopti ist voll von Bewegung, Lärm und Gestank. Weber, Sticker, Töpfer und Goldschmiede sitzen in Höfen zusammen. Die Produkte der letzteren werden von den Fulbe-Frauen mit Stolz getragen: manchmal riesige Ohrringe, kleinere Nasenringe, Gold oder vergoldet, Ausdruck des Wohlstandes einer jüngeren Wirtschaftsmetropole am Niger, dort, wo der Bani sich mit ihm vereinigt. An den Flußufern und Stadträndern Müll, Abwässer und Slums als Zeichen der Neuzeit. Sie beginnen die alten und sudanischen Stadtteile einzukreisen, die Häuser mit Terrassendächern, an denen Wassertraufen aus rosa Terrakotta

Die Djingareiber-Moschee in Timbuktu, aus Lehm und Holzstreben, hat Jahrhunderte überdauert

Heute stürzen selbst im Zentrum von Timbuktu immer mehr Häuser ein

besonders auffallen. Aus diesen Vierteln ragt eine große Moschee empor, aus Lehm, weshalb sie ständig reparaturbedürftig ist. Dafür dienen aus den Mauern herausragende Stangen, das ewige Baugerüst.

Abstecher entlang des Flusses Bani: Hundert Kilometer von Mopti liegt das Städtchen *Djenné*, das in der Regenzeit von den Wassern des Flusses völlig umgeben ist. Trotz seines Marktes ist das tausendjährige Djenné wirtschaftlich unbedeutend, dabei trieb es Handel mit den Berbern und bis Guinea, als es noch eine Metropole war, wie Gao und die anderen, die man nur mit den mächtigen deutschen Reichsstädten vergleichen konnte! Zweieinhalb Kilometer lange Mauern umgaben Djenné auf seiner Insel. Im neunzehnten Jahrhundert aber wurde es Opfer seiner Konflikte mit den Tuareg von Timbuktu und mit den Fulbe. Dann kamen die Franzosen. Was die Stadt unter ihren Schwestern am mittleren Niger heute hervorhebt, ist ihre Architektur, die sich von hier im ganzen Nigerbecken ausbreitete und die zum neo-sudanischen Kolonialstil inspirierte: Hohe Häuser, zu deren balustradengeschmückten Dachterrassen Treppen führen, jene von Zinnen in Form von Zuckerhüten gekrönt. Verwirrende Gassen führen unweigerlich zum Marktplatz, an dem die berühmteste aller Moscheen Malis steht, welche ihres leichtvergänglichen Baumaterials und der Zerstörungen bei religiösen Auseinandersetzungen wegen mehrfach wiederaufgebaut werden mußte, zuletzt 1907. Die säulengeschmückte Fassade hat drei kurze, stämmige Minarette. Das Allerheiligste weist hundert massive Säulen auf.

Noch einmal zu Fuß durch den Sahel

Von Mopti reisten wir mit einem „Buschtaxi" 210 km nach Douentza. Wir wandten uns von der Lebensader Malis, vom größten Strom Westafrikas, ab und der Baumsavanne zu. Von den höchsten Erhebungen des Landes begaben wir uns noch einmal auf einen 150 km langen Fußmarsch bis nach Obervolta hinein, um das Leben der Menschen kennenzulernen, die wir zu den einsamsten des Kontinents zählen, nicht so sehr wegen der Entlegenheit ihrer Dörfer, sondern weil sie buchstäblich „vergessen" sind. Viele sind krank, ohne Hilfe . . .

Samstag, 27. Februar 1982
Ein mit Salzsäcken, Baumaterial und Autoreifen beladener schwerer Lastwagen der Regierung, dessen Fahrer auf eigene Faust mit Fahrgästen Geschäfte macht, bringt uns von Douentza, der ersten Stadt seit unserem Abschied vom Niger, zu dem großen Dorf Hombori mitten im malischen Sahel. Wie ernste Wächter dieses Landes ragen hier schroffe, kahle Berge aus dem verbrannten Steppengras in den blauen Himmel. An ihrem Fuße liegen Schutthalden herabgestürzter, zertrümmerter Felsen. Jenseits davon weidet das Vieh der Fulbe, die hier seßhaft oder auf Wanderschaft sind. In Hombori empfängt uns die Gendarmerie. Noch fünfundachtzig Kilometer bis nach Obervolta, aber hier ist schon Grenzstation. Gegen Bezahlung dürfen wir in einer Lehmhütte auf Matten schlafen, bekommen wir Wasser aus einem Tiefbrunnen. Es gibt eine Wasserleitung, aber die Motorpumpe funktioniert schon lange nicht mehr. (Wir erinnern uns: Heute vor einem Jahr hatten wir den gefährlichen und doch so schönen Fußmarsch im Hoggar-Gebirge hinter uns.)

Sonntag, 28. Februar 1982
Die Leute in Hombori haben Haus, Vieh und Felder, aber alle glauben, wir hätten größere

Durch die Savanne bei den Bergen von Hombori in Mali

Reichtümer zu verschenken. Bettelnde Kinder verfolgen uns beinahe bis zum Paß, der zwischen Malis höchstem Berg, dem Hombori Tondo (1155 Meter), und dem Barkousou (nur wenig niedriger) hindurch nach Süden führt. Am Steilhang des Barkousou klebt das Dorf Kisim. Seine Felder liegen aber in der Senke, wo wir auch ein Loch mit erdigem Wasser finden. Zum Glück sind wir gut versorgt. Über mehrere Felsschwellen und über baumbestandene Sanddünen erreichen wir an diesem lichtdurchfluteten Tag den Bergflecken Kobou, der ganz aus Steinhäusern besteht. Das Dorf wimmelt nur so von Kindern. Der schwerkranke Häuptling läßt uns auf Felsplatten schlafen, die von einer aus losen Steinen aufgeschichteten Mauer umgeben sind – ein Ziegenpferch. Besseres kann er nicht bieten. Eine Überraschung: Die Einwohner bitten uns, Hirsebrei, gepfefferte Soße und zwei gekochte magere Hühnchen als Geschenk anzunehmen. Wir akzeptieren, revanchieren uns aber wie immer mit Gegengeschenken.

Montag, 1. März 1982

Frühmorgens begleiten uns die Ältesten und Kinder von Kobou auf den rechten Pfad, der in eine große Ebene hinein führt (Farbbild 31). Langsam sinken die Berge von Hombori unter den Horizont hinab. Dann erhebt sich der Harmattan, der Staubsturm aus der Wüste, wie so oft in dieser Jahreszeit. Im trüben Mittagslicht kommen wir nach Tema, einer weltvergessenen Ansammlung von halbverfallenen Häusern und Hirsespeichern. Die Menschen hier sind vollkommen grau, nicht schwarz. Ihre Haut ist in der extremen Trockenheit aufgesprungen und mit Erde verkrustet. Sie umstehen uns fast schweigend, lächeln aber und bieten uns „Wasser" an: einen braunen Brei. Uns kommen beinahe die Tränen. Nicht *eine* Spur weist auf ein Auto hin. Dies ist keine Wüste, denn überall gibt es Bäume und Büsche. Das Gehen im Sand, mit unserer schweren Last, ist aber sehr zeitraubend. Nach dreißig Kilometern – im Dunkeln – kommen wir nach Boundouérou. Durch die Luftlöcher unserer Lehmhütte verfolgt an diesem Abend die Dorfjugend jede unserer Bewegungen. Zuvor ist sie draußen dabei, als wir uns mit Wasser und Seife waschen.

Dienstag, 2. März 1982

Mousta Abba, ein Vierzigjähriger, war lange in Ghana gewesen. Er weiß viel, wie wir feststellen, aber er wendet sein Wissen nicht an. Allerdings bringt er zu uns zahlreiche Kranke, Bauern und Hirten, die eiternde Wunden oder irgendwo Schmerzen haben. Ein fünfundvierzig Jahre alter Mann hat seit seiner Kindheit Kopfweh, und ein jüngerer leidet seit siebzehn Jahren an einer Geschwulst im Nacken. Wir haben einige Medikamente dabei, verteilen sie und verarzten auch ein paar leichtere Fälle. Verdammtnochmal, warum kommt auch nie ein Arzt hierher? Der nächste sitzt in Djibo in Obervolta, hundert Kilometer entfernt, ein Australier! Leider betteln auch Männer um Tabletten, so gegen die Malaria, die eine Zigarette nach der anderen rauchen. Als der Andrang immer größer wird, verlassen wir fluchtartig dieses Dorf der Kranken. Hinter einem weiteren „Sandmeer" liegt Douna, das schönste aller Dörfer, die wir im Sahel sehen. Die Häuser sind untereinander durch Mauern verbunden, um den ganzen Ort führt eine Einfassung. Er wird von den spitzen Dächern der Hirsespeicher überragt. Zu den Anwesen der einzelnen Sippen

Douna war das schönste Dorf, das wir im Sahel sahen. Hinten zwei Hirsespeicher

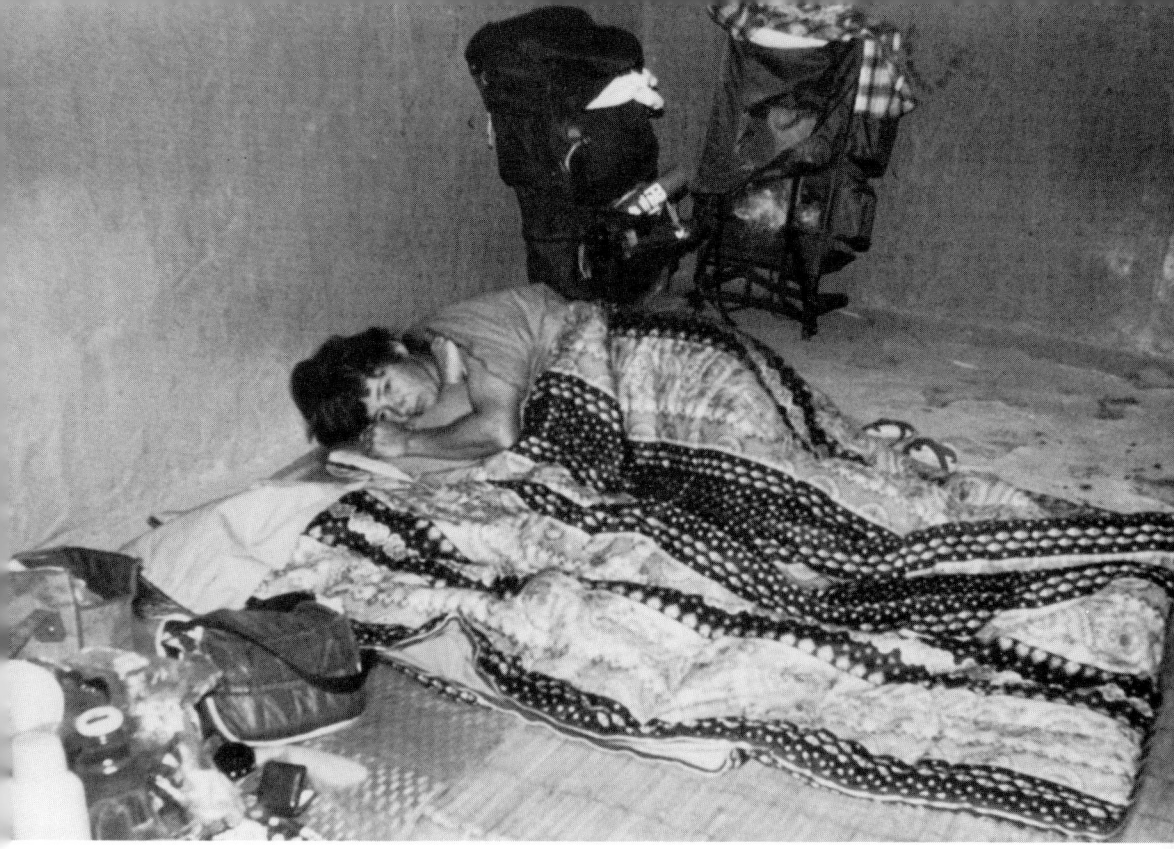

Typischer Schlafplatz in einer der Hütten bei der Sahelwanderung

gelangt man durch mehrere Meter hohe Torgebäude. In einem Hof stellt man für uns aus Bambusstangen gezimmerte „Betten" auf. Der 67jährige Ibrahima Ungoiba, ein weiser, humorvoller Mann, der Soldat in der französischen Sudanarmee war, leistet uns den ganzen Abend Gesellschaft.

Mittwoch, 3. März 1982
Die Einwohner Dounas sind Kado, eine islamische Splittergruppe des großen Volkes der Dogon, das weiter westlich lebt, das sich nicht „bekehren" ließ. An zwei Brunnen arbeiten heute morgen junge Leute schwer, um Rinder, Esel und Ziegen mit Wasser zu versorgen. Wie oft gleiten die häutenen Säcke in die Tiefe, um gefüllt wieder emporzuschweben! (Farbbild 27). Staub, Stroh und Kot gelangen aber mit ihnen in die Brunnen. Der dritte Tag des Harmattan. Fünf Kilometer von Douna überschreiten wir die Grenze Mali/Obervolta (die Landkarte sagt uns das). Lange führt der gewundene, feste Pfad durch Wälder von „Affenbrot"-(Baobab-)Bäumen. Dann ein undurchdringlich scheinendes Dickicht von abgestorbenen, dornigen Bäumen und Büschen. Sie sind während der Dürren der siebziger Jahre verdurstet. Was von ihnen blieb, höhlen Termiten aus. Keine Spur von Wasser, also auch kein Vieh. Gegen Abend holt uns Boukari Aboiga aus Douna mit seinem Fahrrad ein. Er war uns nachgefahren, um uns, wie verabredet, einen Ziegenschlauch voll Wasser zu bringen. Er schmunzelt, wie wir uns mitten im Busch waschen, dann unsere Kanister mit der (scharfriechenden und -schmeckenden) Flüssigkeit füllen. Sehr zufrieden mit einem Lohn

von umgerechnet zehn Mark (Tageslohn in Mali für Hilfsarbeiter drei Mark) kehrt Boukari um. Ein Dorf gibt es in dieser Gegend nicht. Wir schlafen eben im Freien.

Donnerstag, 4. März 1982
Der Morgen ist klar, der Staub hat sich gelegt. Der Weg ist fünfunddreißig Kilometer weit zum Dorf So. Unsere Schuhe sind durchgelaufen und zerrissen. Wir haben noch Sardinen, Datteln und Erdnüsse als Proviant. Hitze und Erschöpfung zwingen uns, Pausen einzulegen. Erst mittags klareres Wasser aus einer Viehtränke. In den kleinen Ortschaften laufen die Leute zusammen, um uns zu bestaunen. Manche der Frauen hat in die seitlich herunterhängenden Zöpfchen reihenweise Münzen eingeflochten – fast immer aus Ghana, der ehemals reichen „Goldküste"! Dann sind viele Radfahrer auf dem Weg von der Kreisstadt Djibo unterwegs. In So stellt uns noch einmal ein Häuptling eine Lehmhütte zur Verfügung. Wir bekommen auf Drängen, und als wir ein Geldstück versprochen haben, erstmals wirklich sauberes Brunnenwasser zum Waschen und Trinken.

Freitag, 5. März 1982
Wir geben dem Häuptling von So einen Plastikkanister, den uns vor fünf Wochen sein „Kollege" im Lager Kacham, wo wir auf unserem ersten Fußmarsch waren, überlassen hatte. Hocherfreut gibt er uns das Geleit auf den Weg in Richtung Djibo. Es sind nur noch elf Kilometer, aber sie kommen uns endlos vor. Durch den vielen Sand der letzten Tage sind unsere Füße aufgescheuert, voller Blasen und Blutergüssen. Essen etwas, bevor wir erschöpft in die Betten des Gasthofs von Djibo fallen. Abends zur Polizei, um unseren voltaischen Einreise- (Ein„wanderer"?-)Stempel zu holen. Wie im Sahel, wo die Zeit an den meisten Orten sonst stehengeblieben zu sein scheint, üblich, wird seltsamerweise nicht nur das Datum in den Paß eingetragen, sondern auch die Uhrzeit, auf die Minute genau . . . Morgen werden wir mit einem „Buschtaxi" nach Ouagadougou fahren.

Erste Auswertung und eine neue Kamera

Wir blieben nun etwa zwei Wochen in der voltaischen Hauptstadt, um das gesammelte Material schon einigermaßen auszuwerten und um unsere Ausrüstung in Ordnung zu bringen. Der Heilbronner Hans Wiedmann war, wie erwähnt, unser Gastgeber, und wir konnten auch noch in seinem Haus bleiben, als er selbst ins Nachbarland Elfenbeinküste verreiste. Von einem Tag auf den anderen wurde es sehr heiß, über 35 Grad im Schatten. Um sicher zu gehen, unsere Aufzeichnungen nicht eines Tages gänzlich zu verlieren, schrieben wir sie in geraffter Form ab. Diese Kurznotizen schickten wir dann nach Deutschland, das heißt, wir gaben sie wie unser belichtetes Filmmaterial nach Europa reisenden Experten und Besuchern mit. Auf dem umgekehrten Wege erhielten wir hier übrigens auch Filme und Geld.
Durch Vermittlung der schon einmal erwähnten resoluten Französin in dem Sahelstädtchen Dori kamen wir in den Besitz einer neuen Kamera. Wir beauftragten Wilmas Eltern mit dem Kauf und dem Versand eines Fotoapparats an die Adresse der Französin. Da sie sehr gute Beziehungen zum Zoll in Dori hatte, schien sichergestellt, daß das Päckchen dort nicht geöffnet (oder der Inhalt entwendet) werden würde. Es klappte alles, und als wir jetzt nach Ouagadougou zurückkehrten, lag die Sendung schon bei Freunden der Französin. Für ihre Bereitschaft, uns zu helfen, hatte sie eine dicke Belohnung verdient. Endlich, drei Monate nach dem Raub in Ghana, hatten wir wieder eine zweite Kamera von der Sorte, wie wir sie brauchten!

Bei „Deutschen Filmwochen" im französischen Kulturzentrum sahen wir erstmals wieder einen Streifen aus unserem Land. Aber das nur nebenbei. Thema „Kultur in Afrika": Ouagadougou ist ein wichtiger Platz für den afrikanischen Film. – Als „Drehscheibe" für unsere Rundreisen in Westafrika hatte Waga jetzt nach genau sechs Monaten ausgedient.

„Der Bus fährt morgen früh!", sagte uns der Fahrkartenverkäufer. „Gut, dann kommen wir morgen mittag!", antworteten wir darauf. „Kommen Sie aber nicht nach zwölf Uhr!", ermahnte er uns. „In Ordnung", dachten wir, „dann sollten wir besser um elf Uhr da sein", denn wir rechneten uns aus, daß die Abfahrtszeit auf ungefähr um 14 Uhr festgelegt war, daß der tatsächliche Start aber gegen 16 Uhr erfolgen sollte. Ich weiß, das klingt alles etwas geistesgestört, aber wir mußten oft so kalkulieren. Ich werde auf unsere Fahrten mit „Buschtaxis" und ähnlichem an geeigneter Stelle noch einmal zurückkommen. Also, einige Stunden Wartezeit mußten wir schon in Kauf nehmen, wenn wir einen ordentlichen Platz ergattern wollten. Den bekamen wir dennoch nicht, und Abfahrt war überraschenderweise schon um 14 Uhr. Wenigstens waren wir rechtzeitig zur Stelle gewesen.

Was uns groß als „Bus" angekündigt worden war, entpuppte sich als Lastwagen mit vier Längsreihen von Bänken für sechzig Leute, weshalb dort am Ende auch 89 Personen saßen. Der Preis war der höchste, den wir je in Afrika für eine Fahrt bezahlten. Als der Fahrer getankt, verschiedene Formalitäten erledigt und Privatgeschäfte getätigt hatte, sank schon die Sonne und wir waren unterwegs zur Grenze. Zunächst ging es noch 130 km auf Asphalt, die restlichen vierhundert auf Staubpisten. Zwischen Ouagadougou und der Hauptstadt Niamey in der Republik Niger gab es keine bessere Landverbindung. Wir wollen nicht verhehlen, daß diese Fahrt zu jenen Touren gehörte, die wir zwar aufregend, aber am wenigsten lustig fanden.

Land der Verbote – Niger

Um drei Uhr morgens trafen wir an der Grenze ein, die um diese Zeit geschlossen war. Wilma, ich und die anderen 87 Männer versuchten, auf und unter dem Lastwagen wenigstens ein Auge zuzutun. Als der voltaische Zoll erwachte, zeigte er sich uninteressiert an unseren Sachen, aber alle Passagiere mußten sich in Reih' und Glied aufstellen. Auch auf der nigerischen Seite mußten wir dann zum Appell antreten. Außer Wilma wurden alle nach Waffen abgesucht. Im Polizeizelt mitten in der Savanne wurden sogar die von den zurückkehrenden Staatsbürgern des Niger mitgebrachten Musikkassetten auf ihre politische „Sauberkeit" hin überprüft. Dazu hatte man eigens Kassettenrecorder installiert. Wieviel Zeit dies in Anspruch nahm, läßt sich ausmalen. Auch hier – meistens hatten wir dieses Glück – blieben wir wieder ungeschoren. Auf dem Weiterweg gab es fast keine Möglichkeit, aus der Enge auf dem Lastwagen herabzusteigen und sich die Beine zu vertreten. Aber schon sechzig Kilometer hinter der Grenze gab es einen Zwangsaufenthalt: An unserem schweren Vehikel versagten die Bremsen, ausgerechnet, als wir zu einer der vielen Polizeikontrollen kamen. Der Lastwagen durchbrach die Schranke und blieb erst nach etwa fünfzig Metern stehen. Die Polizisten machten – nicht ganz zu Unrecht – daraus eine Staatsaktion. Wir durften nicht weiterfahren, ehe die zerbrochene Schranke geschweißt worden war. Das dauerte etwa zwei Stunden. Nach insgesamt 29stündiger Reise trafen wir in Niamey ein. Das Thermometer zeigte dort dann genau 42 Grad im Schatten.

Unser erster Weg führte uns zum einzig freien, „billigen" (in Wirklichkeit sehr teuren) Hotelzimmer, um erst einmal Kraft zu schöpfen, unser zweiter am nächsten Morgen zur Polizei, denn dort mußten wir uns, wie in jeder Stadt und an jedem Übernachtungsplatz im Niger, anmelden, obwohl uns großzügigerweise ein dreimonatiger Aufenthalt *ohne* Visum genehmigt worden war.

Aber der Niger war ein Land der Verbote. So waren Fotografieren und Filmen verboten. Mit Hilfe des Informationsministeriums und eines gnädig stimmenden Briefes von uns erhielten wir vom Innenministerium die schriftliche „Ausnahmeerlaubnis", innerhalb der Republik Aufnahmen machen zu dürfen, ausgenommen von all dem, was Verteidigungszwecken diente, und von „Personen in" (wie die Militärregierung meinte) „unanständigen Haltungen", was immer auch damit gemeint sein mochte. Wer meinte, auf ein solches Papier verzichten zu können, nahm das Risiko der Bestrafung auf sich. In der Wüstenstadt Agadez verlor ein Franzose vor unseren Augen einen Farbfilm, weil einem Polizisten nicht gefiel, daß er „ohne" fotografierte. Er hatte Tuareg auf Kamelen aufgenommen, die für das Nationale Jugendfest im Stadion ihren Auftritt übten. Wir fragten uns, ob die Tuareg Verteidigungszwecken dienten oder sich in einer „unanständigen" Lage befanden, als der Franzose sie aufnehmen wollte. Manchmal blickten wir nicht durch, denn auch uns, obwohl im Besitz einer Erlaubnis, legte man nahe, die Tuareg nicht zu fotografieren.

Das schöne Aïr-Gebirge, Heimat vieler Tuareg, durfte ebenso wie die Ténéré-Wüste und mehrere abgelegene Städte nur mit einem kostspieligen Führer und einer Sondergenehmigung besucht werden, der Grund, warum dorthin praktisch niemand gelangte. All diese Verbote, so bedeutete man uns, hätten mit der Nachbarschaft von Oberst Muammar Gaddafi in Libyen zu tun. Oberst Seyni Kountchés nigerische Regierung verbot aber auch, Campingbusse und andere Touristenfahrzeuge nachts im Bereich einer Stadt zu parken. Immerhin liegt der Niger rechts und links der Transsaharastraße von Algier nach Lagos. Selbst solch eine Kleinigkeit wie das Rollschuhlaufen auf öffentlichen Verkehrsflächen war untersagt. Ein Deutscher, der aus dem Nachbarland Benin angereist war und seinem schwarzen Begleiter nichtsahnend die rollenden Untersätze geschenkt hatte, zahlte fünfzig Mark Strafe, als der Junge sie in Niamey ausprobierte. Schließlich war (neben vielen anderen Dingen, die so unwichtig schienen) Reisenden auch „die Verteilung von Medikamenten, gleichgültig ob kostenlos oder um des Profits willen" verboten, auch wenn sie in einsamen Zonen von Einheimischen immer wieder um sonst nicht erhältliche Medikamente angegangen wurden. Diese fehlten, wie Ärzte und Krankenhäuser, und keine Regierungspropaganda täuschte darüber hinweg. Wenn ich die lange Verbotsliste gerade jetzt aufzählte, möchte ich doch sagen, daß damit nicht allein, obwohl auffällig, der Niger gemeint ist. Ähnliches konnten wir in Afrika, Asien und Lateinamerika, aber auch in „entwickelteren" Ländern beobachten.

Es gab auch erfreulicheres im Niger. Viereinhalbmal so groß wie die Bundesrepublik – mit fünf Millionen Einwohnern – besteht dieses Land größtenteils aus Steppen und Wüsten. Erstaunlich ist daher, daß es einige hervorragende Allwetterstraßen und auch mehrere recht gute Pisten gibt. Wir kamen darauf mit Bussen und „Buschtaxis" vorwärts. Die wichtigsten Städte sind mit normalen Fahrzeugen erreichbar.

Alte Städte, neue Zeiten

Agadez, Zinder (im Süden) und Tahoua (im Südwesten) haben Altstädte in interessanter Lehmbauweise. In Tahoua ist dieser Stil noch am reinsten erhalten. In dieser alten Karawanenetappe treffen sich auf dem Markt auch heutzutage noch die nomadisierenden, malerisch gekleideten, freundlichen Fulbe und Tuareg mit den ansässigen Hausa, die die Hälfte der

Große Hütte im Landesstil in einem Freilichtmuseum und Hotel: Kontrast in Niamey/Niger

So sieht ein typisches Gebäude der Hausa aus (gesehen in Agadez im Niger)

Bevölkerung ausmachen und den Handel beherrschen. Dazu kommt noch die relativ kleine Gruppe der Zarma, die aber in der Politik das Sagen hat. In Zinder, der früheren Hauptstadt, in dessen älteren Teilen die Menschen am Abend vor ihren Häusern sitzen, plaudern, gelegentlich Musik machen und tanzen, gesellen sich die Kanuri aus der Gegend des Tschadsees hinzu. In Agadez sind die Tuareg das auffälligste ethnische Element (Farbbild 32). Sie waren vor ihrer „Befriedung" durch die französischen Eindringlinge, die ein Kolonialreich zusammenrafften, die mutigsten, aber auch die erbarmungslosesten Krieger der Sahara gewesen. Wir können nach vielen Begegnungen in mehreren Ländern nichts Nachteiliges über sie sagen. Niemals sahen wir sie in einer „unanständigen Haltung", zum Beispiel betrunken oder bei ungehörigem Benehmen. Kamelkarawanen von Händlern und Nomaden ziehen noch immer ihrer Wege, oft dort, wo man sie gar nicht mehr vermuten würde, und trotzen den von November bis April häufigen Staubstürmen, die auch uns zu schaffen machten. Ein solcher Sturm dauerte einmal sechs Tage und entließ uns so deprimiert wie die gleiche Anzahl Nebeltage in Deutschland es vermocht hätten.

Aber die moderne Zeit macht vor dem Niger nicht halt. Im Norden wird seit Jahren Uranerz gefördert. Dafür wurde auf dem Weltmarkt jetzt weniger gezahlt. Alle Zukunftsberechnungen während der Boomzeit gerieten durcheinander. Woher sollte zum Beispiel das Geld für die angestrebte Reform des Schulwesens kommen, die eine Loslösung vom französischen Bildungssystem erreichen und bewirken sollte, daß alle Kinder (derzeit nur ein Bruchteil) zur Schule gehen könnten! Modernisierung erkannten wir auch an der Einrichtung des Schulfernsehens. Aber Farb-TV(!) diente im Niger hauptsächlich der Verbreitung von Regierungszielen und der Unterhaltung. Fernsehgeräte erfreuten sich ebenso einer steigenden Beliebtheit wie so viele andere luxuriöse, sehr teure, importierte Güter, die sich der Niger jetzt eigentlich nicht mehr erlauben konnte.

Trotz der verschiedenen Erschwernisse im Niger blieben wir fünfzehn Tage, ehe wir das große südliche Nachbarland, Nigeria, ansteuerten. In Maradi, der letzten wichtigen Stadt vor der Grenze, kletterte das Quecksilber auf 45 Grad im Schatten. Wir wollten nun heraus aus den Ebenen ins kühlere Bergland.

1   *Männer mit „Kabbous" aus roter Wolle in der „Medina" von Sfax in Tunesien*

2   *Bäuerinnen vor einem Lädchen mit Kurzwaren in Sfax*

3 Geduldig wartet der Händler auf Käufer. Das ist sein „Geschäftsgeheimnis"

4 Säulengang der Großen Moschee in der heiligen Stadt Kairouan/Tunesien

5   *Dünen bei El Oued in der Großen Östlichen Sandwüste Algeriens, mit Wilma*

6   *Die Mozabiten-Orte (hier: Ghardaia) werden von eigenartigen Minaretten überragt*

7 Zwei Wochen verbrachten wir im Hoggar-Gebirge der Sahara. Hier Basaltschlote

8 Beim Fußmarsch im Hoggar war der Iharen (schwach in der Mitte zu sehen) Wegweiser

9 *Das Tor und die Häuser von In Salah sind aus Lehm. Wir sahen nicht eine Frau*

10 *Auf dem Tassemit (2248 m) im Mittleren Atlas bei Beni Mellal/Marokko*

11   *Die Ouzoud-Wasserfälle nahe Beni Mellal sind etwa hundert Meter hoch (Marokko)*

12   *Die Dörfer im Hohen Atlas gleichen Wehrburgen. Dahinter die Bergwüste*

13 Lhussaine in Tilmi machte Teewasser, bediente sich eines großen Blasebalgs

14 Fatima in Tassent bestand auf dem Wunsch, Wilmas Hände mit Henna zu bemalen

15 *Am Strand von Guet N'Dar/Senegal: Fischhändlerinnen, Hausfrauen, Schaulustige*

16 *Abdoulaye und Fatou waren in Saint Louis die anhänglichsten Kinder*

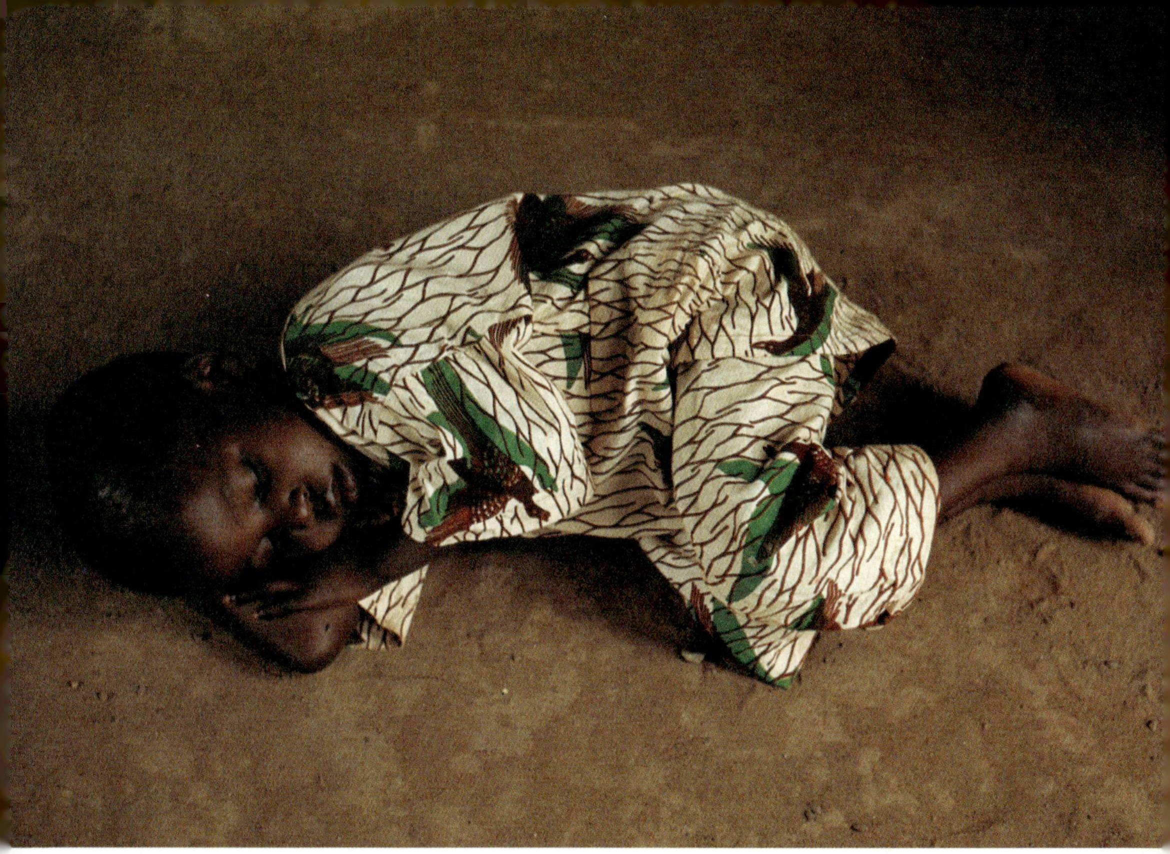

17 *Junge in neuem Anzug beim Opferfest Tabaski in Djougou/Benin*

18 *Töpferwaren auf dem Markt von Ketao in Togo*

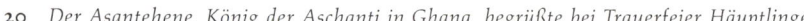

19   *Eingang des Fischerhafens Elmina/Ghana. Vorn Teil eines portugiesischen Schlosses*

20   *Der Asantehene, König der Aschanti in Ghana, begrüßte bei Trauerfeier Häuptlinge*

21 *Der riesige Markt in Kumasi. Jeder Händler Ghanas stak in „schwarzen" Geschäften*

22 *Die Dorfjugend musizierte, sang und tanzte aus reiner Freude (Tamale/Ghana)*

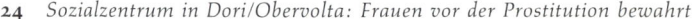

23 Oberst Saye Zerbo, damals Präsident von Obervolta (Mitte), bei einer Feier

24 Sozialzentrum in Dori/Obervolta: Frauen vor der Prostitution bewahrt

25 Das Dorf N'Diomga bei Dori ist an allen Seiten von Sanddünen umgeben, aber...

26 ...direkt neben dem Ort entstand eine bewässerte Oase mit Gemüsebeeten und Mangobäumen

27   Rinder, Esel und Ziegen am Ziehbrunnen eines Saheldorfes in Mali

28   Nur wenige Kinder im Sahel ließen sich durch uns Weiße erschrecken (Dorf Oursi)

29 *Marktgebiet der malischen Stadt Gao. Auf dem Dach des großen Hauses ein Freilichtkino*

30 *Der Niger, größter Strom Westafrikas. Wir fuhren ihn mit Booten 870 km hinauf*

31 *Älteste und Kinder beim Abschied von Kobou/Mali. Hinten die Berge von Hombori*

32 *Drei Tuareg in Agadez im Norden der Republik Niger. Sie bevorzugen die Farbe Blau*

33 *Dorf nahe Jos/Nigeria. Vorn überschüssige Mangos. Die Bauern kennen „Einmachen" nicht*

34 *Fulbe treiben ihre Rinder ins Hochland von Jos, wo es keine Tsetsefliege gibt*

35 Einige Male mußten wir auf Wanderungen in Nigeria Bäche durchqueren

36 Palast des Angas-Häuptlings von Kuwang. Dorfoberhäupter waren in Nigeria oft Gastgeber

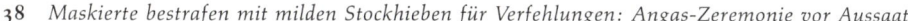

37   *Alte Männer der Angas. Der Umhang ist modernes Kleidungsstück. Früher gingen sie nackt*

38   *Maskierte bestrafen mit milden Stockhieben für Verfehlungen: Angas-Zeremonie vor Aussaat*

39 Frauen des Dorfes Kwabzak/Jos-Plateau kochen in Bottichen Hirsebier

40 Festungsartiges Bauerngehöft in Mogodé in den Mandara-Bergen Kameruns

41   *Häuptlingsfrau der Fulbe auf dem kamerunischen Hochland von Adamawa*

42   *Fulbe-Mädchen im Adamawa. Sein Volk liebt einfallsreiche Frisuren und Schmuck*

43 *Hier fließt der Ogowe träge dahin, aber er hat auch viele Stromschnellen (Gabun)*

44 *Beim Nationalfeiertag Gabuns ruft die Einheitspartei zu Massenveranstaltungen auf*

45 *In der Trockenzeit sind die Straßen „gut", aber der Wald ist staubbedeckt (Gabun)*

46 *Raddampfer „Fleuve Congo" schiebt einen Leichter vor sich her. Rechts das Ufer Zaires*

47 *Tuareg-Junge mit Amuletten (Hoggar)*

48 *Marokkanisches Kind in Zagora*

49 *Gesichtsmarken, Elfenbeinküste*

50 *Wolof-Schönheit im Senegal*

51 *Kleiner Daba in Nordkamerun*

52 *Fulbe-Mädchen in Kamerun*

53 *Wasserträger in Zentralafrika*

54 *Junge der Pygmäen, Zentralafrika*

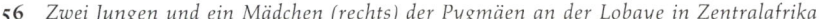

55   *Eine Woche zu Fuß durch den Busch von Zentralafrika zum Sudan*

56   *Zwei Jungen und ein Mädchen (rechts) der Pygmäen an der Lobaye in Zentralafrika*

57 *Von Baptisten bekehrte Zentralafrikaner vor ihrer Dorfkirche*

58 *Bischof Joseph Gasi Abangite vor der katholischen Kirche von Tombura im Sudan*

59 *Trockenes Flußbett mit Akaziengalerie im äußersten Nordwesten Kenyas*

60 *Ein neues „Zuhause auf Zeit" in Nakuru im kenyanischen Hochland*

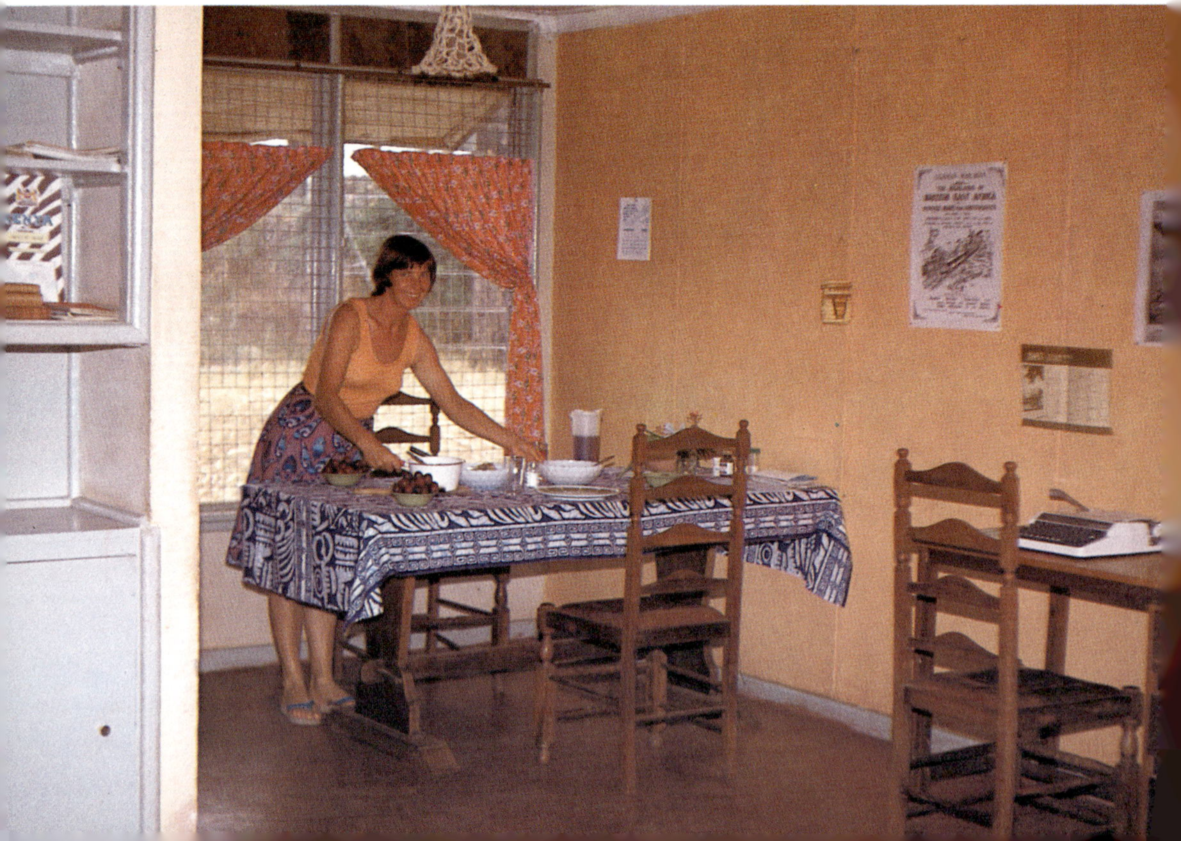

61 *Nandi-Jungen nahe Kitale in Kenya nach Beschneidung in traditionellem Kleid auf der Jagd*

62 *Typisches Dorf, 2100 Meter hoch gelegen, in den Bergen bei Nakuru*

63 Der Natronsee im Nationalpark von Nakuru ist ein Sammelpunkt unzähliger Flamingos

64 Altertümlicher Schleppverband auf dem Victoriasee in Ostafrika

65 *Volksschülerinnen in Masindi/Uganda musizieren und singen für uns*

66 *Intore – Kriegstanz der Tutsi, beim zehnten Jahrestag der Revolution in Ruanda*

67   *Die Victoriafälle des Sambesi an der Grenze Sambia/Simbabwe*

68   *Am Hang des Kilimandscharo in Kenya (Der Gipfel liegt aber in Tansania)*

Im Bergland Nigerias und am Tschadsee

„Wenn ihr nach Nigeria kommen solltet, müßt ihr mich besuchen!", war der Wunsch von Jeremy gewesen. Der Engländer hatte ihn im Hohen Hoggar, in der Mitte der Sahara in Algerien, bei einer gemeinsamen Tageswanderung geäußert. Er war auf dem Rückweg von England nach Nigeria gewesen, wo er in der Gebirgsstadt Jos zuvor an einem Museum gearbeitet hatte und danach an der Universität Architektur lehren sollte. Im Hoggar war er nur noch etwa fünfzehnhundert Kilometer von seinem Ziel. Aber anders als Jeremy gingen wir wieder nach Norden und wir bewältigten noch rund 32 000 Kilometer in Nord- und Westafrika, ehe wir ihn in seiner Wahlheimat Jos nach vierzehn Monaten endlich umarmen konnten! Der Architekt hatte uns auch unterwegs schriftlich an seine Einladung erinnert!

Wegen der großen Hitze in der alten, aber im Zuge der stürmischen Veränderungen in Nigeria wie alle anderen Städte eher konfus wirkenden Hausa-Metropole Kano zogen wir schon nach ein paar Tagen auf das kühle Hochland von Jos. Wir hatten uns vorgenommen, dort den größten Teil der Zeit zu verbringen. Jeremy fand diesen Vorsatz sehr weise. Acht Tage blieben wir bei ihm, ehe wir in eine durch seine Hilfe gefundene möblierte Wohnung, die eine Engländerin gerade aufgegeben hatte, einziehen konnten. Dadurch war auf einen Schlag der Hauptgrund unserer finanziellen Bedenken beseitigt. Uns saß der Schrecken noch tief in den Gliedern, daß wir in der ersten Nacht in Kano beinahe hundert Mark für eine Unterkunft bezahlen mußten! Jos wurde unsere neue „Heimat auf Zeit". Die zweite Sorge, die uns von Anfang an bewegt hatte, war die der Kontakte mit der einheimischen Bevölkerung. Wir können nicht sagen, daß uns die Stadt ganz besonders gefiel. Aber die Einwohnerschaft erschien uns im allgemeinen nicht unfreundlicher als sonst irgendwo in Westafrika, wenn vielleicht auch nicht freundlicher. So sollte unsere Wohnung in Jos lediglich Arbeits- und Schlafplatz sein, die Stadt aber Ausgangspunkt für Reisen auf dem Lande. Dabei wurden wir keineswegs enttäuscht, wie noch zu berichten sein wird.

1943 wurden bei dem Dorfe Nok in der Umgebung von Jos die Fragmente einer sehr großen Anzahl von Terrakotta-Statuen gefunden, die aus der Zeit von 500 vor bis 200 nach Christi Geburt datieren, großartige Zeugnisse einer alten afrikanischen Kultur, die unter dem Namen ihres Fundortes berühmt wurde. Im Museum in Jos ist ein Teil der Stücke zu sehen. Außerdem gibt es ein Freilichtmuseum für traditionelle Architektur, an dem Jeremy mitgearbeitet hatte. Bemerkenswert an Jos ist sonst lediglich noch, daß es durch die rege Tätigkeit von britischen Zinnminen – seit dem Jahrhundertbeginn – entstand, und daß es von vornherein so angelegt wurde, daß die verschiedenen ethnischen Gruppen – die meisten waren Zugezogene, wie Hausa und Ibo – in eigenen, dafür vorgesehenen Stadtvierteln lebten. Auch die Europäer – vor allem natürlich Engländer – errichteten, allerdings nicht gleich zu Beginn, ihr besonderes Viertel, mit einem ein Kilometer breiten Abstand zum Rest der Stadt(!). Nun waren die letzten Minenbetriebe dabei, ihre Tore zu schließen, weil sich der Zinnabbau nicht mehr lohnte. Aber Jos hatte rund 200 000

Einwohner, einige Fabriken, Eisenbahn, lebte jedoch vor allem vom Handel. Ausländer gab es viele, insgesamt zwanzig Nationalitäten, darunter außer Engländern auch Deutsche, Libanesen, Inder und Japaner. Fast alle waren nur vorübergehend da, um zu arbeiten.

Jos hat das beste Klima

Die Hauptstadt des Plateau-Staates etwa in der Mitte Nigerias liegt rund 1300 Meter hoch, und Berge auf dem schroff aufragenden Plateau reichen bis zu fast 1800 Metern. Dieses Hochland gilt zu Recht als das schönste Gebiet Nigerias und hat – nebenbei gesagt – für Europäer auch das gesündeste Klima: Warme Tage, kühle Nächte. Klimaanlagen sind überflüssig. Bei den Engländern – den einstigen Kolonialherren – war Jos eine „Hill Station", ein Höhenkurort. Weder damals konnte man noch kann man heute diese Stadt mit irgendeinem gepflegten Erholungsplatz in Mitteleuropa vergleichen. In Jos gab es Slums, Verkehrschaos und Abfallhaufen, wie in jeder nigerianischen Stadt. Blieben das Klima und die Umgebung. Das Jos-Plateau erstreckt sich respektable 140 Kilometer von Nord nach Süd und 100 Kilometer von West nach Ost.
Die Natur zeigte sich hier von ihrer schönsten Seite, insbesondere nach den ersten Regen, die fielen, als wir eintrafen. Steile Granitberge, einige kürzlich noch aktiv gewesene Vulkane, alte Lavaströme, ausgedehnte Weideflächen mit vielen Rinderherden der Nomaden, tropischer Waldbestand an den schroff abfallenden Plateaurändern, von Bauernvölkern liebevoll gepflegte Mais-, Yams-, Kartoffel- und Reisfelder, in einigen Abschnitten Alleen schattenspendender Mangobäume und große Haine von Ölpalmen sowie eine Reihe beeindruckender Wasserfälle waren die wichtigsten Merkmale dieser Landschaft. Allerdings gab es auch hier starke Erosion durch Überweidung, Entwaldung und durch Schürftätigkeit der Zinnprospektoren. Das Bergland von Jos war erstmals 1902 von einem Europäer betreten worden. Von den großen Völkern der Umgebung war es gefürchtet und gemieden gewesen. Während der Sklavenjägerzeit war es Zufluchtsort von kleineren, zum Teil sehr alten Stämmen geworden. Es konnte für uns in und um Jos also recht interessant werden.
Damals dürfte es nur wenige Länder gegeben haben, die bei Besuchern so unbeliebt waren wie Nigeria. Urlaub machte dort kaum jemand. Reisende von unserer Sorte waren selten. Wer von Benin oder Niger nach Kamerun fahren wollte, nahm durch Nigeria den kürzesten Weg. Ich will die damalige chaotische Lage in den städtischen Gebieten anschaulich erklären, aber über die ländlichen Gegenden kann ich mich nur lobend auslassen.

Viel Schatten und nur wenig Licht

„Da laufen alle mit haßerfülltem Blick und mit einem Knüppel herum!" – „Verbrecher an jeder Ecke!" – „Und dann die Preise: ein Liter Milch für zehn Mark!" – Von entgegenkommenden Touristen und solchen, die gar nicht in Nigeria gewesen waren, waren uns schon in Nordafrika die Schreckensmeldungen an die Ohren gedrungen. Wir blieben aber unserem Grundsatz treu, uns erst einmal selbst ein Urteil zu bilden. Zwei Monate lang wollten wir versuchen, Nigeria kennenzulernen. Daraus wurden drei Monate.
Zu den eben zitierten Verallgemeinerungen sei gesagt: 1. Der Gesichtsausdruck der Nigerianer war um keinen Grad finsterer als der anderer Afrikaner. Nicht herausgefunden haben wir aber, warum so viele Stadtbewohner Weißen so unhöflich und unfreundlich entgegentraten. Wollte

man unsereins für immer spüren lassen, als welches Unrecht die koloniale Bevormundung durch die Engländer empfunden wurde? 2. Die Kriminalität war vor allem in den ganz großen Städten (besonders in Lagos) überdimensional. 3. Preise für importierte Luxusgüter (und sterilisierte Milch aus Italien *ist* ein Luxus) waren sehr hoch, was fast immer angebracht war. Frische Milch von Fulbe-Nomaden kostete kaum mehr als fünfzig Pfennige pro Liter.

Reiseweg (Strichlinie) durch Niger, Nigeria und Kamerun

Das soll allerdings nicht heißen, daß zum Beispiel viele wichtige Lebensmittel nicht zu teuer gewesen wären. Gut verdienende Beamte, die sehr häufig „Nebeneinnahmen" hatten, und leitende Angestellte großer Firmen (25 000 bis 30 000 Mark im Monat waren keine Seltenheit zu jener Zeit des zu Ende gehenden Ölbooms) sowie Geschäftsleute – alle zusammen die sogenannte neue „Elite" – machten sich darüber freilich keine großen Gedanken.

Schon der Zoll sei eine Katastrophe, hatten wir früher gehört. Sicherlich waren diese Beamten (wie alle hierzulande) an Korruptheit kaum zu übertreffen. Das war eine so bekannte Tatsache, daß uns auch die ausgesprochene Freundlichkeit der Zöllner bei der Einreise nicht darüber hinwegtäuschen konnte. Die mit Karabinern bewaffnete Polizei war bei Kontrollen auf den Landstraßen nicht besser. Wir müssen jedoch hinzufügen, daß wir nicht ein einziges Mal unseren Paß vorzeigen mußten und auch keine Schwierigkeiten beim Fotografieren hatten – im Gegensatz zu den Nachbarländern! Groß war die Empörung über Korruption, Schwarzmarkt und Schmuggel. Die Politiker rissen sich so viel wie möglich unter den Nagel, Parteien, die in Bund oder Staaten bei Wahlen erfolgreich waren, schanzten ihren Helfern fast alle Aufträge und Vorteile zu, worüber sich die jeweilige Opposition ärgerte. Gerade eben schrie eine der fast immer einer Partei das Wort redenden Zeitungen sich den Hals über Machenschaften der „anderen" wund, da hörte man vom Millionendiebstahl durch einen Mann ihrer eigenen Anschauung. Was Politikern recht war, war Beamten billig. Bei fast allen Behörden fehlten am Jahresende unzählige Millionen Naira (eine Naira offiziell 3,50 Mark). Die „Staatsdiener" verbrachten den größten Teil ihrer Arbeitszeit plaudernd, zeitungslesend, schlafend.

Nigerias Städte im Chaos

In jeder Stadt, für die die staatliche Stromversorgung zuständig war, fielen täglich wenigstens für ein paar Stunden Licht und Kraft aus. Telefonieren im In- und ins Ausland war mit langen Wartezeiten verbunden. Konstanter Mangel an Trinkwasser (städtisch) war ein weiteres Ärgernis für die Stadtbewohner. Dies alles trotz moderner Einrichtungen! Die Nachlässigkeit der Beamten ließ alles versagen. Luftpostbriefe nach Deutschland brauchten zwanzig Tage, wie wir feststellten. Oft gab es auf den Postämtern überhaupt keine Briefmarken – aus Schlamperei. Seit drei Monaten hatte die Bundesregierung in Lagos die Gehälter der Volksschullehrer nicht gezahlt. Ein Wunder, daß sie streikten, daß die Schüler vergeblich auf sie warteten, daß es Sabotageakte gab, daß an Schulen Feuer gelegt wurde, um auf solche Mißstände aufmerksam zu machen, daß bei all den Schweinereien, die in Nigeria passierten, der Ruf nach einer Militärregierung immer lauter wurde? Die letzte war 1979 abgetreten, seitdem regierten Zivilisten, Präsident war Shehu Shagari. (Er wurde in der Neujahrsnacht 1983/84 aus seinem Amt geputscht. General Mohammed Buhari spielte sich zum Retter der Nation auf. Es war schon das fünfte Mal in Nigerias kurzer Geschichte, daß sich Militärs diese Rolle anmaßten. Sie blieben den Beweis schuldig, fähiger als Leute ohne Uniform zu sein. Jedenfalls floß viel Blut unter ihrer Herrschaft.)

Die Städte absorbierten immer mehr Menschen in ihrem Sumpf. Geld, Geld, Geld – das einzige, was noch zählte, es erwerben, möglichst ohne schwere Arbeit! Präsident Shagari selbst bezeichnete die Arbeitsmoral seiner Landsleute als „eine der schlechtesten in der Welt". Millionen versuchten sich im Klein- und Kleinsthandel, trieben damit die Preise für wichtige Güter in die Höhe. „Wozu arbeiten, wir haben doch Petroleum!", schien für viele die Losung gewesen zu sein. Öl ließ sich nun aber in der Welt schlechter verkaufen, und schon hatte Nigeria seine

Nigeria am Ende des Ölbooms: In der Mitte einer Geschäftsstraße Kanos Berge von Müll

Wirtschaftskrise. Der Ölpreis war von zwei Dollars 1973 auf 34 Dollars 1981 angestiegen, aber nun, 1982, fiel er, und insbesondere das ohnehin teure nigerianische Öl war nicht mehr gefragt wie ehedem. Im Land herrschte jetzt auch Benzinmangel – Horter sorgten dafür.

Geld machen, konsumieren, wegwerfen, das war auch in Nigeria die Reihenfolge. In den Großstädten wie Kano, Enugu oder Port Harcourt – von Lagos ganz zu schweigen – stanken, mitten in den Straßen, riesige brennende Müllhaufen zum Himmel. Stadteinfahrten waren kilometerlang von Müllplätzen und Autowracks gesäumt. Wo in anderen Ländern an Fernstraßen Rastplätze angelegt werden, lagen in Nigeria Trümmer. Kein Unfallwagen wurde beiseite geschafft. Er lag noch nach Jahren am Straßenrand. Und es gab viele, viele Unfälle, denn die Motoristen, vor allem die Taxichauffeure (Überlandtaxen) waren Teufelsfahrer.

Nicht nur Blech, auch Unfalltote blieben oft dort liegen, wo sie gefällt wurden. In unserer „Heimat auf Zeit", der Stadt Jos, lag auch drei Tage nach einem solch tragischen Ereignis der Körper eines Unbekannten an einer Straßenecke. Als ein Taxifahrer, mit dem wir unterwegs waren, einmal wegen eines Leichnams auf der Landstraße bei Gegenverkehr auf die Bremse trat, riefen Mitfahrende ihm zu, Gas zu geben, denn sicher lauerten hinter den Bäumen Straßenräuber – und er fuhr (als wievielter?) über den Toten. Ein Beispiel, wie Nigerianer manchmal „durchdrehen", möchte ich hier noch anführen. Einmal, an dem großen Fluß Benue, an einer Stelle ohne Brücke, aber mit Fähre: Gut ein Dutzend Fahrzeuge stand in einer Reihe wartend an Land. Die Fähre legte überraschend an einer anderen Stelle an. Alle Fahrer lenkten schleunigst ihre Wagen dorthin. Der

Kapitän verkündete, er nehme niemanden mit (eine Laune von ihm, denn sein Gehalt bekam er auch so). Ein Fahrer sprach mit ihm, fuhr dann an eine dritte Stelle. Dort legte auch die Fähre an, nahm das Auto auf. Die übrigen Chauffeure liefen nun Amok. Rasend steuerten sie ihre Wagen in Richtung Fähre – die gerade ablegte – und dann gegeneinander! Zurück blieb ein Wust demolierter Autos . . .

Die Kolumnistin Theresa Bowyer fragte in einem Artikel in der Zeitung „Sunday New Nigerian" ihre Landsleute: „Warum sind wir nur ein so undisziplinierter Haufen?"

Für uns war Ghana bis dahin das verlottertste Land gewesen, das wir je besuchten. Nigeria schien ihm nun noch diesen Rang ablaufen zu wollen. Aber da war dann doch noch das andere Nigeria, *das* außerhalb der Städte! Weil wir einen israelischen Freund, der nun hier arbeitete, nach fünfzehn Jahren einmal wiedersehen wollten, fuhren wir mit der Eisenbahn (ohne Probleme) 960 km zur Stadt Port Harcourt im Nigerdelta, anschließend zur von dort 210 km entfernt liegenden Stadt Calabar, um uns ein Visum für Kamerun zu besorgen. Wir hätten dies auch in der Hauptstadt Lagos tun können, aber wir entschlossen uns, diese aus Sicherheitsgründen ganz zu meiden.

Nach Jos zurückgekehrt, genossen wir unsere nette Wohnung, auch wenn wir abends nur bei Kerzenlicht sitzen mußten oder nur eine braune Brühe in der Badewanne auf Vorrat halten konnten, weil Strom- und Wasserversorgung dauernd versagten. Dort bereiteten wir uns vor allem auf unsere Wanderungen vor. Unglaublich aber wissenschaftlich ganz klar bewiesen: In einem Umkreis von hundert Kilometern um Jos gibt es über hundert Stämme, deren Kopfzahl zwischen ein paar Tausenden (leider sehr häufig) und ein paar Hunderttausenden schwankt.

In der Stille nigerianischer Bergdörfer

Das etwa zehn Jahre alte Mädchen trug auf dem Kopf ein buntemailliertes Tablett mit kleinen Blechdosen. So war es auf dem Weg zum winzigen Markt von Burdinga, mitten auf einer saftigen Viehweide, über die Zebuherden der Fulbe zogen. Es war kurz vor Mittag und wir hatten Hunger. Als wir der Kleinen nun in ihre Töpfchen schauten, war sie vor Entsetzen wie gelähmt. Wir hießen sie, das Tablett abzusetzen. Das tat sie auch und lief dann verschreckt weinend davon. Wir hatten alle Mühe, sie zu beruhigen, wollten wir doch nur etwas von ihrem Mais-Ei-Auflauf kaufen. Zum Glück war ihr Vater ihr in einigem Abstand gefolgt und so konnte sie bald ihre Tränen trocknen. Das Töchterchen hatte noch nie einen weißen Menschen gesehen.

An vielen Hütten, wo wir gerade noch fröhliches Kindergezwitscher gehört hatten, herrschte bei unserem Näherkommen Grabesstille. Niemand war zu sehen. Erst wenn wir uns ruhig verhielten, sahen wir aus Eingängen, hinter Bäumen und Kakteenzäunen (ursprünglich Schutz gegen berittene Räuberbanden) Mädchen und Jungen und auch ein paar Erwachsene hervorlugen, so, als wollten sie vorsichtig prüfen, ob die Gefahr vorüber sei. Wenn wir uns niederließen, wagten sie sich hervor, und schließlich waren alle Knirpse um uns versammelt, einer lieber anzusehen als der andere. Nur die ganz Kleinen, fest auf den Rücken größerer Geschwister gebunden, weinten noch. Aber nicht überall spürten wir zunächst noch Furcht vor uns. Meist war das Eis schneller gebrochen und Große und Kleine betrachteten uns mit vor Staunen geweiteten Augen. Die ganz Zutraulichen versuchten gleich, einen Platz in unserer Nähe zu erobern, drängten sich an uns, um uns zu berühren. Daß afrikanische Kinder nicht nur zu ihren Geschwistern sehr zärtlich waren, sondern auch zu uns, ist eine Feststellung, die wir schon in anderen Ländern machten.

Bei solchen Begegnungen war es wohltuend, wie still sich Kinder und Erwachsene verhielten. An keinem Tag unserer Wanderungen hörten wir großen Lärm. Die Schönheit der Viehweiden, von baum- und buschgesäumten Bächen durchflossen, des Buschlandes, aus dem tropische Bäume emporragten, der nach dem Regen triefenden, betörend duftenden, von Pavianen bewohnten Wälder, der manchmal in die Wolken reichenden Granitberge, der ockerfarbenen, oft runden Hütten unter Mangobäumen (Farbbild 33) oder Ölpalmen bildete eine perfekte Harmonie mit der Ruhe. Uns erfreute auch die Sauberkeit. Nirgends gab es Müll. Die Umgebung jeder Hütte wurde täglich mit einem Besen aus hartem Gras gefegt. Auch im Innern wurde kein Schmutz geduldet. Die Leute badeten so oft wie möglich, mit Brunnenwasser, in einem Bach oder Fluß. Auch die Kleider waren fast immer frisch gewaschen. Jeden Tag aßen wir bei den Dörflern Reis, Mais- oder Hirsebrei, mit einheimischem Grünzeug und unterschiedlich gewürzten Soßen, ohne den Eindruck zu haben, bei der Zubereitung sei unhygienisch gehandelt worden.

Nachdem der Regen den Boden getränkt hatte, machten sich die Bauern an das Umhacken ihrer Felder, oft große Stücke, wozu sie mehrere Tage brauchten. Dabei verwendeten sie eine kurzstielige Hacke. Später bohrten sie, aufrechtstehend, mit der rechten Ferse ein Loch in die Krume und ließen ein Maiskorn hineinfallen, um es mit Hilfe der Zehen mit Erde zu bedecken. So säten sie auch Hirse, setzten sie Kartoffeln. Trotz der großen Mühe sahen wir, daß sie immer auch Zeit für ein Wort an Vorübergehende hatten. Auch uns grüßten sie ausnahmslos alle. „Sannu?!" – was etwa unserem „Wie geht's?" gleichzusetzen ist – stammt aus der Sprache der Hausa, des in Westafrika weitverbreiteten, einflußreichen Volkes. Bei diesem häufigsten Gruß hebt man die rechte Faust bis auf Augenhöhe. Viel höflicher ist es allerdings, in die Knie zu gehen und sich

Bei einer unfallträchtigen Kurve: Wracks bleiben liegen. – Typischer Gruß auf dem Lande

gleichzeitig zu verbeugen. Wenn junge Leute dies taten, fanden wir es angebracht, aber wir waren gerührt, wenn uns selbst alte Männer so viel Respekt erwiesen, dazu etwa erst noch von ihrem Fahrrad stiegen. Manche Frauen knieten nieder und streuten sich Sand oder Erde aufs Haar. Die alten Umgangsformen galten noch immer.

Erstaunte Frage: „Habt ihr kein Auto?"

Auf unserem Weg waren wir fast nie allein. Außer den Bauern auf den Äckern und den Jägern mit alten Flinten (auf der Pirsch nach Pavianen und Antilopen) gab es auch immer Marktfrauen, und Schulkinder in blauen oder grünen Kitteln, die uns ein Stück weit begleiteten. Waren wir uns über den weiteren Weg nicht im klaren, fand sich rasch jemand, der uns riet oder sogar kilometerweit mit uns ging. In einem Fluß badende Jugend, Mangos stibitzende Buben und Fulbe-Sippen, mit ihren Rinderherden (Farbbild 34) auf der Wanderung, leisteten uns ebenfalls Gesellschaft. „Motani suna tafiya?" („Habt ihr kein Auto?") war dabei die am häufigsten gehörte Frage. Aber der Pfad war für einen Wagen ja meistens unpassierbar.

Besonders nett war, wie ein alter Mann bei Mbar uns nachlief, um uns Sauermilch trinken zu lassen, wie Frauen, die uns im Vorbeigehen auf einem Felsen sitzen sahen (wo wir Notizen schrieben), aus dem Dorf Tuke uns junge Leute entgegenschickten, die unsere Rucksäcke tragen sollten. Das ließen wir zwar nicht zu, aber der Einladung ins Nachtquartier folgten wir gerne. Im malerisch gelegenen Dorf Richa, wo Häuptling Adunguk Almak uns höchstpersönlich bei dem Lehrer Bitrus Agyawal einquartierte, waren wir von dessen Fürsorglichkeit beeindruckt. Wir

Die Angas bauen Hirse, Mais und Tabak an. Hier unbestellte Felder, darauf Baobab-Bäume

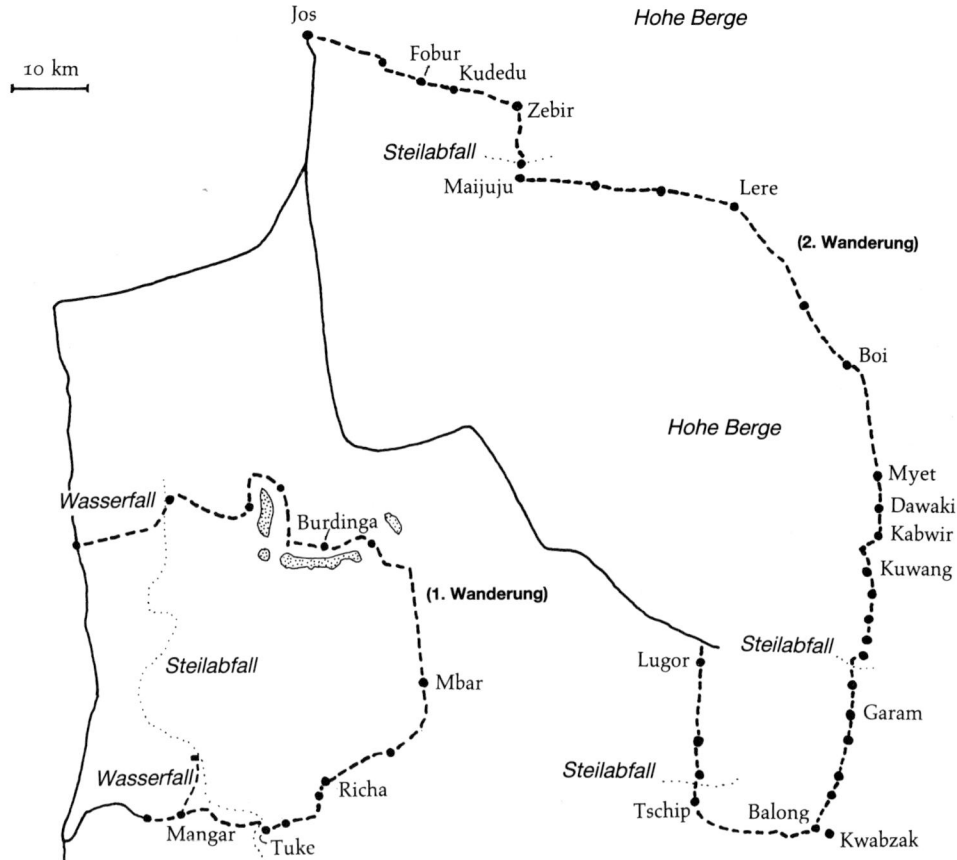

Strichlinien zeigen zwei Wanderungen auf dem Hochland von Jos in Nigeria an, durchgehende Linien die ergänzenden Fahrten mit Autos. Nur wichtige Dörfer sind erwähnt

hatten einen steilen Felsenberg hoch über dem Ort bestiegen. Als wir gerade am Gipfel waren, brach ein Gewittersturm los. Wir kehrten glücklich zurück, aber Bitrus, in Unkenntnis dessen, stieg auf halbe Höhe den Berg hinan, nach uns rufend, eher er in der Dunkelheit aufgab. Er fand uns dann in der Dorfkneipe mit Zechern beim Hirsebier. Viele Male leerten wir bei den Wanderungen die Kalebassen mit dem gelblich-grauen, leicht berauschenden Gebräu (Farbbild 39). Hilfreich war auch ein junges Mädchen, das zwischen Tuke und Mangar mehrfach einen ein Meter tiefen, reißenden Bergbach von etwa dreißig Meter Breite durchquerte, um uns eine sichere Furt zu zeigen (Farbbild 35). Gefreut hat uns auch, daß *unser* Foto gewünscht wurde, „damit wir uns immer an euch erinnern".

Neben den islamischen Hausa und Fulbe gibt es im Hochland von Jos viele Animisten und Christen. So sind die meisten Angas noch Anhänger ihrer alten Naturreligion, ebenso viele Kuleri und Birom. Unter diesen trafen wir häufig Christen. Kleine Kirchen aus Lehm stehen in so manchem Dorf. Beeindruckend war für uns besonders in dem Dorf Tuke, wie kleine Kuleri-

Mädchen nur im Schein einer Kerze in dem Kirchlein religiöse Lieder sangen, dazu tanzten und trommelten. Und in dem Raum neben unserem Schlafgemach verrichteten Grace, Victoria, Alfred und die anderen Kinder unserer Gastgeberfamilie ihr Nachtgebet. Zwar mischen sich in ihr Brauchtum noch viele animistische Gewohnheiten, aber die Freundlichkeit, Friedfertigkeit und Hilfsbereitschaft dieser Menschen waren im besten Sinne „christlich".

Es tut wohl, erfreuliches zu berichten. Aber ich will hier kein Bild einer „heilen Welt" zeichnen. Die Probleme des ländlichen Lebens, wie bedrohliche Abschwemmung der fruchtbaren Krume durch falsche Behandlung, das Fehlen von einwandfreiem Trinkwasser, wenn nicht eine Quelle in der Nähe war, der Mangel an ärztlicher Betreuung, sahen wir wohl. Und auch die ersten Anzeichen, daß schon in wenigen Jahren die Banalitäten der nigerianischen Städte hierher gelangen würden...

Tuke lag fast am Ende unseres Weges, 230 Kilometer auf Straßen und Pfaden von Jos, an einem Hunderte Meter tiefen Steilabfall des Plateaus. Kurz nachdem uns Sati, der große Bruder von Grace und Victoria, den Weg in die Tiefe gezeigt hatte, kehrten wir von „Afrika" nach „Nigeria" zurück... Wir werden unsere Freunde dort oben nie vergessen.

In den Felsennestern des Angas-Volkes

Aber kurz darauf waren wir erneut unterwegs. Durch eine erste, kurze Berührung war unser Interesse an dem kleinen, fast unbekannten Volk der Angas erwacht. Es sind weniger als zweihunderttausend Menschen. Zwei Wochen bei ihnen wurden zu einem Höhepunkt unserer Reise durch Afrika. Der 240 Kilometer lange Weg unserer Expedition führte quer durch ihren Lebensraum östlich von Jos. Sie leben in burgartigen Gehöften, die oft auf den höchsten Felsen stehen. Nach ihrer mündlichen Überlieferung kamen die Angas aus dem Sudan in das Land Bornu westlich des Tschadsees. Irgendwann zwischen dem elften und dem vierzehnten Jahrhundert wurden sie von stärkeren Gruppen von dort vertrieben. Daraufhin waren sie lange Zeit auf Wanderschaft und gelangten, inzwischen in viele Teile aufgesplittert, an den Ostrand des Jos-Plateaus. Hier zogen sie sich in Felsennester zurück, um den Sklavenjägern, den Fulbe, den Hausa und anderen, zu entgehen. Außer den regelrechten Sklavenjagden gab es auch Versklavung bei kriegerischen Auseinandersetzungen zwischen Nachbarn.

Als wir durch das Stammesgebiet der Dscherawa zogen, warnten sie uns: „Geht nicht zu den Angas! Die sind noch nicht zivilisiert!" Bei den Angas wurden wir auf den „noch wilden" Zustand ihrer Verwandten, den Tschip und Tal, aufmerksam gemacht. „Sie lauern dem Wanderer immer noch mit Pfeil und Bogen und mit dem Speer auf, darum Vorsicht!" Diese Waffen waren tatsächlich noch in Benutzung, aber uns wurde in den zwei Wochen kein Haar gekrümmt. Die Angas waren, wie fast alle Völker des Jos-Plateaus, bis nach 1920 noch Kopfjäger – nicht Menschenfresser! – gewesen. Sie hatten geglaubt, daß die Stärke und Intelligenz eines besiegten Menschen oder Tieres auf den neuen Besitzer eines Schädels übergehen werde. In manchen Dörfern sahen wir am Haus des Häuptlings oder Jägers ganze Bündel bleicher Schädel von Affen, Antilopen und Leoparden hängen. Wir hörten, daß die Männer den alten Zeiten nachtrauerten...

In den Dörfern waren zumeist die Häuptlinge unsere Gastgeber. Einige waren erstaunlicherweise gern bereit, Fragen nach den Eigenheiten der Angas zu beantworten. Pardung Polit, Häuptling im Dorf Garam und zugleich Oberhaupt eines Landkreises, erzählte von sich aus mehr als wir erwartet hatten, als wir eines Abends vor seinem „Palast", einem besonders umfangreichen

Aus Myet wanderten wir mit drei lebenden Hühnern davon. – Frauen auf dem Weg zum Markt

Gehöft, saßen. Ich hatte dabei seinen zehnjährigen Sohn Tschorbe auf dem Schoß, eines seiner dreizehn Kinder, die er mit neun Frauen hatte. Pardung Polit breitete vor uns das Drama seines Volkes bei der Ankunft der Weißen aus. Irgendwann nach 1910 sollen die Späher der Angas das Erscheinen der Engländer in dieser Felsenlandschaft angekündigt haben. Die Krieger traten mutig gegen die Eindringlinge an. Als der erste Bogenschütze von einer Gewehrkugel niedergestreckt wurde, dachten die anderen, er könne nicht tot sein, denn er hatte nicht „Ich sterbe!" gerufen, wie dies Krieger offenbar taten, wenn sie tödlich getroffen wurden. Der zweite fiel, der dritte. Der Rest flüchtete in panischem Schrecken. Sie versteckten sich mit dem Häuptling zwischen den Felsen. Ein Mann aus dem Ort überbrachte den Engländern dann ein weißes Huhn als „Friedenszeichen". Die Angas, die Tschip, die Tal, die Tschalla, die Myet, die Ankwe und die anderen hätten sich ergeben, sagte Pardung Polit, aber innerlich hätten sie sich noch mehr zurückgezogen.
Die Angas wollen noch immer nicht von ihren Felsen herunter. Wir erfuhren, daß bei ihnen die grundsätzliche Abneigung gegen die Bewohner der Ebene tiefverwurzelt sei. Bauern, die hoch oben auf kleinen Feldern an terrassierten Hängen Hirse, Mais und Tabak anbauen, fragten: „Was hat die Regierung für mich getan? Ich brauche sie überhaupt nicht, weder Straßen noch Schulen . . ." Deshalb wollten sie auch keine Steuern bezahlen. Ein Bauer brachte als Argument vor: „Ich lasse mir doch nicht beim Essen zusehen!" Die Angas essen möglichst allein, im Familienkreis. Kommt jemand in ihre Nähe, hören sie zu essen auf. Angst vor dem Vergiftetwerden ist hierfür die Ursache. Wir haben in Afrika viele Geschichten von Tod durch Vergiften

gehört. Wenn wir selbst uns bei den Angas irgendwo zum Essen niederließen, blieben wir von Vorübergehenden ungestört. Erst später kamen sie herbei. Es ist Regel der Angas und anderer „Heidenvölker", Gäste zu bewirten – und ihnen beim Essen nicht zuzuschauen. Uns ließen sie in einem gesonderten Raum allein. Unser Vertrauen zu den Gastgebern war grenzenlos . . . Manche Angas kümmerten sich aber um all das nicht mehr.

Auch Geschenke für den Gast sind eine Regel. Beliebteste Ehrengabe ist ein Huhn. Aus dem Dorf Myet zogen wir morgens mit drei lebenden Hühnern davon. Vier Kilometer weiter, in Dawaki, baten wir eine Frau, zwei davon für uns zuzubereiten. Das dritte erhielt sie als Lohn. Viele Angas essen Hunde, die sie in großer Zahl halten. Begehrte Delikatessen sind in ihrem eigenen Fett gebackene, dicke fliegende Ameisen, die vor dem Regen ausschwärmen. In Kabwir wurden sie auf dem Markt verkauft.

Früher trugen die einfachen Leute meist keine Kleidung. Nach Ansicht der Angas war sie unnötig. „Sie verführt zum Stehlen!", sagten sie, denn habe man schon einmal gehört, daß ein nackter Mensch so leicht gestohlene Dinge verstecken könne, wie ein bekleideter? Um die Moral einer Frau, die nicht nackt umherging, gab es Gerede. Wir sahen noch viele Frauen, die in ihren Gehöften oder auf den Feldern fern der Hauptwege nur einen Büschel Zweige vorn und hinten trugen. Dabei haben die Angas außer geschickten Schmieden und Töpfern auch Weber. Unter dem Einfluß der Europäer und der Hausa gingen auch die einfachen Bauern dazu über, sich zu bekleiden, meist mit einem Umhang, der über die linke Schulter geworfen wird und unten bis zu den Knien reicht (Farbbild 37). Bei festlichen Angelegenheiten wird von den Ältesten nach wie vor ein mit Streifen von Schaffell verziertes Leopardenfell getragen, das mit einem Band an der rechten Schulter befestigt wird.

Der Große Gott, zwei Gottheiten, Geister und die Ahnen

Die Angas stehen mehrheitlich noch zu ihrer alten Stammesreligion. Einige wurden Christen, allerdings mit erheblichen Abweichungen von dem, was sich die Kirchen darunter vorstellen. Unser Freund Pardung Polit, ein Protestant, war mit seinen neun Ehefrauen noch „arm". Fast keiner wurde Moslem. Zu viel haben die Angas unter den Hausa und Fulbe gelitten. „Dort, der kleine Fluß, heißt ,Furungwa', was ,Ort der Hausa' in unserer Sprache bedeutet. Dort töteten wir viele von ihnen in einer Schlacht, die anderen kamen nie mehr zurück!" berichtete unser Gastgeber in Garam.

Wie bei den meisten Völkern im Plateaugebiet besteht bei den Angas die Ansicht, daß es nur *einen* Großen Gott gibt, der der Vater *aller* ist und im Himmel lebt. Er war immer da und wird nie sterben. Er macht alles Große. Die Alten haben es so gesagt, also ist es so. Er ist nicht für die kleinen Probleme des Lebens da und darum werden ihm keine Opfer gebracht und er wird auch nicht angebetet. Dieses höchste Wesen heißt bei den Angas „Nen". Daneben gibt es die Gottheiten „Gwon" und „Kum". Die eine wird in Fragen von Recht und Unrecht angerufen, die andere symbolisiert die Fruchtbarkeit und gilt als Beschützer des Hauses, weshalb für sie vor jedem Gehöft eine große Steinplatte aufgerichtet wird. Wie Christen Heiligenbilder, verehren die Angas Steine, von denen gesagt wird, daß ihre Macht vom Großen Gott komme, daß sie seine Diener seien. Jedes Dorf hat einen „Heiligen Hain", in dem die Männer den „Gottesdienern" Opfer bringen, etwa eine Ziege schlachten. Im übrigen sehen sich die Angas in einer Sphäre, die von „Gigwal", Geistern, bevölkert ist. Gute Geister heißen „Het" (weiß), böse „Tip" (schwarz). Zum

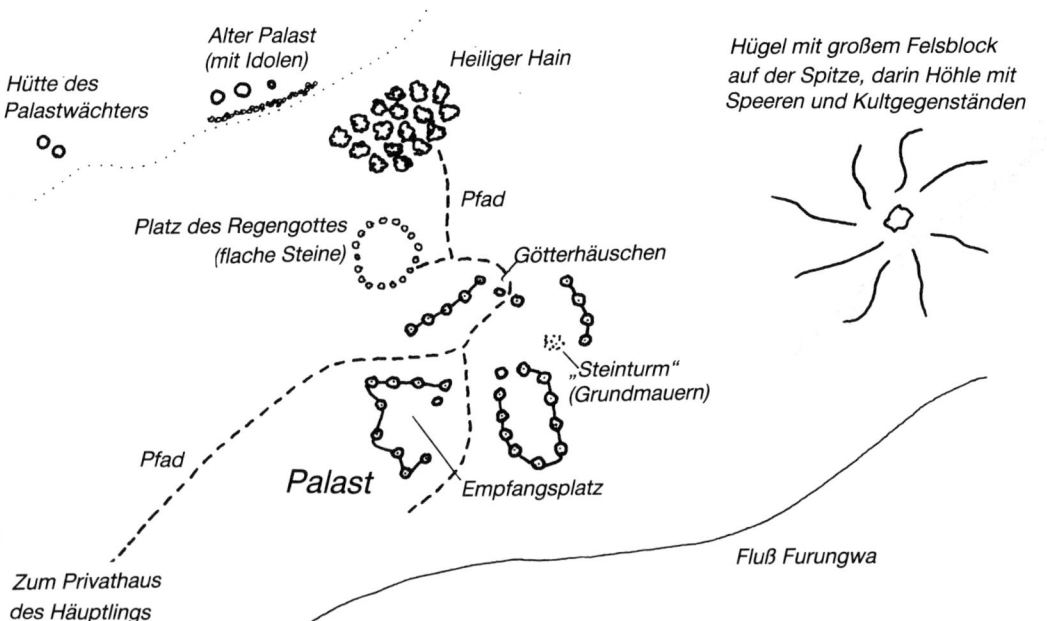

Hütte des
Palastwächters

Alter Palast
(mit Idolen)

Heiliger Hain

Hügel mit großem Felsblock
auf der Spitze, darin Höhle mit
Speeren und Kultgegenständen

Platz des Regengottes
(flache Steine)

Pfad

Götterhäuschen

„Steinturm"
(Grundmauern)

Pfad

Palast

Empfangsplatz

Zum Privathaus
des Häuptlings

Fluß Furungwa

*Oben: Skizze des Palastbereichs von Garam.
Rechts unten: Teil des Ortes und der Hügel mit
der Höhle. Links unten: Skizze des „Heiligen
Hains" im Ort Kwabzak*

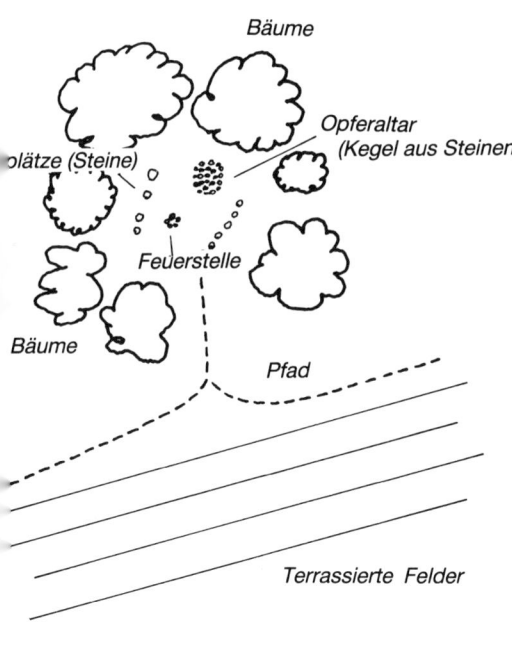

Bäume

Opferaltar
(Kegel aus Steinen)

plätze (Steine)

Feuerstelle

Bäume

Pfad

Terrassierte Felder

Gedenken an ihre Ahnen stellen die Angas Holzstatuen oder Tonfiguren auf und jährlich wird ein unserem „Allerseelen" ähnliches Fest begangen. Die Angas glauben, daß gewisse Menschen durch körperliche Fähigkeiten und gründliches Wissen um die Gesetze des Universums die Macht haben, sich in ein starkes, bewundertes oder gefürchtetes Tier, in einen Löwen etwa, oder in ein Krokodil, zu verwandeln. Es werden unzählige mystische Erzählungen weitergegeben, wie die von dem Mann, der die Ankunft der Weißen voraussah und davonflog, um diesen Schicksalsschlag nicht mitertragen zu müssen. Schließlich gibt es bei den Angas noch Zauberer, die die Wahrheit oder die Zukunft etwa aus der Anordnung von Schildkrötenschalen oder aus ihren eigenen Träumen deuten. Das Stammeszeichen der Angas ist eine einzelne, breite Schnittnarbe von den Ohren bis zum Kinn.

Einer interessanten Zeremonie der Angas konnten wir in dem Dorf Dawaki beiwohnen. Sie findet jährlich vor Beginn der Aussaat der Hirse statt. Um einen ummauerten, kreisrunden kleinen Platz liefen Leute, die in Blattgewänder oder andere Masken gehüllt waren (Farbbild 38), und sie teilten an Mitbewohner in dem Kreis, vor allem an die Jungen, die sich im Laufe eines Jahres einer Verfehlung schuldig gemacht hatten, jeweils einen milden Stockhieb aus. Sie kreischten dabei laut, was manchen, der ein schlechtes Gewissen hatte, veranlaßte, rasch das Weite zu suchen. Aber er entging seiner Strafe nicht. Erst wenn die Verfehlungen durch Stockhiebe wieder gutgemacht seien, würde das neue Erntejahr gut ausfallen, sagte uns der Häuptling. Währenddessen tanzten die Frauen singend und trällernd neben dem Kreis. Die Zeremonie zog sich lange hin. Es wurde dabei viel Hirsebier konsumiert.

Moralische, rechtliebende, freundliche Gastgeber

Die Angas sind stolz auf ihren strengen Moralkodex. Bei ihnen gibt es angeblich keine „wahre Liebe" (voreheliche Beziehungen). Es ist Angelegenheit des Vaters, für seinen Sohn eine Frau zu suchen, für seine Tochter einen Mann. Sie haben das Recht, sich zu äußern, aber nichts zu entscheiden. Die Partner werden oft schon im Kleinkindalter oder sogar schon während der Schwangerschaft zweier Frauen „gefunden". Der Bräutigam muß schon lange vor der Heirat Geschenke machen, auch unbezahlt auf den Feldern des künftigen Schwiegervaters arbeiten. Die Schönheit einer Frau ist hinter ihrer Arbeitskraft und Fruchtbarkeit drittrangig. Wird ein Ehemann der Unzucht überführt, darf er an keinen Riten im „Heiligen Hain" mehr teilnehmen. Manchmal werden Männer sogar aus ihrem Heimatort verjagt. Wohlhabende und höherstehende Männer können mehrere Frauen haben. Wenn eine Frau ihren Mann verläßt, müssen ihre Eltern den Brautpreis zurückzahlen. Ihr Vater sucht einen neuen Ehemann, der bereit ist, den Brautpreis zu zahlen. Eifersucht und Streit zwischen mehreren Ehefrauen ist oft Scheidungsgrund.

Es gibt viele Gemeinsamkeiten zwischen den einzelnen Völkern des Plateaus, aber auch markante Unterschiede. Bei einem Nachbarvolk der Angas ist der Ehemann oft stolz darauf, wenn seine Frau einen Liebhaber hat, denn dies zeigt, wie attraktiv sie ist. Er arrangiert alles, damit die beiden zusammen sein können. Dafür bekommt er manchmal Geschenke. Ist „alles aus", dann ist niemand böse. Ist eine Frau bei einem anderen Volk mit ihrem Partner unzufrieden, will sich aber nicht scheiden lassen, dann kann sie mit dessen Einverständnis einen Liebhaber halten, sogar im Haus des Ehemannes. Wenn dieser ablehnt, gilt er als Egoist.

Ausdrücklich möchten wir noch einmal die Friedfertigkeit und Gastfreundschaft der Angas, Myet, Tal und Tschip (ihre Dörfer heißen manchmal auch so), die uns in ihren Hütten oder Palästen

Zum Rhythmus von „Tsche" und „Banga" tanzen Häuptling Michael (rechts oben) und seine Leute

aufnahmen, betonen. Bei unseren Wanderungen, Besuchen, Gesprächen, beim Mahl, beim Hirsebiertrinken, bei Tanz und Musik konnten wir uns davon überzeugen: Sie sind, mit noch vielen unverfälschten Sitten, weit mehr Afrikaner als viele überhebliche Angehörige großer Völker. Unauslöschlich in Erinnerung bleibt uns der lange Abend in Myet, in dem die Männer, Frauen und Kinder bis Mitternacht zum Dröhnen der „Banga" (unter dem Arm gehaltene Handtrommel) und zum Rasseln der „Tsche", einer außen mit den Kernen einer Ölfrucht bedeckten Kalebasse, selbstvergessen mit kleinen, raschen Schritten tanzten und sangen, bis sie vor Müdigkeit und Hirsebier fast umfielen und uns damit in des Häuptlings Michael Gofor (ein „Katholik") Hütte schließlich in den Schlaf begleiteten. Oder das liebliche Erntelied, das der Lehrer Simon Wakdik (Protestant, nur eine Frau) uns in dem Dorf Kuwang (Farbbild 36) mit einem Kollegen sang, sich selbst auf der „Dengdeng", der Harfe der Angas, ganz aus Schilf gemacht, begleitend. Zwölf Jungen im Alter von acht bis zwölf Jahren, alles Söhne des Häuptlings Adamu Gotus (eines Moslems, der „normalerweise" etwa dreißig Frauen und jetzt über siebzig Kinder hatte) sangen uns abends ein Lied nach dem anderen, so „Nach dem Opfern einer Ziege" und „Der Wind wird kommen und die Strohdächer abdecken". Das war in Balong.

Sitten, die mit uns nichts zu tun hatten, die uns aber von Häuptlingen und Lehrern bereitwillig erklärt wurden, sind zum Beispiel, die Toten in Richtung „Yam" (das Land, aus dem die Angas und die anderen zuletzt kamen) sitzend zu begraben, sie einige Wochen später wieder auszugraben und die Gebeine von den Fleischresten zu befreien, die Knochen in zerbrochene Tonkrüge zu legen und diese dann in Felsenhöhlen beizusetzen.

Stirbt ein Häuptling, so wird sein Tod lange geheimgehalten, um Unruhe zu vermeiden. Häuptling (Titel: „Golong", bedeutet „Hirte der Herde", gemeint ist „Hirte des Volkes") Pardung Polit, der 36 Jahre alt war, berichtete uns, daß niemand gern Oberhaupt werde (von den Ältesten gewählt), weil ein solches aus unbekannten Gründen kein langes Leben habe. Seine Zeit sei wohl auch bald gekommen. Wir bekamen aber noch drei Jahre lang Briefe von ihm. Er trug bei besonderen Anlässen eine „Krone", eine fünfzehn Zentimeter lange Elfenbeinnadel, die in ein Haarbüschel gesteckt wird, welches mit einer Schleife zusammengebunden ist und in dem sich verschiedene Samen, Zeichen der Fruchtbarkeit, befinden. Diese Samen waren seinem Vorgänger nach dessen Tod und vor dessen Begräbnis für kurze Zeit in die Hand gelegt worden. Die Fruchtbarkeit des Stammes war damit gesichert. Pardung Polit zeigte uns auch den „Geheimen Speer", dessen Herkunft unbekannt ist. Er soll aber schon lange im Besitz seiner Familie gewesen sein. Außer einem Ältesten hatte bisher sonst noch kein Bewohner von Garam diesen Speer gesehen. Er wird, wie die „Krone", in einer verfallenen Hütte aufbewahrt.

Zum immer kleiner werdenden Tschadsee

Der Abschied vom Hochland von Jos fiel uns nach drei Monaten nicht leicht. Unser englischer Freund Jeremy, der uns mit vielen Informationen und mit schwer erhältlichem Kartenmaterial versorgt hatte, brachte uns zum Zug. „Aufwiedersehen in Europa", versprachen wir uns, denn er ging später in seine Heimat zurück.

Mit der, bei all dem Durcheinander in Nigeria, erstaunlich gut funktionierenden Eisenbahn gelangten wir auf einer zwanzigstündigen Fahrt durch trockenes Land nach Maiduguri, der Hauptstadt des nordöstlichen, vor allem von Moslems bewohnten Bundesstaates Borno, früher Bornu. Kaum angekommen, wurden wir von einem College-Lehrer angesprochen, der uns

Häuptling Michael Gofor in Myet mit „Hofstaat". Schirm und Stab sind Hoheitssymbole
Viele Male tranken wir Hirsebier. – Häuptling Pardung Polit zeigt uns den „Geheimen Speer"

spontan zu sich einlud. Wir waren dem freundlichen Nigerianer sehr dankbar, daß er uns auch auf eine Fahrt im Auto durch seine Stadt mitnahm. Das Umhergehen in dem flachen, weitläufigen Maiduguri, das mit seinen müllüberschütteten Straßen und seinem Staub keinen erfreulichen Eindruck auf uns machte, wäre kein Spaß gewesen. An einigen Stellen gab es wegen der Dreckhaufen für den Wagen kein Durchkommen mehr! Zum Kennenlernen der Einwohner reichte die Nachbarschaft aus. Dann machten wir uns auf den teilweise haarsträubenden Weg zum Tschadsee.

Das hört sich noch immer leicht an, ist es aber nicht. Hitze bis 45 Grad im Schatten meine ich damit nicht einmal. Der Tschadsee gehört vier Ländern, Nigeria. Niger, Kamerun und vor allem Tschad. Dort war aber noch immer Bürgerkrieg. So ließ uns das nigerianische Militär erst nach Ausstellung einer fünffach ausgefertigten Genehmigung, Anmeldung bei mehreren Kontrollposten und Fotografierverbot an das von Papyrus vollkommen zugewachsene Ufer. Wir konnten mit einem Fischerboot auch auf den See hinausfahren. Die tschadische Seite blieb uns natürlich verschlossen, so auch die Hauptstadt N'Djamena, in die wir eigentlich wollten, die aber gerade von einer Rebellenarmee bedroht wurde.

Der Tschadsee ist etwa halb so groß wie Baden-Württemberg – wenn Regenzeit ist. Seine Größe ist je nach der Saison sehr unterschiedlich. Tatsächlich ist er ein sterbender See, der immer kleiner wird, weil in seinem – teilweise zum Sahel gehörenden – Einzugsgebiet die Regenmengen immer spärlicher fallen. Baga, früher ein Fischerdorf an seinem Ufer, ist heute zehn Kilometer davon entfernt. Fischer aus dem fernen Mali – besonders sie! –, aus Niger, Kamerun und Tschad und nur einige aus Nigeria geben sich hier, am nigerianischen Ufer, ein Stelldichein. An die zwanzig Fischarten soll es im See geben. Es werden inzwischen außer Papyrusbooten (zwischen zahlreichen Inseln) und Einbäumen auch Schiffchen mit Motor verwendet. Der Tschadsee ist an manchen Stellen bis zu drei Meter, aber meistens nur fünfzig Zentimeter tief. Wie am tschadischen Ufer schon lange, sind seit einigen Jahren auch auf der nigerianischen Seite großflächige Polder zu finden, bewässerte Felder für den Reisanbau. Nigerias Bundesregierung soll Hunderte Millionen Mark in das Projekt gesteckt haben, ohne daß ein bemerkenswerter Erfolg zu verzeichnen wäre. Ein Beamter des Tschadsee-Forschungsinstituts erzählte uns auch, daß für dieses arbeitende Fischer an fünf Tagen der Woche regelmäßig „keinen Fang" meldeten, an den Samstagen aber die vollen Netze leerten und den Fisch auf dem freien Markt verkauften.

Wahrscheinlich vier Millionen Angehörige hat das Volk der Kanuri, das in der weiten Umgebung des Tschadsees (vor allem im Westen) lebt. Sie bauen Hirse, Baumwolle und Erdnüsse an. Ihre Sprache hat keine Verbindung zu den anderen Sprachen in Nigeria, sondern zu einer Gruppe der Zentralsahara. Ihre Geschichte reicht über ein Jahrtausend zurück. Schon im elften Jahrhundert begann die Islamisierung. Kanuri-Herrscher, die sogenannten Mais der Sefawa-Dynastie, regierten den ganzen Landstrich Kanem und später dann das Reich Bornu bis ins neunzehnte Jahrhundert. Kurz nach 1800 waren die Kanuri durch die fanatischen Fulbe, die den Heiligen Krieg auch ihren Glaubensgenossen erklärten, in schwerer Bedrängnis. Sie verloren dann ihre Hauptstadt Gazargamu. Kukawa, heute ein Dorf weit vom geschrumpften Tschadsee, damals an seinem Ufer, wurde die neue. 1897 wurde auch diese besetzt, diesmal von Invasoren aus dem Sudan. 1982 war Shehu Umar Ibn Abubakar Garbai Alkanemi König der Kanuri. Er hatte seinen Palast in Maiduguri. Uns fielen besonders die Kanuri-Bauern durch ihre von Grasmattenzäunen umgebenen Lehmhäuser, mit Gras gedeckt, und durch die phantasievollen Frauenfrisuren, die einem Helm aus Haaren gleichen, geflochten aus einem enormen Zopf, auf.

Die Afrikaner und die Europäer

Wenn ich in diesem Buch von „Afrikanern" spreche, so meine ich damit die Menschen dunkler oder schwarzer Hautfarbe südlich der Sahara. Daneben verwende ich das Wort „Schwarze" gelegentlich, denn es ist wie das Wort „Weiße" nicht diskriminierend. Die Afrikaner bezeichnen sich selbst ausnahmslos als „Schwarze", wenn es um die Unterscheidung zu Europäern oder Asiaten geht. Die Bezeichnung „Neger" muß nicht abwertend sein. Sie hat ihren Ursprung im lateinischen „niger" für „schwarz" oder „dunkel". In zahlreichen Sprachen Europas, zum Beispiel im Spanischen als „negro" und im Französischen als „nègre", kommt sie in abgewandelter Form vor. Ich vermeide aber das Wort weitgehend, weil es in Deutschland zu häufig abwertend benutzt wurde, auch wenn es mit dem verächtlichen amerikanischen „nigger" nicht gleichgesetzt werden kann. In der deutschen Kolonialgeschichte hatte der Begriff „Eingeborener" nie einen besonders freundlichen Klang. Er wurde oft dort verwendet, wo auch die Herabsetzung „Wilder" zu finden war. Ich benutze daher das Wort „Einheimischer".

Die Hauptstraße von Doro am Tschadsee. Das Militär behielt hier unsere Kameras ein

Häufig verwende ich das Wort „Stamm". Ich las einmal in einem Reiseführer über Kenya, dieser Begriff komme in den modernen Staaten Schwarzafrikas heute einer Beleidigung gleich. Das ist völlig unsinnig. Lernten wir einen Kenyaner kennen, so stellte er sich rasch zum Beispiel auch so vor: „I'm a Kikuyu by tribe!", was hieß, daß er vom Stamm oder Geschlecht der Kikuyu sei. Dabei war dies eigentlich nicht ganz richtig, denn von ihrer großen Zahl her sind die Kikuyu durchaus als Volk zu bezeichnen. Familie, Clan und Stamm sind in Schwarzafrika von ungemeiner Bedeutung. „Tribalism", wie das englische Wort für ausgeprägtes Stammesbewußtsein lautet, ist den auf nationale Einigkeit bedachten Regierungen aller schwarzafrikanischen Länder ein Dorn im Auge. „Tribalism" macht sich oft auch in Form von Begünstigung Stammesangehöriger im politischen Leben bemerkbar. In dem Reiseführer hieß es auch, den Begriff „Häuptling" zu verwenden sei eine Herabsetzung. Diese Behauptung ist ebenso abwegig. Die Wörter „chief" (englisch) und „chef" (französisch) sind täglich an vielen Stellen in Schwarzafrika in Zeitungen zu lesen, in Fernsehen und Radio zu hören. Sie bedeuten „Häuptling", „Oberhaupt" oder „Anführer". Niemand hat dagegen etwas einzuwenden. In der Zentralafrikanischen Republik trägt diese wichtige Persönlichkeit links an ihrem Hemd oder ihrer Jacke deutlich sichtbar ein Schildchen mit der Aufschrift „Chef de village" – Dorfhäuptling. Vor seinem Haus steht eine Tafel mit der gleichen Bezeichnung. Bei den Hausa heißt der Häuptling „zarki", in der ostafrikanischen Sprache Kiswahili „mkuu". Ausdrücke wie „Schwarzer Kontinent", „Dunkler Erdteil" oder gar „Wildes Afrika" verwende ich nicht, weil mir dafür jede Veranlassung fehlt. Die Gebiete südlich der Sahara sind Schwarzafrika, oder eben Afrika.

Wie man die Weißen nennt

In allen Sprachen Schwarzafrikas gibt es Bezeichnungen für uns Europäer. Wir haben einige davon sammeln können. Meistens bedeuten sie nichts anderes als „Weißer". Ich habe bereits bei der Beschreibung unseres Aufenthalts im Senegal erwähnt, daß wir vom Volk der Wolof „Túbap" genannt werden. Bei den Bambara in Mali heißen wir „Túbabu", bei den Fulbe im Norden Obervoltas „Túbako". Benachbarte Völker leihen sich die Bezeichnungen manchmal aus, wie dies auch in Europa üblich ist. Bei den Fulbe im südlichen Obervolta, sowie in den nördlichen Gebieten von Kamerun, Nigeria, Benin und Togo nennt man uns „Nassára". Es steht mit dem arabischen „nesrani" in Verbindung, das etwa „Christ" oder „Ungläubiger" bedeutet. Sehr oft klang „Nassára" nett, war wohl meist gut gemeint, aber gelegentlich hätten wir es (der Ton macht bekanntlich die Musik) für das Gegenstück von „nigger" halten können. Die Hausa (vor allem in Nordnigeria und im Niger) sagen „Baturé", gleichbedeutend mit „Europäer". Auf den Straßen wurde uns ganz offen, vor allem von Kindern, „Oïbo!" (bei den Yoruba, Nigeria), „Mbakara!" (Efik-Sprache, Nigeria), „Slmindo!" (bei den Dagomba, Ghana), „Lulum!" (bei den Diola, Senegal) und „Mzungu!" (in Kiswahili, Ostafrika) nachgerufen. Früher wurden Europäer in Kiswahili auch „watu wa suruali", „Hosenleute", genannt.

„Bruni!" wurden wir in der Gondscha-Sprache Nordghanas oft gerufen. Das soll „Jemand-aus-dem-Land-hinter-dem-Meer" zum Ursprung haben. In Lingala (Zaire und Kongo) nennt man uns „Mundelé", was besonders aus Kindermund nett klingt. Außer „Weißer" soll es auch „Monsieur" bedeuten und wahrscheinlich ist es eine Verballhornung dieser französischen Anrede für einen Herrn. Ähnlich ist es mit „Bundschu", manchmal auch „Mundschu", in der Sprache der Sangho (Zentralafrikanische Republik). Dieses Wort soll von „Bonjour!" (französisch: Guten Tag!)

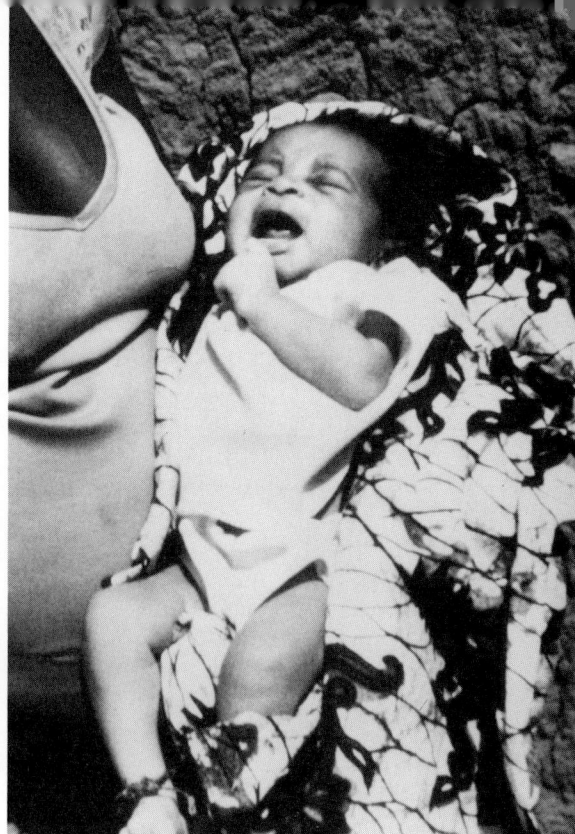

„Hallo Weiße, wie geht's?!" (Ghana). – Neugeborenes, noch „weißes" Baby auf dem Arm der Mutter

kommen. In der Azande-Sprache im Osten der Zentralafrikanischen Republik, in Nordzaire und im Südsudan wurden wir mit „Aboromu" angeredet, mit einem Titel, der für „hochgestellte, reiche Personen und Weiße" Verwendung findet. Nun ja! Weniger nett fanden wir den bei den Ibo in Südnigeria verwendeten Namen „Oniotscha", der im weiteren Sinne „weiße Person", im engeren aber „ohne Haut" bedeutet, wie uns erklärt wurde. Haut ist bekanntlich schwarz, und da wir nicht schwarz sind . . .

Mit dem Ruf „Yowo!", den wir in Ghana, aber insbesondere in Togo und Benin täglich Hunderte Male hörten, hätte man uns manchmal zur Weißglut bringen können, die Kinder vor allem. Die Kleinen stellten sich gewöhnlich wie ein Chor auf und dann ging es (auf französisch) los: „Yowo, Yowo, bonsoir! Ça va? Bien, merci" („Yowo, Yowo, guten Abend! Wie geht's? Danke, gut!"). Und das auch am frühen Morgen, ob's uns gut ging oder dreckig, ob wir Lust hatten, darüber zu lachen oder die Sänger zu verdreschen! Waren wir in Bewegung, dann verfolgten sie uns; glaubten wir, ihnen entronnen zu sein, so lauerten sie an der nächsten Ecke; oder sie schickten Ablösung, wie wir uns vielleicht aber auch nur einbildeten, denn ein weiterer Chor stand schon bereit. Können Sie es sich vorstellen, wie man sich als „Yowo" fühlt, wenn man gerade bei Unterrichtsschluß an einer Volksschule vorbei muß, aus der etwa tausend kleine Banditen beiderlei Geschlechts strömen?

Nun, wir überlebten auch dies und konnten später noch lange darüber lachen. Wir waren aber nicht die einzigen Europäer, denen dieses „Spießrutenlaufen" unangenehm war, doch was tut man nicht alles, um Togo, Benin, Ghana und die anderen Plätze kennenzulernen? Nur, hätten die Erwachsenen dieser Länder es gern, wenn ihnen ähnliches bei einem Besuch in Deutschland widerführe? In manchen Gebieten, zum Beispiel bei den Dendi in Nordbenin, lernten wir das Wort für „Schwarzer" in der Einheimischensprache. Wenn wir dann oft genug „Weißer! Weißer!" gehört hatten, versuchten wir es mit „Borobi! Borobi!", aber das übte keine besondere Wirkung auf die Schreihälse aus und da machte es uns dann keinen richtigen Spaß mehr. Wir wissen, daß auch im Land Gabun allerlei Bezeichnungen für uns existieren, zum Beispiel „Ibamba" im Südwesten, aber dort rief uns nie jemand etwas nach. Den Gabunesen schienen wir überhaupt völlig egal zu sein. Wir müssen zugeben, daß es uns so auch wieder nicht ganz recht war. Inzwischen hatten wir uns nämlich an Afrika schon etwas gewöhnt...

„Am Anfang waren alle Menschen schwarz..."

Über die Frage, warum es verschiedene menschliche Rassen gibt, haben sich die Denker in aller Welt seit uralten Zeiten den Kopf zerbrochen, obwohl erst im Laufe der letzten hundert Jahre die ganze Rassenvielfalt nach und nach entdeckt wurde. Eine endgültige Antwort ist noch nicht gefunden. Über das Aussehen von Menschen weit entfernt lebender Völker gab es in Europa lange nur vage Vorstellungen. Schwarze Menschen wurden schon in der Antike als Sklaven in die Länder nördlich des Mittelmeeres gebracht, aber durch die Geschichte geistern die phantastischsten Beschreibungen über die Afrikaner. „Reiseschriftsteller" des Altertums und des frühen Mittelalters, die teilweise nie ihren Fuß auf den Boden dieses Kontinents gesetzt hatten, berichteten in schillernden Farben von den Bewohnern als mehrköpfigen Ungeheuern und was dergleichen Unsinn mehr war. Bis ins zwanzigste Jahrhundert hinein streiten sich unsere Wissenschaftler darüber, nach welchen Gesichtspunkten die Rassen überhaupt eingeteilt werden sollen. Der deutsche Naturforscher und Philosoph Lorenz Oken (eigentlich Ockenfuß), der 1779 bis 1851 lebte, stellte in seiner „Naturgeschichte für Schulen" die These auf, die Menschheit sei den fünf Sinnen entsprechend einzuteilen. Demnach gab es „Fühl-Menschen (Neger), Schmeck-Menschen (Australier), Nasen-Menschen (Amerikaner), Ohren-Menschen (Asier) und Augen-Menschen (Europäer)". Der Naturforscher und Philosoph Carl Gustav Carus (1789–1869), ebenfalls ein Deutscher, war damit nicht einverstanden. Er teilte die Bevölkerung der Erde ein in Menschen, die der Nacht entsprechen („äthiopische Stämme", gemeint sind die schwarzen Völker), sowie dem Tage („kaukasisch-europäische Völker"), der Morgendämmerung („mongolisch-malayisch-hindostanische Stämme") und der Abenddämmerung („amerikanische Urvölker"). Carus fand diese Aufteilung „sehr leicht und natürlich". Erst mit Rudolf Virchows systematischen Untersuchungen kam mehr Verstand in diesen Zweig der Wissenschaften (er starb 1902).

In Afrika hat man sich ebenfalls darüber Gedanken gemacht, woher die verschiedenen Hautfarben der Menschen kommen. Einer Legende zufolge, die uns in Zentralafrika erzählt wurde, waren am Anfang alle Menschen schwarz. Eines Tages rief der Große Gott die Gazelle, den Elefanten und das Chamäleon zu sich. Er gab ihnen den Auftrag, zu den Menschen zu gehen und ihnen die Botschaft zu überbringen, sie sollten zum See des Klaren Wassers gehen und sich weißwaschen. Der Große Gott schickte die Gazelle nach Europa, den Elefanten nach Asien, das Chamäleon nach Afrika. Die Europäer erfuhren als erste die Botschaft, denn die Gazelle ist das schnellste der drei Tiere. Die Europäer eilten zum See des Klaren Wassers und wuschen sich ganz weiß. Die Asiaten erfuhren dann durch den Elefanten, was sie tun sollten. Als sie zum See kamen, war das Wasser durch die Europäer bereits getrübt. Deshalb konnten sich die Asiaten nicht weißwaschen. Sie wurden braun. Schließlich kam das Chamäleon in Afrika an und erfüllte seinen Auftrag. Die Afrikaner machten sich schleunigst auf den Weg, doch als sie zu dem See kamen, sahen sie, daß nur an einer Stelle noch ein wenig klares Wasser übriggeblieben war. Es reichte gerade noch aus, daß sie ihre Fußsohlen und ihre Handflächen weißwaschen konnten. Sonst blieben sie schwarz.

Als die Weißen nach Schwarzafrika kamen, bildeten sich bei den Einheimischen die unterschiedlichsten Auffassungen, woher deren Hautfarbe rühre. Manche dieser Ansichten hat sich vereinzelt örtlich, vor allem bei Alten, bis heute erhalten. Bei den Dagomba in Nordghana dachte man, die Weißen seien die Geister Verstorbener. Bei den Challas auf dem Jos-Plateau von Nigeria werden Weiße heute noch „naf ma hemkil" genannt, „Menschen, die im Wasser leben". Europa heißt bei ihnen dementsprechend „Wasserland". Auch bei Bamenda in Kamerun sagte man, die Weißen kämen aus dem Wasser, darum seien sie so bleich (*übers* Wasser kamen sie auf jeden Fall). Im Kikuyu-Land in Kenya gab es Leute, die die Ankömmlinge für Leprakranke hielten, denen die Haut abgegangen sei. Beim Volk der Kipsigi oder Lumbwa in Kenya erzählte ein mächtiger „laibon" (Medizinmann) seinen Leuten, die Weißen seien aus dem Boden gekommen, wie die Termiten, die bei Beginn der Regenzeit aus Erdlöchern kriechen und mit zerbrechlichen Flügeln für kurze Zeit umherfliegen. Er könne sie jederzeit wieder dorthin zurückschicken, sagte er. Nun, die Weißen blieben . . . Oft wird in Schwarzafrika betont, daß Gott die Menschen gemacht habe. Da sich viele Völker oder Völkergruppen aber einfach als „Menschen" bezeichnen, wichtigstes Beispiel die „Bantu", ist nicht klar, ob damit auch die Weißen gemeint sind.

Mädchen in Mali. – Reklame für Cremes zur Hautaufhellung und zum Haareglätten (Kenya)

Verrückte Mode: möglichst hell sein

Ebenso wenig wie die „Weißen" alle genau die gleiche Hautfarbe haben, wird die Bezeichnung „Schwarze" allen Afrikanern gerecht. Ihre Farbe reicht vom – manchmal wirklich überraschend-hellen Braun bis zum tiefsten Schwarz. Wir konnten beobachten, daß die Bewohner der Waldgebiete am Äquator im Durchschnitt bedeutend heller sind als die der angrenzenden offeneren Landschaftsformen und schließlich der baumarmen Savannen des Sudan (vollständiger arabischer Name „Bilad es-Sudan", „Land der Schwarzen"; er liegt zwischen der Sahara und den tropischen Wäldern als ein Streifen, der vom Senegal bis nach Äthiopien reicht). Erforscher der Erscheinungsformen menschlichen Lebens nehmen an, daß sich die schwarze Haut in den sonnenerfüllten Weiten des Sudan als Klimaschutz gebildet hat. Die senegalesische Schriftstellerin und Gründerin der „Bewegung der schwarzen Frauen", Awa Thiam (ich zitiere sie auch wegen ihrer Wortwahl), schreibt: „Die schwarze Haut des Negers ist durch das Pigment Melanin bedingt, das in gewissen Zellen des Organismus erhalten ist. Auch die Haut des Weißen enthält dieses Pigment, ist aber gehemmt und wird erst dann gebildet, wenn die Haut der Sonne ausgesetzt ist. Auf diese Weise entsteht die Hautbräune." Bei den Afrikanern ist die Pigmentierung um so stärker, die Haut also um so dunkler, je weniger diese durch Baumschatten geschützt ist. Aber auch innerhalb bestimmter Regionen gibt es viele Hautfarbenabstufungen. Europäer entwickeln erst nach einiger Zeit einen Blick für die Nuancen. Die afrikanischen Sprachen sind sehr genau bei der Mitteilung von Unterschieden. So sagt ein Mädchen vom Volk der Mafa (oder Matakam) in Nordkamerun, wenn es den ihm Versprochenen beschreibt, zum Beispiel: „Er ist

Afrikaner gehören zu den Menschen mit dem größten Reinlichkeitsbedürfnis (am Niger in Mali)

dunkel wie der Lawaye" (ein Vogel), oder „Er ist schwarz wie die Unterseite eines Soßentopfes" (der zuvor auf dem Feuer stand), oder „Er hat die Farbe des Indigotuches" (schwarzblau).

Obwohl man weiß, daß die Hauptmenge der Farbstoffe in der menschlichen Haut erst nach der Geburt gebildet werden, ist es eine der Allgemeinheit wenig bekannte Tatsache, daß Negerbabies fast weiß geboren werden und auch noch einige Tage lang ziemlich hell bleiben. Wir sahen Neugeborene buchstäblich nachdunkeln. Durch die starke Pigmentierung werden die ultravioletten Strahlen der Sonne davon abgehalten, die tieferen Hautgewebe zu erreichen und sie zu schädigen. Wir haben nie einen Afrikaner mit Sonnenbrand gesehen.

Einer der Modetrends unserer Zeit bei vielen Europäern ist, sich in der Sonne und in Solarien möglichst „nahtlos" zu bräunen. In Afrika ist es genau anders herum. Eine verrückte Mode ist dort, möglichst hell sein zu wollen. Alle bedeutenden – meist multinationalen – Kosmetikfirmen haben Cremes und „Schönheitsseifen" auf den Markt gebracht, mit deren Hilfe eine Aufhellung der Haut erreicht werden soll. „Für eine lieblichere, hellere Haut", lasen wir in einer Anzeige in Nigeria. Eine Frau wurde in einer kenyanischen Zeitungsreklame (angeblich) zitiert: „Dieses Mittel hat meine Haut wirklich viel schöner gemacht!" Wir haben in Afrika niemanden getroffen, dessen Haut schöner hätte sein können als so, wie er sie von Natur aus besaß. Ein Leserbriefschreiber in Nairobi wunderte sich zu Recht darüber, daß sich die Frauen (es sind immer Frauen) „für das schämen, was Gott ihnen gab". Dieser Modefimmel ist allerdings nur in den städtischen Zonen und nur in jenen Kreisen zu finden (bis jetzt!), die sich den Kauf der Kosmetika erlauben können. Ihr Verkauf ist in Tansania nicht erlaubt, in einigen Ländern mittlerweile eingeschränkt.

Die Bleichmittel wurden von Weißen er- oder gefunden. Sehen die Konzerne in Afrika einen riesigen Markt für diese Präparate? Sind sich wohlmeinende Weiße bewußt, was hier getrieben wird? Bei Verwendung der Kosmetika kommt es zu einer Abschuppung und die Bildung des erwähnten Melanin wird geschwächt. Dadurch ist die Haut viel empfindlicher gegen die Sonnenstrahlen und anfälliger für Krebs. Wir sahen Afrikanerinnen, deren Haut ein angewandtes Mittel nicht zuträglich war, und die für den Rest ihres Lebens mit einem fleckigen Gesicht umherlaufen müssen. Übrigens war es uns nach geraumer Zeit möglich, „erbleichte" Frauen von den von Natur aus hellhäutigeren zu unterscheiden. Für Afrikaner ist dies noch leichter. „Verbergen" kann sich also niemand. Bei Absetzen der Behandlung wird die Haut wieder dunkler. Stolze Vertreter des Afrikanertums vermuten in dem Vertrieb der Kosmetika einen Anschlag der Weißen: „Die Neger körperlich bleichen, nachdem man ihnen eine Gehirnwäsche verpaßt hat . . . ?"

In diesem Zusammenhang müssen auch die Produkte der europäisch-nordamerikanischen Kosmetikindustrie (ziehen die Japaner bald nach?) zur Entkrausung des Haares der Afrikanerinnen erwähnt werden. Eine Firma pries ihre chemische Substanz in Kenya mit diesen Worten an: „Für all die schönen Dinge, die Sie schon immer mit Ihrem Haar machen wollten." Nach unserer Ansicht sind die hübschen, phantasievollen traditionellen Frisuren der Afrikanerinnen durch nichts zu übertreffen.

Der große Sturm auf Afrika

Während Amerika und Asien ziemlich früh die Raffgier der Europäer zu spüren bekamen, verging noch eine lange Zeit, ehe diese größere Teile Afrikas an sich rissen. Befände sich nicht eine gewaltige Sand- und Steinwüste zwischen Schwarzafrika und dem Kontinent der Weißen, so hätten sie sich wohl schon viel früher „bedient" als sie es dann vermochten. An einigen Küsten wurden aber mit Niederlassungen die Voraussetzungen für größere Eroberungen geschaffen und der Sklavenhandel florierte bereits seit dem sechzehnten Jahrhundert. Kleinere Gruppen von Sklaven wurden sogar schon früher abtransportiert. Als immer mehr europäische Länder von einem Weltmachtrausch erfaßt wurden – eines der letzten war das deutsche Kaiserreich –, stürzten sie sich Mitte und Ende des vergangenen Jahrhunderts auf das unglücklicherweise zerstrittene und geschwächte Afrika. Auch eingedenk der Tatsache, daß es praktisch kein Land auf der Erde gibt, das nicht wenigstens einmal in der einen oder anderen Form von einer europäischen Macht dominiert wurde, spielte Afrika eine besondere Rolle. Als Nord- und Südamerika bereits seit langem mehrheitlich unabhängige Staaten aufzuweisen hatten, einige König- oder Kaiserreiche Asiens sich ihrer Souveränität erfreuten, konnten sich kurz vor Ausbruch des Ersten Weltkrieges nur zwei Länder Afrikas, Liberia im Westen und Abessinien (Äthiopien) im Osten, unabhängig nennen. Letzteres wurde zu einem späteren Zeitpunkt von den Italienern erobert. 1914 teilten sich sieben westeuropäische Mächte, Frankreich und Großbritannien, die den Löwenanteil besaßen, Deutschland, Portugal, Italien, das winzige Belgien, das den Kongo beherrschte, und Spanien, fast neunundzwanzig der dreißig Millionen Quadratkilometer, vom Mittelmeer bis zum Kap der Guten Hoffnung! Und allen Sprüchen von „Freiheit, Gleichheit, Brüderlichkeit", von „fair play", „Völkerbund" und „Vereinten Nationen" zum Hohn dauerte die rücksichtslose Ausnutzung der Länder Afrikas und ihrer Bewohner bis in die neueste Zeit an. (Hat sie denn überhaupt je aufgehört?)

Als der große Sturm auf Afrika einsetzte, war in Europa vergessen oder noch nicht wieder bekannt, daß auch südlich der Sahara – und zwar bis hinunter nach Südafrika – mächtige und wohlhabende Reiche während vieler Jahrhunderte bestanden und daß Afrikaner große kulturelle Leistungen vollbracht hatten. Handelskarawanen hatten seit alten Zeiten die große Wüste in alle Richtungen durchquert. Araber, Perser, Inder und selbst Chinesen hatten schon lange regen Seeverkehr mit Ostafrikas Küsten gepflegt. Vieles, was die von uns so gefeierten Seefahrer und Forscher entdeckten, war, wie man getrost sagen darf, für die ortsansässigen Afrikaner und die entdeckungsfreudigen Araber „ein alter Hut". Letztere hatten schon im siebenten Jahrhundert mit der Eroberung Nord- und Ostafrikas begonnen.

Mächtige Reiche

Selten fand und findet in Europa oder Nordamerika (die USA waren ihrerseits sehr geschickt in der Ausdehnung ihrer Einflußsphäre), Erwähnung, daß in Schwarzafrika bereits um das Jahr 400, als das Römische Reich geteilt wurde, das mächtige Reich Gana entstand, daß ab 800 die Staaten Sonrhai und Kanem, ab 1000 die Stadtstaaten Kano und Zaria der Hausa, die Staatengebilde der Mosi, Nupe, Yoruba und das Reich Benin aufblühten. Wer spricht bei uns vom Reich Mali, das im dreizehnten Jahrhundert die Vorherrschaft in Westafrika antrat, vom Reich Gao, von der erneuten Blütezeit des Sonrhai-Reiches nach 1400, vom Reich Bornu? Alle diese Staaten lagen in Westafrika. Wann erinnern sich die Weißen des Sultanats Malindi, das im fünfzehnten Jahrhundert beim Kaiser von China durch einen Botschafter vertreten wurde, an das Reich der Kongo, das um 1500 voll entwickelt war, an die Hochblüte der Staaten der Luba und Lunda in Zentralafrika im siebzehnten Jahrhundert, und an das Reich des Monomotapa (eigentlich Mwana Mutapa), das im Gebiet des heutigen Simbabwe und Moçambique lag und von 1450 bis nach 1800

Das „Tor ohne Wiederkehr" im „Haus der Sklaven" auf der Insel Gorée bei Dakar

bestand? Wie der Soldatenstaat des Zulu-Heerführers Tschaka im neunzehnten Jahrhundert sind in Europa viele weitere Gründungen großer, teilweise kurzlebiger und auch vieler kleinerer Reiche und Staaten „vergessen". Das äthiopische Kaiserreich findet noch am ehesten Erwähnung.

Erbarmungslose Ausbeutung der Menschen

Das Verhältnis der Europäer zu den Afrikanern war seit altersher gestört gewesen. Selbst in aufgeklärteren Zeiten, etwa ab 1700 bis ins neunzehnte Jahrhundert hinein, als die Wissenschaft hoch bewertet wurde und als der Glaube an die angeborene Güte des Menschen sich festigte, kurz, als der Fortschritt ins Abendland kam, wurden Schwarze auf Jahrmärkten und in Zirkussen herumgezeigt wie wilde Tiere und es gab sogar Fälle, daß sie den lästernden Gaffern in einem Käfig präsentiert wurden! Von allem Anfang an kannten unsere Vorfahren die Afrikaner (und nicht einmal nur diese) als „primitiv", „grausam" und „naiv". Später kamen die Begriffe „faul", „dumm" und „schmutzig" hinzu, schließlich noch „verlogen" und „diebisch". Etwas Wertvolles wurde an ihnen nicht entdeckt. Da wurde keine Rücksicht genommen auf die Tatsache, daß es sich bei den Afrikanern um einige Hunderte von Gruppen und um unzählige Gesellschaftsformen handelte. Kurz: Als normale menschliche Wesen wurden sie nicht akzeptiert. Die wenigen rühmlichen Ausnahmen bestätigen die Regel.

Prägnantestes Merkmal der Verachtung der Europäer für den schwarzen Menschen war dessen erbarmungslose Ausbeutung. Niemand sonst war es zuvor gelungen, sich den ganzen Kontinent untertan zu machen. Europa machte sich zum Herrn über Leben und Tod der schwarzen Rasse. Ohne Skrupel wurden zwischen Afrikanern bestehende Konflikte geschürt. Was an Schätzen im oder über dem Boden zu holen war, brachte man durch List oder mit Gewalt an sich. Menschenmassen wurden hierhin und dorthin bewegt, um strategisch wichtige Anlagen zu bauen, die den Afrikanern selbst kaum Nutzen bringen sollten, um Güter zu transportieren, für die Händler oder die Militärs bestimmt. Außerdem wurden Söldnerarmeen zusammengetrommelt. Viele Afrikaner ließen ihr Leben auf den Schlachtfeldern der Weißen.

Zwölf Millionen verkaufte Sklaven?

Das größte Schandmal aber wird für immer der Transatlantische Sklavenhandel bleiben. Die Europäer – Spanier, Portugiesen, Holländer, Franzosen, Engländer – und die Nordamerikaner luden dabei mit kalter Berechnung, unbeschreiblicher Habgier und ohne Rücksicht auf ihr „christliches" Gewissen schwerste Schuld auf sich. Anzuklagen sind die Herrscher, der Adel, die Geistlichkeit und die Kaufleute. Es ist unmöglich, exakte Angaben über die Zahl der in die neuen Besitzungen Europas auf der anderen Seite des Atlantiks geschafften Schwarzen zu erhalten. Man ist mit Hilfe von schriftlichen Unterlagen, von Berichten und sonstigen Äußerungen der für den Sklavenhandel Verantwortlichen oder der damit Beauftragten auf Schätzungen angewiesen. Bei ihrer Durchsicht kam ich auf einen Schnitt von rund zwölf Millionen verkauften Sklaven. Gleichlautenden Kommentaren zufolge kamen aber bei der Gefangennahme im Erdteilinnern, bei den Gewaltmärschen zur Küste, durch Krankheiten und Selbstmord aus Verzweiflung, sowie durch die Qualen während der zweimonatigen Überfahrt auf Sklavenschiffen etwa viermal so viele Menschen ums Leben. Das ergäbe eine Gesamtzahl von etwa sechzig Millionen, die vom sechzehnten bis zum neunzehnten Jahrhundert den europäischen Sklavenhändlern zum Opfer fielen! Andere Berechnungen liegen höher.

Der Aderlaß der Bevölkerung im Bereich der afrikanischen Westküste, schlicht „Guinea" genannt, im Senegal, an der Goldküste, in Benin („Sklavenküste"), im Kongo und in Angola, aber auch in deren Hinterland, so in Mali und in Zentralafrika, war unbeschreiblich. Es wurden nur die jüngeren und die kräftigsten Männer und Frauen sowie gesunde Kinder gefangengenommen. Millionen Familien wurden auseinandergerissen. Viele Völker und Stämme flüchteten und gingen auf lange Wanderschaft aus Furcht vor den Sklavenjägern und sie leben heute weit entfernt von ihrer ursprünglichen Heimat. Sie zogen sich in schwer zugängliche Gebiete, in Berge, Urwald, Sümpfe und in Höhlen zurück. An Seßhaftigkeit gewöhnte Bauern mußten umherziehen. Die Umwälzungen innerhalb der Bevölkerung Schwarzafrikas, die Auswirkungen auf die Kulturen und auf das Wirtschaftsgefüge waren ungeheuerlich.

Die Europäer machten Herrscher und Völker an der Küste zu ihren Helfern. Mit materiellen Verlockungen gelang es, diese für regelrechte Menschenjagden zu gewinnen, für die „schmutzige" Arbeit. Verfeindete Stämme verkauften bei Kämpfen Unterlegene an die Sklavenjäger. Herrscher kamen auf immer gemeinere Tricks, um sich zu bereichern. Dabei schreckten sie auch nicht davor zurück, eigene Untertanen zu verschachern (wie es zur gleichen Zeit europäische Fürsten auch taten!). Zwischen der sich entwickelnden afrikanischen Unterwelt und den Sklavenhändlern in ihren zahlreichen Forts an den Küsten entwickelte sich ein gutes Einvernehmen. Ein afrikanischer Geschichtsschreiber urteilte 1978: „Der Sklavenhändler war ein Raubtier, das von einem

Hyänenrudel bedrängt wurde." Das Raubtier kam etwa aus Bordeaux oder Liverpool. Die Hyänen, seine Helfer, galten bei ihm oft als „würdige Leute, obwohl sie Neger sind".

Die Lieferungen gingen vor allem nach Brasilien, nach Mittelamerika und in das Gebiet der nachmaligen Vereinigten Staaten. Die ganze Tragweite dieser Untaten wurde uns zum Beispiel beim Besuch der Insel Gorée, zwei Kilometer von Dakar, deutlich. Gorée war bis 1818 ein Zentrum des Sklavenhandels gewesen. Das „Haus der Sklaven" mit seinen finsteren Verliesen und das Historische Museum erinnern daran sehr augenfällig. Gleichartige Gefängnisse und Umschlagplätze für schwarze Sklaven sahen wir in den Forts von Cape Coast, Elmina (Farbbild 19) und Sekondi in Ghana und von Ouidah in Benin (mit Museum).

Ab dem achtzehnten Jahrhundert gab es für die Sklavenhändler und ihre Hintermänner Ärger in Europa. In Großbritannien und Frankreich erhoben sich Stimmen gegen den Sklavenhandel, gegen die Sklaverei überhaupt. Es wurden Vereinigungen gegründet, die sich gegen dieses System wandten. Das menschenfreundliche Ziel der Abschaffung der Sklaverei und des Sklavenhandels wurde von Philosophen und Religiösen angestrebt. Schließlich folgten die Politiker, während es sich die Päpste in Rom noch lange überlegten, ehe sie sich deutlich hörbar gegen den Sklavenhandel aussprachen. Großbritannien verbot ihn 1807 in allen seinen Kolonien und 1834 waren alle Sklaven seines Reiches freigelassen. Es war eine Wende, aber es dauerte noch mehrere Jahrzehnte, bis auch das letzte Land, Brasilien, 1888 *offiziell* die Sklaverei abschaffte.

Sklavenhandel der Araber

Schon vor den Europäern hatten die Araber von der Ostküste Afrikas her ihren Handel mit Negersklaven aufgebaut. Auf regelrechten Kriegszügen ließen sie ganze Reiche ausbluten. Sie zogen bis ins Herz des Kontinents und ihre Karawanen brachten außer Elfenbein auch Sklaven mit. Völker, wie die Fulbe und Hausa, die von ihnen islamisiert wurden, machten sich zu eifrigen Helfern der Araber. Aber viele von diesen wurden selbst Sklaven der Europäer und nach Übersee gebracht. Über die Zahl der durch die Araber verschleppten Schwarzen gibt es noch ungenauere Angaben. Man schätzt, daß es mehrere Millionen waren und daß die Zahl der Opfer, lebende und zugrundegegangene, sich auf rund dreißig Millionen belaufen könnte. Die Sklaven wurden nach Nordafrika, auf die Arabische Halbinsel, ins Osmanische Reich und zu Inseln im Indischen Ozean gebracht. Ihre Leiden bei Gefangennahme und bei den furchtbaren Märschen zur Küste waren so groß wie die ihrer Schicksalsgenossen in Westafrika. Sie wurden durch den Umstand, daß die Araber und ihre Vasallen über eine weit weniger perfekt arbeitende Maschinerie als die westlichen Sklavenhändler verfügten, keineswegs gelindert. Auch dauerte der orientalische Sklavenhandel offiziell bis um 1900, versteckt noch viel länger an. 1890 sollen allein rund 400 000 Schwarze verschleppt worden sein. Aber selbst aus der zweiten Hälfte des zwanzigsten Jahrhunderts gibt es zahlreiche Berichte über den Handel mit Menschen zwischen Afrika und den Ländern der Arabischen Halbinsel.

Nichtsdestotrotz war das System von dem der Europäer verschieden. Die meisten Sklaven wurden an ihrem Bestimmungsort von ihren Besitzern in Haus und Familie aufgenommen oder wurden mit wichtigen Aufgaben betraut. Es wird von westlichen Erforschern der Materie anerkannt, daß die Sklaverei bei den islamischen Völkern, insbesondere bei den Türken, milde war. Dies ändert freilich nichts an der Tatsache, daß die Versklavung von Afrikanern, die Zerstörung von Völkern und Kulturen, ein unmenschliches Verbrechen war.

Während Jahrtausenden hat es überall auf der Welt in der einen oder anderen Form Sklaverei gegeben. Afrika bildet hier keine Ausnahme. Völker und Stämme machten bei kriegerischen Auseinandersetzungen Gefangene, Sklaven. Es gab Fälle in der Geschichte des Kontinents, wo Schwarze Schwarze aus reiner Habgier versklavten, sie zu Arbeitstieren herabwürdigten. Insgesamt gesehen aber war der afrikanische Sklave afrikanischer Herren eher Mitglied der Familie als Fremder, eher geschätzt als verachtet. Das Gegenstück findet sich bei den Arabern in Palästen und Harems, bei den Europäern an den Höfen von Fürsten und in den Häusern hoher Herren (und Damen), wo schwarze Sklaven gehalten wurden.

Düstere Kapitel in Afrika und Europa

Es ist wahr, daß es in Afrika (wie in jedem Erdteil) sehr düstere Episoden gab, für die nur Afrikaner die Verantwortung tragen. So existierte zum Beispiel die Menschenfresserei. Ein besonders aufsehenerregender Vorfall war, als sich die Simba (wie es heißt nur Männer), wahrscheinlich zur Völkergruppe der Bantu gehörend, im sechzehnten Jahrhundert vom Sambesi-Strom entlang der Küste nach Norden in Bewegung setzten und in der Stadt Kilwa (heute Tansania) angeblich viele der Einwohner verspeisten. Zwei Jahre später hatten sie sich buchstäblich bis nach Mombasa (heute Kenya) durchgefressen, wo ihnen viele der Araber als Speise gedient haben sollen. Die Simba wurden kurz darauf, als sie die Stadt Malindi angreifen wollten, von einem anderen afrikanischen Volk attackiert und vernichtet. Kannibalismus gab es in allen Erdteilen. Wie sah es in Europa aus? Noch bis zum Ende des Mittelalters wurden bei den Iren gelegentlich zu Ehren der toten Verwandten deren Körper gegessen. In anderen Ländern sollen Mörder vom Fleisch ihrer Opfer gegessen haben, um sich vor dem Unwillen des Geistes zu schützen. Wir hörten in Afrika nur ein einziges Mal von einer Stelle, an der noch Kannibalismus praktiziert werden sollte. Sie war in Gabun, ein Städtchen und einige umgebende Dörfer 220 Kilometer südöstlich der Hauptstadt Libreville. Leute anderswo erzählten uns, dort gäbe es keine Friedhöfe, so weit kämen Leichen gar nicht. Menschen verschwänden spurlos. Jedenfalls die erste Behauptung war Unsinn, denn sie widersprach den Tatsachen. Nach einem friedlich verlaufenen Tag in dem Städtchen kamen wir in die Dörfer und wir erkundigten uns vorsichtig. Die Gerüchte stellten sich bald als Verleumdungen eines Dorfes gegen ein anderes, eines Stammes gegen einen anderen heraus. Das Wort „Menschenfresser" ist in Gabun das schlimmste Schimpfwort.

Kopfjagd gab es offenbar einst ebenfalls in der ganzen Welt. Beweise dafür sind den Forschern schon aus der Altsteinzeit bekannt. In Afrika wurde sie noch zu Beginn dieses Jahrhunderts systematisch betrieben, wie ich im Zusammenhang mit den Völkern des Jos-Plateaus in Nigeria erwähnte. Aber auch aus Europa sind neuere Fälle von Kopfjagd bekannt. Mindestens noch 1912 wurden in Montenegro – im ersten Balkankrieg – Köpfe abgeschnitten und aufbewahrt. Die Abtrennung des Kopfes vom Körper des Feindes sollte das künftige Seelenleben des neuen Besitzers in nicht mehr bekannter Weise beeinflussen.

Es gibt viele Beweise, daß bei gewissen afrikanischen Stämmen Zwillinge als schlechtes Omen galten, weshalb sie nach der Geburt ermordet wurden. (Andere verehrten sie als besondere Wesen, als Glückszeichen; ein hoher Rang war ihnen sicher.) Bei bestimmten Gruppen wurde als unheilbringend betrachtet, wenn die Zähne eines Säuglings nicht wie erwartet erschienen. Aus diesem Tabu heraus wurden Kinder getötet. Wieder bei anderen wurden Mißgebildete umgebracht. In bestimmten Gesellschaften wurden die Witwen (manchmal waren es sehr viele) eines verstorbenen Fürsten oder Häuptlings lebendig begraben. Bei gewissen Völkern (ich erwähnte die Aschanti in Ghana) wurden beim Tod des Königs Menschen zu Hunderten abgeschlachtet. Bei all diesen Gewalttaten handelte es sich um Rituale. Es dürfte so sein, daß das eine oder andere heute noch praktiziert wird.

Die Europäer sollten sich hüten, über die Afrikaner ein vernichtendes Urteil zu fällen, sondern sich der Schandtaten ihrer Vorfahren und Zeitgenossen erinnern. Man denke nur an das Verbrennen von „Hexen" und „Ketzern", an die satanischen Folterknechte, an den Spaß, den so viele „gute" Bürger europäischer Städte hatten, wenn (oft zu Unrecht) Verurteilte durch die Spieße gejagt, gerädert und geviertelt, ertränkt oder mit siedendem Öl übergossen wurden! Man denke an die vielen unrechtmäßigen Todesurteile in den Ländern Europas, an die Todesstrafe überhaupt, an den Galgen und die Aasvögel! An die Massenmorde in den Einflußbereichen der Nationalsozialisten und der sowjetischen Kommunisten! Wurden nicht Millionen und Abermillionen Menschen in diesen „zivilisierten" Ländern auf den „Altären" des Rassenhasses, des Größenwahns, der Habgier geopfert? Keine Rasse dieser Erde ist unermüdlicher damit beschäftigt, sich immer noch schrecklichere Mordwaffensysteme auszudenken, als die Weißen.

Rassendünkel und Gedankenlosigkeit

Das anders geartete Brauchtum der Afrikaner, zu dessen Verständnis sich erst sehr spät breitere Kreise in der Lage sahen, war Anlaß für die Weißen, sie geringschätzig zu betrachten. Erfreulicherweise gab es zu Zeiten auch Europäer, die zu einem fairen Urteil fähig waren, denen nicht der Rassendünkel den Geist vernebelte. Der schottisch-französische Geograf, Völkerkundler und Sprachforscher Michel Adanson (1727–1806), der ab 1749 das Land Senegal bereist hatte, schrieb unter anderem: „Wir nennen gewisse Völker einzig und allein deshalb Barbaren und Wilde, weil ihre Sitten von den unseren verschieden sind." Selbst aus einem Personenkreis, von dem man es nicht unbedingt erwartet hätte, hörte man den Begriff „Wilde" noch in neuester Zeit. Der amerikanische protestantische Missionar Willis R. Hotchkiss, der mit der „Africa Inland Mission" nach Kenya gekommen war, benutzte ihn auf jeder der 160 Seiten seines Buches „Einst und jetzt in der Kenya-Kolonie", das 1937 erschien. Schwer zu glauben, auch Albert Schweitzer bediente sich, auf jeden Fall in seinem 1938 herausgekommenen Buch „Afrikanische Geschichten", dieser Bezeichnung.

Aber sie klingt gemäßigt im Vergleich zu den diffamierenden Äußerungen, die es sonst noch gab. Hotchkiss betrachtete Christen gewordene Afrikaner, wenn sie sich etwas zuschulden kommen ließen, als Angehörige einer „Kinderrasse, deren Natur von einem Tierinstinkt beherrscht wird", und für alle, die nicht schleunigst bereit waren, die neue Religion oder westliche Lebensgewohnheiten anzunehmen, hielt er Kosenamen wie „tierähnliche Kreaturen" parat. Wen wundert's, wenn gewisse Kreise in Europa sich zu noch schlimmeren Beleidigungen ermutigt fühlten? In meinem Besitz ist ein broschürtes Buch des Zentralverlags der NSDAP in München, von 1944, unter dem Titel „Land meiner Väter". Darin ist auch von Afrikanern, im speziellen von Männern aus dem Senegal, die Rede. Wörtliches Zitat: „... die Fratzen vertierter Halbmenschen aus den Urwäldern des Senegal und des Niger. Der Auswurf des Urwaldes von Dahome..." Des weiteren wird von „stinkenden, bellenden Affen" gesprochen. Millionen wurde dies damals eingehämmert. Hätten einige Deutsche nicht Veranlassung, angesichts solcher Fehlleistungen vor Scham im Erdboden zu versinken? Oder die Redakteure des Lexikons „Larousse Classique Illustré" von

1936 aus Paris, die auf einer Seite in gezeichneter Form „Die Bewohner und Tiere Afrikas" munter durcheinanderspringen ließen? Warum wurde dieser Teil der Menschheit von Europa nur so permanent und systematisch herabgewürdigt?

In westlichen Medien falsch dargestellt

Allzuoft wurden und werden die Afrikaner (und die Bewohner anderer Weltgegenden) von den freien westlichen Medien nicht einfach als Menschen, sondern als Objekte für bestimmte Zwecke mißbraucht. Zu diesem Schluß kommt man, wenn man ihre Berichterstattung der letzten dreißig Jahre über die neuen Staaten Afrikas betrachtet. Sie hielten es nicht für nötig, umfassend und ausgewogen über Vorgänge in einem Gebiet von der dreifachen Größe Europas, mit rund einem halben Hundert Ländern und jetzt rund fünfhundert Millionen Menschen (Mittelmeer bis Kap der Guten Hoffnung) zu berichten.

Louis Alcino da Costa, der ehemalige Direktor der angesehenen katholischen Wochenschrift „Afrique Nouvelle" (Neues Afrika) in Dakar, beklagt das falsche Bild, das die Medien im Westen über den Erdteil vermitteln. Das Zerrbild entstehe schon durch die quantitative Armut der Information. Hierbei schnitten die USA noch schlechter ab als Westeuropa. Es gäbe afrikanische Länder, die in den Vereinigten Staaten im Laufe eines Jahres nicht *einmal* in den Tageszeitungen erwähnt würden. Das Hauptaugenmerk westlicher Medien – Presse und Funk – sei auf Sensationen gerichtet, sagt L. A. da Costa. Kriegsereignisse, Stammeskonflikte, Staatsstreiche, Menschenrechtsverletzungen und Katastrophen seien als attraktiver Lesestoff geeignet, würden

Tod für Frankreich: schwarze Schützen (Saint Louis). – Deutsche Mission in Adjido/Togo 1885

phantasievoll übertrieben. Der Wahrheitsgehalt sei zweitrangig. Idi Amin und Bokassa seien jahrelang in den Schlagzeilen gewesen. Nicht berichtet worden sei, wer in Europa für ihren Aufstieg mitverantwortlich war. Solche Berichte paßten zum Bild der Europäer und Nordamerikaner vom afrikanischen „Wilden". Positive, normale Vorkommnisse interessierten die Medien nicht, da sie sich nicht „verkaufen" ließen. Die Geringschätzung der afrikanischen Kultur äußere sich darin, daß sie kaum jemals Erwähnung finde. Von Fortschrittsversuchen und -erfolgen der afrikanischen Länder, trotz aller auch von den Kolonialmächten und Industrieländern mitverschuldeten Probleme, sei fast nie die Rede. Am häufigsten seien Meldungen über den Kontinent Afrika als Rohstofflieferant.

Auch in der Bundesrepublik ist die Berichterstattung über Afrika beschämend, von einigen gutfundierten Reportagen abgesehen. Die Arbeit eines seriösen und gewissenhaften Korrespondenten ist zugegebenermaßen nicht leicht. Anfang 1987 beschäftigte sich im ARD-Fernsehen ein Korrespondent am Beispiel der drei ostafrikanischen Länder Uganda, Äthiopien und Tansania mit dem Problem der objektiven Berichterstattung. In Uganda war er, als Amins Nachfolger Obote bei einer gefälschten Wahl Staatsoberhaupt wurde, als es unter ihm zu Menschenrechtsverletzungen großen Maßstabs kam, und als die Rebellenarmee gegen die Hauptstadt Kampala vorstieß und sie dann einnahm. Äthiopien konnte der Fernsehmitarbeiter nach längerem vergeblichen Bemühen um eine Einreisegenehmigung schließlich auf eine formelle Einladung hin besuchen, als sich die Dürre- und Hungerkatastrophe dort bereits anbahnte. Und in Tansania war er, als das Genossenschaftssystem teilweise und dann großenteils von seiner Zugkraft verloren hatte. Dies ging jedenfalls aus der Sendung hervor. Jedesmal war ein für einen afrikanischen Staat im Prinzip negativer Aspekt der Grund. Wie sagte er doch gegen Ende der Sendung: „Wir tun uns mit Afrika schwer, weil wir unsere Maßstäbe ungeduldig verallgemeinern, auch in der Berichterstattung dazu neigen, die Hauptstadt eines Landes für das Ganze zu nehmen."

Korrespondenten sitzen oft „weit vom Schuß". Viele sind selten „draußen". Sie wohnen üblicherweise in einer großen, sicheren Hauptstadt – zum Beispiel in Nairobi und Abidjan –, wo es ihnen an nichts fehlt. Viele Informationen beziehen sie von Kollegen, bei Parties und bei gelegentlichen „Spritztouren". Nach meiner Meinung sollte jeder Journalist schon während seiner Ausbildungszeit verpflichtet sein, einige Monate in einem der ärmsten Länder der Welt ohne fremde finanzielle Unterstützung und an der „Basis" zu verbringen, um wirklich „Einblick" zu gewinnen.

Es ist kein Wunder, wenn sich die Intellektuellen Afrikas immer häufiger über die westlichen Massenmedien (sie versorgen auch den größten Teil der Welt mit Nachrichten) beschweren, die die Wehrlosigkeit Afrikas ausnützen, negative Ereignisse oft – wenn auch nicht immer offen – allen schwarzen Völkern anzulasten. Afrika ist aus verschiedenen Gründen nicht in der Lage, sich dafür an Europa und Nordamerika gebührend zu rächen.

Die „Retter" aus Europa und Nordamerika

Während mehr als zwei Jahren, die wir in 23 Ländern Schwarzafrikas zubrachten, begegneten uns über 350 christliche Missionare aus ganz Westeuropa, aus Polen, Nord- und Südamerika, Australien und Asien. Sie gehörten zu allen denkbaren Bekenntnissen. Mit vielen von ihnen diskutierten wir, waren wir uns einig oder zerstritten wir uns. Thema war die Christianisierung Afrikas. Unter den Männern und Frauen gab es solche, die nur mit geringem Druck auf die

Afrikaner Einfluß nahmen, andere, die energischer zu überzeugen versuchten, schließlich jene, denen jedes Mittel recht war. So erfreulich Gespräche mit den einen waren, so enttäuscht waren wir von den mit Vorurteilen beladenen Eiferern. Das persönliche Verhalten gewisser Missionare schockierte uns aber wirklich, so ein Kanadier in Nairobi, dem der Autospiegel abgerissen worden war und der nun reagierte: „Solche Diebe verdienen es, daß man sie totschlägt!"

Aus christlicher Sicht hat Afrika den Kirchen und Missionen unschätzbar viel zu verdanken. Nach dieser Auffassung „retteten" europäische Kultur und christlicher Kult den „dunklen" Kontinent aus seiner „Finsternis". Viele Afrikaner waren sicher mühselig und beladen, aber Rechenschaftsberichten und Autobiografien von Missionaren entnahmen wir, daß deren erste Generation nicht willkommen war. Uganda war eine der wenigen Ausnahmen. Afrikanische Christen sind heute – wie könnte es anders sein – der Ansicht, es sei gut gewesen, daß die Missionare den neuen Glauben gebracht hätten. Der südafrikanische anglikanische Erzbischof und Friedensnobelpreisträger Desmond M. B. Tutu schrieb einmal: „Jene Leute aus Übersee brachten uns etwas, was zu wunderbar ist, um es in Worten auszudrücken."

Die Missionare der Neuzeit hinterließen auf kulturellem Gebiet eine ebenso starke Wirkung wie die europäischen Militärs und Beamten auf politischem und die Kaufleute und Siedler auf wirtschaftlichem. Überall an der westafrikanischen Küste, im Innern Ostafrikas, im Kongo-Becken und seinen Randgebieten, sowie im gesamten Süden des Kontinents wurden innerhalb weniger Jahrzehnte unzählige Missionsstationen gegründet, zu denen in den meisten Fällen Schulen und Gesundheitsstationen, manchmal auch Farmen und Handelsposten gehörten. Die Vermittlung von Bildung und die Heilung von Kranken war aber nicht der eigentliche Grund für ihre Errichtung. Hauptziel war die „Bekehrung" der afrikanischen „Heiden". Mit Lehrern und Ärzten zusammen wurde dieses Ziel dann rascher erreicht. Jahrzehntelang waren die Erfolge der Missionare fast überall recht bescheiden, aber dann bildete sich das Christentum stark aus. Kranke, Krüppel, Verfolgte und Bedrohte gehörten zu den ersten, die sich der neuen Religion anschlossen. *Ein* Ergebnis der schulischen Erziehung und der Verbreitung christlicher Ideen war, daß sich gegen Mitte dieses Jahrhunderts die nationalen Befreiungsbewegungen bildeten. Fast alle politischen Führer Schwarzafrikas hatten ihre Ausbildung auf Missionsschulen erhalten.

Ein besonderes Kapitel war der Kampf gegen den Sklavenhandel der Araber. In Liberia, Sierra Leone und Gabun hatten menschenfreundliche europäische Organisationen schon zuvor Siedlungen für freigelassene Sklaven von Europäern oder Nordamerikanern geschaffen. Der berühmte schottische Arzt Dr. David Livingstone war einer der erbitterten Gegner des östlichen Sklavenhandels. Er rief England auf, Afrika für das Christentum und den Handel zu „retten". Das zum Himmel schreiende Unrecht an den Versklavten beunruhigte sein christliches Gewissen. Aber der Sklavenhandel war auch geordneten Geschäften mit England im Wege. Die europäischen Händler folgten den Missionaren fast stets auf dem Fuß. Die altgewohnten Bedürfnisse der Kirchenleute mußten befriedigt werden, die eben erst geweckten der Bekehrten ebenfalls ...

Anglikaner, sowie katholische Pater aus Frankreich, gründeten etwa ab 1875 an der Küste und im Innern Ostafrikas Ansiedlungen für entlaufene oder den Händlern abgejagte oder sogar abgekaufte Sklaven. Ziel war, mit den nun Freien christliche Gemeinden zu bilden, afrikanische Missionare heranzuziehen und christliche Dörfer in der Umgebung zu schaffen. Die früheren Sklaven lebten dort aber zum Teil unter solch harten Bedingungen, daß ihr Dasein einer neuen Versklavung gleichkam. Als der östliche Sklavenhandel um 1900 offiziell endete, löste sich diese Siedlungsbewegung auf.

Bis etwa zum Zweiten Weltkrieg wußten die meisten Missionare über die Kultur Afrikas – vielfältig, verwirrend und geheimnisvoll – so gut wie nichts. Einige lernten sehr viel darüber, um bessere Wege zur Erreichung ihres Zieles zu finden (wie der Deutsche Johann Ludwig Krapf; er war der erste Missionar der Neuzeit in Ostafrika überhaupt). Nur wenige erkannten die kulturellen Werte dieses Kontinents und versuchten, ihre Religion mit der bestehenden zu verbinden, das Christentum „einheimisch" zu machen. Ein paar waren großartige Völkerkundler, denen die Welt wichtige wissenschaftliche Abhandlungen zu verdanken hat. Die große Mehrheit aber kümmerte sich darum nicht, sondern sah in ihrem – zweifellos fast immer gutgemeinten, naiven – Eifer alles nur aus abendländischer Sicht. Alles Afrikanische wurde verworfen.

Diese Haltung hat sie heftigen Angriffen ausgesetzt. Erzbischof Tutu hierzu: „Ich habe, wie so viele in der Dritten Welt, die frühen Missionare dafür kritisiert, daß sie uns Scham darüber empfinden ließen, wir selbst zu sein. So oft versuchten sie, uns in Europäer zu verwandeln, bevor sie uns erlaubten, Christen zu werden!" Bei einem Teil der Missionare rührte das Desinteresse an Schwarzafrika daher, daß sie „in ganz anderen Welten" schwebten. Verschiedene protestantische Gemeinschaften verkündeten das unmittelbar bevorstehende Weltende und in dieser Untergangs-stimmung predigten sie die Hoffnung auf den Himmel. Auf sie selbst fiel – bei tropischen Krankheiten, wilden Tieren und offener Feindseligkeit vieler Afrikaner – ständig der Schatten des Todes. Ein gut Teil der frühen Missionare suchte bald wieder das Weite.

Missionare als Freunde und Gegner

Unzulässig wäre es, zu behaupten, daß sich die Missionare an einer Art Verschwörung gegen Land und Freiheit der Afrikaner beteiligten. Der größte Teil von ihnen verhielt sich „unparteiisch", kümmerte sich um nicht viel mehr als um die Bibel, die Einrichtungen der Mission, um die Bekehrung der „Heiden" und um die Betreuung der Bekehrten. Sprecher der Kikuyu (in diesem Volk entstand die Mau-Mau-Bewegung, eine Reaktion auf immer stärkere Landnahme und auf das Drängen der weißen Siedler, eine Selbstregierung im Stile des Ian Smith in Südrhodesien einzuführen) sagten 1930: „Es gibt keinen Unterschied zwischen Priester und Siedler!" Der argentinische Theologe José Miguez-Bonino, Mitglied des sechsköpfigen Vorstands des Weltkir-chenrates, erklärte 1982: „Die missionarischen Unternehmungen der letzten 150 Jahre waren eng verbunden mit der Ausdehnung des wirtschaftlichen, politischen und kulturellen Einflusses der angelsächsischen Welt, ganz gleich, ob sie katholisch oder protestantisch ist."

Wahr ist, daß sich Missionare viel zu wenig um die drohende und dann vollzogene Ausbeutung der Afrikaner durch die Kolonialmächte kümmerten. Als die Kolonialregierungen den Missionen Geld für Schulen zur Verfügung stellten, ging gewissermaßen ein Teil der Macht auf *sie* über. Als in späteren Zeiten Afrikaner immer mehr gegen die politische und wirtschaftliche Bevormundung aufbegehrten, fühlten sich die Missionare um so sicherer, je fester die Verwaltung die Zügel in der Hand hatte.

Unwahr wäre, zu behaupten, daß die Missionare sich nie für die Afrikaner eingesetzt hätten. Dies war in erfreulichem Maße bis etwa 1925 der Fall (dann erlahmte das Interesse daran). Sie wurden vielerorts bei den Behörden vorstellig, um Ungerechtigkeiten zu verhindern oder abzubauen. In Britisch-Kenya traten Missionare gegen die Rekrutierung von weiteren Zwangsarbeitern für die oft rassistischen weißen Siedler ein und verteidigten sie gegen den Vorwurf der Faulheit. Den Siedlern warfen sie vor, die Entwicklung Afrikas eher zu behindern als zu fördern. Einer schlug dem Volk der Masai eine bewaffnete Rebellion vor. Dieser Rat wurde allerdings nicht befolgt. Scharfe Proteste wurden von Missionaren gegen die deutschen Behörden in Tanganyika erhoben, die bei dem großen „Maji-Maji"-(Madschi-Madschi-)Aufstand in einem ganzen Gebiet die Ernte verbrannten, es abriegelten und keine Lebensmitteltransporte hineinließen, weshalb über 100 000 Menschen verhungerten. Die Rebellion (sie ist nach einem Zauberer dieses Namens benannt, von dem angegeben wurde, er habe ein Wunderwasser geschaffen, das Gewehrkugeln in bloßes Wasser verwandeln könne) von 1905 an hatte ihre Ursache im allzuhäufigen Gebrauch der Nilpferdpeitsche während der deutschen Epoche, ursprünglich freilich in der allgemeinen Brutalität des Kolonialregimes. In Deutschland gab es nach Vorliegen von Berichten der Missionare Auseinandersetzungen im Reichstag, die zu einem Ende des Mordens führten.

Positive Beispiele von Handlungen der Missionare in außerkirchlichen Angelegenheiten gibt es aus fast allen Kolonien Afrikas. Darin verwickelt war aber nur eine kleine Minderheit. Dasselbe gilt für die sehr unerfreuliche Seite. Wahrheit ist, daß es europäische und amerikanische Missionare gab, die aktiv an den unterschiedlichsten Ungerechtigkeiten und Machenschaften beteiligt waren. So benutzte ein katholischer Priester in Tanganyika gegen seine eigenen Arbeiter sehr gerne die Nilpferdpeitsche. Als im Ersten Weltkrieg das Träger-Korps der Briten (es handelte sich um Afrikaner) im Feldzug gegen Deutsch-Tanganyika schreckliche Verluste erlitt, versteckten sich viele Kikuyu in Kenya aus Furcht vor der Rekrutierung in Missionsstationen. Zu ihrer großen Enttäuschung stellten dann gerade die Missionen 1917 selbst ein „freiwilliges" Träger-Korps auf, das jedoch nicht mehr den schweren Blutzoll bezahlen mußte. Missionare kümmerten sich gelegentlich energisch darum, daß „Medizinmänner", die ihnen ins „Handwerk" pfuschten, aus der Welt geschafft wurden. Fanatische deutsche Protestanten schürten in Tanganyika eine übertriebene, unnatürliche Furcht vor dem Islam.

Der im Laufe dieses Kapitels schon einmal erwähnte amerikanische Missionar Willis R. Hotchkiss berichtete in seinem Buch ohne mit der Wimper zu zucken von einem Massaker, das britische Truppen unter dem Volk der Nandi (Farbbild 61) in Kenya anrichteten. Die Nandi waren nicht die einzigen, die sich gegen den Bau der Uganda-Bahn zur Wehr setzten, aber sie taten es am nachdrücklichsten. 1905 töteten die Nandi neun britische Soldaten. Dies und der Diebstahl von Schwellennägeln zur Herstellung von Messern und Pfeilspitzen und von Telegrafendraht zum Basteln von Armreifen für die Nandi-Frauen, hatte eine Strafexpedition zur Folge. Bei den folgenden Kämpfen – denn die Nandi setzten sich verzweifelt zur Wehr – fielen 42 Soldaten auf britischer Seite (die jedoch nicht nur Briten waren), aber es wurden mehr als 630 Nandi getötet. Außerdem wurden mehr als zehntausend Rinder und 18 000 Ziegen und Schafe der Nandi davongetrieben.

Stets dann, wenn sich Afrikaner gegen die Beschlagnahme ihres Landes und gegen die Freiheitsberaubung durch die weißen Eindringlinge zur Wehr setzten, wurden sie besonders hemmungslos verunglimpft, auch von Missionaren. Ich möchte an dieser Stelle einen Auszug aus einem „Afrikanischen Gebet", veröffentlicht vom deutschen Comboni-Orden, einfügen: „O Herr, du weißt, die weißen Brüder haben ihre schwarzen Brüder zu Menschen zweiter Klasse gemacht. O Herr, das tut weh, darunter leiden wir. Warum haben unsere Brüder uns das angetan? Sie sind doch nicht besser als wir und wir sind nicht besser als sie. Was uns tröstet, ist, daß du immer *die* am meisten liebst, denen es am übelsten ergeht. Wir bitten, o Herr, halte unser Herz frei von Haß . . . Laß uns wieder Brüder werden, wie es sich für deine Kinder gehört. Du bist für uns alle gestorben . . ."

Einst eine festgefügte Ordnung

Häufig wurde gegen die Missionare der Vorwurf erhoben, daß sie keine Rücksicht auf die Kultur und die seelische Verfassung der Menschen genommen hätten, unter denen sie ihr Evangelisationswerk betrieben. Jedes Volk und jeder Stamm in Afrika hatte seine festgefügte Gesellschaftsordnung – bruchstückhaft ist sie heute noch erhalten. Viele der dort gültigen Regeln waren hart, aber sie wurden akzeptiert, um ein geordnetes Zusammenleben zu garantieren. Verstöße dagegen wurden geahndet. Interessenkonflikte mit Nachbarn aus vielerlei Gründen (zum Beispiel gab es große Völkerwanderungen) führten zu kriegerischen Auseinandersetzungen. Andere Völker und Stämme lebten lange Zeit friedlich nebeneinander. Im Grunde war die Lage also nicht anders als sonstwo auf der Welt, als die christlichen Missionare eintrafen. In jeder Gesellschaftsordnung wurde zwischen „guten" und „bösen" Taten unterschieden. Die Idee von der Ur- oder Erbsünde, die von vornherein in jedem Menschen liege, wie das Christentum behauptet, existierte in Afrika aber nicht. Der programmatische Vorwurf der Missionare: „Ihr seid alle Sünder!" stellte in den Augen der Afrikaner eine Beleidigung dar. Daß sie von einem „Erlöser", der bereits gestorben war, errettet werden sollten, erstaunte sie daher sehr. Diesen Menschen wurde nun beigebracht, daß alles, was sie bisher geglaubt hatten, falsch gewesen war.

Die „Heiden" hatten sehr wohl eine Religion, auch wenn sie jeweils nur auf einem kleinen Raum verbreitet war. Von wenigen Ausnahmen abgesehen, ist ihnen der Glaube an eine überirdische Macht, an das Höchste Wesen, an den Großen Gott, gemeinsam. Die Kikuyu zum Beispiel nannten ihn „Ngai" und er wohnte auf dem Kenya-Berg. Sie beteten zu ihm. Aber in den meisten Fällen wurde der Große Gott nicht direkt angesprochen. Um Hilfe angerufen wurden kleinere Götter und Geister, die den Menschen gutgesinnt waren. Böse Geister und Dämonen machten ihnen das Leben schwer. Gegen sie suchte und fand man Mittel. Zauberer, Beschwörer, Medizinmänner (Heilkundige) riefen die bösen und die guten Geister an. Amulette sollten vor allerlei Übeln bewahren. In alle Bereiche des Lebens wirkte die Religion hinein. Die Afrikaner sind traditionell religiöse Menschen. Sie hatten die Vorstellung, daß die Ahnen auch nach dem Tode immer in ihrer Nähe seien und glaubten an die übersinnlichen Fähigkeiten von Menschen, wie Traumdeutung und Heilen durch Handauflegen. Mit all dem wollten die Missionare aufräumen. Aber das sollte nur der Anfang sein.

Frauen gegen Polygamie

Die Missionare waren von Beginn an gegen die Vielweiberei, die in ganz Afrika verbreitet war. Wer Christ werden wollte, durfte nur eine Frau haben. Wer mehrere Frauen hatte, mußte sich von allen außer *einer* trennen. König Mutesa I. von Buganda wandte sich 1879 vom Christentum ab, weil weder Protestanten noch Katholiken ihn wegen seiner Polygamie taufen wollten. Für afrikanische Männer war es schwer zu verstehen: Hatten nicht auch die Patriarchen des Alten Testaments mehr als eine „Lebensgefährtin"?

Die erwähnte Schriftstellerin Awa Thiam aus Senegal lehnt die Mehrehe des Mannes entschieden ab, und nach ihrer Feststellung tut es auch der überwiegende Teil der Frauen Afrikas, die – nebenbei – auch die Vielmännerei ablehnten. Man kann in dem System einige vermeintliche Vorteile für Ehepartner und Gesellschaft sehen, die Nachteile für die betroffenen Frauen dürften aber überwiegen. Mit Christianisierung hat diese Ablehnung nichts zu tun. Ich meine, es ist erfreulich, daß sich jetzt immer mehr Frauen wehren. Hier geht es nicht gegen Afrika, sondern gegen den Mann, der sich auch in Afrika die Herrscherrolle zugedacht hat.

Stieß schon die Beschneidung der Jungen auf den entschiedenen Widerstand der Missionare, der aber im Laufe der Zeit abgebaut wurde, so war die der Mädchen, in ganz Schwarzafrika praktiziert, jahrzehntelang Streitobjekt. Traditionalisten und Nationalisten sahen in der geforderten Abschaffung dieses Brauchs eine Bedrohung des Afrikanertums. Daraus wurde 1929 ein politisches Thema. Auch Kenyas späterer Präsident Jomo Kenyatta sprach sich für die Mädchenbeschneidung aus. (Sie ist heute noch in vielen Ländern Schwarzafrikas, aber auch in arabischen Staaten, gang und gäbe. Bei manchen Stämmen und Völkern wird sie grundsätzlich praktiziert, zum Beispiel in Kenya an den meisten Mädchen bei Moslems, Christen und Anhängern von Naturreligionen. Sie ist aber seltener als früher. Frauenrechtlerinnen fordern die Abschaffung. Awa Thiam: „Man kann auch den Aufstand und den Kampf wählen: Das ist meine Lösung.")

Alles wurde bemäkelt

Aber auch fast alles andere, was die Afrikaner taten, worin sich Mann und Frau wirklich einig waren, war in den Augen der Mehrheit der Missionare falsch, schlecht, unmoralisch. Sie waren schockiert, einen großen Teil der Menschen fast oder völlig unbekleidet zu sehen. Nacktgehen war ebenso „unanständig" wie das Tragen von vielen farbigen Ketten, von Reifen und anderem Schmuck auf dem Kopf, um den Hals, um den Bauch, an den Armen, Beinen, Ohren, Nasen und Lippen, wie Gesichts- und Körpermarken (Farbbild 49) der einzelnen Stämme. Jeder Genuß von Tabak, Alkohol und anderen berauschenden Mitteln wurde von den Weißen verurteilt, von einigen sogar der von Kaffee, Tee und Fleisch. Stammestänze und -musik traf genauso der Bannstrahl wie die sogenannten Initiationsriten, die Feiern zur Einführung der Jugend in die Welt der Erwachsenen (Farbbild 61). Wie und wann sie lachten oder weinten, und selbst wie sie sich liebten (!): Alles wurde an den Afrikanern bemäkelt.

Diese stellten auch viele Fragen, auf welche Missionare und Ärzte keine plausible Antwort hatten. Der neue Glaube konnte zum Beispiel nichts gegen die Unfruchtbarkeit von Frauen tun, gegen einen „Fluch", der die an der ständigen Vergrößerung des Clans interessierten Afrikaner besonders hart traf. Was half es, wenn die Missionare behaupteten, es gäbe kein Hexenwerk und keine Geisterbesessenheit, wenn doch alle Welt sehen konnte, daß gewisse Menschen verhext oder besessen *waren*. Würde der Gott der Weißen gegen das Nachbarvolk beistehen, das immer wieder Vieh stahl? Waren – so fragten die Afrikaner weiter – die Missionare Götter oder Teufel, daß sie Amulette zerstören konnten, ohne dafür vernichtet zu werden?

Tragödie der weisen Alten

Von der Verbitterung ihres Vaters erzählte uns die katholische Schwester Theresia in dem kenyanischen Städtchen Kitale. Er habe es den frühen Missionaren nie verziehen, wie sie seinen und seines Dorfes Glauben lächerlich gemacht hätten. Für ihn und seinesgleichen habe Gott in einem mächtigen Baum des Dorfes gewohnt. Sie hätten den Baum selbst aber nicht für Gott gehalten, wie die Missionare es zunächst darzustellen versuchten. Diese hätten dann alles getan um zu überzeugen, daß Gott nicht in einem Baum, sondern nur in einer Kirche wohnen könne. Nach einiger Zeit sei mit dem Geld der Dörfler eine Kirche gebaut worden. Ihr Vater sei niemals hineingegangen. Er habe sich nie zu dem neuen Glauben bekannt, aber die Zweifel, die die Missionare in seinen alten gesät hätten, seien nicht ohne Wirkung geblieben. Er sei fortan zwischen beiden Weltanschauungen gestanden und sehr unglücklich gewesen.

Der Übertritt zum christlichen Glauben sei für die Afrikaner eine große sozio-religiöse Anstrengung, lasen wir in einer katholischen Schriftenreihe aus Kinshasa in Zaire. In den bemerkenswerten, selbstkritischen Gedanken hierzu schrieb der Verfasser, die Afrikaner fragten sich, was aus den Beziehungen zu ihren Ahnen werde, wenn sie sich als Getaufte nur an Gott, Jesus, die Engel und die Heiligen wenden dürften. Bedeutete denn die Hinwendung zum Christentum nicht den wiedergutzumachenden Bruch mit dem Universum, in dem die Lebenden und die Toten ihren Platz haben? Die Tragödie der weisen Alten sei es, mitansehen zu müssen, wie vor ihrem Eintritt ins Jenseits ihre Kinder den Gott der Europäer anbeteten und daß mit Gewalt jede Tradition zerbrochen werde, wie zum Beispiel Gehorsam des Sohnes gegenüber dem toten Vater. Wer kümmerte sich um die Ahnen, die nicht in der Kirche gebetet hatten? Hätten die christlichen Riten die gleiche Fähigkeit, Solidaritätsverbindungen mit der unsichtbaren Welt zu schaffen? Die afrikanischen Weisen lehnten eine Religion ab, die ihr Lebensideal zerstöre, ihre Familien auseinanderreiße, die nötige Solidarität zerbreche. Erlaube das Wasserbad (die Taufe), das ewige Leben zu haben, das die Vorfahren versprochen hatten? Viele Männer und Frauen sähen in der Zugehörigkeit zu einer Kirche Verrat und Sichschuldigmachen. Die Missionare hätten nur am Äußeren des Menschen herumlaboriert, aber was darunter ist, sei „Niemandsland" voll von Fragen, Zweifeln, Erwartungen, Unbefriedigung.

„Bekehrte" sind oft in einer mißlichen Zwangslage zwischen altem und neuem Glauben. In

Auf dem Hochland von Jos/Nigeria: Frau mit Gesichtsmarken; harfenähnliches Instrument

Tansania wird die Geschichte von dem „Regenmacher" (wie wichtig diese Funktion ist, kann man sich als Europäer nur dann vorstellen, wenn man sich der furchtbaren Dürren in Afrika erinnert) erzählt, der eines Sonntags zur Kirche ging und erklärte, er wolle Christ werden und wolle darum von dem Trick, er könne Regen machen, ablassen. Nur Gott könne Regen machen. In der Gemeinde brach ein Aufstand aus. Die Christen sagten dem Regenmacher, wenn er wolle, könne er Christ werden, aber sie würden ihm nicht erlauben, mit dem Regenmachen aufzuhören.

Früher sprachen sie nur von „Heiden"

Es ist sehr erfreulich, daß inzwischen – leider sehr spät – die Kirchen und die Missionare viel dazugelernt haben, daß sich der Blickwinkel von vielen verändert hat, daß sie einiges von ihrem Hochmut verloren, der so unchristlich war. Die katholische Kirche dürfte unter jenen, die gelernt haben, eine Vorreiterrolle spielen. Die erwähnte Schrift aus Zaire meint: „Die Afrikaner sollten sich nicht fremden Formen hingeben, wie ein Papagei alles wiederholen..." Pater Walbert Buhlmann, Sekretär des Ordens der Kleinen Kapuziner-Brüder in Rom, sagte: „In der Vergangenheit hatten wir das sogenannte Motiv, Seelen zu retten. Wir waren überzeugt, daß Menschen, wenn sie nicht getauft waren, in Massen zur Hölle gehen würden. Nun, Dank sei Gott, glauben wir, daß alle Menschen und alle Religionen die Gnade und Liebe Gottes schon in sich tragen und durch Gottes Barmherzigkeit gerettet werden." Schwester Emmanuelle, die als alte Frau unter Kairos Müllsammlern wirkte, sagte 1982: „Wir sprechen heute nicht mehr über Bekehrung. Wir sprechen darüber, Freunde zu sein. Mein Job ist es, zu beweisen, daß Gott Liebe ist, und diesen Leuten Mut zuzusprechen."

In der Zeitschrift „Kontinente" der deutschen Comboni-Missionare fanden wir unter dem Titel „Mission früher und heute" folgende Einsichten: „Früher dachte man so: Rom bedeutet die wahre Kirche. Nur in ihr findet der Mensch sein Heil. Die anderen Menschen sind Heiden, Ungläubige; ihre Religion ist Aberglaube, Irrtum und Verblendung. Oft verfolgte man Andersgläubige mit dem Schwert oder zwang sie mit anderen Mitteln zur Annahme des wahren Glaubens. Heute meint man: Gott hat uns in Christus den wahren Weg zum Vater geoffenbart. Aber auch andere Religionen enthalten ein Stück Wahrheit. Sie sind Ausdruck menschlichen Suchens nach Gott. Wir verurteilen sie nicht mehr, sondern suchen den Dialog mit ihnen."

In der katholischen Kirche begann sich ab 1958, als Papst Johannes XXIII. ins Amt kam, und mit dem II. Vatikanischen Konzil, vieles zu verändern. Die Erleichterung über die anderen Verhältnisse hörten wir aus vielen Gesprächen mit Schwestern und Paters heraus.

Wo die Trommel verstummte

Eine ähnliche Liberalisierung wie bei den Katholiken konnten wir auch bei einigen Kirchen auf der protestantischen Seite feststellen, doch hier fanden wir auch die konservativsten Anschauungen. Hier wurde der afrikanische Mensch immer noch in erster Linie als Objekt gesehen, als Ziel eines Feldzuges. Eiferer einer in Ohio beheimateten amerikanischen fundamentalistischen Baptistenmission, weit verbreitet in Zentral- und Ostafrika (Farbbild 57), betrachteten sich, wie sie uns erzählten, an ihrem Wirkungsort als „Krieger in Feindesland". Abgesehen davon, daß sie auch alle anderen christlichen Konfessionen ablehnten, empfanden sie eine grundsätzliche Abneigung gegen die Afrikaner. Es ist in diesem Zusammenhang übrigens interessant, daß praktisch keine

Erst kürzlich zum Christentum bekehrte Dörfler aus dem Norden der Volksrepublik Kongo beim Gebet

Verheiratungen zwischen überseeischen Missionaren und Afrikanern vorkommen, und daß Missionare aus den USA in Afrika grundsätzlich Weiße sind. Die erwähnten Baptisten lehnten jede Regung afrikanischer Kultur ab. Sie predigten ständig den Weltuntergang, vertraten aber gleichzeitig amerikanische nationalistische Ideen, standen auf der Seite der rechtsgerichteten Regime und führten in komfortablen Häusern ein materialistisches Leben. In ihre Gebete schlossen sie gewöhnlich eher die Bitte an Gott ein, doch dafür zu sorgen, daß die erwartete Batterie fürs Auto oder der Treibstoff für das Stromaggregat bald bei ihnen im Busch eintreffen mögen, als für das Wohlergehen der sie umgebenden schwarzen Menschen den Segen des Himmels herabzuflehen. All diese Praktiken werden dem Christentum in Afrika sicher nur schaden.

Selbst an Orten, wo sie erst vor relativ kurzer Zeit Fuß faßten, schafften sie in ihren Kirchen die Trommel, das Xylophon, die Bogenharfe und die Rassel ab und ersetzten sie durch das Akkordeon und die Gitarre, die in den Buschdörfern noch nie jemand zu Gesicht bekommen hatte. An die Stelle der faszinierenden afrikanischen Rhythmen traten langweilige nordamerikanische Kirchenlieder!

Es würde zu weit führen, im Rahmen dieses Weltreiseberichts auf alle afrikanischen kulturellen Äußerungen einzugehen. Ich möchte den Bereich der Musik aber etwas hervorheben, denn sie ist im Leben der Afrikaner von äußerster Wichtigkeit. In dem Buch „The Church in East Africa" (Die Kirche in Ostafrika) lasen wir, daß „zwei Katastrophen" die Benutzung afrikanischer Musik in der

Kirche verhindert hätten: Zum einen wurde sie von den Missionaren verworfen, weil sich die Gläubigen bei ihr instinktiv im Rhythmus mitbewegten, zu Hause dann angeblich unsittlich zu tanzen und zu trinken begännen; zum anderen wurde das Harmonium eingeführt, was der afrikanischen Musik noch mehr Schaden zufügte. Ihre Gegner fand man auf der protestantischen wie auf der katholischen Seite.

Plätze, wo die Bekehrten durch Missionare ermutigt wurden, ihre eigene Musik für Hymnen zu verwenden, liegen im Süden des heutigen Tansania und in der Umgebung des Malawisees. Die Heilsarmee trug ab 1920 etwas zur Entspannung bei, als sie Trommeln und Tamburine einführte, die von den Anhängern rasch übernommen wurden, auch weil sie leichter zu spielen waren als etwa das Harmonium.

Das große Umdenken begann sehr spät

Mit den Unabhängigkeitsbewegungen in Afrika erwachte ein neuer Stolz auf das kulturelle Erbe. Die Rundfunkstation „Die Stimme Kenyas" kritisierte einmal die Kirchen, „nicht afrikanisch" zu sein und schlug vor, sie sollten die Trommel verwenden. Bei einigen Kirchen hat man inzwischen aber ein Umdenken festgestellt. Mit Roms Revision seines Standpunktes über die Mission ging auch die Meinungsbildung über Afrikas Kultur einher. In katholischen Kirchen an der Elfenbeinküste, in Kamerun, in der Zentralafrikanischen Republik und im Südsudan (um nur Beispiele zu nennen) waren wir Zeugen, daß in den Gottesdiensten afrikanische Musikinstrumente für Hymnen afrikanischer Prägung Verwendung fanden. Aber auch bei der protestantischen „Kirche Christi" in Nigeria waren wir oft dabei, wenn Trommeln, Rasseln, Eisenstangen (Klang wie Triangel), mit Sand gefüllte Dosen (wie Rumbakugeln) und „sprechende Töpfe" (Tonkrüge, als Schlaginstrumente benutzt), bei der Gestaltung der Feiern eingesetzt wurden. Ebenso war es bei Evangelischen im Südwesten von Obervolta. Es ist also eine allgemeine Wiederbelebung bei der Musik in Gang gekommen, aber man hat erkannt, daß es bereits sehr spät ist. In den meisten Gebieten sind die religiösen Stammestänze schon vergessen...

In Bukoba in Tansania wurde durch einen deutschen Missionar das Ruhija Music Centre gegründet, um afrikanische Kirchenmusik zu entwickeln, wofür auch traditionelle afrikanische Musikinstrumente nachgebaut werden. Das Lutherische Theologische College in Makumira sammelte traditionelle Weisen aus ganz Tansania, die dann mit christlichen Texten versehen wurden. Die berühmte katholische „Missa Luba" kommt aus Zaire. Pater Stephen Mbunga aus Peramiho in Tansania schuf liturgische Musik selbst, auf afrikanische Art, aber nicht nach alten Weisen. So gibt es in dieser Richtung einige Versuche. Ob sie aber ein Weg sind, ein Wiedererstehen der afrikanischen Musik zu erreichen, mit einheimischen Instrumenten und aus der alten Motivierung, also ohne mit dem christlichen Glauben Verbindung zu haben?

Mehr und mehr im Kommen ist die „Afrikanisierung" der Kirchen. Gemeint ist die „Übergabe" in die Hände der Einheimischen. Ursprünglich sollten die Missionare ja nur so lange in einem Gebiet bleiben, bis die Afrikaner die Leitung einer Gemeinde selbst übernehmen konnten. Das war aber bis vor kurzem blanke Theorie. Sie sind immer noch da, und es gibt von ihnen mehr als je zuvor. Von den 220 000 christlichen Missionaren auf der Welt (aus den USA etwa 40 000), darunter rund 140 000 Katholiken (aus den Vereinigten Staaten nur 6000), ist ein beträchtlicher Teil in Afrika tätig. Die katholische Kirche nennt die Afrikanisierung „Inkulturation". Es gibt jetzt schwarze katholische und anglikanische Bischöfe und Erzbischöfe (Farbbild 58) neben Weißen in diesen

Funktionen, viele Priester und Pfarrer der verschiedensten „Missionskirchen". Es gilt abzuwarten, ob der personellen Übergabe die kulturelle folgt.

Zu verschiedenen Zeiten haben einige wenige Missionare den Versuch unternommen, ihre Kirche rasch zu afrikanisieren. Einer kritisierte(!), daß die Afrikaner sich europäisch kleideten, andere sprachen sich gegen die Verwendung von europäischen oder biblischen Namen aus. In einem Falle wollte der Missionar keine Pastoren, sondern das kirchliche Leben sollte wie bisher auf Clanbasis mit traditionellen Führern weitergehen. Dabei gab es gelegentlich erstaunliche Reaktionen von seiten der Betroffenen. Sie sahen in solchen Missionaren Verhinderer des Fortschritts, möglicherweise eine Folge der jahrzehntelangen „Gehirnwäsche". Daraus ist wohl auch zu erklären, daß Afrikaner Kirchenbauten europäischen Stils bevorzugen.

8000 unabhängige Kirchen

Ein frappierendes Merkmal des afrikanischen Christentums ist heute das Sektierertum. Die protestantischen und katholischen Missionare hatten ihre Differenzen mitgebracht, hatten ihre Träume und glaubten, sie in Afrika verwirklichen zu können. Durch ihre intolerante Haltung spalteten sie die Christen auch hier in viele Konfessionen auf, schufen Verwirrung, bekämpften sich gegenseitig. In Uganda kam es sogar zu einem Religionskrieg zwischen Katholiken und Protestanten (auch zu weiteren bewaffneten Unruhen zwischen Christen und Moslems und zwischen Christen und „Heiden"). Wer sich heute darüber wundert, daß es in Afrika so viele Sekten gibt, der muß die Gründe dafür bei den Missionaren suchen, die übrigens auch viele

Angehörige der Sekte „African Kanisa Israel" in Kenya tanzen vor dem Bahnhof Nakuru

Christen enttäuschten und zu Kirchenneugründungen trieben. Es gibt sehr große Sekten, wie die Kimbangisten, schon 1921 im belgischen Kongo gegründet, die für strikte Einehe, Alkohol- und Tabakabstinenz eintreten. Heute zählen sie in Zaire dreieinhalb Millionen Anhänger. Aber die Ausmaße des Sektierertum in Afrika sind für unsere Begriffe schier unfaßbar. Allein in Ghana gibt es weit über fünfhundert christliche Gemeinschaften, in Kenya über eintausend, oft mit stark afrikanischem Einschlag. Im Jahre 1985 soll es in Afrika annähernd 8000 unabhängige Kirchen gegeben haben, die zusammen mehr als dreißig Millionen Mitglieder zählten.

Islam paßte sich besser an

Der Islam, der sich schon Jahrhunderte zuvor von Norden und von der Ostküste her in Afrika auszubreiten begann, ist die einzige andere Buchreligion, die mit dem Christentum auf dem Kontinent einen „Konkurrenzkampf" führt. Weite Teile West-, Zentral- und Ostafrikas (dazu noch der arabische Norden) sind schon lange islamisiert. Da es sich hierbei ebenfalls um eine missionarische Religion handelt, sind ihre Anhänger an einer ständigen Vergrößerung der Zahl der Moslems interessiert. Selbst in einem so weit im Süden gelegenen Land wie Moçambique gibt es zweieinhalb Millionen. Der Islam hat es von Anfang an besser verstanden als das Christentum, sich afrikanischen Verhältnissen anzupassen, weisen beide doch auch einige Gemeinsamkeiten auf, wie die Polygamie des Mannes und die Beschneidung. Amulette gegen schädliche Einflüsse wurden nicht abgelehnt (Farbbilder 47 und 51), denn die Moslems auch anderswo benutzen sie selbst. Auch wurden gegen gewisse Riten, den Naturreligionen entstammend, weniger Einwände erhoben als von den Kirchen.

Zur Zeit werden mit viel Geld aus Saudi-Arabien, anderen Staaten am Golf sowie von Libyen an vielen Stellen in Schwarzafrika, so im Senegal, im Tschad, im Niger, in Kamerun und im zentralen Afrika, islamische Gotteshäuser, Zentren und Schulen errichtet. Letztendlich wird es darum gehen – eine traurige Erkenntnis für Freunde des echten Afrika – ob Islam oder Christentum sich den größeren Teil der Bevölkerung des Kontinents als Anhänger sichern. Dabei ist noch nicht abzusehen, welche Auswirkungen der islamische Fundamentalismus, der bereits in Nordafrika Fuß zu fassen beginnt, auf die schwarzen Moslems haben wird. Für uns war bei unserer Reise durch die verschiedenen Zonen Afrikas erstaunlich, zu sehen, daß dort, wo der Islam (teils seit Jahrhunderten) überwiegt, das Leben noch weit mehr afrikanisch ist als dort, wo das Christentum sich stark ausbreitete. Dies betrifft das Zusammenleben der Menschen, ihre kulturellen Äußerungen, ihre Kleidung, ihren Baustil und vieles andere.

Es fehlte die Schrift

Wie die Musik war die Dichtung in Afrika bis in die neue Zeit hochentwickelt, auch wenn Poesie nicht geschrieben wurde. Dennoch fand – durch Völkerwanderungen, Handel, Verheiratung von Angehörigen verschiedener Völker, aber auch durch Kriege – ein Kulturaustausch zwischen einzelnen Teilen Afrikas statt. Das Schicksal wollte es, daß die Idee des Schreibens aus vorderasiatischen Ländern zwar früh nach Europa gelangte, offenbar aber nicht ins Innere Afrikas. (Hier sei vom christlichen Äthiopien und einigen Nachbargebieten abgesehen, wo sich sehr wohl eigene Schriften entwickelten.) Wenn es in alter Zeit schon Buchstaben- oder Silbenalphabete gegeben haben sollte, so ist heute darüber nichts mehr bekannt. In islamisierten Landstrichen und solchen, die unter dem Einfluß der Moslems standen, wurde schon seit Jahrhunderten die arabische, bei den Tuareg eine eigene Schrift verwendet. Die Sprachen der Hausa und der Fulbe (beide Westafrika) und der Swahili (Ostafrika) wurden so geschrieben, aber weil sich die arabische Schrift wegen des Fehlens von Selbstlauten nicht gut eignete, wird für diese Sprache heute das lateinische Alphabet verwendet. Fast alle bedeutenden Sprachen Schwarzafrikas werden nun in „unseren" Buchstaben (an vielen Stellen mit Abwandlungen der Form und des Lautwerts) wiedergegeben. Dies ist der Arbeit von Sprachwissenschaftlern, aber auch vieler Missionare, zu verdanken, die sehr oft – freilich nicht ohne Eigennutz, wie bei den Arabern, die den Koran brachten – eine Sprache von Grund auf nach europäischen Methoden erfaßten.

Es hat in neuer Zeit auch einige afrikanische Versuche, örtliche Sprachen in einer eigenen Schrift festzuhalten, gegeben. Der König der Bamum, Nyoja, befahl 1900 (im damaligen Deutsch-Kamerun) eine besondere Schrift zu schaffen. Zunächst wurden Bildzeichen verwendet. Diese entwickelten sich bis 1918 zu einer Silbenschrift mit etwa siebzig Zeichen. (Die semitischen Sprachen Ostafrikas werden in einer Silbenschrift mit mehr als zweihundert Zeichen geschrieben.) Eigennamen wurden bei den Bamum gleich mit Silbenzeichen festgehalten. Bei den Mende in Sierra Leone und bei den Vai in Liberia wurden ebenfalls eigene Schriften erfunden. Daß sie nur von lokaler Bedeutung waren, läßt sich leicht erkennen. So verhält es sich auch mit einer Bildschrift, die von Geheimbünden der Völker, die Ibo und Efik sprechen (im Süden des heutigen Nigeria), benutzt wurde.

Afrikanische Kunst schon in der Antike

Eben weil die Kunst des Schreibens in Schwarzafrika sich kaum ausbreitete, war, abgesehen vom Kulturraum am Nil und von Äthiopien, über die Antike auf dem Kontinent wenig bekannt. Dies hat sich im zwanzigsten Jahrhundert allerdings stark geändert. Aus dem „unbekannten Land" wurden immer neue Funde gemeldet. Erinnert sei an die beeindruckenden Felsmalereien, die der deutsche Völkerkundler und Forschungsreisende Leo Frobenius (starb 1938), auch von vielen Afrikanern geschätzt und geachtet, in Südafrika und in der Sahara entdeckte. Einige dieser Bilder stammen aus vorchristlichen Zeiten.

In Westafrika wurde seit den vierziger Jahren eine große Anzahl von lebensgroßen Terrakotta-Figuren gefunden. Wie ich bereits bei der Beschreibung der nigerianischen Stadt Jos erwähnte, wurden in ihrer Umgebung, bei dem Dorf Nok, die ersten Bruchstücke dieser Statuen entdeckt. Die Kultur, zu der sie gehörten, über die inzwischen sehr viel bekannt wurde, benannten Wissenschaftler nach diesem Ort. Mit besonderen Methoden wurde ihr Alter auf 1800 bis 2300 Jahre berechnet. Diese Funde warfen die früheren Ansichten um, daß die Kunst in Afrika wenig mehr als hundert Jahre alt und vor allem Handwerkskunst sei. Es ist nicht nur erstaunlich, daß die Künstler sich in der Terrakotta-Technik auskannten, sondern auch, daß nahebei Schmelzöfen für Eisen gefunden wurden. Vor rund zweitausend Jahren spielte Eisenschmiedekunst in Nordafrika eine geringe Rolle. Es ist noch ungewiß, ob diese Kunst in Westafrika einheimisch war oder importiert wurde.

Aus anderen Gebieten Nigerias wurden in den sechziger Jahren Funde bekannt, die aus dem elften Jahrhundert stammen sollen und aus Metall sind. Hier, in der Ikbo-Ukwu-Kultur, wurden feingearbeitete, mit Perlen und kleinen Figuren geschmückte Gefäße in einem schwierigen Verfahren hergestellt. Frobenius war es, der auf die außerordentliche Qualität der Büsten (meist aus Metall) aus der Ife-Kultur hinwies, die sieben- bis neunhundert Jahre alt sind. Danach wurden diese Stücke weltweit als Meisterwerke anerkannt. Ife war ein Königreich und noch heute erinnert eine Stadt gleichen Namens im Süden Nigerias (hat zwei Museen) daran.

Auch in anderen Zonen Westafrikas wurden wertvolle Entdeckungen afrikanischer Kunst gemacht – allerdings auf wenig wissenschaftliche Art und Weise. In Benin (früher Dahomey) beschlag-nahmten britische Truppen 1897 Tausende von Kunstwerken in Metall, Terrakotta, Elfenbein und Stein. Damit ging auch die Benin-Kultur zugrunde. Das Königreich Benin hatte schon vor fünfhundert Jahren Beziehungen zur ganzen bekannten Welt gepflegt. Man muß dies im Lichte der Tatsache sehen, daß Europa den Kontinent Afrika eigentlich erst im Laufe des letzten und dieses Jahrhunderts „entdeckt" hat. Die Hauptstadt des Reiches wurde übrigens niedergebrannt, der König deportiert, der Königspalast all seiner Statuen und anderen Skulpturen beraubt. In Kumasi, der Hauptstadt des Aschanti-Reiches, fand eine britische Armee 1874, obwohl sich der König und die Bevölkerung rechtzeitig in Sicherheit gebracht hatten, nur noch wenige Dinge von großem Wert vor, aber *was* sie fand, ist von *so* großem Wert, daß es zum meistbewunderten im Britischen Museum in London zählt.

„Kultureller Völkermord"

Während der Kolonialepoche wurde Afrika buchstäblich ausgeplündert. Die Raubzüge der Europäer beschränkten sich nicht auf West- und Zentralafrika, der Norden und das christliche Äthiopien waren genauso betroffen. Nicht nur Soldaten und Kolonialbeamte waren die Räuber, auch Abenteurer, Forscher und Missionare trugen zur Verarmung des Kontinents in großem Maßstab bei. Die Kunstschätze fanden sich bald darauf in den Museen Europas und Nordamerikas und in den Händen von privaten Sammlern wieder. Man muß sich nicht wundern, große Kunstsammlungen mit Stücken afrikanischer Herkunft in den westlichen Ländern sehen zu können, während kein Museum in Afrika, außer das von Addis Abeba und das von Khartum, damit wirklich wetteifern kann. Die afrikanischen Nationen fordern heute ihr Eigentum zurück. Sie versuchen, mit strikteren Maßnahmen den Schmuggel von weiteren Kunstwerken außer Landes zu unterbinden, um endlich eines der dunkelsten Kapitel der Kolonialgeschichte zu schließen, das von der in Verona erscheinenden Zeitschrift „Nigrizia" der italienischen Comboni-Missionare als „kultureller Völkermord an Afrika" bezeichnet wurde.

An das Ende dieser Betrachtungen möchte ich Aussagen zweier Persönlichkeiten stellen, die eigentlich aufrütteln sollten. Gert Chesi, österreichischer Journalist und Autor mehrerer vielbeachteter Veröffentlichungen, schrieb 1977 in seinem Bildband „Die letzten Afrikaner": „Erbarmungslos ist die Zivilisation über Afrika hereingebrochen. Sie hat zerstört, was in Jahrtausenden an eigenständiger Kultur gewachsen ist. Nur noch wenige echte Afrikaner repräsentieren eine Epoche, die unwiderruflich zu Ende geht." Jean-Pierre Hallet, belgischer Forscher, Naturalist und Autor, schrieb in seinem Buch „Congo Kitabu" schon Mitte der fünfziger Jahre: „Afrika hätte keine Zukunft, wenn wir versuchten, aus den Afrikanern Imitationen des weißen Mannes zu machen, sie sowohl in unsere eigenen, für sie unpassenden politischen, wirtschaftlichen und religiösen Philosophien als auch in unsere abgetragenen Kleider zu hüllen. Sie brauchen soziale und materielle Hilfe, aber innerhalb des Rahmens ihrer eigenen Tradi-tionen."

Afrika vor ungeheuren Problemen

Vielen der in diesem Kapitel genannten Umständen ist es zuzuschreiben, daß die Beziehungen zwischen den Afrikanern und den Europäern vorbelastet sind. Es konnte nur an der Liebenswürdigkeit der meisten Afrikaner liegen, daß uns gegenüber die für uns eigentlich beschämenden Themen während mehr als zwei Jahren (oder drei Jahren einschließlich Nordwestafrikas) kaum einmal vorwurfsvoll erwähnt wurden, auch nicht die Apartheid-Politik Südafrikas. Um wieviel nachträglicher sind zum Beispiel die Europäer untereinander! Aber das Bewußtsein, das Wissen um die gemeinsame Vergangenheit war auf unserem Wege immer in uns wach. Deshalb protestierten wir gegen manches – nicht jedes – Unrecht, das uns zugefügt wurde, weniger lautstark.

Meine Betrachtungsweise der Beziehungen Afrikaner-Europäer soll mich aber keineswegs daran hindern, in diesem Buch dort, wo ich es für notwendig halte, gesellschaftliche und politische Schwächen gründlich unter die Lupe zu nehmen, allerdings mit gleichzeitiger Beleuchtung der Ursachen, die – wie könnte es bei einer nur zwanzig bis dreißig Jahre langen Geschichte der unabhängigen Staaten (48 von 51) anders möglich sein – oft weit in die Kolonialzeit zurückreichen.

Was bedeutet ein Vierteljahrhundert Unabhängigkeit schon in einem Kontinent mit so vielen Unterschieden in geografischer und menschlicher, in wirtschaftlicher und politischer Hinsicht?! Westeuropa ist es in einer noch längeren Zeitspanne gleichfalls nicht gelungen, sich politisch zu einigen. Die Organisation für Afrikanische Einheit OAU leidet unter den riesigen Unterschieden.

Terrakottakopf aus Nok/Nigeria, 2000 Jahre alt. – Bronzekopf der Ife-Kultur (von etwa 1300)

Die historische Belastung durch die unmöglichen Grenzziehungen der Kolonialmächte Frankreich, Großbritannien, Deutschland, Belgien, Portugal und Spanien ohne Rücksicht auf Stammes- und Völkergrenzen schuf ungeheure Probleme, die in vielen Konflikten zum Ausdruck kommen, obwohl die Staaten der OAU feierlich geschworen haben, hinsichtlich der Grenzen den Status quo zu bewahren. Und man darf auch nicht vergessen, daß dieser Kontinent größer ist als die Vereinigten Staaten, Kanada und die Volksrepublik China zusammengenommen, daß die Republiken Sudan und Zaire allein jeweils nur wenig kleiner sind als Indien. Die Bevölkerung Afrikas vermehrt sich in atemberaubendem Tempo, aber die Nahrungsmittelproduktion pro Einwohner nimmt konstant ab. Als sich das durchschnittliche Jahreseinkommen der Bundesbürger auf umgerechnet 11 730 Dollars belief, lag es für den Tschad bei 110, für Mali bei 140 und für Obervolta bei 180 Dollars.

Im Herzen des Kontinents

Eine Woche nach unserer Ankunft im Tschadsee-Gebiet wechselten wir von Nigeria nach Kamerun über, in das fünfzehnte Reiseland. Es gehört offiziell zu Zentralafrika. Unser erstes wichtiges Ziel war die rund 40 000 Einwohner zählende Stadt Maroua. Die Leute waren meist Moslems. Da gerade der Fastenmonat Ramadan begonnen hatte, hingen sie tagsüber herum und um halb sieben abends leerten sich schlagartig alle Straßen. Jedermann schmauste. Auf der Suche nach Reiseproviant hatten wir eine rechte Mühe. Auf dem Markt wurde außer Milch- und Fischkonserven sowie Brühwürfeln – in weiten Teilen Afrikas sehr beliebte Würze – kaum etwas angeboten. Obst war nichtexistent, Gemüse teuer, wenn vorhanden. Wir planten wieder einen Fußmarsch, diesmal in den Mandara-Bergen, die beiderseits der Grenze Nigeria–Kamerun bis zu 1200 Meter hoch aufragen. Ein deutscher Straßenbauer ließ uns in seine Landkarten schauen. Wir wollten uns Wegen und Orten, die von Touristen in Gruppen heimgesucht wurden, aber möglichst fernhalten. (Nordkamerun auf Reisekarte Seite 187).

Dienstag, 6. Juli 1982
Wir lassen den größten Teil unseres Gepäcks in Maroua zurück, können zwei Plätze in einem „Buschtaxi" erobern, das zum Städtchen Mokolo geht, achtzig Kilometer entfernt. Der freundliche Leiter eines Provinzialamtes (er kann sogar etwas Deutsch) gibt uns Hinweise auf die Wege quer durch den Busch. Bei einer jungen Amerikanerin, die auf dem Lande Gesundheitsberaterin ist, kommen wir unter, während draußen ein schweres Gewitter niedergeht, das die Regenzeit ankündigt. Wir arbeiten ihre Unterlagen mit Gesundheitstips für die Gegend durch. Zur Trinkwasseraufbereitung kann sie uns nur unangenehm riechende und schmeckende Chlorlauge geben. Unsere praktischen Tabletten auf Silberbasis sind aufgebraucht.

Mittwoch, 7. Juli 1982
Gleich beim ersten Dorf, Sirak, Verständigungsschwierigkeiten. Die Orte, die wir ansteuern, sind unter verschiedenen Namen bekannt, je nachdem, zu welchem Stamm der Befragte gehört. So folgen wir unseren Kartenskizzen. Es geht über steile Hügel, durch Wald und durch Flußtäler. Wegen des Flusses Mayo Luti hatten wir Bedenken, aber er ist trotz des Regens nur knietief. Sein Wasser ist milchig, so nehmen wir Zuflucht zu Regenwasser, das in Felsvertiefungen steht. Pavianherden rumoren im Busch. Oft ist keine Spur zu sehen, so gehen wir querfeldein. In schönster grüner Landschaft kommen wir abends zu einem kleinen Dorf, dessen Namen wir nicht herausfinden können. Die Hirsebauern verstehen zunächst nicht, was wir erfragen, aber dann bekommen wir einen guten Platz in einer Hütte, sogar mit einem Bett darin. Wir essen von ihnen Hirsebrei und Soße, das tägliche Gericht. Da das Wasser sehr schmutzig ist, machen wir nur „Katzenwäsche". Wilma hat plötzlich starke Ohrenschmerzen.

Donnerstag, 8. Juli 1982

Dies ist die Heimat der meist nichtislamischen Mafa. Sie, sowie die Margui und die Daba, werden von den Moslems „Kirdi" genannt, „Ungläubige". Bei vielen Leuten in dem schwer zugänglichen Gebiet, vor allem bei Frauen, ist ein winziger Lendenschurz einziges Kleidungsstück, Pfeil und Bogen sind die Waffen. In der Ferne die skurrilen, steil aufragenden Felsen von Rhumsiki. Felder und Wiesen sind triefendnaß von Tau. Wir versuchen, ihn in einer Flasche zu sammeln, aber es ist zu langwierig. Es bleiben also nur die milchig aussehenden Bäche. Auf dem Wege zwischen den Dörfern treffen wir Hausa, Händler mit ihren Eseln. Mittags ist es sehr heiß, dann ziehen von zwei Seiten her Gewitter auf. Wir suchen in einem leerstehenden Gehöft in den Feldern für drei Stunden Zuflucht, zusammen mit ein paar Kindern, die wegen der „Kälte" ein rauchiges Feuer aus Hirsestroh entfachen. Sie tragen aber keine Schuhe und auch sonst nur wenig. Millionen von geflügelten Termiten verlassen ihre Nester im Boden zum Hochzeitsflug, nur um größtenteils von Vogelschwärmen verspeist zu werden. Wir erfahren von einem vorbeikommenden Jungen, daß eine Missionsstation nur zwanzig Minuten entfernt ist. Er bringt uns später zu Pater Michel. Der Franzose hat erfreulicherweise viel Regenwasser gesammelt. Wir lesen bei ihm über die Geschichte des Dorfes Sir, wo die Station steht.

Freitag, 9. Juli 1982

Können in der Missionsapotheke ein Antibiotikum gegen Wilmas Ohrenschmerzen kaufen. Pauline, ein dreizehnjähriges Mädchen, spielt auf der Rohrflöte Femoa eine etwas traurige Weise für uns. Sie sammelt aus dem Boden, den sie mit einer kurzstieligen Hacke lockert, fette Termiten ein – Hühnerfutter. Sie und andere Kinder führen uns auch im Dorf herum. Strahlendes Wetter am Vormittag, aber auf dem Weg durch eine feuchte Ebene ohne Ortschaften müssen wir uns auf den letzten zehn Kilometern sehr beeilen, weil dunkle Wolken aufziehen. In dem Ort Mogodé kommen wir in einer von einem kamerunischen Pfarrer gehüteten amerikanisch-protestantischen Missionsstation (gegen Bezahlung) unter. Wie in manchem anderen größeren Dorf ist sie das auffälligste Bauwerk, denn ihr Stil ist landesfremd. Fünf Stunden lang weht ein Sturm mit ungeheurer Gewalt. Die Station steht fünfzig Meter von einem Steilabfall, direkt an der Grenze Nigerias.

Samstag, 10. Juli 1982

Nach dem häufigen Witterungswechsel der letzten Tage fühlen wir uns beide erkältet, bleiben daher in Mogodé. Die festungsartigen Bauerngehöfte mit ihren vielen Rundhütten sehen sehr nett aus (Farbbild 40). Auf dem Markt verkaufen fast nur Moslems, meist Hausa. Es gibt nur wenige Christen im Dorf, trotz jahrzehntelanger Bemühungen. Einige Leute betteln uns an. Das Gästebuch der Missionsstation weist die Namen von nur vier Nichtmissionaren auf, in zehn Jahren! Selten hat jemand Zeit, sich länger aufzuhalten. Der Pfarrer unterhält sich mit uns über den Ort.

Sonntag, 11. Juli 1982

Die Margui oder Kapsiki sind etwa 25 000 Menschen in Kamerun, viermal so viele in Nigeria. Sie leben hier, weil ihnen die Mandara-Berge Zufluchtsort vor den berittenen Sklavenjägern der Fulbe und Hausa wurden. Mit anderen Völkern und Stämmen, die hierher flüchteten oder hier bereits lebten, gab es oft Streit um Land. Daß die Kapsiki geteilt sind, haben sie den Kolonialmächten zu

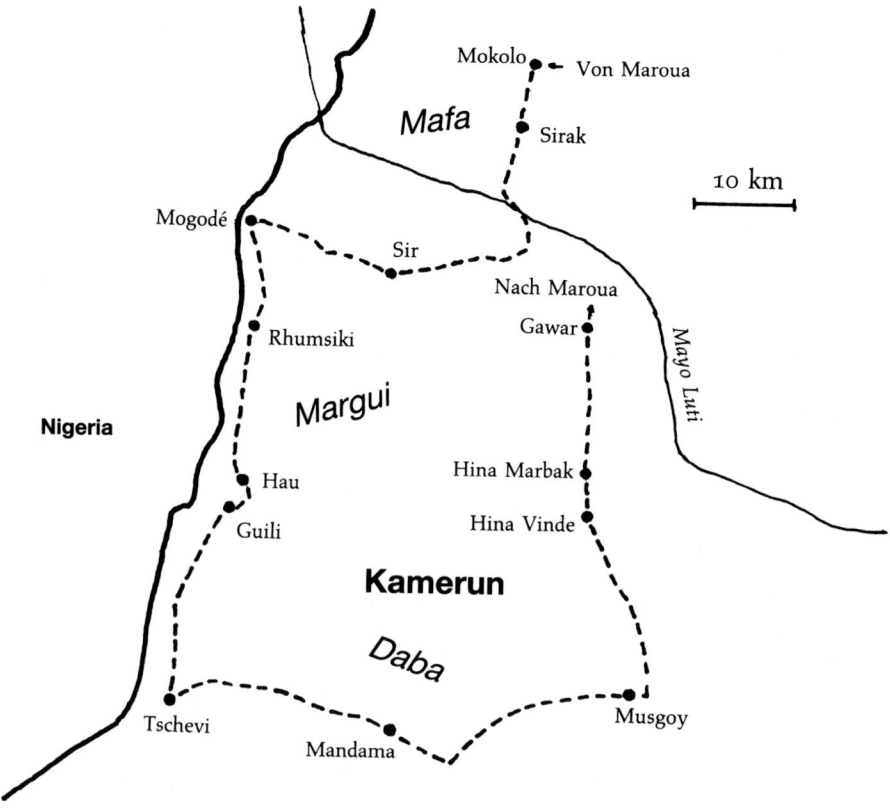

Wanderweg (Strichlinie) durch die Mandara-Berge in Kamerun, von Mokolo (ganz oben) beginnend. Die großgedruckten Namen zeigen Stammesgebiete an

verdanken. Die nomadischen Fulbe ziehen mit ihren Rindern, Ziegen und Schafen noch durch diese Landschaft, hüten oft auch das Vieh der Kapsiki, die Bauern sind. Manches ist bei ihnen anders als sonstwo. Jeder Kapsiki hat seinen eigenen Gott, „shala". Bei ihnen wird viel Wert gelegt auf Selbständigkeit, Selbstversorgung, eigene Entscheidungen, Privatsphäre. Freundschaft ist ebenso wichtig wie Verwandtschaft. Frauen können ihren Ehemann jederzeit verlassen, weshalb dieser ständig bemüht ist, weitere Frauen zu heiraten. Die Kapsiki haben ein Kastensystem, zum Beispiel eine Kaste, aus der Häuptlinge kommen, eine der Häuserbauer, eine derjenigen, die mit allen Arten von Tieren zu tun haben, und eine der Schmiede. Zwanzig Kilometer von Mogodé kommen wir nach Rhumsiki. Alphonse, ein Katholik, den wir treffen, gibt uns in einer Rundhütte einen Platz. Vier Stunden wandern wir durch die Umgebung Rhumsikis mit ihren Felsen. Abends essen wir mit unserem Freund zusammen. Es gibt einen Ziehbrunnen bei unserer Bleibe.

Montag, 12. Juli 1982
Alphonse nimmt uns in ein Nachbargehöft mit, wo Hirsebier gebraut wird. Es schmeckt aber nicht so gut wie das, das wir gestern auf dem Markt tranken. Ein junger Bursche bringt uns zum

Unser Freund Alphonse in Rhumsiki. – Fulbe-Mädchen, mit Frisur aus echtem(!) Haar

Medizinmann, der mit Hilfe eines Krebses das Schicksal erfragen können solle, eine jämmerliche Touristenfalle! Alphonse lädt uns ein, zu sehen, wie er Vögel mit Schlingen fängt. Wir beißen nicht an. Später kommt er mit leeeren Händen zurück, worüber wir uns freuen. Die Leute tun uns leid. Alphonse scheint unsere Gedanken zu lesen, denn er bekennt, daß ihr (wie sein) Verhalten den Fremden gegenüber sehr seltsam sei. In Rhumsiki, das seine Markttage hat, wurden Bergbauern mit festgefügter Weltanschauung und würdiger Haltung zu Bettlern, die mit Urlaubern anbändeln. Ein deutsches Reiseunternehmen bietet einen „mehrstündigen Aufenthalt in den Mandara-Bergen" an (diese sind so ausgedehnt wie der Schwarzwald). Dort, wohin sich der Touristenstrom ergießt, wird die Ordnung umgestürzt. Wann wird endlich verstanden, daß diese Völker Menschen und nicht Zirkustiere sind? Eine Touristengruppe ist vom Süden heraufgekommen. Wir schätzen die Gastfreundschaft von Alphonse. Am Weiterweg wechselt Busch mit Feldern, bei dem Dorf Hau auch der Baustil. Wir sind bei den Daba, die ihre Hütten aus Lehm bauen – nicht aus Stein wie die Kapisiki –, und anstatt alle rund sind einige eckig, aber auch von Mauern umgeben. Wir treffen eine Gruppe von Fulbe-Mädchen, acht bis zwölf Jahre alt, mit Ziegen. Die fünf Kinder laufen zunächst furchtsam davon, dann fassen sie sich ein Herz. Europäer zu Fuß – in den Mandara-Bergen etwas nie Gesehenes! Die Mädchen, mit hübschen, sauberen Kleidern und Frisuren, sehen wie kleine Prinzessinnen aus (Farbbild 52). Übernachten in der katholischen Missionsstation Guili. Es donnert, aber es fällt kein Tropfen. Fünfundzwanzig Kilometer von Rhumsiki, ist es hier schon viel trockener.

236

Dienstag, 13. Juli 1982

Weiter nach Süden. Als wir rasten wollen, müssen wir uns auf einen Hügel zurückziehen, so lästig sind uns die Leute auf dem Weg. Frauen bitten schon von weitem rufend um ein Geschenk. Freuen uns auf morgen, wenn wir die Richtung wechseln können. Entlang des Hauptweges, der jetzt so breit ist, daß Autos bequem darauf fahren können, bleibt wenig Erfreuliches. Aber dann sind wir zwei bis drei Stunden in völlig menschenleerer Savanne mit Sträuchern unterwegs. Erreichen bei starkem Wind das Dorf Tschevi, wo unser Wunsch erst verstanden wird, als der Häuptling eintrifft. (Viele Leute sprechen nicht Französisch.) Dann große Überraschung! Bekommen einen leeren Raum, eine Matte. Duschen können wir mit einem Eimer am Brunnen hinter unserer Hütte. Es führt eine Straße nach Nigeria vorbei. So kommt es, daß wir Brot von dort kaufen können. Mit Obst und Gemüse sieht es weiterhin schlecht aus.

Mittwoch, 14. Juli 1982

Kaum haben wir Tschevi verlassen, als sich die Landschaft wieder verändert. Wir kommen durch das lieblichste Tal, über und über grün, mit hellen Felsen darin verteilt. An vielen Stellen entspringen Quellen, murmeln Bäche. Über den breitesten Bach ein querliegender großer Baum als „Brücke". Ein anderer hat so viel Wasser, daß er das Tal teilweise überflutet. „A musukuh van ti gbav ka", sagt uns einer der vielen Bauern, die auf den Erdnuß- und Hirsefeldern arbeiten, „der Regen gestern hat mich überrascht." Die Kinder kommen neugierig-freundlich winkend gelaufen. Überall werden wir mit „Soko-soko!?" begrüßt, wie es uns ergehe, auch in einem Dorf, in dem nur Schmiede leben. Niemand bettelt uns an. Nur knapp dreißig Kilometer sind es von

Landschaft in den Mandara-Bergen. – Bäuerinnen mit der kurzstieligen afrikanischen Hacke

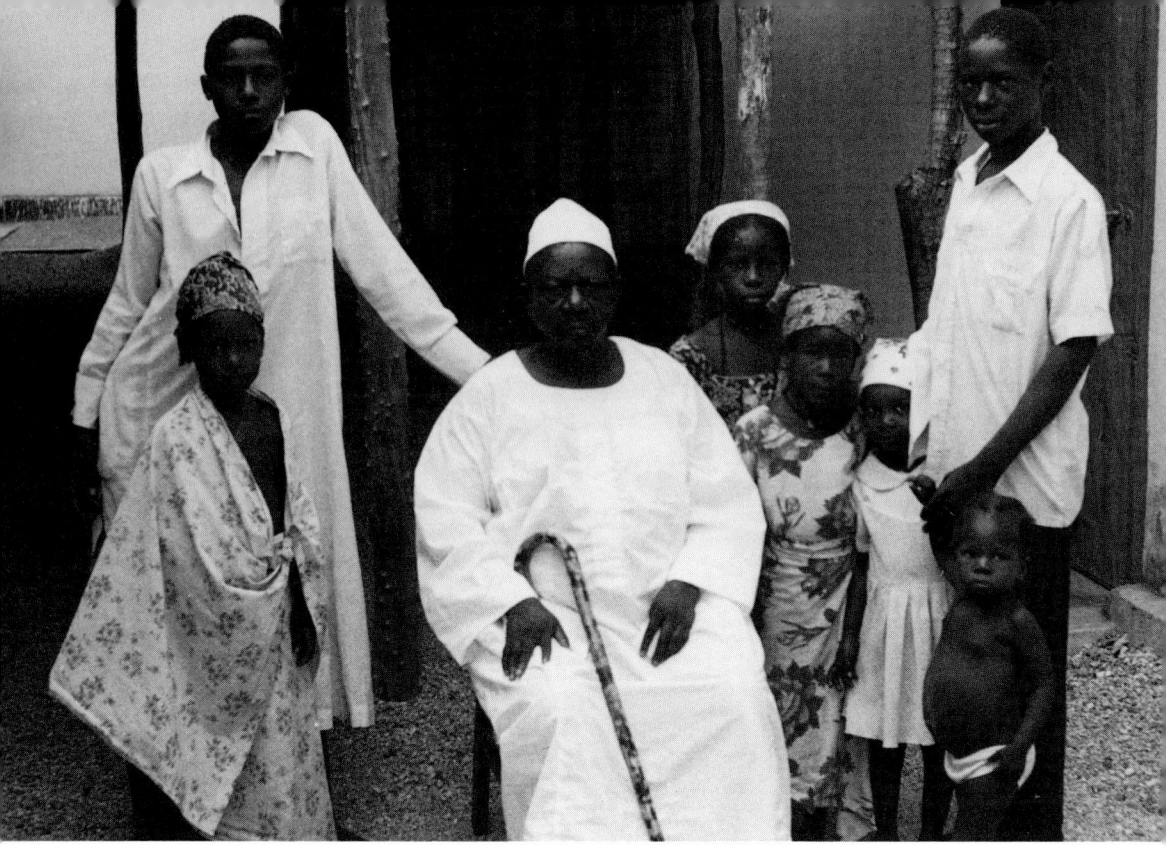

Der Lamido von Musgoy, Sissinvu Umaru, mit sieben seiner 82 Kinder

Tschevi, aber die Welt hier ist eine andere. Der Weg ist für Fahrzeuge unpassierbar. Der Ort Mandama ist unser Tagesziel. Dort arbeiten polnische Pater. Durch sie können wir etwas mehr von der Daba-Sprache lernen.

Donnerstag, 15. Juli 1982

Wir sind erstaunt, wie viele Leute, vor allem junge Männer, in die Morgenmesse gehen, um „dabbelduh" (Gott) zu preisen, obwohl doch überall die Felder bestellt werden und es mittags sehr heiß wird. Bei den nächsten Dörfern tragen ältere Frauen keine Kleidung. Sie konnten sich nicht daran gewöhnen. Eine alte Frau bittet um Medizin für ihren Magen. Ein Mann schenkt uns spontan eine große Maniokknolle, die wir später wieder verschenken. Einem Bauernpaar auf seinem Feld geben wir in der Gegend sehr beliebte kleine Früchte, die wir am Wegesrand gekauft haben, uns aber zu sauer sind. Dafür bekommen wir eine Schüssel Erdnüsse. Die Wesensart der Leute ist sehr herzlich. Wie jeden Tag zieht ein Gewitter herauf, es donnert, aber „hier hat es schon lange nicht mehr geregnet, es ist eine Dürre", sagt uns eine Frau, die aus einem Brunnen Wasser für uns heraufholt. In der Ortschaft Musgoy sind die Brunnen gar trocken, mit Tankwagen wird das Wasser herbeigeschafft. Wir sind nur fünfundzwanzig Kilometer von Mandama, wo es einen rauschenden Bach gibt, alles grün ist ... Kinder (Farbbild 51) zeigen uns den Weg zum Palast des Lamido, des islamischen Fürsten von Musgoy. Wir werden durch mehrere Innenhöfe und eine Vorhalle zum zweiten Lamido gebracht. Alles ist aufgeräumt, der

Sandboden sorgfältig dekorativ geharkt, von hohen Mauern umgeben. Sissinvu Umaru heißt uns würdevoll und herzlich willkommen. Er weist uns ein Gästezimmer zu, mit Doppelbett, Tisch, Stühlen, Öllampen, einem Badezimmer mit einem Eimer Wasser, obwohl es so knapp ist. Ein Sohn bringt eine Tischdecke, Reis mit Huhn, Limonade und Bier(!), und holt das Geschirr später wieder ab. Alles wird ohne jede laute Anordnung erledigt. *Wir* sehen in dem Palast keine Frau. Der Himmel ist am Abend pechschwarz, es blitzt ununterbrochen, unter den Dachtraufen stehen zahllose Gefäße bereit . . .

Freitag, 16. Juli 1982
Kein Regen! Auch an ein Frühstück denkt Sissinvu Umaru, der uns zum Abschied noch einmal empfängt. Zur Erinnerung machen wir Aufnahmen von ihm und einigen seiner Kinder (wovon wir ihm später Abzüge schicken). Er habe 82 Kinder, erzählt er uns. Die Zahl seiner Frauen verrät er uns nicht. Die Lamidos sind noch echte Feudalherren, wie man sie im Norden Kameruns häufig findet. Zu Beginn des neuen Fastentages spielt auf dem Platz vor dem Palast eine Kapelle, mit Trommeln und Flöten. Zuerst eine Weile nach Osten, dann sind wir aus den Mandara-Bergen heraus. Wir wandern nach Norden weiter, die Berge linker Hand. Wir haben mittags 35 Grad im Schatten. Der Boden ist völlig trocken und staubig, überall stehen Akazien und Dornsträucher, dürre Rinder trotten umher – wir werden eindrucksvoll an den Sahel erinnert. Am Nachmittag tauchen Felsformationen auf. Wieder ein Klimawechsel. In der Umgebung des Ortes Hina Vinde, wo die Felsenhügel liegen (sie ziehen Regen an), ist alles grün, stehen herrliche Bäume. Ein Mikroklima im wahrsten Sinne des Wortes. Nur etwa sechs Kilometer weiter liegt Hina Marbak, wo es bereits wieder viel trockener ist. Als wir ankommen, wird uns berichtet, der Lamido sei durch das Fasten (weder Essen noch Trinken sind erlaubt) so geschwächt, daß er ruhen müsse. Also werden wir zu seinem Stellvertreter gebracht. Er läßt einen Raum mit Betten für uns zurechtmachen und jede Menge Wasser besorgen. In der Ortsmitte gibt es eine Handpumpe. Bei einem Rundgang durch Hina Marbak sehen wir die Garage des Lamido: es stehen zwei Mercedes darin, einer davon hat noch ein deutsches Nummernschild. Viel Reis und Huhn sind abends das Gastmahl. In einer benachbarten Hütte liegen jede Menge Kinder des Lamido. Sie schauen uns beim Essen zu, bis den meisten die Augen zufallen. Morgen haben wir noch fünfzehn Kilometer zu Fuß zur Hauptstraße nach Maroua. 220 Kilometer werden wir dann auf diese Weise zurückgelegt haben.

Liebliches Adamawa

Vom Tourismus völlig unberührt ist das Hochland von Adamawa, jedenfalls in seinem östlichen Teil. Es erstreckt sich quer durch das mittlere Kamerun. Früher war es Teil eines Reiches gleichen Namens der Fulbe, die hier heute Viehzüchter sind und auch etwas Ackerbau betreiben. Hier wanderten wir eine Woche lang, obwohl die Regenzeit – seit dem Ende unserer Tour in den Mandara-Bergen waren erst acht Tage vergangen – nun voll einsetzte. Aber auf den (abgesehen vom 1863 Meter hohen Massiv des Berges Nganha) nur sanft geschwungenen, meist 1000 bis 1200 Meter hohen, grünen Hügeln und Höhen des Plateaus und in seinem besonders kühlen Klima fühlten wir uns sehr wohl. In manchen Tälern wurde es geradezu kalt, wenn Nebel aufkam. Meist schien aber doch die Sonne. Dennoch hatten wir einige Probleme, zum Beispiel mit dem klebrigen Boden der Erdwege, oder mit bis zu drei Meter hohem Gras, das uns oft die Sicht in die Ferne versperrte, oder wieder bei der Trinkwasserbeschaffung. Völlig klares Wasser aus Bächen schmeckte faulig – vielleicht kam es aus Sümpfen? Die Brunnen gaben nur sehr trübes Wasser her, weshalb wir lieber Pfützen „anzapften".

Auch hier wurden wir überall mit Wohlwollen aufgenommen. Die Fulbe – wie oft nun schon begegneten uns Angehörige dieses Volkes! – taten sich durch ihre Gastfreundschaft wieder besonders hervor. Wir freuten uns über das tolerante Verhalten dieser Moslems, deren Vorfahren so grimmige Krieger des Propheten gewesen waren. Die Schönheit ihrer Dörfer erstaunte uns. Fast jede der besonders großen (bis sechs Meter Durchmesser) runden Hütten wies Verzierungen im Mauerwerk oder Bemalung auf. Der Platz zwischen den einzelnen Gebäuden eines Gehöfts war peinlich sauber gehalten. Zum Weg hin hatten in Dorfmitte dichter stehende Häuser Vorgärten, oft mit Obstbäumen. Es gab Orangen, Pampelmusen, Zitronen, Mangos, Guavas, Granatäpfel, Avocados. Die Leute begegneten uns ohne jede Scheu, die Frauen fanden wir hier besonders schön, die Kinder sehr zutraulich. Die Mädchen hatten wie ihre Mütter ihr Haar hübsch geflochten (Farbbilder 41 und 42). Wir wurden spontan so reich beschenkt, mit Speisen, mit Früchten, mit Eiern – von zwei Frauen, denen wir unser Foto überreichten, erhielten wir neun Stück! – daß wir wirklich beinahe beschämt waren.

Größte Überraschung war Mohamadu Babba Tschauro in dem Dorf Idool, der uns ansprach, als wir an der langen Allee alter Eukalyptusbäume, die quer durch den Ort führte, eine Rast einlegten. Der Häuptling, der noch ein junger Mann war, sprach hervorragendes Französisch, was eine Seltenheit bei den Fulbe ist, denn die meisten von ihnen haben keine besondere Schulbildung. Er lud uns zu sich zum Essen ein. Dazu führte er uns durch seinen ausgedehnten Palast, wo die Häuser und die eigene Moschee über und über farbig dekorativ bemalt waren, Arbeit von Frauen! Dazwischen standen zahlreiche Obstbäume und auf einen Wink hin brachte ein Mädchen Früchte, die wir in unsere Rucksäcke packen mußten. Die Unterhaltung mit Mohamadu brachte ans Tageslicht, daß er sehr an weltpolitischen Ereignissen interessiert war und viel über Deutschland wußte. Er kannte auch viele Namen. Lesen war eine seiner wichtigsten Beschäftigungen, wie er uns sagte. Seine und der anderen Fulbe Freundlichkeit war von einer ganz natürlichen Art. Deshalb hatten wir keineswegs ein schlechtes Gewissen, wenn wir bei diesen Dorfoberhäuptern zu Gast waren, die ein feudales Leben führen. Wir forderten – wie auch sonst auf unseren Wanderungen – nichts, was die ererbte Ordnung stören würde. Aber wir waren für jede Hilfe, Freundlichkeit und Information dankbar. Mohamadu bat uns, die Deutschen zu grüßen.

„Buschtaxis" nichts für eilige Leute

Schon oft habe ich nun die „Buschtaxis" erwähnt. Wer auf Reisen in West- oder Zentralafrika kein eigenes Fahrzeug hat, ist fast immer darauf angewiesen. Es ist höchste Zeit, dieses Verkehrsmittel etwas näher zu beschreiben, das in allen früher von den Franzosen beherrschten Gebieten verbreitet ist. Auf französisch heißt es „Taxi de brousse", eben „Buschtaxi". Es sind Überlandtaxis. Wer eines besteigt, tritt automatisch jedes Recht auf Komfort, auf Information über Abfahrts- und Ankunftszeit und über den Reiseweg ab.

Bisher waren die Franzosen die wichtigsten Autolieferanten Afrikas. Die Japaner haben jetzt diese Rolle übernommen. Aber noch preschen mehr Wagen aus Frankreich durch Wüste, Busch und Berge als aus jedem anderen Industrieland. Hochbeinige plumpe Minibusse mit Fenstern ohne Glas an den Seiten und mit einem Gepäckhalter auf dem Dach waren die traditionellen

Modernisierte Version des traditionellen, noch plumper wirkenden „Buschtaxis" (hier Kamerun)

„Buschtaxis". Sie wurden weitgehend abgelöst durch weniger schwerfällige Gefährte. Nummer 1 unter den Automarken in Afrika ist zweifellos Peugeot. Der Pritschenwagen dieses Fabrikats, durch Aufsetzen eines Planendachs und durch Montage von Sitzbänken für den Personentransport umfrisiert, ist jetzt der typische Vertreter der „Buschtaxis".

Sie gehören einzelnen Privatleuten oder einer Genossenschaft. Sie fahren vorwiegend von belebten Marktplätzen ab. Ihre Hauptaufgabe ist, sich zu rentieren. Das bedeutet, daß sich ein Wagen erst dann in Bewegung setzt, wenn er bis auf den letzten Platz besetzt ist. Wann dies ist, hängt ganz von den Reisewilligen ab. Da es ja keinen Fahrplan gibt, kommt jeder erst dann, wenn er seine Geschäfte erledigt hat. So kann es passieren, daß der erste Fahrgast um acht Uhr reisebereit ist, der letzte aber erst um 16 Uhr. Niemand weiß vom anderen.

Demjenigen, der den Auftakt macht, wird gewöhnlich vom Helfer des Fahrers verkündet, daß der Wagen „tout de suite" (sofort) abfährt. Da er keinen Mitfahrer erspäht, weiß er Bescheid und macht sich für ein, zwei Stunden davon. Spätestens dann muß er aber bezahlen (die Tarife sind verordnet, was nicht bedeutet, daß nicht manchmal Phantasiepreise gefordert werden) und möglichst sein Gepäck auf dem Dach (meist auch gegen Gebühr) deponieren, denn weitere Aspiranten sollen sehen, daß sich da etwas „tut". Um elf Uhr sind sieben Reisende registriert, aber zu sehen ist trotz Hinweises des Personals auf „sofotigen" Start weit und breit keiner.

Erst nach Einnahme eines Imbisses lassen sich einige von ihnen in der Nähe des „Buschtaxis" nieder, nur für den Fall, daß sich das Auto durch eine Gruppe von Neuankömmlingen plötzlich füllen sollte. Solche, die nicht zum ersten Male unterwegs sind, wissen, daß vor dem frühen Nachmittag nichts „drin" ist. Fehlen um vierzehn Uhr allerdings nur noch zwei Mann, dann können es eben jene sein, die so kalkulieren. Wann es nun los geht, hängt also ganz von ihnen ab. Schließlich sind alle Plätze vergeben. Dann werden das Gepäck, Waren, auch Mopeds und Fahrräder, auf dem Dach festgezurrt, oft eine ebenso schwere Last wie die der Passagiere, oft auch bis zwei Meter hoch aufgetürmt. Das „Buschtaxi" hat schon längst „weiche Knie" bekommen und zudem Schlagseite. Es wird seine Pein bei Löchern im Pflaster und bei Bodenwellen seinem Fahrer durch dumpfe Schläge mitteilen. Dieser erscheint erst, wenn der Wagen startbereit ist.

Aggressive Gefühle und Platzangst

Sind diverse Polizeihindernisse am Ortsausgang bewältigt, kann die Fahrt wirklich beginnen. Verweichlichte Typen wie wir, die sich von Anfang an hoffnungsvoll an die „tout de suite"-Versprechungen der Mannschaft klammerten, sind jetzt schon halb k.o. Dabei liegen zweihundert Kilometer über Stock und Stein vor uns. Wir sehen uns eingekeilt zwischen Männern, Frauen und Kindern, fast bewegungsunfähig. Durchschnittlich sechzehn Fahrgäste sind auf dem Wägelchen erlaubt, vierzehn hinten, zwei vorn beim Fahrer, Kinder nicht mitgezählt. Sechzehn ist aber in der Praxis Minimum. In Benin waren wir einmal zweiundzwanzig. Daß wir – bei tropischer Hitze – nicht erstickten, lag daran, daß seitlich unter der hochgewickelten Plane doch noch etwas Luft Einlaß fand. Normalerweise kann man aber – wenn man eine leichte Halsverrenkung in Kauf nimmt – von dem draußen Vorgehenden und Vorbeifliegenden noch einiges wahrnehmen, vorausgesetzt, eine Staubwolke hüllt wegen ungünstiger Windrichtung nicht das ganze Fahrzeug ein. Die harten Sitze sind auf den holprigen Wegen eine Folter. Dicke Marktfrauen haben dabei den Vorteil, daß ihre Auflagefläche größer ist, wir den Nachteil, daß sie teilweise auf unserem Schoß sitzen.

Eine Tafel mit der folgenden bemerkenswerten Inschrift konnten wir bei einer Fahrt in Mittelkamerun in einem „Buschtaxi" finden: „Es ist streng untersagt zu stehlen, zu rauchen, zu streiten, sich zu erbrechen, leere Flaschen aus dem Wagen zu werfen, sich hinauszulehnen. Meine Freunde, gute Reise!" Es hieße heucheln, wollten wir verschweigen, daß sich unser auf einer solchen Fahrt gelegentlich aggressive Gefühle bemächtigten, ja, daß uns sogar Platzangst ergriff, wenn wir hinter dem Führerhaus saßen, denn der Ausgang ist am Heck und ein Aussteigen nur möglich, wenn zunächst andere hinabklettern. Saßen wir aber an der Pforte, schluckten wir das Hauptquantum an Staub.

Stopps werden durch Polizeikontrollen am Straßenrand, durch aufgeregt winkende weitere Reisewillige, durch eine normalerweise unaufhörlich schreiende, nun an einem Strick um den Hals vom Dach baumelnde, erstaunlich still gewordene pinkelnde Ziege, durch den Wunsch einiger islamischer Reisender, zu beten, oder aber durch Pannen provoziert. Ihre Behebung nimmt gewöhnlich längere Zeit in Anspruch und bietet uns Gelegenheit, das mit Drähten, Schnüren und Lappen kunstvoll zusammengehaltene „Buschtaxi" eingehender zu betrachten.

Der Helfer teilt dem Chauffeur beim Hin- und Herpendeln zwischen dem Inneren des Planwagens, dem Dach und dem Führerhaus oder durch aufrüttelndes Trommeln mit der Faust gegen die Außenhaut des Vehikels während der Fahrt mit, wann wer wo aussteigen will. Dies veranlaßt zu gelegentlichem Abbiegen von der Hauptstoßrichtung und wir finden uns unvermittelt in einem Dorf von Hinterwäldlern wieder, deren Nachwuchs uns anstaunt, als ob wir

Bereits gutbesetzte „Mammy-Lorry" in Ghana. – Einmal gestoppt, geht es ans Zahlen (Ghana)

fremdartige Tiere wären. Wir waren morgens früh aufgestanden, um den Tag nützen zu können, jetzt ist die Sonne längst hinter den Horizont hinabgesunken und wir sind immer noch nicht am Ziel. Schließlich aber, aus einem ersten Erschöpfungsnickerchen aufwachend, scheinen wir doch am Ende der Reise angekommen zu sein. Uns wie gerädert und geviertelt fühlend, klauben wir unser Gepäck zusammen und machen uns auf die Suche nach einer Bleibe für die Nacht.

Polizisten als Wegelagerer und Straßenpiraten

Ich erwähnte „diverse Polizeihindernisse". Schon im ersten Satz dieses Buches ist davon zu lesen. In vierzehn Ländern West- und Zentralafrikas gerieten wir häufig in die Klemme, wenn unterbezahlte, eigenmächtig handelnde, auf einen Ausgleich bedachte Polizisten in Sicht kamen. Immer wieder waren wir gezwungen, „Bestechungsgeld" zu bezahlen, wenn wir unseren Weg ungehindert fortsetzen wollten. Grenz-, Zoll-, Ausländer-, Sicherheits- und Verkehrspolizei waren die Empfänger. Wir mußten unseren Tribut individuell oder als Teil einer Gruppe von Reisenden entrichten. Wir waren diesen Uniformierten fast hilflos ausgeliefert.

Die Zeiten sind unsicher in West- und Zentralafrika. In Großstädten nehmen Diebstahl und Raub, ja Mord und Totschlag überhand. Eine wirksame Polizei gibt es nicht. So greift sich der Mob wenigstens Diebe und Einbrecher, lyncht oder verbrennt sie gar (wie in Nigeria) auf offener Straße. Größere Verbrechen bleiben oft völlig ungesühnt. Die Polizei ist nicht selten darin verwickelt (zum Beispiel in Ghana und in Nigeria). Aber selbst in der Provinz, wo noch einigermaßen zivilisierte Umgangsformen zwischen den Menschen gültig sind, gibt es einen großen Unsicherheitsfaktor: die unter dem Deckmantel der Legalität agierende Polizei. Hier ist nicht von „Staatsschützern" die Rede, obwohl es ihrer genügend gibt (die Mehrzahl der Staaten wird von Diktatoren in Uniform regiert), sondern von den ganz normalen Gendarmen und ihren Artverwandten. Sie beugen das Gesetz nach Gutdünken, leeren die Taschen verunsicherter Bürger, finden immer etwas zu bemäkeln, lauern friedlichen Autofahrern auf, wenn ihre Geldbörse einer Auffrischung bedarf.

Weil sie unbehelligt ihre eigentlichen Aufgaben als Ordnungshüter vernachlässigen können, also ziemlich viel Zeit haben, ist es ihnen langweilig. Beliebtester Zeitvertreib sind Straßenkontrollen, weil der einträglichste. Natürlich sind solche Kontrollen – schon bei den Franzosen beziehungsweise Engländern eingeführt – im Grunde legal, aber das Wo, Wann und Wie bleibt der Laune der einzelnen Beamten überlassen. Es gibt sowohl feste Kontrollstellen (gewöhnlich an Ortsrändern) als auch mobile.

Die ersteren sind durch ein kleines Haus, vor dem Polizisten sich unterhalten, Karten spielen oder ein Bier trinken, kenntlich gemacht. Auch eine Fahne kann darauf hinweisen. Die Fahrer unserer „Buschtaxis" wissen um diese Stellen des obligatorischen Stopps. Sie – anderen Fahrern sei zum gleichen geraten – stellen pflichtgemäß den Motor ab und pilgern mit ihren Papieren hinüber zu der Runde, die sich trotz gespielten Mißmuts gerne stören läßt. Denn kein Taxifahrer kommt ungeschoren davon. Weil er das weiß, hält er grundsätzlich schon das „Lösegeld" bereit: so jeweils fünf bis zehn Mark.

Die zweite Art von Kontrollstelle ist die gemeinere. (Es sei hier eingefügt, daß sich Verkehrspolizisten im allgemeinen nicht um Verkehrsdelikte oder um den Zustand eines Fahrzeugs kümmern, und sei es auch noch so klapprig. Die Gendarmen erheben sich hingegen von ihren Plätzen, denn sie haben ja die Fahrgäste und ihr Gepäck zu inspizieren!) Hinter einer Landstraßenbiegung erkennt man zum Beispiel plötzlich ein quer am Fahrbahnrand stehendes Moped. Man weiß dann, daß im Schatten des nächsten Mangobaumes ein Polizist schlummert, der respektiert werden will. In manchen Ländern muß daher unbedingt angehalten werden, in anderen signalisiert eine lässige Handbewegung des Uniformierten freie Fahrt. Oft folgt dieser Geste aber doch ein schneidender Trillerpfiff, zum Beispiel wenn der im Halbschlaf blinzelnde Gesetzeshüter unter den Fahrgästen uns Weiße entdeckt hat. Sobald der Wagen einmal steht, weiß der Chauffeur, daß es unweigerlich ans Zahlen geht.

Die „Schweine" kassieren fast immer

Mit Stiefeln und beiderseits in Oberschenkelhöhe baumelnden Schießeisen angetan (in Ghana und Nigeria sieht er trotz des Gewehrs weniger martialisch aus), bringt der um das Auto stolzierende Wegelagerer auch den vorwitzigsten Fahrgast zum Schweigen. Der Beamte weiß aus Erfahrung: Mindestens einer der Passagiere hat seinen Ausweis nicht dabei (muß er immer mitführen!) oder versteckt in seinem Gepäck etwas Unerlaubtes. Diesmal beläßt er es aber bei ein, zwei Stichproben. Daumenschnalzend pickt er seine Opfer heraus. Hatte er den richtigen „Riecher", kann er sich zu einem Extratrinkgeld gratulieren. Unsere Pässe schaut er nur des Unterhaltungseffektes wegen an. Auf hundert Kilometer kann es fünf bis sieben solcher Kontrollen geben. Das eine Mal müssen die Reisenden vom „Buschtaxi", aus dem Omnibus oder vom Lastwagen klettern und sich vor den Gendarmen aufstellen, wir nicht ausgenommen. Das andere Mal schwingt er sich selbst aufs Fahrzeug, um sich wichtig zu machen und geht drohend dreinblickend schweigend zum Beispiel den Korridor des Busses entlang. Dabei schaut er vielleicht nur, ob ein kostenloses Plätzchen für einen Freund von ihm oder seine Frau frei ist.

Wenn wir Plätze neben oder hinter dem Fahrer erhalten haben, können wir die Vorgänge noch unmittelbarer verfolgen. Nach der Abfahrt flucht er wohl zitternd auf die „Schweine", doch es gilt, das Augenmerk bereits auf den oder die nächsten Straßenpiraten zu richten. Ihre Markierungen: Schlagbaum, Drehschranke, auffällig stehendes Fahrzeug, über die Straße gelegte Steine und Zweige, Uniformmütze auf einer Stange. Wer die Trillerpfeife überhört, wird besonders hart hergenommen. Wie der notorische Nichtzahler (ja, so etwas gibt es auch!) wartet er zehn, zwanzig Minuten auf die Rückgabe seiner Papiere, und es sei ihm gewünscht, in diesem Falle ein voll funktionstüchtiges Fahrzeug zu haben.

Geld – das bedeutet rasch freie Fahrt. Zwischen Lomé (Togo) und Cotonou (Benin) saßen wir neben einem Neuling. Seine Fahrerkollegen hatten ihm vor dem Start eingebleut, wo er jeweils wieviel zu geben habe. Der Arme brachte Orte und Zahlen durcheinander und kam in den nächsten Stunden aus dem Angstschweiß nicht heraus. Mehr als einmal stapfte er zum Auto zurück und kramte aus dem Aschenbecher und dem Handschuhfach noch Scheine und Münzen hervor, um die Wünsche der Beamten (beider Länder) zu befriedigen. Ist die Summe nicht hoch genug, erläutert der Polizist es dem Fahrer nämlich, indem er diesen wie einen Hund hinter sich her laufen läßt. Irgendwie verrechnete sich unser Anfänger dann und es ging ihm das Geld aus. So wollte er uns anpumpen; doch wir machten nicht mit. Legten wir nämlich die bereits bezahlten Trinkgelder auf die Fahrgäste um, so entfielen auf uns je drei Mark. Selbstverständlich waren diese Summen schon im Fahrpreis enthalten.

Wir beugen uns der „Staatsgewalt"

Nun noch zu ein paar speziellen Erlebnissen mit dem „Auge des Gesetzes". Nicht zur Ehrenrettung, aber doch zur Entlastung der Polizei in West- und Zentralafrika sei gesagt, daß auch fast alle anderen Beamten durch und durch korrupt sind.

In Mali mußten wir uns doch in jeder Stadt registrieren lassen. In Mopti brauchten wir außerdem eine Visaverlängerung und die jeweils an einem Ort neu zu beantragende Fotografiererlaubnis. Wir gingen zur Polizei, hörten Bierflaschengeklapper. „Keine Zeit heute!", hieß es, obwohl es vormittags elf Uhr war. Am nächsten Tag wurden wir angeschnauzt, daß unser Visum heute ablief: „Morgen schon hätten Sie Strafe bezahlen müssen!" Wir wollten vier Wochen Verlängerung. „Wir können nur zwei Wochen geben. Wenn Sie aber wirklich vier Wochen wollen, kostet Sie das fünftausend Francs" (etwas mehr als zwanzig Mark). Die malische Botschaft in Abidjan hatte uns gesagt, es sei kostenlos, das Visum verlängern zu lassen. Dieses selbst hatte nur je zehn Mark gekostet. „Was, so wenig? Da müssen Sie jetzt auf jeden Fall bezahlen!" Der Polizist drückte den Stempel in unsere Pässe. „Also, ich gebe Ihnen nur *eine* Woche Verlängerung, das macht je fünfhundert Francs!" „Wir bestehen darauf, daß...", begannen wir. Da fiel dem Beamten ein, daß wir die Fotoerlaubnis wollten. „Moment mal", versuchte er uns zu beruhigen, „das mit der Gebühr für die Verlängerung, das war nur ein Späßchen. Aber die Genehmigung zum Knipsen kostet zusammen tausend Francs." Das war genauso gelogen. In Gao und Timbuktu hatten wir die Erlaubnis schon eingeholt, beide Male kostenlos. „Hier ist Mopti, dort waren die Beamten unnötig freundlich. Hier sind wir sehr korrekt!" Ob wir die Erlaubnis nun wollten oder nicht?, war die abschließende Frage des Beamten. Wir beugten uns der „Staatsgewalt", denn ohne das Papierchen, das uns zum Fotografieren in Mopti und Umgebung berechtigte, wollten wir nicht wieder gehen.

„Ohne Schwierigkeiten" kämen alle acht Insassen unseres Taxis durch den Zoll an der Grenze Mali/Obervolta, wenn wir den voltaischen Zöllnern ein Geschenk machten, verkündete unser Fahrer. Wir beteiligten uns gezwungenermaßen. Die Zöllner zeigten sich jedoch unbeeindruckt. Sie nahmen die Geldsumme an und ließen uns dann doch alle unsere Gepäckstücke vom Wagendach nehmen und öffnen – selbstverständlich erst nach einem Mittagsschläfchen, denn die heiße Sonne hatte sie erschöpft. – Wirkung zeigte ein Geschenk bei einem senegalesischen Verkehrspolizisten, für den eine „rote" Ampel dann plötzlich doch „grün" gewesen war. Unser Fahrer wußte, was er falsch gemacht hatte. Das Erstaunlichste war, daß ein Polizist einmal einen „Fehler" zugab . . . Selten hörten wir Leute lautstark gegen Ungerechtigkeiten protestieren. Aber leider taten sie es nur, wenn es um *ihre* Rechte ging.

In der Zeitung zu Hause stand im April 1984 eine Nachricht aus Düsseldorf zu lesen, die folgendermaßen begann: „Das schier unglaubliche Raubrittertum von 70 (nordrhein-westfälischen) Autobahnpolizisten und der Verdacht, daß Ordnungshüter auch anderer Bundesländer von Lastwagenfahrern jahrelang ,Naturalabgaben' erpreßt haben sollen, treibt Tausenden unschuldiger Kollegen die Schamröte ins Gesicht . . . Schuldigen Wegezoll-Erpressern will die Gewerkschaft der Polizei den Rechtsschutz versagen."

Fleißige Leute in Kamerun – aber Wahlen eine Farce

Genau genommen besuchten wir Kamerun zweimal: nun, vom Tschadsee her kommend, und dann nach einer Rundfahrt durch Gabun, die Volksrepublik Kongo und die Zentralafrikanische Republik. Um nicht zu verwirren, möchte ich unsere Eindrücke bei zwei Aufenthalten zusammenfassen. Beim ersten Mal bereisten wir Kamerun von Nord nach Süd der Länge nach und begaben uns außerdem auf die beschriebenen Wanderungen. Beim zweiten Mal waren wir im Großen Wald des Südens und im Gebirge in den westlichen Gebieten.

Vergleicht man mit Gabun, Kongo oder Zentralafrikanischer Republik, dann stellt man einen auffälligen Charakterunterschied der Menschen in Kamerun fest: sie arbeiten mehr. In den anderen Ländern wird der Kameruner als fleißiger Handwerker und Arbeiter geschätzt. Der Kameruner . . . Natürlich gibt es auch hier unzählige Volksgruppen, aber irgendwie scheint die Sympathie fürs Arbeiten ansteckend zu sein. Wohlbestellte Hirse- und Erdnußfelder in den Bergen und Ebenen des Nordens, ausgedehnte Plantagen kleiner Leute mit Bananen, Maniok, Kakao, Kaffee in der Waldregion des Südens, große Vielfalt in den Gärten der westlichen Berge, ein Viehbestand, der in die Millionen geht – Zeugnisse vom Willen, sich möglichst selbst zu versorgen. Außerdem gibt es die Großplantagen. Kamerun produzierte damals achtzehn Prozent mehr Lebensmittel als bei Erreichen der Unabhängigkeit, mehr als jedes andere Land Schwarzafrikas die Erzeugung steigern konnte, doch auch hier zeigte sich ein Haken: Die Einwohnerzahl wuchs noch bedeutend stärker an. Immerhin: Wäre es überall in Afrika wie in Kamerun . . .

„Ihr Europäer müßt alles komplizieren", entgegnete der Häuptling des Walddorfes Bamako in Südkamerun auf unsere Frage, ob die Kommunalwahlen dieses Sonntags nicht eine Farce seien. Die Einheitspartei UNC mache es den Leuten doch leicht: Auf einem Kongreß würden die zu

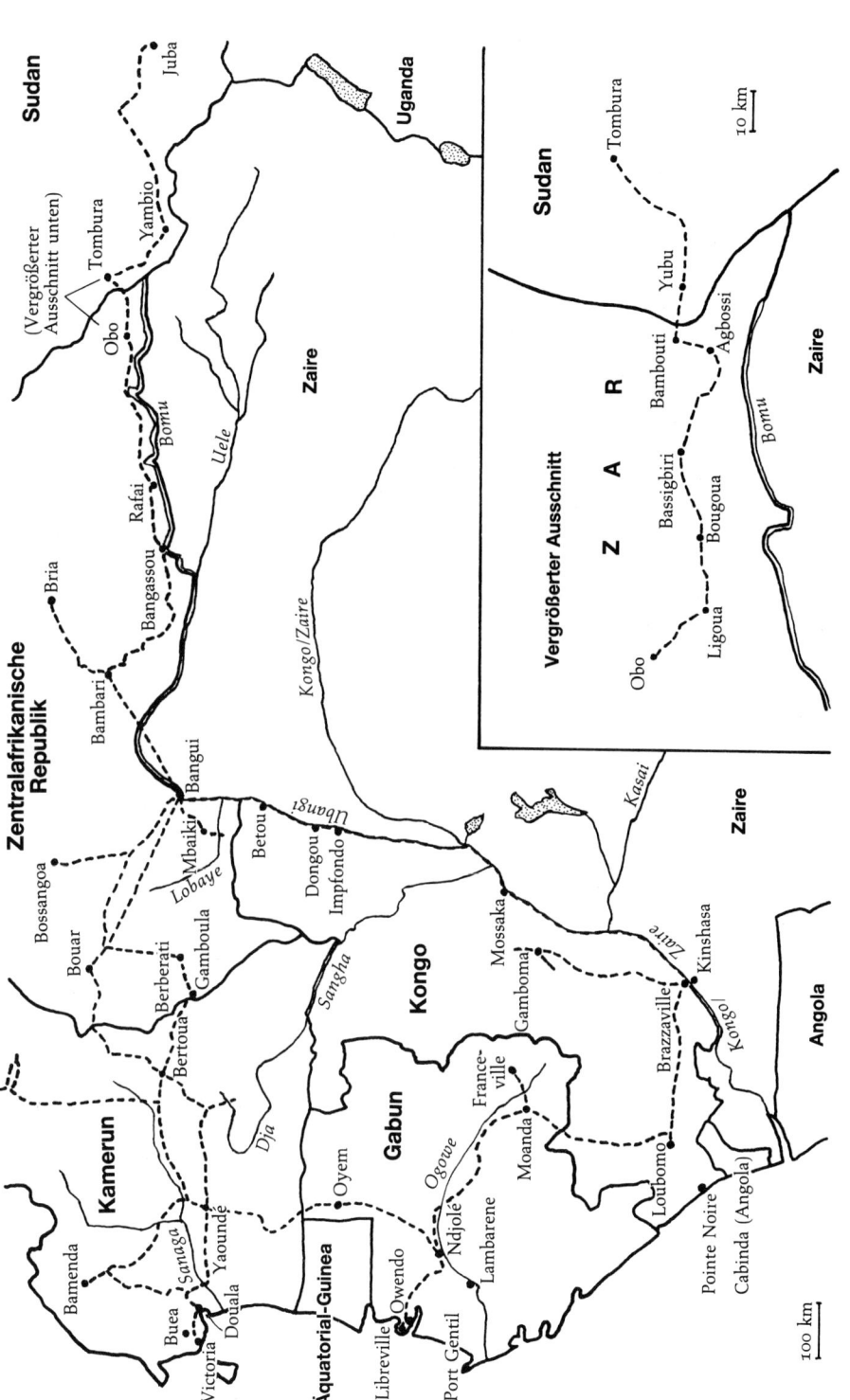

Reiseweg (Strichlinie) von Kamerun durch Gabun, Kongo, (auf dem Kongo und Ubangi) in die Zentralafrikanische Republik (ZAR) und wieder nach Kamerun, zurück in die ZAR und in den Sudan. Der Abschnitt Obo – Tombura wurde zu Fuß bewältigt

wählenden Kandidaten vorausbestimmt. Diese Vorentscheidung sei nur noch zu bestätigen. Der „Union Nationale Camerounaise" gehöre das Vertrauen der „Wähler". Trotz des unkomplizierten Verfahrens waren die Stimmen erst nach einer Woche ausgezählt. Das Ergebnis wurde von „Radio Cameroun" wie eine Sensation bekanntgegeben: Von über drei Millionen Wahlverpflichteten waren 99,2 Prozent zur Urne gegangen. Von ihnen stimmten 99,98 Prozent mit „Ja". Ganze 508 Stimmen waren „ungültig", eben die „Nein"-Stimmen. Das Resultat regte niemand auf, so oder so nicht.

„Aufschwung" mit Fragezeichen

Das Land war von einem Boom erfaßt, seit Öl vor der Küste entdeckt worden war. Aber es ging in Kamerun noch nicht so verrückt zu wie bei den Nachbarn Nigeria und Gabun, wo man meinte, die Bäume müßten in den Himmel wachsen. Der Aufschwung lockte das Volk in die Städte, trieb die Preise in die Höhe, wenn auch nicht so atemberaubend wie in den angrenzenden Ländern, einschließlich Zentralafrika und Tschad. Arbeitssuchende kamen von dort. Aber die Einreisebestimmungen wurden dann strenger angewendet. Im Norden haben die „Alhadschis" Handel und Transport fast völlig in der Hand: Islamische Hausa, Fulbe, Tschadier, mit dem Ehrentitel „Alhadschi" vor dem Namen, als Auszeichnung der Mekkapilger. Im Süden aber haben Franzosen, Libanesen, Inder und sogar Griechen das Sagen. Im Stadtteil Akwa in Douala wird die Hauptgeschäftsstraße von Läden teilweise schon in zweiter Generation hier ansässiger Inder gesäumt. „Fußvolk" sind die Zehntausende Besitzer von Buden, Verkaufskarren und Bauchläden. Alle drei Gruppen schmuggeln, was das Zeug hält, und der Fiskus hat seine liebe Not mit ihnen. Wer zu ihm gute Beziehungen hat, lebt problemlos...

Viel Geld wird für die Errichtung kapriziöser Bauten in der im Vergleich zu Douala behäbigen Hauptstadt Yaoundé benötigt. Auf allen ihren sieben Hügeln standen oder entstanden dominierende Paläste. Es existierten schon in dieser Art das Rathaus, das Verwaltungs- und Konferenzgebäude der staatlichen Sozialversicherung, der Zentralmarkt, der Kulturpalast (wie eine Walhalla), das Ministerium der Post (das an ein Raumschiff erinnert), der Sitz der Bank der Staaten Zentralafrikas, die Nationalversammlung. Diese Bauten könnten in Mexiko-Stadt oder Canberra wie in Brasilia oder Brüssel stehen. Afrika sucht man in der Architektur vergeblich.

Kultur im Wandel und große Zeit der Diebe

Das Symphonieorchester von „Radio Cameroun" (ja, so etwas gibt es) versuchte sich an einer modernen (westlichen) Interpretation traditioneller Stammesmusik. Verbissene Kämpfer in Kanus, schwitzende Hackbauern, stürmende nordische Reiter auf reichgeschmückten Rössern (je nach dem Kulturkreis) konnte man „klassisch" vor seinem geistigen Auge erstehen lassen. Tschaikowsky wendete bei seinem „Capriccio Italien" ja diese Technik an, beim „Persischen Markt" findet man sie. Nur benützten die Kameruner Symphoniker eine fremde Interpretationsform für ihre eigene Musik, also quasi alles anders herum...

Kamerun galt einige Zeit als vielversprechendes Touristenland. „Ganz Afrika in einem Dreieck" ist ein Werbeslogan wegen der Vielzahl von Landschaftsformen und Volksgruppen und wegen der geografischen Figur. Aber die Infrastruktur erschwert das Reisen und die Unterbringung, und die Preise sind zu hoch. Urlauber kommen also nicht in Massen, jedenfalls nicht wie von den

Managern erhofft. Mehrere Nationalparks locken in der Trockenzeit. Die Zahl der Kameruner, die jemals einen Elefanten sahen, dürfte nur in die Tausende gehen, die der Touristen nicht höher. Ausländische und einheimische Jäger haben ein zu leichtes, ein zu übles Spiel.

Eine echte Plage für Touristen sind Diebesbanden in Yaoundé und Douala. Ihre Wagen werden oft bis zum Werkzeugkasten, sie selbst bis aufs Hemd ausgeplündert. So mancher kam heil durch alle Fährnisse der Sahara und dann ereilt ihn im „freundlichen Kamerun" (auch ein Slogan) das Schicksal.

Leider blieben auch wir nicht verschont. Das kam so: Wir setzten uns in einen Zug von Yaoundé nach Douala. Nach zwei Stunden Warten auf der Stelle teilte man uns mit, die Strecke sei wegen einer Entgleisung blockiert. Also gingen wir und kamen am nächsten Tag wieder. Diesmal hieß es, irgendwann zwischen sieben Uhr und Mittag solle Abfahrt sein. Wir gingen spazieren, dann zuckelte der Zug wirklich ab. Bis zum Abend saßen wir in tropischer Schwüle in dem vollen Waggon, denn es sind immerhin 310 Kilometer nach Douala. Wir waren dann ziemlich kaputt. Als Wilma uns gerade ein Zimmer besorgte und ich mit unserem Gepäck an dem Zaun davor wartete, sprach mich ein Mann an. Ich bedeutete ihm gleich, zu verschwinden, aber der Augenblick genügte für seinen Komplizen, von hinten über den Zaun zu greifen und eine für einen Augenblick nicht festgehaltene Tasche mit allerlei wertvollem Inhalt zu stehlen. Wenige Minuten später suchten wir im Dunkeln gemeinsam die Straßen ab und wir fanden tatsächlich einige Dinge, die für den Dieb ohne Bedeutung, für uns aber unersetzlich waren. Doch der größte Teil des Tascheninhalts blieb unauffindbar, darunter ein Teleobjektiv und ein von Freunden geliehenes Buch. Es war ein ziemlicher Schock für uns. Die Küstengebiete sind in dieser Hinsicht weit gefährlicher als das Landesinnere. Von nun an wollten wir sehr vorsichtig sein, und wirklich, nie mehr bis zum Ende unserer Reise gaben wir einem Dieb Gelegenheit, uns zu erleichtern.

„Verdammt seien die Deutschen"

Am 8. August 1914, eine Woche nach Ausbruch des über die Zukunft von Deutsch-Kamerun mitentscheidenden Ersten Weltkrieges, wird Rudolf Douala Manga Bell, Häuptling des Volkes der Douala, ein Hochverratsprozeß gemacht. Einen Tag später hängt er an einem deutschen Galgen. Zuvor soll er ausgerufen haben: „Verdammt seien die Deutschen!" Mit Zwangslandenteignungen größten Ausmaßes hatten die deutschen Kolonialbehörden eine Atmosphäre ständiger Spannungen geschaffen. Manga Bell appellierte deshalb an deutsche Juristen und an den Reichstag zu Berlin und erfuhr Unterstützung. Dennoch starb er wegen „Verrats gegen Kaiser und Reich". Bei vielen Deutschen hält sich bis heute die Mär, daß „wir" Kamerun gerecht verwaltet hätten. Erstaunlicherweise findet man aber diese Auffassung auch noch bei Älteren unter den Kamerunern, allerdings mit einem nicht unwichtigen Zusatz: „Gerecht, aber brutal." Maurice Bibal, Häuptling des Dorfes Medschoh, dreihundert Kilometer östlich von Yaoundé, wurde geboren, als die Deutschen gerade „weg vom Fenster" waren. Bei Affenbraten, Maisklößen und Schnaps aus dem Saft einer Palme fragt er uns unvermittelt: „Wann kommt ihr Deutschen wieder zurück, um uns zu helfen?" Sein Sohn Anselme erläutert: „Schließlich habt ihr die Zivilisation gebracht!" Besänftigen wir unser deutsches Gewissen also für einen Augenblick. Ein Blick zurück auf die Anfänge der Protektoratsgeschichte tut not. Ein Vertreter der Hamburger Handelsfirma Adolf Woermann, die schon seit sechzehn Jahren im Gebiet des späteren Kamerun präsent ist, schließt 1884 sogenannte Schutzverträge mit den Chefs der Dörfer Bell, Akwa und Deïdo ab. Im Juli

Deutsche Truppen in einem Dorf in Kamerun (aus Schulbuch). – Grab in Douala/Kamerun

kommt Dr. Gustav Nachtigal, Forscher und jetzt deutscher Generalkonsul in Tunis, der auch in Togo solche Verträge aushandelte, dazu, und dort, wo heute Douala liegt (1907 aus den drei Dörfern gebildet), weht gleich darauf die Reichsflagge. Die Engländer hatten die gleichen Ambitionen gehabt, verschliefen aber die passende Gelegenheit.

Von der Brutalität, von der noch die Rede sein wird, blieb im Gedächtnis der Kameruner weit weniger hängen, als von den sichtbaren großen Veränderungen: Pflanzungen, Straßen, Eisenbahn, Häfen und Gebäude, Schulen und Krankenhäuser. So gab es 1913 nicht weniger als 631 Missionsschulen, die von der Kolonialverwaltung unterstützt wurden. Sie zählten rund 40 000 Schüler.

Fortschritt und kriegerische Auseinandersetzungen

Ein jetzt in Paris verlegtes Schulbuch mit dem Titel „Kenne dein Land, kenne Kamerun" gibt nach beißender Kritik zu: „Die Deutschen gaben Kamerun eine solide Infrastruktur..., ein breites Programm für soziale Arbeit... Unfraglich bereitete dies den Boden für späteren Fortschritt." Auszüge aus der von einem Engländer und einem Kameruner verfaßten „Geschichte Kameruns": „Während der deutschen Periode gab es Fortschritt... Das Ausbildungssystem gab Kamerunern eine Chance, bei den Engländern (später) nicht."

So viel Lob – warum also schlafende Hunde wecken? Zur Ehrenrettung der Millionen einfacher

Deutscher, die zwar im „Kolonialwarenladen" einkauften, aber wenig oder nichts davon wußten, was unter deutschem „Schutz" in Afrika vor sich ging! Gerechtigkeit kann hart sein, aber ist sie mit Brutalität vereinbar?

Die meisten Stämme, die Kamerun bewohnten (einen Staat dieses Namens gab es nicht), waren mit dem Vordringen und den Methoden der Deutschen nicht einverstanden, einige bis zum Schluß nicht. Wem sind bei uns die Namen von Stämmen wie den Douala, Ewondo, Bassa, Bulu, Bafia und Baya noch geläufig? Diese „Eingeborenen" leisteten deutschen Kolonialeinheiten im Süden in blutigen Kämpfen Widerstand, wie die islamischen Fulbe im Norden. Zu kriegerischen Auseinandersetzungen kam es aber auch, wenn sich Einheimische in die Handelsgeschäfte der Europäer einmischten. Größtes Problem der Deutschen waren die Douala, die auf ihr Handelsmonopol an der Küste pochten. Von dort her drangen die Deutschen aber ins Land ein. Konflikte waren unvermeidbar.

An vielen Stellen im bis 1911 um riesige Gebiete Französisch-Äquatorialafrikas (im Tausch für deutsche „Rechte" in Marokko) vergrößerten Kamerun wurden Forts errichtet. Eine ganze Reihe von diesen Gebäuden sahen wir als Gefängnis, Gendarmerieposten oder andere amtliche Stelle, etwa in Abong-Mbang und Doumé im Süden und in Bamenda im Westen, noch intakt. Die Backsteinfestung von Bamenda entstand 1902, ein Jahr nachdem eine deutsche Strafexpedition dort ganze Arbeit geleistet hatte: 280 Angehörige der Bafut und der Mankon wurden getötet, viele gefangen. In Bamenda erzählte uns niemand etwas über „Gerechtigkeit". Besiegte Stämme mußten Arbeitskräfte zur Verfügung stellen, so zum Bau der Straßen und der Eisenbahn, zum Schutz von Händlern und Missionaren, oder sie mußten Strafen in Naturalien bezahlen, zum Beispiel Elfenbein, wofür sie möglichst viele Elefanten zu jagen hatten.

Unsägliche Opfer der Einwohner

Der Grund der deutschen Anwesenheit in Afrika unterschied sich von dem für die Präsenz der Franzosen, Engländer, Belgier und anderer überhaupt nicht: In Kamerun gab es etwas zu holen. Die beiden mächtigen Unternehmen Südkamerun-Gesellschaft und Nordwestkamerun-Gesellschaft (ihnen gehörte zunächst je ein Fünftel der Kolonie, 1910 wurden sie teilweise entmachtet) hatten das Geschäft mit Elfenbein und Kautschuk, mit Bananen, Kaffee, Kakao, Palmöl und Tabak fest in der Hand. Sie zögerten nicht, den kleinen Bauern ihr Land, den Dörfern ihren Wald wegzunehmen.

Viele Rebellionen begannen, weil die Plantagenarbeiter schlecht behandelt wurden, weil sich deshalb allgemein Unwillen gegen die Plantagenarbeit erhob. Sie war so schwer, daß die in Kamerun sehr aktive Basler Mission sich schützend vor die Arbeiter und gegen die Behörden stellte und im Reich einen umfangreichen Bericht darüber veröffentlichte: Ihm zufolge wurden Händlern und Pflanzern Sträflinge, Gefangene und Steuerschuldner kostenlos zur Verfügung gestellt. In den Plantagenlagern starben zum Beispiel 1901 zwischen dreißig und fünfzig Prozent, im „besten Fall" sieben Prozent der Arbeiter einer Pflanzung innerhalb von sechs Monaten an Entkräftung durch das Klima, wegen ungenügender Nahrung, an Malaria, Pocken und – Heimweh. Unterschiedlichste Stammesangehörige lebten zusammen, waren jeder Verständigungsmöglichkeit beraubt.

Männer, Frauen und Kinder mußten Trägerdienste leisten. Ab 1908 mußten alle arbeitsfähigen Männer sechs Mark Steuern bezahlen, oder als Gegenwert dreißig Tage Arbeit leisten. 1913 wurde der Betrag auf dreizehn Mark erhöht. Häuptlinge wurden von den Deutschen korrumpiert: zehn Prozent für sie von den eingetriebenen Steuern! Im Norden, wo den Fulbe-Herrschern viel Macht überlassen worden war, mußte 1914 der ungeheure Tribut von drei Millionen Mark für die Kasse der Kolonialverwaltung aufgebracht werden.

Brutaler Major Hans Dominik und andere

Für seine Brutalität berüchtigt war der Major Hans Dominik, dem die „Befriedung" des Landes („pax germanica" = Deutscher Frieden) oblag. Eine Ironie: seine Frau war Kamerunerin. Dem langjährigen Gouverneur von Puttkammer wurden selbst im Reichstag Korruption und Zulassung barbarischer Akte an „Eingeborenen", anderen Verantwortlichen „Unmoral" vorgeworfen. Ein gewisser Wehlan hatte besonderen Spaß daran, bei der Unterdrückung von Aufständen Dörfer niederzubrennen.

Über 8000mal wurde in Kamerun während des Verwaltungsjahres 1912/13 auf kleine oder große Missetäter (nach deutschem Recht) mit der Nilpferdpeitsche losgeprügelt. Die Menschen wußten: Bei den Deutschen wird man nicht eingesperrt, sondern... 25 furchtbare Schläge mußten Verurteilte ertragen, und Kamerun wurde deshalb als das „Land der 25" bekannt. Die Gegner der schlechten Behandlung der „Eingeborenen" empörten sich im Reichstag darüber, zumal eine der Peitschen dort herumgezeigt wurde.

1914 wurden die deutschen Besitzungen in Afrika von französischen, englischen und belgischen Truppen attackiert. Douala fiel gleich zu Beginn, aber Yaoundé konnte sich bis zum 1. Januar 1916

In Djaposten (einst deutscher Posten am Fluß Dja in Südkamerun) sangen Schulkinder für uns

halten, und die letzte Garnison, Mora (im Norden) ergab sich erst 51 Tage später. Franzosen und Engländer teilten sich das Land als Völkerbundmandat, abzüglich der bis 1911 hinzugekommenen früheren französischen Gebiete, die ihren alten Status erhielten. Der „Regierungswechsel" wurde von den „Kamerunern" nicht unbedingt willkommen geheißen. In wirtschaftlicher Hinsicht hatte sich die Bevölkerung große Hoffnungen gemacht. Unter den Deutschen war viel Geld im Land investiert worden. Unter den neuen Herren entwickelte es sich wenig (am wenigsten in Britisch-Kamerun), trotz beibehaltener Zwangsarbeit (in Französisch-Kamerun).

Kein Heimweh nach den Deutschen

Was bis heute den größten Einfluß auf Kameruns Wirtschaft hat, sind die einst von den Deutschen angelegten Plantagen. Im Westen Kameruns stellen sie den Hauptteil des Einkommens. Die in Britisch-Kamerun konfiszierten Pflanzungen wurden übrigens 1924 bei einer Auktion in London von ihren früheren deutschen Besitzern wiedererworben. 1936 hatten sie 120 000 Hektar, fünfzehnmal mehr als englische Pflanzer besaßen. Die Zahl deutscher Staatsbürger war dort dreimal höher als die der Briten, der deutsch-kamerunische Handel weitaus wichtiger als der britisch-kamerunische. Zu jener Zeit ging es auf den Plantagen freilich weit menschlicher zu als ehemals. Dann kam der Zweite Weltkrieg . . .
Deutsche leiteten die wirtschaftliche Entwicklung Kameruns ein, aber ohne die Ausbeutung der Bevölkerung wäre sie nicht möglich gewesen. Viel wurde von der Kolonialverwaltung für die Infrastruktur getan, aber dies geschah nicht ohne unsägliche Opfer der Menschen des Landes. „Wenn die Deutschen hätten bleiben können, dann . . . vielleicht . . .", hörten wir manchmal die Spekulation. Im Westen Kameruns registrierten wir vereinzelt Bewunderung für Deutschland allgemein; im Süden hörten wir Fragen wie die von Häuptling Maurice Bibal sehr selten und im Norden nie. Wirklich Heimweh nach „uns" hat sicher niemand.

Gabun: Gemeinheiten gegen Reisende

Um ein Haar hätten wir Gabun gar nicht gesehen. Kaum hatten wir nämlich den Grenzfluß Ntem überquert, als uns ein betrunkener Polizist weismachen wollte, wir müßten für dieses Land ein Visum haben. Wir wußten es besser, aber: „Was denn, Sie wollen einem Beamten dieses Staates erzählen, was richtig ist? Was wißt ihr in Deutschland denn schon!" Umstehende Gabunesen betrachteten uns ohne Gefühlsäußerung. „Zurück in die Piroge, über den Fluß!", befahl der schwankende Polizist.
Da kam uns ein Kollege von ihm unvermutet zu Hilfe. Er nahm unsere Pässe, blätterte darin, stellte dann fest, daß alles klar sei, denn wir hätten ja einen Stempel von Kamerun (!) darin. Er hatte offenbar gar nichts von dem kapiert, was vorgegangen war, aber in seinem hartnäckigen Unverstand brachte er den anderen Polizisten so aus der Fassung, daß dieser das Handtuch warf. Eine ansehnliche Geldsumme, die er ohne Zweifel von uns als „Lösegeld" (ein alter Trick, der systematisch angewendet wird) erwartet hatte, ging ihm dadurch flöten.
Niemand wird es uns verdenken, daß wir zornig waren (aber wir verhielten uns dennoch ruhig), vollends, da wir gerade eben erst eine andere Gemeinheit erlebt hatten. Als unser kamerunischer Minibus mit etwa zwanzig Fahrgästen am fünfzig Meter breiten Grenzfluß ankam, legte das Personal der staatlich betriebenen Autofähre schleunigst ab und machte am gegenüberliegenden

Ufer fest. Dann kamen private Pirogen herüber, um die Reisenden abzuholen. Die Fähre wäre kostenlos gewesen, für die Bootsfahrt mußte nun kräftig bezahlt werden. Das nennt man Kooperation . . .

Am nächsten Morgen, schon fünfzig Kilometer im Landesinneren Gabuns, eine der üblichen Straßenkontrollen der Polizei. Es ist heiß, aber das macht nichts, die Fahrgäste des Kleinbusses dürfen aussteigen und sich in der Sonne in einer Reihe aufstellen. Der Polizist findet dagegen, daß ihm die Hitze schaden könnte. So setzt er sich in den Bus und läßt die Leute, fingerschnalzend, zur Kontrolle ihrer Personalien paradieren, dabei ein französisches Liebeslied trällernd. „Willst du hier die Nacht verbringen?", fragt er den Fahrer, weil der schließlich drängt, die Reise fortsetzen zu können.

Holz, Erze und Öl sind Schätze, aber es fehlen Menschen

Gabun, die frühere französische Kolonie, ist etwas größer als die Bundesrepublik, aber die Einwohnerzahl ist gering. Sie wird von der Regierung starrsinnig mit „über eine Million" angegeben, obwohl das kein Mensch glaubt. Von 650 000 sprechen nüchterne Betrachter. Ein erstaunliches Phänomen in Afrika: Die Gabunesen haben nur wenige Kinder. Bei einer solchen Leere nimmt es nicht Wunder, daß die Straßenverbindungen nicht besonders gut sind. Ganze 250 Kilometer sind asphaltiert. Jetzt, in der Trockenzeit, konnte man zwar leidlich fahren (der Wald zu beiden Seiten von Staub bedeckt – Farbbild 45), aber in der Regenzeit ist es viel schwieriger. Dabei leben fast alle Gabunesen entlang der vier Straßen, die die größeren Städte miteinander verbinden. „Kommt aus dem Wald zur Straße", hatte die Regierung aufgefordert. So läßt sich das Völkchen leichter kontrollieren . . . Ein Viertel der Einwohner wohnt in der Hauptstadt Libreville. Das überwiegend hügelige Gabun ist fast völlig von – jetzt wildarmem – Wald bedeckt. Er ist der *eine* Reichtum dieses Landes. Wichtigstes Holz ist weiches Okumé, das für Sperrholzherstellung besonders geeignet ist. Okumé kommt fast nur aus Gabun. Seine Ausbeutung wurde so systematisch betrieben, daß wohl kein Hektar dieses Waldes unberührt sein dürfte. Der andere Reichtum sind riesige Erzvorkommen, Mangan, Uran und Eisen. Dritter Schatz des OPEC-Landes Gabun, der neueste, ist Petroleum, vermutlich etwas weniger ergiebig. Das Pro-Kopf-Einkommen war (hinter Libyen und vor Südafrika) damals das zweithöchste auf dem Kontinent.

Unseren rund 1600 Kilometer langen Reiseweg legten wir – geduldig – fast vollständig „per Anhalter" zurück, denn es gab nur wenige öffentliche Verkehrsmittel. In einem Land, das so reich ist, sind sie dann auch noch extrem teuer. Ein neuer Zug, der von Libreville ins Landesinnere fährt, kostet noch mehr als „Buschtaxis". Leider erwiesen uns während unseres Aufenthalts die Gabunesen nur zwei- oder dreimal eine Gefälligkeit. Mitnehmer im Auto waren nur Franzosen.

Neue Eisenbahn von Ausländern gebaut

Der erwähnte Zug fährt auf einer Strecke, die in den Südosten des Landes gebaut wurde (jetzt fertig, 695 Kilometer), vor allem um den Abtransport des Manganerzes vom Oberlauf des Ogowe-Flusses (nur kurze Strecke schiffbar; Farbbild 43) zu sichern. Achtzehn europäische Firmen, deutsche maßgeblich, waren an dem Mammutunternehmen beteiligt. Gelände- und Klimaschwierigkeiten brachten es mit sich, daß die Arbeiten damals schon vier Jahre hinter dem Plan herhinkten. Einmal war auch Geldmangel der Grund, denn, so weiß man, als Präsident Omar

Libreville sieht sehr europäisch aus. – Überall in Gabun werden die Wälder niedergerissen

Bongo (früher Albert-Bernard Bongo, er wurde Moslem, fast als einziger Gabunese) seinen neuen Palast in Libreville bauen ließ, wurden die Mittel knapp.

Das Manganerz wurde noch von der längsten Drahtseilbahn der Welt (76 Kilometer) über die Grenze der Volksrepublik Kongo geschafft, von dort mit Zügen zum Atlantikhafen Pointe Noire. Diese Bahn soll eine zu geringe Kapazität gehabt haben. Da die „Transgabunesische" zum eigenen Hafen Owendo bei Libreville fertiggestellt ist, wurde jene Bahn überflüssig. Kein Wunder, daß der Kongo sauer ist. Ihm gehen wichtige Einnahmen verloren. Die neue Bahn muß aber auch Uran, Okumé und Eisenerz (auf einer zweiten Linie) abtransportieren. Übrigens sind die Minenbetriebe fast völlig, ist die Ausbeutung des Holzreichtums größtenteils in der Hand ausländischer, vor allem französischer, aber auch nordamerikanischer und japanischer Gesellschaften.

Dabei hörten wir immer wieder den Wahlspruch in diesem Land: „Gabon d'abord!" (Zuerst Gabun). Tja, es fehlt eben an Menschen für alles. Nur um ein Prozent wächst die Bevölkerung im Jahr.

Von den dreitausend Arbeitern am Eisenbahnbau stammten zwei Drittel aus anderen Ländern Afrikas und wir sahen im Hauptbaulager bei Ndjolé auch etwa 250 Pakistanis. Die rund 30 000 Franzosen und etwa fünftausend Libanesen im Lande, fast alle in Libreville, die das gesamte Wirtschaftsleben erfolgreich beherrschen, meinen, daß es nicht nur am Menschenmangel liege: „Die Gabunesen sind stinkfaul! Wenn hier ein Afrikaner etwas arbeitet, dann stammt er aus Kamerun, Kongo oder Senegal. Nicht einmal Bananen pflanzen sie. Sie palavern lieber!"

Milliarden für Luxus und Repräsentation

In der Tat werden diese Früchte, wie der überwiegende Teil aller Lebensmittel, importiert: Bananen aus Kamerun, Fisch (trotz einer achthundert Kilometer langen Küste und Lagunen) tiefgefroren aus Norwegen und Argentinien, Rindleisch gleichfalls von dort (Gabun hat nur ein paar Tausend Rinder), und aus Brüssel Poularden. Brot ist Grundnahrungsmittel geworden (ersetzte das sonst in Äquatorialafrika übliche Maniok), das Mehl stammt aus französischen Großmühlen, die auch die Bäckereien in Gabun unterhalten. Die meisten Einwohner ernähren sich jetzt europäisch, mit allen Vor- und Nachteilen für ihre Gesundheit. Der wohl größte Supermarkt Afrikas nördlich Johannesburgs steht in Libreville.

Libreville wurde 1846 gegründet. Es ist eine der europäischsten Städte Afrikas, meinen wir. Französische Architekten toben sich in der Häuserlandschaft aus. So taten sie es auch an dem monumentalen Palast des Präsidenten Bongo. Dieses Bauwerk, das über eine Milliarde Mark gekostet haben soll, sowie fünfzig Villen für alle afrikanischen Staatsoberhäupter, Superstraßen und eines der modernsten Theater der Welt (in einer Stadt mit 150 000 Einwohnern) wurden zum „Gipfel" der Organisation für Afrikanische Einheit 1973 errichtet. Bongo ließ sich alles zusammen über dreieinhalb Milliarden Mark kosten. Eine Flotte von Rolls-Royces und gepanzerten Cadillacs war da nur noch schmückendes Beiwerk.

Als die Rechnungen bezahlt waren, war Gabun fast bankrott. Die Weltbank mußte einspringen. Jetzt ging es wieder besser. Unter anderem war das Skelett des unvollendeten Sheraton-Hotels ein Mahnmal des Größenwahns Bongos (sein Denkmal existierte auch schon) geworden. Seine neue Marmorburg am Meer hätte er vielleicht heute noch nicht, hätte ihm seine Schwiegermutter nicht eines Tages verraten, daß der alte Palast am Stadtrand von bösen Geistern aus einer ehemaligen Stammesbegräbnisstätte heimgesucht werde. Aber Bongo hat auch einen Palast in Hollywood, mit seiner Frau weiterer Besitz in Gabun (Hotels, Läden usw.), einen eigenen Jagdgrund nordöstlich von Libreville, zwei eigene große Flugzeuge. Auch seine Minister versuchen herauszuschinden, was geht.

Einige Proteste, doch den meisten geht es gut

Bongo ist seit 1967 Präsident Gabuns, Vorsitzender der einzigen Partei, mehrfacher Minister. Die wenigen Zeitungen unterstehen direkt oder indirekt dem Staat. Auf eine Studentendemonstration unter dem Motto „Vierzehn Jahre sind genug!" reagierte er 1981 mit der Schließung der Universität. Hartnäckige Kritiker macht er nicht nur mundtot: Straflager soll es nicht geben, aber ein kurzer Aufenthalt per Hubschrauber über dem Meer soll genügen, um unbequeme Leute loszuwerden, wie uns katholische Missionare erzählten. Omar Bongo gilt als einer der besten Freunde des Westens in Afrika, wie einst Somoza in Lateinamerika. Ein sechshundert Mann starkes Fallschirmjägerkontingent aus Frankreich schützt Bongo und Gabun. Nicht nur statistisch gesehen gibt es in Gabun einen besseren Gesundheitsdienst als anderswo auf diesem Kontinent, gehen prozentual mehr Kinder zur Schule (aber wie gesagt, Nachwuchs ist ja knapp). Die Bevölkerung ist überwiegend gut gekleidet – europäisch, auch die Frauen (Pariser Chic!). Sie hört den leistungsstarken französischen Sender „Afrika Numero Un" („Afrika Nummer I"), der, wie gelobt wird, sogar afrikanische Musik bringt. Diese Station steht in Gabun.

Die unverhältnismäßig vielen Ausländer mit durchschnittlich sehr hohem Einkommen haben verwöhnte Ansprüche. Für sie wird sehr viel importiert, was in die Kategorie der Luxusartikel gehört. Die Regierung schlägt kräftige Einfuhrzölle darauf. 3,3 Milliarden Mark nahm sie 1981 dadurch ein. Damit gehen aber auch alle anderen Preise in die Höhe. Wer wenig verdient, ist übel dran. So gesehen, schaden die Ausländer der breiten Bevölkerung, obwohl sie sich brüsten, nur durch sie funktioniere das Land einigermaßen, gehe es den Leuten besser.

Aber der Abgrund zwischen vielverbreitetem Wohlstand und ebenso vorhandener Armut (im Landesinneren) ist unübersehbar. Wohl selten auf der Welt haben die Dörfer einen so verwahrlosten, verslumten Eindruck auf uns gemacht. Daran täuscht auch nicht vorbei, daß selbst die Einwohner solcher Ortschaften relativ teure Alkoholika in beachtlichen Mengen konsumieren. Unter deren Einfluß sitzen sie sehr oft in „Palaverhäuschen" (Unterstand aus Stangen und einem Palmblätterdach), streiten und versöhnen sich. Wichtigster Diskussionsgegenstand ist meist die Ursache des Hinscheidens eines Mitbewohners oder Angehörigen. Nicht medizinische Gründe werden bei ihnen geltend gemacht, sondern sie suchen die „Schuld" stets bei einem „Verdächtigen". Mord, meist durch Vergiften, ist sehr häufig, wenn auch kaum gerichtlich verfolgt.

Leider fehlt in diesem Waldland eine weiterentwickelte Kultur (Farbbild 44). Die Zukunft scheinen die Gabunesen ausschließlich auf den Materialismus aufbauen zu wollen, wobei viele auf der Strecke bleiben dürften.

Ein seltsames Land, ist man geneigt zu sagen. In Gabun ist manches anders als in anderen Staaten Afrikas. Dafür gibt es Gründe.

Das Unglück kam mit den Gesellschaften

„Wir sprechen auf der Straße, in der Schule, in der Stadt Französisch, wir schreiben Französisch, welches die Sprache ist, die Frankreich uns gegeben hat, weil unser Land seit langer Zeit sein Freund ist." So naiv drückt das in Frankreich herausgegebene Schulbuch „Gabun und die Welt", das für gabunesische Kinder bestimmt ist, etwas aus, was sich ganz anders verhalten hat. Die französische Sprache (heute Amtssprache) wurde den Völkern und Stämmen in Gabun genauso aufgezwungen wie den Nachbarländern in Zentral- und Westafrika. Wie weit dies den betroffenen Ländern von späterem Nutzen war, sei dahingestellt. Wichtiger ist die „alte Freundschaft".

Frankreich stellte sich im frühen neunzehnten Jahrhundert gegen den Sklavenhandel, den Europäer (aber auch Araber) in Afrika trieben. Es schloß 1839 erste Verträge mit den Häuptlingen in dem Gebiet, wo heute Gabun liegt. Sieben Jahre später entstand Libreville („Freistadt") als kleine Siedlung für frühere Sklaven. Frankreich, als Retter vieler aus Unfreiheit und vor dem Untergang, blieb sich aber selbst nicht treu. Dies merkten die Bewohner des von ihm mit Beschlag belegten Äquatorialafrika im Laufe der Zeit immer mehr. Getötete und deportierte Führer, verbrannte Dörfer und verwüstete Pflanzungen waren nur ein Auftakt.

Wirkliches Unglück brachten aber die dann beginnende Kolonisierung und finanzstarke französische Gesellschaften. Das erwähnte Schulbuch ist jedoch nicht so einseitig profranzösisch verfaßt, wie man zunächst vermuten könnte. Immerhin heißt es darin an einer Stelle: „Die Kolonialregierung hat keine guten Erinnerungen hinterlassen." Insbesondere aber nicht das französische Privatkapital, wie man weiter findet.

Die „Grandes Compagnies", mächtige Gesellschaften, hatten mit ihnen erteilten Konzessionen den Auftrag erhalten, sinnvoll zur Entwicklung der Territorien „Französisch-Kongo" beizutragen. Sie entwickelten sich aber rasch zu so etwas wie einem Staat im Staate. Sie teilten das Land auf, vernachlässigten ihre Aufgaben, waren dagegen auf rücksichtslose Ausbeutung bedacht. Die „Großen Kompanien" bereicherten sich auf Kosten der schwarzen Bevölkerung, die sie in wahre Arbeitstiere umwandelten. Diese Bürde, Hunger und Krankheiten ruinierten die Menschen, verursachten ihren Tod. Die (weißen) Bevollmächtigten dieser Gesellschaften wurden oft „Kommandanten" genannt und handelten auch so. Gewisse Firmen stellten bewaffnete Arbeiter ein, um die Einheimischen zu terrorisieren, wie ein Franzose 1905 berichtete. Ein häufig angewandtes Mittel, die Leute zum Beispiel zum Kautschuksammeln anzutreiben, war die Festnahme des betreffenden Häuptlings, der erst gegen Ablieferung von Kautschuk (oder auch Elfenbein) wieder freigelassen wurde.

Alle Männer zur Zwangsarbeit

André Gide, dem man heute viele Berichte aus jener Zeit verdankt, schrieb in seinem Buch „Reise zum Kongo" 1928 über eine spezielle Einrichtung, die Trägerdienste. Sie wurden von der gesamten männlichen Bevölkerung verlangt. Fünfundzwanzig Kilo schwere Lasten mußten (auf dem Kopf, wie in Afrika üblich) weit getragen werden, oftmals Hunderte von Kilometern, ohne daß für die Verpflegung der Sklaven (waren sie das nicht?) gesorgt wurde. Gide: „Um nicht rekrutiert zu werden, flüchteten viele von Stamm, Dorf, Familie, Pflanzung in den Busch. Es wurde nichts mehr angebaut. Viele Einheimische wurden von kleinen Konzessionären oft weit weg gebracht." Bis zum Tschadsee hinauf, wo die Franzosen neue Gebiete an sich rissen, mußten jeden Monat viele Tausend Träger Nachschublasten für die Soldaten schleppen.
Eine andere, ebenso schlimme Form der Zwangsarbeit waren die Kautschukgewinnung, die Ausbeutung des Okumé-Holzes und der Bau der Kongo-Ozean-Bahn von Pointe Noire nach Brazzaville. Das alles geschah, ohne daß Nahrungsmittel zur Verfügung gestellt wurden. Alles sollte „billig" sein, also holte man sich Sklaven dafür herbei (eine später eingeführte „Bezahlung" war lächerlich gering). Dabei ging man so skrupellos vor, daß es sogar im Mutterland Frankreich Proteste hagelte. Beim Eisenbahnbau durch die Mayombeberge starb anfangs fast jeder zweite, später immer noch jeder fünfte Zwangsarbeiter, alles zusammen wohl an die 15 000. Ein Missionar berichtete damals, daß ganze Dörfer entvölkert wurden, bis zum Tschad. Angehörige wurden auseinandergerissen. Tiefe Verzweiflung suchte die Menschen, die Stämme heim. Die Landwirtschaft, wie sie hier getrieben wurde, kam zum Erliegen, wodurch sich der Hunger noch mehr ausbreitete. Die Bevölkerung nahm schnell ab, einer der Gründe, warum in Gabun so wenige Menschen leben, warum die Landwirtschaft kaum noch besteht.

Mädchen fürs Bett, Soldaten für Frankreich

Wenn das Schulbuch schreibt, daß die Kolonialepoche keine guten Erinnerungen hinterlassen habe, so meint es wohl damit nicht nur die „Compagnies". Die Verwaltung war nicht viel weniger brutal, jedenfalls was ihre ausführenden Organe betrifft. Baron Jehan de Witte schrieb 1913 über die Steuereintreibung in seinem Buch „Die Ursprünge des Französischen Kongo": „Die weißen Abgesandten der Verwaltung ließen ein und dieselbe Person oft mehrmals bezahlen, oder sie kamen immer wieder. Manche Häuptlinge verkauften ihre Kinder und ihre Töchter (Prostitution), um die geforderten Summen aufbringen zu können. Häufig forderten die Verwalter auch Frauen und Mädchen ihrer Wahl außer der Steuer. Wo es kein Geld gab, mußten Kautschuk und Elfenbein abgeliefert werden, und zwar an die Gesellschaften, die einen sehr geringen Preis dafür festsetzten."

Als sich das Ende der Kolonialzeit näherte, mußten von überall her afrikanische Soldaten für Frankreich in den Krieg ziehen (gegen Deutschland) und in Gabun, im Kongo, im Tschad und in Ubangi-Schari (Zentralafrika) war die Zwangsarbeit noch nie so hart gewesen. Der aus Französisch-Guayana stammende schwarze Gouverneur von Französisch-Äquatorialafrika (AEF), Félix Eboué, beklagte noch 1941 bitterlich die zwangsweise Verbringung der jungen Männer in Lager, wo viele zugrunde gingen, während die Zurückgebliebenen in den Dörfern dahinvegetierten. Brazzaville, die Hauptstadt von AEF, wurde Ende August 1940 Kristallisationskern der Frei-Französischen Bewegung General Charles de Gaulles, des Befreiers Frankreichs (mit Hilfe der Afrikaner). Die Zwangsarbeit in den Kolonien wurde aber erst *nach* Kriegsende aufgehoben.

Ein unglückliches Volk also, das beinahe hundert Jahre lang durch die Kolonialmacht ausgebeutet wurde. Sie nahm den Menschen ihren Stolz, sie sorgte dafür, daß die Stämme aufgesplittert wurden. Durch den erzwungenen Arbeitseinsatz entzog sie ihnen die natürliche Basis für den Lebensunterhalt, die Landwirtschaft. 30 000 Franzosen, die heute in Gabun leben und Geld machen, das sind mehr als in Kolonialzeiten. Auf unsere Frage: „Warum sind jetzt wieder so viele Franzosen hier?" antwortete uns einer von ihnen: „Wieder? Wir waren doch nie weg!" Nach ihrer Pfeife tanzt Gabun. So viel zum Thema „Unabhängigkeit".

Die geringe Einwohnerzahl und die niedrige Geburtenrate hat schon viel Anlaß zum Nachdenken gegeben. Die Bevölkerung wäre größer, wenn nicht so viele Menschen den Grausamkeiten der Franzosen erlegen wären. Aber ein Problem, das zur Zeit genauer untersucht wird, ist die weitverbreitete Unfruchtbarkeit von Frauen und Männern. In Franceville (viele Namen weisen auf die Kolonialvergangenheit hin) im Südosten des Landes wurde ein Forschungszentrum eingerichtet, das den Gründen auf die Spur kommen soll. Jede dritte Frau in Gabun ist unfruchtbar, aber nur in zwei von drei Fällen liegt die Ursache für Kinderlosigkeit bei ihnen. Man macht jetzt Krankheitskeime verantwortlich. Überall in Afrika soll Sterilität, verursacht durch Geschlechtskrankheiten und Malaria, im Zunehmen begriffen sein, aber nirgends ist die Häufigkeit von Unfruchtbarkeit auch nur annähernd so groß wie in Gabun. Da helfen also auch Kindergeld, und sogar Medaillen für Frauen mit besonders großer Kinderzahl nichts.

Im Kongo: „Alles für das Volk..."

Entlang der Seilbahn für Manganerz und dann mit der Eisenbahn, die dieses Rohmaterial weitertransportierte, fuhren wir zur Grenze der Volksrepublik Kongo, dann zur drittgrößten Stadt dieses Landes, Loubomo (früher Dolisie). Schließlich gelangten wir nach Brazzaville. Über fünf Wochen blieben wir im Kongo. Zum dritten Male, nach Algerien und Benin, waren wir nun in einem „sozialistischen" Land. Der Empfang an der Grenze war viel angenehmer als in Gabun ein paar Wochen zuvor. Die Menschen sollten sich in der Folge als zugänglicher und freundlicher als die im vorigen Reiseland herausstellen. Offiziell aber hörten wir nur Sprüche. Was half es da, daß der Zöllner, der uns ein paar Kilometer weit auf einer Lastwagenpritsche begleitete, traurig meinte, einige Nachbarländer seien zu Unrecht böse, daß der Kongo sich für einen sozialistischen Weg entschieden habe. „Die sollen uns doch sein lassen, was wir sein wollen, deshalb können wir doch trotzdem Freunde sein!"

Im Kongo selbst hatte dieser Weg bei denen, die sich dafür überhaupt interessierten, indes auch immer weniger Freunde. Kritik an den Verhältnissen wurde natürlich nicht laut geäußert. Ob Bombenanschläge, auf dem Flugplatz von Brazzaville und auf ein Kino verübt, ein geeignetes Mittel waren, Widerstand anzumelden, ist mehr als zweifelhaft. Wir wurden in kongolesischen Städten das Gefühl der Unsicherheit nicht los. Zuviel Militär zeigte sich im Straßenbild. Da war Gabun geradezu „zivil" gewesen. Aber wir kamen gut über die Runden, auch trotz des offiziellen Fotografierverbots, das wir natürlich umgingen.

Nur etwa jeder achthundertste Kongolese war Mitglied der „Parti Congolais du Travail" (PCT, Partei der Arbeit), 1969 gegründet, nun unter Staatschef Denis Sassou-Nguesso. Ein kleiner Haufen, wenn man die Zahl von nur eineinhalb Millionen erwachsener Kongolesen betrachtet. Revolutionäre Erklärungen der Machthaber wurden bei den Arbeitern, bei der Jugend, bei der Intelligenzija von Mal zu Mal weniger geglaubt. „Alles für das Volk, nichts als für das Volk!", hieß es da zum Beispiel. Was sollte das Volk jedoch dazu sagen, wenn Regierungsläden fast nichts zu verkaufen hatten, aber die Amtsstuben der dazugehörigen Organisation voll von Unterbeschäftigten waren, wenn teure Fabriken erstellt wurden, die nachher kaum jemals liefen, wenn Verkehrsverbindungen unzuverlässig waren? Die Eisenbahn zwischen der Hauptstadt und dem Atlantikhafen Pointe Noire war wegen Entgleisungen oft unbenutzbar. Aus diesem Grunde baute Gabun seine eigene Bahn, um sein Manganerz zur Küste zu schaffen. Die Personenschiffahrt auf dem Kongo und seinen Nebenflüssen hatte keinen festen Fahrplan. Auf anderen Strecken waren nur teure Lastwagenfahrten möglich.

Kritiker gingen nicht zu weit, wenn sie die kongolesischen Schulen schlichtweg als „Sauställe" bezeichneten. Eine Bildungsstätte nach der anderen wurde ein Opfer von Nachlässigkeit und Rowdytum. Lehrer (!), Schüler und andere waren die Beteiligten. Wir sahen, wie von Schulen die Türen und Fenster gestohlen, die Schulbänke zertrümmert wurden, wie Klassenzimmer von Kot befreit werden mußten. Viele Schulen hatten einst den Missionen gehört, waren diesen 1965 abgenommen worden. Seitdem ging es mit ihnen abwärts. Was half es, wenn der Unterricht jetzt für alle kostenlos (zuvor nicht!), aber aus Mangel an Räumen, Lehrern und Lehrmitteln nicht durchführbar war? Zu oft ließen Lehrer ihre Schüler sitzen, kamen einfach nicht.

Amtliche Sprüche fruchteten da überhaupt nichts. So wie von Schulen und anderen Gebäuden die Bilder von Marx, Engels, Lenin, Patrice H. Lumumba und Marien Ngouabi (als junger Staatschef des Kongo ermordet) unter der roten Fahne mit Hammer und Hacke mahnend herabblicken sollten, erinnerten zahllose Spruchbänder, Aufschriften, Plakate und Zeitungsveröffentlichungen daran, daß die Partei PCT das „kongolesische Volk zur nationalen Befreiung und zum Aufbau des wissenschaftlichen Sozialismus" führen wollte. Wie im Staatswappen war auch auf den Transparenten das Wort „Arbeit" an erster Stelle zu finden. Beispiele: „Die Arbeit muß eine Pflicht des ganzen Volkes werden!", „Wer nicht arbeitet, soll auch nicht essen!" und „Nur die Arbeit sichert Gesundheit, Freude und Wohlstand!" Das Dumme daran war nur, daß die Leute diese Sprüche nicht mehr hören wollten... Im Nachbarland Gabun dagegen waren die Kongolesen als willige Arbeiter bekannt.

Im Vergleich zum Nachbarland ein Paradies

Westliche Ausländer – meist Franzosen und Portugiesen – übten zurückhaltende Kritik an den Verhältnissen im Kongo, wenn ihr Blick über den gleichnamigen Fluß zur „Demokratischen Republik Zaire", dem genauen Gegenstück, was das politische System betrifft, ging. Gegenüber

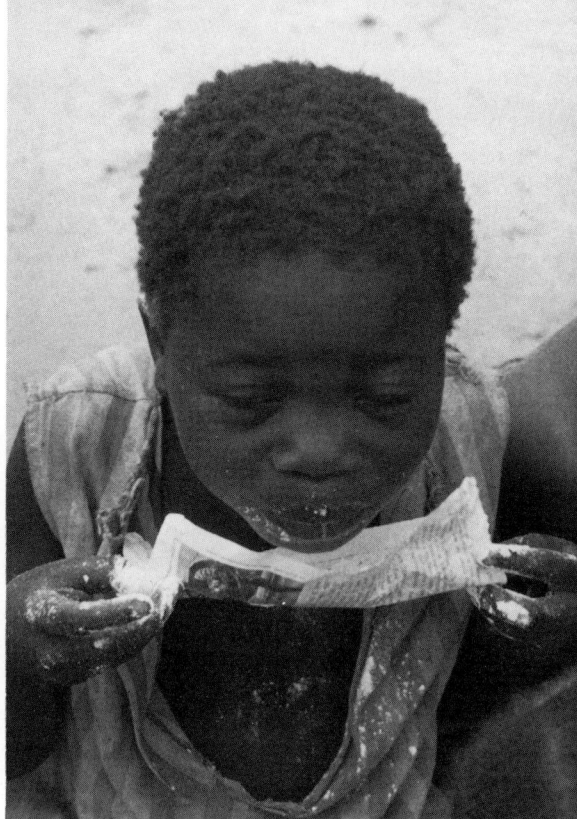

Blick von der Basilika Brazzavilles zum verödeten Stadion. – Kind im Kongo nascht von Trockenmilch

dem Leben dort sei es hier ja geradezu noch paradiesisch. Bedrückende Warenknappheit, schwindelerregende Geldentwertung, zum Himmel stinkende Korruption seien die Merkmale, berichteten die, die einmal dort waren. (Uns wurde in Brazzaville das Visum für Zaire verweigert.) Eine engere Verflechtung westlicher Interessen mit denen der Herrschenden als in Zaire sei schwerlich denkbar.

Brazzaville und Kinshasa (früher Leopoldville) liegen sich am großen Strom genau gegenüber, in etwa vier Kilometer Abstand. Es gab einen sehr regen Grenzverkehr. Die kleinen Schmuggler lebten vom Warentausch und vom Geldschwarzmarkt. (Die Währung in Kinshasa, wie das Land Zaire genannt, war kaum noch etwas wert.) Sie schreckte nicht, daß die zairische Polizei gegen die Passagiere Schlagstöcke einsetzte, um sie zur Eile bei Betreten und Verlassen der Fähre anzutreiben. Auf kongolesischer Seite ging es menschlicher zu. Ähnlich wie in Berlin sprachen hier auf engstem Raum zwei Rundfunksender völlig verschiedene ideologische Sprachen, auch wenn es sich, linguistisch gesehen, um die gleiche handelte, um das in beiden Ländern gesprochene Lingala.

Östliche Ausländer waren vor allem sehr viele Russen, auch Chinesen, Rumänen und Jugoslawen. Die riesige Botschaft der Sowjetunion war dem von dieser erbauten, herabgewirtschafteten Hotel „Cosmos" benachbart. Jetzt bauten Franzosen weitere ihrer repräsentativen Hotels. In der gesamten Wirtschaft wehte der Wind nicht nur aus östlicher Richtung. Die großen Geschäfte waren in französischer, portugiesischer und libanesischer Hand, und weil nirgends sonst ein solches Angebot bestand, gehörten die Russen zu den treuesten Kunden des großen französischen Supermarktes „Score" (eine ganze Kette in Afrika).

Im übrigen waren die Russen und die Chinesen bei den Kongolesen gleichermaßen unbeliebt. Der überraschende Grund: „Weil sie alles allein machen", sprich: kein Hauspersonal einstellen, aus Mißtrauen oder aus Sparsamkeit sei dahingestellt. Deutliche Spuren russischer Tätigkeit waren selten im Lande, im schlechtesten Falle reihenweise abgestellte, verrottete Traktoren, ein aufgegebenes Landwirtschaftsprojekt. Die Chinesen errichteten sich mit einem Staudamm ein Denkmal. Der Kongo stellte wenig her. Von der Landwirtschaft lebte die Hälfte der Bevölkerung, aber im Rahmen der Gesamtwirtschaft war sie so gut wie unbedeutend. Es wurde jetzt mit Elan an Straßenprojekten gearbeitet. Die Aufträge hatten ausschließlich französische Firmen erhalten. Damit wollte man den Abtransport von Bodenschätzen ermöglichen. Mit Schwung auch wurde zur Küste hin, nach Pointe Noire, an einer neuen Bahnlinie gebaut. Sehr langsam war der Transit von Waren von diesem Hafen über die Kongo-Ozean-Bahn nach Brazzaville und von dort per Schiff auf den Flüssen Kongo und Ubangi in die Zentralafrikanische Republik.

Nach langem Warten ein Schiff auf dem Kongo

„Ein Schiff nach Bangui?", echote man erstaunt unsere Frage bei der Gesellschaft ATC in Brazzaville. „Da müssen Sie schon noch vier Wochen warten! Aber in drei Tagen fährt ein Schiff nach Betou, das ist nur noch zweihundert Kilometer von Bangui!" Was sollten wir in Betou, mitten im äquatorialen Regenwald, das keinerlei Straßenverbindungen hat? Dieses Schiff war dann kaputt und fuhr erst zehn Tage später. Wir gingen für eine Woche ins Landesinnere, dann sprachen wir wieder vor. Nun gab es ein Schiff nach Dongou, sogar vierhundert Kilometer von Bangui entfernt (das andere war inzwischen „ausverkauft"). Wir gaben auf: „Jetzt oder nie!", sagten wir uns. Auch dieses Schiff hatte einen Schaden, funktionierte mit zwei Tagen Verspätung, aber schließlich fuhr es. Ein alter Wunschtraum ging in Erfüllung: nach Reisen auf dem Amazonas und dem Niger nun eine auf dem Kongo! Neunhundert Kilometer weit sollte uns der in China gebaute, dann zerlegte und in Brazzaville wieder montierte, etwa vierzig Meter lange Pott „N'Gabe" tragen.

Wir hatten das Bedürfnis, die Mittel und das Glück, in einer – wenn auch engen – Vierbettkabine zu reisen, wie etwa drei Dutzend weiterer Passagiere. Aber das waren nur zehn Prozent der Fahrgäste. Die übrigen richteten sich in einem Massenschlafquartier sowie an Deck vom Bug bis zum Heck in zwei Etagen „häuslich" ein, für zwei bis sechs Tage. Wir bezahlten für den Weg nach Dongou umgerechnet hundertzwanzig Mark, die Freiluftreisenden etwa ein Drittel davon. Ihre Fähigkeit, unter widrigsten Umständen ohne Aufregung durchzuhalten, rang uns Bewunderung ab: wenn die Sonne brannte oder wenn es schüttete. Was die sanitären Einrichtungen des volksrepublikanischen Motorschiffes betrifft, waren die Leute in Kabinen so schlecht dran wie die anderen Reisenden, denn für fast vierhundert Leute gab es nur drei Duschen und drei Klos! Für solche Menschenmassen war es eben nicht gebaut worden. Alles Wasser kam „natürlich" aus dem Strom, zunächst dunkles, sumpfiges, aber klareres aus dem Kongo, dann helles, lehmiges aus dem Ubangi. Wir hatten für uns eine Trinkwasserreserve dabei, auch genügend Lebensmittel.

Eigentlich hieß der nach dem Nil längste, von der Wassermenge her aber größte Strom Afrikas ursprünglich „Nzaidi", was einfach „Fluß" bedeutete. Im fünfzehnten Jahrhundert war in der Gegend seiner Mündung das große Kongo-Reich entstanden. Die Portugiesen, die es entdeckten, benannten den Strom danach. Der Name Kongo blieb lange erhalten, ohne daß sich der alte wieder durchsetzte. Die Demokratische Republik Kongo nahm dann vor einigen Jahren diesen Namen, allerdings in schon vor langem verfälschter Form, als „Zaire" für sich und für den Strom in Anspruch. Der Kongo ist rund 4700 Kilometer lang und das Gebiet, das durch ihn entwässert wird, ist fast halb so groß wie Europa. Er hat an seiner Mündung in den Atlantik eine Wasserführung von durchschnittlich 45 000 Kubikmeter in der Sekunde, manchmal, wie beim katastrophalen Hochwasser 1961, sogar das Doppelte, soviel wie der Amazonas, der wasserreichste aller Flüsse. Noch vierhundert Kilometer von der Küste kann man im Ozean das andersfarbige Wasser des Kongo erkennen.

Bis zu fünfzehn Kilometer breiter Strom

Die „N'Gabe" fuhr die ersten beiden Tage nonstop bis Mossaka, zweihundert Kilometer unterhalb der Ubangi-Mündung, wo der einzige weitere europäische Fahrgast, eine spanische Missionarin, von Bord ging. Bis dahin sah der Strom mit eineinhalb bis drei Kilometern Breite noch relativ bescheiden aus, vor allem im sogenannten „Kanal" nördlich von Brazzaville, etwa zweihundert Kilometer lang, der rechts und links eine Parade von Hügeln sieht. Ab Mossaka wird das Land flach, der äquatoriale Regenwald beginnt, der Fluß geht in die Breite. Wo der Ubangi einmündet, mißt der Kongo fünfzehn Kilometer. Kein Wunder, daß im Kongo/Zaire auf seiner Gesamtlänge mehr als viertausend Inseln Platz haben, wovon einige bis achtzig Kilometer lang und acht Kilometer breit sind! Der Ubangi mit 2400 Kilometer Länge (er heißt auch Mubangi und ähnlich)

Total überladen fährt ein zairischer Verband von Passagierschiffen auf dem Kongo vorüber

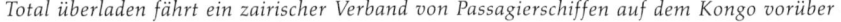

ist für einen großen Teil seines Weges durch den Wald bis zu sieben Kilometer breit. Um dieses gewaltige Flußsystem zu erkunden, wurden viele Forschungsreisen, auch von Deutschen, unternommen. Anfang des letzten Jahrhunderts hatte man noch geglaubt, Kongo und Nil, oder auch Kongo und Niger seien eins.

Tatsächlich war unsere Schiffsreise viel länger als der Stromverlauf, denn wegen sandiger Untiefen mußte ein Zickzack-Kurs von Ufer zu Ufer verfolgt werden (Farbbild 46). So konnten wir die Dörfer auf der kongolesischen und auf der zairischen Seite näher betrachten. Sie unterschieden sich nicht voneinander. Rechteckige Hütten aus einem hölzernen Gerippe, in das Erde eingefügt und das mit einem Palmwedeldach gedeckt wird, zumeist auf einer knappen Lichtung nahe am Ufer. Kleine Maniokfelder, ein paar Bananenpflanzen, Papaya- und manchmal Mangobäume gehören dazu. Davor am Ufer sind einige Einbäume festgemacht, gewöhnlich nur drei, vier Meter lang. Fast alle Bewohner der Flußufer sind Kleinbauern, Fischer und Jäger in einem. Maniok ist der wichtigste Bestandteil der Ernährung und selbst Kinder ab zwei Jahren werden entwöhnt, indem man sie mit festem Maniokbrei stopft, zusammen mit Fisch, der meist geräuchert ist. Bereichert wird die sonst bescheidene Speisekarte durch Beute im Wald, wie Antilope oder Gazelle, Affen, kleine Krokodile oder Schildkröten, Spezialitäten, die auch zum Schiff gebracht wurden, Raritäten, denn es gibt zu viele Jäger, der Wald wird leer.

Unglaublich, aber wahr: Während neun Tagen auf und weiterer direkt am Kongo/Ubangi sahen wir außer einem Dutzend Vögeln kein weiteres lebendes Tier. Zugegebenermaßen war die Zeit der Niedrigwasser vorbei, in der sich die Tiere eher am Ufer und auf Sandbänken zeigen, aber daran allein lag es nicht, daß sich um uns nicht Flußpferde und Krokodile tummelten. Afrika ist in weiten

Blick über Bord der „N'Gabe": Verkauf von geräuchertem Fisch an die Passagiere

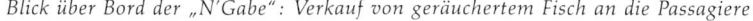

Teilen heute viel weniger tierreich, als Schwärmer es glauben machen wollen und als Jäger es gerne darstellen, um ihr Hobby (oder Geschäft) weiter ausüben zu können, auch wenn der einen oder anderen Art jetzt schon der Garaus gemacht wird. Auch andere, die seit längerer Zeit in Afrika unterwegs waren, bestätigten uns: Außerhalb der Parks hatten sie kaum jemals ein Tier gesehen.

Das Leben an Bord und am Ufer

Auf dem Schiff wetteiferten die Gerüche der nie gereinigten Klos mit denen der Innereien von geschlachteten Affen, deren Fell in der Bordküche über der Gasflamme abgesengt wurde. Nur am Bug war der süße Duft des zu Beginn der Regenzeit in voller Pracht stehenden tropischen Waldes zu genießen. Die „Mauer" herrlicher Bäume („Urwaldriesen" sind sehr selten) mit Blätterschmuck in vielfältig abgestuftem Grün zu beiden Seiten des Stromes, der oft aussah wie eine riesige leere Straße, von Horizont zu Horizont, wurde nur an zwei, drei Orten unterbrochen. In den meisten Fällen wurden Passagiere, die am Ende ihrer Reise angekommen waren, nicht am Ufer abgesetzt, sondern mitten im Strom von Einbäumen übernommen, ein riskantes Unternehmen mit den meist nur achtzig Zentimeter breiten Booten (Farbbild 46). Schon beim Festmachen an das die Fahrt kaum vermindernde Schiff kentert manches der empfindlichen Gefährte. Wir waren dankbar, später mit unserer ganzen Ausrüstung nicht so an Land gehen zu müssen. Die Leute schafften außer Schaumgummimatratzen, die sie auch auf Deck verwendeten, Lebensmittel (sie kochten auf dem Schiff), Plastikkanister, selbst Nähmaschinen und Mopeds sowie natürlich Kofferradios in ihre Dörfer. Die Leute der Region sind durchschnittlich arm, aber auch Armut kann relativ sein. Viele der Fahrgäste ließen an der Theke der Schiffskneipe einen schönen Batzen Geld für teures Bier liegen. Legte die „N'Gabe" für die Nacht irgendwo an, kamen die Dorfbewohner im Sturmschritt zum Schiff und bis in die frühen Morgenstunden war dann an Schlaf in der heißen Kabine (draußen war es angenehm) nicht zu denken, denn die Gelegenheit zum Trinken, Tanzen und Blödeln wurde gerne wahrgenommen. Einige Nächte schliefen „Überzählige" vor unserer Tür auf dem Boden.
Unterernährte Menschen sahen wir in der Waldregion der Volksrepublik Kongo – nur an ihrem Ufer legte die „N'Gabe" an – nie. Ob die Leute richtig ernährt sind, ist eine andere Frage. Tatsächlich ist die Mehrzahl von ihnen immer auf irgendeine Weise krank. Der gedanken- und bedenkenlose Umgang mit dem Wasser ist vielleicht die wichtigste Ursache. Fast alle haben Würmer. Die Kinder sind davon besonders schwer betroffen. Die Bilharziose ist am Fluß weitverbreitet. Dazu kommen andere Krankheiten, die es in alten Zeiten nicht gab, die – es mag uns noch so peinlich sein – wohl von Europäern eingeschleppt worden sind: Tuberkulose, Masern, Syphilis und, und, und. Ein Kongolese, der Europa bereist hatte, erzählte uns einmal auf einer Autofahrt seine Ansicht über die Wichtigkeit reichen Kindersegens: „Der Durchschnitt von zehn Kindern pro Familie ist nicht hoch. Die Hälfte davon vertilgen die Moskitos!" – Malaria...

Mit dem Einbaum auf dem Ubangi nach Bangui

Wir gingen schon in Impfondo, sechzig Kilometer vor dem Ziel der „N'Gabe", von Bord. Amerikanische Missionare luden uns ein, die Zeit bis zur Ankunft eines Schiffes, das weiter nach Norden fuhr, bei ihnen zu verbringen. Nach einer Woche kam der Raddampfer „Fleuve Congo"

(Farbbild 46) nach Impfondo und nahm uns mit. Er schob große Leichter vor sich her, die hauptsächlich zum Personentransport in der „Deckklasse" bestimmt waren. Aber die Reise ging auch damit nicht bis zum Ziel, sondern nur bis Betou. Dort vermittelten uns Rumänen, die als Techniker und Facharbeiter ein Sägewerk aufbauten, eine zwei Tage lange Fahrt im Einbaum (mit kleinem Motor), womit wir die letzten zweihundert Kilometer bis zur zentralafrikanischen Hauptstadt Bangui schafften; heil und gesund, trotz eines Gewitters, das uns auf dem Ubangi überraschte und durchnäßte und trotz eines betrunkenen Offiziers der zentralafrikanischen Grenztruppen, der unser Gepäck bis hin zum Toilettenbeutel nach „Unerlaubtem" durchstöberte. Er schreckte nicht einmal davor zurück, bei offenen Lebensmittelvorräten Stichproben mit einem Dolch zu machen.

Nun kamen wir in ein Land, von dem die Weltöffentlichkeit kaum Notiz genommen hatte, ehe dort Oberst Bokassa an die Macht gelangt war. Dabei ist schon die wirtschaftliche Lage der Zentralafrikanischen Republik (ZAR) bemerkenswert, ein Musterbeispiel des französischen Neokolonialismus.

Erinnerung an den Tyrannen noch wach

Nachdem wir nun vom Kongo heraufgeschippert waren, mußten wir uns in der Hauptstadt der ZAR, in Bangui, gleich am Hafen bei der Polizei melden. Alles ging reibungslos. Doch während ein Uniformierter den Kontrollstempel in unsere Pässe drückte, ließ ein anderer seinen Knüppel auf einen am Boden liegenden jungen Mann niedersausen, immer wieder, bis der Gepeinigte nach Mutter und Vater weinte. Er hatte nichts angestellt, aber er wußte etwas über einen, der zwei Portugiesen (diese Nationalität ist sehr aktiv im Handel) bedroht hatte. Typisch Zentralafrika, das Land des Scheusals Bokassa? Die Schicksalsberichte von Amnesty International zeigen, daß es in der Welt von solchen Praktiken nur so wimmelt.

Jean-Bedel Bokassa, den einstigen Staatschef (damals im Exil; 1986 kehrte er freiwillig zurück, um sich einem Gericht zu stellen), jagten die französische Armee und die Zentralafrikaner am 21. September 1979 zum Teufel. Lange ist das schon her, aber landauf, landab erzählte man uns von den vielen Greueltaten des „Monsters", allem voran der Kindermassenmord vom April 1979, seine „Spiele" mit Menschen, die er Krokodilen und Löwen zum Fraße vorwarf, sowie seine Vorliebe für „schmackhaft" zubereitetes Menschenfleisch. Fuhren wir im „Buschtaxi" von Bangui zum hundert Kilometer entfernten Mbaiki, so verschwand der Name des Mannes, der sich schließlich auch anbeten lassen wollte, nicht mehr aus den Gesprächen der Mitreisenden, denn an dieser Strecke liegt Berengo, wo das riesige Schloß des entmachteten Despoten, mit eigenem Flugplatz, steht.

Oberst Bokassa stürzte 1966 das Regime des ersten Präsidenten der ZAR, David Dacko. Bokassas selbstgemachte Laufbahn führte ihn vom General über den Marschall und den Präsidenten auf Lebenszeit auf den imperialen Thron. Als der Kaiser gerade bei seinem Freund Gaddafi in Tripoli weilte, nahm Dacko – seit seiner Entlassung aus dem Gefängnis 1976 persönlicher Berater des Tyrannen – wie Frankreichs Armee die Gelegenheit zum Umsturz wahr. Die Bevölkerung war damit zufrieden. Bis heute spricht sie von dem „Hund" Bokassa, der das Land ausplünderte und ruinierte. Dacko (er wurde bei wirklichen Wahlen im März 1981 mit 50,2 Prozent der Stimmen in seinem Amt bestätigt) war inzwischen schon wieder weg vom Fenster: Der General André Kolingba stürzte ihn.

Frankreich ist allgegenwärtig

Seit Europa dort Geschichte macht (seit Ende des letzten Jahrhunderts) hatte die Bevölkerung viel zu erdulden. Französische Gesellschaften beuteten das Gebiet rücksichtslos aus. Der Vater von Ex-Präsident Giscard d'Estaing war mehr als vierzig Jahre Präsident einer französischen Überseegesellschaft, deren allmächtige Filiale „Compagnie Sangha-Oubangui" den zentralafrikanischen Holzreichtum wegschaffte. Durch Beauftragte dieser Gesellschaft wurde der Vater eines gewissen Jean-Bedel Bokassa ebenso ermordet wie die Mutter von Barthélemy Boganda (die Bokassas, Dackos und Bogandas sind miteinander verwandt), der sein Land ab 1946 in der französischen Nationalversammlung in Paris vertrat und 1958 Chef der ersten autonomen Regierung der ZAR wurde. Frankreich ist auch heute noch allgegenwärtig. Produktion und Handel zum Beispiel von Baumwolle, Tabak und Holz, die Ausbeutung des Uraniums sind fest in seiner Hand. Den Baumaschinenmarkt (für die Verbesserung der miserablen Infrastruktur wichtig) kontrollieren französische Firmen. Über die Hälfte der Importe kommen aus Frankreich. Es verdiente auch nicht schlecht an Bokassas Krönungsfeierlichkeiten 1977, wobei 64 000 Flaschen Wein und Champagner nur einen winzigen Teil der Ausgaben von 140 Millionen französischer Francs ausmachten.

In Gamboula, im Südwesten der ZAR, lud uns Hauptmann de Cambourg von der französischen Fremdenlegion zum Essen mit den Offizieren ein. Seine Schwadron hatte in einer Schule Quartier bezogen und machte in dem Städtchen Station, um ihr Image aufzupolieren, indem sich eine Mannschaft um das gesundheitliche Wohl der Bevölkerung kümmerte (obwohl es ein schwedisches – nicht kostenloses – Missionshospital am Ort gab). De Cambourg verriet uns aber, daß mit den ansässigen Schweden und Franzosen auch Pläne für eine eventuelle Evakuierung besprochen würden.

Zu genau dem gleichen Zweck kamen französische Militärs einen Monat später zur Missionsstation Doaka, dreihundert Straßenkilometer weiter nördlich, als wir mit den Schweden dort gerade bei Kaffee und Kuchen saßen. Ganz in der Nähe, in der Stadt Bouar, hat Paris mehrere hundert Soldaten – Reguläre, Fallschirmjäger und Legionäre – stationiert, in der Hauptstadt Bangui ebenfalls: Stützpunkte für die französische Eingreiftruppe im Konflikt mit Gaddafi im Tschad, Direktverbindung für Paris in diese Region Afrikas, Schutz der Wirtschaftsinteressen. Die Armee der ZAR? Rund viertausend Aktive – die Hälfte davon Gendarmen – kaum ausgebildet, schlecht ausgerüstet. Als wir ein paar Tage später, von Bouar kommend, mit einer „Transall" der Franzosen auf dem ausgestorbenen Flugplatz von Bangui landeten, sahen wir die fünf Propellerflugzeuge der zentralafrikanischen Luftwaffe . . .

Bouar (1912 als deutsch-kameruner Militärposten gegründet) hat für die Franzosen schon lange strategische Bedeutung. Einige Zeit nach der maßgeblichen Hilfe beim Sturz Bokassas (der Giscard d'Estaing oft als seinen „Verwandten" bezeichnete) ließen sich dort dann Sondereinheiten nieder. Ein Teil hatte sich aus dem Tschad hierher zurückgezogen. Die Verbände wurden bei ihrem Anrücken von der Bevölkerung keineswegs freudig willkommen geheißen. In Bangui und Bouar stiegen durch ihre Ansprüche die Preise für viele Waren. Zu Beginn sollen sich die Soldaten in den Straßen und in den Bars wie Besatzer aufgeführt haben.

Damals konnten wir hören, daß die landwirtschaftliche Produktion offenbar unaufhaltsam zurückging. Ausländer wollten nichts mehr investieren. Das Bruttosozialprodukt betrug rund dreihundert Mark pro Kopf im Jahr. Die Republik war heillos verschuldet und bankrott. Zur Aufrechterhaltung der Verwaltung (hinter jedem wichtigen Mann saß ein Experte aus Frankreich)

Wenn Vollmond ist, tanzen die Pygmäen an der Lobaye fast die ganze Nacht hindurch

zahlte Paris die Gehälter der jetzt, auf Betreiben des Internationalen Währungs-Fonds, weniger gewordenen Beamten in Höhe von monatlich rund sieben Millionen Mark!

Die ganze Lage war so demütigend. Nur die Franzosen – in Anlehnung an die Verhältnisse in Angola manchmal die „Kubaner Zentralafrikas" genannt (dort mischten kubanische Soldaten kräftig mit, hier französische) – konnten im allgemeinen noch zufrieden sein. Aber sie schmeckten einen Wermutstropfen. Mehr eingeladen als geduldet waren rund siebzig libysche Soldaten in einem Camp zwanzig Kilometer vom Stadtzentrum Banguis. Vielleicht war das ein Warnschuß des ZAR-Militärkomitees gegen die Franzosen? Immerhin hatte Bokassa, als er vom Kaiserthron gestürzt wurde, in Tripoli mit Gaddafi auch gerade über die Einrichtung eines libyschen Stützpunktes in Zentralafrika, als Dank für finanzielle Hilfe aus dem Norden, verhandelt. Der Präsident, General André Kolingba, hätte solche Hilfe auch bitter nötig gehabt. Rund ein Drittel des bescheidenen Nationalbudgets bestand aus ausländischer (vorwiegend französischer) Hilfe. Abhängigkeiten ...

Die kleinen Leute in der Zentralafrikanischen Republik waren und sind im Grunde nur Statisten ihrer eigenen Tragödie. Das Gesetz des Handelns werden sie wohl noch lange nicht in die Hand bekommen. Im April 1987 wurde im westdeutschen Fernsehen detailliert darüber berichtet, wie ein bundesrepublikanischer Waffenhändler, ein libanesischer Geschäftsmann und französische Anwälte Präsident Kolingba stürzen wollten. Ange Patassé, in Frankreich im Exil lebender Premierminister Bokassas, der bei den Wahlen im März 1981 38,1 Prozent der Stimmen erhalten hatte, sollte dabei auf Kolingbas Platz gehievt werden. Unter diesem wurden Oppositionsparteien und Gewerkschaften verboten. Der geplante Staatsstreich wurde nicht Wirklichkeit, weil Bokassa plötzlich in die ZAR zurückkehrte.

Fröhliche Sänger und Tänzer – die Pygmäen

In Kamerun, im Kongo und in der Zentralafrikanischen Republik hatten wir Gelegenheit, die Pygmäen kennenzulernen. Ich will hier unser Zusammensein mit diesen kleinen Menschen vor allem im letztgenannten Land beschreiben. Scheu, friedlich und genügsam sind die echten Pygmäen. Wir stellten leider viele Anzeichen des Untergangs dieser Rasse und Zivilisation fest: Vermischung mit Bantunegern und fremde Einflüsse im Großen Wald, der immer mehr zerstört wird. Die Pygmäen am Flusse Lobaye waren aber kulturell noch fast unverfälscht.
Wenn Vollmond ist, geht in den Lagern im Großen Wald kaum jemand schlafen. Vor niedrigen Hütten aus Zweigen und Blättern qualmen Feuer, sitzen Mütter mit ihren Jüngsten. Die Alten liegen lauschend oder träumend darin. Auf dem Platz tanzen alle, die gesund sind und nichts anderes zu tun haben, einschließlich Kindern. Mädchen und Frauen, Jungen und Männer – fast völlig nackt – drehen sich in verschiedenen Kreisen. Die Frauen bewegen die Füße nur wenig, lassen sie zusammen wie bei einem kurzen Hüpfen, die Knie nach vorn geschoben, das Hinterteil herausgestreckt, den Oberkörper nach vorne gebeugt, den Blick meist auf die Füße gerichtet. Die angewinkelten Arme berühren die der Nachbarinnen. Die Männer brechen oft aus der Reihe aus, spielen hüpfend den Spaßvogel oder vollführen kleine artistische Kunststücke.
Die Trommel, traditionell ein Stück hohlen Baumstamms, begleitet, und Gruppen unter Tänzern und Umsitzenden fallen nach Wunsch mit Gesang ein, wobei Frauen und Männer nicht gemeinsam und nicht dasselbe singen. Es sind bemerkenswerte Melodien mit einem betörenden Rhythmus. Die Pygmäen sind leidenschaftliche Sänger; bei vielen ihrer Arbeiten hallt der Wald wider von ihren Weisen, die oft wie „Jodler" klingen – es sind fröhliche Menschen.
Dies klingt nach Beginn einer Geschichte über die „heile Welt" der Zwergmenschen, die bei den Weißen und Schwarzen oft als „primitiv" gelten: ein Fehlurteil aus Unkenntnis, eine Herabwürdigung aus Habgier. Homer – zu seiner Zeit entstand der Name „Pygmäe" – und Geschichtsschreiber in der Antike verbreiteten kuriose Erzählungen. Die aus der Gegend des Tschadsees vor dem Islam nach dem Süden Afrikas drängenden Bantus vertrieben die Pygmäen aus dem lichten in den Großen Wald, der von ihnen nun als nährende Mutter betrachtet wird, sie vor Massakern und Sklaverei schützte, denen so viele Schwarze zum Opfer fielen.
Die Pygmäen haben eine recht helle Hautfarbe, dünne Lippen, eine sehr breite Nase und sind ziemlich behaart. An den Flüssen Ubangi und Kongo, an der Lobaye und am Dja (Kamerun) sahen wir unter den Babingas, wie sie in jenen Gebieten genannt werden (beim schwarzen Volk der Maka in Südkamerun auch „Baka" = „Menschen des Waldes") viele gutgebaute und hübsche Pygmäen. Ihre Größe variierte stark, und manche ihrer schwarzen Nachbarn überragten sie nur um weniges.

Ihr Lebensraum wird zerstört

Man mag es gerne hören oder nicht: Die Pygmäen lebten und überlebten Jahrhunderte in einer heilen Welt. Diese Epoche, ihr Dasein, geht nun, deutlich sichtbar, unweigerlich zu Ende. Diese Rasse, klein von Wuchs („echte" Pygmäen sind als Erwachsene im Schnitt unter 1,40 Meter groß;

durch Vermischung werden „Pygmäen" größer, „Bantus" kleiner) und von ihrer Zahl her (nur noch wenige Zehntausende zwischen Gabun und Zaire) kann sich nicht mehr behaupten.

Sie *konnten* sich behaupten, weil sie fast völlig zurückgezogen lebten. Die ersten, die sie störten, waren die Schwarzen, die Tauschhandel (Wildbret und Elfenbein gegen Waffen, Metalltöpfe und Salz) mit ihnen begannen, die sie aber mehr und mehr zu ihren Sklaven machten, welche Wildbeute abzuliefern und Boden urbar zu machen hatten. Weil sie „billig" und sehr fleißig sind, nehmen sich immer mehr Schwarze Pygmäenmädchen zur (Zweit- oder Dritt-)Frau. Pygmäen kennen traditionell nur die Einehe.

Mit Brutalität wurde der Große Wald von seinen Rändern her zur Anlegung von Pflanzungen für Industrierohstoffe und zum Abtransport von Hölzern niedergewalzt, und dieser Prozeß wird nicht aufgehalten. Der natürliche Lebensraum der Pygmäen geht verloren. Von ihrer Umwelt her, genetisch und kulturell, ist kaum noch Platz für sie vorhanden.

Die heute noch zurückgezogen leben, werden von den Schwarzen als „Tiere" bezeichnet. Als vor kurzer Zeit die ersten Pygmäen südlich des Lobayeflusses sich aus dem Wald (das heißt in Afrika: zu großen, bewohnten Lichtungen und zu befahrbaren Wegen) wagten, fühlten sie dies besonders. Die Schwarzen waren bis vor ein paar Jahrzehnten nackt gegangen, jetzt betrachten sie sich als „zivilisiert", als Menschen, weil sie in europäische Lumpen gekleidet sind. Menschen bekleiden sich, also wollen diese Pygmäen auch „Menschen" werden. Die Regierungen unterstützen sie hier und da in diesem Bestreben, indem sie sie an die Straßen locken oder zwingen.

An der Lobaye zeigten sich uns die Babinga noch in ihrer natürlichen Schönheit (Farbbilder 54 und 56), aber wie deprimierend-häßlich ist das Bild dort, wo sie vor längerer Zeit den Wald verließen! Ob alle jene Weißen, die Bekleidung für die „Nackten" (auch die Schwarzen) spendeten, von oft puritanischen Kirchenleuten dazu aufgefordert, sich eine Vorstellung davon machen, welch unermeßlicher Schaden damit angerichtet wurde? Jetzt(!) sehen die Pygmäen ärmlich aus. Die ungewohnte Kleidung im feuchtheißen Klima verursacht Haut- und interne Krankheiten, hängt bald zerfetzt vom Körper. Traditionell hüllen sie sich, wenn überhaupt, in Lendenschürzen aus mit Pflanzensäften gefärbter Baumrinde. An der Lobaye genügt noch ein winziges Stoffdreieck für die Frauen.

Die Zivilisation der Jäger und Sammler

Die Männer sind Jäger, mit Pfeil und Bogen und Lanze, vor allem mit einem langen Netz. Unter fremdem Einfluß kommen Schlingen in Mode. Vögel, Schildkröten, kleine Säugetiere, auch Gazellen und Antilopen, selten Elefanten, sind ihre Beute. Die Jagd ist freudig begrüßte gemeinsame Angelegenheit des Clans – der gewöhnlich aus fünfzig bis achtzig Angehörigen besteht –, auch die Teilung des Fleisches. Die Jugend und die Frauen dienen als Treiber, wenn mit Netzen gejagt wird. Kleine Hunde sind dabei Begleiter. Hauptaufgabe der Frauen ist – außer dem Bau der Hütten – das Sammeln von Früchten, Wurzeln, Blättern, Pilzen, von Termiten, Raupen und anderen Insekten (Proteine!). Die Männer holen zudem Honig wilder Bienen, oft dreißig Meter hoch im Baum hängend. All dies reicht zur bescheidenen, aber ausreichenden Ernährung. Übrigens: Auch „zivilisierte" Afrikaner essen Raupen, Termiten und Heuschrecken!

Da es kaum jahreszeitliche Unterschiede gibt, existiert Vorratshaltung nicht. Der Lagerplatz wird von den Ältesten und Erfahrensten je nach Reichtum an Wild und eßbaren Pflanzen gewählt. Sind die Vorkommen erschöpft, zieht der Clan weiter und kommt erst nach zwei Jahren dorthin zurück.

Die Natur kann sich völlig erholen. Am nächsten Platz werden neue Hütten aus Zweigen und Blättern errichtet, jeweils für eine (gewöhnlich kleine) Familie. An „Möbeln" sahen wir nur „Betten" aus Knüppelholz mit einer Lage Blätter darauf. Die Pygmäen sitzen fast immer auf dem Boden. Über dem ständigen Feuer wird Fleisch getrocknet und geräuchert.

Die Pygmäen kennen nur mündliche Überlieferung. Um die Jagd, um Dinge und Wesen des Waldes, ranken sich Mythen und Legenden. Sie verarbeiten kein Metall, bauen nichts an, züchten keine Tiere und machen keine Tontöpfe. Sie kennen aber auch den Krieg nicht, Mord, Verstümmelung, Gefangennahme oder auch Zwang kommen nicht vor, am ehesten Ehebruch und Diebstahl . . . Einzige Strafe ist Vertreibung aus dem Clan, aber sanftmütige Angehörige suchen bald die Rückgliederung einzuleiten.

Die „Waldmenschen" kennen (oder kannten) gegen alle sie bedrohenden Krankheiten und Verletzungen (es waren früher viel weniger als heute, nach Ankunft der Zivilisation) ein Mittel, das ihnen ihre „Mutter" gab. Sie bedanken sich bei ihr, indem sie kein Tier unnötig töten, kein Vogelnest zerstören, keinen Wasserlauf verschmutzen, keinen großen Baum fällen. Wie schmerzlich muß es für sie sein, an der Lobaye täglich schwerbeladene Lastwagen eines großen Sägewerks in französischem Besitz mit zersägten Baumriesen vorüberfahren zu sehen! Pazifisten und Umweltschützer, die sie sind, was allein schon Beweis gegen den Vorwurf der „Primitivität" ist, kann dieses Völkchen der übrigen Menschheit noch vieles lehren.

Unsere „kleinen Sorgen": Visa, Gepäck, Geld

Zurückgekehrt nach Kamerun, blieben wir noch einmal einen Monat in diesem Land. Leider wurden nur Visa für jeweils zwanzig Tage ausgestellt, die wir um zehn Tage verlängern lassen konnten. Weil dreißig Tage für uns bei weitem nicht genug waren, mußten wir ausreisen. Nach fast drei Monaten kamen wir nun wieder, mit einem neuen Visum. Wie schon zuvor erwähnt, bereisten wir diesmal den Süden und den Westen.

Wie bei Rundreisen üblich, hatten wir einen Teil unseres Gepäcks am Ausgangsort zurückgelassen. Nun holten wir die Sachen in Yaoundé bei einer kamerunisch-deutschen Familie wieder wohlbehalten ab. Etwa vierzigmal in sechs Jahren blieben im Moment überflüssige, oder für ein geplantes Unternehmen zu schwere und ungeeignete, oder angesammelte und zum Versand gedachte Gegenstände bei einheimischen oder ausländischen Bekannten, auf deutschen Botschaften, in gemieteten Hotelzimmern oder eigenen Wohnungen in Verwahrung. Nur auf dem Hauptweg waren alle unsere Sachen in unserer Reichweite.

Zunächst noch ein paar Worte zu Geldfragen. Wir hatten stets für etwa zwei Monate Geld dabei, oft viel mehr, wenn wir nicht genau wußten, wann wir uns wieder Mittel aus der Heimat nachsenden lassen konnten. Teilweise war das Geld in Reiseschecks, aber sie stellten sich oft als unpraktisch heraus. Die Deutsche Mark war hervorragend geeignet, es war nicht nötig, US-Dollars mitzuführen, obwohl wir „sicherheitshalber" immer eine kleine Reserve davon hatten. Wir erhielten Nachschub gewöhnlich über Banken. In Afrika aber war es häufig so, daß in der Hauptstadt oder einer größeren Stadt wohnende Ausländer uns die benötigte Summe aushändigten und wir dann das Geld innerhalb Westdeutschlands oder von dort in ein anderes Land Europas von Konto zu Konto überweisen ließen. Wenn wir nach Rundreisen zum gleichen Ort zurückkehrten, hörten wir von unserem Helfer, daß alles in Ordnung sei. Manchmal ließen wir bei solchen Leuten einige unserer Gepäckstücke, eine teure Kamera oder andere Dinge von Wert als

„Pfand" zurück, aber für das Vertrauen, das man uns schenkte, sind wir dennoch sehr dankbar. Wir erinnern uns an einen Botschaftsbeamten, der nicht einmal unsere Pässe sehen wollte, ehe er uns eine größere Summe überließ.

Überall in Afrika, Asien und Australien wechselten wir Geld üblicherweise beim Überschreiten der Grenze oder in der zuerst erreichten Stadt, in der es eine Bank gab. In Afrika gab es sowohl extreme Schwierigkeiten als auch Erleichterungen in dieser Hinsicht. Manchmal mußten wir uns sehr abmühen, um zu Geld des jeweiligen Landes zu kommen, und gelegentlich spielten auch Schwarzwechsler dabei eine Rolle. Auf der anderen Seite war es für uns von Vorteil, daß die von uns besuchten Länder (ehemalige französische Kolonien) Senegal, Obervolta, Benin, Togo, Elfenbeinküste und Niger in Westafrika, und Kamerun, Gabun, Kongo und Zentralafrikanische Republik zu zwei Währungsblöcken gehören, die miteinander verbunden sind. In beiden gibt es den Franc als Zahlungsmittel, allerdings nicht den französischen, sondern einen afrikanischen, der mit jenem stets 1:50 paritätisch ist. Diese Währung wird abgekürzt „Franc CFA" genannt. Hundert Francs CFA waren anfangs etwa eine Mark, später weniger, als der französische Franc gegen die Deutsche Mark an Wert verlor. In einigen anderen Ländern, wie Ghana, Nigeria und Zaire, ist der Franc CFA sehr willkommen – jedenfalls bei Schmugglern und Schwarzhändlern.

Kaum Verkehr im dünnbesiedelten Osten

Von Kamerun kehrten wir wieder in die Zentralafrikanische Republik zurück. Was nach einer Irrfahrt aussieht, war keine, sondern eine verzwickte Reise auf möglichst verschiedenen Wegen. Wir kamen zur Hauptstadt Bangui, und als wir sie wieder hinter uns ließen, lag vor uns der schwierigste Teil unserer Reise durch Afrika: In Richtung Sudan gab es bald keine öffentlichen Verkehrsmittel mehr. Man muß bedenken, daß die ZAR mehr als zweieinhalbmal so groß wie die Bundesrepublik ist, aber nur von rund drei Millionen Menschen bewohnt wird. Jeder dritte Zentralafrikaner lebt in einer Stadt. Bangui hat allein schon eine halbe Million Einwohner. Der Osten ist am dünnsten besiedelt. Durch dieses Gebiet führte unser Weg. Wegen des schwachen Verkehrs brauchten wir volle sechs Wochen, um von der West- zur Ostgrenze der ZAR zu gelangen. Für die letzten sechshundert Kilometer benötigten wir drei Wochen.

Der erste „Schritt" von Bangui war noch der leichteste. Ein kanadischer Missionspilot mußte eine Krankenschwester ins Hinterland fliegen. „Wollt ihr mit? Zwei Plätze sind noch frei!" Wir überlegten nur kurz, obwohl wir bezahlen mußten, und da wir die Eintönigkeit der Landstraße kannten, schwebten wird bald über dem mächtigen Ubangi, den wir heraufgefahren waren, und über von Sonne und lodernden Buschfeuern verbranntes Hügelland dreihundert Kilometer nach Nordosten.

Der Landeplatz hieß Bambari. Wir wollten genau wissen, ob es sinnlos sei, von hier über die Ortschaft Bria (250 Kilometer weiter) noch bis Birao im Norden, an der Karawanenstraße zum Sudan, gelangen zu wollen. Als wir in Bria auf einen Lastwagen warteten, der „vielleicht schon heute abend" kommen sollte, erfuhren wir, daß er, wenn er Birao je erreichte, für 515 Kilometer fast eine Woche brauchen würde.

Alhadschi Dschallé, einer der reichsten Händler im Osten der ZAR (ein Moslem), dessen Vater noch Eselkarawanen getrieben hatte, war Besitzer einer Lastwagenflotte. Durch (oft dunkle) Diamanten- und Elfenbeingeschäfte war er zu großem Wohlstand gekommen. Unsere Enttäuschung über das Scheitern unserer Pläne milderte er durch beispiellose Gastfreundschaft.

Auf haarsträubenden Wegen im Osten der ZAR fahren kaum Autos. – Alhadschi Dschallé in Bria

Rasende Fahrt ohne Bremsen

Nach der Rückkehr gelang uns in Bambari die Mitfahrt in Richtung Osten. Das Vehikel war eine Kreuzung aus Lastwagen und Omnibus: Auf die Ladefläche war eine große Blechkiste gesetzt worden, in der sich auf schmalen Holzsitzen unzählige Menschen zusammendrängten. Doch wir waren glücklich, überhaupt vorwärtszukommen. „Balao!", grüßte uns der Fahrer auf Sangho, der wichtigsten Sprache der ZAR. Die Straße war mörderisch. Alle paar Stunden mußten die Blattfedern des Fahrzeugs, das sinnigerweise in riesigen Buchstaben „Boeing 747" beschriftet war, mit einem Vorschlaghammer in die richtige Position gebracht werden. Viele Teile waren defekt, aber vorsichtiges Fahren war nicht Mode. Den Polizisten an diversen Kontrollstellen war die schlechte Kondition unseres „Jumbo" ziemlich schnuppe.

Ich schrieb im einleitenden Kapitel, daß wir auf unserer Reise dem Tode oft näher waren als dem Leben. Das traf insbesondere auf Fahrten mit öffentlichen Verkehrsmitteln zu. In Tansania waren wir von Dar es Salaam nach Tanga einen ganzen Tag mit dem Bus „auf Achse". Das klapprige Vehikel hatte zwei Fahrer, die sich am Steuer abwechselten. Als wir gerade auf einer Schotterstrecke unterwegs waren, dachten sie mal wieder an die Ablösung, aber keineswegs ans Anhalten. Der zweite Mann kletterte auf die Ablage an der Windschutzscheibe, ließ sich dann zwischen der Wand und dem Fahrersitz herunter. Sein Kollege rutschte langsam vom Sitz, der Ablöser rückte nach. Und das alles bei achtzig Stundenkilometern! Wir müssen zugeben, daß uns bei diesem gefährlichen Manöver kalter Schweiß ausbrach. Die Verantwortungslosigkeit kannte keine

Grenzen. Wie oft machten die Fahrer von „Buschtaxis", denen wir uns anvertrauten, auf den miserablen Wegen Wettrennen mit Konkurrenten, um ihnen am Straßenrand wartende Reisende abzujagen, oder einfach nur um anzugeben! Wie oft schleuderten Fahrzeuge auf dem Geröll, bei tiefen Schlaglöchern, bei schmierigen Lehmstraßen, in Kurven! Wie oft sahen wir verunglückte „Buschtaxis", Minibusse und Lastwagen! Wir kamen heil davon, wir hatten eben Glück. Aber es hätte auch anders sein können.

Eines der haarsträubendsten Erlebnisse hatten wir mit dem Lastwagen-Omnibus von Bambari nach Bangassou. Der Fahrer fuhr viel zu schnell, als uns in einer Kurve der dreieinhalb Meter breiten Piste unerwartet ein Lastwagen entgegenkam. Ehe wir begriffen, was geschah, raste unsere Blechkiste eine drei Meter hohe Böschung hinunter. Sie verschwand mit ihrer Fracht aus Fleisch und Blut im dichten, drei Meter hohen Elefantengras und in einer gewaltigen Staubwolke. Nach etwa achtzig Metern konnte der „Pilot" den „Jumbo" wieder die Böschung hinauf- und auf die Straße zurückreißen. Endlich blieb er dann stehen. Kein Felsbrocken, kein Baumstumpf, kein Bachlauf hatte diese Höllenfahrt gehemmt. Ein Hindernis wäre das Ende gewesen. In dem stauberfüllten Vehikel nach Luft ringend, mußten sich alle erst einmal von dem Schrecken erholen. Überraschend für uns war, daß keiner der anderen Fahrgäste deshalb bemerkbar böse auf den Fahrer war. Was war geschehen? Er gestand uns, daß seine Bremsen nicht funktionierten. Dies wissend, tat er, was er in der Situation für richtig hielt. Ein Zusammenstoß mit einem Lastwagen... Wir saßen hinter dem Fahrer. Wer weiß, vielleicht rettete er uns das Leben? Übrigens fuhren wir mit den defekten Bremsen bis ans Ziel.

Warten, warten, dann ein Lastwagen

In Bangassou lagen weitere 360 Kilometer hinter uns (Fahrtzeit dreizehn Stunden), aber nun saßen wir fest. Volle zehn Tage warteten wir in dem Städtchen auf eine Mitfahrgelegenheit, von moslemischen Händlern genauso vertröstet wie von amerikanischen Missionaren. Hier konnten wir bei einem französischen Geschäftsmann oder bei den Protestanten aus USA wohnen. Wir entschieden uns für das zweite, denn die Chancen für den Weitertransport schienen uns hier besser. Dennoch trabten wir täglich die sieben Kilometer von der Missionsstation zum Markt des Städtchens und wieder zurück, um sicher zu sein, daß wir nichts verpaßten. Für Unterkunft und Verpflegung, und für die Mitnahme auf einem Auto wurde natürlich Kostenersatz erwartet. Da wir uns mit den Missionaren nicht sonderlich gut verstanden, wollten wir so rasch wie möglich weg. Aber da half alles nichts.

Schließlich saßen wir auf einem Kleinlaster der Amerikaner. Trotz Allradantriebs benötigten wir für die 515 Kilometer bis zum letzten Städtchen der ZAR, Obo, drei Tage. Gut fünfzigmal mußte ich aussteigen, um den mit Felsen übersäten Weg zu klären und den Fahrer zu dirigieren. Es gab Steilstrecken, die so tief vom Tropenregen zerfurcht waren, daß sie erst mit Steinen und Erde hergerichtet werden mußten. „Brücken" aus losen Balken bedurften der gleichen Behandlung. Eine der Fähren mußten wir von Hand über den Fluß kurbeln. Jeweils vom Morgengrauen bis in die Nacht hinein kämpfte sich das Auto ächzend vorwärts. Von den Reifen flogen die Fetzen. Zwei Tage ruhten wir in Obo etwas, aber Wilma mußte drei Kilometer weit zum Fluß gehen, um Wäsche zu waschen. Überall herrschte, kaum daß die Trockenzeit richtig begonnen hatte, schon Wassermangel. In den winzigen Lädchen gab es außer Sardinen und dicker Dosenmilch nur noch Zucker. Geld war knapp, die Ernährung der Menschen eintönig. Die runden oder eckigen Hütten

Gehöft im Osten der ZAR; das Gebäude rechts ist an allen Seiten offen (das „Wohnzimmer")

Oft wurden wir auf unserem Wege durch Zentralafrika von herrlichen Mangobäumen beschattet

aus Lehm waren mit Gras gedeckt, das fast bis zum Boden reichte. Alle standen jeweils entlang der Piste.

Zuvor waren wir bei den Banda gewesen, die noch 1930 Menschenfresser gewesen sein sollen, dann bei den Nzakar und nun bei den Azande, zwei Völkern mit erfreulicherer Vergangenheit. Alle hatten ihre eigene Sprache, aber die meisten konnten auch Sangho. Sehr viele sprachen sogar Französisch.

Fußmarsch durch den Busch zum Sudan

Während der drei Tage vor Obo waren uns nur zwei vollbeladene Autos begegnet. Auf unserem Weiterweg, so kündigte man uns an, führe nur einmal in zwei Wochen ein Lastwagen, und man müsse schon Glück haben, da noch mitzukommen. So entschlossen wir uns, zu Fuß weiterzugehen. Dreißig Kilo unseres Gepäcks waren wir an den Piloten eines Missionsflugzeugs losgeworden, der von Obo nach Nairobi in Kenya flog, 1400 Kilometer Luftlinie, wofür wir ordnungsgemäß Frachtkosten bezahlen mußten. Sechs Wochen später konnten wir unsere Sachen wieder in Empfang nehmen. Unser Fußmarsch (Farbbild 55) ging hundertfünfzehn Kilometer zur Grenze, die wir nach fünf Tagen erreichten. Schon nachmittags (bei 40 Grad Hitze) kamen wir bei den Bauern und Jägern unter, die auch ihr kärgliches Essen – meist Hirsebrei oder Süßkartoffeln, manchmal ein Stück Antilopenfleisch – mit uns teilten. Zum Glück gab es Orangen und Grapefruits. Trinkwasser war ein großes Problem, weil ein mitgeführtes Filter unerwartet versagte (Farbbild 53).

Die Luft war manchmal alles andere als frisch, denn rings um uns brannten riesige Buschfeuer. Unter den nachtschwarzen Rauchwolken sollte das Wild davonstieben und in die Netze der Jäger laufen. Aber es gab fast keine Tiere mehr. Außer ein paar Warzenschweinen, Affenherden und Zwergantilopen sahen wir am ganzen Wege von Bangassou kein größeres Wild, wohl aber gelegentlich die Spuren von Elefanten und Büffeln. Ein Stock war unsere einzige Waffe.

An den Feuern unserer Gastgeber hatten wir etwas Ruhe vor den Myriaden von winzigen Fliegen, die in Augen, Nasen, Ohren und Haare krochen, vor Moskitos, angriffslustigen Bienenschwärmen, vor der Tsetsefliege, die uns immer wieder stach. Sie überträgt die Schlafkrankheit, gegen die es keine Vorbeugeimpfung gibt. Im Osten der ZAR, im Sudan und in Zaire sterben unzählige Menschen immer noch an dieser Krankheit. Selbst beim Aufhängen von Wäsche drohte Gefahr. Die „Mangofliege" (Mangobäume gab es zu Millionen in ganz Zentralafrika und im Südsudan) legt ihre Eier in feuchte Sachen. Daraus werden in der Haut große Maden. Wir blieben aber von allen Krankheiten verschont. (Siehe hierzu Skizze auf Seite 247.)

Heiligabend auf afrikanisch

Das schönste Erlebnis hatten wir in dem kleinen Dorf Ligoua, wo wir am Nachmittag des 24. Dezember 1982 eintrafen. Wir ließen uns unter einem großen Mangobaum in der Ortsmitte nieder, um zu essen. In der Nähe stand eine kleine katholische Kirche. Die Dorfbewohner luden uns ein, Heiligabend bei ihnen zu verbringen. Sie brachten uns Essen, gaben uns eine Rundhütte als Quartier. Direkt davor wurde gegen sechs Uhr abends ein Feuer entzündet, es wurde gesungen, getanzt und es wurden Sketsche gespielt. Um zehn Uhr begann die „Mitternachtsmesse". Wir hatten das Glück etwas zu erleben, was selten anzutreffen ist. Von „stiller Nacht" konnte man hier

In dem Dorf Ligoua spielte ein junger Azande die Bogenharfe und alle zusammen sangen Elefantenjäger, der sein Gewehr selbst macht. – Anzapfen einer Palme. Aus dem Saft wird Palmwein

nicht reden. Die Musik von Xylophon, Tamtam und Rasseln und der Gesang waren auch bis an den Rand des Dorfes zu hören. Der „Kirchenchor" waren stramm gebaute, teils barbusige Damen, die sich „Kronen" aus Palmwedeln gemacht hatten. Sie tanzten wie der Pfarrer rund um den Altar und auch die ganze Gemeinde konnte nicht stillstehen. Gesang der echt afrikanischen Art wurde von Kreischen und Trillern begleitet. Zwischendurch wurde die Weihnachtsgeschichte gelesen, in der Sprache Pazande.

Zwischen den Orten waren wir manchmal stundenlang ganz allein. Der Weg war oft chaotisch. Wir stellten uns vor, wie schwer es sein mußte, hier mit einem Auto durchzukommen zu versuchen. Uns machten auf unserem Fußmarsch die manchmal metertiefen Querrinnen nicht viel aus. Aber Lebensmittelmangel, ungenügende Mengen Trinkwasser, die Hitze (einmal hatten wir aber morgens nur siebzehn Grad, wir schlotterten geradezu; Grund der niedrigen Temperatur: In der Umgebung gab es viel stehendes Wasser und morgens Nebel) und die Insekten machten dies doch zu einem „Leidensweg". Mit zerfetzten Schuhen und erschöpft von Strapazen aller Art, aber voll interessanter Eindrücke kamen wir buchstäblich am „Ende der Welt" an. Die Grenzer auf beiden Seiten staunten uns wie fremdartige Erscheinungen an. Im Sudan existierte nicht einmal ein Einreisestempel. Nun waren wir im neunzehnten Reiseland. Aber bis zum ersten Städtchen waren es noch fünfunddreißig Kilometer zu Fuß, und wir wußten, daß jetzt erst ein Teil dieses schweren Weges nach Kenya hinter uns lag.

Region der Berge und Seen – Ostafrika

„Können Sie das wirklich essen?" – immer wieder mußten wir die überraschten katholischen Schwestern Anna und Jacinta, zu einem kleinen afrikanischen Orden gehörend, beruhigen. Von kirchlichen Besuchern aus Europa hatten sie gehört, daß Weiße von afrikanischem Essen krank würden. Fast hätten sie uns auch keinen Schlafplatz gegeben, weil ihnen unser Ernährungsproblem unlösbar schien. Aber warum sollten wir Hirsebrei, Süßkartoffeln und Büffelfleisch nebst selbstgebackenem Brot nicht essen, Biere aus Hirse und Honig nicht trinken? Alles war sauber.
Tombura war das erste sudanesische Städtchen. Wir erreichten es zu Fuß, in Fortsetzung unseres Marsches durch die Wildnis der Zentralafrikanischen Republik. Es ist sehr klein, mit dem Polizeiposten, dem Rathaus und der Kirche als den wichtigsten Gebäuden. In Tombura mußten wir warten, bis es endlich ein Transportmittel gab. Die Delegierten der Staatspartei SSU zum Kongreß in Juba nahmen uns – nach endlosen Streitereien mit dem „Bürgermeister" von Tombura um ein Fahrzeug – nach Yambio mit. In dem Lastwagenbus befanden sich am Ende mit siebzig Personen doppelt so viele Fahrgäste, wie seine Kapazität war. Die Straße war immer noch schauderhaft; tags glühte der Wagen vor Hitze, nachts zitterten wir vor Kälte.

Horrorfahrt auf einem Lastwagen und Bürgerkriegsgefahr

Aber ein paar Tage später starteten wir zu einer Reise auf einem Lastwagen, die an Schrecken alle bisherigen Fahrten in den Schatten stellte. In diesen Gebieten, wo die meisten Straßen neun Monate im Jahr wegen Überschwemmungen gesperrt sind, findet man nur selten ein Verkehrsmittel. So stießen und schlugen sich vierzig Leute darum, auf der Fracht sitzen oder wenigstens stehen zu können. Wir *standen* 24 Stunden, mit nur ganz kurzen Pausen, mit den Füßen unbeweglich eingeklemmt. Der Fahrer raste mit hundert Stundenkilometern über die Wellblechpiste, aber nach jeweils ganz kurzer Zeit hielt er aus allen möglichen Gründen an. Die Menschen, die starke Aggressionen gegeneinander entwickelten, waren ihm völlig egal.
Der Fahrer und sein mitreisender Chef waren Araber aus dem Norden. Die Araber des Sudan kann man in ihrer Heimat als sehr nette Gastgeber kennenlernen. Hier unten, im „schwarzen" Landesteil, haben sie den gesamten Handel und Transport in der Hand. Die Azande, die Dinka und andere Völker des Südens sind damit unzufrieden. Christen und Anhänger von Naturreligionen, wehren sie sich gegen die arabisch-islamische Bevormundung. Anschläge wurden häufiger, die Versenkung eines neuen Nildampfers wurde angedroht, an unserem letzten Tage im Sudan wurden dreizehn arabische Händler umgebracht.
Von 1955 bis 1972 hatte der Süden gegen den Norden rebelliert; es gab rund fünfzigtausend Tote. 300 000 Flüchtlinge strömten in die Nachbarländer. Noch heute sprechen die Azande viel vom „Exil". Alle Missionare wurden verjagt, viele Kirchen niedergebrannt, Schulen verstaatlicht. Der Norden nahm bittere Rache. Aber Präsident Gaafar Numeiri, ein Moslem, gab dem Drängen der

Kirchen inner- und außerhalb Afrikas nach und schloß mit der Südsudanesischen Befreiungsfront 1972 ein Autonomieabkommen. Radikale Araber wie Libyens Gaddafi waren Numeiri deshalb böse. In der Hauptstadt der Südregion, Juba am Weißen Nil, das wir schließlich erreichten, und in Khartum versuchten der Präsident des Südens, Joseph Tombura (aus dem gleichnamigen Städtchen), und andere Politiker zu vermitteln und einen neuen Bürgerkrieg zu verhindern. Aber es kam in der Folge zu kriegerischen Auseinandersetzungen größten Ausmaßes und auch zu einer Hungerkatastrophe, gleichzeitig wie in vielen anderen Ländern Afrikas. Präsident Numeiri wurde bei einem Staatsstreich gestürzt.

Die Tragödie der Azande-Nation

Doch ich möchte noch einmal auf Tombura zurückblenden. Einst war es Hauptstadt eines kleinen Königreiches. Nur ein paar Beamte und die meisten Händler (diese sind Araber) kommen aus anderen Landesteilen des Sudan, sonst sind alle Einwohner Azande. Mit Hilfe der Schwestern Anna und Jacinta, Bischof Joseph Gasi Abangites (Farbbild 58) und anderer freundlicher Geistlicher lernten wir Kultur und Vergangenheit des Zandelandes kennen. Es erstreckt sich über Teile des Südsudan, der ZAR und Zaires, ist rund hunderttausend Quadratkilometer groß und hat etwa drei Millionen Einwohner. Die Azande sind Sudanneger, aber im Zandeland leben zahlreiche andere Völker verschiedener Rassen. Mit dem Mittel der Sprache wurden sie unterschiedlich stark „zandenisiert".

Unter den Azande gab es mehrere Königreiche, worunter Tombura eines war, aber Yambio war der wichtigste Ort. Der letzte Zandekönig, Gbudwe, residierte dort. Er führte bis ans Ende seines Lebens Krieg gegen seine Nachbarn, vor allem aber einen Verteidigungskampf gegen arabische Sklavenjäger, gegen die ägyptische Regierung (die ihre Macht auf den Sudan ausdehnte), gegen Patrouillen der Briten (die Ostafrika eroberten), gegen belgische Posten (im Kongo-Gebiet, heute Zaire). Die Azande konnten aber ihre Eigenständigkeit schließlich doch nicht bewahren. 1905 schickten die Briten eine Expedition gegen Gbudwe und ließen ihn töten. Neun Jahre später wurden seine Söhne ins Exil geschickt. Das Königreich wurde zerstört.

Reisende, darunter Forscher, aus mehreren Ländern Europas (auch Deutschland) lernten noch vor der Jahrhundertwende das Zandeland mehr oder weniger gut kennen. Leider ist zu selten und zu ungenau über die Kultur berichtet worden. Als italienische Pater 1912 die erste Missionsstation im sudanesischen Zandeland (nahe Tombura) gründeten, war der kulturelle Niedergang schon vorgezeichnet. Nach den Italienern kamen die Anglikaner und andere. Der Süden des Sudan wurde weitgehend christianisiert. Der Norden blieb islamisch.

Reste der alten Zivilisation

Unzählige Gefäße, Geräte und Instrumente (wir trafen sogar einen Elefantenjäger in der ZAR, der sein Gewehr selbst bastelte) werden noch immer aus dem Material geflochten, gebunden und geschnitzt, das der Busch liefert. Viele Zandelieder sind auch bei der Jugend nicht vergessen, wie uns einige Jungen in einem Dorf bewiesen, die ganz spontan für uns sangen und die Bogenharfe „kundi" der Azande spielten. Die große Trommel aus einem hohlen Baumstamm, „gugu" genannt, ruft zum Arbeitsbeginn auf die Felder oder zum Gottesdienstbeginn in die Kirchen. Dort (nicht bei Protestanten) wird außer kleineren Trommeln und Rasseln auch das zwei Meter lange

Xylophon „kpaningba" (Unterlage aus dem Stamm der Bananenpflanze und Klangplatten aus Holz) eingesetzt. In nächtelangen Tänzen um ein Feuer und mit viel Hirsebier wird der Verstorbenen gedacht.

Aber abgesehen von den Leuten, die im dichten Busch leben, haben sich die Azande vor allem im Sudan auf europäische Kleidung umgestellt. Früher trugen alle Männer Röckchen aus dem Bast eines kultivierten Feigenbaumes, gelegentlich Lendenschürzen aus dem Fell des schönen Colobus-Affen, in der Regenzeit auch ein langes Antilopenfell (im Nacken zusammengeknotet) als „Schutz vor der kalten Feuchtigkeit der Gräser". Die Frauen machten es sich einfacher: ein Büschel von Zweigen vorn und hinten war praktisch bei der Feldarbeit – und außerdem war man ja unter sich! Heute kann man nur noch manchmal den zylindrischen randlosen Strohhut der Azande sehen, der oben viereckig und mit einem wehenden Federstrauß geschmückt ist. Er wird mit großen Haarnadeln aus Kupfer, Eisen oder Elfenbein befestigt. Die Aktivisten der Staatspartei SSU haben ihn, beinahe wie ein Abzeichen, bei sich wiedereingeführt.

Bei den Azande war früher, als noch *ihr* Recht galt, das Gesetz sehr streng gegen Gewalttäter und Ehebrecher. Bei Mord und Raub zum Beispiel wurden Verstümmelungen vorgenommen, wie Amputation von Armen, Abschneiden von Lippen, Augenlidern, Ohren oder Geschlechtsteilen. Bei Frauen wurden tiefe Einschnitte am Rücken gemacht. Diese Art der Bestrafung hat Parallelen an anderen Plätzen Afrikas (auch im Sudan; mit der islamischen Rechtssprechung wurde die Amputation an Händen und Füßen wiedereingeführt) und in Ländern außerhalb dieses Kontinents, wie etwa das Rädern und andere Folter in Europa, China. Ich möchte an die Pygmäen erinnern, die solche Grausamkeiten nicht kennen.

Trinkwasserbehälter im Südsudan. – Schwestern Jacinta (links) und Anna in Tombura

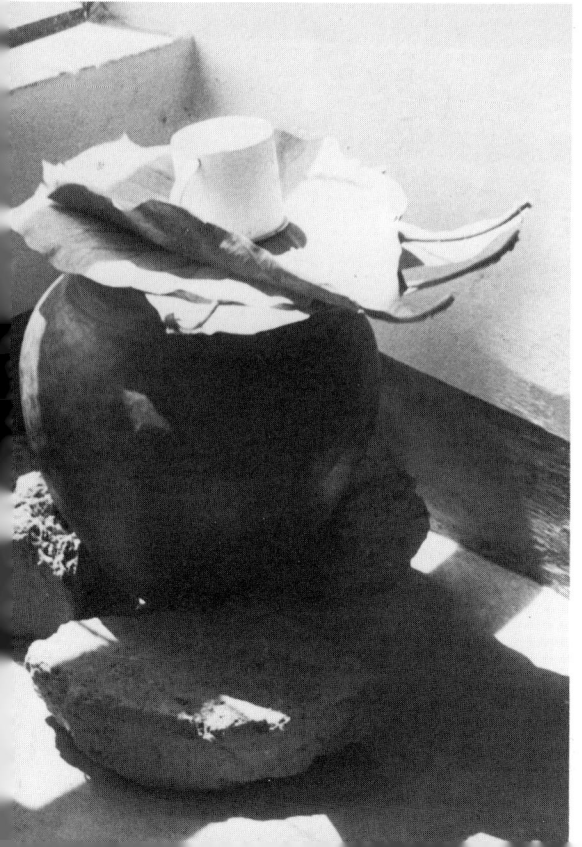 

Interessante Namensgebung in Afrika

Die italienischen Pater im Zandeland gaben ihren Täuflingen Namen aus ihrer Heimat, wie Giovanni, Guiseppe und Giacomo, also Johann, Josef und Jakob. Die später ankommenden Anglikaner nannten ihre Anhänger folglich John, Joseph, James und so weiter. Eigentlich hatte kein Mensch in Schwarzafrika es nötig, fremde Namen zu übernehmen. Aber es war nun mal der Lauf der Dinge. Er wurde erst geändert, als sich mehr und mehr Afrikaner des eigenen Namensschatzes erinnerten. In Zeitungen kann man täglich Anzeigen finden, in denen ein Mann oder eine Frau eine beabsichtigte Namensänderung bekanntgibt. Weil der „neue" Name aus der eigenen Sprache stammt, ist dies kulturell besonders wichtig. Auch die schwarzen Moslems haben zum Teil Namen angenommen, die importiert wurden, die nämlich arabischen Ursprungs waren, wie Fatou und Abdoulaye.

Viele Afrikaner haben mehrere Namen. Die einen wurden ihnen gegeben, als sie klein waren, andere bei der Einführung in die Erwachsenenwelt, wieder andere vom Clan, oder sie gaben sich selbst noch einen Namen. Die Reihenfolge bei der Geburt ist sehr wichtig. Bei vielen Völkern gibt es feststehende Namen für Erstgeborene, Zweitgeborene und so weiter, bei Jungen wie Mädchen. Das gleiche gilt für Zwillinge: Namen, die nur ihnen gegeben werden. Bei Drillingen heißt der oder die Drittgeborene oft so wie ein einzelnes Kind, das nach Zwillingen geboren worden wäre. Bei den Bamileke in Kamerun wechseln im Falle einer Zwillingsgeburt die *Eltern* den Namen. Die Mutter bekommt dazu einen Ehrentitel. Oft findet der Name des Geburtstages Verwendung, wie zum Beispiel der Donnerstag in „Kwaku", der Samstag in „Kofi" bei Jungen, und die gleichen Tage

Gebratene Raupen, oft Delikatesse. – Schöner Termitenbau in einem Baum (Südsudan)

in „Ahu" und „Afué" bei Mädchen im Volk der Baule in der Elfenbeinküste. Bei den Sérèr im Senegal hörten wir von einem Kind, das „Ndew Gulok" hieß, was „Geboren während einer Hochzeitszeremonie" bedeutet. Auch Geburtsplätze sind wichtig, wie etwa „Markt", „Weg" und „Feld".

Die Furcht davor, daß ein Kind noch im Säuglingsalter stirbt, ist groß. Sehr oft, in manchen Völkern fast zur Hälfte, hat der Name etwas mit dem Tod zu tun. Meist steckt die Taktik dahinter, dem Tod das Kind als höchst unwichtig erscheinen zu lassen, indem man es zum Beispiel „Halbtot", „Nichts" oder „Schmutz" benennt. Bei einem Volk in Obervolta heißen viele Kinder „Nakibeogo", was „Er wird morgen sterben" heißt. Auch über den Ursprung eines Kindes macht man sich Gedanken, wenn man es benennt. Bei den Nzakar in der Zentralafrikanischen Republik heißt es dann etwa „Babu", was für „Wer hat gesät?" steht. Dort, in einer anderen Sprache, Sangho, bedeutet „Mbi yeké" auf deutsch „Ich bin". Bei den Bambara in Mali ruft ein Vater seinen Sohn, der nach dem Großvater benannt wurde, nicht bei dessen Namen, sondern „Name meines Vaters". Wie ein Ratschlag der Eltern und des Clans klingt „Axonyon" (kurz für „Axo nyon hu adscho", auf deutsch „Lieber Schulden machen als stehlen") bei einem Volk Benins.

Sehr viele Namen beinhalten das Wort „Gott" (im afrikanischen Sinne), wie „Dschwisi" oder „Tochter Gottes" bei den Bamileke in Kamerun. Auch der christliche Gott ist oft gemeint, zum Beispiel in „Wendbala" bei einem Volk in Obervolta („Nur Gott"), in „Yetin Nzapa" in der ZAR auf Sangho („Ein Ding Gottes") oder in „Mawuna" in Benin („Gott hat gegeben"). Man darf dabei nicht vergessen, daß die drei Namen Johann, Josef und Jakob ebenfalls das Wort „Gott" enthalten. Aber in Afrika kommen oft auch „Geister" in den Namen vor.

Häufig erfolgt die Namensgebung nicht unmittelbar oder kurze Zeit nach der Geburt. In Burundi muß ein Kind erst gehen und richtig essen können, muß kommen, wenn man es *ruft*. In Zaire erfolgt die Benennung traditionell erst dann, wenn man den Charakter des Kindes kennt. In der ZAR kann ein Kind dann etwa „Kangbissongo" heißen: „Nicht mit anderen auskommen".

Seltsame moderne Namensschöpfungen begegneten uns an vielen Plätzen in Afrika. Hier ein paar Beispiele. In der ZAR hieß ein Kind „Pata oko". Damit wird auch ein Fünf-Francs-Stück bezeichnet. Ein anderes Kleines hatte als Namen das französische Wort „Avion" („Flugzeug"). In Kamerun hörten wir folgende Namenskreationen: „Mao", „Napoleon", „Nivaquine" (Antimalaria-Tabletten), und für Zwillinge „Giscard" und „Estaing" (nach dem vormaligen französischen Präsidenten). In Kenya begegneten wir englischsprachigen Namen wie „Bornfast" („Schnell geboren"), „Roadside" („Straßenrand") und „Wycliffe" (Name eines Bibelübersetzungsinstituts). In Nigeria gaben Eltern ihren Kindern manchmal die Namen großer Firmen. In der Zeitung lasen wir von einem Mann, der Oluwasenu Julius Berger hieß (die betreffende Firma ist in Nigeria sehr stark vertreten).

Häßliches Juba

Doch nun wieder zurück auf unseren Weg in Richtung Kenya. Ein paar Tage blieben wir in Juba, denn wir mußten unser Gepäck in Ordnung bringen, Wäsche waschen (die ganz kleinen Probleme, deren Lösung wir sehr ernst nahmen), da uns wieder einmal Leitungswasser zur Verfügung stand. Doch lesen Sie dies: Leider gehörte Juba zu den häßlichsten Orten, die wir je gesehen hatten. Ein siebzehnjähriger Bürgerkrieg bis 1972, Flüchtlinge aus dem Uganda von Idi Amin, seine in den Sudan entkommenen Soldaten und die Landflucht von südsudanesischen Stammesleuten schufen

Probleme, die noch fern jeder Lösung schienen, trotz der Tätigkeit Dutzender Hilfsorganisationen (vor allem der Kirchen) aus dem Ausland. Nicht nur, daß die meisten Einwohner Jubas sehr bescheidene Unterkünfte hatten, auch die sanitären Verhältnisse waren haarsträubend. Am Morgen kauerten Zehntausende neben ihren Hütten und am Wegrand... Schmutzwasser ging zum Nil, dem ungereinigtes Trinkwasser entnommen wurde. Eine Zuschrift in der örtlichen Presse: „Der Himmel weint über Jubas Schande."
Wir waren durch die „Hintertüre" – über Zentralafrika – ins Land gekommen. Erst in Juba, nach siebenhundert Kilometern, kamen wir zu kompetenten amtlichen Stellen. Von der Grenze waren wir mit einem handgeschriebenen Passierschein – allerdings auch mit einem fünfzig Mark teuren Visum – gekommen. Für die Südregion und für Fotos brauchten wir eine Erlaubnis, außerdem eine Devisenerklärung. Wie so oft in Ländern, wo alles und immer kontrolliert werden soll, kümmerte sich nachher um die Zettel kein Mensch mehr. Aber ein Ausreisevisum holten wir uns.

Zwei Überfällen entronnen

Von Juba nach Torit (140 Kilometer) gab es – o Wunder! – einen Bus. Als wir mitfahren wollten, waren schon alle Karten verkauft. Wir versuchten uns als Anhalter, vergeblich, denn wann gab es hier schon Autos?! Nach zehn Kilometern zu Fuß holte uns ein Mann per Fahrrad ein. Die Polizei an der Nilbrücke in Juba schicke ihn, sagte er, denn wir hätten uns dort nicht abgemeldet. Zwei Beamte in Zivil würden zu Fuß kommen, damit wir wirklich umkehrten. Wir kehrten um und sahen dann auch wirklich zwei Männer, die sich aber vor uns in die Büsche schlugen und später dicht hinter uns gingen. Der Radfahrer fuhr uns weit voran.
Wir verstanden: Hier war etwas faul. Zu unserem großen Glück fuhr ein Auto in Richtung Juba, und der Fahrer nahm uns mit. Unsere Verfolger sahen wir in der Staubwolke hinter uns aufgeregt diskutieren. Wenige Minuten später kamen wir zur Polizei an der Brücke: Die Beamten hatten nie nach uns gesandt. Abmelden mußte man sich hier nicht. Alle waren sich einig, daß wir einem geplanten Überfall entronnen waren. Am anderen Morgen ergatterten wir dann zwei Plätze im Bus nach Torit.
Eine Woche später – nach geduldigem Warten – saßen wir im Geländewagen einer englischen Firma, die Brücken für die Piste von Kenya nach Sudan baut. Mit den Ingenieuren wollten wir über die Grenze, vierhundert Kilometer weit. Unterwegs trafen wir andere Reisende. Sie berichteten, daß sie in Grenznähe von völlig nackten Angehörigen des Volkes der Toposa mit vorgehaltenen automatischen Gewehren ausgeraubt worden seien. So kurios die Erscheinung der Toposa war, so tragisch waren ihre Unternehmungen: Sie hatten es nur auf Lebensmittel und Kleider abgesehen. Wer schon informiert war und die Dinge freiwillig aushändigte, wurde mit freundlichem Handschlag verabschiedet.
Als die Polizei im letzten Ort vor der Grenze nun wieder von den Wegelagerern hörte, schickte sie mit unserem Konvoi fünfzehn Bewaffnete, die den Toposa (tatsächlich einer kleinen Gruppe ihres Stammes, die außer Gewehren auch Speere und Messer für ihre Überfälle verwendete), eine Lehre erteilen sollten. Wir sahen zahlreiche friedliche Toposa, deren Männer und Jungen so umhergingen, wie die Natur sie geschaffen hatte, während die Frauen und Mädchen einen Lendenschurz aus Fell oder nur ein paar Perlenketten trugen. Verstört schauten sie dem Polizeiauto nach. Mag sein, daß die Straßenräuber für diesen Tag genug hatten. Jedenfalls ließen sie sich an der berüchtigten Stelle – ein trockenes, schwer passierbares Flußbett in der Dornstrauchsteppe – nicht blicken. Wir

entgingen dadurch knapp einer bösen Schießerei, deren Ausgang uns keineswegs sicher schien, denn fast alle Polizisten hatten sich bei der im Sudan traditionell auf zehn Uhr anberaumten „Frühstückspause" ziemlich betrunken.

Trotz der Aufregungen in den Tagen ab Juba waren wir uns stets bewußt, daß uns in den Toposa Menschen begegneten, die zu den wenigen noch verbliebenen „echten" Afrikanern gezählt werden können. Selbst wenn sie uns Eindringlinge nicht mochten, selbst wenn wir Gefahr liefen, angegriffen zu werden – wir fühlten uns privilegiert, einen Blick auf dieses Afrika, nach so mancher Banalität, werfen zu können.

Turkana von Hilfe abhängig geworden

Über das Bergland an der Grenze, dann durch offenes Terrain im äußersten Nordwesten Kenyas (Farbbild 59) gelangten wir mit Lastwagen über die Kleinstadt Lodwar zum Turkanasee, dem früheren Rudolfsee, im Ostafrikanischen Graben. Der rund 230 Kilometer lange See liegt nur 375 Meter hoch, weshalb es hier selbst nachts kaum Kühle gibt. Wir schliefen am Strand. Tags umringten uns die Kinder der Turkana, nach denen der See jetzt benannt ist. Allerdings waren die Menschen an dieser Stelle selbst Fremde. Die große Dürre 1980 hatte sie von ihren Weidegründen in der Halbwüste weiter westlich vertrieben. Zehntausende starben dabei durch Hunger und an der Cholera. Eine Rinderpest dezimierte ihren Viehbestand.

Aber es war nicht die erste Katastrophe. Bereits 1960 gaben die Engländer nach dringender Nahrungsmittelhilfe den Elendesten eine Ausbildung als Fischer. Die meisten hatten den See und

„Kenyanisierte" Turkana-Frau und ihre Tochter im Norden des Landes

Fische zuvor noch nie gesehen, konnten nicht schwimmen. Daraus entstanden international unterstützte Fischergenossenschaften. Aber die Turkana, deren Land etwa sechzigtausend Quadratkilometer groß ist, verfielen nach den Hilfsleistungen von damals in Apathie. Heute ist es noch schlimmer. An einigen Orten sahen wir die lange Schlange von Entmutigten und abhängig Gewordenen, die sich Trockenmilch, Maismehl und Speiseöl bei Hilfsstellen abholten. An was die Helfer aus Europa (auch Deutschland) jetzt arbeiten, sind viele kleine Bewässerungsprojekte, wo die Turkana Hirse, Mais, Bohnen und anderes, bisher nur gelegentlich gepflanzt, intensiver anbauen können. Aber in erster Linie werden insgesamt rund 250 000 Turkana wohl Viehzüchter bleiben.

Vor fast dreihundert Jahren gab es im Gebiet des heutigen Uganda das Volk der Karamodschong. Von ihnen spalteten sich die Dschie ab, hiervon wiederum die Turkana – sie sind heute am zahlreichsten. Die Dschie leben im Grenzgebiet mit Uganda, die Karamodschong sind in diesem Land zu Hause. Die Turkana haben aber auch die Toposa und viele andere Völker als Verwandte. Alle sind recht groß und sehr schlank, haben schmalere Nasen und Lippen als andere Afrikaner. Völkerkundler zählen sie (aber nicht einhellig) zu der Gruppe der Nilo-Hamiten.

Jeder Angriff ein schreckliches Blutbad

Allen gemeinsam sind eine ausgeprägte Aggressivität und ein starker Expansionsdrang. Immer wieder hört man im heutigen Kenya von Viehdiebstahl in großem Umfang. Diese Hirtenvölker bleiben sich nichts schuldig. Da sie teilweise nicht nur mit Speeren und Messern, sondern auch mit Schußwaffen ausgerüstet sind (so die brutal zuschlagenden Karamodschong in Uganda, die – wie die Toposa – ihre Gewehre 1979 von Idi Amins fliehenden Truppen erstanden und jetzt immer wieder Raubzüge über die Grenze nach Kenya machen), kommt es bei jedem Angriff zu einem schrecklichen Blutbad.

Die Turkana-Männer tragen meist nur einen kurzen Umhang, sonst nichts am Körper, auf dem Kopf Straußenfedern als Zeichen der Kraft, die Häuptlinge am Hinterkopf Perücken aus Leder und Ton mit Bemalung. Die Frauen haben ein Ziegenfell um die Hüften geschlungen, die Mädchen tragen ein kleines, verziertes Lederdreieck. Die Männer haben die Lanze, aber auch Pfeil und Bogen, Schild, Keule und einen Armreif in der Form eines Rundmessers, über den eine Art Etui gestreift wird. Mit dieser Waffe können sie dem Gegner schwere Verletzungen beibringen. Früher galten die Turkana als die besten Krieger Ostafrikas. Sie vertrieben sogar die Masai nach Süden. Daneben sind sie geschickte Handwerker mit unterschiedlichen Werkstoffen und können ihr Gerät selbst herstellen. Dazu gehört ein winziger Hocker, den sie auch als Kopfstütze verwenden können, wenn sie ihre Rinder, Ziegen, Kamele und Esel hüten oder auf der Wanderung müde werden. Die Frauen hängen sich unzählige Perlenketten um den Hals sowie schwere Ohrringe, die in einer Reihe von Löchern am Rande der Ohrmuschel aufgehängt werden.

Nakuru, neue „Heimat auf Zeit"

Für viele Europäer ist Kenya Gegenstand ihrer Urlaubsträume. Für uns war es nach langen Strapazen auf dem Wege quer durch Afrika ein ersehntes Ziel, an dem sich das „Leben unterwegs" für einige Zeit etwas weniger kompliziert abspielen sollte, wie wir hofften. Unsere Wünsche gingen in Erfüllung. Hier machten wir die Stadt Nakuru im Hochland zu unserer fünften „Heimat auf Zeit". Insgesamt drei Monate verbrachten wir hier. Einschließlich unserer Rundreisen und Wanderungen blieben wir aber genau fünf Monate in Kenya und vom Tage unserer ersten Ankunft bis zum Datum unserer letzten Ausreise vergingen sogar fast neun Monate. Schon nach fünf Tagen in der Stadt bezogen wir unser „eigenes" Haus.

Es wäre völlig verfehlt, würde ich Nakuru als eine für Touristen interessante Stadt bezeichnen wollen. Ein Ort, der erst 1900 entstand, weil die Erbauer der Uganda-Eisenbahn hier gerade eine Pause einlegten, anschließend im Zeichen von Landwirtschaft, Industrie und Handel stand, kann in dieser Hinsicht wenig bieten. Aber die Natur sorgte für eine interessante Umgebung Nakurus. Damals zählte die Stadt etwa 90 000 Einwohner. Was uns an ihr reizte, waren ihre ideale Größe (es fehlte an nichts für das alltägliche Leben) und ihre Höhenlage. Bei 1850 Metern genoß man ein erträgliches Klima.

Wir zogen unsere Erkundigungen wegen eines günstigen Wohnplatzes bei Afrikanern und Europäern ein. Mit den ersteren hatten wir mehr Glück. Pfarrer Stephen Mwangi von der anglikanischen Diözese hörte sich für uns um, und wirklich war in einer etwas außerhalb gelegenen Siedlung der Kirche ein Haus frei, das möbliert war und wenig mehr als zweihundert Mark Miete im Monat kostete. Für unsere Zwecke war es bestens geeignet (Farbbild 60). Pfarrer Mwangi wohnte uns gegenüber, und auch sonst hatten wir nette kenyanische Freunde, einschließlich des Bischofs Laadan Kamau. Aber auch Europäer, Amerikaner, Inder und sogar eine japanische Familie zählten bald zu unserem Bekanntenkreis.

Von unserem Haus aus sichtbar lag der zwölf Kilometer lange, dunkelgrüne Nakurusee in seinem zweihundert Quadratkilometer großen Nationalpark. Dieser Natronsee ist der „See der zwei

Britischer Stil: Hauptstraße in Nakuru. – Er hat einmal Berlin besucht (Fotogeschäft)

Millionen Flamingos", wie Vogelkundler einmal behaupteten. Es handelt sich um Zwergflamingos, aber obwohl ihre Anzahl sehr beeindruckend war, lag sie doch weit unter der obengenannten. Früher traf sie wohl einmal zu, dann gab es zeitweise fast keine der eleganten Vögel, aber jetzt konnte man sie wie rosa Schaum auf oder wie zarte Wolken gleicher Färbung über dem Wasser auch aus der Ferne erkennen (Farbbild 63). Aber da waren auch Pelikane und Kormorane, Fischadler, Kronenkraniche, Ibisse und vierhundert weitere Vogelarten, darunter europäische Zugvögel, außerdem Herden verschiedener Antilopen und Gazellen, Warzenschweine, Giraffen, Flußpferde und Affen.

Über der Stadt erhebt sich der Menengai-Krater, der mit rund zehn Kilometern Durchmesser und 485 Metern Tiefe ein anderes bemerkenswertes Naturschauspiel ist. Die Lavaströme in seinem Innern sind dicht bewachsen. Die Kraterwände fallen meist senkrecht ab. „Menengai" soll in der Masai-Sprache „Ort der Leichen" heißen. Angeblich sollen die Opfer einer Schlacht zwischen zwei Stämmen um die Mitte des vorigen Jahrhunderts dort unten liegen. Aber den Kenyanern ist der Ort auch unheimlich, weil die Sage umgeht, der Teufel selbst habe den Kraterboden umgepflügt. Andere erzählen, als der Grund einsank, seien Hirtinnen mit ihren Rindern in die Tiefe gerissen worden und man könne sie noch heute singen hören.

Die Masai vertrieben – Hochland wurde „weiß"

Geht man durch Nakuru, sieht man die verarbeitenden Industrien, beobachtet man den Verkehr, liest man den örtlichen Anzeiger, betrachtet man die Reklamedias vor den Kinovorstellungen,

Besuch auf Farm weißer Siedler bei Nakuru. Ausländer sind meist nur noch Verwalter

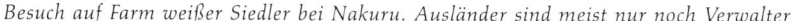

spricht man mit Leuten in den Läden – überall erweist es sich sofort, daß die Stadt das Zentrum der Landwirtschaft des Hochlandes ist. Etwa ab 1900 wurde dieses Gebiet mit günstigem Klima „White Highlands" (Weißes Hochland) genannt, wegen der zahlreichen europäischen, vor allem englischen, Siedler, für die es allein reserviert war (fast viereinhalb Millionen Hektar) und die es landwirtschaftlich sehr intensiv nutzten.

Die Masai-Hirten waren vertrieben worden, andere (einschließlich der in Kenya und auch in Nakuru – als Händler – stark vertretenen Inder) durften keinen Grund erwerben. Einer der Siedler hatte mehr als vierzigtausend Hektar, für die er einen „Pachtzins" von im Jahr kaum achttausend Mark bezahlte. Es gibt immer noch viele Weiße im Hochland, aber die meisten sind Verwalter von Farmen, die kenyanischen Einzelpersonen oder Gesellschaften gehören. Der Präsident von Kenya, Daniel arap Moi, hat selbst zahlreiche Farmen, einige bei Nakuru. Es wird Vieh für die Fleischerzeugung und die Milchwirtschaft gehalten, es werden Kartoffeln, Mais, Kaffee, Tee, Sisal und die Blume Pyrethrum (eine Art Chrysantheme, zur Gewinnung von Blütenextrakt für Insektizid) angebaut.

Die Kenyaner bilden um Nakuru ein buntes Völkergemisch, aber die Kikuyu (von denen der Mau-Mau-Aufstand gegen die rassistischen weißen Siedler und gegen die christianisierten eigenen Landsleute ausging) sind vorherrschend. Mau-Mau-Anhängern wurde in der weiten Umgebung früher „weißes" Land in Parzellen zugeteilt. Die Stadt ist Sitz der „Kenya Farmers Association" (KFA), bei der viele Fäden zusammenlaufen, und Schauplatz einer großen jährlichen Landwirtschaftsausstellung.

Die „Wananchi" schweigen nicht zu allem

Kaum jemand wird nach einem Ferienaufenthalt in Kenya sagen können, er habe nicht viel Interessantes gesehen. Dennoch bleibt bei einem kurzen Aufenthalt dort, zumal, wenn es sich um das erste afrikanische oder Dritte-Welt-Land des Besuchers handelt, gewöhnlich nur wenig Zeit, neben den Attraktionen – wie Strand und strahlende Sonne, wilde Tiere und Berge, Märkte und Shows – auch noch den Alltag einiger Kenyaner kennenzulernen, oder die Probleme, die sie bewegen, was sie ärgert und worüber sie lachen, kurz: ihre Welt.

„Müssen die ‚Wananchi' sich das gefallen lassen?" – Unzählige Male in ganz kurzer Zeit kann man in den Medien, bei Versammlungen, in Schulen, bei Behörden und in den Kneipen diesen Satz vernehmen. „Wananchi" (aus dem Kiswahili, der Verkehrssprache ganz Ostafrikas; ausgesprochen wird es „wanantschi"), das sind die „Bürger", als die die Kenyaner seit Erlangen ihrer Unabhängigkeit von den Briten gelten. Etwas, was sie von jenen fremdartigen Inselbewohnern gelernt haben, ist, nicht zu allem still zu sein, wenn sie etwas plagt. Die meisten afrikanischen Völker sind zum Schweigen verurteilt. In Kenya erlaubt die Zensur, daß man reden darf, um es einmal so auszudrücken. Das tut gut, denn es gibt wirklich vieles, über das man „den Kropf leeren" muß!

Viele „Wananchi" im „Wunderland" (der Touristen) wundern sich oft und sie finden keineswegs alles wunderbar. Beispielsweise, wenn Wasser und Strom dort, wo die Einrichtungen dafür vorhanden sind, manchmal tage- oder gar wochenlang fehlen; daß es einmal keinen Mais, dann keinen Zucker, keine Margarine oder kein Waschpulver gibt – nur Beispiele. In diesem prowestlichen, nichtsozialistischen Land kann man immer wieder „Schlangen" vor Läden oder einfach enttäuschte Käufer sehen. Gründe: Produktionsmängel, weil Rohstoffe fehlen; Schlamperei und Korruption von Behörden; Händler horten für spätere Höchstgewinne. Devisenmangel wegen der hohen Kosten für Petroleumimporte wird ständig vorgeschoben. Es gibt kaum noch ein Wirtschaftswachstum; Dürren verursachten große Schäden; es gibt kaum Anreize für die Bauern, die den weitaus größten Teil der Bevölkerung ausmachen. Den einfachen „Wananchi" wird das Leben wirklich schwer gemacht.

„Auch Bauern müssen schließlich essen!", erklären sie den hohen Herren in Nairobi, wenn sie ein halbes Jahr und mehr auf Bezahlung für abgelieferte Produkte – wie Kaffee – warten und deshalb zum Beispiel zwischen den Kaffeebäumen Nahrungspflanzen aufziehen müssen, was die Kaffeeproduktion verringert, worüber sich wiederum die Regierung ärgert, die exportieren und Devisen verdienen will. Aber auch die Farmer von Mais und Bohnen warten auf ihr Geld, das ihnen zum rechtzeitigen Kauf von Saatgut und Kunstdünger fehlt. Was soll auf der „Shamba" (den Feldern) denn dann wachsen? Soll auf dem von der Frau umsorgten „Jiko" (dschiko), der Feuerstelle, nur immer „Ugali" (Maisbrei) kochen? (Farbbild 62).

Präsident: Patienten wie Menschen behandeln

Müssen sich die arbeitenden und steuerzahlenden „Wananchi" nicht beschweren, wenn etwa im Gesundheitswesen so vieles drunter und drüber geht? Wenn im Wartezimmer der Klinik einer mittelgroßen Stadt Kühe wiederkäuen, die sich das Personal hält? Wenn in einem Hospital Notfälle auf die lange Bank geschoben werden, auf der auch der Tod sitzt (und der Präsident die dringende Aufforderung an die Krankenpfleger richtet, die Patienten wie Menschen und höflich zu behandeln)? Wenn in einem anderen Krankenhaus zwei bis zur Unkenntlichkeit verweste Körper aufgefunden werden? Wenn bei einer Cholera-Epidemie am Victoriasee kaum Impfstoffe vorhanden sind? Im neuen Kenya muß der Bürger doch Mensch sein!

Und er will leben. Kenya, so sagt er, hat die gefährlichsten Straßen der Welt. Die Eisenbahnen sind sehr langsam (aber sicher), es gibt auch nur wenige Linien. Reisende sind also auf klapprige Busse und „Matatu" angewiesen. Sind schon Fußgänger grundsätzlich Freiwild der Chauffeure, so bringen die Fahrer der „Matatu", eine Art „Buschtaxi", oft auch die Insassen ihrer vollgestopften, eigentlich fahruntüchtigen Gemeinschaftstaxis um. „Matatu stürzt in Schlucht – 15 Tote" liest man dann etwa in der Zeitung.

Killer sind oft auch Polizisten, die ohne Motiv (angeblich irrtümlich, tatsächlich in Fehlreaktion oder aus Leichtsinn, manchmal aber auch in Tötungsabsichten) völlig unschuldige Bürger niederschießen. Zum Glück kommen in Kenya solche Rechtsbrecher vor Gericht – eben, weil man darüber reden darf. Außer Gefängnisstrafen bekommen sie auch Stockschläge, wie andere Übeltäter.

Arbeitslosigkeit und Kriminalität

Sonst ist die Polizei dem Bürger eher zu langsam. Wie oft versuchen Passanten (in den großen Städten), einen Taschendieb oder Handtaschenräuber – einmal gestellt – der Einfachheit halber gleich totzuschlagen! Ohne Kenya unrecht tun zu wollen, kann man ihm bescheinigen, daß es keineswegs am Ende der Gefährlichkeitsskala in Afrika liegt. Unglaublich oft blitzt vor Überraschten plötzlich das „Panga", das große Buschmesser, oder das „Simi", ein kurzes Schwert, auf, und außer den Wertsachen ist häufig auch das Wertvollste, das Leben, weg. Die Empörung der

„Wananchi" über rapide wachsende Unsicherheit nimmt ständig zu. Vielköpfige Banden plündern reihenweise Häuser aus, und sie verschonen nicht einmal die Armen oder Landbewohner. Aber nicht nur „Professionelle" tun das. Im Elendsviertel Mathare von Nairobi brannten einmal 447 Holzhäuser ab, weil, wie fest angenommen wurde, der Bewohner einer der Hütten in ziemlichem Mietrückstand war und der Besitzer sich mit einem Feuerchen an ihm rächen wollte. 1700 Menschen wurden dadurch obdachlos.

Wer zum Beispiel im Jadini Beach Hotel bei Mombasa an seinem Bier nippt, ist kaum in Gefahr. Aber es gibt nur wenige Touristenplätze im Lande, an denen man vor Dieben und Räubern vollkommen sicher wäre. An einigen steht auf Tafeln die deutliche Warnung: „Achtung, Gefahr von Überfällen!" . . . bis hin zu Vergewaltigungen. Natürlich haben die friedlichen „Wananchi" nichts gegen weiße Besucher. Sie sind ja selbst so oft die Leidtragenden dieser Gewaltakte. Noch nirgends haben wir so viele Wächter und Streifen – für gewisse Firmen, die sie rekrutieren, ein tolles Geschäft – tags und nachts vor Banken und Läden, Fabriken und Farmen, Hotels und Privathäusern, Schulen und Amtsgebäuden gesehen.

Kenya hat ein riesiges Arbeitslosenproblem – ein wichtiger Grund für wachsende Kriminalität. 250 000 zusätzliche junge Leute suchen jedes Jahr Arbeit, was zu starken sozialen Spannungen führt. Ausgerechnet am 1. Mai warf Kenyas Präsident der Jugend seiner Bürger einmal vor, nicht zu körperlicher Arbeit bereit zu sein. Aber der Staatschef übersah, daß sie weder in der Stadt noch auf dem Lande in ausreichendem Maße zu finden ist. Im Dorf ist es unmöglich, die kleine „Shamba" unter immer noch mehr Leuten aufzuteilen. Drei Millionen Kenyaner waren 1983 landlos.

Am Baringosee nördlich Nakurus. Wir fuhren zu einer fünf Kilometer entfernten Insel

Ein deutscher Journalist, der in seinem Bericht kritiklos einen kenyanischen Offiziellen sagen ließ, in diesem Lande gäbe es keine Prostitution, muß seine Tage und wohl auch die Nächte im Schlaf verbracht haben. Von Lodwar im Turkanaland über Nakuru im Zentrum bis Malindi an der Küste fanden wir keinen bedeutenderen Ort, an dem sie nicht – trotz gesetzlichen Verbots – ganz unverblümt ausgeübt worden wäre. Im Hotel oder hinter dem Bierschuppen an der Ecke, auf der Straße und im Slum, aber auch „feiner" durch Anruf via Bürotelefon, florierte das Gunstgewerbe. Die tragische Seite dieser Erscheinung möchte ich ausdrücklich hervorheben. Die überwiegend Christen gewordenen „Wananchi" waren beschämt und erschüttert. Niemand kannte die Zahl der vielen kleinen Mädchen in den großen Städten, die der rasch um sich greifenden Kinderprostitution nachgingen. Armut und Arbeitslosigkeit der Eltern machte man dafür verantwortlich. Übrigens hatte die Herpes aus den USA über Mombasa bereits das Hochland von Kenya erreicht. So war vor fast hundert Jahren auch die Syphilis eingeschleppt worden.

Reichster Kindersegen

„Haben wir uns in Karnickel verwandelt?", fragte ein kenyanischer Minister seine Landsleute. Kein Volk auf der Welt vermehrt sich so rasch, nämlich um fast vier Prozent im Jahr. Ganz ähnlich äußerte sich der Vizeminister für wirtschaftliche Planung und Entwicklung, Martin Shikuku, obwohl er allein schon acht Töchter hatte. Die Vereinigung für Familienplanung warb verzweifelt um Mitglieder. Viele „Wananchi" haben noch nicht begriffen, wohin ihr Land steuert. Ackerland ist in Kenya so knapp, daß eigentlich nie mehr Menschen hier leben dürften, als es zur Zeit sind. Selbst die Möglichkeiten der Trinkwasserversorgung werden in Zukunft sehr begrenzt sein. Aber sieben Kinder ist in weiten Kreisen der schöne Durchschnitt pro Familie.
„Illegales" Kinderkriegen ist unter den genannten Verhältnissen nicht nur von Moralpredigern aufs Korn genommen worden. Wohl niemand vermag die Mädchen zu zählen, die mit fünfzehn Jahren (nicht etwa bei „primitiven" Stämmen) Mutter sind. Victoria, ein Dienstmädchen, das wir kennenlernten, war siebzehn und hatte schon drei Sprößlinge, für die sie allein zu sorgen hatte. Heiß entbrannte die öffentliche Diskussion der „Wananchi" darüber, ob solche Mädchen noch an Schulen bleiben dürften. „Nein", hörte man da eine Meinung. „Sie brauchen eine Strafe, dann lassen sie die Finger davon!" Sie wurde von dem Vizeminister mit den acht Töchtern geäußert. Eine Strafe für die Männer schlug er nicht vor. Viele protestierten gegen seine Ansicht, andere teilten sie.

Geld für Schulen und Kirchen

Kenya ist eines der wenigen Länder der Dritten Welt, in denen mehr Geld für Schulen als für das Militär ausgegeben wird. Der Bürger dürfte darüber kaum unglücklich sein. Aber an Schulhäusern, vor allem auf dem Lande, fehlt es immer noch. Dabei muß ja meistens Schulgeld (außer Grundschule, sieben Jahre) bezahlt werden. Um verderblichen Einfluß von den Kindern fernzuhalten, um besonders die Leistungen der Grund- und Mittelschulen zu heben, wurden in einem Gebiet die allabendlichen traditionellen und Disco-Tänze verboten. In einem anderen Gebiet wurde dagegen ein Disco-Wettbewerb für die Schuljugend abgehalten. So stritten sich die Geister.
Worüber sie sich nicht stritten, das waren die Ausgaben für neue Kirchenbauten. Wir konnten nur

„Harambee"-Veranstaltung einer anglikanischen Gemeinde. Vom Erlös sollen Schulden bezahlt werden

über die „Wananchi" staunen, die sonst ihr Geld so zusammenhalten wollten, wie freigebig sie damit umgingen, wenn es um die Errichtung eines neuen Gotteshauses ging. In Kenya gibt es heute über eintausend Kirchen, Gemeinschaften und Sekten. Jede hat ihre Treffpunkte, jede will möglichst schöner und größer bauen als die andere. In kleinen Dörfern kann man vergleichsweise riesige Kirchen finden. Die Kenyaner haben bereits alle Fehler der Europäer nachgemacht.

Um beim Geld zu bleiben – bei hoher Inflationsrate in Kenya ein sehr wichtiges Thema: Das Spendensammeln ist eine große Leidenschaft, vor allem der Offiziellen. Aber die „Wananchi" eifern ihnen nach. Der „Schlachtruf" des ersten Präsidenten Jomo Kenyatta war „Harambee", was „Alle zusammen" bedeutet, eine Aufforderung zur Kooperation. Das Wort steht sogar im Staatswappen. In „Selbsthilfe" werden von der Einheitspartei, von Ministern einschließlich des Staatschefs, von Vereinen und Kirchen „Harambee"-Unternehmungen gestartet. So manche ländliche Schule, meist aus Lehm und mit Blechdach, so mancher Krankenhausanbau und so manche Kirche werden auf diese Weise ganz oder teilweise finanziert. In den Zeitungen werden stolz die Erlöse bekanntgegeben. Die „Wananchi" geben, wenn nicht gleich Geld, Naturalien aller Art, die dann versteigert werden.

Bei den Bürgern machte sich damals aber ganz langsam Verärgerung breit. Es werde zuviel Druck beim „Harambee" ausgeübt. Man *müsse* geben. Lehrer, Schüler und Eltern, immer wieder angespornt, fragten sich: „Die Schulen sind zwar für uns da, aber ist es nicht eigentlich Aufgabe des Staates, sie zu bauen?"

Kenyatta hatte mit dem Parteienhader auch den Stammeshader abschaffen wollen. Er erreichte dieses Ziel nicht. Nach seinem Tode 1978 änderte auch sein langjähriger Vize und Nachfolger, der gerne lächelnde aber autoritär regierende Daniel arap Moi nichts daran, daß die verschiedenen Völker der inzwischen zwanzig Millionen Kenyaner eifersüchtig nacheinander schielten. Kenyas Afrikanische Nationale Union (KANU) regiert seit 1963, seit „Uhuru" (Freiheit, Unabhängigkeit) erreicht wurde. Sie wird vom Bantu-Volk der Kikuyu, das zwanzig Prozent der Bevölkerung umfaßt und vor allem in Zentralkenya beheimatet ist, dominiert, aus dem auch Kenyatta kam. Präsident Moi gehört zum andersrassischen Volk der Tugen. Die Luo in Westkenya, mit diesen entfernt verwandt, fühlen sich, bei fünfzehn Prozent Bevölkerungsanteil, völlig unterrepräsentiert. Als eine linke Oppositionspartei gegründet werden sollte, ließ Moi gesetzlich festlegen, daß die KANU Alleinbewerberin für die Parlamentswahlen bleiben konnte. Ein populäres Parteimitglied, Vizepräsident Oginga Odinga, ein Luo, bei Kenyatta im Gefängnis, wollte die erwähnte Oppositionspartei gründen. Darauf wurde er vorsorglich aus der KANU ausgeschlossen. Dann kam das Gesetz über die Einheitspartei und es kehrte wieder Ruhe ein!

Die „Wananchi" sind mit ihren durch und durch korrupten Parlamentariern (die in ihren Wahlkreisen Unsummen für Wählergeschenke ausgeben) absolut nicht einverstanden. Außerdem ärgern sie sich, daß die Abgeordneten Amt auf Amt – auch in der Wirtschaft – häufen. Sie werden rasch reich, wenn sie es nicht schon sind. Doch auch Präsident Moi ist (wie einst Kenyatta) mit seinen vielen Farmen sehr wohlhabend.

Aber wie empfindlich sind die „Volksvertreter" (sie werden tatsächlich gewählt) bei jeder Kritik an ihnen! Der ehrenwerte Herr Shikuku (mit acht Töchtern) schlief in der Nationalversammlung (deren Mitglieder wirklich auch reden dürfen) während einer Debatte über häufige Wohnungsbrände in einem Gebiet, wobei Kinder ums Leben kamen, lang ausgestreckt auf der ersten Bank des Hohen Hauses. Als dies bemängelt wurde, erklärte er: „Ich meine, daß man sich hier hinlegen und sogar schlafen kann, solange man nicht schnarcht!" Die gutgemachte Zeitung „Daily Nation" brachte ironische Berichte darüber. Das „arme Opfer" wehrte sich: „Wie lange können wir ein solch notorisches Blatt noch ertragen?" (Die Zeitung gehört Indern). Es gab aber keineswegs nur Bürger, die ihm beipflichteten. Übrigens wurde ein Kreistagsverordneter, der acht Monate nicht zu Sitzungen gekommen war und dennoch Bezahlung erhalten hatte, verhaftet und vor Gericht gebracht.

Loblieder auf den Präsidenten – aber auch ein Putsch

Wie gesagt, darf man in Kenya mit Erlaubnis über vieles reden, über eines aber nicht, das heißt doch, aber dann nur freundliches. Dabei handelt es sich um den Präsidenten. Daniel arap Moi wird von seiner Partei, den Politikern, selbst von Zeitungen, auch von vielen „Wananchi" öffentlich (manchmal poetisch) als das „edle", „geliebte" und „weise" Staatsoberhaupt besungen. Der „Rais" (Präsident), ein Christ, unendlich oft zitiert, weil er häufig im Lande unterwegs ist und auch wirklich viel nach dem Rechten sieht (sich zum Beispiel mit den „Wananchi" ärgert, daß Hunderte von Regierungsfahrzeugen stilliegen, weil ihnen etwas, manchmal nur eine Schraube, fehlt), dieser Mann steht unantastbar auf seinem Denkmalssockel, so wie einst Jomo Kenyatta zu seinen Lebzeiten. Die illegale Opposition fragt man ja nicht nach ihrer Meinung.

Aber Mois Denkmal wackelte Anfang August 1982 erheblich: Ein Putschversuch der Luftwaffe versetzte mehrere Tage lang Nairobi und das ganze Land in Schrecken. Noch nie hatte es in Kenya so etwas gegeben (wohl aber Morde und Versuche dazu an Führern). Die Furcht vor einer Wiederholung, wenn auch nicht auf die gleiche Weise, war sehr stark. Die Putschisten – im Jahre 1983 hingerichtet, noch im Gefängnis, begnadigt oder im Exil – schossen bei ihrem Feldzug „gegen den Diktator Moi und gegen die Korruption" auch unschuldige Zivilisten nieder. Die loyalen Truppen waren freilich bald wieder Herr der Lage.

Dieser Revolte waren das Verbot der Opposition, Vorbeugehaft für Kritiker, mehrfache Universitätsschließungen sowie die erzwungene Entlassung eines Zeitungsjournalisten, der diese Maßnahmen kritisiert hatte, vorausgegangen. Daß sich Spannungen bildeten, die sich eines Tages entladen würden, lag auf der Hand. Dennoch kam die Rebellion unerwartet. Als die Putschisten die Innenstadt Nairobis besetzten, schlossen sich ihnen auch unzufriedene Universitätsstudenten an und aus den riesigen Slums kamen die Massen der Unterprivilegierten. Sie stürmten das Zentrum der Hauptstadt, plünderten und zertrümmerten Hunderte von Geschäften. Der Sachschaden summierte sich auf rund eine Viertelmilliarde Mark.

Die Inder in Ostafrika

Die meisten der ausgeräumten und demolierten Läden gehörten Indern. Vielen von ihnen, auch zahlreichen Frauen, wurde Gewalt angetan. Sie sahen in dem Geschehen den Ausdruck tiefsten Rassenhasses der Kenyaner. Kaum einer wollte es so sehen: Die Afrikaner verdienten im Jahr

Im Inderviertel von Mombasa. Kenyas Inder leben fast nur in Städten

Flußpferde am Victorianil im Kabalega Falls-Nationalpark südlich von Gulu in Uganda. (Zum Abschnitt

durchschnittlich tausend Mark, die Inder aber 20 000. Allerdings muß man sagen, daß es unter ihnen ebenfalls Kleinverdiener und Arme gibt. Während unseres neunmonatigen Aufenthalts in Ostafrika kamen wir mit etwa zwanzig indischen Familien aller religiösen Bekenntnisse und sozialen Schichten zusammen und wir verbrachten viele Tage mit ihnen.

1963, als die afrikanischen Staaten zur Mehrheit offiziell unabhängig geworden waren, lebten in Uganda rund 80 000, in Tansania etwa 90 000 und in Kenya annähernd 180 000 Inder (gewöhnlich Asiaten genannt, weil es auch viele Pakistanis gibt). Hinzu kamen kleinere Gemeinschaften in Sambia und Malawi. In Südafrika waren und sind sie sehr zahlreich. Wieso die große Zahl von Indern? Sie hatten möglicherweise schon seit zweitausend Jahren Handel mit der Ostküste Afrikas getrieben, Gold, Elfenbein und Sklaven gekauft, Stoffe aus Indien, aber auch ihre Fertigkeiten und Kapital gebracht. Ab dem sechzehnten Jahrhundert attackierten die Portugiesen das von Arabern, Indern und Persern kontrollierte Wirtschaftssystem des Indischen Ozeans, Ende des neunzehnten taten dies die Deutschen und die Briten. Zuvor, im Jahre 1873, waren fast alle Ladenbesitzer an der Ostküste Inder. Sie finanzierten auch die Karawanen ins Landesinnere. Um die Jahrhundertwende holten die Briten etwa 32 000 Inder zum Bau der Uganda-Bahn in ihre Kolonie. Viele der Arbeiter gingen zugrunde, aber die meisten kehrten mit Geld nach Indien zurück. Ein Teil aber blieb und eröffnete Läden.

Vor Idi Amin war Uganda gegen die Inder als separate Gemeinschaft sehr tolerant. Insbesondere seit der Vertreibung durch ihn sind sie aber verunsichert. Sie sehen keine wirtschaftliche und

„Kontinent der Tiere bald Vergangenheit" ab Seite 302)

gesellschaftliche Zukunft in Ostafrika mehr, obwohl seitdem besonders viele die kenyanische Staatsbürgerschaft annahmen. Drei von vier waren 1983 Bürger Kenyas, zwei von drei waren in Ostafrika geboren worden. Ihre Kinderzahl nahm ab. Damals lebten in Kenya noch 80 000 Inder, also weniger als die Hälfte derer von 1963.

Ab 1900 wollten die Inder wie die Weißen im kenyanischen Hochland siedeln. Darüber gab es – insbesondere nach 1918 – politische Auseinandersetzungen mit den Kolonialbehörden, ohne Erfolg für die Inder. Im Uganda unter den Briten gab es keine Siedler. Dort hatten die Inder aber das Monopol bei der Vermarktung von landwirtschaftlichen Produkten. Die Afrikaner suchten dieses durch die Gründung von Genossenschaften zu brechen. Auch in Tanganyika hatten die Inder den Groß- und Einzelhandel ganz in der Hand. Zwar wurden ihnen einige Verdienste zuerkannt, aber meist wurden sie – von Afrikanern und Europäern – wegen ihrer „Händlernatur" und ihrer Leidenschaft für das Anhäufen von Geld kritisiert. Man warf ihnen Verwendung falscher Gewichte, Preistreiberei bei Warenmangel und Außerlandschaffung von Profiten vor. Ab etwa 1965 wuchs die gesamte Zuckerrohrproduktion des inzwischen unabhängigen Uganda auf den Plantagen von zwei Indern, die die führenden Industriellen Ostafrikas waren. Heute müssen die Inder ihre Geschäfte auch afrikanischen Partnern öffnen. Fast alle Inder leben in Städten. Durch die teilweise „Afrikanisierung" des Einzelhandels und durch den Entzug der Geschäftserlaubnis in kleineren Orten wurde der durch den Ausschluß vom Landbesitz eingeleitete Trend noch verstärkt.

Noch Kolonialdenken

Der überwiegende Teil der Händler hat seinen Ursprung in Gujarat im Westen Indiens. Es gibt Hindus, Moslems und wenige Christen, jeweils in mehrere Gruppen gespalten. Unter den Hindus sind die Kasten der Patel und Lohana (diese Begriffe werden als Familiennamen verwendet) von Zahl und Macht her beherrschend. Ebenfalls mächtig sind die Shah (Angehörige der Religion der Jain, ausgesprochen dschain) und die Banya (Händlerkaste). Bei den Moslems sind die Schiiten die Mehrheit. Es fallen besonders die modern lebenden Ismaeliten (Nachfolger Aga Khans) auf. Alle Gemeinschaften haben ihre Tempel und Moscheen in zahlreichen Städten Ostafrikas. In vielen waren wir Gäste bei Zeremonien.

Das Moralverhalten der Inder dieser Region gleicht dem in ihrem Ursprungsland. Kulturell-geistig blieben sie ihren Traditionen verhaftet. In den Schulen sitzen aber meist indische neben afrikanischen Kindern. Doch zu Heiraten zwischen den beiden Gruppen kommt es nicht. Diese Tatsache und das Verharren im Kolonialdenken vieler alter Inder setzt sie heftiger Kritik der Afrikaner aus, die allerdings nur sehr wenig über die Asiaten wissen. Diese schirmten sich bisher zu sehr von ihrer Umwelt ab. Aber auch die jüngste Generation von Indern äußert sich manchmal kritisch. So hörten wir, daß die eigenbrötlerische Einstellung selbstzerstörerisch sei. Ein Leserbriefschreiber meint: „Viele alte Inder sind bigott und ungebildet". Sie, die sich für die Unabhängigkeit der Staaten Ostafrikas kaum eingesetzt haben, müßten gegenüber ihrem afrikanischen Heimatland mehr Loyalität beweisen. Politisch waren die Inder in Ostafrika nie aktiv. Ihnen ging es nur um Geschäfte. Bei Plünderungen sind die indischen Läden immer als erste an der Reihe.

Reisen durch Kenya, auch in die Berge

Wir blieben zunächst etwa zwei Monate in Nakuru und genossen unsere nette Wohnung (später hatten wir ein Haus nebenan), schätzten die Gelegenheit, Erlebtes und Erfahrenes aufzuarbeiten, und pflegten unsere Beziehungen zu Nachbarn und Bekannten, um möglichst viele Informationen zu erhalten. Wir verstanden uns auch menschlich gut mit Pfarrer Stephen Mwangi und anderen, deren Kinder bei uns ein- und ausgingen. Wir hatten viel Spaß an den aufgeweckten Mädchen und Jungen.

Aber wir reisten auch viel in dem Lande umher, das mehr als doppelt so groß wie die Bundesrepublik ist. In der weiteren Umgebung Nakurus liegen noch einige schöne Seen und ein fünfundsiebzig Meter hoher Wasserfall, sowie ausgedehnte Hügellandschaften mit Teepflanzungen. Weiter entfernt sind die bis zu viertausend Meter hohen Aberdare-Berge. Andere Fahrten – teils zu Fuß – brachten uns rund um den Kenya-Berg (5199 Meter), zum Victoriasee, zur Küste nach Malindi und Mombasa, die zweitgrößte Stadt, und zu den nahegelegenen Stränden. Übrigens hörten wir dort auch in Zeitungen oft geäußerte Kritik der meist moslemischen Waswahili am Benehmen der Wazungu, der Besucher aus dem Norden, der weißen Urlauber, insbesondere, daß viele Europäerinnen am Strand „oft nur Schuhbändel zwischen den Schenkeln" trügen. Wir kamen dann durch die wildreichen Gebiete zum Fuß des Kilimandscharo, dessen Gipfel 5895 Meter hoch ist und gleich hinter der Grenze in Tansania liegt (Farbbild 68). Den 4321 Meter hohen Mount Elgon an der Grenze mit Uganda wollten wir besteigen, aber Schlechtwetter verhinderte dies.

Hingegen hatten wir trotz gelegentlichen Regens bei einer einwöchigen Wanderung durch die

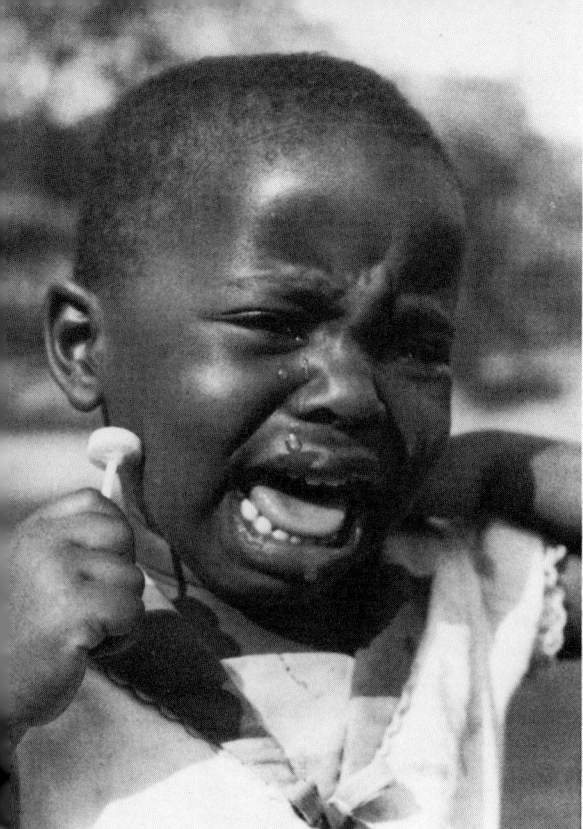

Das Nachbarmädchen Nomura ärgert sich über ihre Brüder. – Wasserfall in der Nähe Nakurus

Tscherangani-Berge Glück. Sie liegen rund vierhundert Kilometer nordwestlich von Nairobi und sind bis 3300 Meter hoch. Nach Niederschlägen war die Landschaft sehr grün und schöner kaum vorstellbar (Farbbild 62). In den tieferen Lagen wechselten auf rollenden Hügeln Maisfelder mit Weiden und Wald. Mit zunehmender Höhe wurde es feuchter, und die Bäume hatten lang herabhängende „Bärte" von Flechten. Dann glich unsere Umgebung einer Almenlandschaft, mit Felsen im Hintergrund. Dort weideten Hochlandrinder, Schafe, Ziegen und Esel. Die einzelnen Flächen waren von Zäunen aus gespaltenem Bambus umgeben. Leider gab es an vielen Hängen Spuren starker Erosion durch Kahlschläge und durch Überweidung. Also selbst in solchen Höhen wird in Afrika durch den Menschen die Landschaft geschädigt!

An drei Tagen gingen wir auf Wegen, die völlig mit Moos bewachsen waren und sich wie ein dicker Teppich anfühlten. Überall blühten herrliche Wildblumen. Wir fanden sogar Veilchen. Wilde Tiere sahen wir leider selten. Größere waren Kronenkraniche und Colobusaffen. Die Gegend war zu dicht bevölkert. Von einem 3200 Meter hohen Punkt hatten wir die schönste Fernsicht, in drei Richtungen, bis zu 150 Kilometer weit. Dort wehte aber ein eiskalter, orkanartiger Sturm. Wir befanden uns genau unter dem Äquator... Von dort mußten wir durch dichte, finstere, sehr feuchte Wälder meist im 45-Grad-Winkel talwärts klettern, ehe wir wieder zu Weiden und Feldern kamen. Und schließlich waren wir in trockenerem Gebiet, mit Dornbüschen und Kakteen, aber auch dort war es grün. Es war faszinierend, auf einer Distanz von nur 120 Kilometern solche Klimawechsel zu erleben.

Beim Volk der Pokot bald Ende der Traditionen?

Die Tscherangani-Berge liegen im Bezirk West-Pokot. Er ist nach dem Volk der Pokot benannt, von dem ein Teil dort zu Hause ist. Allerdings gibt es wenige richtige Dörfer. Die Rundhütten liegen meist in der Landschaft verstreut. Natürlich waren die Menschen der wichtigste Grund für diese Tour gewesen. Anfangs waren wir ziemlich enttäuscht, denn die Leute grüßten uns kaum (wir waren in Afrika schon verwöhnt). Selbst die Kinder waren scheu und liefen davon. Die Leute trugen westliche Kleider. Im zweiten Teil der Wanderung kamen wir zu Orten, wo die Menschen – vom gleichen Volk, aber weniger von den alles dominierenden Kikuyu beeinflußt – viel zugänglicher waren, auf uns zukamen, um uns zu begrüßen, mit uns zu reden. Nur ganz selten bat uns jemand um „Shilingu moja", um einen Shilling, die kenyanische Währung. Viele Pokot leiden an Kala-Azar, der schweren Eingeweidekrankheit.

Dort trugen die Frauen noch oft Röcke aus Rinderhaut, viele Perlenketten um den Hals und große Ohrringe. Dafür müssen die Ohrmuscheln am Rande mehrfach perforiert werden. Um ein Zusammenwachsen des wunden Fleisches zu verhindern, werden kleine Holzpflöcke in die Löcher gesteckt. Übrigens werden alle Pokot-Mädchen beschnitten. Wie uns Pater Leo, der schon fast drei Jahrzehnte in der Gegend lebte und den wir kurz nach unserer Bergtour aufsuchten, erzählte, unternähme die katholische Kirche ebenso wie die Regierung nicht viel gegen diesen Brauch, in der Hoffnung, daß er eines Tages „aus der Mode kommen" werde. Das gleiche gälte für die Vielehe der Pokot-Männer. Daß sich die meisten Pokot bereits ihrer traditionellen Kleidung entledigt haben, geht auf ein Dekret des „weisen" Präsidenten Daniel arap Moi zurück. Er gehört zu jenen, die sich bei allen möglichen Gelegenheiten ihres Afrikanertums zu schämen scheinen. Wir sahen noch Frauen mit traditionellen Frisuren: Kopf seitlich rasiert, restliches Haar in Zöpfe geflochten an der Rückseite des Kopfes herunterhängend. Leider mußten wir feststellen, daß die Pokot-Jugend außer kirchlichen und nationalistischen Liedern kaum noch etwas anders zu singen wußte. Wir hatten Glück, zu einem Ort zu kommen, wo ältere Pokot-Männer noch originale Lieder kannten. Sie – dort oben Viehzüchter – priesen in ihrem Gesang zum Beispiel die Schönheit des Stieres, die Farbe seines Felles und seines Schwanzes, und die Form seiner Hörner. Dabei wurde die Rolle des Vorsängers abwechselnd von allen Männern übernommen.

Merkwürdige Schulverhältnisse

Leider waren die meisten Pokot nicht so gastfreundlich, daß sie uns in ihre Hütten zum Schlafen aufnahmen. So mußten wir uns an die Lehrer der einfachen Dorfschulen halten, die in primitiven Unterkünften lebten. Dabei lernten wir recht merkwürdige Schulverhältnisse kennen. Den Unterricht nahmen Schüler und Eltern offenbar nicht sehr ernst. Nach den Ferien dauerte es bis zu zwei Wochen, bis die Kinder sich wieder der Schule erinnerten. William, selbst ein Pokot, obwohl die meisten Lehrer aus anderen Gegenden Kenyas kamen, trafen wir, als er bereits zum zweiten Male tausend Meter von seinem Wohnort zu dem Weiler Tamuswa heraufgeklettert war, ohne Schüler vorzufinden. Über hundert Kinder wären hier schulpflichtig gewesen, aber normalerweise kam nur die Hälfte. Lediglich fünfzehn hatten unter einem Dach aus Wellblech Platz, auf Steinen und querliegenden Ästen. In den Ort Tapach kamen eines Morgens vier Schüler. Die Lehrer Jeremy und John waren der Meinung, daß sich das Unterrichten da nicht lohne, ließen die Mädchen und Jungen Holz für ihr Feuer sammeln und schickten sie dann wieder heim. Neun

Pokot, Bewohner von Parua. Die Frau links trägt noch den traditionellen Halsschmuck

Maisspeicher und Schule (rechts bei den Bäumen) von Parua in den Tscherangani-Bergen

Lehrer gab es in dem Dorf Parua, die ihre Zeit mit Essen, Herumsitzen und Kartenspielen totschlugen. Sie lagen um sieben Uhr noch im Bett, wenn bereits die ersten Schüler eintrafen, die einen langen Weg von zu Hause zurücklegen mußten. Ich sage nur die Wahrheit, wenn ich anmerke, daß die Lehrer ihre Schüler wie kleine Sklaven alle Arbeiten für sich verrichten ließen. Die „leuchtenden Vorbilder" machten sich nicht einmal die Hände schmutzig.

Überrascht waren wir vom Wissensdurst der beiden Lehrer Justus und Wallace in Chepkono. Sie waren hocherfreut, uns bei sich zu haben, und morgens begleiteten sie uns noch eine Stunde weit. Sie wollten zum Beispiel noch genau erfahren, was sich im Winter in Europa abspielt, warum in unseren Breiten Blumen so viel Bedeutung beigemessen wird und wie die Sozialversicherung funktioniert. Beim Abschied sagten sie, sie hätten in Gesprächen mit uns genug Material gesammelt, um ihren Schülern tagelang von Europa erzählen zu können.

Kontinent der Tiere bald Vergangenheit

„Und wie schützten Sie sich vor wilden Tieren?", werden wir bei unseren Vorträgen oft von Besuchern gefragt. Wir müssen gestehen, daß eines der wichtigsten Bedenken bei der Planung unserer Afrikareise gefährlichen wilden Tieren galt. Viele Touristen kennen Afrika fast nur als den Kontinent der Tiere. Wahrscheinlich gibt es nirgends sonst eine vielfältigere Fauna. Und wir hatten Fußmärsche über Tausende von Kilometern vor! Aber darüber konnten wir uns (leider) bald beruhigen. Tierreichtum, von der absoluten Zahl her, ist nur noch in einigen Zonen zu finden. In diesem Buch erwähnte ich bei Gelegenheit unsere Tierbeobachtungen, oder ich bedauerte, wie wenige Tiere es um uns gab.

Nun, besonders große Freude hatten wir in den drei Ländern Kenya, Uganda und Tansania daran, Elefanten und Flußpferde, Büffel und Krokodile, Giraffen und Zebras, Gnus und Hyänen, Warzenschweine, alle Arten von Antilopen und Gazellen, Strauße und viele andere große Vögel in den für sie reservierten Parks – so Nakuru, Tsavo, Masai-Amboseli und Kabalega Falls (früher Murchinson Falls, in Uganda) –, einige aber auch irgendwo in offenem Gelände direkt neben Viehherden beobachten zu können.

In Westafrika hatten wir immer wieder Touristen getroffen, die uns von ihren Besuchen in Parks dort berichteten und meistens enttäuscht waren. Der Westen Afrikas kann in dieser Hinsicht mit dem Osten nicht konkurrieren; er ist vergleichsweise dicht besiedelt. Wenn man einem UN-Bericht Glauben schenken darf, so gab es 1977 in Westafrika, einem Gebiet von sechs Millionen Quadratkilometern, noch rund 17 000 Elefanten, praktisch alle in Parks. Rechnet man die imposant scheinende Ziffer auf die Größe Baden-Württembergs zurück, so kämen auf diese Fläche gerade hundert Elefanten. Seitdem dürfte sich die Zahl der Dickhäuter in Westafrika eher noch verringert haben.

Trotz auch noch so ernsthafter Bemühungen wird es wohl nie gelingen, die genaue Zahl der noch in Afrika lebenden Elefanten festzustellen. In dem amerikanischen „National Geographic Magazine" wurden folgende Zählergebnisse aus dem Jahre 1977 veröffentlicht: ganz Afrika 1,3 Millionen, davon Zaire 360 000, Tansania 316 000, Sambia 150 000, Sudan 134 000, Zentralafrikanische Republik 71 000, Kenya 65 000, in weiteren dreißig Ländern alle übrigen. Diese Zahlen stammen von dem führenden Experten Iain Douglas-Hamilton und seiner Frau Oria, vom Lake-Manyara-Nationalpark in Tansania. Uns schienen sie – selbst für Ostafrika – sehr überhöht. Gerade in der Zentralafrikanischen Republik, wo wir uns in einigen der weltabgeschiedensten

Gebieten aufgehalten hatten, hörten wir Klagen der Händler, die das Geschäft mit dem Elfenbein in der Hand hatten, über die „immer kleiner werdenden Stoßzähne". Der Grund: Ausgewachsene Elefanten waren kaum noch zu finden. Die Händler – meist aus dem Sudan, dem Tschad, dem Senegal und anderen afrikanischen Ländern – berichteten, daß die Jäger viele Tage im Busch des Nordens und Nordostens der ZAR auf der Suche seien, ehe sie *einem* der Tiere begegneten. Diese „Jäger" waren in Wirklichkeit Wilderer. Man schätzt, daß unter Bokassa allein zwischen 1976 und 1978 rund 15 000 Elefanten abgeschossen wurden. Ein Armeelastwagen nach dem anderen soll das Elfenbein zum Flugplatz Bangui gekarrt haben, von wo es mit Maschinen großer europäischer Luftlinien abtransportiert worden sei, wie uns schon lange ansässige Ausländer erzählten.

Im Juli 1985 ließ die Nachrichtenagentur AP Iain Douglas-Hamilton ebenfalls zu Wort kommen. Ein Forschungsteam unter seiner Leitung hatte bei den üblichen Zählungen aus der Luft in der ZAR eine Reduzierung von 71 000 auf nur noch 15 000 Elefanten in weniger als einem Jahrzehnt festgestellt. Er sprach von den katastrophalen Folgen der Wilderei durch Berittene aus dem Sudan und dem Tschad sowie durch Einwohner, die fast nur wegen des Elfenbeins betrieben wurde. Seit der Bekanntgabe dieser Zahl dürfte sich der Bestand noch einmal um Tausende von Tieren verringert haben und es ist anzunehmen, daß Anfang der neunziger Jahre der Elefant in der ZAR praktisch ausgerottet sein wird.

Gemetzel unter Elefanten

Im Februar 1983 wurden an der Küste Kenyas fünf Elfenbeinhändler festgenommen, die im Besitz von 3,2 Tonnen Stoßzähnen waren. Im März desselben Jahres wurden auf dem Flugplatz Nairobi in Diplomatenkisten 434 Kilo Elfenbein gefunden. Im gleichen Monat entdeckte die Polizei in Mombasa 580 Stoßzähne mit einem Gewicht von 2460 Kilo. Sie waren in einem Erdloch versteckt gewesen. Einige Zeit zuvor wurden in Witu bei Lamu an der Küste 883 Stoßzähne beschlagnahmt. Das waren nur die bekanntgewordenen Fälle innerhalb von zwei Monaten, nur in Kenya! Allein hier starben etwa tausend Elefanten wegen des Elfenbeins.

In Dar es Salaam lasen wir in der Zeitung „Sunday News of Tansania" vom „Elefanten-Problem". In einem großen Artikel wurde auf Schäden aufmerksam gemacht, die durch Elefanten am Baumbestand und damit anderen Tierarten entstünden. Immerhin wurde darin zugegeben, daß das Problem durch die Verfremdung der Naturlandschaft mit Säge, Feuer und Hacke und durch die immer weitere Einengung des Lebensraums der Tiere entstanden war, aber der Verfasser kam unweigerlich zu dem Schluß, daß nur gezielter Abschuß die Lösung des Problems sei, bis das „Gleichgewicht" wieder hergestellt werden könne. Er verlor keinen Gedanken daran, daß in ein paar Jahren der Freiraum der Elefanten wieder kleiner geworden sein und man vor demselben Problem der „Übervölkerung" stehen würde. Was er nicht zu schreiben vergaß, waren die Vorteile, daß man das Fleisch der erlegten Tiere an die Bevölkerung, ihre Stoßzähne als Trophäen verkaufen könne.

Als in den ersten Monaten 1979 Tansanias Truppen in Uganda eindrangen und Idi Amins Verbände sich zurückzogen, sollen beide Seiten unter dem Großwild des Landes mit Maschinenpistolen ein wahres Gemetzel angerichtet haben. Tausende von Elefanten und massenhaft Nashörner und Flußpferde sollen abgeschlachtet worden sein, erzählte uns der Chefwildhüter des Kabalega Falls-Nationalparks. Früher war es schon in Zaire und in Angola im Verlaufe von Kampfhandlungen zu Massentötungen von Elefanten und anderem Großwild gekommen. Was sich in dem vom Krieg heimgesuchten Tschad in dieser Hinsicht abspielt, wird wohl erst nach einiger Zeit geklärt sein.

Üble Rolle der Europäer

Wilderer sind nicht nur Leute, die sich damit ihren „Lebensunterhalt" verdienen. Sie sind auch Parkwächter, Minenarbeiter, hohe Beamte und Regierungsmitglieder. Elefanten werden mit Gewehren (oft automatischen Waffen), mit Speerfallen, Giftpfeilen und vergifteten Früchten getötet. Das Elfenbein wird nach Übersee, nach Europa, Asien und Nordamerika, verschickt. Weiße sind die Vermittler, zum größten Teil auch die Käufer und „stolzen Besitzer" von Elfenbeinschnitzereien.

Man unterschätze die Zahl der Europäer nicht, die noch immer in Afrika auf Großwildjagd gehen! In vielen Ländern gibt es eine Jagdsaison und die jeweiligen Regierungen haben die Gebühren für den Abschuß bestimmter Tiere einschließlich Elefanten, auch in Kenya, genau festgelegt. Die Großwildjagd in Afrika hat bei den Europäern eine lange Tradition. Schon im sechzehnten Jahrhundert wurden durch die Spanier, Holländer, Engländer und Franzosen große Mengen von Elfenbein weggeschleppt (neben Sklaven, Gold und anderem). Als vor der Mitte des siebzehnten Jahrhunderts die Kapkolonie der Buren gegründet worden war, gingen diese auf einen riesigen Feldzug gegen die Elefanten. Sie taten dies nur wegen des Elfenbeins, das sie an die Ostindische Kompanie der Holländer veräußerten. Zweihundert Jahre später waren die Elefanten in der Kapprovinz praktisch ausgerottet. Heute gibt es nur noch an zwei Stellen kleine Herden. Vor hundertfünfzig Jahren wurde der Jagd das Mäntelchen des „Sports" umgehängt. Die „Sportler" leisteten – nicht nur unter Elefanten – ganze Arbeit. Danach richtete sich das Augenmerk der Buren auf andere Teile des südlichen Afrika. Viele Engländer machten mit. Auch den Afrikanern wurden Waffen in die Hand gedrückt. Vor hundert Jahren gab es im Gebiet südlich des Sambesi – einst wirklich ein Garten Eden – von den Elefanten nur noch Spuren. Die Elfenbeinjäger machten sich dann über die Herden im Innern Afrikas her.

In Zentral- und Ostafrika hatten schon früh die Araber und Waswahili damit begonnen, Elefanten in großem Stil zu jagen – Grund war allein das Elfenbein. Die späteren Kolonialmächte England und Deutschland versuchten dann, in Ostafrika dem Abschlachten der Tierwelt Einhalt zu gebieten. Andere folgten. Den Bemühungen waren nur Teilerfolge beschieden. Ab etwa 1900 war die Großwildjagd das wichtigste Freizeitvergnügen der gelangweilten britischen Siedler in Kenya. In den alten Siedlerhäusern kann man heute noch die Trophäen finden. Beamte, Militärs und Missionare beteiligten sich ebenfalls daran, unter dem Vorwand, sich Fleisch für die eigene Ernährung beschaffen zu müssen. Notorisch waren natürlich die Professionellen. Will Judd gehörte damals zu einer berühmten Gruppe von Großwildjägern und Führern von Jagdsafaris in Kenya. Ihn ereilte ein „zünftiges" Schicksal: Als er seinen 500. Elefanten, einen Bullen mit besonders großen Stoßzähnen, jagte, griff ihn das schwer getroffene Tier an, riß ihn mit dem Rüssel zu Boden und zertrampelte ihn.

Sieht man sich einen für Jagdinteressierte herausgegebenen Bildband an, so findet man darin auch die Namen der Jäger, die die jeweils größten Trophäen eroberten. Die Herrschaften stammten gewöhnlich aus „guten" Kreisen. Viele unter ihnen waren bekannte Persönlichkeiten, mehrere europäische Adelshäuser wurden repräsentiert. Ihre hohe Jagdzeit waren vor allem die ersten vier Dekaden dieses Jahrhunderts, doch auch vor 1960, als viele afrikanische Länder vor der

Eine Impala (Schwarzfersenantilope) im Nationalpark am Nakurusee

Unabhängigkeit standen, wurde rasch noch einmal kräftig „aufgeräumt". Die größten Elefanten-massaker fanden zwischen 1910 und 1940 statt. Aber schon zum Beispiel 1890/91 wurden aus Deutsch-Tanganyika 412 000 Kilo Elfenbein ausgeführt.

Wo wir keine Elefanten vorfanden, wie in der ZAR, im Kongo, in Gabun und in Kamerun, erhielten wir auf unsere Fragen stets die Auskunft, daß sie sich in einem bestimmten, entlegenen Gebiet aufhielten. Kamen wir dann dorthin, wurde uns wieder ein anderer Ort als in Frage kommend bezeichnet. Fast kein interessierter Europäer, auch fast kein Afrikaner, hatte dort in den letzten Jahren einen Elefanten gesehen.

Eine letzte Meldung zu diesem Thema sei noch weitergegeben. Im Juni 1987 berichtete Heinz Sielmann in seinen „Expeditionen ins Tierreich" (ARD-Fernsehen), daß es nun in Afrika noch rund 300 000 Elefanten gäbe, fast alle in Reservaten. Hongkong und die Bundesrepublik seien zwei der Hauptabnehmer von Elfenbein.

Vom Rhino bis zum Schmetterling alle Tiere in Gefahr

Ich habe mich hier auf den Afrikanischen Buschelefanten konzentriert. Auch über andere Tierarten gäbe es viele traurige Geschichten zu erzählen. So gab es in der ZAR bis 1982 (also *nach* Bokassa) noch eine relativ große Zahl von Nashörnern. Im Jahre 1985 wurde bei Beobachtungsflü-gen *kein einziges* dieser Tiere mehr gesichtet. Im Laufe von zehn Jahren wurde in Kenya eine

Reduzierung des Schwarzen Nashorns um neunzig Prozent festgestellt. Die Gründe: Parks sind überlaufen, es fahren zu viele Autos umher, auf Tiere und Pflanzen wird zu wenig Rücksicht genommen. Und Wilderer hatten „gut gearbeitet".

Experten schätzen, daß sich die Zahl der wilden Tiere in Afrika in den letzten fünfzig Jahren, in nicht einmal einem Menschenalter, um neun Zehntel verringert hat! Neun von zehn Tieren wurden also getötet. In einem weiteren Jahrzehnt dürfte das Vernichtungswerk weitgehend beendet sein. In nur fünf Jahren verschwanden 20 000 Leoparden aus Ostafrika, Äthiopien und Somalia. Die Afrikaner, die Einheimischen, jagen selbst, zur Eigenversorgung. Sie geben dem Wild keine Schonzeit. Früher, bei großem Wildreichtum, bildete die lokale Jagd keine Gefahr. Heute sieht dies anders aus. Zugegebenermaßen müssen die Menschen in den Wäldern Afrikas, wo Viehhaltung wegen der Tsetsefliege unmöglich ist, sich mit Fleisch versorgen. Aber es ist schon heute so, daß die meisten Kinder Afrikas kaum noch in der Lage sind, die Tiere ihres Kontinents zu beschreiben.

Doch wenden wir uns noch einer uns sehr vertrauten Kreatur, dem Storch, zu. Die Lebensbedingungen sind für ihn in Mitteleuropa nicht mehr gut. Aber schon in den von ihm überflogenen Gebieten, wie Spanien und Algerien, ist er in Unsicherheit, und südlich der Sahara hat er viele Feinde. Dort, wo er überwintert, wird er wegen seines Fleisches mit dem Gewehr gejagt. Man hörte davon, daß selbst Touristen auf Safaris der Versuchung nicht widerstehen konnten! Kuriose Schicksalsverkettung: Vogelwarten in Europa beringen die Störche, um deren Wanderwege studieren zu können; gewisse afrikanische Stämme jagen diese Vögel aber auch deshalb, um sich aus den Aluminiumringen Hals- und Armketten machen zu können. Falsch angebrachte

Afrikas Tierwelt wird laufend dezimiert: Jäger in den Bergen Westkameruns

Reiseweg (Strichlinie) vom Sudan nach Kenya, durch Uganda, Ruanda, Burundi, über den Tanganyikasee, durch Sambia, Malawi, über den Malawisee, durch Tansania zurück nach Kenya

Isolatoren an Hochspannungsleitungen in Afrika machen so manchem Storch den Garaus. Bei der Bekämpfung von Wanderheuschrecken und Myriaden kleiner Vögel, vor allem der Webervögel, die sich über die Getreidefelder hermachen, werden auch viele Störche durch die versprühten Gifte getötet.

Ausländische Insektenjäger werden in der Zentralafrikanischen Republik zur „Schmetterlingssafari" eingeladen. Wirklich hatten wir noch nie so viele Schmetterlinge wie dort gesehen, obwohl es sich hauptsächlich um kleinere Arten handelte. Die Jagd geht aber auf die viel größeren, selteneren. Die Afrikaner kümmern sich auch selbst darum. Auf dem Postamt von Bangui sahen wir einen Riesenhaufen von ganz leichten Schachteln liegen. Laut Zollerklärung handelte es sich beim Inhalt um „papillons" – Schmetterlinge. Bestimmungsziel war Westdeutschland. In mehreren Ländern des Kongobeckens sahen wir großflächige Bilder von Landschaften, Menschen und Tieren, aus den Flügeln der farbenprächtigen Schmetterlinge zusammengesetzt. Ausländische Touristen fanden diese Kunstwerke mitnehmenswert.

Gerüstet für eine Rundreise durch Ostafrika

Nachdem wir nun in Kenya einiges kennengelernt hatten, hielten wir den Zeitpunkt für richtig, auch andere Länder dieser Region der Berge und Seen zu besuchen. So begaben wir uns auf eine Rundreise, die 104 Tage dauern sollte, die längste, die wir je unternahmen. In diesen dreieinhalb Monaten sahen wir Uganda, Ruanda, Burundi, Sambia, Malawi und Tansania. Unsere Landkarte von Ostafrika macht den Umfang dieser Tour deutlich.

In Nakuru gaben wir auch unsere zweite Wohnung auf. Da wir nur die notwendigsten Dinge mitnahmen, blieb der Großteil unseres Gepäcks im Hause von Pfarrer Stephen Mwangi. Aus Sicherheitsgründen mußten wir leider auf die Mitnahme unserer Filmkameras und unseres Tonbandgeräts verzichten. Aus Uganda kamen nur Schreckensmeldungen über Plünderungen und Überfälle auf Reisende durch marodierende Soldaten. Unser Freund war, als wir nach Nakuru zurückkehrten, zu einem plötzlich genehmigten Studienaufenthalt in die Vereinigten Staaten abgereist. Wir wohnten daher bei einem Kollegen von ihm, ehe wir Kenya ein letztes Mal adieu sagten, oder vielmehr „kwa heri", wie es in Kiswahili heißt.

Unsere bescheidenen Kenntnisse dieser Sprache konnten wir in allen sechs bereisten Ländern an die Leute bringen, denn es handelt sich um die internationale Verkehrssprache Ostafrikas. Ursprünglich wurde sie nur an der Küste gesprochen. Durch die Araber (schon sehr früh) und die Europäer, die als Händler, Siedler und Missionare dorthin gelangten, kamen neue Begriffe auf, die ins Kiswahili übernommen wurden. Aus dem Englischen stammt zum Beispiel das Wort „steshen masta" (von „station-master" = Bahnhofsvorstand), eines unter Hunderten. Neuere Wortschöpfungen klingen englisch, etwa „motakaa" (wie „motor-car" = Auto), und sicher wurden sie in Anlehnung an den englischen Begriff geschaffen. Andererseits besteht „motakaa" (es bedeutet wirklich „Auto") aus Kiswahili-Teilen, die „Feuer" (moto) und „sitzen" erklären. Gemeint ist: „Feuer (und du) sitzt (bei ihm)". Na eben, im Auto sitzt man ja nicht weit vom Motor, in dem Benzin verbrennt. Das Studium des Kiswahili kann sehr interessant sein! Weil wir gerade dabei sind: Deutsch hat in den ehemaligen Kolonialgebieten offenbar weniger Eindruck gemacht. Hier aber ein Beispiel, das sogar Schule machte, womit wir auch schon beinahe beim Begriff sind: „Schule" heißt in Kiswahili „shule", in Kinyarwanda (Sprache Ruandas) „amashuli" und in Kirundi (Sprache Burundis) „ishuli".

Uganda trotz Vorzügen in mißlicher Lage

Bis jetzt hatten kriegerische Auseinandersetzungen es verhindert, daß wir drei afrikanische Länder besuchen konnten, die eigentlich auf unserem Programm standen: Westsahara, Tschad und Angola. Es war uns nun viel daran gelegen, Uganda kennenzulernen, ehe sich die militärische Lage dort verschlechterte. Zunächst machten wir einen einwöchigen „Probebesuch" in Tororo, Kampala, Jinja und Mbale. Nach der Wanderung in den Tscherangani-Bergen gingen wir ein zweites Mal nach Uganda, eben im Rahmen unserer Rundreise. Insgesamt verbrachten wir einen Monat dort. Wir besuchten weitere acht der größeren Städte und wir legten rund zweieinhalbtausend Kilometer in ländlichen Gegenden zurück, gewöhnlich mit Bussen, einmal zweihundert Kilometer mit der Bahn. Gulu war der nördlichste Punkt. Über Mbarara gingen wir weiter nach Ruanda.

Kein Land hatte in den Jahren bis 1983 eine „schlechtere Presse" gehabt als Uganda. Man las von Überfällen, Morden und Massakern. Fast alles daran stimmte, es gab nichts zu beschönigen. Auch später wurde solchen Nachrichten der Vorrang gegeben, ein „gefundenes Fressen" für all jene, die meinten, daß die Afrikaner sich eben nicht selbst regieren könnten. Und doch war Uganda mehr als nur Gewalttätigkeit, Haß und Unsicherheit. Man konnte doch nicht die Ugander, die so viel unter ihnen litten, für Idi Amins Schandtaten und für das gemeine Verhalten seines Nachfolgers Milton Obote verantwortlich machen! *Sie* waren es, die die einstige „Perle Afrikas" (Winston Churchill) in den Schmutz traten.

Was uns in Uganda als erstes auffiel, waren die Freundlichkeit, Höflichkeit und Bescheidenheit der meisten Menschen uns gegenüber. Wir waren davon angetan, aber wir verschlossen nicht die Augen vor den Realitäten ganz anderer Art. Zwölf Jahre des Mordens, der Verfolgungen und der Bespitzelungen unter *beiden* „starken Männern" hatten die Ugander nicht zusammengeschweißt. Es bestanden weiterhin schroffe Gegensätze zwischen den politischen Ansichten, den Stämmen (vor allem denen im Norden und im Süden) und den Religionsgruppen. Einen gemeinsamen Weg würden sie wohl noch lange nicht finden. Dennoch war verständlich, daß der ugandische Grenzbeamte aufgebracht reagierte: „Warum fragen alle das gleiche? Jeder, der zu mir kommt, will wissen, ‚wie die Lage ist'! Man könnte meinen, in Uganda zu leben sei unmöglich, und niemand könne hier mehr lachen. Haben andere Länder denn keine Schwierigkeiten?"

Es fehlte nicht an Stimmen, die dazu aufriefen, aus der Vergangenheit zu lernen. Der anglikanische Erzbischof Silvanus Wani forderte: „Vergeßt die alten Differenzen, seid selbstloser!" Emmanuel Kardinal Nsubuga für die katholische Kirche: „Wir müssen uns auf *das* konzentrieren, was uns verbindet!" Die Bevölkerung verhielt sich angesichts der politischen Auseinandersetzungen bemerkenswert ruhig. Dies war um so überraschender, da die Ugander als „politisiertes Volk" gelten. Man versteht den Zusammenhang besser, wenn man weiß, daß das durchschnittliche Monatseinkommen der Arbeitnehmer umgerechnet zwanzig(!) Mark betrug. Aber die Mehrheit der Arbeiter, zum Beispiel in den Werkstätten der ugandischen Eisenbahn in Tororo, verdiente nicht mehr als zehn Mark im Monat. Ein Kilo Fleisch kostete 3,50 Mark. „Ein Wunder, wie diese Leute überleben!", sagte uns dort ein aus Kassel entsandter deutscher Mechaniker. Ein deutscher Benediktinerpater meinte: „Wer hier wohlgenährt aussieht, hat irgendwelche krumme Touren gemacht, ist korrupt oder Schmuggler."

Andererseits hatte Uganda viel Positives aufzuweisen. Bis heute ist das Straßennetz eines der besten in Afrika. Jede wichtige Straße in den Städten ist asphaltiert. Die meisten größeren Orte sind hübsch angelegt, wobei Jinja und Mbale als wahre Gartenstädte bezeichnet werden können. Fast das ganze Land ist grün und fruchtbar. Die Industrie ist dezentralisiert. All dies steht zum Beispiel zu der Situation in Kenya in krassem Gegensatz. Dennoch war Uganda in einer sehr mißlichen Lage.

Armee steckt hinter grauenhaften Anschlägen

Präsident Milton Obote wurde nicht müde, von „Banditen, Dieben und Verbrechern" zu reden, wenn die Opposition und Amnesty International die verschiedenen politischen Widerstandsgruppen meinten. Die Existenz von Guerillabewegungen, wie der „Nationalen Widerstandsarmee" (NRA), bestritt er kategorisch. Nichts täuschte aber darüber hinweg, daß im Busch seit Februar 1981 Bewaffnete gegen die Regierung operierten. Philipp M. Todwong, der Chef der ugandischen Gefängnisindustrien, den wir in Gulu im Norden sprachen, meinte: „Nichts als eine Handvoll Unzufriedener!" Um der Zeit vorauszugreifen: Anfang 1986 fiel Kampala nach erbitterten Kämpfen an die NRA.

Bei Fahrten mit Omnibussen hatten wir unsere häufigsten Begegnungen mit Polizei und Militär. Wir wissen nicht mehr, wie viele Kontrollen am Straßenrand wir insgesamt durchmachten, aber wir erinnern uns, daß es allein auf den achtzig Kilometern zwischen der Hauptstadt Kampala und der zweitwichtigsten Stadt Jinja zehn waren. Auf dieser bedeutendsten Straße des Landes, die durch dichten tropischen Wald führt, stellten wir erstmals fest, daß die Ugander keineswegs eiserne Nerven haben. Jedesmal, wenn der Busfahrer aus irgendeinem Grund die Geschwindigkeit drosseln mußte, fuhren die Köpfe aller Passagiere in die Höhe. Bei den Kontrollen mußten alle Reisenden ihren Personalausweis vorzeigen. Dabei genügte manchmal, daß jeder seine Kennkarte hochhielt. Sehr häufig mußten aber alle Männer oder auch sämtliche Fahrgäste sich deshalb neben dem Bus in einer Reihe aufstellen. (Der Leser erinnert sich jetzt unserer Schilderung der Polizeimethoden in West- und Zentralafrika.) Die schwerbewaffneten und oft betrunkenen Polizisten und Soldaten ließen uns beide stets ungeschoren. Auch wurden die Leute fast immer anständig behandelt. Aber uns wurden mehrfach Fälle von Bedrohung und Mißhandlung der Menschen, die ihren Ausweis nicht dabei hatten, geschildert.

Die Strecke Kampala–Jinja gehörte zu jenen, auf denen bevorzugt Überfälle verübt wurden. Dutzende von Toten waren dabei keine Seltenheit. Wer sich auskannte, wußte, daß die disziplinlose Armee hinter solch grauenhaften Anschlägen steckte. Ihre Ausbildung, Ernährung, Bekleidung und Unterbringung waren sehr schlecht. Wer sich zur Armee freiwillig meldete, mußte sieben Jahre dienen, eine schrecklich lange Zeit, als es mit der Versorgung der Truppe nicht mehr klappte. Soldaten holten sich, was die Regierung nicht geben konnte, von den Dorfbewohnern und Reisenden, auch mit Gewalt, und sei es Mord.

Die Regierung vertuschte, sprach von Banditen, die sich Armeeuniformen angezogen hätten. Ironischerweise stimmte das auf jeden Fall... Die Soldaten müßten in die Kasernen zurück, hatten verantwortungsvoll denkende Köpfe gleich nach der Befreiung aus Idi Amins Tyrannei im April 1979 durch tansanische Truppen und Exilugander gefordert. Es war jedoch nur teilweise geschehen. Überall wimmelte es nur so von ihnen. Durch Operationen der Armee gegen „Banditen" (wahrscheinlich hatten Soldaten ganz einfach dort selbst geplündert) wurden in einem Gebiet nördlich von Kampala vermutlich hunderttausend Menschen obdachlos. Die Polizei versuchte, den Einfluß des Militärs in der Öffentlichkeit zurückzudrängen, so bei Straßenkontrol-

Elektriker bei der Eisenbahn in Tororo/Uganda trinken mit Röhrchen aus einem Topf Hirsebier

len. In einem Schulbuch für Fünftklässler lasen wir: „Die Polizisten sind die Freunde der Leute. Habe keine Angst vor ihnen und laufe nicht weg, wenn du sie siehst." In den Ugandern steckte eine tiefverwurzelte Furcht vor Uniformen, und sie mißtrauten der Staatsmacht.

Obote und seine tansanischen Freunde

Unvergessen ist bis heute, daß bei dem Feldzug gegen Idi Amin Uganda durch die tansanischen Truppen schwerster Schaden zugefügt wurde, materieller und moralischer. Die schlecht bezahlten Soldaten aus Dar es Salaam plünderten und riefen die gesamte Bevölkerung auf, sich alles zu nehmen, was greifbar sei, was eine wahnwitzige Plünderungsorgie auslöste, von der sich Uganda viele Jahre nicht erholen sollte. Ugandische Pater in Masindi berichteten uns, wie die Möbel, Türen und Fensterrahmen ihrer Missionsschulen von den Landsern als Feuerholz zum Kochen verwendet wurden. Die Städte Masaka und Mbarara im Südwesten sahen wir jetzt noch in Ruinen, das Ergebnis des Sperrfeuers der Artillerie des tansanischen Präsidenten Julius Nyerere. Diese Truppen taten es im übrigen Idi Amins Leuten gleich und dezimierten die einst prächtigen Wildbestände in den Nationalparks, besonders Elefanten (neunzig Prozent vernichtet), Flußpferde und Nashörner.

Präsident Milton Obote liebte es, zu sagen, warum er Staatsoberhaupt sei: „Ich bin es, weil das ugandische Volk es so will!" Er verschwieg dabei freilich, daß er es war, der 1966 als

Premierminister die Verfassung außer Kraft gesetzt hatte, den Staatspräsidenten Sir Edward Mutesa II. (den „Kabaka", den König des kulturell und wirtschaftlich hochstehenden Volkes der Baganda in Süduganda) abgesetzt und dessen Amt eigenmächtig übernommen hatte. Obote war es, der die Streitkräfte unter Führung eines Generalmajors Idi Amin zur Vertreibung des Kabaka in den Palast geschickt hatte. Ihm schienen die Baganda, obwohl sie wenig Interesse am Eintritt in Polizei und Armee zeigten (Soldaten sind traditionell vor allem aus dem Norden), bedrohlich, und er ließ deshalb unzählige von ihnen umbringen. Obote verschwieg auch, daß er in den sechziger Jahren die Wirtschaft ruiniert hatte, und, daß die Nation jubelte, als Idi Amin ihn am 25. Januar 1971 in seiner Abwesenheit gestürzt hatte. Er sprach nicht mehr darüber, daß schon während seiner ersten Regentschaft die Inder (meist Geschäftsleute und Industrielle) unter starkem Druck gestanden hatten, weshalb rund zwanzigtausend von ihnen das Land verließen. (Weitere fünfzigtausend mit britischem Paß wurden von Amin verjagt.) Er verschwieg auch, daß er bereits wieder an der Macht gewesen war, *ehe* im Dezember 1980 Wahlen abgehalten wurden, *ehe* das *Volk* seinen Willen bekundet hatte.

Viele hatten damals gemeint, schlimmer als unter Idi Amin könne es unter Milton Obote nicht werden. Aber schon wenige Monate danach zeichnete sich ab, daß er ebenso skrupellos Menschenrechtsverletzungen beging. Das dauerte bis Januar 1986, als die Widerstandsarmee unter Yoweri Museveni auch Kampala einnahm. Dieser wurde kurz danach zum Staatspräsidenten vereidigt. Doch siehe da, er war nur kurze Zeit an der Macht, als sich erster Widerspruch gegen ihn erhob. Heute gibt es schon wieder viel Unzufriedenheit und neuer bewaffneter Widerstand wächst.

Seit Erreichen der Unabhängigkeit 1961 haben die Führer Ugandas viele Fehler gemacht (freilich nicht als einzige auf der Welt), haben sie ihr Volk wieder und wieder an den Rand des Abgrunds, in eine tiefe Demoralisierung getrieben. Schüler der einstigen Kolonialherren aus London und Liverpool, bedienten sie sich der gleichen brutalen Methoden, mit welchen diese das Land regiert hatten, nämlich mit der Strategie, die verschiedenen Völker und Religionsgruppen gegeneinander auszuspielen, sie aufeinanderzuhetzen. Die Lösung der „ugandischen Frage" wäre gefunden, wenn sich alle Gruppierungen des Landes als eine Nation verstehen könnten. Aber niemand, beginnend bei den Briten, hat sich jemals auch nur entfernt um die Weckung eines solchen Gefühls bemüht.

Schülerinnen musizieren für uns und eine Woche unter wilden Tieren

Früher hätten sich die jetzt zwölf Millionen Ugander oft als „eine Nation heiterer Menschen" bezeichnet, hieß es offiziell, als wir unseren Besuch machten. Nun, abgesehen von der Politik lernten wir die Ugander, wie erwähnt, als nette Menschen kennen. Zu den schönsten Erinnerungen gehören ein Nachmittag und ein Abend mit Mittel- und Volksschülerinnen der katholischen Missionsstation von Masindi. Die Kinder und ihre Lehrer waren die herzlichsten und höflichsten Leute, die wir seit langem getroffen hatten. Wir hatten dort um ein Nachtquartier gebeten. Folgendes passierte: Gerade an diesem Tage kamen der Landrat und andere Offizielle zu Besuch, Getreue von Obote, die nicht gut auf die Paters zu sprechen waren. Hochmütig wie sie waren, aßen sie zwar so viel sie nur konnten – wir waren zu dem „Bankett" ebenso eingeladen; es gab „Matoke", das ist in Blättern gekochter Bananenbrei, sowie Mais, Fleisch, braune Bohnen und Erdnußsoße –, aber die musikalischen Darbietungen der Mädchen, die wegen ihres lange erwarteten Auftritts geradezu fieberten, strichen sie kurzerhand vom Programm. Die Volksschülerinnen, zehn bis vierzehn Jahre alt, waren deshalb sehr enttäuscht, aber kurze Zeit danach außer sich vor Freude, daß sie uns ausländischen Gästen am Abend ihr Programm mit Musik, Gesang und Tanz präsentieren durften. Sie taten ihr bestes, das spürten wir (Farbbild 65). Ein Pater, der einmal in Deutschland war, und wir erzählten einiges über das Land im fernen Europa. Spät abends begleiteten sie uns durch die Gärten der Mission im Mondschein noch ein Stück, wollten uns immer wieder berühren oder etwas von unseren Sachen tragen. Schließlich sangen sie noch: „Gute Nacht, liebe Besucher. Wir waren so glücklich, daß Sie kamen. Bitte besuchen Sie uns wieder einmal." Übrigens warfen sich die Mädchen bei jeder Begrüßung und Verabschiedung auf die Knie, und sei es im Staub, von dem es genug gab. Die Spuren davon sind auf dem Farbbild gut zu erkennen.

Ein anderes schönes Erlebnis war unser einwöchiger Aufenthalt im Kabalega Falls-Nationalpark zwischen Gulu und Masindi, wo wir an beiden Ufern des Victorianil eine große Anzahl von Elefanten, Flußpferden (Abbildung Seiten 296/297), Krokodilen, Büffeln, Giraffen und verschiedenen Antilopen sahen. Überhaupt war der Besuch in dem Park in dieser Hinsicht für uns der Höhepunkt in Afrika. Nie sonst waren wir der wilden Fauna so nahe. Trotz der erwähnten Gemetzel der Soldaten schien uns die Tierwelt auf den ersten Blick beeindruckend. Wir sahen aber kein einziges Nashorn.

Der Vollständigkeit halber will ich erwähnen, daß wir in dem Park in zwei „lodges" („Jagdhütten"), großen, aber total verwahrlosten und kaum benützten Unterkünften für Besucher hausten. Da wir ja ohne Wagen kamen, hatten wir rechte Mühe, von der einen zu anderen „lodge", an die

Das früher geschäftige Gulu liegt beinahe ausgestorben. – Traditionelles ugandisches Gewand

130 km, wenigstens auf der Pritsche eines mit Parkangestellten überladenen Lastwagens zu gelangen. In der einen waren wir seit Tagen die ersten zahlenden Gäste. Plötzlich tauchte ein Schwarm von Beamten und Soldaten auf, die sämtliche Zimmer beschlagnahmten. Es sollte eine Konferenz stattfinden. Wir wurden aus unserem Zimmer gewiesen. Die Eindringlinge aßen und tranken ohne Unterlaß – auf Staatskosten. Weil ihre Gesprächspartner aus dem Sudan aber nicht erschienen, fand die Konferenz nie statt. Nach zwölf Stunden durften wir wieder in unser Zimmer zurück, allerdings nur, weil die Parkverwaltung sich für uns einsetzte. Die Hotelleitung hatte uns einen Abstellraum angeboten . . .

Wir schieden von Uganda aber vor allem mit positiven Eindrücken, was die kleinen Leute betraf.

Viele Menschen, aber traditionell keine Dörfer – Ruanda

Eingebettet zwischen Zaire und Tansania liegen die beiden Zwergstaaten Ruanda und Burundi, mit grünen Hügellandschaften, gleicher Bevölkerung und ganz ähnlicher Geschichte bis 1962. Nirgends sonst in Afrika leben die Menschen so dicht beisammen wie hier. Sinnbildlich bekamen wir das sofort zu spüren, als wir einen Minibus bestiegen hatten, der uns von der Grenze Ugandas zur achtzig Kilometer entfernten Hauptstadt Ruandas, Kigali, brachte. Für etwa zwölf Personen war das Fahrzeug ausgelegt, doch wir waren auf dem zweiten Abschnitt der Reise genau fünfundzwanzig Fahrgäste, die teilweise aufeinander saßen. Außer leicht verrenkten Gelenken trugen wir aber keinen Schaden davon. Bald erkannten wir, daß die rund fünfeinhalb Millionen Menschen dieses Ländchens kleiner als Baden-Württemberg an Enge gewöhnt sein müßten.

Der Kivusee, etwa hundert Kilometer lang und 25 breit, gehört zu Ruanda und Zaire

Ruanda und Burundi gingen als „Land der tausend Hügel" schon vor langer Zeit in Beschreibungen ein. Es müssen aber viel mehr Hügel sein, denn fast jede ländliche Familie beansprucht einen für sich, indem sie eine Ansammlung von Hütten darauf errichtet. Dörfer gibt es traditionell nicht. Um die Streusiedlungen herum wachsen (und können oft zweimal im Jahr geerntet werden) Bananen, Süßkartoffeln, Maniok, Bohnen und Hirse – alles Hauptnahrungsmittel –, Kartoffeln, sowie Kaffee, Baumwolle und Tee, wo das Klima es erlaubt. Ruanda ist eines der Länder südlich der Sahara, die in den letzten zwanzig Jahren ihre Nahrungsmittelproduktion prozentual stärker steigern konnten als die Bevölkerung wuchs. Nun, hier und bei den Nachbarn fällt genug Regen. Aber trotz Viehreichtums gibt es nur wenig Fleisch und Milch.

Kigali liegt etwa auf Durchschnittshöhe des Savannenhochlandes, auf 1540 m. Es ist vielleicht die kleinste (rund siebzigtausend Einwohner), aber auch langweiligste „Metropole" der Welt. Sie entstand erst vor Jahrzehnten. Um ihr zu einem auffälligen Aussehen zu verhelfen, macht sich die ruandische Regierung alle Mühe, Amtsgebäude, die einem größeren Land Ehre machen würden, aus dem Boden zu stampfen, und die Geschäftsleute malen ihre Ladengebäude in grellen Farben an, die zu den wenigen im Lande produzierten Dingen gehören.

Besucher haben gewöhnlich nach ein, zwei Tagen von Kigali die Nase voll und wenden sich abwechslungsreicheren Orten zu, woran das Land nicht arm ist, wohl aber – wie Burundi – an Bäumen, wie man bald feststellt, wenn man von dem entlang der Chausseen gepflanzten Eukalyptus absieht. Da gibt es den lieblichen Kivusee, den höchstgelegenen unter den großen ostafrikanischen Seen (1460 m). Im Nationalpark der (Virunga-)Vulkane kann man Berggorillas sehen. Größere Tiere sind im wildreichen Akagera-Nationalpark zu bewundern. Schließlich liegen auch interessante Ziele hinter der Grenze, in Zaire. Wer kein eigenes Auto hat, muß viel Geld aufwenden. Eine organisierte Tour von drei Tagen zum Akagera-Fluß kostet fünfhundert Mark, wozu noch dreißig Mark Eintrittsgebühren pro Tag kommen.

Ruanda hat ein relativ gutes Straßennetz. Die Durchgangsstraße von Uganda nach Burundi sowie einige andere Verbindungen sind bereits asphaltiert. Neubauten werden vorangetrieben (so von der Volksrepublik China, mit der Ruanda gut befreundet ist), bestehende Strecken laufend instandgehalten, unter anderem mit deutscher Hilfe. Landsleute von uns waren damals beispielsweise auch im Ausbau der Wasser- und Stromversorgung tätig. Wasser aus der Leitung und Elektrizität waren immer noch unerhörter Luxus für wenige Bewohner städtischer Zentren.

Wofür viele Ruander Geld zu haben scheinen, ist Alkohol. In Kigali, in den Kleinstädten Butare, Gisenyi (Bierbrauerei) und Ruhengeri, sowie in den verschlafenen Nestern der zehn Präfekturen verkaufen Bars und Läden außer Bier auch importierte harte Drinks und sogar Wein (unter belgisch-französischem Einfluß). Ruhiger geht es in dieser Hinsicht in den Moslemvierteln von Kigali zu, die schon mehrere große Moscheen vorweisen können. Obwohl die Zahl der Moslems zunimmt, ist sie immer noch sehr gering. Etwas weniger als die Hälfte der Einwohner Ruandas fühlen sich einer Kirche zugehörig, fast neunzig Prozent von diesen der katholischen.

Verordnete Feiertage und Arbeitsdienst

Außer katholischen Feiertagen werden auch von der Regierung verordnete begangen. In dem Städtchen Kibuye am Kivusee erlebten wir den Aufmarsch von Schülern und Parteiformationen anläßlich des zehnten Jahrestages der Revolution mit. Es war wenig von Begeisterung zu spüren. Aber wir sahen etwas nicht Alltägliches: Tutsi führten ihren Kriegstanz Intore vor (Farbbild 66),

Kahlgeschorene Schulkinder marschieren in Ruanda am Revolutionsfeiertag in Stadt und Land

der wohl bald in Gefahr sein wird, vergessen zu werden. Viele der ruandischen Zuschauer betrachteten ihn wohl schon mit Distanz. Die Tutsi bilden in Ruanda und Burundi nur eine kleine Minderheit.

Liegen die Regierungsfeiertage günstig zwischen katholischen, so werden gewöhnliche Tage in Frei-Tage umfunktioniert, was fast allein der nicht gerade arbeitswütigen Beamtenschaft zugute kommt. In schlagendem Kontrast dazu steht die offizielle Aufforderung zum Arbeitsdienst an Samstagen, „umuganda" genannt (in der Landessprache Kinyaruanda, mit dem Kirundi in Burundi eng verwandt). Auf Geheiß der Partei müssen Firmen ihren Beschäftigten freigeben, für Projekte, die der Allgemeinheit dienen, zum Beispiel Instandsetzung einer Straße. Die Bürgermeister wachen über die Erfüllung dieses „freiwilligen" Dienstes, den manche Leute als eine Art Steuerzahlung betrachten.

Präsident Habyarimana legt Wert darauf, daß die Ruander über Ereignisse im Land und in der Welt laufend unterrichtet werden. „Ich glaube", sagt er, „daß ein informiertes Volk zur Entwicklung und Freiheit fähig ist." Eine freie ruandische Presse hatte aber weder vor noch nach Erlangung der Unabhängigkeit des Landes eine Chance. Heute informiert die Regierung die Bürger, was ihr ganz zu ihrem Vorteil gelingt. Da heute mehr Belgier in Ruanda sind als zu Kolonialzeiten, sind unter den ausländischen Zeitungen die aus Brüssel die wichtigsten. Vier von fünf Erwachsenen können allerdings nicht lesen und schreiben, und so ist für die meisten der staatliche Rundfunk einzige Informationsquelle.

Leider zeigten sich uns die Menschen Ruandas nicht von ihrer Sonnenseite. Sie ließen uns deutlich spüren, daß sie uns nicht mochten. Nach dieser Erfahrung freuten wir uns, daß die Einwohner von Burundi, dem Nachbarland, höflicher und freundlicher zu uns waren. Erstaunlich war dieser Unterschied um so mehr, als die Bevölkerung hier die gleiche Zusammensetzung hatte wie dort. Über das Savannenhochland mit Viehreichtum der Tutsi und durch kunstvoll angelegte Terrassenfelder der Hutu kamen wir zur Hauptstadt Bujumbura, die unter dem Namen „Usumbura" 1899 von den deutschen Kolonialbehörden als Verwaltungszentrum für Burundi und Ruanda gegründet worden war. Sie liegt kaum achthundert Meter hoch am Ufer des Tanganyikasees. Bevor ich Burundi beschreibe, möchte ich etwas zum Zusammenleben der Tutsi und der Hutu sagen.

Völkerdrama in zwei Ländern

Das Hirtenvolk der hochgewachsenen Tutsi (unter anderem auch Watussi, Verballhornungen des richtigen Namens Abatutsi) soll im fünfzehnten Jahrhundert aus Äthiopien in die Gebiete der heutigen Staaten Uganda, Ruanda und Burundi gekommen sein. Die Tutsi errichteten nach Niederwerfung der bäuerlichen Bantu-Negerstämme absolute Monarchien. In Ruanda und Burundi wurden die „Mwami" Herrscher über die viel zahlreicheren, relativ kleinen Hutu, aber auch über ihren lebenden und toten Besitz. Sie entschieden, was Recht war, waren geistiges Oberhaupt, Gott-König. Die Verehrung ihrer Ahnen war spiritueller Mittelpunkt. Weil die Staatsmacht straff organisiert war, war sie in der Lage, den Sklavenjägern aus Sansibar die Stirn zu bieten.
Der deutsche Offizier Gustav Adolf Graf von Goetzen erforschte 1894 Ruanda, wobei er auch den Kivusee für Europa entdeckte. 1858 waren die Engländer Burton und Speke im Zuge der Erforschung des Tanganyikasees nach Burundi gekommen. Der Forscher Oskar Baumann, ein Österreicher, lernte es 1892 gründlich kennen. Ruanda und Burundi wurden der neuen Kolonie Deutsch-Ostafrika angeschlossen. Nach dem Ersten Weltkrieg wurde dieses in Völkerbundmandate aufgeteilt. Tanganyika ging 1920 an England; Ruanda und Burundi gingen als „Ruanda-Urundi" an Belgien, das bereits Herr über den riesigen Kongo (heute Zaire) war. Dann UN-Treuhandgebiete, wurden letztere 1962 als getrennte Staaten von Belgien unabhängig. Bereits 1959 hatten in Ruanda die Hutu die Feudalmonarchie der Tutsi beseitigt. Diese stellten kaum mehr als zehn Prozent der Bevölkerung in Ruanda und Burundi. Zwei Jahre später wurde Ruanda Republik. Burundi dagegen hatte noch bis 1966 einen „Mwami", wurde dann Republik.
1963 drangen bewaffnete Tutsi aus dem Ausland in Ruanda ein. Die Hutu setzten sich erfolgreich zur Wehr. Wegen dieser Ereignisse zerbrach 1964 eine Wirtschafts- und Währungsunion der beiden Staaten. Im von den Tutsi beherrschten Burundi versuchte der abgesetzte „Mwami" 1972 einen Umsturz, ohne Erfolg. Aber zwischen den beiden Volksgruppen kam es zu schweren Kämpfen. Deshalb lebten im Nachbarland Ruanda erneut Anti-Tutsi-Gefühle auf. Gregoire Kayibanda, seit 1961 Präsident, wurde nach Unruhen durch seinen Verteidigungsminister, General Juvenal Habyarimana, in einem unblutigen Staatsstreich 1973 abgesetzt (die „Revolution"). Er herrscht, von der Nationalversammlung in Kigali im Amt bestätigt, mit der „Nationalen Revolutionären Bewegung für die Entwicklung", der einzigen Partei. In Burundi wurde 1959 die „Union für Nationalen Fortschritt" gegründet. Nach Ermordung je eines Tutsi- und eines Hutu-Premierministers versuchten Soldaten aus den Reihen der Hutu einen Staatsstreich, der unter

dem Tutsi Michel Micombero niedergeschlagen wurde. Danach (1966) wurde er Präsident. 1969 und 1972 gab es wiederum Staatsstreichversuche. Vertreter der Volksrepublik China, die die verworrene Lage ausnutzen wollten, wurden ausgewiesen. 1976 wurde Micombero abgesetzt, und ein Oberster Revolutionsrat von Soldaten ernannte Oberstleutnant Jean-Baptiste Bagaza zum Präsidenten.

Bei oder nach all diesen Staatsstreichen gab es in Ruanda und Burundi blutige Kämpfe zwischen Tutsi und Hutu. Die jeweils unterlegene Volksgruppe wirft der anderen Völkermord vor. Hunderttausende wurden abgeschlachtet, weitere Hunderttausende gingen als Flüchtlinge in die Nachbarländer. Die Zahl der Tutsi in Ruanda ging stark zurück. In Burundi betreibt die Regierung eine systematische Ausrottung aller Gebildeten unter den Hutu. Dieses Regime der Minderheit betreibt eine Apartheid-Politik auf afrikanisch. Beide Länder sind mit der alten Kolonialmacht Belgien und dem Westen eng verbunden, von seiner Wirtschaftshilfe sehr abhängig.

Nach diesen Ausführungen über Uganda, Ruanda und Burundi möchte ich an die ethnischen und religiösen Konflikte in Europa erinnern, an das Baskenland, an Katalonien, an Südtirol und Nordirland, an Korsika und Sardinien, an Probleme in Jugoslawien und Belgien, das ja für Ruanda und Burundi schlecht Vorbild sein kann. In diesen beiden kleinen Staaten war es wiederum so, daß die Europäer wohl kaum zur Einheit der Bevölkerung beitrugen.

Bujumburas Armen- und Villenviertel

Die „Eintracht" findet man schon im Namen der einzigen Partei von Burundi, der „Union". Das Volk, nun etwa fünf Millionen, sind die Barundi. Offiziell ist nicht mehr die Rede von Tutsi, Hutu und anderen. Wir interessierten uns in Bujumbura aber für die Herkunft der Menschen. Die Hälfte der Einwohner sollten Barundi sein, ein Viertel aus Zaire, knapp ein Fünftel aus Ruanda (Flüchtlinge, also Tutsi) und etwa acht Prozent aus anderen afrikanischen Staaten, alles zusammen rund 180 000.

Wir besuchten auf unseren Wanderungen alle elf Stadtteile. Dabei fanden wir einige typische Beispiele dafür, wie ungerecht verteilt materieller und geistiger Wohlstand in einem durch Europa lange bevormundeten, und dann durch die Landesherren schlecht geführten Staat der Dritten Welt ist. Hier soll nicht unerwähnt bleiben, daß Burundis (und Ruandas) Bruttosozialprodukt nur rund 130 Dollars pro Kopf/Jahr beträgt.

Die beiden besten Viertel Bujumburas, in denen Diplomaten, andere Ausländer, hohe Regierungsbeamte und reiche Geschäftsleute leben (nur etwa fünf Prozent der Bevölkerung), nehmen ein Drittel der Stadtfläche ein. Strom und Wasser in jedem Haus und gute Straßen sind Selbstverständlichkeiten. Dies gilt auch für den Stadtteil, der dem Hafen nächstgelegen ist (schon erheblich schlechtere Umweltqualität), in dem etwa zweitausend Inder und Araber leben, und für ein viertes „Quartier". Die meisten anderen Viertel können nur als Slums bezeichnet werden. In den drei ärmsten mit fast fünfzigtausend Menschen ist die Versorgung mit Strom praktisch nicht existent, die mit Wasser sehr spärlich. Für insgesamt rund 150 000 Menschen stehen in Bujumbura keine zweihundert öffentliche Wasserzapfstellen zur Verfügung! Überall sahen wir lange Schlangen von Frauen und Kindern mit Eimern und Kanistern warten. In den beiden bevölkerungsreichsten Stadtteilen leben 340 Menschen auf einem Hektar (Häuser haben nur Erdgeschoß). Für fünfzigtausend Kinder im Schulalter stehen nur vierzig kleine Volksschulen zur Verfügung, weshalb dreißigtausend von ihnen zu Hause oder auf der Straße bleiben.

Der riesige Collège vom Heiligen Geist auf einem Hügel hoch über der Stadt legt vom Reichtum und der Allmacht der katholischen Kirche in Burundi Zeugnis ab. Zwei Drittel der Bevölkerung oder 95 Prozent aller Christen sind Katholiken. Der Staat versucht seit 1979, den Einfluß der Kirche zurückzudrängen. Der Collège jedenfalls steht in genauso bedrückendem, beschämendem Gegensatz zu dem Elend in den meisten Vierteln wie die prächtigen Villen und Autos der einheimischen Elite und der reichen Ausländer (viele griechische Geschäftsleute).

Vom „harten Leben" der Entwicklungsexperten in Burundi

Burundi war ein Tummelplatz der Experten aus Übersee, vor allem aus Belgien, Frankreich, der Bundesrepublik und den USA. Sie und ihre Familien wollten in diesem fünftärmsten Land der Welt auf keine Annehmlichkeiten verzichten. Was beim kostenlosen Umzug nicht mitgegangen war, wurde an Ort und Stelle beschafft. Cross-Country-Motorräder für den Nachwuchs waren der letzte Schrei. Die Eltern hatten oft mehrere Autos, darunter einen Geländewagen, Strandbuggy oder Safaribus – zum „Spielen". Der Verbrauch an Treibstoff (er kam aus dem zweitausend Kilometer entfernten Mombasa in Kenya auf der Straße durch Uganda und Ruanda) der Tausende von Ausländern in Burundi war enorm. Dadurch und durch ihr Verlangen nach Delikatessen wie Dutzende Sorten von Weinen und Käse, nach Oliven, Weinbergschnecken, Leberpastete, besonderen Brotaufstrichen, alles um ein Mehrfaches teurer als im Ursprungsland nördlich des Mittelmeers, gingen Burundi in jedem Jahr für viele Millionen Mark Devisen verloren, die mühevoll durch Kaffee-Exporte und ausländische Kredite erlangt wurden.

Ein schwäbischer Experte lamentierte bei uns darüber, daß er mit seiner Familie ein „hartes Leben im Busch" führen müsse. Als wir nachhakten, erfuhren wir, daß er außer einem schönen Haus mit Wasser- und Stromversorgung in Gitega, der zweitgrößten Stadt, auch allen anderen Komfort des Expertenlebens genoß, nur hundertzehn Kilometer von Bujumbura, wo sich die Griechen gehörenden Supermärkte mit ihren Leckereien, wo sich beim Luxushotel „Méridien" Plätze für Boule, Golf, Reitsport und Ballspiele, am See ein Jachthafen und einige Kilometer entfernt mehrere noble Strandhotels befanden.

Mochte bei dieser Entwicklungshelferei für Burundi unter dem Strich auch noch etwas herausge-kommen sein, so stimmte sie doch bedenklich. In anderen Ländern mit ähnlichem Entwicklungs-rückstand, so Ruanda, sah es nicht besser aus. Viele Afrikaner, die durch die bilateralen und multinationalen Projekte in das Fahrwasser der Europäer geraten waren, taten es diesen jetzt gleich. Das eigene Auto ersparte es, mehr als nur ein paar Schritte zu Fuß zu gehen. Tag und Nacht war Bujumbura von Autolärm erfüllt.

Ein mit arabischer Hilfe entstandenes islamisches Kulturzentrum bewies, daß sich auch bei den Asiaten etwas tat, die hochaufragenden Minarette, daß die Moslems, zuerst nur Inder und Araber, nun auch viele Afrikaner, in Burundi fest Fuß gefaßt hatten. Trotz verschiedener Nationalität und Rasse bildeten sie eine echte Clique. Nirgends sonst hatten wir gesehen, daß sich Inder so häufig mit Schwarzhäutigen vermischten. Die letzteren hatten vor allem Transportunternehmen, während ihre Partner Händler waren.

Früher hatte die belgische Hierarchie hier ausgezeichnet gelebt, und der bevorzugten einheimi-schen Elite war es nicht schlecht gegangen. Nun stieß sich die burundische Hierarchie gesund, und die Belgier und andere Ausländer sahnten kräftig ab. Es gab Fortschritt, aber er kam langsam. Früher Geschaffenes verfiel. Bujumbura war eine sehr ungepflegte Stadt, dem der häßliche Markt mit seinen aus Kistenbrettern, krummen Stangen und Säcken zusammengeschusterten Ständen die Krone aufsetzte. Es gab kaum öffentliche Grünanlagen. Die wenigen Stadtbusse fuhren von einem verwahrlosten Platz ab. Meist mußte man ein Taxi nehmen. Aber eine ganze Flotte von komfortablen Bussen sorgte für den Hin- und Rücktransport der zahllosen Beamten in den Ministerien. Die übrige Zeit standen sie still.

Eine „lustige Seefahrt"

Wir waren nun also am Ufer des zweiten der drei ganz großen Seen Ostafrikas. Im Gegensatz zum etwas eckigen Victoriasee ist der Tanganyikasee ein langer „Schlauch". Aber anders als jener, auf dem wegen der Streitigkeiten zwischen Kenya, Tansania und Uganda nur beschränkt Personen-schiffahrt möglich ist (wir konnten auf dem kenyanischen Teil des Vitctoriasees gerade achtzig Kilometer in jede Richtung fahren – Farbbild 64), ist der Tanganyikasee eine wichtige Wasserstra-ße für Reisende im internationalen Verkehr. Für uns war eine Seereise der gangbarste Weg, weiter nach Süden zu gelangen. Der Leser wird sich ein Bild von den Schwierigkeiten machen können, wenn er den Pfad mitverfolgt, auf dem wir erst einmal überhaupt an Bord eines Schiffes kamen. Wir wollten nach Kigoma in Tansania, auf der tansanischen „Liemba", die ehemals als „Graf von Goetzen" in deutsch-ostafrikanischen Diensten gestanden hatte. Hier das „Drama" in Stich-worten:
Sonntag: Hafenamt geschlossen, Arbeiter sagen, Schiff komme morgen. – Montag: Schiffsagen-tur erklärt morgens, Schiff solle heute nachmittag kommen, gleich anschließend zurückfahren, sagt nachmittags aber, Abfahrt sei erst morgen nachmittag. Beantragen Visa bei Tansania-Botschaft. – Dienstag: Wollen Visa abholen, Tansania-Botschaft hat ohne Ankündigung geschlos-sen. Fragen vorsichtshalber bei deutscher Botschaft wegen Visa für Sambia. Könnten nur in Deutschland beantragt werden, Bearbeitungszeit bis zu einem Jahr. Päng! Aber der britische Konsul will helfen. – Mittwoch: Tansania-Botschaft immer noch geschlossen. Sind seit Montag ohne die Pässe. Das Schiff ist abgefahren. – Donnerstag: Tansania-Botschaft hat offen, aber Visaausgabe nur dienstags(!) oder freitags. Nachmittags noch einmal hin, bekommen Pässe doch zurück. Müssen Visa binnen zwei Wochen ausnützen. Wir ändern Absicht, wollen zuerst nach Sambia (wohin die „Liemba", über Kigoma, ohnehin fährt). Treffen Deutschen, hat Schiffskarte für Freitag, für die „Liemba", die doch gerade erst abgefahren war! Anruf bei Agentur, ein Irrtum, sie bedauern, Abfahrt sei Montag. Wir tippen auf Dienstag. – Freitag: Der britische Konsul gibt uns Empfehlungsschreiben für Sambia. – Samstag/Sonntag: Keine weiteren Auskünfte. – Montag: Hafenamt sagt, Schiff komme morgen, Agentur erklärt, Abfahrt sei morgen abend. Hafenamt, später: Abfahrt möglicherweise Mittwoch, da erst Zement ausgeladen werden muß. Langsam kriegen wir Zustände. – Dienstag: Der Deutsche sagt, das Schiff sei da (er hat eine Unterkunft am See, wir in der Stadt). Hafenamt: Abfahrt unbekannt. Kaufen dennoch Fahrkarten bei der Agentur, wo wir „heute oder morgen" hören. Kurz nach 15 Uhr im Hafen, mit allen Möchtegern-Passagieren bei Zoll und Polizei, da heißt es, das Schiff gehe heute nicht. Also zurück in die Stadt. – Mittwoch: Aufgeregt kommt der Deutsche zu uns, die „Liemba" sei doch gestern, um 17 Uhr, abgefahren. Der Kapitän habe mit den Hafenbehörden Streit bekommen, sei deshalb im Zorn mit der Zementladung (aber ohne uns und alle anderen Passagiere) wieder abgefahren. Ein Mann aus Bujumbura, von der protestantischen Kirche, der einmal in Deutschland war, hat gute Beziehungen zum Hafen, vermittelt Mitnahme auf einem Schlepper nach Sambia, der

„sofort" abfahren soll. Wilma jagt mit ihm zum Quartier, um unser Gepäck, und zu der Agentur, um das Geld für die nicht ausgenutzten Schiffskarten zurückzuholen, ich erledige alles bei Zoll und Polizei. Abfahrt ist dann nach drei Stunden. Wir müssen viel mehr bezahlen als auf der heimlich abgefahrenen „Liemba". Aber, endlich: Wir sind auf dem Tanganyikasee nach Süden unterwegs, haben als erste von allen den Teufelskreis durchbrechen können!

Unser Schlepper hieß „Tanganyika". Er zog zwei leere Kähne siebenhundert Kilometer weit bis nach Mpulungu in Sambia, wo sie mit Zement beladen werden sollten. Wir hatten eine Kabine für uns (sonst wohl von Mannschaftsmitgliedern belegt), aber wir waren meist auf der Brücke. Die frische Luft dort tat uns gut, denn wir fühlten uns ziemlich unwohl, weil an eineinhalb der drei Tage ein starker Sturm tobte, der drei bis vier Meter hohe Wellen aufwühlte. Der Tanganyikasee kann tückisch sein. Er ist wie ein kleines Meer. Mit 34 000 Quadratkilometern ist er über sechzigmal größer als der Bodensee und mit 1435 m größter Tiefe ein Sechsfaches tiefer als das Schwäbische Meer. Wir sahen nur einmal Land, bewaldete Berge und blühende Mangobäume am Ufer von Tansania. Der Kapitän war selten auf der Brücke, meist war er betrunken. In Mpulungu gab man uns ohne weiteres Visa auf der Stelle. Noch vor kurzem sollten Ankömmlinge wie wir zurückgeschickt worden sein. Nun hatte es nicht einmal des Briefs vom britischen Konsul bedurft! Doch wie sollten wir die Visagebühren bezahlen, ohne sambisches Geld? Wilma wollte in den kleinen Ort, um welches zu besorgen, aber ohne Visum durfte sie nicht an Land, ohne Geld bekam sie kein Visum. Wieder ein Teufelskreis. Da half uns ein Franzose, der in dem schläfrigen Hafen für die Zementverladung zuständig war. Er schenkte uns ganz einfach die benötigte Summe. Dann betraten wir sambischen Boden.

Mit zwei Kähnen im Schlepp über den Tanganyikasee von Burundi nach Sambia

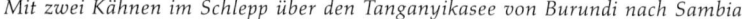

Der Franzose nahm uns später in seinem Lieferwagen über die vierzig Kilometer lange Steigung zu dem kaum zehntausend Einwohner zählenden Städtchen Mbala mit, das 1650 Meter hoch liegt. Nachts wurde es winterlich kalt. Dies spürten wir noch mehr, als wir nach weiteren tausend Kilometern per Bus durch die Savanne in der Hauptstadt Lusaka eintrafen. Wir waren ja nun bereits im südlichen Afrika, und hier *war* Winter. Weitere fünfhundert Kilometer ging es bis Maramba, das auch noch Livingstone genannt wird. 1907 bis 1935 war dieses Verwaltungssitz des damaligen Nordrhodesien (heute Sambia) gewesen. Heute ist die Stadt Verkehrszentrum und wichtiger Industriestandort. Zehn Kilometer entfernt, an der Grenze mit Simbabwe (ehemals Südrhodesien), stürzen die Wassermassen des wichtigsten Flusses im südlichen Afrika, des Sambesi, in eine 1700 Meter lange, hundertzehn Meter tiefe und nur hundert Meter breite, quer zur Stromrichtung liegende Schlucht hinab. Um die Victoriafälle, eines der großen Naturwunder, zu sehen – ein weiterer Wunschtraum ging in Erfüllung –, wendeten wir vier Tage auf. Einen davon verbrachten wir bei der Stadt Victoria in Simbabwe. In der örtlichen Bantu-Sprache heißen die Fälle „mosi-ao-tunya" oder „der Rauch, der donnert". Bis zu dreißig Kilometer weit kann man die aufsteigenden Nebel sehen (Farbbild 67).

Da wir nicht einfach als Urlauber zu Besuch nach Sambia gekommen waren, hatten wir natürlich noch andere Absichten. Wie immer wollten wir die Lebensverhältnisse der Menschen auch hier näher betrachten. Die Sambier hatten unter den schwarzafrikanischen Völkern nach den Gabunesen das zweithöchste durchschnittliche Pro-Kopf-Einkommen. Die Schätze an Kupfer hatten dies bewirkt. Führer des Landes, etwa dreimal so groß wie die Bundesrepublik, war und ist bis dato Kenneth Kaunda, familiär einfach „KK" genannt. Er führt ein Land, in dem man oft erstaunt ist über das, was offiziell gesagt, und über das, was offiziell getan wird. Die Oberen dieses Staates können nicht gut schlafen, wenn sie während des Tages Südafrika nicht eins ausgewischt haben. Natürlich stimmen die Vorwürfe gegen den Rassismus, gegen das schwarzhäutige Menschen verachtende System, gegen die Bevormundung Namibias. Aber wird man der Wahrheit gerecht, wenn man unablässig vom „Feind" redet, mit dem man „nichts zu tun haben" will?

In den Supermärkten Lusakas schlugen sich gerade die Menschen darum, ein paar Stücke einer beliebten Seife (dieser Kosmetikartikel ist allgemein Mangelware) aus Durban in Südafrika zu ergattern. Ein Mann, den wir befragten, warum er Waren vom „Feind" kaufe, blickte auf die acht Stücke Seife in seinen Händen hinab und sagte: „Warum denn nicht? Wir können doch froh sein, daß Südafrika uns hilft!" Diese „Hilfe" wäre noch viel umfangreicher, könnte Sambia es sich noch leisten, sie anzunehmen. Aber es fehlt ihm an Devisen. Dennoch kamen damals gerade hundert Tonnen Milchpulver aus dem Land jenseits der Frontlinie, wie die Zeitung „Times of Zambia" berichtete, in der wir auch Anzeigen fanden, die auf Flüge der Zambia Airways nach Südafrika aufmerksam machten. Die KLM machte auf ihrem Weg nach Johannesburg ohnehin in Lusaka Stopp. Weniger lautstark war zu erfahren, daß dort unten auch sambische Spezialärzte ausgebildet wurden. Sambia brauchte sich für all das indes nicht zu schämen. Mehr als zwei Dutzend anderer afrikanischer Staaten unterhielten mehr oder weniger intensive wirtschaftliche, politische oder kulturelle Beziehungen zu Südafrika.

„KK" ist ein gutmütig aussehender älterer Herr, ein guter Sänger, wie er bei einem Staatsbesuch in Bonn bewies, ein Landesvater, der nicht selten öffentlich (sogar im Fernsehen) über politische oder soziale Probleme Tränen vergießt, aber er ist vor allem der starke Mann Sambias, der die (seit 1972 einzige zugelassene) Vereinigte Nationale Unabhängigkeits-Partei UNIP führt. „KKs" geistiges Geschöpf ist der „politische Humanismus", seine Form der Sozialismus. Quintessenz dieser Politik: „Wie immer die menschliche Gesellschaft strukturiert sein mag, der Mensch muß zuerst kommen."

Für Befreier und die Jugend, gegen Alkoholismus

Wir sahen Kenneth Kaunda zweimal, in Lusaka und in Maramba, anläßlich des Staatsbesuchs von José Eduardo dos Santos, des Führers eines anderen Frontlinienstaates, Angola. Das eine Mal fuhren sie im offenen Auto stehend winkend durch die Straßen, das andere Mal in Prunkkarossen. Tausende von Schulkindern wurden in Lusaka herbeigekarrt, um die Staatschefs zu begrüßen. Dabei standen auch viele Leute Spalier, die eine Zwangspause einlegten, denn alle Läden mußten während der Zeit des Aufenthalts der hohen Herren im Stadtzentrum geschlossen werden. Niemand jubelte, außer bei den Schülern erhob sich kaum ein Arm zum Gruß. „Das wärmste Willkommen, das man je in Lusaka sah", berichtete die „Zambia Daily Mail". Dos Santos war gerade weg, als Kaunda die Behauptung dementieren mußte, Sambia unterstütze die UNITA, Angolas gegen die Regierung kämpfende Rebellen.

Kaunda tat und tut viel für die Befreiungsbewegungen im südlichen Afrika. Aber oppositionelle Bewegungen im eigenen Land duldet er nicht. Die Vereinigte Progressive Partei UPP ließ er, schon ein Jahr nach ihrer Gründung 1971 durch den früheren Vizepräsidenten Simon Kapwepwe, wegen „Subversion" verbieten. Was „KK" bisher gelang, ist, das Gleichgewicht zwischen jenen Kräften im Land zu halten, die radikale Maßnahmen gegen Südafrika (und sei es Krieg) fordern, und jenen, die eine friedliche Weiterentwicklung Sambias mit Hilfe des Kupfers wollen. Da dieses fast alle Exporterlöse bringt, ist das Land auch von ihm abhängig. Auf diese Weise bleibt der „Feind" eben „Feind" und Geschäft Geschäft. Um von anderen Nachbarn weniger abhängig zu sein, schuf Sambia sich gute Verbindungen zum Meer durch Tansania, per Straße, Bahn und Pipeline. Mit Chinas Hilfe wurde eine Bahnlinie nach Dar es Salaam gebaut.

Wir wissen nicht, ob es stimmt, daß die Sambier Weltmeister im Trinken sind, aber Abstinenzler sind sie auf alle Fälle nicht. Kenneth Kaunda hat schon einmal unter Schluchzen angedroht, er werde zurücktreten, wenn der Durst seiner Landsleute nicht anders als mit Alkohol zu löschen sei, denn er wolle nicht Präsident eines Volkes von Säufern sein. Selbst gerade ihr Baby stillende Mütter kann man überall einen kräftigen Zug aus der Bierflasche nehmen sehen. Alkoholismus wird für viele Schwerverbrechen verantwortlich gemacht (zur Entlastung des Nachbarvolks der Zairer, denen sonst die Mehrheit der Schandtaten im „Copperbelt", dem Gebiet der Kupferminen um Ndola, zugeschrieben wird).

Schließlich sorgt sich der Sohn eines Missionslehrers (er wurde ebenfalls Lehrer) um die Zukunft der sambischen Jugend. Es wird viel Geld für die Erziehung ausgegeben, in Afrika eine Seltenheit. Dennoch ist aber jeder zweite über fünfzehn Jahre alte Sambier noch Analphabet.

Obwohl den Sambiern offiziell Sympathien für „KK" verordnet sind, hatten wir doch den Eindruck, daß er in weiten Kreisen der Bevölkerung (besteht aus 73 Stämmen von acht ethnischen Gruppen, insgesamt etwa sechs Millionen Menschen), tatsächlich ziemlich beliebt ist. Daher bedurfte es wohl nicht einmal der Plakate in allen Stadt- und Überlandbussen, auf denen das Personal dem Präsidenten bei den nächsten Wahlen ein überzeugendes „Yes" für die Fortsetzung

LION OF MALAWI

„Löwe von Malawi" läßt sich Präsident Banda nennen. – Einbäume von Fischern am Malawisee

seiner Herrschaft wünschte. Oder doch? In der Provinz sprach „KK" einen Gouverneur auf dreitausend „No"-Stimmen beim letzten Mal an. Der entschuldigte sich und versicherte, dies werde bestimmt nicht wieder vorkommen. Alle Zuhörer sollen von der Schande der dreitausend ablehnenden Stimmen peinlich berührt gewesen sein.

Statt nach Pretoria zu einem guten Freund Südafrikas: Malawi

In Maramba waren wir noch genau tausend Kilometer in der Luftlinie von Pretoria entfernt. Wir hatten, trotz aller mehrfach beschriebenen Probleme, Transport- und Lebensmittel zu finden, trotz des Ärgers mit uniformierten und zivilen Beamten, und trotz des Verdrusses mit einigen anderen Leuten in Schwarzafrika keinerlei Schwierigkeiten, mit den Menschen des jeweiligen Landes zusammenzukommen. Dies scheint uns bis heute das größte Plus bei unserer Afrikareise gewesen zu sein. Darum hatten wir – wenigstens auf dieser Reise – nicht die Absicht, Südafrika einen Besuch abzustatten. Apartheid trifft Schwarze wie Weiße gleichermaßen, und es wäre uns mit Sicherheit nie möglich gewesen, auf natürliche Weise mit der – schwarzen – Mehrheit der Bevölkerung in Berührung zu kommen. Dies schreckte uns ausreichend ab. Aber wir reisten in einen schwarzafrikanischen Staat weiter, der sehr gute Beziehungen zur Republik Südafrika pflegte: Malawi. Es ist ein schönes Land, mit Bergen, die bis dreitausend Meter hoch sind, mit mehreren Seen, vor allem dem Malawisee, der früher Njassasee hieß. Er ist fast sechzigmal so groß wie der Bodensee. Wir fuhren auch über diesen See, und wir unternahmen eine Bergtour. Gleichzeitig lernten wir die eigenartigen Gesellschaftsverhältnisse kennen, die Malawi von anderen schwarzafrikanischen Ländern unterschieden.

Herr im Hause Malawi ist Präsident Banda, genauer: „Seine Exzellenz der Präsident auf Lebenszeit Ngwazi Dr. Hastings Kamuzu Banda." Er regiert mit eiserner Strenge und duldet keine Opposition, die es aber illegal dennoch gibt. In der einzigen Tageszeitung „Daily Times" und in unzähligen Reden wird unermüdlich seine umsichtige Führung gelobt, wird ihm gedankt dafür, daß „Friede und Ruhe, Gesetz und Ordnung" im Lande herrschten. Dieser Standardformel folgt die weitere, daß es sein Verdienst sei, wenn die Malawier heute genug zu essen, etwas Ordentliches anzuziehen und bessere Wohnungen als früher hätten. Diese Erfolge seien aufgebaut auf Bandas vier „Grundsteinen": Einheit, Loyalität, Gehorsam und Disziplin. Das Volk stehe geschlossen hinter ihm (Widerstandsbewegungen dabei außer acht gelassen).

Als junger Mann nach Südafrika emigriert, studierte er dann in den USA Medizin. Er praktizierte ab 1945 in England, später in Ghana. 1958 kehrte er in seine Heimat Njassaland (Malawis früherer Name) zurück. Sie war schon seit fünf Jahren Teil der von Weißen dominierten „Föderation von Rhodesien und Njassaland". Voll Zorn wandte sich Banda gegen diesen Bund, schon im Ausland, dann vor allem nach seiner Rückkehr. Die Opposition bestand bereits, auch in Nordrhodesien (dort vor allem unter Kenneth Kaunda), aber diese Bewegung schwoll nun so stark an, daß die britische Regierung die Föderation (aus der Njassaland schon zuvor ausgeschieden war) 1963 auflöste. Im folgenden Jahr wurden Malawi und Sambia, nicht aber Südrhodesien, unabhängig. Ohne Banda, der in den beiden Ländern als der „Zerstörer der Föderation" und als „Löwe von Malawi" gefeiert wird, würde es Malawi in der bestehenden Form heute wahrscheinlich nicht geben.

Gute Wirtschaftslage

Hungernde haben wir in Malawi in der Tat wenige gesehen (wohl aber Zerlumpte, und auch viele sehr ärmliche Hütten). Während in mehreren Staaten des südlichen und östlichen Afrika 1983 nach einer Dürre ein schwieriges Jahr wurde, meldete Malawi Maisüberschüsse. Es verteilte sogar Spenden. Die Saison brachte zudem eine Rekordernte von 39 000 Tonnen Tee (als Devisenbringer nach Tabak und Zucker – welche allerdings keine guten Preise erzielen – an dritter Stelle; viele Plantagen sind in europäischem Besitz). Das Binnenland hatte für sechs Monate Treibstoffreserven. Touristen kamen in überraschend großer Zahl. Werbeslogan: „Das warme Herz Afrikas." Insbesondere Touristen aus der Republik Südafrika wurden davon angelockt. Auf den Märkten wurden uns „nartjies" (Mandarinen) angeboten. Afrikaans sprechende Kunden waren dort nämlich keine Seltenheit. Ohne einen falschen Paß benutzen zu müssen, wie sie es in anderen Ländern oft taten, kamen sie, denn Malawi war ein guter Freund Südafrikas, um, wie es Präsident Banda auslegte, dort die strenge Rassenpolitik zu mildern. Er sprach sich gegen Apartheid und für Namibias Unabhängigkeit aus. Der südafrikanisch-malawische Handel war sehr lebhaft. Ein Großteil der Waren in den zahlreichen Supermärkten kam vom Süden. Verwirrend war allerdings, daß Pretoria Rebellen in Moçambique unterstützte, die für Malawi wichtige Eisenbahnlinien zu dort befindlichen Häfen sabotierten. Südafrikanische Besucher waren übrigens vom „Musterländle" Malawi begeistert. Zwei Prominente in der Zeitung: „Faszinierend, wie Junge und Alte verschiedener Rassen frei zusammenleben und -arbeiten können, ohne Furcht, irgendwann belästigt zu werden." – Wir konnten nur staunen.

Kalter Wind im „warmen Herzen Afrikas"

Aus Simbabwe kommende malawische Gastarbeiter, die (über Sambia) mit uns im Bus in ihre Heimat zurückkehrten, wurden an der Grenze wahrscheinlich weniger freundlich empfangen als Südafrikaner. Uns ließen die Zöllner ebenfalls ungeschoren, aber ihren Landsleuten nahmen sie fast alle Bücher und Zeitungen als angeblich verboten ab, obwohl sie in Malawis Buchläden – außer sambischen Blättern – erhältlich waren. Aber auch viele andere Dinge wanderten aus den Koffern in das Zollhaus. Vier Stunden lang, bis Mitternacht, peinigten die Beamten unsere Mitreisenden. Die Verunsicherung der Heimkehrer hatte eine tiefere Ursache. Die Zensurbehörde war in Malawi das vielleicht meistbeschäftigte Amt. Lustig war, reihenweise mit schwarzem Filzstift „gesäuberte" Buchumschläge zu sehen, die etwas zu viel Busen oder Oberschenkel gezeigt hatten. Lächerlich war jedoch, „anstößige" Reklamen in Zeitschriften für Frauen(!) auf dieselbe Weise korrigiert zu finden. Zum Weinen war uns aber zumute, als wir in dem Bildband „Die letzten Afrikaner" (von Gert Chesi) die Farbbilder nach dieser geistigen Vergewaltigung sahen. Unzählige Bücher standen aus sittlichen und politischen Gründen auf dem Index. Alle Filme wurden streng zensiert.

An der Brücke über den Lilongwe-Fluß in der Hauptstadt sahen wir ein Schild mit dem Hinweis, daß Nacktbaden in Sichtweite von Passanten unter Strafe gestellt sei. Später, am Malawisee, freuten wir uns darüber, daß die Menschen dort dieser ältesten Badesitte ungeniert folgten und durch die Gesetzesmacher noch nicht verdorben waren. Eine ganze Seite brauchte eine Touristenschrift, um die Prüderie der Regierenden zu erläutern. Das Tragen von Hosen, und von Kleidern,

Mulanje-Massiv mit Basketball spielenden Frauen (Röcke!). – Unser Aufstieg ging durch die Kerbe rechts

die die Knie nicht völlig bedeckten, war allen Frauen (nicht nur Ausländerinnen) in der Öffentlichkeit, außer in Nationalparks und in gewissen Ferienhotels und auf Campingplätzen, verboten. Wer an der Grenze eintraf und nicht vorschriftsmäßig gekleidet war, mußte sich auf der Stelle umziehen oder er durfte nicht ins Land. Wilma war bereits in Sambia vorgewarnt worden. Sie hatte dann während der drei Wochen in Malawi, so unpraktisch dies auf Reisen auch manchmal war, Röcke zu tragen. Als wir zu einer Bergtour starteten, konnte sie erst nach Passieren der letzten Bauerngehöfte in Hosen steigen, und bei der Rückkehr mußte sie sich rechtzeitig wieder in die verordnete Tracht hüllen. Bis ein paar Jahre zuvor soll es sogar verboten gewesen sein, Damenunterwäsche in Sichtweite von Männern zum Trocknen aufzuhängen, wie uns Engländer erzählten, die schon lange im Land lebten. Männerhaare durften jetzt noch nicht länger sein als bis zum Hemdkragen, sonst galt ihr Besitzer als „Hippie". Tja, es wehte ein kalter Wind im „warmen Herzen Afrikas"!

Die einzige Partei war die Malawi Congress Party. Aus der Regierungsbildung nach den Wahlen kurz vor unserem Besuch ging der Staatschef auch als Minister des Äußeren, für Landwirtschaft, Justiz und öffentliche Arbeiten hervor. Der alte Mann, zwischen 1901 und 1906 geboren (wann genau, darüber öffentlich zu sprechen war verboten), war schon respekteinflößend. Bei offiziellen Anlässen war er stets im Frack, mit Kavalierstüchlein in der Brusttasche, mit Häuptlingsstock und Fliegenwedel (Alter und Weisheit symbolisierend) in der Hand zu sehen. Dem „Pulezidenti Wamuyaya" („Präsident auf Lebenszeit" in Tschitschewa, der gebräuchlichsten der malawischen Sprachen) wurde durch die Benennung einer wichtigen Straße, einer Akademie, eines großen Stadions, einer Brücke, eines Stausees und des internationalen Flugplatzes von Lilongwe nach ihm alle Ehre gewiesen. Präsident Banda dürfte wohl bis an sein Lebensende auf seine Weise regieren. Die meisten Malawier scheinen damit zufrieden zu sein.

Übrigens befanden wir uns illegal in Malawi, denn Journalisten war die Einreise ausdrücklich untersagt.

Erlebnisse am Mulanje-Massiv

Im äußersten Süden Malawis liegt der dreitausend Meter hohe Mount Mulanje (gesprochen „mulandsche"). Da wir uns hier unter dem 16. Breitengrad (Süd) befanden, hätte es eigentlich tropisch warm sein dürfen, aber die ziemliche Höhenlage Malawis und das besondere Mikroklima um das Bergmassiv brachten es mit sich, daß es empfindlich kühl war. In der ganzen Umgebung, sechshundert Meter hoch, gab es daher Teeplantagen. Der englische Manager eines solchen Unternehmens und seine Frau liehen uns für unser Vorhaben Pullover und Anoraks und nahmen unser Geld in Verwahrung. Außerdem erhielten wir am Kaminfeuer beste Informationen über den Berg.

Wir verloren beim Aufstieg schon nach kurzer Zeit den Pfad. Alles weitere Suchen half nichts. So kämpften wir uns durch Buschgestrüpp mit Schlingpflanzen, weiter oben durch Kaktusdickicht, und dann über glitschige, moosbewachsene Felsen und durch hüfthohes dichtes Gras teilweise im 50-Grad-Winkel auf allen vieren bergan, wobei uns keineswegs sehr wohl war. Man kann schon Mut und Ausdauer beweisen, wie am Anfang dieses Buches erwähnt, aber manchmal ist man schlichtweg blöde. Als die Nacht kam, waren wir tausend Meter über dem Ausgangspunkt, dem nach dem Berg benannten Dorf Mulanje. Ganz nahe schienen die Lichter und sie waren ja auch wirklich nur etwa drei Kilometer entfernt, aber 1700 Meter hoch, kamen wir uns so einsam vor wie auf einer kleinen Insel im Ozean. Wir waren immer noch am Steilhang (auf dem Bild deutlich zu erkennen) und notgedrungen mußten wir dort biwakieren, wobei wir immer wieder ein Stück weiter nach unten rutschten. Morgens am anderen Tag schafften wir den Aufstieg zu einer Berghütte in 1840 Meter Höhe. Wir erfuhren von anderen, daß der von uns verfehlte Pfad nach langen Regen beinahe unpassierbar geworden war. Sie waren auf einem dritten Weg heraufgekommen. Nun, wir hatten es geschafft, aber wir nahmen uns vor, niemals mehr ein solches Wagnis einzugehen.

Das Plateau dort oben war mit goldenem Gras bedeckt, mit blauen Bergen im Hintergrund. Es gab Laub- und Nadelbäume, aber die Mulanje-Zeder, die bis fünfzig Meter hoch und bis zwei Meter dick wird, war selten anzutreffen. Zu Kolonialzeiten hatten englische Firmen den herrlichen Waldbestand auf dem Plateau fast vernichtet. Deshalb ist auch vom einstigen großen Tierreichtum nicht viel geblieben. Unser Blick ging nicht nur über den ganzen Südteil von Malawi, sondern auch weit hinein nach Moçambique. Bis ins neunzehnte Jahrhundert war das Plateau Zufluchtsort vor Sklavenjägern gewesen, wie das Hochland von Jos in Nigeria und die Mandara-Berge in Kamerun. Solche Plätze gab es in Afrika wohl zu Hunderten.

Zu dem Bild mit dem Mulanje-Massiv und den Basketball spielenden Frauen möchte ich noch anfügen, daß, kaum hatte ich abgedrückt, ein Polizist herbeikam, um uns dafür zur Rechenschaft zu ziehen. Wir müßten zu einer „Unterhaltung" auf die Wache mitkommen, weil wir die Frauen in ihren Röcken fotografiert hätten. Wir bestritten dies. In Wahrheit war uns an beiden Motiven gleich viel gelegen gewesen. Nun sollten wir unseren Film herausrücken. Nur weil wir (erstmals in Afrika) uns mit lautstarken Beschwerden über die Gängelei zur Wehr setzten, kamen wir so davon. Wir hätten einiges zu verlieren gehabt: Mit dieser Aufnahme war der Film nämlich gerade voll geworden...

Reise auf dem Malawisee, dann nach Tansania

Über Blantyre, wo der Präsidentenpalast steht, und Zomba, die alte Hauptstadt (Lilongwe ist die neue), gelangten wir ans Ufer des Malawisees. Hier war es ein Kinderspiel, aufs Schiff zu kommen. Wir schipperten 450 Kilometer weit. Aber wie auf dem Tanganyikasee hatten wir Sturm, mit bis zu vier Meter hohen Wellen. Fast alle Passagiere, von der ersten bis zur Deckklasse, wurden seekrank. Zeitweise überfluteten die Brecher das Deck, auf dem wir untergebracht waren. Zudem wurde es sehr kalt. Trotz der unruhigen Witterung wurden Aussteigende mit Booten an Land gebracht. Eines davon ging unter, als es die Leute gerade verlassen hatten.

Eines der vielen wunderlichen Dinge in dieser Ecke des Kontinents, wo Südafrika seine Finger mit im Spiel hat, war die Tatsache, daß Malawi und das Nachbarland Tansania keine diplomatischen Beziehungen hatten. Unser Visum aus Bujumbura für Tansania war inzwischen schon längst abgelaufen. In Lusaka hatten wir uns ein neues geholt, das wir (wieder Erstaunen!) in einer Viertelstunde erhielten. Doch zurück nach Malawi: Einen offiziellen Grenzübergang für andere als Angehörige dieses Staates und Tansanias gab es nicht. Andernfalls hätten wir mit dem Schiff bis zum Nordende des Sees fahren können und die Sache wäre erledigt gewesen. So aber mußten wir, nach dem Weiterweg per Bus, noch einmal nach Sambia hinein, von dort erst nach Tansania. Das Visum für Sambia bekamen wir wieder anstandslos an der Grenze. Schließlich erreichten wir Mbeya in Tansania.

Aber wieder einmal klingt dies leichter als es getan war. In Stichworten: Schlafen in tansanischem

Dorf an der Grenze. Bus nach Mbeya soll um sieben Uhr fahren, wir sind schon kurz nach vier zur Stelle, bekommen letzte Sitzplätze. Um sechs ist der Bus voll, fährt aber nochmals zum Zoll, alle müssen aussteigen, Wilma bleibt sitzen, niemand sagt etwas. Alles Gepäck der Tansanier wird durchsucht, denn sie sind samt und sonders kleine Schmuggler, die Zucker und Seife in Sambia kaufen, in ihr Land bringen und mit großem Profit verkaufen. Alle Frauen (und sogar ihre Kinder) sehen aus, als ob sie schwanger wären. Unter ihren Kleidern verbergen sie jeweils einige Kilo des Schmuggelguts. Zöllnerinnen machen Leibesvisitationen. Das Geschrei könnte nicht größer sein. Sogar Bananen werden beschlagnahmt, die auf dem Busdach beim Gepäck liegen. Die Zöllner werden schlecht bezahlt, also sorgen sie für sich selbst. Endlich Abfahrt. Nach der Hälfte der 115 Kilometer wird festgestellt, daß die Bremsen nicht funktionieren. Stopp, es wird repariert. Nach zwei Stunden nimmt *uns* ein Deutscher, der in Mbeya arbeitet, auf seinem Lieferwagen mit.

Miese Wirtschaftslage führt zu Schwarzhandel

Wenn ein Land an 140. Stelle auf der Wohlstandsskala der Welt liegt, wenn dort Lebensmittel schwer erhältlich und die Preise so hoch sind, daß ein gewöhnlicher Arbeiter zwei Tageslöhne für ein Kilo Fleisch aufwenden muß, wenn Gebäude verfallen und Straßen zerbröckeln, dann weiß man als Reisender, daß auch ihn dort manches unlösbar scheinende Problem erwartet. Uns erging es so. Aber ein voreiliges Urteil war nicht angebracht.

Wir saßen kaum im Wagen des Deutschen, als er, Leiter einer englischen Krankenhausbaustelle in Mbeya, uns klarzumachen versuchte, daß „dieses Land der letzte Dreck" sei, den er bisher kennengelernt habe. „Und Südafrika haben Sie ausgelassen?! Da haben Sie ja das Beste versäumt, nach all diesem Mist!" Aber Schorsch, ein Frankfurter, der in einem breitgefächerten deutschen Entwicklungsprojekt im Nordosten tätig war, offenbarte uns: „Isch komm hier nimmer weg! Des is mai Haimat worde!" Tansania besteht aus dem Festlandteil Tanganyika (bis 1918 deutsche Kolonie, dann bis 1961 unter britischer Verwaltung) und der Insel Sansibar (1963 von England unabhängig). 1964 taten sich die beiden Länder zusammen.

Bald erkannten wir, daß Tansania nicht schlimmer war, als wir erwartet hatten. Unser Vorrat an Klopapier kam uns angesichts des Angebots in den Lädchen lächerlich vor, über den an Seife jedoch freuten wir uns, denn nie sahen wir ein Stück zum Verkauf. Waschpulver – fast unbekannt; und Zucker, für den wir bis zu zweiundzwanzig Mark pro Kilo hätten bezahlen müssen, hatten wir ausreichend dabei. An Eiern herrschte dagegen kein Mangel und es wurde damit auch kein Schwarzhandel getrieben. Nach dem offiziellen Wechselkurs kostete aber ein Ei genau eine Mark, mehr als der Stundenlohn eines Arbeiters. Klopapier gab es erst seit kurzem wieder, aber vor allem Seife, Waschpulver und Zucker waren bevorzugte Artikel des Schwarzmarktes. Dabei war – offiziell gesehen – in Tansania die „Ausbeutung des Menschen durch den Menschen" etwas, das der Vergangenheit angehörte. Die Regierung hatte zwar feste Preise verordnet, wonach Zucker „nur" 2,50 Mark das Kilo kostete, aber das war lediglich in ihren eigenen Verkaufsstellen möglich. Kein Händler wäre auf die Idee gekommen, den durch dunkle Kanäle bezogenen Zucker so zu „verschleudern".

Sowohl die Erlangung der Unabhängigkeit Tanganyikas als auch die Union der beiden Länder ist in erster Linie ein Verdienst des Präsidenten Julius Nyerere. Dieser Politiker und Denker, von Südafrika(!) einmal „das Bewußtsein Afrikas" genannt, verfolgte einen sozialistischen Kurs in der Wirtschaft. In seiner 1967 abgegebenen Arusha-Erklärung sagte Nyerere: „Ein Entwicklungsland soll seine Hilfsmittel selbst kontrollieren." So wurden Banken, Handel, Landwirtschaft und Industrie verstaatlicht, alle großen Mietshäuser (fast vollzählig im Besitz von Indern) enteignet. Sehr wichtig war die Gründung modern konzipierter Ujamaa-Dörfer, kollektiver Gemeinschaften, in die viele Unwillige gezwungen wurden.

Viele Ursachen für Misere, aber ein Hoffnungsschimmer

„Laßt uns mal sehen, wie weit Nyerere mit seinem afrikanischen Sozialismus kommt", wurde Tansania so oft gelobt wie kritisiert. Es erhielt viele Milliarden Mark an Entwicklungshilfe, mehr als jedes andere Land auf dem Kontinent, und zwar aus China wie aus Westdeutschland, aus USA wie aus Schweden. Es war ein Lieblingskind demokratischer Sozialisten in Europa. Leider mehrten sich die Anzeichen, daß die Führung der „Chama cha mapinduzi" (CCM, Partei der Revolution) – derzufolge „die Entscheidung, in Tansania den Sozialismus einzuführen, eine Entscheidung" sei, „die in der Geschichte begründet und daher unvermeidlich war" – am Ende ihres Könnens angekommen war. Nyerere fühlte sich und sein Land in erster Linie durch eine (in der Tat) ungerechte Weltwirtschaftsordnung betrogen. Aber daran lag es nicht allein.

Der Agrarsektor, Rückgrat der tansanischen Wirtschaft, hatte noch nie so wenig zum Wohlstand der Nation beigetragen. Die meisten (der wenigen) Fabriken arbeiteten unter Kapazität oder standen ganz still. Die Verkehrsmittel und -wege waren in sehr bedenklichem Zustand. Die Städte waren heruntergekommen (Dar es Salaam, Sansibar, Tanga, Arusha und Moshi sind aber immer noch sehenswert). Selbst die bis vor einigen Jahren erstaunlichen Erfolge auf dem Gebiet der Erziehung verblaßten nun. Was von der Partei- und Staatsführung und von den überseeischen Geldgebern übersehen worden zu sein scheint, war, daß die konservative, traditionell auf rasch sichtbaren Gewinn eingestellte Bevölkerung wenig Interesse an den großen Gesellschaftsreformen zeigte.

So weigerten sich Dörfer, ihre Produkte an Regierungsgenossenschaften abzuliefern, da die Bezahlung ausblieb. Um zu Geld zu kommen, verkauften die Bauern zum Beispiel Tomaten auf dem schwarzen Markt. Sie zogen lieber diese als Kaffeebäume. Dabei hatte das Land eine hohe Produktion auf dem Sektor der Industriepflanzen nötig, denn er erwirtschaftete fast alle zur Einfuhr von Treibstoff, Maschinen, Hilfsmitteln und Chemikalien erforderlichen Dollars. Dürren, Seuchenausbrüche, immense Ölpreissteigerungen, ein Krieg, der Riesensummen verschlang (gegen Idi Amins Uganda), Vernachlässigung der Felder durch die Bauern, und Mißwirtschaft und Diebstahl in allen Rängen der Verwaltung stürzten das Land in eine Ernährungskrise.

Verzweifelte Versuche, von den Ursachen abzulenken, waren das Gesetz gegen das Herumlungern in Städten (Strafe drei Monate Gefängnis), sowie die kurz vor unserem Besuch begonnene „Niederschlagung" des Schwarzmarktes, des Hordens, der Preistreiberei, des Schmuggels, illegaler Devisengeschäfte und der Korruption. Bei diesem Feldzug gegen „Wirtschaftssaboteure" wurden sehr rasch zwölfhundert Personen – zwei Drittel Inder – verhaftet. Vor vielen Läden sahen wir Tag und Nacht Soldaten wachen. Die Besitzer waren im Gefängnis. In Tanga hörten wir das Urteil gegen einen Inder: Fünf Jahre Gefängnis, weil er einige Autobatterien zu Hause aufbewahrt hatte. (Er gab an, sein Laden sei zu klein.) Hohe Beamte wurden abgesetzt. Nutznießer des Schwarzmarktes fand man aber selbst unter Nyereres Vertrauten.

Fazit: Die Wirtschaftskrise war die Ursache des Schwarzmarktes, nicht umgekehrt. Ein Hoff-

Blick auf den Hafen von Dar es Salaam. In der Mitte ein Haus im Kolonialstil, links ein Hotel

nungsschimmer war zu sehen: Nyerere erklärte, daß Regierung und Partei den Aufbau großer Farmen auf Privat-(und damit Profit-)Basis in begrenzter Zahl nicht verböten. Alle früheren Großfarmen meist britischer Besitzer waren verstaatlicht worden. 1986 hörten wir, daß bereits viele Bauern auf ihre kleinen privaten Landstücke zurückgekehrt seien.

Deutsch-Ostafrika: Anfänge, Besiedlung, Aufstände

Die große Landmasse Tansanias war einst die Kolonie Deutsch-Ostafrika. Einige Details aus dieser Zeit habe ich bereits im Kapitel „Die Afrikaner und die Europäer" angesprochen. Wie kamen die Deutschen zu dieser Besitzung und was spielte sich in den drei Jahrzehnten, die sie zur Verfügung hatten, ab?

Der Deutsche Carl Peters handelte 1884 mit Häuptlingen der Küstenregion sogenannte Schutzverträge für das Reich aus, das die Gebiete dann zu seinem Besitz erklärte. Sie hatten unter der losen Kontrolle des Sultans von Sansibar gestanden. Großbritannien, sein Freund, wollte keinen Streit mit den Deutschen und einigte sich mit ihnen, Ostafrika unter sich aufzuteilen. Eine weitere deutsche Besitzung war Witu am Flusse Tana (im heutigen Kenya). Der Sultan mußte 1886 die Realitäten akzeptieren. Peters unternahm den erfolgreichen Versuch, auch den Kabaka (König) von Buganda, heute ein Teil Ugandas, auf deutsche Seite zu ziehen. Aber ohne Peters' Wissen einigten sich die Briten und die Deutschen 1890 ein zweites Mal über die Köpfe der Afrikaner hinweg. Sansibar wurde britisches Schutzgebiet, Helgoland dafür deutsch. Witu und das Gebiet am Flusse Tana wurden von den Deutschen geräumt. Deutsch-Ostafrika reichte bis zum Kivusee. 1888 wurde die Deutsch-Ostafrikanische Gesellschaft gegründet, aber schon bald erwies sie sich als finanzschwach und bei den Afrikanern wegen der Brutalität ihrer Angehörigen als verhaßt. Carl Peters wurde von den Einheimischen „mkono wa damu" (Hand mit Blut daran) genannt. 1895 wurde er wegen seiner grausamen Methoden aus dem Reichsdienst entlassen. Er starb 1918. Erst von Hitler wurde er rehabilitiert. 1891 machte das Reich das Gebiet zu einer Kolonie. Deutsche Siedler ließen sich in der Folge am Kilimandscharo, in den Usambara-Bergen und im Süden der Kolonie nieder und pflanzten Kaffee, Sisal und Tabak, an der Küste Kokospalmen. 1896 kam das Gesetz, wonach alles von den Afrikanern nicht genutzte Land der Kolonialregierung gehöre. Die Einheimischen lebten danach teilweise in für sie geschaffenen Reservaten, die schließlich sehr übervölkert waren. Es gab eine Kopfsteuer, eine Hüttensteuer und Zwangsarbeit. Ab 1888 kam es zu mehreren Rebellionen der Bevölkerung, die blutig niedergeschlagen wurden. Die beiden schwerwiegendsten Aufstände ereigneten sich im Süden, der der Hehe 1891 bis 1894 und der sogenannte „Maji-Maji"-(Madschi-Madschi-)Aufstand 1905 bis 1907. Die Deutschen im Reich waren schockiert. Sie hatten geglaubt, in Ostafrika könne eine reiche und glückliche Kolonie entstehen. Die langanhaltenden, verlustreichen Kämpfe kosteten nicht nur unzähligen Menschen das Leben, sondern auch große Summen Steuergelder.

Wirtschaftliche Entwicklung und dann der Krieg

Ab 1907 trat eine merkliche Besserung der Verhältnisse ein. Im Reichstag war über die Methoden der Behandlung der Afrikaner eingehend debattiert worden. Nun fingen einige Stämme an, Industriepflanzen, wie Baumwolle, anzubauen. Die Deutschen in Ostafrika begannen zu lernen, mit einer Kolonie etwas gescheiter umzugehen, und daß man sie nicht nur wegen des Profits einiger weniger besitzen konnte. Es wurde viel Geld in Schulen, Spitäler und Amtsgebäude investiert. 1913 gab es fast fünfhundert Missionsstationen mit mehr als achtzehnhundert von der Regierung unterstützten Schulen. An der Schülerzahl von nur hunderttausend erkennt man aber, daß sie durchschnittlich klein waren. Die Regierung selbst hatte bis dahin fast hundert Schulen gebaut, darunter einige weiterführende. Auf diesem Gebiet war Deutsch-Ostafrika, obwohl immer noch unterentwickelt, viel weiter als das den Briten unterstehende Kenya. An wichtigen Orten wurden allerdings auch Bomas, die Forts der deutschen Verwaltung, gebaut. Viele der alten Gebäude sind heute noch zu sehen, auch Spitäler und Schulen. Es kamen deutsche Forscher, die die Ursachen von Seuchen zu ergründen und dann neue Medikamente zu finden versuchten. Der Eisenbahnbau brachte wirtschaftliche Entwicklung, aber es gab zunächst Finanzierungsprobleme. Bis 1900 waren nur vierzig Kilometer, von Tanga landeinwärts, gebaut, 1911 ging diese Linie bis Moshi. Die Zentralbahn reichte 1912 von Dar es Salaam bis Tabora, 1914 bis Kigoma am Tanganyikasee. Das Land wurde für den Handel erschlossen. Aber den hauptsächlichen Nutzen hatten bis Kriegsbeginn, dem Anfang vom Ende, weiterhin die 6000 Deutschen in Ostafrika und die im Reich. In der Kolonie lebten dann acht Millionen Afrikaner.
Der Krieg war binnen kurzem auch in Ostafrika. Die deutsche Schutztruppe war etwa von der gleichen geringen Stärke wie die britische in Kenya (in beiden Fällen meist Afrikaner, die Askaris). Beide Seiten konnten bei ihren Attacken nicht viel erreichen. Erst ab 1916, als starke südafrikanische Verbände, eine belgische Armee vom Kongo aus und weitere Truppen aus den britischen

Kolonien Njassaland und Rhodesien (viele Afrikaner) eingriffen, mußte die unter dem auch von den Briten als geschickt anerkannten General Paul von Lettow-Vorbeck verbissen und aussichtslos kämpfende deutsche Schutztruppe weiter nach Süden ausweichen und wurde schließlich nach Moçambique (portugiesisch) abgedrängt. Sie gab erst bei Kriegsende auf.

Deutsch-Ostafrika aber war danach weitgehend verwüstet, auch die Eisenbahnverbindungen teilweise zerstört. Großbritannien wurde vom Völkerbund mit der Treuhandschaft für das dann „Tanganyika" genannte Gebiet beauftragt. Ab 1923 trug sich das Treuhandgebiet wirtschaftlich selbst. Drei Jahre später waren Afrikaner in wichtigen Funktionen in den Bereichen Steuern und Recht verantwortlich, gab es einen gesetzgebenden Rat. Die Deutschen hatten ihre Kolonie direkt regiert, das heißt, die Afrikaner selbst waren dabei in keinem Bereich beteiligt gewesen. Der westlichste Teil Deutsch-Ostafrikas wurde als „Ruanda-Urundi" Völkerbundmandat Belgiens.

Äthiopien verhält sich zugeknöpft

Zurückgekehrt nach Kenya, blieben wir noch drei Wochen, um angesammelte Unterlagen aufzuarbeiten, unsere Ausrüstung instandzusetzen, um Visa zu besorgen und uns, nebenbei, etwas zu erholen, ehe wir das letzte afrikanische Land ansteuerten. Unser Wunsch, Äthiopien auf dem Landwege zu betreten und dann langsam, wie es unsere Art war, bis Addis Abeba vorzudringen, ließ sich nicht erfüllen. „Aus Sicherheitsgründen nicht verantwortbar" war nach Auffassung der äthiopischen Behörden unser Ansinnen. So mußten wir von Nairobi das Flugzeug nehmen. „Sollten Sie Berichte über unser Land schreiben wollen, so brauchen Sie eine Sondergenehmigung der Regierung", informierte uns außerdem die äthiopische Botschaft in Kenya. Freundlicher klang da die Einladung in Pamphlets der sozialistischen Regierung: „Willkommen im Land des Sonnenscheins!"

Links glitt der silbrig-blaue Turkanasee dahin, dann dehnte sich das letzte braunverbrannte Land unter uns, ehe sich die grünen Berge Äthiopiens erhoben. In der Fortsetzung des Ostafrikanischen Grabens lag eine Kette von neun teils tiefblauen, teils erdig-braunen Seen. Überall waren Zeichen reger landwirtschaftlicher Tätigkeit zu erkennen. Dann stieß unsere Maschine durch grau-schwarze Gewitterwolken auf die Hauptstadt Addis Abeba, die in durchschnittlich 2400 Meter Höhe liegt, hinab. Wir waren in einem der ältesten und hinsichtlich seines kulturellen Erbes einem der reichsten Länder.

An einem Informationsstand im Flughafengebäude erfuhren wir, daß wir uns zu einem von der Regierung speziell für uns ausgesuchten Hotel begeben müßten. Dort angekommen, hörten wir, daß wir für ein Zimmer einen doppelt so hohen Preis wie äthiopische Gäste bezahlen müßten. „Mister, money!", riefen uns auf der Straße Kinder und auch einige Erwachsene zu, anstatt uns zum Beispiel mit „Endemin alu?" (Wie geht es Ihnen?) zu grüßen. Traurig darüber, trösteten wir uns damit, daß wir bei Fahrten auf dem Lande andere Erfahrungen machen würden. Bei der äthiopischen Tourismus-Kommission an der Hauptgeschäftsstraße, der Churchill Road, wurde uns aber anderntags klargemacht, daß wir Reisen außerhalb des Bereichs der Hauptstadt ohne Genehmigung der Sicherheitsbehörden nicht unternehmen dürften. Dieses Papier werde gewöhnlich in acht oder vierzehn Tagen ausgestellt, außer man sei in einer geführten Gruppe unterwegs. Eine Gruppe deutscher Touristen, die wir trafen, erzählte uns, ihnen habe man soeben mitgeteilt, daß ihre Rundfahrt aus Sicherheitsgründen abgesagt worden sei. Es gab kein Entrinnen, die Armee hielt an Schlagbäumen rund um Addis Abeba Wache. Schließlich die letzte Offenbarung:

Das Fotografieren öffentlicher Gebäude, von Straßenkreuzungen, Brücken und Eisenbahnen sei verboten. Addis Abeba war eine Stadt voll öffentlicher Gebäude und Straßenkreuzungen, außerdem gab es viele militärische Einrichtungen. Soldaten und andere Personen in Uniform sahen wir an jeder Ecke. Am Bahnhof der Dschibuti-Bahn wimmelte es von ihnen. Um sicher zu gehen, daß wir uns an das Verbot hielten, behielten sich die Behörden vor, unsere Filme vor unserer Abreise zu „überprüfen". Unter dieses Verbot fielen auch Tonbänder. In der Praxis wollte bei unserem Abschied dann erwarteterweise niemand eine solche Arbeit auf sich nehmen, aber dessen sicher sein konnten wir vorher nicht.

„Ein Paradies!" So nannte ein Angehöriger der deutschen Botschaft, der gerade von Brasilien versetzt worden war, Addis Abeba im Vergleich zu Rio, was die öffentliche Sicherheit betraf. Freilich gab es auch in Äthiopien Verbrechen. Hinter vorgehaltener Hand wurde uns erzählt, daß fast jedes größere Haus schon Ziel von Einbrechern gewesen sei. Die Zeitungen hier schrieben darüber viel seltener als zum Beispiel die von Nairobi über das gleiche Problem in Kenya. Außer uns wurden alle Kunden eines großen Buchladens bei der Universität beim Weggehen von einem Wächter abgetastet. Wegen all der Einschränkungen beschlossen wir, wenigstens eine Woche in der Hauptstadt zu bleiben und aus den Informationsquellen möglichst viel zu schöpfen.

Die riesige Anzahl von VW-„Käfern" und -Bussen konnte täuschen: Die Beziehungen zwischen der Bundesrepublik Deutschland und Äthiopien waren nicht mehr die besten. Negative Merkmale: Nach der Revolution von 1974 Beschlagnahme des Gebäudes des Goethe-Instituts (bei unserem Besuch in neuem Haus), der deutschen Schule (zuvor sechshundert Schüler, jetzt „Notschule" auf dem Botschaftsgelände mit 77 Kindern; äthiopische Schüler waren von der Regierung nicht mehr zugelassen), und dann im Jahre 1982 Wegnahme eines Schülerwohnheims der deutschen Kindernothilfe mit 250 Plätzen. Die Bundesrepublik war bis dahin ein wichtiger Geldgeber für Äthiopien gewesen, doch ein Abbau der Hilfe war im Gange. Dennoch, bei der Botschaft wußte man: „Ein viel zu wichtiges Land, als daß wir sie ganz einstellen würden!" Aber ein Deutscher meinte privat: „Wir halten auch noch die andere Wange hin!" In Äthiopien lebten übrigens rund dreihundert Deutsche.

Nach dem letzten Kaiser die „neue Ordnung"

Im Jahre 1974 war Kaiser Haile Selassie gestürzt worden, hatte sich Äthiopien auf einen „sozialistischen" Weg begeben. Dabei wurde die Sowjetunion engster Verbündeter. Ihr schuldete Äthiopien rund fünf Milliarden Mark, hauptsächlich nach Waffenkäufen. Die nun „neue Ordnung" unter Staatschef Mengistu Haile Mariam wollte alles viel besser machen als einstens der Kaiser. Dessen Name wurde von allen Straßen und öffentlichen Gebäuden entfernt, doch wurden immer noch Schulbücher verkauft, auf deren erster Seite sein Porträt prangte, wie wir in Buchhandlungen entdeckten. Im Gegensatz hierzu wurde das Andenken des Kaisers Menelik II. (1889 bis 1913 auf dem Thron), der den Staat durch verschiedene Reformen modernisierte, in hohen Ehren gehalten. Beim Rathaus von Addis Abeba stand seine Reiterstatue.

Bis zum Jahre der Revolution hatte Kaiser Haile Selassie (gekrönt 1930 in der achteckigen St.-Georgs-Kirche, religiöses Zentrum der Hauptstadt) ein Feudalsystem erhalten. Die Leibeigenschaft von über der Hälfte der Bevölkerung hatte unter ihm genauso existiert wie die Aufteilung des Landes zwischen Kaiserhaus, koptischer Kirche und Bauernadel. Bodenspekulation war ein einträgliches Geschäft gewesen. Die Herrschenden hatten rauschende Feste gefeiert, während in

Gebieten des Nordostens bei Dürren an Hunger und Krankheiten wahrscheinlich Hunderttausende zugrunde gingen. Auslösender Faktor für den Umsturz dürfte gewesen sein, daß der Kaiser in dieser Situation keine ausländische Hilfe ins Land holte. Er verlor seinen Thron und starb 1975 in Gefangenschaft.

Seit unserem Besuch in Äthiopien wurde dieses Land (und wurden viele andere Länder Afrikas) von einer neuen, verheerenden Dürre heimgesucht. Das Regime bat West und Ost um Hilfe, erhielt sie teils stockend, teils verlief die Verteilung der Nahrungsmittel im Lande selbst wegen der äußerst schwierigen Verkehrsverhältnisse sehr schleppend. Oft wurde der Bestimmungsort nie erreicht. Ein Massensterben wie unter Kaiser Haile Selassie war die Folge. *Seine* Vasallen feierten einst Feste, nun rollten bei wichtigen Anlässen die Panzer über den „Platz der Revolution", um das Selbstbewußtsein der „neuen Ordnung" zur Schau zu stellen, während anderswo schlimmste Not herrschte. Eine gewaltige Umsiedlungsaktion der Regierung sollte Bauern in fruchtbarere Gebiete schaffen. Dieses Unternehmen stieß auf heftige Kritik im Ausland wie bei den Betroffenen. Ob es eine Lösung des Problems war, wird die Zukunft zeigen.

Wie zu Kaisers Zeiten gab es nur eine von der Regierung gelenkte Presse. Sie, sowie Radio und Fernsehen, berichteten häufig über die Unterdrückung der Menschen in Südkorea, Chile und Südafrika. Eine Zeitung schrieb, daß eine Milliarde Menschen auf der Erde unter Militärregimen lebten. Im Fernsehen wurde die von den schreibenden Journalisten versehentlich veröffentlichte Angabe dann verschwiegen. All diese Berichte müßten den Äthiopiern eigentlich ihre eigene Lage vor Augen führen.

Die Bauern unter den rund dreißig Millionen Äthiopiern – und das war die Mehrheit – profitierten

Auf dem Flugplatz Addis Abeba. – St. Georgs-Kirche in der äthiopischen Hauptstadt

zunächst am meisten von der Revolution. Die Landreform (was verschwiegen wird: sie war unter dem Kaiser in Vorbereitung gewesen) brachte jeder Familie bis zu zehn Hektar. Die Frauen wurden mit den Männern offiziell gleichgestellt, die Moslems mit den Christen. Unter der „alten Ordnung" hatten die Moslems kein Recht auf Land und Beamtenposten! Auf dem Schulsektor – auch für Erwachsene – wurden erhebliche Fortschritte erzielt. Für viele Qualifizierte würde aber das Problem entstehen, keinen Arbeitsplatz finden zu können. Traurig fanden wir, daß Bücher viel zu teuer waren. Ein Arbeiter mußte einen ganzen Tageslohn für ein Taschenbuch hinlegen. Und Jungen im Schulpflichtalter aus armen Kreisen hatten in den Städten zu Tausenden die Schuhe von Beamten, Soldaten und Leuten mit vollem Geldbeutel zu putzen, anstatt an der Bildungsrevolution teilzunehmen. Wesentliche Verbesserungen waren im Gesundheitswesen erreicht worden.

Bundesrepublik bei den „Imperialisten"

Die starke Präsenz des Ostens war von der ersten Minute an unübersehbar. Hammer-und-Sichel-Embleme befanden sich an jeder Ecke. Spruchtafeln und -bänder verdammten die „Imperialisten". Die Bundesrepublik wurde dabei ausdrücklich erwähnt, die DDR hingegen ständig gepriesen. Marx-Engels-Lenin-Bilder fanden wir an vielen Stellen, Lenins Riesenstandbild bei der „Africa Hall" der Organisation für Afrikanische Einheit OAU, die in Addis Abeba ihren Sitz hat. Monumentale, einfältige Gemälde zeigten Soldaten, die Bauern bei der Feldarbeit helfen. Es gab Flotten- und Luftstützpunkte der Sowjets, und außer ihnen waren auch ostdeutsche Militärberater und Kubaner in Massen anwesend.

Die Russen waren bis 1974 auf der Seite von Eritrea und Somalia gegen Haile Selassies Äthiopien gestanden, das bester Freund der USA in Schwarzafrika war. Nach des Kaisers Sturz machten sie 1977 eine Kehrtwendung. Mit den Marxisten in Addis Abeba bekämpften sie nun die separatistischen Eritreer, die gleichfalls unter marxistischer Führung waren. Somalia war nun Amerikas Verbündeter, obwohl in diesem Nachbarland Äthiopiens nicht einmal der Regierungschef gewechselt hatte. Ein Verwirrspiel der Supermächte!

Die Opposition in Äthiopien wagt kaum, den Kopf zu heben. Viele Intellektuelle sind im Ausland. 1977/78 wurden Gegner, die für eine Zivilregierung eintraten, gnadenlos gejagt. Dem „Roten Schrecken" sollen in der Hauptstadt an die zehntausend Menschen zum Opfer gefallen sein, oft Unbeteiligte. Ein äthiopischer Pfarrer erzählte uns: „Morgens lagen die Toten auf den Straßen. Die Familienangehörigen weigerten sich aus Furcht vor Repressalien, ihre Vermißten zu suchen!" Der Derg, der Koordinationsausschuß der Streitkräfte, der Polizei und der Territorialtruppen, schlug bei der Revolution auch auf die Kirchen ein. Die äthiopisch-orthodoxe Kirche verlor ihren Landbesitz und ist heute auf Spenden angewiesen.

Italiens Spuren

Viele Probleme in Äthiopien haben wiederum auch in der Kolonialepoche ihren Ursprung. Seit 1882 drangen die Italiener in Eritrea ein und machten es 1890 zu ihrer Kolonie. Kaiser Menelik II. trat ihnen erfolgreich entgegen und fügte ihnen in der Schlacht von Adua 1896 eine Niederlage zu. Aber 1935/36 eroberte Mussolini-Italien Äthiopien, annektierte es und schloß es mit Eritrea und Somaliland zu Italienisch-Ostafrika zusammen. Die Engländer nahmen es ihm fünf Jahre später wieder ab und 1942 wurde Äthiopien wieder souverän. Zehn Jahre danach brachte Äthiopien

Eritrea an sich und gab ihm den Status eines autonomen Gebietes. 1962 aber wurde dieser Status aufgehoben und Eritrea war dann Teil des Kaiserreiches. Die Befreiungsbewegung EPLF kämpft seitdem für die Unabhängigkeit Eritreas.

Noch heute ist italienischer Einfluß (vor allem in Eritrea) überall zu sehen. Englisch ist zwar erste Fremdsprache geworden, aber auch Italienisch ist von Bedeutung. Verwestlichte Städter verabschieden sich mit „ciao!", gehen in Cafeterias, essen Pizzas und trinken Wein, ein Landesprodukt. Vermutlich leben noch immer mehrere Tausend Italiener im Land. Vor der Revolution waren es zwanzigtausend. Der Markt in Addis Abeba heißt immer noch „Mercato", das Gebiet beim „de-Gaulle-Platz" immer noch „Piazza". Die meisten Lastwagen, Busse und Personenwagen stammen aus Italien, ebenso viele Maschinen.

Abschied von Afrika

1. Dezember, „Tag der Zentralafrikanischen Republik". Als wir uns dem Hauptplatz des Städtchens Bambari näherten, hörten wir fröhliche Klänge. Eine Tanzgruppe junger Männer in Baströckchen, mit Ketten behängt, begleitete sich selbst auf Hörnern aus Baumwurzeln, mit Rasseln an ihren Beinen und mit Glöckchen. Im Rathaus nebenan hielten die Offiziellen schöne Reden. Dabei wurden sie ziemlich durstig. Die Würdevollen mimend, kamen sie dann auch zu den Tänzern. Unser Tonbandgerät war gerade eine Minute gelaufen, als sich plötzlich ein Mann auf uns stürzte und sich als Sicherheitsbeamter ausgab. Er: Es sei verboten, von der Musik der Gruppe Aufnahmen zu machen. Andere: Wir Ausländer würden immer alles unter „touristischen" Gesichtspunkten sehen. Alle: Wir müßten mit zur Polizei. Den wankenden Bürgermeister baten wir um Beistand, aber er glaubte, es ginge um unsere Anmeldung bei der Polizei. Wir hatten sie hinausgeschoben, weil doch Feiertag war. Innerlich frohlockend, bekannten wir uns schuldig und gingen wegen der Anmeldung zum Polizeiposten mit. Die uns begleitenden Beamten waren nun ganz andere. Der eigentliche Grund unserer „Festnahme" geriet in Vergessenheit. Ein Uniformierter nahm unsere Personalien auf, fertig! Wir gingen eben davon, als man uns zurückrief. Hatte sich jemand unseres „Verbrechens" erinnert? Nein, nur unsere Paßnummern hatte man nicht notiert. Vorsichtshalber steckte ich an der nächsten Ecke aber die Tonbandkassette in einen Schuh. Ich humpelte dann zwar etwas, aber das fiel nicht weiter auf. –

Wir hätten den Alten zerreißen können. Seit einer Stunde lief er auf dem nigerianischen Landsträßchen vor uns her, beobachtete uns und erzählte allen Leuten, die entgegenkamen, offenbar über jede unserer Handlungen. Er nannte Orte, die noch vor uns lagen, und wies auf uns, was neugierig-musternde Blicke der vom Markt in Myet zurückkehrenden Frauen und Männer zur Folge hatte. Der Alte hatte die widerlichste, lauteste Stimme und die häßlichste Fratze, die wir uns vorstellen konnten. Wie, wenn er in Myet schlecht über uns redete? Wir wollten dort, weil es dunkelte, übernachten. In Myet waren fast alle noch auf dem Markt verbliebenen Leute von Hirsebier trunken. Ein schwankender, lallender Junge und unser bemerkenswert disziplinierter Alter erklärten sich bereit, uns zum Palast des Häuptlings zu führen. Man kann sich unsere Vorbehalte gewiß vorstellen. Als der Chef des Dorfes seine Berater um sich versammelte, sahen wir unter ihnen auch den interessanten, älteren Herrn, der uns schon auf der Landstraße begegnet war. Mit angenehmer Stimme bemühte er sich am meisten darum, daß es uns wohlerging. Am nächsten Morgen war er nach dem Häuptling der erste, der uns ein lebendes Huhn als Geschenk auf den Wanderweg mitgab. Er begleitete uns noch bis zum Dorfrand, ein Lächeln auf seinem gütigen Gesicht. Ein wirklich sympathischer, weiser alter Mann, wie man ihn sich als Weggenossen auf einer nigerianischen Landstraße nur wünschen kann. –

Wir kamen ans Ende unseres Aufenthalts in Afrika. Drei Jahre waren seit unserem Start vergangen, 82 200 Kilometer und siebenundzwanzig Länder lagen hinter uns. „Seid Ihr schon wieder so abgehärtet, daß Euch erst nach vier Jahren die Zunge aus dem Hals hängt?", fragte uns ein Freund aus Norddeutschland in einem Brief. Wir waren noch nicht „am Ende", aber drei Jahre in Afrika hatten uns mehr erschöpft als vier Jahre in sonst einem Erdteil. „Wir beneiden Euch nicht, aber Ihr wollt's ja so haben!", gab's uns ein anderer Freund. Bewunderung sprach uns einer aus, den wir in Senegal getroffen hatten, wo er sich eine Zeitlang aufgehalten hatte, „für Eure Art und Bereitschaft, in ein völlig neues Milieu einzutauchen, ohne unterzugehen".

Was uns in Afrika besonders belastete, war, daß wir beim Auszug aus Deutschland unsere Freiheit zurückgelassen hatten. Nur vom Senegal konnte man sagen, daß er seit Erreichen der Unabhängigkeit von einer gewählten Regierung geführt wurde. In allen anderen lastete die Unfreiheit mehr oder weniger schwer auch auf uns Reisenden. Sehr bedauerten wir den weitverbreiteten Verlust kultureller Werte durch große Teile der Bevölkerung und die unbesehene Übernahme europäischer Gewohnheiten. Wir glaubten erkennen zu können, daß wir, was dies betraf, zehn Jahre zu spät nach Afrika gekommen waren. Oder doch nicht? Es gab immer viel zu tun für einen Journalisten. Seinen Beruf nannte er den Behörden aber lieber nicht.

Ausgesprochenen Fremdenhaß spürten wir in keinem Land, wohl aber gelegentlich offene Ablehnung. Auf unsere Nationalität konnten wir dies jedoch nicht zurückführen – weder so noch so. Unsere Hautfarbe war nirgends ein zu Konflikten führendes Thema. Wegen Südafrikas Rassenpolitik mußten wir nicht leiden. Die Kinder, die uns oft mit ausgesprochener Zärtlichkeit behandelten, waren unsere besten Freunde. Deshalb fotografierten wir auch am liebsten *sie* – die die Hälfte der Bewohner Afrikas sind! Manche Afrikaner verhielten sich uns gegenüber wie ein Bruder oder eine Schwester, und der Abschied von ihnen fiel uns nicht leicht. Manche aber hätten wir ohne Zögern an die Wand kleben können.

Eine Odyssee

Flughafen von Addis Abeba. Die Kontrollen lagen schon hinter uns. Alles war reibungslos verlaufen, auch hinsichtlich unserer Foto- und Tonaufnahmen. Nun warteten wir auf die Maschine, die uns nach Indien bringen sollte. Aber es stand uns eine Odyssee bevor. Die Air-India-Maschine sei wegen eines technischen Defekts nach Nairobi zurückgekehrt, hieß es plötzlich. Zum Glück kam an diesem Tage auch ein Flugzeug der Kenya Airways nach Addis Abeba. In dieses wurden wir und weitere vierzehn Reisende verfrachtet, als es zurückflog. Eine starke Stunde später fanden wir uns unvermutet in Nairobi in Kenya wieder! Wir, und die Passagiere von Addis Abeba plus jene, die bereits in der defekten Air-India-Maschine gesessen hatten, wurden auf Kosten dieser Gesellschaft in Hotels gebracht. Wir hatten ein Zimmer in der besten Nobelherberge, dazu das Abendessen frei. All das war für rund hundert Passagiere. Aber nicht alle freuten sich darüber, denn einigen wurden beim mehrfachen Umladen des Gepäcks verschiedene Gegenstände bis hin zu Radios gestohlen. Die indische Maschine war erst am folgenden Mittag startbereit. Und dann flogen wir noch einmal den Weg von Nairobi nach Äthiopien (ohne Landung), und bei Dschibuti am Horn von Afrika sahen wir den letzten Zipfel dieses Kontinents unter uns dahingleiten, ehe die Maschine Kurs auf Bombay nahm.

Durch Indien und Südostasien

Es hatte von Anfang an festgestanden, daß wir auch auf unserer dritten Weltreise Asien besuchen wollten. Da wir in Afrika rund ein Jahr länger als geplant geblieben waren, da wir Nachrichten hörten, daß China sich für Einzelreisende öffnete, und da wir zudem endlich auch Australien sehen wollten, mußten wir unsere Absichten neu überdenken. Eile kam nicht in Frage. Niemand drängte uns, denn zum Glück konnten wir alle unsere Entscheidungen in völliger Unabhängigkeit treffen. So würden aus den zu Beginn angepeilten vier bis viereinhalb Jahren der Abwesenheit von Deutschland eben fünf werden, sagten wir uns (ohne zu ahnen, daß es dann sechs sein würden).

Unsere Maschine aus Nairobi landete abends in Bombay und demzufolge hatten wir Probleme, ein Dach über dem Kopf zu finden. Die Zimmervermittlung am Flughafen wies uns in eine Herberge ein, die vermutlich schon bessere Zeiten gesehen hatte. Wie es darin aussah und wie wir einen Ausweg fanden, das will ich am Ende einer Betrachtung über Bombay, die größte Stadt Indiens, berichten.

Eine riesige Menschenmenge war am und beim Chowpatty Beach versammelt. Dieser besonders an Abenden und Wochenenden beliebte Strand liegt unterhalb von Malabar Hill, einer felsigen Landzunge, die einem der „besten" Stadtviertel Platz bietet. Die Männer, Frauen und Kinder waren nicht zum Baden ans Meer gekommen – dieses bei Europäern so beliebte Vergnügen ist in Indien fast unbekannt –, sondern zum Abschluß des Dassera-Festes, auch Durga-Pudscha genannt. Dassera bedeutet „zehn Tage", denn so lange dauert dieses Hindufest, und Durga ist der Name der Kriegsgöttin. Sie hatte dem Gott Rama in seinem Kampf gegen den Dämonenkönig Ravana von Lanka zum Sieg verholfen, wie es in der Sage heißt. Ihre aus Ton modellierten und bemalten Statuen wurden in Begleitung von jeweils Hunderten von Gläubigen unter Gebeten, Gesang, Musik und Tanz zum Ufer getragen und im Meer versenkt. Am Abend gingen riesige Figuren aus Holz, Bambus und Papier, voll von Feuerwerkskörpern, unter Krachen in Flammen auf. Sie stellten Ravana, seinen Bruder und seinen Sohn dar. Das Volk am Strand bejubelte diese symbolische Darstellung des Sieges von Gut über Böse.

Bombays glanzvolle Zeiten gehen zu Ende

In Bombay scheint nun das Übel den Sieg zu erringen. Machte es bisher immer noch einen einigermaßen geordneten Eindruck und galt es als die bei Nacht sicherste Metropole Indiens, so mehren sich nun die Anzeichen, daß diese erfreuliche Ära zu Ende geht. Sehr deutlich wurde dies, als einmal Tausende von gegeneinander feindlich eingestellten Polizisten gewalttätig wurden und zehn Tote sowie Hunderte von Verletzten hinterließen.

Auf insgesamt fünfundsiebzig Kilometer langen Fußwanderungen und rund hundert Kilometer

Wagemutige Reisende eines S-Bahn-Zuges bei der Ankunft im Bahnhof Churchgate/Bombay

Zug- und Busfahrten hatten wir viele der neun Millionen Einwohner um uns: Eingepreßt in den überbesetzten, ziemlich regelmäßig verkehrenden Vorortzügen; im Oberdeck eines Doppelstockbusses, mit dem wir einmal auf einer nur fünf Kilometer langen Strecke während der Hauptverkehrszeit eineinhalb Stunden unterwegs waren; in der Menge im Javeri-Basar der Altstadt; bei einer Großkundgebung mit Premierministerin Indira Gandhi im Shivaji-Park; an den Stränden von Chowpatty und Juhu (Farbbild 69) oder in den großen Slumgebieten, von denen eines auf weniger als einem Quadratkilometer Fläche eine halbe Million Menschen beherbergt. Der Niedergang Bombays begann eigentlich schon in den sechziger Jahren, als durch Baumaßnahmen der Schwerpunkt der Stadt vom Norden an das südliche Ende der Halbinsel verlegt wurde. Viele Alteingesessene machen die Regierung des Staates Maharashtra, dessen Hauptstadt Bombay ist, für die sich verschlechternde Lage verantwortlich. Korrupte Politiker hätten zusammen mit der Bau-Mafia und Schmuggelkönigen öffentlichen Landbesitz illegal vermarktet. Durch den folgenden Bauboom habe Bombay eine noch größere Anziehungskraft auf die arme Landbevölkerung ausgeübt. Jetzt bestehen viele Umweltschutzgruppen. Die wichtigste davon heißt „Rettet Bombay". Aber es scheint, daß die Metropole Opfer ihrer eigenen Attraktivität wird.
Schon jetzt kann nur ein Achtel des Wasserbedarfs gedeckt werden. Die Stromzufuhr ist stark gedrosselt. Die Verkehrsmittel sind alt und völlig überlastet. Überall brechen Seuchen aus. Die 25 000 Krankenhausbetten reichen nicht aus. Eine Viertelmillion streunender Hunde lebt in den Straßen. Es sieht so aus, als ob Bombay ein einziger Slum wird. Die Hälfte der Einwohner lebt

schon dort oder einfach auf der Straße. Die Bevölkerungsdichte ist viermal so hoch wie die in New York, und die Landpreise sind die höchsten in Südasien. Die Errichtung von Wohntürmen – mit all ihrem Komfort – geht trotzdem unvermindert weiter.

In den Hochhäusern wohnen die Neureichen, die Leute des „schnellen Geldes". Die Altreichen, die früher viele Beiträge zur Verschönerung der Stadt leisteten, denken daran, aufs Land zu gehen oder ins Ausland. Es ist von Deportation von Slumbewohnern oder Einreiseverweigerung für Arbeitslose vom Land die Rede, und beides wurde auch schon einmal ausprobiert, auf starken Protest liberal Denkender hin allerdings wieder eingestellt. Die Schuld liegt nicht bei denjenigen, die durch die Versprechungen der Lichter, des Warenangebots und der rauchenden Schornsteine in die Stadt gelockt wurden, sondern bei den regierenden Politikern.

Bombay ist das Bankenzentrum Indiens, hier befindet sich die größte Industriekonzentration (etwa von Textilien), eineinhalb Millionen Händler und der wichtigste Hafen sind hier. Von Bombay kommen zwanzig Prozent der Steuern, die an die Zentralregierung gehen, hier werden sechzig Prozent aller Zölle eingenommen.

In den sechziger Jahren wurde auch das Konzept eines neuen Bombay auf den Tisch gelegt, das eine unabhängige Stadt werden und die Metropole entlasten sollte. Das Projekt wurde in Angriff genommen, doch statt einer Million wohnen jetzt kaum hunderttausend Menschen dort, und die Infrastruktur ist katastrophal. Wahrscheinlich wird Bombay im Jahre 2000 sechzehn Millionen Einwohner haben. In einer rigorosen Verlagerung von Regierungsämtern, Fabriken, Großmärkten, Umschlagplätzen und Bahnhöfen in die Vororte sehen alarmierte Stadtplaner die einzig richtige Lösung des Problems.

Fest der Kriegsgöttin Durga: Kunstvolle Figuren von ihr werden dem Meer übergeben (Bombay)

Viele alte Häuser stürzen ein

Was in Bombay dem Besucher sofort auffällt, ist die Vielfalt der Architektur. Öffentliche Gebäude in einer kunterbunten Mischung aus europäischen und indischen Baustilen sehen wie Schlösser oder Festungen aus, etwa das Rathaus, der Oberste Gerichtshof, der Victoria-Bahnhof. Im geschäftigen Zentrum mit seinen Märkten findet man die mehrstöckigen bürgerlichen Häuser mit ihren balkongeschmückten Fassaden. In Malabar, Juhu und Bandra, den „besten" Vierteln, gibt es außer Hochhäusern immer noch zahlreiche Villen. Erstaunlich ist, daß fast alle alten Gebäude noch so stehen, wie die Engländer sie 1947 hinterlassen haben. Mangelnde Pflege und die jährlichen schweren Monsunregen machen nun aber manchem ein Ende. 1983 war das Jahr der Hauszusammenbrüche. Viele Menschen kamen dabei um. Die Decke unseres Hotelzimmers, in dem wir die ersten zwei Nächte verbringen mußten, war mit vier Balken abgestützt und gelegentlich knisterte es verdächtig und Verputz fiel auf unsere Betten. Da Bombay auf sieben sumpfigen Inseln, die miteinander verbunden wurden, errichtet wurde, meinen Propheten des Untergangs, daß die Stadt eines Tages schlicht und einfach ins Meer rutschen und alles vorbei sein werde.

Da das Hotel trotz eines für Indien saftigen Preises (Reisende wissen, daß dieses Land immer noch recht günstig ist) äußerst primitiv war, schauten wir uns nach etwas Ordentlicherem um. Dabei kamen wir in der Nähe des protzigen Taj-Hotels auch zu einer Herberge der Heilsarmee, wo Inder und Ausländer, Reisende und Studenten gegen eine vernünftige Gebühr Unterkunft finden können. Es gibt dabei unterschiedliche Kategorien, vom Schlafsaal bis zum normalen Zimmer mit Bad. Zuerst erklärte man uns dort, daß „nichts frei" sei, doch als am Empfang festgestellt worden war, daß wir verheiratet seien, wendete sich das Blatt. Anderntags konnten wir einziehen. Obwohl uns der Familienstand anderer Paare ziemlich egal war, vermerkten wir nicht ohne Genugtuung, daß die Eheschließung auch gewisse Vorzüge brachte. Für weitere zehn Tage hatten wir in dieser Hinsicht ausgesorgt. Bei der Heilsarmee nahm man es damit jedenfalls sehr genau. Ich muß zur Entlastung Indiens sagen, daß hier – im Gegensatz zu vielen anderen Ländern der Dritten Welt – die Hotel- und Gasthofsituation ordentlich bis gut ist und daß wir, von Ausnahmen abgesehen, keine Schwierigkeiten hatten, rasch einen günstigen Platz zu finden.

Mit den langsamsten Zügen unterwegs

Während unserer zwei früheren Weltreisen hatten wir Indien ebenfalls besucht. Damals erlebten wir (beim ersten Mal mit Fahrrädern) den Norden, Osten und Südosten des Subkontinents. Diesmal wollten wir den Südwesten und Süden kennenlernen. Dies beanspruchte dreieinhalb Monate – auch wieder mehr als beabsichtigt. Unsere Reisekarte macht unseren 5500 Kilometer langen Weg ab Bombay durch die Unionsstaaten Maharashtra, Karnataka, Kerala und Tamil Nadu deutlich. Wie wir ihn bewältigten, das möchte ich hier beschreiben.

Vom feuchtheißen Bombay gelangten wir nach Puna hinter dem Felswall der Westlichen Ghats, nach Süden hin wieder an die Küste bei Goa, dann über das Hochland von Dekkan nach Bangalore und Mysore (ausgesprochen: Maisur). Anschließend ging es wieder zum palmengeschmückten Ufer des Arabischen Meeres, nach Mangalore, Cochin, Allepey, Trivandrum und anderen Städten dazwischen. Der südlichste Punkt Indiens, Kanyakumari (Kap Comorin), war unsere Wendemarke, Madurai, Tiruchchirapalli und Thanjavur, drei Städte mit wichtigen Tempeln, waren weitere

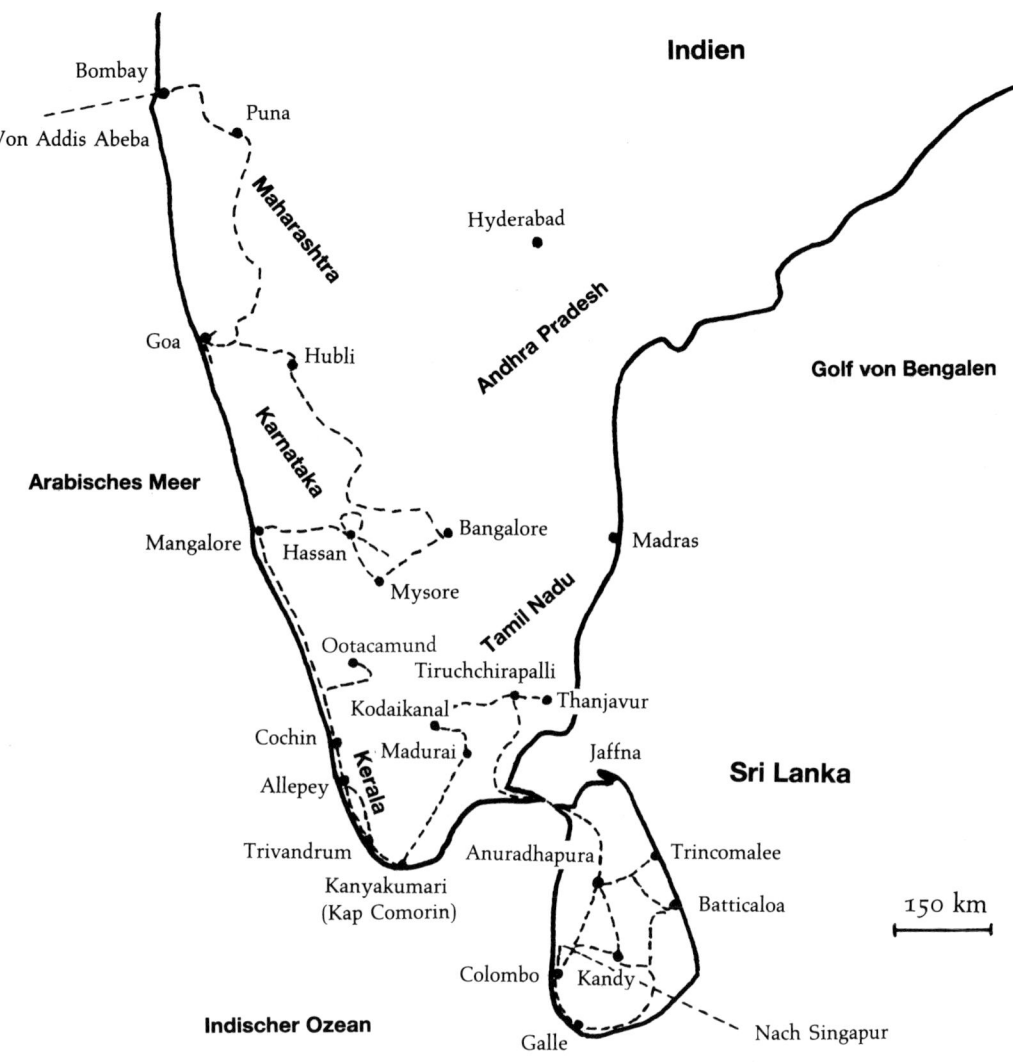

Reiseweg (Strichlinie) durch Indien und Sri Lanka, beginnend in Bombay, endend in Colombo

Höhepunkte. Zwischendurch gingen wir in die Kälte, zu den beiden 2100 Meter hoch gelegenen, rund zweihundert Kilometer auseinanderliegenden Luftkurorten Ootacamund und Kodaikanal. Schließlich erreichten wir noch ein weiteres Zentrum für Hindupilger: Rameswaram. Von hier setzten wir dann mit einer Fähre nach Sri Lanka über.

Reisen durch Indien sind – in europäischen Augen – oft sehr abenteuerlich. Unter den vielen Dingen, die einen Aufenthalt in diesem Land interessant, aber beschwerlich machen, ist die Eisenbahn eine rühmliche Ausnahme, da sie ziemlich verläßlich ist. Klagen, die andere Leute, insbesondere eilige Urlauber, äußerten, können wir aus eigener Erfahrung nicht teilen. Das soll keineswegs heißen, daß wir alles an der Bahn nur gut fanden. Der Leser hat sicher erraten, daß die

343

Eisenbahn das wichtigste Verkehrsmittel Indiens ist. Dieses Land ist dreizehnmal so groß wie die Bundesrepublik, hat immerhin rund 61 000 Kilometer Eisenbahnstrecken. In Westdeutschland sind es etwa 32 000 Kilometer. Im Vergleich zur Landesfläche und zur Einwohnerzahl schneidet Indien also nicht sehr gut ab, doch ist sein Bahnnetz eines der längsten in der Welt. Es reicht von den Vorbergen des Himalaya bis zur Südspitze am Indischen Ozean. Über siebentausend Stationen liegen entlang der Breit-, Meter- und (wenigen) Schmalspurlinien. Diesel- und alte Dampfloks (Meterspur) laufen nebeneinander. Wie lange letztere noch fahren werden, läßt sich nicht voraussagen, aber vermutlich dürften noch viele Jahre bis zu ihrem vollständigen Ende ins indische Land gehen.

Beim Abwägen der Unfallrisiken Bahn – Straße blieb uns eigentlich nur die Entscheidung zugunsten der Schiene. Das bedeutet jedoch nicht, daß es keine Bahnunfälle gibt. Zwei kleinere erlebten wir selbst mit. Zwischen Bombay und Puna fiel ein Mann vom Zug. Es wurden ihm beide Beine abgetrennt. Bei Trivandrum wurde auf einer Brücke, die auch von Fußgängern benutzt wurde, eine Frau vom Zug erfaßt und in zwei Teile zerschnitten. Es gab eine Stunde Aufenthalt. Die Fahrgäste wurden nicht müde, sich die gräßlichen Szenen zu beschreiben.

Weil wir möglichst nichts, das uns Indien in 105 Tagen entlang unseres Reiseweges bieten konnte, versäumen wollten, beschlossen wir, für die fünftausend Kilometer per Bahn jeweils nur den langsamsten Zug – im Schnitt, Stopps eingerechnet, dreißig Stundenkilometer – zu nehmen und nur in der zweiten Klasse zu sitzen. Unverständlich erscheint uns, warum viele Reiseführer Indienbesuchern nicht nur die schnellsten, sondern auch noch die nachts durchfahrenden Züge empfehlen. Als Gründe werden Überwindung „eintöniger" Landschaften in kurzer Zeit und Einsparung von Übernachtungskosten genannt. Wer nur von Attraktion zu Attraktion hüpfen will, kann diesem Rat folgen.

Land und Leute

Wir wählten unsere Route allerdings so, daß wir niemals eintönige Landschaften sahen. Für uns besteht eine Landschaft nicht nur aus Bergen und Ebenen, Wäldern und Tälern, Flüssen und Küsten, sondern es gehören auch die unterschiedlichen Menschentypen, die verschiedenen Religionsgruppen, regionalen Trachten, Schriftarten, Arbeitsmethoden, Landwirtschaftsformen (Farbbild 71), Baustile, Verkehrsmittel, Wetterlagen und vieles andere dazu. So konnte uns kein Zug zu langsam sein, da zudem die langsameren auch weniger Staub aufwirbeln als die schnelleren. Fenster und Türen standen fast immer weit offen. Auch das Warten auf Gegenzüge an Ausweichstellen war uns nicht unwillkommen. Meist waren wir nur rund hundert Kilometer am Tage unterwegs.

Bei unseren unzähligen Abfahrten und Ankünften erlebten wir nur selten eine nennenswerte Verspätung: ein dickes Lob für die indische Eisenbahn, die – in einem Land, in dem die Begriffe Disziplin und Ordnung nicht gerade sehr ernst genommen werden – fast schon ein kleines Wunder ist, auch deshalb, weil sie aus neun Gesellschaften besteht. Trotz unglaublicher Bürokratie, Überbesetzung und Korruption klappt die Koordination ziemlich gut. Unsere Pläne konnten wir ohne Ausnahme einhalten, kein Zug fiel aus.

Im Gegensatz zu chaotischen, lauten und staubigen Busstationen sind die Bahnhöfe geradezu ein Hort der Ordentlichkeit. Keineswegs alle sind sauber, aber wir sahen viele tadellos gepflegte ländliche Stationen und sehr hübsche Großstadtbahnhöfe. Leider werden viele der letzteren (aber

Wilma im Abteil zweiter Klasse eines Bummelzuges der Southern Railways in Südindien

auch in kleineren Orten) nachts zu Massenquartieren von Obdachlosen und anderntags Weiterreisenden, die sich auf dem Boden breitmachen, oft nur mit einer auseinandergefalteten Zeitung als Unterlage. Die Bahn kann oder will dagegen nichts tun. Die Verschmutzung der Bahnhöfe hierdurch ist enorm. Die Toiletten sind nur mit einem Schlüssel, der beim Bahnhofsvorsteher abgeholt werden muß, zu öffnen. Selten unternimmt jemand diesen Umweg...

Fast immer hatten wir das Glück, daß die Gepäckablage nicht von schlafenden Mitreisenden belegt war, wenn wir unseren Platz einnahmen und unsere Rucksäcke verstauen wollten. Die Sitze mußten wir immer zuerst vom Staub und Ruß befreien. Eine schwarze, schmierige Schicht an den Sitzlehnen – von den mit Kokos- und anderen Ölen behandelten Haaren der Passagiere herrührend – ließen wir unangetastet. Über das Mahlzeitensystem unserer Gegenüber rätselten wir, denn sie aßen fast immer. Viele – Männer wie Frauen – vergnügten sich auch mit Schnupftabak, Kautabak oder der ebenfalls gekauten Betelnuß. Der Rotzelei und Spuckerei war kein Ende.

Auf den Holzbänken saßen mit uns Bauern und kleine Händler, Stammesfrauen mit schwerem Silberschmuck im Haar sowie an Ohren und Nase, Pendler mit Köfferchen, Halbwüchsige, Hindupilger mit Kastenzeichen in Weiß und Ocker auf der Stirn, ganze Familien bei der Rückkehr vom Verwandtenbesuch oder vom Picknick, oftmals beim Kartenspiel. Überwiegend waren es Männer; mit so manchem von ihnen führten wir interessante Gespräche, aber die Mehrzahl staunte uns nur unverblümt und schweigend an. Englisch ist immer noch die einzige wirklich verbindende Sprache in Indien. Sie wird allerdings nur von einer Minderheit gesprochen. Weil wir keine der unzähligen Sprachen des Landes beherrschen, bildete dies natürlich eine Barriere. Alleinreisende Frauen waren fast nie mit uns zusammen. Sie nehmen gewöhnlich in eigens für sie bestimmten, mit „Ladies" gekennzeichneten Wagen Platz. Die Bahnverwaltung kann ihre Sicherheit nicht gewährleisten, wenn sie in anderen Waggons, fast nur unter Männern, reisen. Auch ihre Fahrkarten erstehen sie an besonderen Schaltern.

Nicht eingehaltene Regeln

Jedes Abteil hat zwei winzige, vergitterte Fenster. Die Gitter (auch in der ersten Klasse) sollen das Ein- und Aussteigen auf diesem Wege verhindern. Da alle Türen sich nur nach innen öffnen lassen, kann ein vollbesetzter Waggon im Unglücksfall zum Gefängnis auf Rädern werden. Außer den Fensterscheiben gibt es noch hölzerne (neuerdings auch metallene), hinaufschiebbare Fensterläden.
In fast allen Wagen hängen Regeln für deren Benutzung. Praktisch gegen jede wird jedoch ständig verstoßen. Stehende oder sitzende Trittbrettfahrer sind etwas Alltägliches; Dutzende, ja Hunderte reisen auf den Dächern der Wagen eines Zuges. Trotz Androhung von Strafen und unter den Augen der Bahnpolizei überqueren die Menschen nach Belieben die Bahnkörper in den Stationen – Ziegen, Schweine, Rinder und Hunde bevölkern sie ohnehin immer. In den Zügen ist Betteln verboten, aber wir haben keinen Tag auf der Schiene verbracht, an dem uns nicht offene Hände (keineswegs nur von Armen, Behinderten oder Kranken) hingehalten oder in die Seite gestoßen wurden. Die Bettler waren oft aggressiv, vor allem gegen uns. Ob sie wohl an die „Schuldgefühle" der Europäer appellierten? Manchmal sangen sie Hinduhymnen oder sie rezitierten Korantexte. Dabei schoben sie meist ihre halbnackten, zerlumpten Kinder vor. Außer Bettlern zogen auch „wilde" Händler durch die Wagen. Ihre Waren fanden immer guten Absatz.

Das Leben in einer südindischen Provinzstadt

Der überwiegende Teil der indischen Bevölkerung lebt in Dörfern, doch diese werden überdimensional von der Entwicklung in den Städten beeinflußt. In den Ballungszentren fallen die Entscheidungen, sind die finanziellen und technischen Mittel konzentriert, kommen neue Methoden, Trends und Moden zuerst zur Anwendung. Die Landflucht ist alarmierend. Viele Inder hoffen, in der Stadt ein besseres Leben führen zu können. Oft erfüllt sich diese Hoffnung nicht. Am Beispiel Bombay habe ich dies bereits beschrieben.
Während der insgesamt neuneinhalb Monate, die wir bisher in Indien verbrachten, hielten wir uns in vielen Dörfern und Provinzstädten auf. Weil wir immer in einfachen Hotels mitten unter den Leuten lebten, weil wir uns in Läden, auf Märkten und bei Händlern auf Gehsteigen wie sie mit dem Nötigen versahen, weil wir zur Entspannung die gleichen Parks, Promenaden und Erholungsziele aufsuchten, lernten wir die Verhältnisse in einer Stadt gut kennen. Wir besorgten uns stets Stadtpläne und lasen die örtlichen Zeitungen, sofern sie englischsprachig waren. Da wir uns sehr intensiv mit unserer Umgebung beschäftigten, sie meist zu Fuß erkundeten, glauben wir sagen zu können, daß wir in Indien wahrscheinlich mehr kennenlernten, als mancher ansässige Ausländer in Jahren. Ich möchte hier einmal eine mittelgroße südindische Stadt, das heißt mit etwa drei- bis fünfhunderttausend Menschen, beschreiben.

Wasserbüffel werden durch ein Viertel am Stadtrand Trivandrums zu einem Fluß getrieben

Das Bild einer solchen Stadt wird bestimmt durch Bahnhof und Busstation; Umschlagplätze (Farbbild 76), enge Basargassen; Quartiere, wo die Menschen dicht beieinander leben, von Bäumen beschattete Viertel, wo Leute wohnen, die sich einen großzügigeren Lebensstil erlauben können, und Slums für die Armen; Industriegebiete, das Verwaltungsviertel, Schulen und ein Krankenhaus; Tempel, Moscheen, Kirchen. Die Bevölkerung ist bunt zusammengewürfelt: Einheimische, vom Glanz der Stadt angelockte Dörfler, Zugewanderte aus entlegenen Gebieten, Dienstverpflichtete aus ganz Indien. Sie sind Hindus und Moslems, Christen, Sikhs, Jains und Angehörige anderer Minderheiten, nicht zu vergessen eine große Anzahl dunkelhäutiger „Unberührbarer" (kastenlose Hindus), die fast alle im Slum leben. Die gesellschaftliche Oberschicht, die Priesterkaste der Brahmanen, bewohnt ebenfalls ihr eigenes Viertel.

Schon nach kurzer Zeit kennen wir den Tagesablauf: Lange nach Mitternacht strömen die letzten Kinogänger geräuschvoll nach Hause. Taxi- und Rikschafahrer suchen dann ihre Standplätze auf oder machen Schluß. An den Wasserzapfstellen waschen die Betreiber von Eßschüppchen (oft auf Rädern) klappernd ihr Geschirr. Straßenkehrer – ihre Haut schwarz wie Kohle – fegen mit einem Grasbesen (immer ohne Stiel) Gassen und Plätze. Bevor der Tag graut, werden die an den Häusern angebundenen Kühe gemolken, dann gefüttert oder zu einer grünen Stelle am Flußufer oder Stadtrand getrieben. Frauen und Wasserträger kommen zu den Wasserzapfstellen. Die ersten Läden öffnen, der Verkehr nimmt zu. Schulkinder mit oder ohne Uniform bilden einen anschwellenden Strom. In kurzer Zeit herrscht Hochbetrieb auf Märkten und in Geschäften.

Überall sind fliegende Händler. Sämtliche Fahrzeuge der Stadt scheinen unterwegs zu sein. Lärm, Staub, Abgase und Hitze mischen sich. Nachmittags schwächt sich der Trubel für kurze Zeit ab, dann dreht sich wieder alles wie im Kreise. Was Beine und Räder hat, bewegt sich, schreit, kreischt, hupt, pfeift. Der größte Umsatz in den Läden wird jetzt gemacht. Die Kinos spucken die Zuschauer der dritten Vorstellung aus. Die inzwischen erneut gemolkenen Kühe muhen die Vorbeiströmenden an. An den Zapfstellen wird gewaschen und werden Kinder gebadet, die aber auch um elf Uhr immer noch nicht im Bett sind. Taxifahrer suchen hupend nach Fahrgästen, bis die letzte Filmvorführung zu Ende ist. Dies kann sehr spät sein, da in der Stadt der Strom mehrmals täglich ausfällt.

Neugier, Bettelei und seltsame „Kinderfreundlichkeit"

Inder sind neugierige Menschen. Auf Straßen und in Gassen werden wir – meistens – freundlich angestaunt, was wir mit einem ebenso freundlichen Lächeln quittieren. „You are from...?", werden wir sehr häufig von Leuten auf englisch gefragt: „Sie sind von...?" Das gefällt uns sowenig wie die Frage „Ihr Name ist...?", aber meistens schlucken wir und antworten dann. Die Frage „Wohin gehen Sie?" lassen wir hingegen unerwidert. Das Lächeln vergeht uns aber, wenn Schuljugend Steine, Schmutz und Abfälle nach uns wirft. Solche Vorfälle sind allerdings selten. Meist können wir uns über die Kinder uneingeschränkt freuen. Als einzelne sind sie fast immer sehr anständig, und hübsch anzusehen. Ihnen gehören unsere Sympathien. Freuen können wir uns zum Beispiel über einen dreizehnjährigen Jungen, der jubelt, ausländische Freunde gefunden

Verkehrserziehung: drohender Polizist (Bombay) und gelehriges Schulmädchen (Bangalore)

zu haben; über zwei clevere Jungen, die wir bei einer Schulveranstaltung treffen, weil sie über so viele Dinge Bescheid wissen; über eine Gruppe kleiner Mädchen, die sich an einem schönen Nachmittag, den wir in ihrem Viertel auf einer Bank sitzend verbringen, in ihrem Spiel durch uns nicht im geringsten stören lassen. Was uns – nicht nur in Südindien – gefiel, war, daß die Inder nichts gegen unser Fotografieren einzuwenden hatten.

Dann wieder unerfreulichere Dinge. Kinder und auch Erwachsene betteln uns das eine Mal um „paisa" (das heißt „Geld", ist aber auch Name des indischen „Pfennigs"), das andere Mal um Kugelschreiber, ausländische Münzen und Briefmarken an. Das wird so systematisch getrieben, daß wir uns fragen, wie die Leute gerade *dieser* Stadt auf die Idee kamen, Ausländer um „Souvenirs" anzugehen. Wir jedenfalls tragen nichts zur weiteren Verbreitung dieser Annäherungsversuche bei, auch nicht bei der Ausländerpolizei, wo wir unser Visum verlängern lassen müssen. Als gerade sonst niemand im Raum ist, bittet der zuständige Beamte „für morgen" (so lange bleiben unsere Pässe bei ihm) um ein Transistorradio („Es darf aber auch etwas Kleineres sein"). Das scheint hier wohl die Regel zu sein. Aber wir machen nicht mit. Und noch etwas Unerfreuliches erfahren wir: Ein katholischer Bahnangestellter verrät uns, daß er Einblick habe, wie Pfarrer die von Kirchen in Europa gespendeten Lebensmittel an Händler verkauften und sich mit dem Geld ein schönes Leben machten.

Bei unseren Rundgängen sehen wir zahlreiche Dinge, die uns noch lange beschäftigen werden, zum Beispiel, daß es Spielplatzwächter gibt, die Kinder, die er für älter als zwölf Jahre hält, oder solche, die aus Slums kommen, vertreibt, während die gutgekleideten bleiben dürfen; daß ein Teil der Parks im Stadtzentrum am Vor- und am Nachmittag geschlossen ist; daß Polizisten bei einem Verkehrserziehungstag mit ihrem Stock auf „Sünder" (benutzten Gehweg mit dem Fahrrad, überquerten Straße falsch) einschlagen, vorzugsweise auf Kinder; daß der Schulunterricht immer von etwa zehn Uhr vormittags bis vier Uhr nachmittags geht, wenn dann die heißeste Tageszeit ist.

Natürlich trafen wir die meisten der beschriebenen Umstände nicht nur in einer südindischen Stadt an, sondern vielerorts im ganzen Land. Bei unseren Untersuchungen befaßten wir uns insbesondere mit Fragen des Zusammenlebens der Menschen, der Armen und der Reichen, der Frauen, Kinder und Männer, der Rücksichtnahme gegeneinander. Die indischen Medien beschäftigen sich ebenfalls viel mit diesen Problemen, aber offenbar nicht genug, sonst hätte es schon mehr Verbesserungen gegeben.

Armut und Reichtum sind nahe beieinander

Die Menge auf dem Bahnhofsplatz von Madurai bildet einen Kreis. Es gelingt uns, einen Blick auf das zu werfen, was darin vorgeht: Ein etwa sechsjähriges, dunkelbraunes Mädchen in zerlumpten Shorts hat sich einen Strick um den Nacken geschlungen. Unter Aufbietung all ihrer Kraft versucht die Kleine nun, einen an dem anderen Strickende befestigten Felsbrocken, viel schwerer als das Kind selbst, vom Boden zu liften. Es gelingt ihr! Die Umstehenden murmeln und lachen. Eine Frau sammelt da und dort eine kleine Münze als Anerkennung für den Kraftakt des Mädchens ein. Die beiden halten sich (und kleinere Kinder, die herumsitzen) so am Leben.

Touristen aus dem nördlichen Indien überfluten den Wallfahrtsort Kanyakumari an der Südspitze des Riesenlandes. Die Familie eines Direktors der Hafenverwaltung in Bombay hat die Reise hierher unternommen, weil sein Arbeitgeber ihr eine freie Bahnfahrt in der ersten Klasse genehmigt hat. „Wir sind Hindus, aber da Weihnachten war, mußte ich ein paar Tage nicht arbeiten", erzählt er uns. Die Rundreise ist viertausend Kilometer lang. Seine drei Kinder quengeln und drängen ihn, ihnen dies oder jenes zu kaufen. Ihre Mägen scheinen nie gefüllt zu sein. Papa gewährt jeden Wunsch. Wenn schon die Fahrt kostenlos war . . .

Chowpatty Beach, ein Streifen Sand am Meer nahe beim Zentrum von Bombay, dient der allgemeinen Unterhaltung der Mittelklassefamilien. Die Sonne ist sengend. Wir sehen vor uns drei dunkle Kinderköpfe. Zwei Mädchen und ein Junge sind bis zum Kinn in den Sand eingegraben, mitten unter vorbeischlendernden, dann stutzenden, interessierter werdenden, die Szene umringenden, schweigenden, lauernden Menschen, die aussehen, als ob sie fragen wollten, wann denn eines der Kinder in seinem Gefängnis in Panik losschreien würde. Einem der Mädchen fällt das Haupt ermüdet zur Seite, nach hinten, manchmal steckt die Nase im Sand. Aber keines der Kinder klagt. Auf einem Tuch vor den Köpfchen sammeln sich ein paar Geldstücke an.

Vor einer der Schulen, die von Kindern der oberen Mittelklasse besucht werden, und in denen Englisch die Unterrichtssprache ist, können wir Fetzen des Geplappers von Mädchen und Jungen auffangen. „Ihr werdet sehen", versichert ein etwa Zwölfjähriger seinen Mitschülern, „heute wird mich mein Vater mit einem neuen, ausländischen Auto abholen!" Mädchen unterhalten sich über die neuesten Videofilme aus England und Amerika. Ehe sie in die Wagen ihrer Eltern steigen, hören wir noch von einer tollen Geburtstagsparty, von einem Lächelwettbewerb einer Zahnpasta-firma, von einer Schau mit Phantasiekostümen und von einer Rassehundeausstellung.

Die siebenjährige Shashi scheint stets zu lächeln. Wir finden sie an der Straße zwischen Trivandrum (Hauptstadt des Staates Kerala) und Kovalam (ein weltberühmter Strand nahebei) vor einem riesigen Haufen von grobem Schotter. Wie ihre ältere Schwester sitzt sie seit dem Morgen dort, um mit einem Hammer die Steinbrocken zu zerkleinern. In vielen Tagen werden sie diese Arbeit beendet haben, aber ein Lastwagen wird eine neue Ladung losgesprengter Felsbrocken bringen. Wie die Geschwister arbeiten entlang dieser Straße Hunderte, im ganzen Land Millionen, jahraus, jahrein. Sie sind fast immer „Unberührbare" (offiziell nicht existent) und Angehörige der zahlreichen Stämme von Ureinwohnern. Der Schotter wird für den Straßenbau und für Bahndämme benötigt, Arbeitsbeschaffungsprogramme der Regierung. Die Schwester kann mit ihrer Arbeit fünf Rupien am Tag verdienen (vier Rupien sind eine Mark, wofür man ein Kilo Reis kaufen kann), Shashi gar nichts, denn sie hilft nur mit. Acht- bis zehnjährige Steinebrecher sind ein alltäglicher Anblick. Viele erblinden schon nach wenigen Jahren, denn sie arbeiten ohne Augenschutz gegen die feinen Splitter.

Ausbeutung der Kinder

Sechzehn Kilometer abseits der Bahnlinie von Kanyakumari nach Madurai liegt die Stadt Sivakasi. Ihr Gebiet ist ein Zentrum der Industrie für Streichhölzer und Feuerwerkskörper. In den meist veralteten Fabriken arbeiten rund fünfzigtausend Kinder, von denen viele unter zehn Jahre alt sind. In Indien gibt es viele solcher Fabriken. Die Zahl der Arbeiter im Kindesalter geht dort in die Hunderttausende. Tageslohn ist für sie unter fünf Rupien.

Etwa dreihundert Milliarden „Beedies", billigste Zigaretten ohne Papier, verglimmen in Indien pro Jahr. Rund fünf Millionen Menschen, die Hälfte Kinder, rollen die „Beedies", an ungesunden Arbeitsplätzen, meist nur in Schuppen. Schon Vierjährige arbeiten dort. Die Kleinen bekommen zwei Rupien am Tag. Er hat zehn Stunden und ihr Soll ist tausend Glimmstengel. Oft bekommen sie überhaupt nichts, weil sie jahrelang als „Lehrlinge" gelten. Wir sahen in der Stadt Bangalore den „Beedie"-Arbeitern zu. Der unglaubliche Streß, die geforderte Leistung zu erbringen, erschütterte uns. Für tausend Beedies streichen die „Haie" der Branche, die ihre Arbeiter niemals sehen, achtzehn bis vierundzwanzig Rupien ein. Neun von zehn Arbeitern sind krank, mit Erblindungserscheinungen, mit Rückenleiden, Lungenproblemen (fünfzig Prozent Tuberkulose, verursacht durch Tabakstaub).

Indien hat rund dreihundert Millionen Kinder unter vierzehn Jahren. Die Hälfte davon lebt unter dem Existenzminimum. Nach offiziellen, weit untertriebenen Angaben müssen achtzehn Millionen von ihnen in der Landwirtschaft, in Fabriken und Werkstätten arbeiten, um essen zu können. Vergessen sind dabei Kinder, die Straßenverkäufer, Schuhputzer, Boten, Altmaterialsammler, Vorführer von „Kunststücken" sind, sowie jene, die den Älteren helfen, ganz zu schweigen von den Bettelkindern. Alle diese Kinder gehen natürlich nicht zur Schule. Nur jedes zwanzigste Kind besucht einen Kindergarten. Über zwei Millionen sterben jährlich an Krankheiten und Unterernährung.

Die einen haben alles ...

Das Bild des halbverhungerten Inders ist überall bekannt. Leider ist bei uns fast nie von seinem reichen Landsmann die Rede, von jenem Inder, der habgierig, geizig und unbarmherzig ist. Einer indischen Zeitungsveröffentlichung zufolge sind etwa fünfzig Millionen der rund 800 Millionen Inder Angehörige von Millionärssippen, geht es weiteren fünfzig Millionen prächtig, haben noch

Sie muß Steine zerschlagen (Straßenbaumaterial). – Er genießt einen Seeigel (Kerala)

Vergnügte Pilgerinnen in Saris im Wasser beim Wallfahrtsort Rameswaram in Südindien

einmal fünfzig Millionen nicht viel zu klagen. Dieses Fünftel der Bevölkerung besitzt fast alles, was man in Indien besitzen kann: Vor allem die durch und durch korrupten Politiker, die großen Händler, die Exporteure, die Industriellen, die Transport- und die Bauunternehmer und die Herren, die Ländereien ihr eigen nennen. Sie schaffen im Jahr allein vierzig Milliarden Mark an unversteuerten Gewinnen, sogenanntes „schwarzes Geld", beiseite, und geben es für Feste, Disco-Besuche, für eingeschmuggelte Luxusgüter, für millionenteure Häuser, für westliche Kleider, für Reisen nach Übersee aus. In jeder größeren Stadt findet man ganze Straßenzüge von Juweliergeschäften. Alle nur denkbaren elektrischen Apparate – Videogeräte nicht ausgenommen – sind auf dem Markt und finden reißenden Absatz. Die Motorisierung nimmt unerwartete Ausmaße an. Auf den Feldern von Großgrundbesitzern arbeiten viele Menschen aller Altersklassen für schlechten Lohn oder für gar nichts – wie Sklaven. Von relativ seltenen Ausnahmen abgesehen, haben die hundert Millionen „Unberührbaren", sechzig Millionen Ureinwohner (Adivasis genannt), die Millionen landloser Bauern nichts zu sagen. Sie sind fast alle von dunkler oder schwarzer Hautfarbe. Armut oder Wohlstand – das ist in Indien auch eine Frage der Hautfarbe. Das rassistische Kastensystem hat daran die Hauptschuld (Farbbild 74). Es gibt rund siebzig Millionen hellhäutige Brahmanen, Angehörige der Priesterkaste, die wohlgenährt sind. Als Oberschicht der klassischen hinduistischen Gesellschaftsordnung haben sie Privilegien. Weil sie diese durch Gesetze zugunsten der „Unberührbaren" und Stämme gefährdet sehen, bilden sie jetzt „Schutzgemeinschaften", um gegen Reformen gemeinsam anzugehen.

In Indiens Wirklichkeit sind Männer Götter

Indiens Frauen sind offiziell gleichberechtigt, aber die Realität sieht anders aus. Premierministerin Indira Gandhi war an der Macht, weil ihr der Nimbus ihres Vaters Jawaharlal Nehru half, die Führung der Kongreßpartei zu übernehmen. Da sie geschickt manövrierte, blieb sie viele Jahre am Ruder (sie wurde im Herbst 1984 ermordet). Im Parlament in Neu-Delhi sitzen mehr Frauen als in den Volksvertretungen in Washington oder Bonn. Aber fast alle kommen aus der von England stark beeinflußten, oberen Mittelklasse, in der die Rolle der Frau eine ganz andere ist als bei den unteren Schichten. Das Land Indien ist für die Hindus weiblich. „Mutter Indien" (Bharat Mata) nennen sie es. In ihrer Glaubenswelt wimmelt es von Göttinnen. Aber auf indischem Boden ist der Mann Gott. Doch das war nicht immer so.

Bevor die Arier vor etwa fünftausend Jahren Indien erreichten, erfreuten sich die Frauen ihrer Freiheit. Sie hatten Besitz. Auf dem Leib trugen sie nur das mindeste – wie ihre Männer. Die Arier hatten dagegen wenig einzuwenden, scheint es. Doch vor 3500 Jahren stand ein sogenannter Weiser auf, um seine Geschlechtsgenossen zu überzeugen, daß es an der Zeit sei, mit den Freiheiten der Frau aufzuräumen. In „heiligen" Büchern schrieben weitere Männer über das „soziale Hauptübel" – die Frau. Sie wurde zur Gebärerin herabgewürdigt und galt als „immer unrein unterhalb des Nabels". Vor etwa 2200 Jahren erließ ein „Gesetzgeber" namens Manu strenge Regeln für das Leben der Frau. Er, der auch als der große Verfechter des unmenschlichen Kastensystems gilt, verfluchte Familien, deren Töchter nicht spätestens mit zehn Jahren verheiratet waren. Er enteignete verheiratete Frauen, trägt die Schuld an der Vergöttlichung des Ehemannes. Die Frau solle ihn „anbeten wie einen Gott", schrieb er. Als nächstes kam die Verbrennung der Witwe auf dem Scheiterhaufen ihres Mannes. Der Hinduismus sanktionierte alles. Ein weiteres Unglück traf die Frau vor ein paar hundert Jahren: Der Islam kam nach Indien. Viele Hindus wurden Moslems, zwangen ihre Frauen zur Verschleierung und Abschließung. Meilensteine auf dem Weg zur Entsklavung der Frau: 1829 Witwenverbrennungen verboten (dennoch noch lange praktiziert); ab 1865 dürfen Witwen wieder heiraten; erst 1929 Kinderheirat verboten (kommt auch heute noch sehr oft vor). Frauen und Männer aus England, das über Indien herrschte, waren die Initiatoren. Mit Mahatma Gandhi kam endlich der Durchbruch, und Jawaharlal Nehru schuf den heutigen gesetzlichen Status der Frau – gegen die Mehrheit der Hindus. Erst 1955 erhielten die Hindufrauen das Recht auf Scheidung, im Jahr danach das auf eigenen Besitz. Doch ihre Lage ist auch heute alles andere als rosig. Nur etwa jede achte Frau in Indien kann lesen und schreiben, in China mehr als die Hälfte. Natürlich gehen, bei 800 Millionen Einwohnern, viele Millionen Mädchen zur Schule. Es gibt die Schulpflicht, die allerdings nur Teile der Bevölkerung erfaßt. Für einen Vater ist es ein leichtes, seine Tochter von den „verderblichen Einflüssen" der Schule fernzuhalten.

Diskriminierung und Gewalt gegen Frauen

Ein Viertel der Bewohner des Staates Kerala sind Christen. Dort war es, daß wir uns besonders eingehend mit Frauen über ihre Rolle in der Gesellschaft unterhielten. „Natürlich" werden unter den Katholiken und Protestanten die Ehepartner noch von Familienangehörigen ausgesucht, wie bei Hindus und Moslems. „Selbstverständlich" ist jeder voreheliche Kontakt, auch das Flirten, streng untersagt. Kaum überraschend war es da für uns, zu hören, daß Mädchen, die – wenn nicht an Universitäten – Sport in Shorts und ähnlichem treiben, Gefahr laufen, keinen Ehepartner zu finden. Jedes Mädchen in Indien muß heiraten.

Die Regel ist, daß Männer bei der Heirat mit einer möglichst ansehnlichen Mitgift rechnen. Aus Ärger darüber, daß die Partnerin nicht genug herbeischafft, lassen in jedem Jahr Tausende von Männern ihre Ehefrau in Flammen aufgehen. Allein in Delhi starben 1983 über siebenhundert junge Frauen an Verbrennungen durch in Brand geratene Nylonsaris. „Unfälle", sagen die Männer. Aber aufgefundene geschriebene oder gehauchte letzte Worte der Opfer bestätigen oft, daß es Mord war. Immer mehr Frauen fordern die völlige Abschaffung der Mitgift (Dowry). Unter den Heiratsangeboten zum Beispiel junger christlicher Frauen in Zeitungen in Kerala aber lasen wir immer wieder den Hinweis auf eine in Aussicht stehende, „angemessene" Mitgift. Wo bleibt da die Aufklärung? Der Filmjournalist Arun Kumar machte einen Film mit dem Thema „Bräuteverbrennungen", allerdings in der typisch indischen Art des Unterhaltungsfilms.

Die Geschichte eines fünfzehnjährigen taubstummen Mädchens, das verzweifelt versucht, aus einem Bordell in Bombay zu entkommen, ist auf die gleiche Weise verfilmt worden. Bei den Männern im Kino löst die Qual des Mädchens Lachstürme aus. Bordelle, in denen Frauen wie Tiere in Käfigen gehalten werden, gibt es übrigens nicht nur in Bombay, sondern in allen großen Städten Indiens. Die Sicherheit von Mädchen und Frauen ist minimal. Sind sie ohne Begleitung, werden sie überall als Freiwild betrachtet. Die Gewalttätigkeit gegen Frauen in Filmen – bisher meist nur angedeutet – stellt ein neues Problem dar.

Filmmacht Indien mit wenigen Meisterwerken

Kein anderes Medium erreicht so viele Menschen wie der Film. Indien hat mit derzeit rund achthundert Streifen im Jahr die größte Filmindustrie und mit etwa 650 Millionen Menschen im kinofähigen Alter das größte Publikum der Welt. Bei unseren Indienbesuchen verfolgten wir die Filmszene mit Interesse. Innerhalb sechzehn Jahren verdoppelte sich die Zahl der Kinos auf elftausend. Bei durchschnittlich tausend Sitzplätzen und vier Vorstellungen täglich wird die Tageskapazität in Kürze fünfzig Millionen Besucher erreichen.

Das Liebespaar hat nichts Besseres zu tun als auf einem fahrenden Kohlenzug singend und schmachtend herumzutanzen. Sari und weiße Jeans sind nach dem Duett immer noch ohne ein Stäubchen. – Der Bösewicht, der seine Schwiegermutter eigentlich unter einer Straßenwalze zermatschen wollte, feiert mit ihr ein unerwartetes Happy End. – Die Frau, die von dem zwischen ihr und seiner Angetrauten pendelnden Mann ein Kind erwartet, erhängt sich, um den Regisseur den Abschluß seines Machwerkes zu erleichtern. Drei Szenen aus indischen Filmen. Aus vollgepfropften Lichtspielburgen ist der Begeisterungsjubel bis auf die Straße zu hören. Danach strömen die Zuschauer beglückt hinaus in das Indien der Realitäten.

Bombay, Madras und Kalkutta sind die wichtigsten der Filmmetropolen. Außer in Hindi, der verbreitetsten Sprache, werden Streifen in elf weiteren wichtigen Sprachen gezeigt. Produzenten und Regisseure versuchen sich an Primitivität zu übertreffen. Ein Filmkritiker: „Wir produzieren die meisten und die schlechtesten Filme der Welt!" Ein anderer: „Machen wir uns selbst zu intellektuellen Krüppeln?" Aber gerade die Einfachheit der Filme ist das Rezept des großen Erfolgs der Branche.

Es wäre allerdings ungerecht, würde man wegen der Flut von Ramsch das schmale Rinnsal von großartigen Filmen übersehen. Sie entstehen mit wenig Aufwand, werden leider ohne großes

Aufsehen herausgebracht und verschwinden deshalb meist nach kurzer Zeit wieder aus den Kinos. Ihre Macher arbeiten über das ganze Land verteilt, aber ein Zentrum ist das chaotische Kalkutta in Westbengalen. Zwei Namen, Mrinal Sen und Satyajit Ray, seien deshalb genannt, weil sie im westlichen Ausland viel Anerkennung gefunden haben, mit höchsten Auszeichnungen geehrt wurden, als Botschafter eines indischen Films, den in Indien kaum jemand sehen will: Er hat die Realität zum Inhalt. Bei Sen ist es vor allem die Mittelklasse, bei Ray sind es die Bauern, deren Lage dargestellt wird. Ihre Meisterwerke werden in Europa immer wieder auf Leinwand und Bildschirm gezeigt. In ihrer Heimat erhielten sie zwar auch reihenweise Filmpreise, doch das Publikum blieb zu Hause.

Das Establishment (von Film und allgemein) ist der Meinung, daß Sen und Ray (und andere) „das gute Ansehen Indiens in den Dreck ziehen". Unverständlich ist, daß auch die meisten jener Inder, die sich für gebildet halten, diese Meinung teilen. Den „kleinen" Machern guter Filme wird die Arbeit durch hohe Zölle auf notwendige ausländische Ausrüstung sehr erschwert. Dabei mußten einige der „Filmmoguln" aus Bombay zugeben: „Der kommerzielle Film hat von Leuten wie Mrinal Sen viel zu lernen, hinsichtlich ihrer Sparsamkeit und auch ihres Sinns für Humor."

Der Propagandaaufwand für die teuren, schlechten Filme ist ungeheuerlich. Es gibt fast 350 Filmmagazine, die voll von Anzeigen sind. Kinos in den großen Städten bedecken ihre Gebäudefronten mit kolossalen Plakatgemälden (Farbblid 72). In manchen Stadtbezirken stehen zwanzig bis dreißig Kinos. Jedes hat seine bis zu zehn auf zwanzig Meter großen Reklametafeln in irrealen Farben. In den Staaten Kerala und Tamil Nadu sahen wir in den Stadtzentren buchstäblich jede Mauer oder Wand mit einem Plakat beklebt. In der Stadt Cochin in Kerala hingen in Hunderten von Bäumen der Hauptstraße jeweils drei bis sechs Superposters. Die Stadtverwaltungen kassieren für jedes Plakat eine Werbesteuer... Die Beliebtheit der Filme ist grenzüberschreitend. Der Export geht in andere Länder Asiens, nach Nordafrika, in den asiatischen Teil der Sowjetunion, sowie in Länder, wo viele Inder leben, wie England, Kanada, die Karibe.

Ein Volk im Banne der Leinwand

Kinder betteln um Kinogeld, junge Mädchen biedern sich deshalb Männern an. Arme verkaufen Blut, um sich ein paarmal das Kinovergnügen leisten zu können. Unzählige Inder gehen zwei- bis viermal täglich ins Kino. Sich denselben Film viele Male hintereinander anzusehen, ist kein ausgefallenes Hobby. Ein ganzes Volk steht im Banne der Leinwand, in den klimatisierten Filmpalästen der Großstadt wie in den mit Wellblech und Palmwedeln verkleideten Dorfkinos. Die sechshundert Millionen Bewohner von Dörfern und Kleinstädten haben sonst keine andere Form der Unterhaltung, oder besser: nicht mehr.

„Einen guten Film? Dann sehen Sie sich diesen an!" Wir stehen vor einem Kino, einem Gittertor, einem Wächter und einem Schild mit der Aufschrift „Ausverkauft". Für die nächste Vorstellung bekommen wir Karten, weil Wilma sich am Schalter für Damen anstellt. Bei den Männern wird gedrängelt, gestoßen, geschimpft und gedroht. Von wenigen Ausnahmen abgesehen, sitzen im Parkett nur Männer. Frauen (nie allein), Paare, Familien belegen Balkonsessel. Jeder der 1800 Plätze des Theaters ist schließlich verkauft. Der Eintrittspreis beträgt durchschnittlich etwas mehr als eine Mark, ist höher als in vielen anderen Kinos, denn hier ist der Saal klimatisiert. Die Zuschauer sind gleich danach von den ersten Szenen hingerissen. Wir sehen drei Stunden lang mehrere Junggesellen sich ständig betrinken, dann Verkehrsunfälle bauen, einen sonst erfolglosen

Reisenden in Medikamenten einer Ärztin auf trottelige Weise den Hof machen, jeden Darsteller einmal Tränen vergießen – das wär's, Gesang- und Tanzeinlagen obligatorisch. Die Menschen im Saal reagieren auf die schale Handlung mit wachsender Begeisterung. Mißfallen an den Gelagen plus Folgen hören wir nicht, nur Beifall für einen Zecher, der besonders schön lallt.

Die Filme sind fast immer im reichen, nicht selten im Millionärsmilieu in Szene gesetzt. Armut ist kein Thema, Umwelt, Politik und Zeitgeschichte sind es ebenfalls nicht. Tänze und Lieder lassen sich dazu wohl schlecht arrangieren. Wie sich die Filmthemen immer irgendwie ähneln, so erscheinen auf der Leinwand auch immer wieder die gleichen Typen, oft die gleichen Schauspieler, vom Publikum mit Beifall begrüßt: Muskulöse oder wohlgenährte Männer mit feistem Gesicht, im geölten Haar einen Scheitel wie mit dem Lineal gezogen, und wohlgerundete Frauen mit großen Mandelaugen, langer schmaler Nase, kleinem rosenroten Mund und vor allem von weißer oder sehr heller Hautfarbe, wahre Prachtexemplare von Menschen, offenbar nach dem Geschmack der Zuschauer, die sehr oft dunkelhäutig sind. Die Stars singen übrigens fast nie selbst. In nun schon Tausenden von Filmen sind die Stimmen nur einer Handvoll von Playback-Sängern zu hören gewesen. Wer nicht ins Kino gehen will oder kann, hört die Arien und Duette aus den Lautsprechern in Bahnhöfen, Busstationen, Teeläden, auf den Fahrrädern und Motorradrikschas von Losverkäufern, in den Wipfeln von Bäumen. Schallplatten und Kassetten der Filmmusik werden parallel mit den Lichtspielen herausgebracht. Gewöhnlich klauen die Komponisten Walzerklänge, Cha-Cha-Cha, Tango, Rock und anderes zusammen.

Die „Sexwelle" rollt

„Wilde" Filmsitten rissen im Süden ein. Die Streifen sind dort manchmal pseudopolitisch, aber in moralischer Hinsicht auch freizügiger. Ein Mädchen im (einteiligen) Badeanzug, in kurzen Hosen, oder ein Bauchnabel eine Sekunde länger gezeigt, angedeutete Bettszenen oder Küsse – die „Sexwelle" rollt. Malayalam-Filme (aus Kerala) genießen im Nachbarstaat Tamil Nadu den Ruf, Sexfilme zu sein. Verfälschende Plakate sind vor allem die Ursache. Die hitzigen Käufer von Drei-Rupien-Karten äußern ihren Unmut über die Täuschung manchmal mit Sachbeschädigung oder durch nicht endenwollende Pfeifkonzerte. Raffinierte Verleiher oder Theaterbesitzer kleben in solche Streifen vorsichtshalber von der staatlichen Zensur beanstandete Szenen wieder ein oder behelfen sich sogar mit kurzen Ausschnitten aus ausländischen Pornofilmen. Die Nachricht darüber macht bei Kinogängern schneller die Runde als bei der Polizei. In Tamil Nadu wurde der Film „Gandhi" mit den Untertiteln „Kasturbas Nächte" und „Freiheit für Sex" versehen.

Raj Kapoor, der größte aller Großen des kommerziellen indischen Films seit 1948, bekannte einmal: „Wir verkaufen Träume, die Zuschauer kaufen sie!" Für denkende Inder sind es Alpträume. Ein Student der schönen Künste in Trivandrum, der Hauptstadt Keralas, klagte im Gespräch mit uns: „Liebe, Singen, Tanzen, etwas Sex und Tradition, Gut und Böse, Kämpfe und Happy End – immer das gleiche Rezept. Es ist zum Verzweifeln!" Im Nachrichtenmagazin „India today" lasen wir vom „allgemein gesichtslosen indischen Film". Die Unionsregierung in Neu-Delhi bekundete die Bereitschaft, den guten Film zu ermutigen, gab jedoch zu, daß in dieser Angelegenheit „das Publikum letztendlich der Richter" sei. Selbst Staatspräsident Zail Singh traute sich nur zu sagen, daß er „mit Filmen ohne wirklichen Inhalt, mit Vorspiegelungen, Gewalttätigkeit und voller Langeweile nicht einverstanden" sei. Die Steuereinnahmen aus dem Eintrittskartenverkauf in ganz Indien gehen in die Milliarden.

Hygienische Verhältnisse

Indien scheint uns das interessanteste unter den von uns besuchten Ländern zu sein. Die Vielfalt dessen, das man zu sehen, hören, riechen, fühlen und schmecken bekommt, kann nirgends größer sein. Wir fanden es gut, auch diesmal erst nach langer Fahrt durch andere Entwicklungsländer nach Indien zu gelangen. Den Schock, den das Land dem Besucher versetzen kann, fühlten wir dadurch nur in abgeschwächter Form. Wir sahen manchen, der direkt aus seiner Heimat im Ausland hierher gekommen war, während der ersten Tage mit glasigen Augen umherirren. Ich will keine Ausführungen über Indiens Geschichte, jahrtausendealte Kultur, zahlreiche Religionen, bedeutende Sehenswürdigkeiten oder politische Verhältnisse machen. Man kann all das in Lexika, Reiseführern und Sachbüchern nachlesen. Hingegen möchte ich noch einige Themen berühren, über die in solchen Büchern gewöhnlich nichts zu finden ist. Davon zu berichten, halte ich auch für meine Aufgabe, denn ich will dem Leser ein möglichst tatsachengetreues Bild unserer Reise vermitteln, will Dinge so zeigen, wie sie sind, und nicht wie man sie sich vorstellt, wie ich im einleitenden Kapitel schon betont habe.

An vieles muß man sich erst gewöhnen, oder man gewöhnt sich nie daran. Um keinen falschen Eindruck zu erwecken: Die Menschen in Indien sind badefreudig, kleiden sich gerne in frische Sachen, halten ihr Haus meist tadellos sauber. Selbst Slumbewohner kehren mit einem Grasbesen die Umgebung ihrer Behausung häufig. Aus religiösen Gründen werden oft Waschungen vorgenommen, wird Reinlichkeit beim Essen großgeschrieben.

Der Zug rollt durch morgenfrisches Land. Noch liegt Tau auf den Gräsern, noch staubt es nicht

Slumkinder sehen sich einen Festzug an. – Außer Kinos nun auch Video für die Massen

sehr. Einige Bauern inspizieren ihre Reisfelder, so scheint es, andere hocken unbeweglich an Böschungen, Wegen, Kanälen, am Bahndamm. Dörfer werden durchfahren, eine Kleinstadt erreicht. Unzählige Menschen kauern dort geraume Zeit in der gleichen Weise, gehen dann davon. Kinder laufen halbnackt dazwischen umher, lassen sich wie zum Spielen nieder. Der Reisende im Zug nimmt einen irritierenden, dann lästigen Gestank wahr. Zur gleichen Zeit jeden Morgen verrichten ein paar Hundert Millionen ihre Notdurft, wo sie es für richtig halten. Der Bahndamm ist einer der bevorzugten Orte. Nur wenige Menschen haben eigene Toiletten. Die Armut ist zu groß. Als der Zug weiterfährt, brennt bereits die Sonne herab, und er ist kurze Zeit danach in einer Staubwolke gehüllt. –

Ein Ort mitten in Indien, Handelszentrum, Verkehrsknotenpunkt, lange Geschichte. Müll, wohin wir schauen, fauliger Gestank, wohin wir gehen. Unrat liegt auch vor „guten" Häusern nur auf einem Haufen, von streunenden Hunden, Katzen, von Ratten und Habenichtsen nach brauchbaren Resten durchwühlt. Ein Bach ersetzt die Kanalisation, nimmt die Abwässer mit, wenn nicht Hindernisse wie hineingekippter Müll im Wege sind. – Ein Binnenhafen im Süden, Bootsverkehr für Inselbewohner. Die Schiffe pflügen eine schwarze, gärende Brühe, an deren Oberfläche unablässig Gasblasen platzen. An einem „Ghat" (Badetreppe) nimmt das Volk ein Bad zur Erfrischung... Wir fragen Einwohner, ob es überhaupt eine Stadtverwaltung gibt. Sie sind manches gewöhnt. –

Eine Unterhaltung kann nicht stattfinden, ohne daß sich einer der Beteiligten zur Seite wendet, um kräftig auszuspucken. Wer im Teeschuppen oder Eisenbahnwagen sitzt, speit durchs Fenster, wer draußen steht, traktiert den Gehweg oder Bahnsteig, trotz der Spucknäpfe mit der Aufschrift „Benutze mich". Meist ist es ein feiner Strahl, zwischen den Zähnen hindurchgepreßt. Das Ausspucken ist so wichtig, daß es getan wird, auch wenn der Betreffende seinen Blick nicht von einem Gesprächspartner oder einer Sache wenden kann. Dann wird durch den seitlich etwas geöffneten Mund ausgespieen. Kautabak und Betelnuß Kauende versehen jede erreichbare Fläche mit braunen, grünlichen oder roten Klecksen. –

Wir erwachen von einem furchtbaren Gebrüll. Nein, kein Kampf, kein ärgerlicher Zwischenfall. Ein Mann im Hotelzimmer nebenan befreit seine Kehle von Schleim, Teil seiner Morgentoilette. Niemand findet etwas Anstößiges an dem Geräusch, das minutenlang anhält. Andere Gäste im Hotel fallen kurz darauf mit gleicher Lautstärke ein. Wo immer in Indien Menschen erwachen, in armen wie in reichen Häusern, am Bahnhof oder in der Busstation, wo immer Menschen arbeiten, sich versammeln, auseinandergehen, vernimmt man um diese Stunde diese urtümlichen Geräusche. Sie hören eigentlich während des ganzen Tages nie auf, denn der Mensch muß den Schleim los werden. –

Nur Gleiche sind Partner

Wer das Indien unserer Tage erleben will, darf nicht im Flugzeug von Punkt zu Punkt hüpfen, im Erste-Klasse-Abteil der Züge fahren, im Taxi mit verhängten Fenstern durch die Städte kreuzen, im teuren, klimatisierten Hotel schlafen und speisen. Er beraubt sich sonst nämlich selbst der Chance, die ganze Vitalität und Quirligkeit, die Gegensätze und Widersprüche, das Faszinierende und Schockierende dieses Landes kennenzulernen. Er erkennt, daß hier, wo so viele Menschen verschiedener Sprache und Hautfarbe, so viele Religionsgruppen, klar definierte Gesellschaftsschichten, Wohlbegüterte und Unterprivilegierte, unterschiedliche politische Weltbilder neben-

Hafen der Stadt Changanacherry: ein Ausgangspunkt für Kanalfahrten. Links eine Kirche (Kerala)

einander existieren, sich zwangsläufig ungeheure Emotionen und Aggressionen anstauen, die sich nicht nur in Wahlkämpfen und Parlamentsschlachten, in Straßenkrawallen und sozialen Unruhen entladen, sondern auch im alltäglichen Leben. Sich Fremde sehen im anderen grundsätzlich den Gegner, der er in rassischer, religiöser und sozialer Hinsicht oft auch ist. Es ist daher nicht erstaunlich, daß es Partnerschaft eigentlich nur zwischen Gleichartigen, Gleichdenkenden und Gleichgestellten gibt. Es ist wahrlich ein schwieriges Unterfangen, all diese Menschen als Nation unter einen Hut bringen zu wollen, sie zu regieren.

Um dem Leser einmal vor Augen führen zu können, was sich im öffentlichen Bereich in Indien abspielt, für jedermann, der dafür ein Auge hat, leicht sichtbar, möchte ich einige weitere Details schildern. Aber zunächst Worte des indischen Journalisten, Schriftstellers und Politikers Khushwant Singh, die einem Artikel von ihm in „The New York Times" entnommen sind: „Die Moslems schauen auf die Hindus herab und betrachten sie als niedrig, listig und feige, die nur Büroarbeiter oder Ladenbesitzer sein können. Sie tun Hindu-Gelehrte als scheinheilige Schwätzer ab und sagen, daß die einzige Sprache, die ein Hindu verstehe, die des Schwertes sei. Die Hindus schauen auf die Moslems herab und betrachten sie als schmutzig, zu harter Arbeit unfähig und habsüchtig."

Obwohl wir an einigen Stellen Schilder mit der Aufschrift „Nur für Hindus" sahen, waren wir erfreut darüber, sehr viele Tempel besuchen und bei Gottesdiensten dabei sein zu dürfen (Farbbild 75). Moslems würden dorthin schon von sich aus nicht gehen. Deren Moscheen waren uns nie verschlossen. Als wir nahe Mysore eine historische Gebetsstätte der Moslems betraten, verriet uns der Torwächter, daß Hindus dort absolut unwillkommen seien (wir dachten an die Millionen indischer Touristen, die fast ausnahmslos Hindus sind), „. . . denn", sagte uns der Mann, „sie sind schmutzig!" „Und wir . . . ?", wagten wir zu fragen. „Das ist etwas anderes!", beruhigte er uns. Ein Hindu aus Bombay, den wir beim Warten auf einen Zug trafen, zog unverblümt über die Moslems in Indien her. Bei jedem Krieg gegen Pakistan würden sie sich ganz still verhalten, als ob sie insgeheim auf einen Sieg der anderen Seite (größtenteils Moslems) hofften.

Kampf wie auf Leben und Tod – Lärm ein großes Übel

Die Animositäten der vielen Gruppierungen gegeneinander führen dazu, daß auch im Alltag das Leben erschwert wird. Man nimmt wenig Rücksicht aufeinander. – Ein Nahverkehrsbus erreicht die Haltestelle. Er ist vollkommen leer, hat daher etwa vierzig freie Sitzplätze. Draußen warten rund fünfundzwanzig Personen, also eigentlich kein Grund zur Panik. Doch erst nach fünf Minuten sind alle eingestiegen. Dazwischen liegt ein Kampf wie auf Leben und Tod, mit Püffen, Herunterfallen, verstauchten Knöcheln, eingerissenen oder verschmierten Kleidern, viel Geschimpfe. Die jungen, stärksten Männer sind zuerst im Bus, die Frauen – speziell die mit Kindern – und die Alten zuletzt. – Ein Zug fährt in den Zielbahnhof ein. Noch ehe er hält, stürzen sich vom Bahnsteig und vom Nachbargleis die Leute auf ihn (er fährt wieder zurück). Diejenigen unter den Fahrgästen, die um die Ereignisse bereits wissen, versuchen, rechtzeitig abzuspringen. Wer es nicht schafft, ist gefangen. Während die einen mit Gepäck noch verzweifelt versuchen, aus den Abteilen zu gelangen, sitzen bereits neue Reisende auf den freigewordenen Plätzen. Korridore und Abteile sind augenblicklich verstopft, es gibt kein Vor und kein Zurück mehr. Es dauert zehn Minuten, bevor es den letzten Aussteigenden gelingt, aus den Wagen zu gelangen. –
Die Medien werden nicht müde, solches Verhalten zu beklagen. Harte Kritik wird vor allem am schlechten Benehmen im Straßenverkehr geäußert. Er ist das wüsteste Chaos, das man sich vorstellen kann. Kein Wunder, daß im Jahr rund 25 000 Menschen dort ihr Leben verlieren, obwohl die Zahl der Motorfahrzeuge im Vergleich zur Einwohnerzahl des Landes gering ist und obwohl fast alle Fahrer Professionelle sind. Jeder fährt wie er will, jeder ist ungeduldig, hat es am eiligsten, jeder scheint seinen eigenen kleinen Krieg gegen die Umwelt zu führen, Auto- und Buschauffeure, Rad- und Rikschafahrer. Es werden die schrillsten Hupen verwendet, die die Welt hervorgebracht hat, und sie werden sicher sonst nirgends so häufig betätigt, auch wenn die Fahrer allesamt im Unrecht sind. Die Hupe ersetzt meistens die Bremse. Blinklichter werden nie benutzt, auch keine Handzeichen gegeben. Für Scheinwerfer, Rückleuchten und Auspuff, für das ganze Drum und Dran, gibt es natürlich einschlägige Gesetze und Regeln, aber es macht offenbar großen Spaß, sie zu brechen. Stadtbusse dürfen nur fünfundzwanzig Stundenkilometer fahren, aber siebzig bis achtzig ist die Norm. Wer am Steuerrad sitzt, hat alle Macht. Führerscheine kann man in Indien übrigens bequem illegal kaufen. Die Polizei kümmert sich um derlei Dinge nicht viel. Wer unter die Räder kommt, das sind natürlich die Schwächsten, die Kinder und die Gebrechlichen, die Fußgänger und Radfahrer.
Fast alle in Indien sind auf die eine oder andere Weise lärmgeschädigt. Neben dem Verkehr sind elektronische Geräte die häufigsten Lärmerzeuger, auch in den Dörfern, die ansonsten im Ochsenkarren-Zeitalter steckengeblieben sind. Kinos gibt es überall und sie übertragen vom Morgen bis nach Mitternacht ihre Filmmusik in voller Lautstärke auf die Straßen und Felder. Bei

lokalen Festen und Versammlungen – von Hindus, Moslems, Christen, Kommunisten und vielen anderen – plärren Lautsprecher die halbe oder die ganze Nacht hindurch. Außerdem gibt es in jeder Stadt, in jedem größeren Dorf noch (teils mobile) Lärmmaschinen, mit denen Waren, Lotterielose oder Filme angepriesen, Feste und Kundgebungen angekündigt werden. Da es keine geordnete Planung gibt, sind Wohn-, Gewerbe- und Industriegebiete nur selten voneinander getrennt. Wer will, hämmert oder sägt in seiner Werkstatt auch noch um zwölf Uhr nachts. Wer spät nach Hause geht, läßt an seiner Unterhaltung die ganze Nachbarschaft teilhaben. Wer früh aufsteht, tut dies mit Türenschlagen, mit Rufen und geräuschvollen Verrichtungen, wie dem Herumwerfen von Töpfen und Schüsseln. Die Hauptleidtragenden sind viele Millionen von Kleinkindern, Alten und Darniederliegenden, aber auch alle, die Ruhe brauchen, um arbeiten und lernen zu können. Schüler und Studenten zum Beispiel erzählten uns oft, daß sie zu diesem Zweck in das hinterste Zimmer ihrer Behausung, in den entlegensten Winkel eines Parks oder in die verhältnismäßige Ruhe eines Dorfes flüchten. Aber auch sie selbst sind sonst rechtschaffen laut.

Heuchelei um den Alkohol

Noch etwas, das nicht nur Inder, sondern auch Besucher aus dem Ausland betrifft, möchte ich kurz ansprechen. Es geht dabei um Alkohol. Man kann in Indien nämlich soviel trinken wie man will, vorausgesetzt man hat das Geld dazu und ist clever genug, sich Nachschub zu verschaffen, obwohl hier der Alkoholkonsum angeblich mehr verpönt ist als irgendwo sonst auf der Welt. Heute gibt es offiziell sogenannte „feuchte" und „trockene" Gebiete. Aber Gesetze hin und Moralpredigten her,

An wenigen Plätzen Indiens gibt es Alkohol frei zu kaufen. – Fahrender (!) Stadtbus

überall im Lande gibt es Alkoholika. So recht manche Leute haben, die eine Eindämmung des Verbrauchs fordern, so sehr heucheln sie oft, weil sie selbst zu den besten Kunden der lizenzierten Läden zählen. Die Politiker sind die profiliertesten Vertreter dieser Gruppe.

Nach der Ankunft in Bombay ließen wir uns eine für ganz Indien gültige „Erlaubnis zum Kauf, Besitz, Transport, Gebrauch und persönlichen Verbrauch" ausstellen. Mit ihr waren wir berechtigt, pro Person im Monat sechs Liter Whisky, Weinbrand und ähnliches, oder achtzehn Liter Wein, oder 54 Liter Bier, oder 162 Liter eines Gebräus, das unter zwei Prozent Alkohol enthält, zu erstehen. Um es deutlicher zu sagen: Diese Begrenzungen galten nur dort, wo offiziell „Trockenheit" herrschte. In den „feuchten" Gebieten gab es für uns keine Beschränkungen.

Um mehr über diese Seite des Themas zu erfahren, holten wir uns in Bombay auch ein Formular für den Staat Maharashtra, der früher „trocken" war und nun gegen spezielle Erlaubnisscheine Alkoholverkauf zuließ. Darauf mußten wir zweimal die Erklärung unterschreiben oder mit unserem Daumenabdruck besiegeln, daß wir „aus- und inländischen Alkohols aus gesundheitlichen Gründen" bedurften. Ein Arzt hatte dieser Erklärung die Empfehlung, den Alkoholverbrauch des Antragstellers zum Erhalt seiner Gesundheit zu genehmigen, hinzuzufügen. Wir hatten ja bereits unsere universelle Erlaubnis, und so blieb es uns erspart, einen Arzt und einen Beamten in Bombay mit einem „Geschenk" auszustatten, wie dies andere tun mußten. All dies wissend, waren wir dennoch erstaunt, wie viele „Kranke" sich innerhalb kurzer Zeit in den Schnapsläden die Klinke in die Hand drückten.

In Indien sterben in jedem Jahr wahrscheinlich Zehntausende nach dem Konsum von schwarz gebrannten, giftigen Schnäpsen, oder sie tragen dauernde gesundheitliche Schäden davon. Eigentliche Ursache sind die hohen Preise für saubere alkoholische Getränke. Bier kostet im Laden bis zu drei Mark die Flasche, für die meisten Inder mehr als ein Tageseinkommen. Dabei wird Bier für wenige Pfennige produziert. In Indien hat es sich längst erwiesen, daß kein „normaler" Trinker und kein Alkoholiker durch ein Gesetz von seinem Tun abgehalten werden kann. Vor rund fünfzig Jahren erst, mit Mahatma Gandhi, kam die Idee der Verbote auf, von vielen seiner Getreuen als Waffe gegen die Kolonialmacht England und gegen die Whisky-Importe von dort betrachtet. Die Untersagung des Trinkens wurde sogar in die indische Staatsverfassung mit aufgenommen. Die sogenannte „Prohibition" war aber ein Mißerfolg auf der ganze Linie. Der erste Premierminister Jawaharlal Nehru trank regelmäßig Wein zum Essen. Die Überwachung des Verbots kostete den Staat Unsummen. Die Erzeugung von schwarz gebranntem Schnaps erfolgt in Heimindustrien. Welche Ausmaße dieses Gewerbe heute angenommen hat, zeigt sich schon daran, daß jährlich Zehntausende von Männern, Frauen (vor allem sie) und Jugendliche(!) wegen Schwarzbrennerei eingesperrt werden.

Alte Gemäuer, Nacktbader, Kanäle, Kurorte und Feste

Nun noch ein paar Details von unserem eigentlichen Reiseverlauf. Wir wollen Indien zwar nicht als „Märchenland" bezeichnen, wie das manche Besucher tun, ohne die ganze Wirklichkeit gesehen zu haben, aber es gab auch viele Dinge, die uns sehr beeindruckten. Das waren zunächst die balkongeschmückten alten Häuser von Puna, die riesigen Kirchen in Alt-Goa (die portugiesische Kolonie „Goa, Daman und Diu" wurde 1961/62 von Indien besetzt), die ausgedehnten Parks in Bangalore, der reichhaltige und gepflegte Zoo (ungewöhnlich in Indien) von Mysore sowie der an bestimmten Tagen beleuchtete ehemalige Palast des Maharadschas. Nördlich von Mysore

Ambulanter Händler und europäischer Gast in Kovalam. – Badestrand von Indern

stehen wie durch ein Wunder erhalten Tempel mit Tausenden von Skulpturen aus dem zwölften Jahrhundert (Hoysala-Königreich). Weiter nördlich wurden die Tempel von bilderstürmenden Moslems zerstört.

Interessiert beobachteten wir die Arbeit der Fischer (meist nicht selbständig) am Colva Beach, dem übrigens einzig sauberen Strand im Territorium von Goa (alle übrigen werden als Freilichtklos mißbraucht). In Kovalam, einem Strand bei Trivandrum, stießen wir auf Hunderte weißer Ausländer, die meinten, hier ihre Haut möglichst nahtlos bräunen lassen zu müssen. Nicht erstaunlich – und ihnen auch offenbar ganz wurscht – war, daß sie von (fast nur männlichen) Indern als Schauobjekte betrachtet wurden. Nacktbaden wäre das allerletzte, was Einheimische tun würden. Zum Verhalten dieser Ausländer kann man sagen, daß sie Indien wohl nur deshalb besuchten, weil gerade ein günstiger Flug (oder eine andere Reisemöglichkeit) angeboten worden war. Von Traditionen und Anstandsregeln dieses Landes dürften sie keine Ahnung gehabt haben (wollen).

An drei Tagen fuhren wir mit im Staate Kerala wie Omnibusse verkehrenden Booten auf Lagunen und Kanälen parallel zur Küste oder landeinwärts. Hinter niedrigen Deichen dehnten sich Reisfelder, auf denen besonders Frauen arbeiteten. Die Männer waren mit der „Ernte" von Saft aus der die Landschaft beherrschenden Kokospalme (für Schnaps), mit Fischfang, mit dem Transport von fruchtbarem Schlamm aus den Gewässern für die Felder und von Sand für Bauzwecke beschäftigt.

In den „Blauen Bergen" (Nilgiris) liegt Ootacamund, in den Palani-Hügeln Kodaikanal. Beide Landschaften sind Teil der Westlichen Ghats. „Ooty", wie die Engländer es liebevoll nannten, hat immer noch den Beinamen „Königin der Höhenkurorte", während Kodaikanal als „Prinzessin" bezeichnet wird, obwohl die Ortszentren heute mehr nach „verlottertem Adel" aussehen. Wo einst nur stattliche Gebäude im Kolonialstil standen, fallen nun vor allem Wellblechschuppen und Ladenbuden ins Auge. Aber in den Außenbezirken, wo der Duft von Eukalyptus vorherrscht, gibt es noch „Aristokratisches" zu sehen: Die prächtigen Landsitze von Engländern oder von Indern, die ihre Nachfolge im Besitz antraten. Beide Orte haben einen aufgestauten See, der von Ooty ist allerdings abwasserverschmutzt. Die Luft ist gut und das Klima beinahe immer angenehm. Es gibt viele Wandermöglichkeiten. Nach Ooty führt eine Zahnradbahn.

Während unseres Aufenthaltes erlebten wir außer dem Fest zu Ehren der Kriegsgöttin Durga auch das Lichterfest Diwali (gleichzeitig Beginn des Hindu-Neujahrs), lokale Tempelfeste der Hindus, in Kanyakumari, Rameswaram und Palani (Farbbild 73) bei Madurai den Höhepunkt der Wallfahrten zahlloser Hindu-Pilger (Besuch von Heiligtümern und rituelles Bad im Meer), eine Feier in einem Tempel der Jaina (kleine Religionsgemeinschaft, die gegen Töten jeglichen beseelten Lebens, auch von Insekten, ist), mehrere christliche Feste, den „Tag des Kindes" und politische Kundgebungen verschiedener Richtungen mit. Wir waren Gäste in Schulen, unter anderem in einer großen Privatschule in Bombay, in einer christlichen Schule, und bei dem zweitägigen Fest einer Dorfschule in Kerala, wobei die Kinder sich mit Tanz, Rezitation und Musikdarbietungen um Preise bewarben (Farbbild 115).

„Inselparadies" Sri Lanka

Die noch weitgehend intakte Schönheit der Tropeninsel Sri Lanka hat in den siebziger und achtziger Jahren sehr viele ausländische Touristen angelockt. Die andauernde Gewalttätigkeit zwischen der Minderheit der Tamilen auf der einen, und dem staatstragenden Volk der Singhalesen und der Regierung in Colombo auf der anderen Seite verursachte allerdings einen zeitweiligen Rückgang des Fremdenverkehrs. Wir trafen, genau sechs Monate nach den schwersten aller Auseinandersetzungen, vom indischen Hafen Rameswaram kommend, mit einem Fährschiff in Sri Lanka ein. Kaum von Bord, schlugen wir die Zeitung „Observer" auf und fanden darin ein Gedicht, das so anging: „Willkommen in unserem Land, dem Inselparadies!" Weiter war von Bächlein und Vöglein die Rede und von den „Sri Lankern", die „wie sanfte Tauben" seien. Auf unserer soeben erstandenen Landkarte war zu lesen, daß die Menschen auf dieser „Trauminsel" nett zueinander und uns gegenüber gastfreundlich seien. Es war schon lange unser Wunsch gewesen, hier einen Besuch zu machen. Zudem hatten wir in letzter Zeit des öfteren nur Gutes über die Einwohner gehört. So machten wir uns auf eine Art Erholungsurlaub im Anschluß an das doch recht strapaziöse Indien bereit. In der Tat fanden wir, daß uns die Bevölkerung (Singhalesen *und* Tamilen) sehr freundlich behandelte, als wir vom Norden zur Hauptstadt Colombo, über die Berge (Farbbild 77) zu den Küstenstädten Batticaloa und Trincomalee und dann zu den Stränden im Süden reisten, per Bahn und Bus, einen Monat lang (siehe Landkarte Seite 343). Viele Einwohner gaben aber ihrer Furcht vor neuen Gewalttaten „in naher Zukunft" Ausdruck. Die Auseinandersetzungen hörten eigentlich nie mehr ganz auf, bis sie 1987 einen neuen Höhepunkt erreichten, worauf ein Abkommen zwischen Indien und Sri Lanka zur Beilegung des Konflikts getroffen wurde. Ob es den Weg in eine friedliche Zukunft ebnete?

Wie dem auch sei, wir hatten in dieser Hinsicht keine großen Schwierigkeiten, auf der Insel herumzukommen. Zu jener Zeit hätten die Naturgewalten eher als die politischen Widersacher uns beinahe einen Strich durch die Rechnung gemacht. Nach langanhaltenden Monsunregen verwandelten sich selbst Bäche in reißende Ströme und ein großer Teil des Tieflandes stand bald unter Wasser. Manchmal konnten Züge und Busse nicht mehr verkehren. Zum Glück klappte es mit der Unterbringung gut, obwohl einfachere Hotels außerhalb der Strandorte nicht sehr dicht gesät waren. In den meisten Fällen kamen wir bei Privatleuten unter, die kleine Herbergen mit Restaurants betrieben. Dadurch waren wir sowohl in singhalesischen als auch in tamilischen Familien zu Gast.

Außer den Stränden und Bergen sind zum Teil jahrtausendealte Städte mit sehenswerten buddhistischen Heiligtümern und riesigen Bewässerungsanlagen Attraktionen. Favorit der Besucher außerhalb der Region Colombo mit ihren Stränden ist Kandy, eine Königsstadt in knapp fünfhundert Meter Höhe, eingebettet in eine schöne Tropenlandschaft. Nur wenige Besucher gelangten damals weiter als bis hier, noch seltener wurden die entlegenen Küstenstädte im Tamilengebiet angesteuert. Wir wußten nicht, ob wir uns darüber freuen oder ob wir darüber traurig sein sollten. Wir selbst bereuten jedenfalls nichts.

Schattenseiten

Dennoch wurden die vier Wochen in Sri Lanka nicht gerade ein Erholungsurlaub. Vom Touristenrummel schlimmster Prägung an den schönen Stränden des Südens wollten wir uns möglichst lange fernhalten. Die Urlauber in Gruppen und Einzeltouristen aßen und tranken dort meist, was sie von zu Hause gewöhnt waren, und sie kleideten sich so, wie sie es daheim wohl nie tun würden, wie aber in Sri Lanka offenbar von ihnen erwartet wurde, daß sie es taten, denn unzählige Boutiquen boten vor allem aus verschiedenartigen Stofflicken zusammengesetzte „Kostüme" an, die von den meisten Ausländern schon nach kurzem getragen wurden und die sehr oft an Clownerien erinnerten. Einheimische Touristen gab es – im Gegensatz zu Indien – hier kaum.

Als sehr lästig wurde die große Anzahl von Schleppern und Neppern empfunden. Werber für Pensionen, Restaurants und Läden verfielen auf immer neue Tricks und waren schwer abzuschütteln, hatten sie sich einmal an die Fersen eines Opfers geheftet. In Kandy waren sie am hartnäckigsten. Selbst Beleidigungen und Beschimpfungen waren nicht selten. Besonders gemein fanden wir, daß Schwindler in Colombo, Kandy und kleineren Orten die gute Ferienlaune von Ausländern ausnutzten und angeblich für Blindenschulen Spenden sammelten. Selbst Frauen schlüpften in diese Rolle, für „die armen Kinder" Mitleid heischend. Dabei scheuten sie nicht davor zurück, Listen mit fingierten, enormen Spendensummen und gefälschten Unterschriften vorzulegen. Wir wurden mehrfach von besorgten Einwohnern gewarnt. Zum Glück wollte sich die Polizei des Übels annehmen.

Wir waren noch in Colombo, als unsere Freude an Sri Lanka erheblich gedämpft wurde. Beim Besuch auf der deutschen Botschaft nahmen wir die für uns eingegangenen Briefe in Empfang; wir stellten jedoch sofort fest, daß auf dem Postwege mehrere geöffnet und auf primitive Weise wieder verschlossen worden waren. Dabei waren bisher Briefe, die uns über die Botschaften zugingen, immer sicher angekommen. Schließlich stellten wir fest: Etwa zehn Briefe wurden ganz gestohlen, vier davon aus einem größeren Kuvert. Sie waren an unsere deutsche Adresse gegangen und uns nachgesandt worden. Alle Erkundigungen und ein Brief mit dem Antrag auf Nachforschungen bei der Zentralen Postumschlagstelle führten innerhalb eines Monats zu keinem Ergebnis.

Tamilen zurückgesetzt

Da wir uns nicht nur in einem Urlauberhotel oder an einem Strand aufhielten, sondern im Lande herumkamen, sahen wir das erschreckende Ausmaß der im „schwarzen Juli" (1983) angerichteten Zerstörungen. Das Städtchen Badulla, am östlichen Fuß des zentralen Berglands, großenteils in Trümmer gelegt, blieb uns dabei in besonderer Erinnerung. Nach dem, was damals geschehen war, schrieb die „Sunday Times" in Colombo: „Der Slogan ‚Inselparadies' ist ein schlechter Witz geworden." Durch die Unruhen zwischen Tamilen und Singhalesen soll das Land in seiner wirtschaftlichen Entwicklung um zehn Jahre zurückgeworfen worden sein.

Die Singhalesen („Rasse der Löwen", indo-arischer Abstammung, meist Buddhisten, drei Viertel der Bevölkerung) und die Tamilen (drawidischer Herkunft, überwiegend Hindus, knapp ein Fünftel der Einwohner) stammen aus Indien, die einen aus dem Norden, die anderen aus dem Süden. Während die Vorfahren der Singhalesen vor etwa 2500 Jahren auf der Insel eintrafen, wanderten die Ahnen der Tamilen vor rund tausend Jahren erstmals ein, und zwar in den trockenen Norden der Insel, wo sie, bis ins vergangene Jahrhundert, lange Zeit eigene Könige hatten. Zu den kleineren Minderheiten gehören die Wedda, die Ureinwohner.

Ab 1505 wurden Teile der Insel für rund hundertfünfzig Jahre von den Portugiesen kontrolliert.

In Kandy: Ausländische Touristin wird von drei unermüdlichen „Schleppern" verfolgt

Die Holländer lösten diese dann für eine ebenso lange Herrschaft ab. 1796 kamen die Briten und sie blieben bis 1948. Sie brachten eine große Anzahl weiterer Tamilen ins Land, die sie als Arbeiter in Kaffee-, Tee-, Kautschuk- und Kokosplantagen brauchten. Unter den Briten schien es, als ob aus den beiden Volksgruppen eine Nation entstehen könnte. Nun schon seit Jahrzehnten sieht es jedoch ganz so aus, als ob der aus dem alten Ceylon (heute noch oft verwendeter Name) hervorgegangene Staat von den gegeneinander wirkenden Kräften zermalmt werden würde. Auf beiden Seiten stehen Extremisten.

Bildungshungrige Tamilen erstarkten in der inneren Verwaltung Ceylons, aber als die Briten dem Land die Unabhängigkeit gewährten, besann sich die Mehrheit der Singhalesen ihrer Einfluß- und Machtmöglichkeiten, die sie oft mißbrauchte. Eine Million Tamilen (Arbeiter in den Pflanzungen und ihre Familien) wurden einfach ihrer ceylonesischen Staatsangehörigkeit beraubt. Eine Hälfte von ihnen sollte (getreu einem Abkommen) nach Indien auswandern, aber es lag auch an „Mutter Indien", daß dies nur teilweise geschah. Nach 1956, nach dem sich auf die tamilisch-singhalesischen Beziehungen verheerend auswirkenden Sieg der nationalistischen, buddhistischen Sinhala-Partei SLFP, wurde Singhalesisch zur Amtssprache erklärt. Die Tamilen haben ihre eigene Literatursprache. Regierungschef Bandaranaike wurde 1959 (nach Rassenunruhen) ermordet, später trug seine Frau – der erste weibliche Premierminister der Welt –, die 1977 bei den Parlamentswahlen mit ihrer Volksfrontregierung scheiterte, zur weiteren Polarisierung bei. Der Buddhismus wurde zur Staatsreligion ausgerufen. Auch auf vielen anderen Gebieten fühlten sich die Tamilen zurückgesetzt.

1977 gewann Junius Richard Jayewardene mit seiner United National Party die Wahlen, aber die TULF, die „Vereinigte Tamilische Befreiungsfront", stand ihm gestärkt gegenüber. Die TULF hatte die Gründung eines Tamilen-Landes „Eelam" im Norden und Osten der Insel auf ihre Fahnen geschrieben. Die „Tamil Tigers", radikaler Auswuchs, verübten erstmals Anschläge. Der Präsident vertrat zunächst noch eine konziliante Politik (das Tamil wurde rehabilitiert, Fernsehnachrichten sind zum Beispiel auch in dieser Sprache), aber nach weiteren Attentaten ließ er die „Tigers" jagen. Dabei kamen jedoch auch Unschuldige zu Schaden. Besonnene in der TULF konnten nicht verhindern, daß die „Tigers" genau das erreichten, was auch die Extremisten unter den Singhalesen taten: jeden Versuch zur friedlichen Regelung des Problems zu stören.

Blutigste Mordorgie

Anfang April 1983 verübten „Tigers" einen Anschlag auf ein Regierungsamt in Jaffna, der nördlichsten und am stärksten von Tamilen bewohnten Stadt Sri Lankas. Jayewardene machte das verspätete Angebot der Selbstregierung für die Tamilendistrikte. Die „Tigers" wollten es anders: sie ermordeten am 23. Juli 1983 dreizehn singhalesische Soldaten. In blinder Wut über diese üble Tat fielen daraufhin Singhalesen im ganzen Land dort, wo die Tamilen eine Minderheit bilden, über diese Gemeinschaft her. In der an Pogromen gegen Tamilen reichen Geschichte des Landes kam es zur bisher blutigsten Mordorgie. Nach Regierungsangaben wurden etwa 250, nach Darstellung buddhistischer Mönche „nur 387", nach unabhängigen Berichten aber weit über tausend Tamilen umgebracht, Zehntausende verloren ihr Heim, ihren Besitz. An vielen Stellen in Colombo, aber auch in kleineren Städten brannten Wohnhäuser und Läden (oft auch nichttamilischer Inder) nieder. Die Ladenstraßen der Orte in den Plantagengebieten gingen in Flammen auf. Auch einzelstehende Häuser wurden nicht verschont. Selbst in Kandy, fast nur von Singhalesen bewohnt, und in Trincomalee (Tamilen beherrschend) tat der Mob unter den Augen und mit Beteiligung der über die Rache Genugtuung findenden singhalesischen Polizisten und Soldaten was er wollte.

Präsident Jayewardene verschwieg die vielen vorherigen Gewaltakte von Seiten der buddhistischen Singhalesen, als er am 29. Juli 1983 in einer „Rede an die Nation" sagte: „Das singhalesische Volk hat jetzt selbst gehandelt!" Er trug damit keineswegs zur Beruhigung der Gemüter bei. Anschläge der „Tigers" folgten, drakonische Repressalien der Regierung führten zu neuen Menschenrechtsverletzungen. Das eigentliche Problem blieb ungelöst. Gemäßigte Tamilen fordern völlige Gleichberechtigung mit den Singhalesen, deren radikale Vertreter dies nicht wollen. Die „Tigers" verlangen – wie andere tamilische Separatisten – die Teilung des Landes (ähnlich wie auf Zypern von Türken vollzogen), aber damit sind die Singhalesen aus nationalistischen Gründen nicht einverstanden. „Tamil Eelam", wie die Tamilen es sich vorstellen, wäre ein schmaler, über 250 Kilometer langer, von Jaffna im Norden bis Batticaloa im Osten reichender Streifen der Insel. Ob ein solcher Staat lebensfähig wäre, ist zweifelhaft.

Die Rolle der Mönche und „der Feind in uns"

Unter den Extremisten der singhalesischen Seite ist die Macht der buddhistischen Mönche bemerkenswert. Ein Angehöriger der deutschen Botschaft sagte uns: „Mein Bild vom meditierenden Buddhisten, der durch nichts aus der Ruhe zu bringen ist, wurde bei den Juli-Unruhen erheblich gestört!" Die buddhistische Anschauung von Gewaltlosigkeit wurde damals zumindest

Abgebrannte Markthalle und Tamilenkinder in Trincomalee

degradiert. Die „Bhikkus" (Mönche) riefen in Tempeln bei Gottesdiensten zur „Abwendung von Bedrohungen gegen das singhalesische Volk und den Buddha-Glauben" auf. Ein hoher Mönch sagte: „Wir haben Land und Volk immer vor inneren und äußeren Mächten geschützt!" Der „schwarze Juli" hatte auch die damals anwesenden Touristen erschreckt, denn die meisten verließen schnellstens das Land. Seitdem beschuldigte die Regierung die ausländischen Medien der „maßlosen Übertreibung". Was wir aber, sechs Monate nach den Ausschreitungen, sahen und hörten, konnte immer noch zutiefst erschrecken. Es gab nichts herunterzuspielen. Darum taten uns die kleinen Leute, auf singhalesischer und tamilischer Seite, sehr leid. Sie hatten, wie das immer so ist, am meisten zu verlieren.

Trotz der Rückschläge, die die Wirtschaft erlitt, versuchte die Regierung ihr Prestigeobjekt, das Mahaweli-Dammprojekt, nach einem verkürzten Zeitplan durchzuziehen. Die Regierung zuvor hatte noch zwanzig Jahre für die Verwirklichung angenommen. Die Mahaweli Ganga ist der wichtigste Fluß der Insel. An ihm liegt die Stadt Kandy. Der Damm soll der Bewässerung von über hunderttausend Hektar Reisfeldern, der Erzeugung von Strom und der Ansiedlung von Hundert-tausenden dienen. Tatsächlich mußten aber zunächst Zehntausende von Familien aus den Überflutungsgebieten umgesiedelt werden. Es wurden viele technische Fehler gemacht. Die Kosten erhöhten sich um ein Mehrfaches, sie gehen in die Milliarden Mark. Mahaweli ist eines der größten Entwicklungsprojekte in der Dritten Welt. An seinen Kosten ist die Bundesrepublik beteiligt. Sri Lankas finanzielle Manövrierfähigkeit könnte an diesem Vorhaben scheitern. Deshalb mußten die Sozialausgaben gekürzt werden. Die Bevölkerung, vor allem die Kinder, in den Dörfern und Plantagengebieten (diese werden überwiegend von Tamilen bewohnt) ist schlecht genährt.

Brennendstes Problem ist aber die Volksgruppenfrage. Sie wird nicht mit friedlichen Mitteln zu lösen sein, wenn nicht alle Beteiligten mehr Einsicht zeigen. Premierminister Premadesa sagte 1984 auf einer Kundgebung: „Der Feind ist in uns. Wenn wir endlich aufhören, andere – die Imperialisten, die Kämpfer für Eelam, die ausländischen Medien, westliche Einflüsse – verant-wortlich zu machen für das, was wir selbst falsch machen, wenn wir zugeben, daß wir selbst den größten Teil der Schuld für die traurigen Zustände in Sri Lanka haben, dann können wir damit beginnen, die Dinge wieder ins rechte Lot zu bringen."

Singapur verliert seinen alten Charakter

Wir konnten es kaum glauben: Bei der Suche nach einer preisgünstigen Flugverbindung von Colombo nach Singapur erhielten wir in mehreren kleinen Reisebüros immer verlockendere Angebote. Schließlich fanden wir, daß es billiger wahrscheinlich kaum noch gehen werde, und so griffen wir zu. Um ganz sicher zu gehen, daß uns der Agent mit seinem Rabattflugschein nicht hereinlegte, gingen wir flugs zur Vertretung der pakistanischen Luftlinie, von der er stammte, und ließen nachprüfen, ob wir beide im Computer seien. Alles war in Ordnung. Einen Monat später schwebten wir Singapur entgegen.

Singapur gehört zu den städtischen Zentren, für die wir auf unserer Fahrradweltreise fast nur Lob übrig hatten. Insbesondere hatte uns der dort vorherrschende Ordnungssinn der Einwohner und ihrer Regierung imponiert. Gepaart mit Fleiß schufen sie sich damit tatsächlich ein kleines „Paradies", in dem Infrastrukturprobleme, unter denen so viele Länder der dritten Welt leiden, vorbildlich gelöst wurden. Dennoch blieb die fernöstliche Atmosphäre in der Inselrepublik erhalten. Wir erinnerten uns immer der alten Stadtviertel, der Märkte, der Feste und der Kultstätten von Chinesen, Malaien und der aus Südindien stammenden Tamilen. Darum freuten wir uns auf Singapur, selbst wenn wir wußten, daß auch hier viele Veränderungen vor sich gegangen waren. Aber als wir die Insel nun wieder mit eigenen Augen sahen, erkannten wir, daß sie zu tiefgreifend gewesen waren, um den alten Charakter noch bewahren zu können. Als wir diesmal Singapur verließen, hatten wir zwar wieder das Bild einer geordneten Metropole vor Augen, aber romantische Erinnerungen prägten sich uns nicht ein.

Singapur ist einer der kleinsten Staaten, zugleich aber eine der wirtschaftlich erfolgreichsten Nationen seit ihrem Entstehen. Es hat einen der geschäftigsten Häfen, ist eines der wichtigsten Bankenzentren, ein Ausbund an Sauberkeit. Immer mehr Menschen sehen nun aber auch Liebenswertes entschwinden, sehen mit Sorge eine starke Überalterung des Stadtvolkes kommen. Die Regierung Singapurs rühmte noch bis 1987 das „goldene Zeitalter". In gewisser Hinsicht hatte sie nicht ganz unrecht. Der Mittelstand ist gut entwickelt, die Zahl der Armen ist gering. Die unteren Schichten leben in richtigen Wohnungen, die sonstwo in Asien sich ausdehnenden Slums sind heute unbekannt. Das bedeutet freilich nicht, daß es keine sozialen Probleme gibt.

Geld allein macht nicht glücklich . . . aber viele Bewohner Singapurs scheffelten es in den beiden letzten Jahrzehnten. Nirgends sonst hatten wir bisher so viele teure deutsche Autos gezählt. Das Pro-Kopf-Einkommen liegt hinter dem Japans in Asien an zweiter Stelle. Die Wirtschaftsproduktivität wuchs jahrelang unerhört. Hartes Arbeiten verlangt die Regierung des Premierministers Lee Kuan Yew immer wieder von den Singapurern. Seine Verwaltung selbst zeigt den Bürgern, was harte, ehrliche Arbeit ist. Lee, dessen „Volksaktionspartei" im Parlament alles beherrscht, der Angehörige oppositioneller Parteien gelegentlich verhaften läßt, regiert gewissermaßen mit „eiserner Hand". Singapur ist eine Demokratie mit Abstrichen. Die zweieinhalb Millionen Einwohner, zu drei Vierteln Chinesen, sind bisher aber offenbar gut damit gefahren.

Die „Löwenstadt" im Aufbau und in der Rezession

Singapurs Geschichte ist rasch erzählt. Es liegt viele Jahrhunderte zurück, daß ein Prinz des Reiches von Srivijaya (Südsumatra und große Teile der malaiischen Halbinsel) bei der Ortschaft Temasek angeblich einen Löwen sah und ihr deshalb umgehend den neuen Namen Singa Pura („Löwenstadt") verlieh. Dann tat sich in dem Fischerdorf nicht mehr viel, bis es 1819 dem Briten Sir Stamford Raffles einfiel, gerade Singapur zu einem neuen Handelsposten der Ostindien-Gesellschaft zu machen. Er kaufte es von einem malaiischen Herrscher. Inzwischen auch Armee- und Marinestützpunkt der Engländer, wurde es 1942 von den Japanern erobert. Nach dem Kriege war Singapur Kronkolonie. 1956 wurde es ein Staat mit innerer Selbstregierung, vier Jahre danach bildete es einen Teil von Malaysia, aber schon 1965 überlegte es sich die Sache und machte sich zu einer unabhängigen Republik. Singapur hatte der Slogan „Malaysia den Malaien" mißfallen. Noch heute ist in Malaysia das Problem zwischen der großen Anzahl von Chinesen und den Malaien nicht gelöst. Politisch, nicht wirtschaftlich, sind die Chinesen dort im Nachteil. In Singapur hingegen bestehen ziemlich gleichmäßige Chancen für alle, wenn auch die geschäftstüchtigen Chinesen in der Wirtschaft beherrschend sind.

Ein glücklicher Umstand ist, daß sich die einzelnen Gruppen gut vertragen. Stamford Raffles' „neues" Singapur lockte sehr schnell unternehmungslustige Händler und arbeitswillige Einwanderer vor allem aus Südindien, von der malaiischen Halbinsel und von den Inseln, die heute zu

Indonesien gehören, an. Besonders viele kamen aus Südchina. (Sie gingen auch in alle anderen Länder Südostasiens.) Außerdem ließen sich als Händler Araber, Ceylonesen und Armenier nieder. Um 1850 gab es etwa hundertfünfzig Europäer, meistens Engländer. Auf Raffles' Empfehlung hin bildeten die ethnischen Gruppen ihre eigenen Stadtteile. In den Grundzügen ist dies heute noch gelegentlich zu erkennen.

Die Wirtschaft steht vor allem auf den Fundamenten Handel, Transport, Banken und Tourismus. Singapur hat aber auch wichtige Raffinerien, Werften und Leichtindustrien. Damals, 1984, gingen die Geschäfte in den immer zahlreicher werdenden Warenhäusern mit ihrem internationalen Angebot noch gut. Die Touristen kamen per Flugzeug und Schiff in Massen. Ab 1985 zeigte es sich, daß viel zu viele Hotels und Bürogebäude errichtet worden waren. Nun erhöhte sich die Zahl der Firmenkonkurse schlagartig. Selbst weltbekannte Warenhäuser, einst von Touristen wegen günstiger Preise aufgesucht, schlossen ihre Pforten. Die Kunden blieben aus, hatten sie inzwischen doch festgestellt, daß hier kaum noch etwas billiger als zu Hause in Westeuropa oder Nordamerika, hingegen vieles doppelt so teuer wie in Hongkong war. Singapur hatte plötzlich auch ein Arbeitslosenproblem.

Bagger und Kräne kontra Heimat und Geschichtsbewußtsein

Wer den Stadtstaat nach zehn oder zwanzig Jahren wiedersieht, zuckt trotz aller Vorwarnungen unwillkürlich zusammen, so sehr hat er sich gewandelt. (Noch weiter zurückblickend, scheint es heute kaum noch glaublich, daß Singapur vor 1960 einige der schlimmsten Slums Asiens hatte.)

Singapur wandelt sich, aber einige Relikte der alten Zeit blieben erhalten

Viele Jahre waren Kolonnen von Baggern und Wälder von Baukränen die Fortschrittssymbole. Wo früher nur ein paar Hochhäuser standen, ragen heute Hunderte in den tropischen Himmel. Im Herzen der City, rund um den Raffles Place, gibt es kaum etwas anderes mehr. An anderer Stelle, beim altehrwürdigen Raffles Hotel, haben Koreaner einen Komplex mit über siebzig Stockwerken errichtet. Spaziergänge am Meeresufer sind in der Stadt kaum noch möglich. Aufschüttungen größten Ausmaßes zur Landgewinnung und zum Bau gewaltiger Stadtautobahnen haben die See zurückgedrängt. Für rund sechs Milliarden Mark wird ein Massenschnellverkehrs-System auf Schienen gebaut. Häuserzeile auf Häuserzeile, Block auf Block starb in den letzten Jahren das Zuhause der Chinesen, Malaien und Inder. Sind sie Traumwandler, deren Umgebung sie unbeeindruckt läßt? (Farbbild 78).

Mehr und mehr Menschen fühlen, daß zum Leben mehr als nur materielle Entwicklung gehört, daß man ein Geschichtsbewußtsein haben muß. Bis zum Beginn der achtziger Jahre hatte die Stadtentwicklungsbehörde völlig freie Hand beim Abreißen. Die meisten Singapurer waren geblendet vom Geld. Jetzt, zunehmend eingekreist von Beton und Stahl, vermissen sie, was sie lange als selbstverständlich betrachtet hatten. Ein Regierungsmitglied sprach 1984 erstaunlicherweise von „architektonischem Vandalismus". Es bedurfte aber der Bürger, ihre Stimme zu erheben, um zu vermeiden, daß das alte Singapur völlig niedergerissen wird. Einige markante Gebäude wurden unter Denkmalschutz gestellt, doch ganze Stadtviertel, wie Chinatown (die alte Chinesenstadt), die „Arabische Straße" (von Moslems bewohnt), die Serangoon Road (Inder) oder Gebiete mit britisch-kolonialem Charakter, sind für die dort wohnenden Menschen von hohem Wert. Zugegebenermaßen ziehen es aber auch viele vor, in neuen, von der Regierung erstellten Häusern zu wohnen, wie in Jurong Town im Westen der Insel, wo der Horizont von nüchternen Blocks begrenzt wird. Drei Viertel der Bewohner sind Wohnungsbesitzer.

Vor- und Nachteile einer Regierung mit „eiserner Hand"

Bei viertausend Menschen auf jeden Quadratkilometer der Insel sind seit vielen Jahren strenge Geburtenkontrollen angeordnet. Zwei Kinder pro Familie ist die angestrebte Grenze, obwohl es auch kinderreiche Familien gibt. Auf Grund des Kontrollsystems werden solche Familien bei der Wohnungsvergabe und bei schulischen Möglichkeiten absichtlich benachteiligt. Das soll abschrekken. Strikte Familienplanung bedeutet aber weniger arbeitende Menschen, bei jetzt schon einem Anteil von zwanzig Prozent der Alten an der Bevölkerung. Deswegen ist eine Heraufsetzung der Altersgrenze für Rentenempfänger von fünfundfünfzig auf sechzig oder gar fünfundsechzig Jahre im Gespräch. Sozialen Abbau, notgedrungen, befürchten die 1,8 Millionen Mitglieder der Rentenversicherung, die bereits über fünfzig Milliarden Mark eingezahlt haben.

Ein Besuch in diesem insgesamt faszinierenden Ministaat wird dadurch erleichtert, daß auf seine Einrichtungen Verlaß ist, daß fast alles erwartungsgemäß funktioniert. Dies sind zum Beispiel, bei immer tropischem Klima, Wasserversorgung, Kanalisation, Klimaanlagen (weil es keine Stromabschaltungen gibt), Post, Telefon, ärztliche Versorgung und öffentliche Verkehrsmittel, preisgünstige Linienbusse. Hinzu kommen Taxis an jeder Ecke und künftig S-Bahnen. (Eine geringe Anzahl von Rikschas, die keineswegs nur Touristen dienen, ein Stück altes Singapur, blieb bisher erhalten.)

Singapur hat auch einige Umweltmerkmale, die eindeutig positiv sind. Hier ist es vor allem, wo die „eiserne Hand" zu spüren ist. Nirgends sonst in einer großen Stadt der Dritten Welt fanden wir die

Luft so rein, die Straßen, Plätze und auch Grünflächen so sauber. Müll wird regelmäßig abgeführt. Auch kleine Kinder benutzen Abfallkörbe, Ergebnis einer systematischen Erziehung. Ertappte „Sünder" müssen schwere Strafen bezahlen. Leitungswasser ist bedenkenlos trinkbar, die hygienischen Bedingungen in Märkten, Läden und Restaurants sind einwandfrei. Überall gibt es saubere öffentliche Toiletten.

Relativ schwere Strafen stehen auf mehrere andere Vergehen. So ist das Rauchen nicht nur in allen öffentlichen Gebäuden, sondern auch in Bussen, Taxis, Kinos und Aufzügen (in Asien außerhalb Japans, Koreas und Hongkongs durchweg üblich) streng verboten. Fußgängerüberwege müssen zwingend benutzt, von Autofahrern respektiert werden. Drogenmißbrauch wird besonders hart geahndet. Auf den Besitz von mehr als fünfzehn Gramm Heroin oder Morphium steht die Todesstrafe.

Ausländische Männer mit langen Haaren dürfen nicht einreisen. Einheimische werden deshalb auf Ämtern von den Bediensteten häufig ignoriert oder nur widerwillig bedient. Die andere Seite der „eisernen Hand" . . .

Nach Indonesien – Australienbesuch verschoben

Singapur kehrten wir nach einer Woche vorläufig den Rücken, um uns in Indonesien etwas umzuschauen (beide Länder sind auf der Weltreisekarte bei Seite 16 vermerkt), aber zwei Monate später waren wir wieder für eine Woche dort, ehe wir unseren Weg nach Ostasien fortsetzten. In der „Löwenstadt" nahm dankenswerterweise der Pfarrer der deutschsprachigen interkonfessionellen Gemeinde unsere überflüssigen Gepäckstücke in Verwahrung.

Logisch wäre allerdings gewesen, bei einem „Inselhüpfen" über Indonesien Australien anzusteuern. In Bali waren wir dem fünften Kontinent am nächsten, nur noch fünfzehnhundert Kilometer entfernt. Auf dem Flug nach Jakarta erzählte uns ein anderes deutsches Paar, daß sie unwahrscheinlich günstige Flugkarten von Singapur nach Australien ergattert hätten, wohin sie jetzt unterwegs seien. Diese Nachricht kam für uns freilich zu spät, aber so sehr zog es uns zu diesem Zeitpunkt auch nicht dorthin, wo jetzt gerade der Herbst begann, die Saison der stärksten Regenfälle. Oft richtete sich unser Weiterweg danach, wo gerade welche Jahreszeit war. So mußte Australien noch eineinhalb Jahre auf uns warten. Aber auch in Indonesien, danach in den Philippinen und schließlich in Japan war bei unserem Eintreffen Regenzeit, nur eben dann im wärmeren Jahresabschnitt.

Die Inselwelt der Republik Indonesien erstreckt sich etwa fünftausend Kilometer von West nach Ost und 1750 Kilometer von Nord nach Süd. Über 13 600 Inseln jeder Größe gehören dazu. Wir maßten uns nicht an, dieses Reich in seiner ganzen Länge und Breite bereisen zu wollen. Dazu müßte man eine viel längere Zeit dort verbringen als die zwei Monate, die wir uns für Java, Madura und Bali gaben. Aber wir wollten diese Spanne gut nützen. Die volkreichste Insel ist Java.

In der Hauptstadt Chaos, aber auch viele ruhige Gassen

„Jakarta? Nichts für mich! Da fahre ich nur durch!" Wie oft hörten wir einen solchen Kommentar von Reisenden, die der indonesischen Hauptstadt absolut nichts Sympathisches abgewinnen konnten! Teilweise berechtigt war ihre Antwort schon, denn diese Metropole mit ihren sechs Millionen Einwohnern gehört zu den am meisten von Lärm und Abgasen erfüllten in der Welt.

Nur tausend Kilometer von Singapur... Jakarta ist der „Nabel" dieses Landes, oder der „Wasserkopf". Es wird den Strom der Zuzügler nie verkraften können. In wenigen Jahren werde es im Krach und Gestank des chaotischen Verkehrs ersticken, kündigen indonesische Wissenschaftler an.

Aber seltsam: Man kann immer noch zahlreiche ruhige Gassen finden, in denen kein Auto fährt, wo die Menschen gutnachbarlich schwatzend vor ihren Behausungen sitzen, Kinder gebadet werden und Wäsche gewaschen wird, wo fliegende Händler ihre Waren, mit Stangen über die Schulter getragen oder auf buntdekorierten Wägelchen ausgebreitet, anbieten. Ganz wie in alten Zeiten. Schaut man allerdings in die Häuser und Hütten, sieht man erstaunt, daß moderne Möbel, Fernseher und Stereoanlagen Einzug gehalten haben. Fürchterlich ist die Umwelt von Slumbewohnern, deren Viertel weite Teile der Stadtfläche (oft im Schatten von Prachtbauten) bedecken. Wasser, Kanalisation, Wege, Schulen – an allem mangelt es. Strom ist hingegen leicht erhältlich. Wer bezahlen kann, hat rasch seinen Anschluß. Wir waren erstaunt über die große Zahl der Fernsehantennen auf und über die Häufigkeit von Stereotönen auch aus armseligen Buden.

Weit im Norden der Stadt liegt die wieder zum Leben erweckte Wurzel von Jakarta, das alte Batavia, wo die rund 350 Jahre lange Herrschaft der Holländer begründet wurde. Selbst die vielen indonesischen Touristen finden nun, daß renovierte Patrizierhäuser und Festungsanlagen, und Museen, attraktiv sein können. Das Herz von Jakarta aber ist der riesige Merdeka-Platz mit einem gewaltigen Obelisken zur Erinnerung an das Erlangen der Unabhängigkeit von den Niederlanden nach dem Zweiten Weltkrieg. Hier treffen sich alt und jung tagsüber zu sportlicher Betätigung und abends zur beliebten „Promenade".

Vom Leben auf dem Lande in Java

Mit der auf Java regelmäßig, häufig und ziemlich pünktlich verkehrenden Eisenbahn bummelten wir entlang der Nordküste über die Städte Cirebon (Farbbild 79) und Semarang nach Surabaya, später vom östlichen Ende der Insel über Malang, Solo, Yokyakarta und Bandung wieder zurück zur Hauptstadt. Von zwei Dritteln der Gesamtbevölkerung der Republik (160 Millionen)

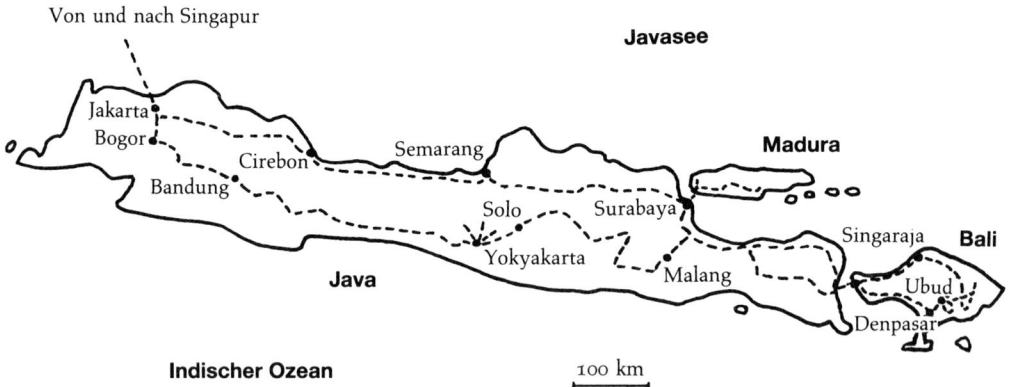

Reiseweg (Strichlinie) durch die indonesischen Inseln Java, Madura und Bali

374

Szene aus einem Dorf bei Malang in Ostjava

bewohnt, fast gänzlich islamisch – schon seit dem fünfzehnten Jahrhundert –, Wirtschafts- und Verkehrszentrum sowie politischer Mittelpunkt des riesigen Archipels, hat Java eine beherrschende Stellung. Die Reisernte hatte gerade begonnen, noch in der Regenzeit, wie es die Natur eben bescherte. Die Bauern hatten ihre liebe Not, ihr Korn ins Trockene zu bringen. Überall wurde von Hand gedroschen, indem Garben auf ein hölzernes Gestell geschlagen wurden. Selten war eine Gegend spärlich besiedelt. Erfreulicherweise sahen wir, vor allem entlang der Javasee, noch viele „rumah-rumah adat", Häuser im traditionellen Baustil, mit spitzgiebeligem Dach und netten, überdachten Vorplätzen an der Vorderseite. Die Bauern trugen spitze, weitausladende Strohhüte, die älteren von ihnen häufig weite, wadenlange Hosen bei der Feldarbeit. Feucht wie Java ist, gibt es unzählige Flüsse, Bäche, Kanäle, Seen und Tümpel. Darin badeten ganz ungeniert völlig „ohne" oftmals Männer und Frauen. Viele tausend Kilometer von Mekka entfernt, ist die Welt dieser Moslems eben eine andere.

Auf den Landstraßen konkurrierten mit der Eisenbahn nicht nur schnellere Busse meist deutscher und Minibusse japanischer Herkunft, sondern auch pferdegezogene „dokar" mit zwei und „andang" mit vier Rädern. Mit ihrem Aussterben ist in den nächsten Jahren zu rechnen. Fast wichtigstes Verkehrsmittel ist aber die Fahrradriksscha „becak". Aus den Städten soll dieses umweltfreundliche Fahrzeug verbannt werden, aber auf dem Lande wird es sicher noch lange erhalten bleiben. „Becaks" sind billig und zuverlässig. Hunderttausende Männer haben dadurch Arbeit.

An einem Lädchen auf Java. – Frauen auf Bali bringen Speisen zur Segnung zum Tempel

Insgesamt machen Javas Dörfer und Kleinstädte keinen sehr ländlichen Eindruck mehr. Fast alle haben Wasser, Strom und gute Verkehrsverbindungen. Bei Aufenthalten in zahlreichen Orten und zu Fuß unterwegs erkannten wir, daß die Bewohner Javas die Bezeichnung „unterentwickelt" für ihre Insel eigentlich nicht mehr in Anspruch nehmen können. Zu groß ist der Besitz des einzelnen, zu stark die Motorisierung. Mit einem Industrieland freilich darf man die Insel nicht vergleichen. Bis auf eine Parallele: Den meisten Leuten fehlt es wie den Menschen in den westlichen Ländern an Zeit. Was könnte dies besser illustrieren als die Tatsache, daß Fotogeschäfte auch in Kleinstädten für ihren Farbbildservice mit Stunden- und Halbstundenangeboten konkurrieren?

Festefreudiges Bali

Das ungeliebte Eingangstor zu Indonesien ist für fast alle Besucher Jakarta, aber das Traumziel für beinahe jeden ist die Insel Bali. Mit ihrer Hindu-Kultur ist sie von eigenartigem Reiz. Vor rund zweitausend Jahren waren Hindus nach Indonesien eingewandert, wo sie eine Bevölkerung vorfanden, deren Kultur auf dem Fundament einer Naturreligion stand. Später drang auch der Buddhismus ein. Dieser, der Hinduismus und der Islam existierten zeitweise nebeneinander. In Ostjava entstand im dreizehnten Jahrhundert das Hindu-Königreich Madschapahit. Dieses beherrschte ab 1343 auch Bali. Die Madschapahiten flüchteten über hundertdreißig Jahre später vor dem erstarkenden Islam auf die benachbarte kleine Insel, mit Gelehrten und Künstlern, worauf Balis außergewöhnliche kulturelle Entwicklung ihren Anfang nahm. Seine Religion ist „Hindu Dharma", eine Mischung aus Hinduismus, Buddhismus und Ahnenverehrung. Es ist der Glaube an einen höchsten Gott, Sanghyang Widi, der in drei Formen erscheint; als Brahma, den Schöpfer; als Wischnu, den Erhalter; als Schiwa, der das materielle Universum wieder auflöst und alle Dinge zu ihren Grundelementen am Ende eines jeden Schöpfungszyklus zurückführt. Das Leben ist nach diesem Glauben eine Serie von zeremoniellen Pflichten, die erfüllt werden müssen, deren letzte und wichtigste die Verbrennung ist, die große Erlösung der Seele auf ihrer Reise himmelwärts. Dieses Fest wird freudig begangen und ist von großer Bedeutung für die Familie. Dafür werden reich geschmückte Verbrennungstürme und Sarkophage gebaut.

Bei einer eingehenden Betrachtung des indonesischen Festkalenders stellten wir fest, daß fast neunzig Prozent der Ereignisse auf der Insel Bali stattfinden. Es vergeht dort kein Tag, an dem nicht mehrere Tempelfeste, keine Woche, in der nicht regionale religiöse Feiern begangen werden. Das Leben der Balinesen dreht sich größtenteils um ihre Religion, selbst wenn auch hier nicht mehr alles beim alten ist. Sie scheinen doch noch genug Zeit und Muße zu finden für die Niederlegung von Opfern an einem der (übrigens über fünftausend) Tempel oder zur liebe- aber mühevollen Vorbereitung eines Festes (Farbbild 82). Das balinesische Jahr dauert zweihundertzehn Tage, und jeder Tempel (ein Dorf hat wenigstens drei) begeht an einem bestimmten Tag innerhalb dieses kurzen Jahres sein eigenes Fest. All dies sind farbenfreudige Ereignisse mit vielen Blumen, mit großen Schirmen, mit Transparenten, Prozessionen, Hahnenkämpfen, Tänzen junger Mädchen und kräftiger Männer, Schattenspielen und einer Menge zu essen.

Suche nach der heilen Welt

Wir verbrachten drei Wochen auf Bali. An sechs Tagen wanderten wir in der weiten Umgebung der besonders reizvoll im Hügelland gelegenen Ortschaft Ubud. Wie auf Java sind hier die Hänge an Flüssen und Bächen terrassiert, um den Reisanbau zu ermöglichen (Farbbild 80). Palmenhaine lockern die Szenerie weiter auf, Dörfer bilden eine Harmonie mit der Umwelt, Tempel und andere historische Stätten, oft halb versteckt, laden zum Verweilen ein, etwas, das Java nicht bieten kann. Wir waren darüber nicht unglücklich, aber doch verwundert, daß wir in dieser lieblichen Landschaft während der sechs Tage keinen einzigen anderen ausländischen Wanderer trafen. In Ubud selbst gab es die Urlauber, Globetrotter, Aussteiger und Ausgeflippten aus Europa, Australien, Nordamerika, Japan und anderswo en gros. Freilich war Ubud selbst schon einen Besuch wert, trotz der vielen Pensionen, Eßschüppchen und Boutiquen, die sich auf die tatsächlichen oder angenommenen Bedürfnisse von unsereins eingestellt hatten.

Architektur hat der kleine Ort in Hülle und Fülle zu bieten, und Feste werden hier oder an nahegelegenen anderen Zielen der Ausländer in rascher Folge abgehalten. Ubud ist auch die Heimat oder Wahlheimat einer Reihe balinesischer und zugereister Künstler. Die Malerei ist hierbei besonders zu erwähnen. Lange bevor es auf Bali modernen Fremdenverkehr gab, hatte sie schon existiert. Aber seltsamerweise war es ein Deutscher, der auf die balinesische Kunst einen starken Einfluß ausübte. Walter Spies, Maler und Musiker, der ab 1927 dreizehn Jahre in Ubud lebte, wird hier häufig hervorgehoben. 1981 wurde zur Förderung der balinesischen Künste die Walter-Spies-Stiftung gegründet. Sie verwendet sich vor allem für die Musik und den Tanz. In Denpasar, der größten Stadt Balis, gibt es seit längerem eine Walter-Spies-Gedenkstätte. Ich erzähle dies deshalb, weil seine Bilder von reizvollen Landschaften und barbusigen Mädchen mit eine Ursache dafür waren, daß zahllose andere nach Ubud kamen und daß heute Bali vielen wie das Abbild des Paradieses erscheint, zumindest, solange sie es nicht besucht haben. Tatsächlich kommen aber viele wiederholt, weil ihnen das Eiland als heile Welt erscheint, andere, weil sie nur *hier* glücklich sein zu können glauben. Bei der Durchsicht der Gästebücher und der Leserbriefe an ein in Ubud erscheinendes englischsprachiges Blatt stellten wir fest, daß fast alle diesbezüglichen Äußerungen von Australiern und Nordamerikanern stammten. So schrieb Maggy, Bali habe ihr all das wiedergegeben, dessen sie das Jahr über beraubt werde. Es beschere ihr Liebe und Leben. Und Marilyn: „Ich bin so froh, daß westlicher Einfluß hier noch nicht eingedrungen ist." Viele schienen zu finden, was sie suchten, auch wenn es gar nicht existierte. Walter Spies ist schon lange tot.

Denpasar, Singaraja und ein paar andere Städte waren vom Lärm knatternder Motorräder erfüllt. Dort mußte man schon sehr die Augen offenhalten, wollte man idyllische Plätzchen entdecken (Farbbild 81). Touristen, die sich zu Hause umweltbewußt verhalten mochten, durchkreuzten Bali anstatt zu Fuß oder mit dem Fahrrad auf geländegängigen Motorrädern, die an vielen Stellen ausgeliehen werden können. „Zivilisation beginnt in Ubud. Es gibt also doch noch Hoffnung!", schrieb der Australier Richard, der die Zeitschrift „Einfaches Leben" repräsentierte. Er meinte es anders, als es klingt. Den jungen Balinesen aber scheint es ein höchst erstrebenswertes Ziel, westliche Errungenschaften zu besitzen. Videospiele sind bei ihnen meist schon beliebter als Schattenspiele, Fernsehen mehr gefragt als klassische Tänze, Tonbandgeräte mehr als Musikinstrumente, wie dies nun mal der Lauf der Dinge in der ganzen Welt zu sein scheint. Wir fragten uns, ob die Urlauber das alles wirklich nicht sahen, wenn sie schwärmerisch nur die Schokoladenseite beschrieben, und ob sie sich nicht bewußt waren, daß sie nicht mal schnell zwei oder drei Wochen auf Bali Ferien machen könnten, würde es die technische Errungenschaft Flugzeug nicht geben.

Ausverkauf von Traditionen

In Ubud mieteten wir uns für zehn Tage bei I Wayan Weda und seiner Frau ein. Der freundliche ruhige Mann mittleren Alters, dessen einzige Gäste wir zumeist waren, saß nach der Zubereitung des Abendessens immer lange Zeit mit uns zusammen. In seinem durch den Regen neu aufgeblühten Garten mit tropischen Blumen und Bäumen stand ein kleiner Tempel (auf dem Bild hinter I Wayan Weda), wo seine Frau jeden Tag Opfer niederlegte, Speisen und Blüten. Unser Freund erzählte uns viel über das Leben auf Bali und über die alten Traditionen, zugleich bedauernd, daß bei seinen Landsleuten bereits viel Interesse am Althergebrachten verlorengegangen sei. Manche Gewohnheiten würden vor allem deshalb noch am Leben erhalten, weil sich die in- und ausländischen Touristen dafür interessierten, ja, viele Balinesen hätten erkannt, daß sich damit Geld machen lasse. Bestes Beispiel dafür war „Kecak", der „Affentanz", der eine Episode aus der Hindu-Mythologie erzählt. In Ubud war er alle paar Tage zu sehen, aber nicht bei einem bestimmten Tempelfest, sondern für bezahlende Touristen. I Wayan Weda selbst war es, der uns auf die nächste Vorstellung aufmerksam machte . . .

Dabei erinnerten wir uns unseres Besuches auf der Insel Madura. Dort werden Stierrennen abgehalten. Es gibt Dorf- und Bezirksausscheidungen und schließlich das Finale auf Provinzebene. Dies ist eine Tradition, die dem Vergnügungsbedürfnis der maduresischen Landbevölkerung

Rechnung trägt, gleichzeitig aber zu besseren Leistungen in der Viehzucht anspornen soll. Die Stiere werden dabei über Wiesen etwas mehr als hundert Meter weit gejagt, an sich ein harmloses Schauspiel. Aber die Zeremonien um das Rennen, wie das Schmücken der Stiere und die Musik dazu, sind malerisch. Seit alten Zeiten werden die Rennen nach der Ernte, in den Monaten August, September und Oktober, veranstaltet. Nun hatten wir im Touristenbüro von Surabaya vor der Überfahrt nach Madura aber erfahren, daß sich eine Gruppe von Amerikanern ein solches Rennen in der Stadt Bangkalan ansehen wollte. Obwohl das Zuschauen sonst völlig kostenlos war, mußten die Touristen pro Person die Kleinigkeit von hundertzwanzig Mark dafür bezahlen. Warum? Es war jetzt März, und die Amerikaner hatten sich das Rennen bestellt. Sage niemand, daß es nicht auch Deutsche hätten sein können. Tja, auf Wunsch läßt sich alles arrangieren, auch der Ausverkauf von Traditionen.

Jagd auf Touristen

Praktisch jeder, den man in Ubud, in seinen Terrassenlandschaften, an den Stränden von Kuta und Sanur, bei Sehenswürdigkeiten wie dem Vulkan Batur und seinem schönen Kratersee oder dem wichtigsten aller Tempel am Fuß des Vulkans Gunung Agung trifft, will etwas verkaufen oder bietet einen Dienst an. Bali und seine Schönheiten werden vermarktet. Wir freuten uns sehr, daß es auch noch Leute gab, die einmal nicht nur an Geld dachten, sondern einfach Mensch sein konnten. Viele Besucher zeigten sich bitter enttäuscht, daß es so wenige Balinesen von dieser Sorte gab.

Unser Gastgeber in Ubud auf Bali, I Wayan Weda und seine Frau

Arbeiterinnen tragen auf die althergebrachte Weise Baumaterial

Nach Statistiken der Tourismus-Manager Indonesiens gingen die Besucherzahlen von der Rekordmarke „1 Million" auf nur noch 280 000 im Jahr zurück. Hochgespannte Erwartungen wurden nicht erfüllt, große Investitionen harrten noch ihrer Amortisation. Rückläufige Touristenzahlen gab es in einigen Ländern Südostasiens, aber in Indonesien war das Minus besonders auffällig. Weil uns dieses Phänomen interessierte, befragten wir Besucher, und im Ausland solche, die *nicht* nach Indonesien wollten. Ein großer Teil von ihnen war frustriert beziehungsweise vorgewarnt wegen der aggressiven Einstellung vieler Einwohner, vor allem junger Männer, gegenüber Ausländern.

Auf den Straßen der Städte konnte man selten eine längere Strecke gehen, ohne angepöbelt zu werden. Auch Verkäufer von Batiken, Gemälden, Holzschnitzereien, Schmuck und ähnlichem wurden oft beleidigend, wenn man an ihren Angeboten nicht interessiert war, und sich ihrer entledigen wollte. Schließlich kamen noch die endlosen Betrügereien hinzu. Insbesondere in öffentlichen Verkehrsmitteln, auf die fast jeder Besucher der Inseln angewiesen ist, sind Ausländer der Willkür des Personals schutzlos ausgesetzt. Das fremde Gesicht bewirkt ein automatisches Ansteigen des Fahrpreises um hundert Prozent. Dies gilt für Java wie für Bali und für Sumatra. Bei langen Strecken wirkt sich das erheblich auf die Reisekasse aus. Wir geben zu, daß uns die ewigen Streitereien mit Bus- und Minibusfahrern und -schaffnern ebenfalls ziemlich zermürbten. Darum fuhren wir, wann es nur ging, mit der staatlichen Eisenbahn. Mit ihr waren wir zufrieden. Das Abschwellen des Touristenstroms versetzte die Offiziellen des Fremdenverkehrsgewerbes derart in Sorge, daß sie zu äußerst seltsamen Mitteln griffen. So wurde im Jahre 1985 bekanntgegeben, daß fortan Indonesier, die sich Regierungsprogrammen zur Ankurbelung des Tourismus „in den Weg stellen", als Subversive betrachtet würden. Auf Subversion steht in diesem Lande im schlimmsten Falle die Todesstrafe. Bestraft werden sollte danach schon die unhöfliche Behandlung von Besuchern auf Flugplätzen und in Seehäfen. Die Suche nach den Ursachen der Flaute ging in alle Richtungen. „The Indonesian Times" schrieb einmal, Touristen sollten nicht von Souvenirverkäufern herumgejagt werden. Man solle ihnen seine Dienste nicht aufdrängen. Wenn zum Beispiel ein Tourist vor einer Schlange wartender Taxis stehe, so brauche man ihn nicht ausdrücklich zur Benutzung auffordern. Er werde das schon selbst wissen. Also seien die übereifrigen Vermittler völlig überflüssig.

Die „Times" machte an anderer Stelle die mangelhaften Englischkenntnisse der meisten in der Branche tätigen Leute mitverantwortlich. Über die Wörter „wieviel?" und „billig!" gingen sie meist nicht hinaus. Sie schlug Eilkurse für Erwachsene und Unterrichtung schon der Erstklässler, sowie die Übersetzung wichtiger Aufschriften wie „Bahnhof" oder „Postamt" vor. Wie ernst all dies gemeint war, läßt sich schwer beurteilen. Es gab da einige Widersprüche in Indonesien. Der Gouverneur von Bali etwa warnte die Inselbewohner, daß Gewerbescheine von Geschäftsleuten eingezogen würden, wenn sie weiterhin ausländische, meist englische Namen für ihre Läden und Restaurants verwendeten. Bei einer Inspektion des von Touristen stark besuchten Strandortes Kuta südlich von Denpasar habe er angesichts der Schilder mit fremdsprachigen Aufschriften den Eindruck gehabt, in einem anderen Land zu sein. „Wir sollten nicht den Wünschen der Ausländer folgen, sondern es ist an ihnen, sich uns anzupassen, auch unserer Sprache."

Will Indonesien auf der einen Seite zwar möglichst viele ausländische Touristen an Land ziehen, so hat es andererseits kein großes Interesse daran, daß die eigenen Bürger andere Länder besuchen. Eine Steuer von umgerechnet vierhundert Mark auf jede Ausreise brachte allerdings nicht den gewünschten Erfolg. Nach wie vor flogen 1986 ebenso viele Bürger aus, wie umgekehrt Besucher kamen.

An den Schluß dieser Betrachtung möchte ich die ironische Redewendung zitieren, daß „Touristen immer die anderen" sind. Wir wollen nicht leugnen, daß wir auf Bali durchaus zu den „anderen" zu zählen waren. Wir versuchten, den durch unsere Anwesenheit angerichteten Schaden so gering wie möglich zu halten.

Zweijährige Odyssee durch den Fernen Osten

Ende April 1984 packten wir in Singapur wieder unsere Siebensachen. Erstmals hatten wir in den letzten Monaten Leute getroffen, die, nicht wie das bisher üblich und Bedingung gewesen war mit einer Gruppe, sondern allein in der Volksrepublik China gewesen waren. Sie hatten uns von zahlreichen Schwierigkeiten berichtet, die man als Einzelreisender in diesem Land zu überwinden habe, aber einer hatte auch davon gewußt, daß Vereinfachungen angekündigt worden seien. Unsere Zuversicht nahm daher zu, nach so vielen Jahren des Wartens endlich an dieses Ziel zu gelangen. Bereits zweimal zuvor waren wir an der Grenze Chinas mit Hongkong gestanden, und einmal hatten wir der Insel Formosa (Taiwan), historisch zum „Land der Mitte" gehörend, unsere Aufwartung gemacht. Freilich war das für uns nur ein Trostpflästerchen gewesen. Obwohl wir nun meinten, die Gelegenheit bald nützen zu sollen, das *ganze* China kennenzulernen, wollten wir uns gedulden und unseren gefaßten Plan weiter verfolgen.

Demnach flogen wir (die Hoffnung, uns mit Schiffen zwischen den verschiedenen Inselstaaten Südostasiens fortbewegen zu können, hatten wir nach längeren, ergebnislosen Erkundigungen begraben) nun nicht nach Hongkong, das ideale Eingangstor nach China, sondern nach Manila, der Hauptstadt der Philippinen. Darüber hörten wir von Wegbekanntschaften erfreulicherweise nur Angenehmes, was die Menschen betraf. Wir rechneten uns deshalb einen längeren Aufenthalt als die drei Wochen aus, die uns, ohne Visum und kostenlos, genehmigt wurden. Eine Ironie war dann, daß die Verlängerung auf insgesamt zwei Monate fünfzig Mark pro Nase kostete, ein Happen, der uns noch einige Tage danach im Magen lag. Dabei war es nur „so billig", weil wir wieder einmal Geduld bewiesen hatten. Bei der Ausländerpolizei in Manila warteten nämlich Beamte und Mittelsmänner nur darauf, von den um Verlängerung anstehenden Fremden zur Eile angetrieben zu werden. Für erhöhten Arbeitseifer wollten sie entschädigt werden.

Mit dem Flug nach Manila begann eine Odyssee im Fernen Osten, die zwei Jahre dauern sollte. Ich möchte den Leser bitten, die kleine Reisekarte und die Weltreisekarte zu betrachten. Während der zwei Monate hielten wir uns auf der Insel Luzon, zwischen Batangas (mit einem Abstecher nach Mindoro) und der Nordküste auf. Baguio war dabei für uns die wichtigste Stadt. Von den Philippinen ging es anschließend nach Japan, von dort nach wiederum zwei Monaten nach Hongkong, um an Chinas Türe zu pochen. Aber von diesem Punkt an wollte nichts mehr nach Plan klappen. Die Volksrepublik bereitete sich auf den 35. Jahrestag ihres Bestehens am 1. Oktober 1984 vor und erteilte überraschenderweise für die Zeit von etwa vier Wochen nach dem 20.

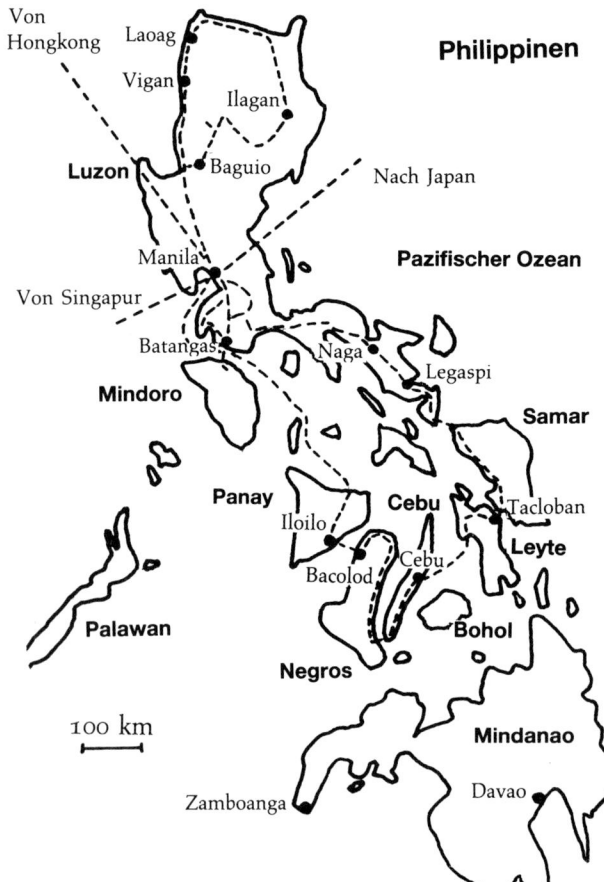

Mit Kindern auf der Insel Panay. – Reiseweg (Strichlinie) durch die Philippinen

September keine Visa mehr. Päng! Da saßen wir nun und grübelten. In Hongkong die ganze Zeit abzuwarten kam nicht in Frage. (Was wir noch nicht ahnten, war, daß wir noch *fünfmal* auf dieser Weltreise in die britische Kronkolonie kommen würden.) Dann fanden wir die Lösung: Südkorea. Dorthin hatten wir eigentlich im nächsten Frühjahr gewollt, aber wir mußten flexibel sein. Das Dumme war: Wäre die Visumsperre nicht *unerwartet* gekommen, so wären wir von Japan direkt nach Südkorea und *dann* nach Hongkong geflogen. Wie dem auch sei, einen Monat später beantragten wir die Visa mit Erfolg und schließlich kam der große Augenblick, nach fast dreißigjährigem Warten: Wir betraten den Boden Chinas. Kanton war die erste Stadt, fünfund-siebzig Tage später auch die letzte, die wir diesmal sahen. Schon jetzt stand fest, daß wir wiederkommen wollten.

Inzwischen war es tiefer Winter 1984/85 geworden (in Ostchina hatten wir sogar Schnee), und selbst in Hongkong war es sehr kühl in dieser Jahreszeit. Im jetzt ebenfalls winterlichen Japan hatten wir mehr als nur einen Koffer zurückgelassen, in der Hoffnung, noch einmal eine schöne Zeit unter Freunden verbringen zu können. Aber erst zur Kirschblüte wollten wir wieder dort sein. Wohin also... nach Australien? Dafür war die Zeit bis zum japanischen Frühling zu kurz. Folglich gab es nur noch eines: erneut auf die Philippinen zu gehen, wo wir zuvor ja nur den Norden besucht hatten. So verfuhren wir und wir sahen uns diesmal im Süden Luzons, sowie auf den Inseln Samar, Leyte, Cebu, Negros und Panay um, wieder für zwei Monate (diesmal aber gleich mit einem Visum für diesen Zeitraum, allerdings zum gleichen Preis). Danach ging es nicht weniger verzwickt weiter. Japan stand schon auf dem Programm und wir verbrachten nicht nur das Frühjahr, sondern auch den ganzen Sommer und einen Teil des Herbstes 1985 dort. Anschließend trudelten wir (schon zum viertenmal) in Hongkong ein. Auch in Japan gab es, wenn man nur wußte wo, Flugkarten zu günstigem Preis, aber die Kronkolonie bot noch mehr Möglichkeiten. Diesmal brauchten wir sie für Australien, und wir hatten wieder Glück. Den umständlichen Hin- und Rückweg über Singapur nahmen wir gerne in Kauf, wenn wir dafür nur die Hälfte bezahlen mußten.

Im März 1986 waren wir dann zum fünftenmal in Hongkong. Hier fand die Odyssee ein Ende. Für ein halbes Jahr (nur unterbrochen durch einen einwöchigen letzten Abstecher nach Hongkong) kurvten wir durch ganz China, ehe wir schließlich im Oktober die Heimreise über Sibirien antraten.

Unruhige Zeiten auf den Philippinen

Um nicht zu verwirren, möchten wir unsere Erlebnisse während insgesamt vier Monaten zusammenfassen. Wir wurden von den Menschen nicht enttäuscht, obwohl wir in die turbulente-ste Zeit der philippinischen Nachkriegsgeschichte gerieten. Der selbstherrliche Präsident Ferdi-nand Marcos und seine macht- und verschwendungssüchtige Frau Imelda waren noch an der Macht, aber sie saßen nicht mehr sehr fest im Sattel. Manila und andere Städte hatten gewaltige Massendemonstrationen gesehen. Auslöser war die Ermordung des aus dem Exil in den USA zurückkehrenden Oppositionsführers Benigno Aquino am 21. August 1983 auf dem Flugplatz von Manila gewesen. Marcos' Gegner warfen ihm indirekte Beteiligung an der Tat vor. Am 14. Mai 1984, zwei Wochen nach unserem Eintreffen, fanden Parlamentswahlen statt. Man sprach danach von massiver Wahlfälschung. Ähnlich wie Uganda schienen die Philippinen dazu verdammt zu sein, für negative Schlagzeilen in den Medien der Welt zu sorgen. Das Marcos-Regime, eine riesige Schuldenlast, Massenarmut, weitverbreitete Kriminalität – das waren die Stichworte. Selbst die Natur schien sich gegen das Land entschieden zu haben, denn es wurde von vernichtenden Stürmen heimgesucht. Zwei Taifune forderten mehr als tausend Menschenleben und Hunderttausenden Armen wurde das wenige Hab und Gut genommen.

Für die Europäer liegen die Philippinen fern im Osten, aber ihre Bewohner, die Filipinos, stehen dem Westen viel näher als man es sich dort gewöhnlich vorstellt. Sie sind zwar malaiischer Herkunft, aber seit Jahrhunderten unter dem starken Einfluß fremder Mächte: zuerst Spaniens und dann der Vereinigten Staaten. Umgeben von buddhistischen und islamischen Völkern bilden sie die einzige christliche Nation Asiens, von einer Moslem-Minderheit auf der südlichsten Insel, Mindanao, abgesehen. Viele Filipinos haben auch enge persönliche Beziehungen zum Westen, denn über eine Million ihrer Landsleute leben heute in den USA.

Zweimal Kolonie

Um die Mentalität der Filipinos näher beleuchten zu können, sollte ich etwas in die Geschichte ihrer Inseln zurückgehen. Über die Zeit vor 1521 ist bemerkenswert wenig bekannt. Dann wurden sie von dem Seefahrer Magalhães für Spanien entdeckt. Er ging auf der Insel Cebu an Land. Dummerweise legte er sich mit einem unwilligen Stamm auf der Insel Mactan an der Ostseite Cebus an und wurde dabei getötet. Häuptling Lapu-Lapu wird heute von nationalistisch denkenden Filipinos nachträglich für diese Tat als Held verehrt. Auf Mactan stehen separate Denkmäler für Magalhães und Lapu-Lapu. Dort sahen wir auch einen Umzug der Einwohner, die die „Eingeborenen" von 1521 bei der Ankunft der Spanier darstellen sollten (Farbbild 86). Der Umzug war Teil eines größeren lokalen Festes. Nach ihrem Fiasko zogen die Spanier zunächst wieder ab. Sie festigten ihre Macht erneut, als der von König Philipp II. ausgesandte Legaspi 1565 die Insel Cebu im Sturm nahm und die gleichnamige Stadt gründete. Das ganze Archipel wurde nach dem spanischen Herrscher, eine Stadt am Fuße des Vulkans Mayon auf der Insel Luzon (Farbbild 83) nach Legaspi benannt. Schon 1571 wurde das Hauptquartier nach Manila verlegt, von wo aus die Spanier dann nach und nach die ganze Region unter ihre Kontrolle brachten. Dabei wurden die Militärs von der katholischen Kirche tatkräftig unterstützt, die, wie auch in Mittel- und Südamerika, sofort mit ihrem Bekehrungswerk begann. An vielen Stellen entstanden noch heute eindrucksvoll wirkende Kirchen (Farbbild 84).

Rund dreihundert Jahre lang konnte die Kolonialmacht auf den Philippinen tun und lassen, was sie wollte. Aber viele kleinere Völkerschaften in den Gebirgen, im Dschungel und auf abgeschiedenen Inseln blieben von fremden Einflüssen fast unberührt. Die Regierung übte ihre Funktion vor allem im Großraum Manila, in einigen weiteren Städten und in den Küstengebieten aus. Überall dort paßten sich viele Filipinos dem Lebensstil der Spanier an, einige nahmen ihn an. Es gab Verheiratungen zwischen beiden Gruppen. Die „mestizos" bildeten einen Teil des Bürgertums. Ab 1872 war es mit der Ruhe der Spanier (die fast alle ihre Besitzungen in Lateinamerika schon verloren hatten) auch auf den Philippinen vorbei. Es brachen über hundert Aufstände aus und die Kolonialmacht schlug sie blutig nieder. Die Spanier besiegelten aber ihr Schicksal, als sie Dr. José Rizal, einen Gelehrten und Schriftsteller, auf falschen Verdacht festnahmen und am 30. Dezember 1896 hinrichteten. Sein Abschiedsgedicht „Letztes Adieu" begann mit den Worten: „Leb wohl, geliebte Heimat, der Sonne Kind so süß, Perle des Orientes, verlorenes Paradies." Sie sind am Monument für den Märtyrer im Rizal-Park in Manila (auch auf deutsch) zu lesen.

Die Folge der Exekution war der größte aller Aufstände. Allein hätten es die Filipinos aber wahrscheinlich doch nicht geschafft, die Spanier aus dem Land zu werfen. Der Spanisch-Amerikanische Krieg kam ihnen gelegen. Er ging für die Amerikaner siegreich aus, auch auf den Philippinen. Nicht ohne Bissigkeit erzählt man sich noch heute die Geschichte des Admirals Dewey, der 1898 seinem Chef im Weißen Haus die Frage durchgab: „Wir haben die Philippinen erobert, was sollen wir damit anfangen?", und von Präsident McKinley, der, wie es heißt, einer „göttlichen Eingebung" folgte, die Anweisung erhielt, sie zu annektieren und die Heiden dort zu zivilisieren und zu christianisieren. Die Schlafmütze hatte übersehen, daß die Filipinos diese Prozedur schon dreihundert Jahre zuvor unter den Spaniern durchgemacht hatten.

Sehr zum weiteren Erstaunen der Amerikaner richteten die philippinischen Rebellen nun ihre Waffen auch gegen diese Fremden und führten einen Partisanenkrieg. Sie wurden besiegt und fortan predigten die neuen Kolonialherren „the American way of life" – amerikanische Lebensweise. Das ging, von einer vorübergehenden Besetzung der Inseln durch die Japaner abgesehen, bis nach dem Zweiten Weltkrieg so weiter. Seit Kriegsende sind die Filipinos eine unabhängige Nation. 1966 kam Ferdinand Marcos an die Macht, 1972 verhängte er das Kriegsrecht, was direkt zu seinem Ende als Präsident Anfang 1986 führte. Corazon Aquino, die Witwe des ermordeten Oppositionsführers, trat nach einer Volksrevolution Marcos' Nachfolge an, der ins Exil nach Hawaii gehen mußte.

Erbe der Spanier und der Amerikaner

Noch bald ein Jahrhundert nach dem Abzug der Spanier ist deren Sprache von Bedeutung, auch wenn sie nicht mehr Amtssprache ist. Diesen Rang nehmen Tagalog (auch Pilipino genannt), die Sprache der Leute von Südluzon und Mindoro, und Englisch ein. Aber Männer heißen Alfonso, Federico, Juan und José, Frauen Lucia, Caridad, Cecilia und Teresa, Familien Reyes, Guerrero, Garcia, Lopez und Marcos, Ortschaften San Pablo, La Carlota, Santa Cruz, Provinzen La Union und Isabela – nur Beispiele. Man trifft sich „a las ocho" (um acht Uhr), etwas kostet „diyes Pisos" (zehn Pesos, Schreibweise in Tagalog). Das spanische „adiós" wird zu „adyos", „policía" zu „pulisiya", der Monat „julio" zu „hulyo". Ein erschreckter Katholik ruft aus: „Hesusmaryosep!" Auffällig sind die protzigen Leichenwagen, die zahlreichen Friedhöfe mit pompösen Grabmälern, und Beerdigungsinstitute mit marktschreierischen Reklamen. Eine „funeraria" warb in Zeitungen so: „Unser Erfolgsgeheimnis liegt in dem ständigen Bemühen, immer besser zu sein, zum Nutzen der Kunden!" Eine andere pries ihren Friedhof an: „Ein ruhiger Platz von atemberaubender Schönheit!" Unspanisch: Die Filipinos legen nicht generell eine Siesta ein. Selbstverständlich gibt es in zahlreichen Städten außer alten Kirchen auch Häuser im Kolonialstil.

Die Amerikaner mischten auch nach Gewährung der Unabhängigkeit kräftig mit. US-Firmen spielten die beherrschende Rolle in der Wirtschaft. Wo sonst noch auf der Welt haben sich so rasch und weit amerikanische Schnellimbißketten ausgebreitet, wo, außer in den USA, werden wohl mehr amerikanische Limonaden konsumiert! In dem philippinischen Reißer „Nackte Insel" spielen zwei Mädchen mit dem Künstlernamen „Coca" und „Pepsi" mit. Noch etwas, was die zweiten Kolonialherren dem Land vererbt haben, ist die Vorliebe für Schußwaffen. Selbst Oberschüler wurden auf den Umgang damit vorbereitet: Bei paramilitärischem Training noch mit Attrappen (Farbbild 85). Auf illegalen Waffenbesitz stand damals „Lebenslänglich". Wie oft hörten wir nachts Schüsse! In der Decke eines unserer Hotelzimmer in Manila fanden wir mehrere

Einschüsse. An mancher Bar lasen wir auf einem Schild: „Schußwaffen sind nicht erlaubt. Bitte beim Türwächter abgeben!" Bei einem Streit sahen wir einen Beteiligten, bei der Schlichtung einen Polizisten sofort die Pistole ziehen. Selbst bei Disputen mit Verkehrssündern verhielt sich die Polizei nicht gerade zimperlich. Es gab dabei immer wieder Tote. Die Polizei und das Militär waren aber in alle Formen von Verbrechen verwickelt.

Verschnaufpause im kühlen Baguio

Baguio liegt 250 Kilometer nördlich von Manila in 1500 Meter Höhe in der philippinischen Kordillere. Wenn man aus dem feuchtheißen Tiefland kommt, weiß man das angenehme Klima hier sehr zu schätzen, und man versteht auch, warum Baguio mit Beinamen wie „Stadt des ewigen Frühlings", „Gartenstadt" und „Sommerhauptstadt" geschmückt wurde. Die hohen Berge ringsum mit ihren Kiefernwäldern verleihen ihr einen beinahe europäischen Charakter. Zu Beginn dieses Jahrhunderts lebten an dieser Stelle einige Sippen des Bergstammes der Ibaloi, die Kaffee pflanzten und Vieh züchteten. Da fiel es den Amerikanern ein, hier eine Stadt zu errichten. 1904 beauftragte Präsident Theodore Roosevelt einen Architekten mit ihrer Entwicklung. Sie war bald nicht nur Sommerresidenz der Verwaltung und Erholungsort amerikanischer Soldaten, sondern auch beliebte Zuflucht von Flitterwöchnern. Im Zweiten Weltkrieg wurde Baguio von den Japanern bombardiert. Wichtigster Grund: Es gab, und es gibt heute noch, auf einem höhergelegenen Teil das Camp Hay, eine Station der US-Luftwaffe, das fast ein Viertel des Stadtgebietes einnimmt. Früher war es militärisch bedeutender. Jetzt ist es vor allem Luftkurort. Von Gästehäusern und Restaurants über Sportplätze, Bücherei und Museum, bis zu Läden, Postamt, Klinik, Kino, Polizeistation und Tankstelle ist alles vorhanden, was man als Amerikaner im Urlaub zu brauchen glaubt. Philippinische Soldaten schieben an den Toren Wache, aber man kann das Gelände ohne Schwierigkeiten betreten.

Da Baguio eine junge Stadt ist, hat es hinsichtlich Bauwerken außer der Sommerresidenz des philippinischen Präsidenten, einer Kathedrale und dem Stadtmarkt nichts Besonderes zu bieten. Aber es hat mehrere große, gepflegte Parks, die teils an Hängen liegen. Für die Bewohner der Kordillere, verschiedenen Bergstämmen, ist es ein wichtiger Marktplatz. Jeden Tag werden die Straßen im Zentrum von Bauern und Bergarbeitern überflutet. Sie werden von Jeepneys herbeigebracht, lustig dekorierten, überall im Lande zu findenden, meist sehr lauten und qualmenden Vehikeln, für deren Eigentümer und Fahrer der Profit weit vor der Verkehrssicherheit steht. Sehr häufig bei unseren Rundreisen mußten wir uns diesen öffentlichen Verkehrsmitteln anvertrauen, deren Tarife von den Behörden kontrolliert werden. Früher wurden Jeepneys aus alten oder übriggebliebenen Army-Jeeps entwickelt – verlängert, umgebaut und dann mit Malereien und Krimskrams versehen (bis zu fünfzig Lampen und Lichter, verchromte Pferdefiguren auf der Motorhaube, Girlanden und Fähnchen) –, heute werden dafür auch japanische oder selbstgebastelte Fahrgestelle verwendet. Mit Stereomusik und Fanfarenhupen werben die Chauffeure um Fahrgäste.

Will man sich erholen, so muß man sich auch in Baguio möglichst weit vom Zentrum einnisten, oder man braucht besonders dicke Hauswände um sich, oder man versucht es mit Ohrenstöpseln. Trotz des entsetzlichen Lärms auf den Straßen blieben wir drei Wochen in Baguio. Wir fanden Quartier in einem einfachen Hotel, vor dem ein Abfahrtsplatz für Jeepneys war, aber wegen des kühlen Wetters konnten wir die Fenster geschlossen halten. Die Umgebung und die Leute in

Jeepney-Warteplatz und Ladenreihe im Zentrum von Baguio auf Luzon

Wahlboykottplakat „Stoppt Greueltaten der Militärs!" – Kinder imitieren die Erwachsenen

Baguio gefielen uns. Ist die Stadt zwar für Filipinos Reiseziel Nummer 1, so nehmen Ausländer, wenn sie nicht in Camp Hay wohnen, von einem längeren Aufenthalt Abstand. Was viele von ihnen mit Vorliebe suchen, Strände und Palmen, Vergnügungsviertel, billige Mädchen und Drogen, das gab es hier nicht. Uns war es sehr recht, mit Filipinos – über hunderttausend Einheimische und noch einmal halb so viele, die zu Besuch kamen – zusammen zu sein. Die Einwohner fanden wir sehr freundlich. Sie hatten auch im Vorübergehen ein Lächeln und einen Gruß bereit. Unsere Hochschätzung für sie stieg noch, als wir die Ergebnisse der Parlamentswahlen erfuhren, denn hier führte die Opposition bei weitem und der Kandidat der Marcos-Partei wurde aus dem Feld geschlagen. Nur an wenigen Orten gab es solch eine mutige Entscheidung. Baguio war dann für uns auch der Ort, an dem wir in den letzten Monaten Erlebtes und Angesammeltes verarbeiten konnten.

Erschütternder Wandel bei den Bergstämmen

Die Kordillere war die einzige Region, wo wir uns zu Wanderungen entschließen konnten. Überall sonst war es zu heiß (Farbbild 88). Rund hundert Kilometer nördlich von Baguio gab es noch einige fast unberührte Wälder, vornehmlich mit Kiefern, und kleinere Orte, die bis vor wenigen Jahren ein abgeschiedenes Dasein geführt hatten, nun aber von der Entwicklung überrollt wurden. Autos und Radios, Bier und Bars, Blue jeans und Anoraks hatten dort bereits ihren Einzug gehalten. Das Weltbild der Bergstämme wurde total umgekrempelt. Dazu trugen außer der Technik und cleveren Geschäftsleuten auch die vielen philippinischen und ausländischen Touristen bei, ebenso

Raststätte für Busse in dem Ort Midway in den Bergen nördlich von Baguio

Ifugao-Kinder aus Banaue auf Luzon. – Überladene Motorradrikscha

wie katholische und anglikanische Missionare (unter letzteren lernten wir sogar einen japanischen Pfarrer kennen), die viel Sozialarbeit leisteten. Eine Attraktion für Besucher sind vor allem Reisterrassen, die von den Bergstämmen wie den Ifugao im Laufe von über zweitausend Jahren angelegt wurden. Sie bearbeiteten ganze Berghänge, und manchmal sind Hunderte von Terrassen übereinander angelegt. Diese bieten, je nach Jahres- und Tageszeit, ein wechselndes, reizvolles Bild.

In Banaue, einer der Ortschaften, wohnten wir im Hause des verstorbenen Bürgermeisters. Die Witwe arbeitete immer noch auf den Reisfeldern und sie zeigte uns, wie die Stützmauern der Terrassen immer mehr verfielen, weil die Jugend an ihrer Erhaltung nicht mehr interessiert sei. An einem Aussichtspunkt, der von Touristen auch zum Fotografieren aufgesucht wird, sprachen wir mit einem siebzigjährigen Ifugao, der ziemlich gut Englisch konnte. Zusammen mit weiteren zehn älteren Männern und Frauen bezog er täglich Posten, um sich von den Besuchern ablichten zu lassen. Sie legten dafür ihre alte Tracht, einen selbstgewebten, rot-gelb-gestreiften, um die Lenden geschlungenen Schurz der Männer und einen ähnlichen Rock der Frauen, an, und stellten sich bis zum „Klick!" in Positur. Der Mann erzählte uns, daß er an einem Vormittag (dann kamen Gruppen in Bussen) bis zu zehn Pesos, damals zwei Mark, „verdienen" könne. Wenn aber die Arbeit auf den Feldern zu tun sei, komme er nicht. Die Jungen seien faul, sagte er, sie trügen lieber die unpraktischen langen Hosen und Schuhe, würden sich Arbeit in der Stadt oder in den Minen suchen, aber wenn die Ernte eingebracht sei, dann kämen sie alle, um sich ihren Reis von der

Familie abzuholen. Er sähe schon den Tag kommen, an dem die Terrassen einstürzten. Wie zu erwarten war, bettelten hier die Kinder. Die Ifugao und ihre Nachbarn in den Bergen sollen vor Zeiten von der Südküste Chinas gekommen sein. Sie dürften sich schon lange vor den malaiischen Filipinos auf Luzon angesiedelt haben. In der Tat haben die Ifugao eine hellere Haut und ihre Gesichter haben viel Ähnlichkeit mit denen der Chinesen.

Ein weiterer oft besuchter Ort ist Sagada, wo die Einheimischen ihre Toten nicht in der Erde, sondern in großen Höhlen oder aber an Kliffen bestatten. Im letzteren Falle sind die Särge in der Felswand befestigt. In den Höhlen werden die Totenladen übereinander gestapelt. In der größten zählten wir rund einhundertfünfzig. Wir waren erschüttert zu sehen, was mit den Särgen geschehen war. Die meisten, auch die hoch oben stehenden, waren bedeckt mit den Kritzeleien philippinischer Touristen. Einige Särge waren heruntergeworfen und aufgebrochen, Knochen lagen überall herum. Wer in diesem Falle die Täter waren, ließ sich nicht feststellen. Auch sehr viele ausländische Touristen besuchen die Höhlen, und nicht alle kommen mit den lautersten Absichten. Die älteren Einwohner wagten es damals noch aus Respekt vor den Ahnen nicht, sich den Särgen zu nähern ...

Alle Arten von Ausländern, viele auf der Pirsch nach preisgünstigem Rauschgift, andere wieder einmal nach einer heilen Welt suchend, lassen sich in dem kleinen Ort Sagada für kürzere oder längere Zeit nieder, manche sogar, um mit Männern oder Frauen anzubändeln. Aber die Probleme gehen noch viel tiefer. Damals sprach man von unsauberem Landerwerb durch Ausländer, und davon, daß die Einwohner ihren See aus Furcht vor Geschlechtskrankheiten nicht mehr zum Baden und zum Waschen ihrer Kleider benutzten, denn auch die Fremden badeten darin, die oft mit dem Begriff „makaalis" (in der Ilocano-Sprache für „schmutzig" und „ansteckend") bezeichnet wurden. Die Auswirkungen auf die jungen Leute Sagadas waren bereits verheerend. Es war an der Tagesordnung, von Teenagern gefragt zu werden: „Willst'n Führer?" Die Frage beinhaltete oft mehr, als der eigentliche Sinn der Wörter ahnen läßt.

„Häßliches Gesicht des Tourismus": Massenprostitution

„Manila bietet sehr wenige Gelegenheiten zu Vergnügungen, kein spanisches Theater, keinen Klub ...", schrieb 1859 der deutsche Ethnologe Jagor. „Manila liegt abseits der Touristenwege der Welt und es gibt keinen Grund, warum ein Reisender hierher kommen sollte", hatte um 1900 eine Engländerin zu berichten. Die Stadt liegt heute auf einer Haupttouristenroute und sie bietet unzählige Gelegenheiten zu Vergnügungen.

Die Filipinos haben gegenüber Ausländern (auch Japanern, die ihr Land im Zweiten Weltkrieg besetzten) eine duldsame Haltung. Verbindungen mit Menschen aus dem Westen werden mit Wohlwollen betrachtet, „Amerikano" oder auch „Kano", das sind für viele Filipinos (sie hören dafür auf den Spitznamen „Pinoy") nicht nur die Staatsbürger der USA, sondern auch Europäer und Australier, kurz: alle Weißen. Und die sind, wenn sie sich ordentlich benehmen, immer willkommen.

Manche Touristen verbringen nicht viel mehr als vierundzwanzig Stunden in Manila. „Eine tolle Stadt!", hörten wir welche begeistert sagen, dabei hatten sie nichts als das Vergnügungsviertel im Stadtteil Ermita gesehen. Es waren Männer und sie kamen aus Westdeutschland und aus den USA. Andere südostasiatische Hauptstädte traf ihr Bannstrahl, denn dort waren weder das Bier noch die Mädchen so billig. Andere Männer waren Australier, nicht weniger arrogant, und Japaner, die,

Gläubige entzünden Opferkerzen in der Basilica Minore del Santo Niño in Cebu. – Kindlicher Charme

obwohl Chauvinisten, eher stille Genießer sind, sowie Inder und Golfaraber, die heimischer Abstinenz entronnen waren. Über das Touristenviertel mit seinen Hotels, Absteigen, Restaurants, Kneipen und Bars erkannte die katholische Zeitung „Veritas" als Wahrheit: „Eine Schande für unser Land!" Sie sprach vom „häßlichen Gesicht des Tourismus", und dies nicht ohne Grund. Die Prostitution war noch nie so verbreitet. An allen Ecken und Enden wurden Arztpraxen eröffnet, die sich für eine „rasche Ausheilung von Geschlechtskrankheiten" anpriesen. Der Alkoholismus unter Minderjährigen nahm besorgniserregend zu. Für die Unterwelt war Ermita auch ein Umschlagplatz für einmalige Kulturgegenstände, die ins Ausland verschwanden und für die Philippinen unwiderruflich verloren waren.

In der „Washington Post" lasen wir, daß bürgerliche und kirchliche Gruppen einen Feldzug gegen das Nachtleben von Ermita gestartet hätten. Die Polizei schließe gewöhnlich beide Augen davor. Die Sexindustrie sei zum Teil von Ausländern für Ausländer organisiert worden. Die Mädchen würden in „Großhandelsmanier" rekrutiert und die Zuhälter verkauften sie im „Fließbandverfahren". Die Burschen grasten die verarmten Provinzen ab und überredeten Eltern zur Überlassung ihrer Tochter gegen ein Entgelt von (umgerechnet) dreißig bis sechzig Mark mit dem Versprechen, ihr einen Job in einer Fabrik in Manila zu verschaffen. Viele endeten in den Bordells von Ermita. Es gab auch Fälle von Kidnapping.

Die Nachrichtenagentur AP berichtete, daß in Manila etwa zwanzigtausend Kinder zwischen sieben und sechzehn Jahren der Prostitution nachgingen. Sie verdienten damit zwischen fünfzehn und sechzig Mark am Tag. Die Kinderprostitution habe sich jedoch bereits über weitere dreizehn Gebiete in den Philippinen ausgebreitet. Dort sei der „Lohn" der Kinder oft nicht mehr als drei Mark am Tag. In einem Ort, südöstlich von Manila, ständen dreitausend Jungen in den Diensten homosexueller Ausländer. Als wir den Ort besuchten, fanden wir neben der Kirche eine riesige Tafel, aufgestellt vom „Rat zum Schutz der Kinder" und „besorgten Eltern". Darauf hieß es unter anderem: „Rettet unsere Kinder, rettet uns vor dieser Schande, verjagt die Homosexuellen!" Zugegeben wurde auf der Tafel allerdings, daß die „bakla" nicht immer Ausländer seien.

Perfekt organisierter Sextourismus

Die entsetzliche Armut weiter Kreise der Bevölkerung unter dem Marcos-Regime (bis heute hat sich daran kaum etwas geändert) hat in der neueren Geschichte Deutschlands kaum etwas Vergleichbares. Wer soll eine Familie mit mehreren Kindern mit sechzig bis achtzig Mark Einkommen im Monat ernähren können? Als die alles zerstörenden Taifune über die Inseln Samar, Bohol, Cebu und Negros rasten – wir sahen zwei Monate später noch die Spuren der Verwüstung –, blieb vielen Bauern nur noch der Ausweg, ein Familienmitglied in die große Stadt zu schicken, um Geld zu verdienen, wo es eben zu verdienen war. Durch mehrmalige Abwertung der Währung des hochverschuldeten Landes wurden die Philippinen noch preisgünstiger und für den Sextourismus noch attraktiver, vor allem für den deutschen und den japanischen.

Die Japaner schienen sich als nationale Gruppe auf die Stadt Cebu spezialisiert zu haben. Jeder dritte Tourist Cebus kam 1984 aus Nippon, Männer und Frauen. (Amerikaner, Australier und Westdeutsche zusammen bildeten ein weiteres Drittel.) Zu Zeiten starteten Düsenmaschinen in rascher Folge von Osaka und Tokyo, vollgepackt mit Firmenangestellten, die von ihren Chefs für besondere Leistungen mit einem Wochenendausflug in südliche Gefilde belohnt wurden. Viele dieser Maschinen hatten nur oder vornehmlich Männer an Bord, die zu namhaften Hotels gebracht wurden. Die Organisation war perfekt. Die Mädchen standen schon bereit, aufgereiht und mit Nummern versehen, damit Zeitverluste vermieden werden konnten. Frauenorganisationen auf den Philippinen verglichen diesen Ansturm mit dem der Armeen Japans im Zweiten Weltkrieg.

Bis 1986 ging dieses Geschäft um einiges zurück. In Japan hatte man eine wirtschaftlichere Methode gefunden. Unter der Versprechung, ihnen legitime Arbeit als Sängerin oder Tänzerin zu verschaffen, lockten Angehörige der „yakuza", dem japanischen Gegenstück zur Mafia, die Mädchen aus ihrer Heimat fort. Die Gangster sorgten dann dafür, daß die Filipinas ohne den in Aussicht gestellten Job blieben. Bei Ablauf ihres Touristenvisums illegal im Land, wurden sie von den „yakuza" unter Druck gesetzt und zur Prostitution gezwungen. Man schätzt, daß inzwischen rund zwanzigtausend solcher Mädchen in Japan leben, obwohl die Ausländerpolizei jedes Jahr Hunderte abschiebt.

„Finden Sie für uns deutsche Freunde!"

Wir Deutschen haben keinen Grund, auf die Japaner mit dem Finger zu zeigen. Ähnliche Vorkommnisse gibt es auch in der Bundesrepublik. Selbst in Provinzstädten treten Filipinas als Tänzerinnen auf . . . Als ein „Phänomen" bezeichnete ein Angehöriger der deutschen Botschaft Manila im Gespräch mit uns die Beliebtheit der philippinischen Frau bei Europäern, Nordamerika-

nern und Australiern. Im Empfangsraum der Botschaft warteten mehrere Deutsche und Filipinas auf die Erledigung ihrer Heiratspapiere. Die Zeitung „Bulletin today" veröffentlichte in ihrem Anzeigenteil täglich viele Ehegesuche, von beiden Seiten. Wir hörten von einem Deutschen, der auf eine Annonce sechzig Angebote erhielt. Vier Mädchen in der Stadt San Carlos (kaum von Fremden besucht) auf der Insel Negros sprachen uns auf der Plaza an und baten uns inständig, für sie „Freunde in Deutschland" zu finden. Sie gaben daher ihre Adressen und auch ihr Alter an. Eines der Mädchen war aber so ehrlich, zuzugeben, daß sie alle auf dem Wege über eine Heirat im Ausland zu Geld kommen wollten, denn es gehe ihnen in San Carlos sehr schlecht. Und ihrem wirklichen Alter (die jüngste war zwanzig) hätten sie alle zwei Jahre hinzugefügt, denn dann hätten sie mehr Chancen. Die Männer dächten sonst, sie seien zu kindlich... Angesichts der vielen Anzeigen im „Bulletin today" klang ein Kommentar desselben Blattes ziemlich dümmlich, in dem vor dem „menschlichen Fleischmarkt in St. Pauli" und anderswo in Europa gewarnt wurde. Ein irischer Priester in Manila, der Erfahrungen mit Australiern gemacht hatte (sie ließen sich bei ihm trauen), erzählte uns: „Das geht fast nie gut. Bald erlahmt das Interesse an den Mädchen, dann setzt es nur noch Schläge. Wir haben viele solcher Fälle!" Wie wohl die Geschichte einer Schweizer Fußballmannschaft ausging, die eine Anzeige: „Für die Dauer unseres Aufenthaltes in Manila hübsche Bekanntschaften gesucht" aufgegeben hatte?
Eine Ergänzung ist allerdings angebracht. Obwohl die Philippinen eine überwiegend katholische Nation sind, ist dort hinsichtlich der Moral manches anders als man erwarten könnte. Eine Redewendung der Männer ist: „Ich bin ein lediger Mann, wenn meine Frau wenigstens einen Kilometer entfernt ist." Die vier Mädchen in San Carlos erzählten uns, daß viele Frauen, deren

Körperpflege: Er laust sie; Wilma wird von der Freundin frottiert, dann massiert (gegen Hitze)

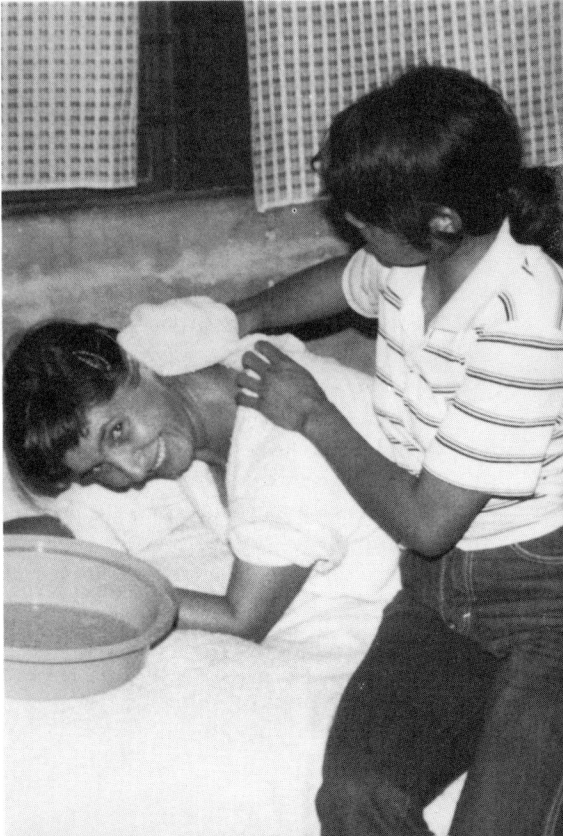

Ehemänner im Ausland (als Gastarbeiter, meist in Nahost) waren, hier einen anderen Mann hätten. Und zum Thema „Kindersex": Es verging kaum ein Monat, in dem nicht ein neuer Film auf die Leinwand kam, der sehr junge Schauspieler in unmißverständlichen Szenen zeigte. Thelma Morena war dabei mit ihren dreizehn Jahren der bisher jüngste Star. Fast die gesamte Produktion waren Sexfilme. Ebenso wie in philippinischen Kinos trotz Verbotsschildern und häufiger katastrophaler Brände geraucht wurde, saßen auch bei „Jugendverbot" zehn- und zwölfjährige Kinder im Zuschauerraum. Die Kirche wetterte vergeblich gegen all diese Zustände.

Das Landvolk bleibt arm

Die Lehrerin Adelaide berichtete uns in San Pablo südöstlich von Manila: „In einem Stadtteil erzählten mir die Landarbeiter, daß sie jetzt nur noch einmal am Tage richtig zu essen hätten." Die Regierung hatte soeben die Preise für wichtige Lebensmittel drastisch erhöht. „Die da oben leben fürstlich, und das Volk hungert." Mit „die da oben" waren nicht nur Präsident Ferdinand Marcos und seine Clique gemeint, sondern auch die Wirtschaftskapitäne und die Großgrundbesitzer. Letzteren gehörten neun von zehn Hektar fruchtbaren Landes. Die von Bauern und Landarbeitern immer wieder geforderte umfassende Landreform blieb unter Marcos aus. Während seiner Herrschaft wurden gelegentlich zwei Hektar große Stücke staatlichen Lands kostenlos verteilt, aber angesichts der dreißig Millionen Kleinbauern und landlosen Wanderarbeiter konnte man diese Aktion nur als einen Propagandaschachzug bezeichnen. Um fair zu sein muß man sagen, daß 1972 eine Landreform von Marcos verordnet worden war, aber sie kam nur etwa einem Zwölftel der Bauern zugute, und das Jahre später.

Als Marcos seine letzten Monate als Präsident in Manila erlebte, starben auf der Zuckerinsel Negros viele Menschen an Hunger. Die in den Keller gefallenen Weltmarktpreise für Zucker veranlaßten die Besitzer von Zuckerfabriken, ihren Betrieb einzustellen. Diese Entwicklung setzte sich auch unter Corazon Aquino fort. Es gelang ihr in ihrem ersten Regierungsjahr auch nicht annähernd, Reformen zugunsten der Plantagenarbeiter durchzusetzen. An den Besitzverhältnissen änderte sich nichts, aber den Landlosen wurde verweigert, auch nur Teile der nach dem Zuckerfiasko brachliegenden oder noch mit ungeschnittenem Zuckerrohr bedeckten Plantagen mit Reis, Mais oder anderen Nahrungspflanzen zu bebauen. In Verbitterung wendeten sich mehr und mehr Benachteiligte Rebellengruppen zu.

Aus dem philippinischen Alltag

Hier noch einige Skizzen vom Alltagsleben der Filipinos, das wir während der vier Monate auf den Inseln interessiert beobachteten. Es sind teils amüsante, teils nachdenklich stimmende Dinge. In zwei Hotels in Nordluzon und auf Leyte lasen wir die ausdrückliche Warnung: „Das Mitbringen von gemieteten Mädchen ist nicht erlaubt!" Sie war an Einheimische gerichtet, denn Ausländer auf Vergnügungsreisen stiegen hier nicht ab. In einem Kino fanden wir die Sicherheitsvorschriften (eben wegen der vielen Brände) der Stadtverwaltung. Darin hieß es unter anderem: „Das laute Ausstoßen von Worten in der bösartigen Absicht, eine Panik auszulösen, wird streng bestraft!" An einem einen Meter breiten Abwassergraben entdeckten wir eine Gedenktafel mit den Worten: „Dieses Projekt wurde unter unserem geliebten Bürgermeister Rudy C. Fariñas ausgeführt". Auf dem Plakat eines Kandidaten für die Parlamentswahlen stand der Vermerk: „Er hat sich nie die

Fischer von der Nordküste Luzons während einer Verschnaufpause

Hände in den schlammigen Wassern philippinischer Politik schmutzig gemacht". In Zeitungsanzeigen wurden „Magische Halsbänder der Macht, zum Schutz gegen Schüsse politischer Widersacher" angeboten.

„Wunderheiler" erfreuen sich großer Beliebtheit. Obwohl „Paranormales Heilen" keine von der Regierung anerkannte Methode ist, findet sie doch inoffizielle Unterstützung. Einer der „Wunderheiler" war der erfolglose Kandidat der Marcos-Partei in Baguio bei den Parlamentswahlen. „Wunderheiler" können angeblich an Kranken operative Eingriffe mit bloßen Händen vornehmen. – Die Filipinos sind Großverbraucher von Comic-Geschichten. An jeder Ecke stehen, sitzen und liegen Leute, die gerade in eines der bunten Hefte vertieft sind. In Zeitungen werden täglich ganze Seiten von Fortsetzungs-Comics veröffentlicht. Sie werden „gefressen". Sie haben meist Gewalt zum Inhalt. Ursprungsland sind fast immer die USA, verwendete Sprachen Englisch und Pilipino. – Wichtigstes Utensil der jungen Mädchen ist der Kamm. Ständig sind sie mit ihrem Haar beschäftigt, deshalb ist der Kamm immer griffbereit. Er steckt, oft übergroß, in der Gesäßtasche ihrer Blue jeans (auch eine Besessenheit), im Hosenbund oder im Haarschopf. Männer rasieren sich kaum einmal. Ihr Bartwuchs ist nicht besonders dicht, wie bei allen Leuten malaiischer Herkunft. Die wenigen Barthaare reißen sie sich mit einer Pinzette einzeln aus, ein beliebter Zeitvertreib, wenn gerade nichts anderes zu tun ist. Manchmal mehrere Zentimeter lange Fingernägel sind ein Statussymbol vieler Männer. Sie beweisen angeblich, daß man es nicht nötig hat, sich mit einer manuellen Arbeit abzuschinden. – Transvestiten verursachen in philippinischen Städten kein Aufsehen. Es gibt viele von ihnen und sie gehören einfach „dazu". – Ältere Frauen auf dem Lande rauchen oft Zigaretten „nach innen". Glut und Asche sind also im Mund! – Neben den spanischen Vornamen werden jetzt vermehrt englische angenommen. Lustiger fanden wir allerdings diejenigen deutscher Herkunft. Wir lernten Kinder kennen, deren Vornamen lauteten: Heidie, Liezl (beides so geschrieben), Rommel, Einstein und Rapunzel...

Strapaziöse Fahrten

Unsere Fortbewegungsmittel waren meistens Busse, einige komfortabel und vielleicht sogar mit Klimaanlage ausgestattet, die übrigen laut, hartgefedert und mit Kühlung nur durch die offenen Fenster. Der Fahrplan verlangte hohe Geschwindigkeiten, und so schwebten wir mehr als einmal in Lebensgefahr. Mehrmals konnten wir auf der Insel Negros auf Zuckerplantagen und in den Anlagen von Zuckerfabriken teilweise sehr alte, auch deutsche, Dampflokomotiven bewundern und auch darauf mitfahren (Farbbild 87), aber Reisen mit wirklichen Zügen konnten wir nur zweimal machen. Es gibt nur noch ein paar Linien. Die Bahnen mit drei, vier Waggons und altersschwachen Dieselloks fuhren bedeutend langsamer als Busse, standen wegen Defekten manchmal ganz. Auf dem Wege nach Naga (Luzon) stiegen abends junge Männer in Zivil mit umgehängten Gewehren ein, die wohl schon zu viel Bier getrunken hatten (bevorzugtes Getränk der Filipinos). Der Grund: In der dünnbesiedelten Gegend sollte es Rebellen geben und die herumtorkelnden, lärmenden Gesellen sollten nötigenfalls den Zug und die Fahrgäste verteidigen. Na, dann gute Nacht! Im Augenblick machten uns aber Steinewerfer mehr Kummer. In jedem Dorf wurden die Wagen von Halbwüchsigen mit einem Steinehagel empfangen, weshalb ihre Außenhaut schon pockennarbig aussah. Die meisten Fenster waren kaputt. Auch wir bekamen unser Teil ab. Die Erwachsenen schritten gegen das „Spiel" ihrer Kinder nicht ein. So legten wir 240 Kilometer zurück. Zwischen den Inseln fuhren wir fünfmal mit Fährschiffen, immer in der Deckklasse, denn die Reise dauerte ja nie mehr als ein paar Stunden, und es war warm. In manchen Städtchen hatten wir Mühe, ein Hotel zu finden. Die Zahl der Herbergen, mit oft nur ein paar Zimmern, wurde immer geringer. Die leichte Bauweise – ich erinnere an die am Buchanfang beschriebene Episode in Tacloban –, der leichtsinnige Umgang mit offenem Feuer sowie defekte Stromleitungen begünstigten Brände. Aber auch moderne Hotels gingen in Flammen auf.
Wir wollen kein Hehl daraus machen, daß uns auch die Philippinen ziemlich strapazierten. Nun hatten wir eine Erholung dringend nötig.

Wiedersehen mit Japan

„Ladies and Gentlemen!" Der Pilot unserer Maschine aus Manila meldet sich nach längerem Schweigen wieder zu Wort. „Wir sind jetzt über der größten japanischen Insel, Honschu, und wir nähern uns dem Ende des Fluges..." Draußen ist es stockfinster. „In Tokyo regnet es." Juni, Regenzeit, „Bitte legen Sie die Sicherheitsgurte an." Wir spüren, wie das Flugzeug sich leicht nach vorn neigt.

Japan... Wir haben das Bild noch vor Augen: Alle unsere Freunde winkend auf dem Bahnsteig, wo wir eben noch ein letztes Mal plauderten. Fast ein Jahr haben wir unter ihnen verbracht. Werden wir bald vergessen sein? – Nun stößt die Maschine durch die Wolken nach unten und wir sehen Perlenketten von Straßenlampen, Knäuel von Neonreklamen, dann wieder gar nichts und schließlich die Leuchtfeuer des Flughafens. Er liegt achtzig Kilometer vom Stadtzentrum Tokyos. Wir haben zwei Stunden Verspätung. Wird uns dennoch jemand willkommen heißen? Sanftes Ausrollen, wir sind da. Stempel für sechsmonatigen Aufenthalt, der Zoll fragt nur kurz. Und nun öffnet sich die Türe hinaus zur Empfangshalle.

Erleichterung und Freude sind groß. Ikuo Mori, ein Ingenieur, dem Wilma damals Deutschunterricht gab, und der anschließend Deutschland und Heilbronn besuchte, Schinobu Kameda, die wir als sechzehnjährige Oberschülerin kennenlernten, und Schizuko Masani, eine freundliche Nachbarin, stehen vor uns. „Willkommen in Japan!" Mit Herrn Moris Auto fahren wir vom Flugplatz Narita nach Tokyo. Um Mitternacht sind wir da. Mit Schizuko kommen wir bei einem Onkel von ihr unter. Sie ist uns 460 Kilometer mit dem Zug entgegengefahren. War das nicht ein bißchen zuviel für sie? Einige Zeit später erfahren wir, daß sie die ganze Geschichte unserer Freundschaft in einer Zeitschrift veröffentlicht hat.

Drei Tage später sind wir in Toyama, einer Stadt am Japanischen Meer. Schizuko nimmt uns bei sich auf, damit wir uns etwas ausruhen können. Yonedschiro Miyamoto, unser früherer Vermieter, heißt uns mit offenen Armen willkommen. „Wann immer Sie uns wieder besuchen, es wird einen Platz für Sie geben", schrieb er in seinen Briefen immer wieder. Bereits am zweiten Tag in Toyama beginnen wir, uns in der eigenen Wohnung einzurichten. Unser Freund besorgt uns einige Möbel, bis hin zu Kühlschrank und Fernsehgerät, etwas, das man in Japan unbedingt braucht, wie seine Frau meint. Unser übriger Hausrat war acht Jahre lang bei Schizuko verwahrt. Nichts davon wird vergessen oder fehlt, außer unser Geschirr. Als es im letzten Winter in Toyama eineinhalb Meter Schnee gab, brach ihr Lagerraum unter der Last zusammen und alle empfindlichen Dinge darin gingen in Scherben. Schizuko und ihre Mutter helfen uns nun, diese Lücke zu stopfen. Dann sind wir „zu Hause". (Das Farbbild 96 zeigt uns in unserer Wohnung, allerdings beim zweiten Aufenthalt im Jahr darauf, als es noch kalt war.)

Toyama, Stadt zwischen Meer und Bergen

Tja, so begann unser neues Japan-Erlebnis. Bisher waren wir bereits zweimal in diesem Land gewesen: 1968 drei Monate lang, während der Reise mit Fahrrädern; dann 1975/76, bei der zweiten Weltumrundung, als wir erstmals hier einen festen Standort suchten und unsere Wahl auf die Hafen- und Industriestadt Toyama fiel, von rund dreihunderttausend Menschen bewohnt, recht wenig nach japanischen Begriffen. Wenn ich in unserem Buch „Weit über Land und Meere" am Ende des Kapitels über Japan schrieb, daß wir dort eines der glücklichsten Jahre unseres Lebens verbracht und daß wir noch immer Heimweh danach hätten, dann bezog sich das im besonderen auf Toyama. Seine Bevölkerung war uns mit einer Mischung aus freundlicher Neugier und geduldiger Mitteilungsbereitschaft begegnet. Das gefiel uns so, daß wir gedachten, eines Tages, „vielleicht schon bald", wie wir hofften, zurückzukehren. Aber Arbeit, und andere Reisepläne, brachten es mit sich, daß dann doch eine lange Zeit verging.

Die Stadt liegt in einer großen Ebene mit bewässerten Reisfeldern, zwischen einer Bucht des Japanischen Meeres und Bergen mit Dörfern reich an Tradition (Farbbild 103), mit Wäldern, eiligen Flüssen und hochgelegenen Stauseen, wo sich beinahe unerschöpfliche Wandermöglichkeiten bieten. Gekrönt wird diese Landschaft von einem bis zu dreitausend Meter hohen Gebirgswall, nördlicher Teil der Japanischen Alpen, wie man interessanterweise sagt. Im Sommer und Herbst laden diese Höhen ebenfalls zu Touren ein, aber während der übrigen Zeit sind sie tiefverschneit, was an gewissen Stellen zu einem regen Skibetrieb geführt hat. Die Fabriken sind günstig in einem Gebiet konzentriert, im Osten der Stadt, während die Winde hauptsächlich aus

Yonedschiro Miyamoto mit Tochter, Frau (Mitte links), Schwester und Schizuko Masani (neben Wilma)

Toyama ist kein Ausbund an Schönheit, aber seine Umgebung kann sich sehen lassen

West wehen. Im übrigen hat Toyama alle Einrichtungen, über die eine moderne Stadt dieser Größe verfügen sollte, einschließlich Universität, Autobahnanschluß und Flugplatz. In der Stadtmitte steht ein wiederaufgebautes Schloß aus dem sechzehnten Jahrhundert. Toyama wurde 1945, kurz vor Kriegsende, von amerikanischen „fliegenden Festungen" dem Erdboden gleichgemacht. Über zweitausend Menschen kamen dabei um, weit mehr als hunderttausend erlitten bei der Feuersbrunst Verwundungen. Als einen Ausbund an Schönheit können wir Toyama nicht bezeichnen, aber das gilt für die meisten anderen japanischen Städte auch. Der Wiederaufbau geschah zu überstürzt, ältere Bausubstanz gilt oft nur als Plunder. Immerhin reizvoll ist, daß es viele Parks und Gärten hat und daß ein Großteil der Straßen von schönen Bäumen gesäumt wird. Durch das Stadtinnere schlängelt sich ein Bach, dessen Ufer mit mächtigen Zierkirschenbäumen bepflanzt sind. Dennoch heißt er Matsukawa, „Kiefernfluß" (Farbbild 95). Am Rande Toyamas fließt der Dschin-zu, der von den Schneebergen kommt. Zur Verschönerung haben das Bürgermeisteramt und Private durch die Aufstellung zahlreicher moderner Plastiken beigetragen. Schließlich ist noch erwähnenswert, daß die Stadt blitzsauber ist, von einigen erstaunlichen Schönheitsfehlern abgesehen, auf die ich noch zurückkommen werde.

Ursprünglich war unsere Absicht, diesmal nur einen Monat zu bleiben, um alle Freunde wiederzusehen, aber es wurden zwei Monate, und wir beschlossen sogar, nach einem Besuch Chinas erneut, und dann für mehrere Monate, hierher zurückzukehren. (Ich habe ab Seite 381 unsere Odyssee im Fernen Osten beschrieben. Wir gingen ja dann zunächst nach Südkorea, und im Anschluß an China noch einmal auf die Philippinen, ehe wir wieder Japan ansteuerten; Fernost-Reisekarte auf Seite 520). Dabei leitete uns unter anderem der Wunsch, endlich auch einmal den Frühling in seiner ganzen Schönheit zu erleben. Unter den Kirschbäumen am Matsukawa, in Naherholungsgebieten und in den Bergen konnten wir uns diesen Wunsch dann auch erfüllen. (Skizze der Provinz Toyama Seite 430.)

Alle alten Freunde stellen sich wieder ein

In den ersten Tagen kamen wir aus dem Staunen nicht mehr heraus. „Wie denn, Sie sind wieder da?", fragte uns eine alte und neue Nachbarin überrascht, als sie uns vor der Wohnung hantieren sah. Sie hatte uns auf den ersten Blick wiedererkannt. Eine andere Dame lief uns eine ganze Wegstrecke aufgeregt hinterher, bis sie uns einholte. Sie hatte hier einen Laden, wo wir früher Kunden gewesen waren, und stellte nun die gleiche Frage wie das Besitzerpaar in einem Fotogeschäft, als wir dort eintraten: „Wann sind Sie denn zurückgekommen?", sagten die Eheleute ohne Überlegen, einfach so, nach acht Jahren! Japaner vergessen nicht so schnell.

Dies fanden wir auch bei unseren anderen alten Freunden bestätigt. Nicht *einer* blieb aus. Zendschi Takaschima, ein Ingenieur beim Elektrizitätswerk, in dessen Englischklub dort Wilma damals Unterricht gegeben hatte, stellte sich nach ein paar Tagen respektvollen Abwartens bei uns ein. Das Obst und das Gemüse aus seinem großen Garten schmeckte noch genauso gut, und er nahm uns wieder zu Fahrten in die Berge und in die Wälder mit, wo er wohlschmeckende wilde Gemüse und allerlei verwertbare Früchte und Wurzeln kannte. Bei ihm zu Hause konnten wir das alles kosten, denn seine Frau war eine erfahrene Köchin, die uns gerne in ihre Geheimnisse einweihte. Einige Male besuchten wir mit ihm seinen Heimatort am Fuße des Gebirges, wo wir seine weitverzweigte Familie wiedersahen, an deren Spitze seine Mutter, die Dame im Bild auf Seite 414, die inzwischen achtzig Jahre alt geworden war, aber gar nicht danach aussah. Herr Takaschima braute auch köstliche Liköre aus den Wildpflanzen, aber nur zum Verschenken. Er selbst trank keinen Alkohol.

Obwohl immer sehr beschäftigt, stand ebenso plötzlich Dr. Naohiro Naruhaschi vor unserer Tür und er nahm sich die Zeit zu einem ersten Gespräch. Der Botaniker, ein Experte von Rang in Sachen Himbeeren, hatte zu Forschungszwecken mehrere Länder Europas und Asiens besucht. Wir hätten nie gedacht, daß es jemanden gibt, der den höchsten Berg Borneos nur deshalb besteigt, um dort nach unbekannten Himbeerpflanzen zu suchen! Aber Herr Naruhaschi war für uns vor allem die beste Informationsquelle auf vielen ganz anderen Sachgebieten. Sein Verstand und sein Witz beeindruckten uns immer wieder. Wir trafen uns danach viele Male, sooft ihm die Arbeit an der Universität von Toyama und seine Familie dazu Zeit ließen.

Hocherfreut meldete sich Keiko Kawai, Englischlehrerin an einer Mittelschule, bei uns. Sie war 1975 die erste Bürgerin der Stadt gewesen, die uns Hilfe anbot, und durch deren spontane Bemühungen wir zu unserer ersten Wohnung bei Yonedschiro Miyamoto kamen. Sie lud uns nun immer wieder ein, zum Essen bei ihr, zu Fahrten, zu Vorträgen in ihrer Schule. Und sie war unser häufigster Gast, zusammen mit zwei Mädchen und einem Jungen. Im Sommer und Herbst 1985 kamen sie jede Woche einen Abend zu uns, und beide Seiten lernten dabei eine ganze Menge. Uns Besuchern aus dem Westen jedenfalls fielen ständig neue Fragen ein. Japan birgt für uns auch heute noch viele Geheimnisse.

Fast vierhundert Kilometer weit reiste der Deutschprofessor Yotaro Honda, inzwischen an eine

Dr. Naohiro Naruhaschi, Botaniker. – Zendschi Takaschima und seine Frau bei einem Mahl

Keiko Kawai mit den Schülern (von links) Kodschi Ischikuro, Yukako Inami und Noriko Ito

Deutschprofessor Yotaro Honda und seine Frau Setsuko. – Das Mädchen Noriko Yamamoto

Universität in Nara bei Osaka übergewechselt, mit seiner Frau Setsuko, um uns wiederzusehen. In den Jahren zuvor hatte er zweimal Deutschland besucht, einmal mit seiner Frau und er hatte dabei mehrere Wochen bei uns in Heilbronn verbracht. Er revanchierte sich dafür, indem er uns bei sich und seinen Eltern in Nara aufnahm, damit wir diese uralte Stadt, vor zwölfhundert Jahren Hauptstadt Japans, mit ihren vielen historischen Tempeln (Farbbild 101), sowie Kyoto, das tausend Jahre lang die Hauptstadt war, und Osaka näher kennenlernen konnten. Über zwei Wochen blieben wir dort. Wir unternahmen auch gemeinsam weite Fahrten. Yotaros größter Freundschaftsbeweis aber war, daß er das umfangreiche Kapitel über Japan im Buch „Weit über Land und Meere" dem Dogakusha-Verlag in Tokyo in gekürzter Form und von ihm entsprechend bearbeitet als Deutschlehrbuch für die japanischen Universitäten anbot. Diese Veröffentlichung brachte uns neue Freundschaften ein. Früher war Yotaro in Toyama unser Nachbar gewesen.
Ikuo Mori und Schinobu Kameda, die auch am Flughafen gewesen waren, besuchten wir in Tokyo (früher lebten sie in Toyama), und sie kamen zu uns. Herr Mori war nebenberuflich Konzertmeister eines Sinfonieorchesters in Atsugi, einer Stadt westlich von Tokyo. Seine Frau spielte auch Violine. Das Paar hatte sich durch die gemeinschaftliche Leidenschaft für (vor allem deutsche) klassische Musik kennengelernt. So hofften sie natürlich, daß auch ihre beiden kleinen Jungen einmal Liebe dazu empfänden. Kinder zu haben, die aus der Menge herausragen, ist der große Wunsch fast aller japanischen Väter und Mütter. Schinobu – ihre Eltern waren unsere Nachbarn – verständigte auch eine andere frühere Oberschülerin, die oft bei uns und ebenfalls sehr

402

musikalisch war, und die uns nun mit Stolz ihren ersten Sprößling vorstellte. Unsere Vermieterfamilie Miyamoto wollte zunächst überhaupt kein Geld für die Wohnung (man muß dazu wissen, daß Mieten in Japan sehr hoch und daß – zum Teil verlorene – Mietvorauszahlungen üblich sind), aber nach unseren Einwänden bekamen wir den ersten Monat als Geschenk und für die gesamte übrige Zeit mußten wir nur eine ermäßigte Miete bezahlen. Auch die persönlichen Beziehungen waren eng. Herr Miyamoto, ein Sammler, bedankte sich so bei uns dafür, daß wir ihm Jahre hindurch fleißig Briefmarken geschickt hatten. Er besaß einen Betrieb für Baustoffe. Sein Sohn Hiroschi hatte ein Baubüro und war aktives Mitglied beim Gewerbeverein. Durch seine Verbindungen konnte er uns oft Informationen beschaffen.

Westliche Ausländer immer eine kleine Sensation

Neue Freundschaften schlossen wir mit mehreren Mittelschülern, darunter dem Mädchen Noriko, das eine besonders eifrige Briefeschreiberin war. Sie korrespondierte mit Gleichaltrigen in mehreren Ländern, um ihre Englischkenntnisse zu erweitern und um mehr über das Leben anderer Völker zu erfahren. Ihr Wunsch war, einmal eine große Reise zu unternehmen. Ihre Auskünfte über die Denkweise junger Leute im heutigen Japan waren für uns von großem Wert. Unsere Nachbarin Taeko Nakamura (ihr Mann war Meeresbiologe an der Uni) gehörte zu den Frauen, die zu unserem Japanbild aus *ihrer* Sicht beitrugen. Auch erklärte sie uns viele alte Bräuche. Leider starb die stets optimistisch wirkende Freundin nur wenige Monate nach unserem Weggang an Krebs, zwei kleine Mädchen hinterlassend. Zu unseren eifrigsten Helfern gehörte ein Kreis von Professoren und Lehrern an der Universität, durch deren Vermittlung wir Industriebetriebe besichtigen und viele komplizierte Sachfragen klären lassen konnten. Insbesondere tat sich Dr. Tsutomu Anayama (im Farbbild 100 links neben Wilma) hervor, der uns oft bis in die Abendstunden hinein bei Übersetzungen behilflich war. Andere neue Freunde waren mehrere Hausfrauen, Firmenangestellte und selbständige Unternehmer, sowie Leute, die bei Wilma Sprachunterricht nahmen, worüber am Ende dieses Kapitels noch die Rede sein wird. Die Dame Kazuko Hara fiel uns besonders auf, weil sie zusammen mit ihrer Freundin etwa zehn Exemplare unseres letzten Weltreisebuches kaufte, die sie an Bekannte verschenkten, welche Deutsch am College hatten, denn sie selbst waren in unserer Sprache nicht bewandert.
Die stereotype Ansicht, die sich in der Welt hartnäckig hält, daß Japaner keine Besucher, vor allem Ausländer, in ihr Haus bäten, fanden wir auch diesmal eindrucksvoll widerlegt. So, wie wir Gäste hatten, wurden wir auch zu allen eingeladen. Diese ehrliche Freundlichkeit ließ uns indes nicht vergessen, daß sie zum Teil auf der Tatsache einer äußerst geringen Zahl von Ausländern in Toyama beruhte. Insgesamt waren es nur ein paar Dutzend, zum Teil Asiaten, die zu Lehrgängen in einem Industriebetrieb vorübergehend hier weilten. Europäer gab es nur eine Handvoll, und jeder von ihnen war eine willkommene kleine Sensation. Einige gaben Sprachunterricht oder waren Austauschschüler oder Missionare. Wir fragten uns aber, ob das Verhältnis zwischen Japanern und Ausländern immer noch so herzlich wäre, wenn, angenommen, nicht fünfzig, sondern zwanzigtausend von diesen in Toyama Arbeit und ein Zuhause suchten, wie dies in deutschen Städten üblich ist . . . Die Gastfreundschaft empfanden wir dennoch nicht als selbstverständlich. Unsere Denkweise und die der Japaner unterscheiden sich in vielerlei Hinsicht so sehr, daß es von beiden Seiten großzügiger Zugeständnisse und schlicht herzlicher menschlicher Gefühle bedurfte.

„Ewiger-Frühling-Pillen" als Geschenk, Gangster als Nachbarn

Herr Miyamoto überließ uns diesmal eine Wohnung in einem Gebäude, das die Nummer 6 trug, obwohl er nur fünf Häuser hatte. Die Nummer 4 gab es nicht, denn sie gilt als eine unglückbringende Zahl. Zufällig wird sie wie das japanische Wort für „Tod" „schi" ausgesprochen. In der Folge erwiesen sich Sorgen als grundlos, die meine Lebensjahre, 44, auslösen konnten. Diese Zahl, zweimal 4, wog gleich doppelt schwer. Nach Ansicht unserer Freundin Schizuko konnte uns jedoch kaum etwas zustoßen, denn Wilma hatte an ihrer Umhängetasche ein „omamori", einen japanischen Talisman, befestigt, schon seit einigen Jahren, allerdings nicht, weil sie an seine Wirksamkeit glaubte, sondern weil er mit seinen Schriftzeichen dekorativ aussah. Schizuko war nicht die einzige, die sich um unser Wohl sorgte. Einmal bekamen wir „Ewiger-Frühling-Pillen", ein andermal „Sechs-Götter-Kapseln" überreicht, die, nebenbei, sehr teuer waren, und die beinahe genau die gleichen Substanzen enthielten: Magensäure eines Rehs, Gallensteine einer Kuh, Gallenblase eines Bären, Ginseng, Perlen und Hautschleim einer Kröte, alles getrocknet, zerstoßen und dann zum Einnehmen aufbereitet. Diese Medizin sollte die geistigen Fähigkeiten erhöhen, die allgemeine Verfassung verbessern, sexuell verjüngend wirken. Jemand kredenzte uns bitter-suppigen Tee, Abguß von einem Pilz mit dem markanten Namen „man-nen-take", was „Zehntausend-Jahre-Pilz" bedeutet. Der Tee sei zur Vorbeugung gegen Krebs und Herzanfälle zu trinken, erklärte man uns.

Auch in unserer Nachbarschaft machten wir interessante Beobachtungen. Der kleine Stadtteil „In den Gemüsefeldern", dem Viertel „Kirschblütental" nahe, war in Toyama ziemlich gut bekannt,

Für Wohngebiete der Städte und für größere Dörfer typische Szene

Ihre Freundin machte das Bild. – Wilma auf dem Rückweg von der Stadtmitte Toyamas

denn hier befand sich nicht nur die nach allgemeiner Ansicht beste Mittel- und Volksschule der Stadt, sondern auch eines der größten „Liebeshotels", wie jedes Schulkind an der riesigen Reklame erkennen konnte. Zudem gab es einen Wohnblock, in dem überwiegend Mitglieder der „yakuza", der japanischen Mafia, wohnten, die an ihren den halben Körper bedeckenden Tätowierungen leicht auszumachen waren. Niemand schien sich über die Präsenz dieser Herrschaften zu wundern. Im Sommer etwa um neun Uhr abends, in den anderen Jahreszeiten früher, ging durch den Stadtteil ein Nachtwächter, der mit einer Schelle und durch Zusammenschlagen von zwei Hölzern daran erinnerte, vor dem Schlafengehen offenes Feuer und Licht zu löschen, eine Tradition, die aus alten Zeiten erhalten blieb.

Wir waren dankbar dafür, daß wir wieder eine Wohnung in japanischem Stil hatten, mit eingebauten Schränken, viel Holz für die Wände und die Decke, mit Bodenmatten aus Stroh und Schilf, die nicht mit Schuhen betreten werden, und mit Bad, in dem man sich übrigens außerhalb der (kleinen) Wanne wäscht und sich erst ins Wasser setzt, wenn man bereits sauber ist . . . Wir kochten mit Flaschengas der Marke „Alpen", benannt nach den Bergen, aus denen Toyamas weiches, wohlschmeckendes und auch im heißesten Sommer kaltes Trinkwasser kam. Dort wurde mit Wasserkraft die elektrische Energie nicht nur für unsere „Heimatstadt auf Zeit", sondern auch für andere japanische Städte erzeugt. Mehrere günstige Enkaufsmöglichkeiten befanden sich unweit unserer Wohnung. Für weitere Besorgungen mußten wir auf die andere Seite des Dschin-zu zur Stadtmitte. Ein Fahrrad (vom Sperrmüll) leistete uns gute Hilfe.

Zwanzig Meter Schnee, strömender Regen und glühende Hitze

Zweimal zu Fuß und einmal mit einem Bus gelangten wir auf den 3015 Meter hohen Hausberg von Toyama, den Tateyama, Teil des Gebirges, das ein Nationalpark ist. Wir genossen die Natur, die frische Luft, die spektakulären Szenerien. Die Fußmärsche von jeweils fünfunddreißig Kilometern unternahmen wir, als der Winter sich dort oben gerade verabschiedete, denn bei dem einsetzenden besseren Wetter konnten wir einmalig schöne Schneelandschaften bewundern. Zeitweise aber sahen wir wirklich fast nichts außer Schnee, dann nämlich, wenn wir an Stellen, wo der Schneefall besonders heftig gewesen war, auf der Gebirgsstraße entlanggingen. Sie führte dann durch eine „Schlucht", die in die über zwanzig Meter dicken Schneemassen hineingefräst worden war. Der Winter zuvor hatte dem Landstrich am Japanischen Meer, der dafür berühmt ist, besonders viel Schnee gebracht. Die Stelle, wo Wilma im Bild nebenan zwischen den eisigen Wänden wie ein Zwerg erscheint, befindet sich auf dem Farbbild 107 im Vordergrund bei den bunten Bäumen. Diese Aufnahme entstand im Herbst, als wir auf Einladung von Freunden im Bus einen Sonntagsausflug auf den jetzt fast ganz schneefreien Tateyama machten.

Wir erlebten zwei Sommer in Toyama, dessen Gebiet auch dafür bekannt ist, dann ein besonders feuchtheißes Klima zu haben. Beide Male schmachteten wir mit den Japanern etwa einen Monat in tropischer Hitze um die Wette. So lange nämlich stieg die Quecksilbersäule auf über 35 Grad, und nachts gingen die Temperaturen nicht unter 25 Grad zurück. In der Wohnung hatten wir nie unter 29 Grad. Hier wurde auch zweimal die höchste Temperatur in ganz Japan gemessen, 38,5 Grad, bei gleichzeitig fast hundert Prozent Luftfeuchtigkeit. Dagegen war es in Tokyo mit 33 Grad beinahe „kalt"! Andererseits brachte die Regenzeit viele Probleme. Mehrere Taifune hinterließen (nicht bei uns) ihre Spuren von Tod und Verderben. Die Regenzeit dauert gewöhnlich etwa vier Wochen im Juni und Juli, aber 1985 hörte sie nicht vor Ablauf von sechs Wochen auf. Es regnete teilweise vierzig Liter auf den Quadratmeter pro Stunde. In dieser Zeit kam es fast täglich zu schweren Gewittern und zu tagelangen Dauerregen. Die Niederschlagsmenge in Toyama ist etwa viermal so hoch wie die in Deutschland. Einige unserer Unternehmungen litten unter diesen Unbilden erheblich. Aber die Myriaden von krakeelenden Zikaden fühlten sich in der drückenden Schwüle am wohlsten. Ihr „Gesang" ist das typischste Merkmal dieser Jahreszeit.

Ein fürchterlich teures Land

Das für den Tourismus zuständige Ministerium in Indonesien hat errechnet, daß die durchschnittliche Verweildauer der Besucher in diesem Lande fünf Tage nicht übersteigt. Wir haben keine genauen Zahlen aus Japan, aber der Aufenthalt von Touristen dürfte hier im Schnitt noch kürzer sein. Grund zu dieser Annahme ist die einfache Tatsache, daß Japan ein fürchterlich teures Land ist. Man muß nicht unbedingt das Beispiel der Bodenpreise in Tokyo anführen, wo im Haupteinkaufsgebiet, der Ginza, der Quadratmeter im Sommer 1986 bis zu 280 000 Mark kostete, der höchste Betrag für Boden in der Welt. Auch in ländlichen Gegenden steigen die Grundstückspreise unaufhörlich und es fällt den kleinen Leuten immer schwerer, sich den Traum vom eigenen Heim zu erfüllen. Aber schon ein Gang durch einen Supermarkt genügt, um sich ein Bild von der Preisgestaltung zu verschaffen. Beispiele: Ein Kilo Zucker etwa drei Mark, ein Kilo Rindfleisch vierzig bis fünfzig Mark, ein Liter Milch über zwei Mark, eine Flasche Bier fast drei Mark. Werden Zucker und Rindfleisch größtenteils importiert, so sind Milch und Bier heimische Produkte.

Mitte Mai liegen am Tateyama noch an die 20 Meter Schnee. Die Schneise wurde hineingefräst

Reis – Japan will Selbstversorger sein und importiert fast nichts von diesem Gut – wird, bei mittlerer Qualität, zu etwa sechs Mark das Kilo verkauft. Er ist damit fünf- bis sechsmal so teuer wie auf dem Weltmarkt. Warum? Die in Japan seit Kriegsende ununterbrochen regierende „Liberal-Demokratische Partei" weiß die Bauern als treue Wähler auf ihrer Seite, solange sie dafür sorgt, daß Reis, wie Milch, immer teurer verkauft wird. Tatsächlich bekommen die Bauern aber mehr Geld für ihr Produkt als der Verbraucher bezahlt. Die Regierung subventioniert nach Kräften. Die Hälfte der Ausgaben im Haushalt des Landwirtschaftsministeriums gehen als Zuschuß an diesen Berufsstand.

Was Leute, die auf Reisen sind, besonders interessiert, sind Fahrt- und Übernachtungskosten. Bei den Eisenbahntarifen liegt Japan mit der Bundesrepublik etwa gleich, wenn man den normalen Zug nimmt. Bei Schnellzügen müssen unterschiedliche Zuschläge bezahlt werden, die den Fahrpreis spielend auf das Doppelte erhöhen können. Die Beherbergung ist sehr teuer. Ein einfaches Hotelzimmer für zwei Personen ist nicht unter hundert Mark zu haben, in Tokyo nicht unter zweihundert. Wer in einen „ryokan", einem Gasthaus in japanischem Stil, wohnen will, bezahlt zu zweit fast dreihundert Mark. Eine Nacht in einer Jugendherberge kostet mit Abendessen und Frühstück über vierzig Mark. Der Leser wird jetzt noch besser verstehen, warum wir so sehr auf eine eigene Wohnung erpicht waren. Einschließlich Nebenkosten (Gas usw.) kam sie uns, bei rund vierzig Quadratmetern und minderer Qualität als gewöhnlich in Deutschland, auf immer noch 450 Mark monatlich. (Acht Jahre zuvor hatten wir noch 150 Mark bezahlt.) Daß für uns alles so teuer war, lag an dem unwahrscheinlich hohen Wert der japanischen Währung, des Yen. Aber die Preise waren auch für die meisten Japaner viel zu hoch. Ein Universitätsabgänger verdiente 1986 bei einer Firma im ersten Jahr etwa 1800 Mark im Monat. Wer nur die Ober- oder Mittelschule absolviert hatte, lag erheblich darunter. Frauen erhielten noch weniger als die Männer. Eine große Anzahl von einfachen Arbeitern verdiente nicht mehr als 1500 Mark im Monat, bei *den* Preisen. Mit Vorsicht beim Einkauf von Lebensmitteln (Beachtung der Sonderangebote), durch Benutzung der langsamen, billigeren Züge und mit Hilfe unserer Freunde (wie Herrn Takaschima mit seinem Obst und Gemüse) schafften wir es, daß sich unsere Ausgaben in vernünftigem Rahmen hielten.

Vom Wunsch, zum Rest der Welt zu gehören

Wir hatten natürlich damit gerechnet, daß sich in acht, neun Jahren – ganz abgesehen vom Wandel im Stadtbild – in Toyama Veränderungen ergeben würden, aber eigentlich wären wir nicht auf die Idee gekommen, daß von hier einmal internationale Kontakte ausgehen könnten. Von Hiroschima, Nagasaki, Kyoto und Sapporo ja, aber von hier? Dazu schienen uns die Einwohner einfach zu provinzlerisch. Wir waren deshalb erstaunt, nun von einem „Internationalen Zentrum" zu Diskussionen eingeladen und vom Leiter der „Internationalen Sektion" der Stadtverwaltung besucht zu werden. Der „Berater für internationalen Austausch" beim Gouverneur der Provinz vermittelte einen Besuch bei seinem Chef. Die größte Tageszeitung bat uns, andere Ausländer und Japaner um Interviews zum Thema „Was bedeutet internationaler Austausch für Sie?" 1985 wurde erstmals ein „Oberschulen-Drama-Festival" veranstaltet, zu dem Theatergruppen aus einem Dutzend Länder kamen. Im Begleitwort der Initiatoren hieß es: „Das rückständige Toyama hat sich nun selbst zum Welt-Mekka des Amateur-Theaters erklärt!" Alle Aufführungen wurden in den Nationalsprachen präsentiert, aber wurden vorwiegend von Mittel- und Oberschülern besucht, die nicht einmal die englische Sprache auch nur einigermaßen verstanden. Stich- und Schlagwort bei allen erwähnten Initiativen (die Aufzählung ist unvollständig) war „Internationalisierung".

Auch in vielen anderen Städten tat sich solches. Das Bestreben war, Japan und die Japaner zu „internationalisieren", und zwar durch die Japaner selbst. Dazu brauchtes sie den „internationalen Austausch", auf japanisch „kokusaika", für manche ein Begriff von fast magischer Ausstrahlungskraft. (Aber die Mehrheit wußte in der Praxis damit überhaupt nichts anzufangen.) Ursache der Bemühungen war der Drang, nicht mehr als Menschen mit „insularem Charakter" betrachtet zu werden, die kulturelle Beziehungen zum Rest der Welt scheuten oder gar auf ihn hinabschauten. Man wollte als der Welt hingewandt gelten, als dazugehörig. Dieser Drang wurde umso stärker, je mehr sich der Druck auf Japan wegen seiner Handelspraktiken intensivierte.

Nun ist der Wunsch, nicht mehr abgekapselt und allein zu sein, schon viel älter. Ab 1854 wurde er teilweise erfüllt, als nämlich die amerikanische Marine Japan zwang, internationalen Handel aufzunehmen. Damals wurden Freundschafts- und Handelsverträge mit den USA und mehreren europäischen Staaten unterzeichnet und einige Häfen geöffnet. Dies stärkte zwar eine fremdenfeindliche Bewegung im Land, in dem deshalb ein blutiger Bürgerkrieg ausbrach. Aber das Verlangen, sich der Außenwelt anzuschließen, war stärker. Es führte zur Wiederherstellung der Kaiserwürde nach der jahrhundertelangen Abschließung unter der Herrschaft der kaiserlichen Feldherren, der Schogune, im Jahre 1867. Die Modernisierung Japans begann auf allen Gebieten, obwohl zehn Jahre danach noch einmal ein Aufstand gegen die Erneuerung ausbrach. Es herrschte Kaiser Mutsuhito, der Meidschi Tenno. Seit 1889 hat Japan eine durch Staatsverfassung in ihren

Kleiner Maler an einem Schrein. – „Ich helfe meinem Vater!"

Machtbefugnissen eingeschränkte Monarchie. Seine Kriege gegen China (1894/95) und Rußland (1904/05), beide siegreich endend, und der Angriff auf die USA und ihre Verbündeten im Pazifikkrieg ab 1941 brachten Japan zunächst zwar enorme Landgewinne, aber schließlich doch die totale Niederlage und seinen territorialen Rückzug auf die eigenen Inseln. Seit 1945 unternimmt Japan jeden Versuch, sich im wirtschaftlichen Bereich eine Vormachtstellung in der Welt zu verschaffen.

Versäumnisse Japans in Ost- und Südostasien

Aber trotz seiner großen Erfolge auf diesem Gebiet steht Japan immer noch ziemlich isoliert da. Es hat versäumt, so etwas wie die Europäische Gemeinschaft in seiner Sphäre zu schaffen. Zuvor hatte es dies nur mit Gewalt versucht. Viele Politiker und Gelehrte in Südostasien erwarten von Japan, daß es ihre Länder anders sieht als Westeuropa und Nordamerika, ihnen in wirtschaftlicher Hinsicht Vergünstigungen gewährt, denn sie hätten im Kriege genug unter der japanischen Expansionslust gelitten. Die Rolle der Japaner war bisher nur, Rohmaterial zu kaufen, Fertigwaren zu exportieren. Die Asiaten, die nun selbst in der Lage sind, solche Waren zu erzeugen, warten auf den Zeitpunkt, daß Japan in das Stadium gelangt, wenn es vor allem Artikel der High Technology produziert. Ein indonesischer Publizist schrieb in der japanischen Zeitung „Yomiuri Schimbun", die Japaner sollten sich mehr bewußt werden, daß ihr Wohlstand zum Teil auf der Zusammenarbeit und dem Verständnis der internationalen Gemeinschaft beruhe, und daß sich aus Japans Wohlstand auch Verantwortlichkeiten ergäben. Die Japaner ihrerseits äußerten offiziell ihren Wunsch, mitzuwirken, das „Pazifikbecken" (Anrainerstaaten in Ostasien, Nord- und Südamerika, sowie Australien und Neuseeland) zu einer der wohlhabendsten Regionen zu machen. Für das einundzwanzigste Jahrhundert sehen sie ein „goldenes Zeitalter" voraus. Aber die Zweifel wollen nicht verstummen, daß Japan nur an seinen eigenen Vorteil denke. Auch der Verdacht, daß dieses Land sich wie ein Dieb bei einem Feuer einschleiche, Vorteile aus Konflikten zu ziehen versuche, wird immer wieder geäußert. Japan habe an den Kriegen in Korea und Vietnam Unsummen verdient, jetzt habe es die gleichen Absichten, wenn es von „Vermittlung" im neuen Indochina-Konflikt, in dem zwischen Nord- und Südkorea und in dem in Mittelost spreche. Das offizielle Japan beteuert jedoch immer wieder, daß sein Interesse nur der Sicherung der Handelswege, seiner Nachschublinien, und folglich auch der aller übrigen Länder gelte.

Japan hatte bisher in Ost- und Südostasien besonders bemerkenswerte wirtschaftliche Erfolge zu verzeichnen. Aber auf dem Gebiet der Völkerverständigung hat es diese Region am meisten vernachlässigt, hier, wo sich jahrzehntelang seine Militärs und Beamten austobten und unermeßlichen Schaden anrichteten. Was in Europa zwischen den früheren Kriegsgegnern versucht wird und Teilerfolge gebracht hat, die Verständigung zwischen den Völkern zu fördern, fand in Fernost nicht statt. Wenn heute viele Wohlmeinende von einer „Internationalisierung" Japans sprechen, von einer Hinwendung seines Volkes zur Welt, ist leider vor allem, wenn nicht fast ausschließlich, von noch besseren Beziehungen zur westlichen Welt, an ihrer Spitze Nordamerika, die Rede. Das kommt nicht von ungefähr: Die USA und die Europäer haben Japan wegen seiner aggressiven Exportmethoden und wegen der Weigerung, seinen Markt für den Import von Fertigwaren zu öffnen, bisher am heftigsten kritisiert und Gegenmaßnahmen angedroht. Von einer Öffnung zu den Nachbarländern hin ist bei der Diskussion um die „Internationalisierung" nur in rühmlichen Ausnahmefällen die Rede.

Akrobaten auf der Straße und am Bau: Lieferant von Mittagessen und Gerüstbauer (beides in Toyama)

Im Interview mit der „Nordjapan-Zeitung" sagten wir deshalb unter anderem: „Der Begriff ‚Internationalisierung' darf nicht ‚Verwestlichung' bedeuten. Die Japaner sind Asiaten und sie sollten ihr Bestes tun, um engere Beziehungen zu Koreanern, Chinesen und anderen Völkern zu knüpfen. Wenn ‚Internationalisierung' Schwächung der eigenen Kultur bedeutet, dann sollte sie nicht vorangetrieben werden. Die Japaner sollten ihre Beziehungen zum Ausland zwar ständig verstärken, und sie sollten zum Austausch von Ansichten und Wissen beitragen, aber ohne von westlichen Vorstellungen, Methoden und Moden zu stark beeinflußt zu werden und ohne den Überblick zu verlieren. Es ist schade, daß die Japaner nur von *einem* Land wirklich beeindruckt zu sein scheinen." Ich meinte damit, in Japan jedem verständlich, die USA. Ein chinesischer Student formulierte bei einer Podiumsdiskussion in Tokyo seine Kritik so: „Die Japaner sind Nicht-Asiaten geworden, völlig verwestlicht!" Diese Meinung konnten wir allerdings nicht teilen.

Nachbarvölker werden wachsam

Vor allem Korea und China reagierten in den letzten Jahren mit zunehmender Verbitterung auf immer neue Anzeichen einer japanischen „Unverbesserlichkeit". Besonders ins Schußfeld geraten ist das Land wieder seit dem Amtsantritt des Premierministers Yasuhiro Nakasone. Unter ihm häuften sich die die beiden Nachbarländer herabwürdigenden Äußerungen von Offiziellen, einschließlich ihm selbst. (Er war im Krieg Marineoffizier.) Aber schon der Stil von Schulbüchern ist koreanischen und chinesischen Politikern (und Nationalisten) ein Dorn im Auge. „Unter dem Druck der Liberal-Demokratischen Partei haben Japans Erziehungsbehörden darauf bestanden, daß Verfasser und Herausgeber von Geschichtsbüchern die schlimmsten Aspekte des Krieges abschwächen", schrieb die große „Yomiuri Schimbun" in Tokyo. Tatsächlich hatte dabei aber Nakasone selbst eine wichtige Rolle gespielt. Die unmenschlichen Akte Japans gegen die Zivilbevölkerung Ostasiens wurden bei dieser Zensur entweder verharmlost oder sie wurden gar nicht mehr erwähnt. Während unseres Aufenthalts, am 15. August 1984, dem Jahrestag der japanischen Niederlage neununddreißig Jahre zuvor, besuchte der Premierminister mit vierzehn Ministern als erster Regierungschef in offizieller Funktion den Yasukuni-Schrein in Tokyo. Dieser, bereits 1869 auf Geheiß des neuen Kaisers Meidschi Tenno errichtet, war vor und während des Pazifikkrieges zur Förderung patriotischer und militaristischer Gefühle benutzt worden. Er ist allen Kriegstoten, also auch jenen, die in den Nachbarländern schwere Verbrechen begangen haben, geweiht. Die chinesische Zeitung „China Daily" schrieb daraufhin, dieser Besuch verursache „viel Sorge unter den Völkern Asiens" und lasse sie „wachsam" werden.

Greueltaten der Kaiserlichen Armee

Als die „dunkelste Stunde" der Besetzung Chinas (ab 1931) bezeichnete eine japanische Zeitung das Massaker von Nanking im Jahre 1937. Innerhalb sechs Wochen wurden dort von japanischen Soldaten 300 000 Menschen ermordet, an einem Tage auf einem Schlachthof allein 30 000. Die Landser sollen untereinander Wettbewerbe abgehalten haben, wer die meisten Chinesen an einem Tag töten könne. Japanische Schulbücher sprechen bei der Erwähnung des Massakers (dieser Begriff wird dabei nicht verwendet) lediglich von „vielen Toten". Massenvergewaltigungen werden darin nicht angegeben. China schätzt die Zahl seiner Toten bei Kriegshandlungen während vierzehn Jahren japanischer Besetzung auf zehn Millionen. Noch einmal so viele sollen verwundet worden sein.

In Korea, das seit 1910 japanische Kolonie war, wurden im Pazifikkrieg Hunderttausende von Männern zur Zwangsarbeit in Munitionsfabriken, in Minen und auf Baustellen für Flugplätze und Militäreinrichtungen nach Japan verschleppt. Die meisten, die dabei starben, erlagen der Brutalität der japanischen Bewacher, Vorarbeiter und Soldaten, oder sie begingen Selbstmord. Hunderttausende von Frauen wurden aus ihren Dörfern verschleppt, vergewaltigt und als sogenannte „Trostmädchen" mit auf die Feldzüge genommen. Der 71jährige Seidschi Yoschida, der selbst an diesen Verschleppungen teilgenommen hat, schrieb darüber das Buch „Mein Kriegsverbrechen . . ."

Bei bakteriologischen und Giftgasexperimenten einer japanischen Sondereinheit an chinesischen, russischen und amerikanischen Kriegsgefangenen in der Mandschurei kamen rund dreitausend Menschen unter fürchterlichen Qualen um. 1982 kam der Bestseller von Seiitschi Morimura unter dem Titel „Des Teufels Gefräßigkeit" zu diesem Thema heraus. Der Autor hatte allerdings keine Indizien. Professoren der Keio-Universität in Tokyo fanden jetzt aber die Beweisdokumente in einem speziellen Altbuchladen . . .

Im Februar 1945, als die Amerikaner zum Kampf um die Befreiung Manilas ansetzten, sollen japanische Soldaten dort weit über hunderttausend Filipinos umgebracht, zahllose Frauen vergewaltigt und andere Grausamkeiten begangen haben.

Beim Bau einer über vierhundert Kilometer langen Eisenbahnlinie der japanischen Armee durch

Während unseres Aufenthaltes berichtete die Presse oft über unsere Aktivitäten in Japan

schwieriges Gelände von Siam (Thailand) nach Birma ab 1942 starben rund 80 000 Asiaten und 16 000 alliierte Kriegsgefangene an Krankheiten, Entkräftung und bei Hinrichtungen. Der Bau, 1943 beendet, von dem der Film „Die Brücke am Kwai" handelt, wurde von Historikern als „größtes Monument der Nutzlosigkeit" beschrieben. Die „Todeseisenbahn" brachte den Japanern keine militärischen Vorteile.

Keine Vergangenheitsbewältigung

Wenn von den Deutschen gesagt wird, daß sie ihre Vergangenheit noch nicht bewältigt haben, so gilt für die Japaner, daß sie vielleicht gerade erst damit begonnen haben, sich mit ihrer Vergangenheit zu beschäftigen. Jahrzehntelang schoben sie die Gedanken daran beiseite, umgingen sie das Thema im Schulunterricht. Ein sechzehnjähriger Mittelschüler, mit dem wir uns darüber unterhielten, wußte gut Bescheid und er verurteilte die Untaten der japanischen Militärs. Er hatte sich sein Wissen angelesen. „Unsere Lehrer sprechen darüber nicht", sagte er. Fast jeder, den man auf die Kriegsereignisse im Ausland anspricht, ist peinlich berührt und versucht, das Gespräch in eine andere Richtung zu lenken. Filme eigener Produktion über jene Zeit sind selten, solche, in denen die Kaiserliche Armee der Verbrechen beschuldigt wird, praktisch inexistent, auch im Fernsehen. Bücher darüber werden jetzt häufiger. Der Zeitungskommentator Kazuhiko Nagoya schrieb, es gäbe einen harten Kern von Sozialkritikern und Journalisten, die so redeten, als ob das Kaiserreich Japan ein gerechtes Land gewesen sei, und sie schienen sich nach den „guten alten Zeiten" zu sehnen, die in Wirklichkeit schlechte alte Zeiten gewesen seien. Falsche Gefühle ohne ausgeprägten Gerechtigkeitssinn führten Leute zu falschen Ideen.

Seidschi Yoschida, der das Buch „Mein Kriegsverbrechen . . ." schrieb, errichtete in Südkorea ein Denkmal, womit er das koreanische Volk um „Vergebung für die Sünden der japanischen Regierung und der von ihr Beauftragten", einschließlich ihm selbst, bitten wollte. Er ist bisher der einzige Japaner, der sich zu den japanischen Greueln in Korea in einem Buch äußerte. Erfreulicherweise gibt es einzelne, Schriftsteller, Künstler und Gelehrte, und Gruppen, die auf ihre Weise einen Beitrag zur Völkerverständigung leisten. Und viele japanische Städte sind Partnerschaften mit Städten und Provinzen in China eingegangen. Aber reicht das aus, um mit der Vergangenheit fertig zu werden? Ist es nicht in erster Linie wichtig, Erinnerungen ans Tageslicht zu bringen?

Leiden der Zivilisten, „Friedensverfassung" und „Selbstverteidigungstruppen"

Trotz, oder vielmehr wegen der starken Sympathien, die wir für Japan und das japanische Volk empfinden, wollte ich dieses für die Zukunft des Landes so wichtige Thema nicht aussparen. Die japanische Zivilbevölkerung litt unter den Folgen des von den Militaristen und Faschisten angezettelten Eroberungskrieges ebenfalls entsetzlich. 119 Städte, darunter Toyama, wurden von den Amerikanern bombardiert. Gegen Tokyo allein sollen an die tausend Angriffe unterschiedlicher Intensität geflogen worden sein. Bei einem Angriff im März 1945 starben dort vermutlich

Achtzigjährige Bäuerin. – Armloser Kriegsinvalide bettelt; auf der Kiste steht „Friede"

200 000 Menschen. Es gibt keine spezielle Gedächtnisstätte für diese Opfer. Die Folgen der Atombombenabwürfe auf Hiroschima und Nagasaki sind bekannt. Insgesamt verlor Japan über drei Millionen Menschen, ein Zehntel davon Zivilisten, die in China und Korea (in Gebieten, die von den Japanern als Kolonien betrachtet wurden) gelebt hatten. Zehn Millionen wurden obdachlos, etwa ein Achtel der Bevölkerung. Es war das erste Mal, daß Japan besiegt wurde.

Die Präambel der Verfassung Japans nach 1945, unter starkem Einfluß der Besatzungsbehörden geschrieben, beginnt (in Auszügen) so: „Wir, das japanische Volk, (sind) entschlossen, für uns und unsere Nachkommen die Früchte friedlicher Zusammenarbeit mit allen Nationen und die Segnungen der Freiheit in diesem Land zu sichern und (dafür zu sorgen), daß wir niemals mehr durch Handlungen der Regierung von den Schrecken des Krieges heimgesucht werden... Wir, das japanische Volk, wünschen Frieden für alle Zeiten..."

Seit 1954 (nach dem Koreakrieg) hat Japan sogenannte „Selbstverteidigungstruppen". General Douglas MacArthur, der „Oberste Kommandeur der Alliierten Mächte", hatte Japans „Friedensverfassung" als erster ausgehöhlt, als er zuvor die Gründung einer „Nationalen Polizeireserve" befahl. Alle weiteren Abkommen mit den USA über die Stationierung ihrer Truppen und die militärische Zusammenarbeit taten das ihrige. Die „Selbstverteidigungstruppen" (japanisch: „dschietai") sind die modernste und wirkungsvollste Militärmaschinerie Asiens geworden, wie die britische Zeitung „The Guardian" 1984 schrieb. Nach ihren Angaben sind die japanischen Landtruppen so stark wie die Großbritanniens, ist der Verteidigungshaushalt Japans der achtgrößte in der Welt. Ein amerikanischer Militäranalyst wurde in der gleichen Zeitung ein Jahr später zitiert: „Wenn Japan ernsthaft bedroht würde, etwa durch Unterbrechung seiner Ölnachschublinien, oder wenn ganz Korea kommunistisch würde, könnte es rasch wiederaufrüsten. Es hat die Technologie, die Industrie, eine höhere Anzahl von Offizieren gegen Mannschaften als jedes andere Militär. Es könnte seine Mannschaften unter Waffen sehr schnell vergrößern."

Drei von vier Japanern meinen, daß „dschietai" zu ihrer Sicherheit beiträgt, obwohl nur jeder dritte eine gute Meinung von den Streitkräften hat. Jeder zweite ist der Auffassung, daß die Stärke und Ausrüstung dieser Truppen die Grenzen der Selbstverteidigung übersteigen. Nur jeder fünfte ist aber der Meinung, daß sie verringert werden sollten. Drei von vier Japanern haben die Befürchtung, ihr Land könnte „bald" angegriffen werden.

Die Militärs vermeiden derzeit noch, im Straßenbild ihre Uniformen zu zeigen. In der Geschichte des Landes gehörten die Krieger lange Zeit der höchsten Klasse an. Vorläufig scheint noch das Gegenteil der Fall zu sein. Indessen bemüht sich Premierminister Nakasone darum, daß die „Friedensverfassung" durch eine neue ersetzt wird.

Ein Teil der Japaner hält sich für „einzigartig"

Es war für uns natürlich erfreulich, Bürger Toyamas, die wir sonst vielleicht nie getroffen hätten, durch die Bemühungen um „Internationalisierung" kennenzulernen. Wir machten Bekanntschaften, die wir noch heute sehr schätzen. Aber es fehlte uns auch so nicht an freundschaftlichen Kontakten. Es stellt sich die Frage, ob es der teils halboffiziellen Anstrengungen wirklich bedurfte. Für eine Öffnung zur Welt genügt es nicht, daß zu ein paar zufällig hier lebenden Ausländern Beziehungen aufgenommen werden. Nötig wäre dazu ein Umdenken des ganzen Volkes, aber vor allem jener Leute, deren Vorstellungen uns sehr engstirnig vorkommen.

Ich meine damit Kreise, bei denen die Idee von der Überlegenheit der Japaner über andere Völker einen wichtigen Stellenwert hat, die das „Herrenrassen"-Bewußtsein fördern wollen. Den Völkern Asiens (ausgenommen Chinesen) fühlen sich die Japaner überlegen, denen des Westens aber unterlegen. Dieses Minderwertigkeitsgefühl rührt zum Teil von ihrer bescheideneren physischen Beschaffenheit her, zum Teil von der Erinnerung an die einstige Rückständigkeit, die schließlich zur Niederlage im Pazifikkrieg führte. „Aus Asien sich erheben, um mit Europa gleichzustehen" war ihr Slogan schon seit der Einsetzung des Kaisers Meidschi Tenno 1867 gewesen. Bis vor einiger Zeit hatten die Japaner aber das Empfinden, daß sie es nur mit Hilfe Europas und Nordamerikas schafften, in wirtschaftlicher Hinsicht mit diesen gleichzustehen, ja zu einer Weltmacht zu werden. Seit sie aber auf technisch-wissenschaftlichem Gebiet an die Stelle von Nachahmungen eigene großartige Leistungen setzten (ihre Verdienste in kultureller Hinsicht sind unumstritten), verstärkt sich bei ihnen das Gefühl, das während der Abschließung von der Außenwelt in Jahrhunderten entstanden und von den Militaristen in neuerer Zeit systematisch gezüchtet worden war, nämlich, über die restliche Menschheit erhaben zu sein. Dabei ist verstärkt vom „japanischen Geist", von der „japanischen Seele" die Rede, und der Begriff von der „Einzigartigkeit" der Japaner findet in breitere Schichten des Volkes Eingang.

Ein internationales Gelehrtenforum in Tokyo lehnte diese Ideologie als für die Japaner ungeeignet ab, sich Angehörigen anderer Völker verständlich zu machen. Leider haben die Japaner kaum die Fähigkeit entwickelt, sich gegenüber dem Ausland und im Ausland in logischer Weise zu erklären. Viele vertreten, wenn auch meist nur unterschwellig, die Meinung, daß es unmöglich sei, anderen den Charakter ihres Volkes verständlich zu machen, da Ausländer zum Verstehen nicht in der Lage seien. Das gleiche gilt für die japanische Sprache, obwohl es Ausländer in Japan und außerhalb gibt, die sie hervorragend beherrschen, und obwohl es Japaner gibt, deren Kenntnisse der eigenen Sprache keineswegs denen eines Literaturprofessors entsprechen . . . Angesichts dieser Einstellung könnte es erstaunen, daß dort dennoch viele Tagungen und Diskussionen mit internationaler Beteiligung über die Themen „Japan" und „Japaner" abgehalten werden. Das Wort „dennoch" ist aber falsch. Gerade der Ausgang einer solchen Veranstaltung (siehe oben) beweist den Japanern, die sich damit beschäftigen, daß es Ausländern unmöglich ist, Japan und die Japaner zu verstehen. In Wahrheit zeugt dies aber von der Unfähigkeit vieler Japaner, sich selbstkritisch, nüchtern und mit Distanz zu betrachten. Ausländer, die an diesem Land ausnahmslos *alles* gut finden, tragen noch zu dieser engstirnigen Haltung bei.

Eine besonders üble Rolle bei der Herausbildung dieses Gedankengutes spielt Premierminister Nakasone. Er – wie einige seiner Offiziellen – läßt sich keine Chance entgehen, die „Überlegenheit der japanischen Rasse" zu betonen. Dafür wird er im Ausland immer wieder kritisiert, worüber sich nun wieder viele Japaner ärgern, daß sie es sich gefallen lassen sollten, wie kleine Jungen behandelt zu werden. Ich möchte aus Erfahrung aber sagen, daß ein Großteil der Japaner der „Herrenrasse"-Ideologie nicht folgt. Daß Nakasone ihnen hierbei kein leuchtendes Vorbild ist, zeigte sich, als er wegen steuerpolitischer Fragen bei Wahlen erhebliche Stimmeneinbußen hinnehmen mußte. Wohlstand ist den Japanern im Moment wichtiger als Großmannssucht.

Überlegenheitsgefühle auf beiden Seiten nicht am Platz

Goethe, Rilke und Hesse, Mozart, Bach und Beethoven, Kant, Schopenhauser und Hegel sind für sehr viele Japaner feste Begriffe, mit denen sie auch etwas anzufangen wissen. Ihre Bereitschaft dazu ist erstaunlich, wenn man bedenkt, daß sie einer ganz anderen Kultur, mit verschiedener

Denkweise und Gefühlswelt, angehören. Schaut man nun in die andere Richtung und fragt, was denn den Europäern über Japans Kultur bekannt ist, so sieht es recht traurig aus. Wie groß mag der Prozentsatz an der deutschen Bevölkerung sein, die die Namen der großen Holzschnittkünstler Torii Kiyonaga, Katsugawa Schunscho und Katsuschika Hokusai kennen, oder die Erzählungen des Ihara Saikaku (auch wenn sie als Teil der Weltliteratur bezeichnet werden), oder die Bücher Yasunari Kawabatas, der 1968 den Nobelpreis für Literatur erhielt? Wer kennt die Namen großer japanischer Schreibkünstler, Maler, Theatergrößen, Philosophen, Kunsthandwerker und Baukünstler? Wird es bei uns nicht für nötig gehalten, darüber mehr zu wissen, weil wir *uns* für überlegen halten?

Wie es die Ausländer in Japan gibt, die alles Japanische über den grünen Klee loben, so gibt es auch die anderen, die sich hier niemals wohl fühlen. Wer hier arbeiten muß, ohne es eigentlich gewollt zu haben, hat es sehr schwer. So entwickeln viele Ausländer Neurosen, worüber die Psychiater ein Liedlein zu singen wissen. Ausländer fühlen sich oft ausgeschlossen, auch wenn sie als „gaidschin" (Ausländer; wörtlich: „Mensch von draußen") von ihrem Aussehen her leicht auffallen und dementsprechend Beachtung finden, und selbst wenn sie einen japanischen Ehepartner haben. Mancher glaubt, dem zu entrinnen, indem er sich wie ein Japaner zu benehmen versucht. Auch wenn es gewisser Anpassung bedarf, um nicht dauernd anzuecken, so wirkt eine völlige Nachahmung auf die Japaner doch komisch. Das kann nicht gut gehen. Der äußerst komplizierte Kodex, den die Japaner für den Umgang mit ihresgleichen entwickelt haben, wird von ihnen selbst nicht vollständig beherrscht, weshalb sie hundertmal am Tag Anlaß zu haben glauben, sich für etwas entschuldigen zu müssen. Da sie schon damit nicht fertig werden, bereitet

Vortrag „Ansichten über Toyama und Japan" vor jungen Geschäftsleuten

es ihnen noch größere Schwierigkeiten, sich mit Ausländern zurechtzufinden, die da plötzlich ihren Weg kreuzen. Sie sind unseresgleichen ja ebenfalls nicht gewohnt! Also haben Ausländer wie Japaner Probleme, einander zu verstehen. Es liegt daher kein Grund vor zu meinen, der eine sei dem anderen über- oder unterlegen. Wird solchen Meinungen aber ein ideologisches Mäntelchen umgelegt, wird aus Behauptungen eine Weltanschauung, so führt das in die Sackgasse, zu gefährlichen Konflikten. Der Pazifikkrieg, von den Japanern und andererseits vor allem von den Amerikanern ausgefochten, war zum Teil das Resultat eines solchen Konflikts, an dem keine Seite unschuldig war.

Leistungsdruck und strenge Schulregeln

„An den Mittelschulen haben wir jetzt das Problem der Gewalttätigkeit unter Schülern. Einige wollen nicht mehr lernen und zerschlagen die Einrichtung. Wir Lehrer sind darüber sehr besorgt. Zum Glück sind an meiner Mittelschule alle Schüler in Ordnung und wir haben ein friedliches Leben. Ich meine, daß schlechte Einflüsse aus der Welt der Erwachsenen an dem Problem schuld sind. Wohlstand macht die Menschen materiell reich, aber seelisch arm. Daran liegt es." Diese Worte schrieb uns unsere Freundin, die Englischlehrerin Keiko Kawai.

Dieses Thema ist für Japan in der Tat ein Problem, zumal es vorher nicht einmal in Ansätzen existiert hatte. Die Schüler waren gewöhnt, höflich und kameradschaftlich miteinander umzugehen. Oder wurden Aggressionen unter dem Schild der Etikette verborgen? Als für Groß-Tokyo von der Polizei ein spezielles Telefon eingerichtet wurde, gingen binnen zehn Tagen 239 Anrufe ein, von Eltern, Schülern und Lehrern. Sie beklagten sich über „idschime", das „Schikanieren" durch Mitschüler(innen). Etwa hundertmal ging es dabei um Schläge und andere Gewalttätigkeit, etwa fünfzigmal um üble Nachrede. Andere Kinder litten darunter, daß sie von Mitschülern absichtlich übergangen wurden, daß ihre Schulbücher versteckt wurden, daß sie zum Bruch der Schulregeln oder zum Stehlen gezwungen wurden. Die Folgen: Ein Viertel wollte nicht mehr zur Schule gehen, dreizehn hatten vor dem Gang zur Schule regelmäßig Fieber, fünf wechselten die Schule. Auch Selbstmordversuche kamen vor. Wegen „idschime" brachten sich in verschiedenen Teilen Japans Schüler um. Selbst Fälle von Körperverletzung mit Todesfolge wurden registriert. Das Phänomen der unkameradschaftlichen Piesackerei war in den Ballungszentren am stärksten ausgeprägt, in ländlichen Gebieten der Provinz dagegen kaum vorhanden. Die meisten Fälle ereigneten sich an Mittelschulen. Japanische Mütter belehren traditionell ihre Kinder, keinen Streit zu provozieren. Sie ermutigten sie auch nicht, beim Erhalt von Schlägen zurückzuschlagen. Ärzte sind der Meinung, daß mit dem Ausbruch von Aggressionen gerechnet werden mußte. Die Fragen nach dem Wohin der japanischen Leistungsgesellschaft waren unbeantwortet geblieben. Das schuf Spannungen, Unzufriedenheit.

Japanische Schüler sind vom Kindergarten an einem unwahrscheinlichen Leistungsstreß ausgesetzt. Die Aufnahmeprüfungen in die nächsthöhere Schule sind für die Kinder die am meisten gefürchteten Ereignisse. Das Mädchen Noriko und ihr Mitschüler Kenitschi, die uns oft besuchten, sprachen voller Nervosität vom Aufnahmeexamen für die Oberschule. Erfreulicherweise bestanden beide. Kenitschi erzählte uns, was sein Vater ihm für den Fall seines Versagens angedroht hatte: „Dann werde ich dich nicht mehr meinen Sohn nennen!" Norikos Eltern waren nicht so streng. Im japanischen System ist ein beruflicher Aufstieg nur nach erfolgreicher Ausbildung an möglichst angesehenen Schulen in Aussicht.

Beim Schulfest einer Oberschule. – Spaß: Bonbons mit dem Mund aus dem Mehl holen

Schuldisziplin: vor dem Mittagessen; Plakat zeigt „erlaubte" (links) und „unerlaubte" Kleidung

Schulstreß entsteht aber auch durch zu strikte und komplizierte Schulregeln. „Ich meine, daß sich die Schule zu sehr in unser Privatleben einmischt", sagte Kenitschi. Auch die Lehrerin Keiko Kawai gab das zu. Die Schule schreibt den Kindern nämlich auch vor, wie sie sich außerhalb des Unterrichts zu verhalten haben. So mußten die Mädchen und Jungen an Keikos Schule in ihrer Freizeit Schuluniformen tragen, um leicht erkennbar zu sein. Vorgeschrieben wird zum Beispiel auch genau, wie man bei Appellen zu stehen hat oder wie dabei die Hände zu halten sind, welcher Winkel bei Verbeugungen eingehalten werden muß. Für die Schulkleidung gibt es Vorschriften zum Beispiel hinsichtlich der Rocklänge, der Breite von Kragen an Blusen und Hemden, der Aufschläge an Hosen, der Form der Schuhe. Gewisse Oberschulen verbieten das Tragen sehr modischer Kleidungsstücke in der Freizeit. Die Schulen erlauben keine Entschuldigungen bei Ungehorsam, und es gibt kein gerechtes Verfahren gegen Schuldige. Körperliche Züchtigung bei Vergehen ist nicht ausgeschlossen. Der japanische Rechtsanwälteverein beschäftigte sich mit den „Menschenrechten der Kinder an Schulen". Wir hatten bei unseren zahlreichen Besuchen an Schulen aber den Eindruck, daß es dort viel kameradschaftlicher zuging, als die strengen Vorschriften es ahnen ließen.

Lehrer, die gegen Schüler gewalttätig werden, eine steigende Anzahl von Schwangerschaften und Abtreibungen bei Schulmädchen, in zunehmendem Maße Teenagerprostitution – all das gibt es. Und doch schneidet Japan im Vergleich mit anderen hochindustrialisierten Ländern auf diesen Gebieten sehr vorteilhaft ab.

Im Yoyogi-Park von Tokyo trifft sich die „rebellische" Jugend der Hauptstadt. Nach Ansicht vieler Erwachsener kleiden und benehmen sich die Mädchen und Jungen wie Verrückte, ganz „unjapanisch". Doch eine Umfrage unter den „Rebellen" ergab, daß vier von fünf Freundschaften schätzen und Anpassung an andere wollen, obwohl nur jeder vierte meinte, Arbeit sei wichtiger als Vergnügen. Die so antworteten, gaben aber gleichzeitig zu, ebenso fleißig wie ihre Eltern zu arbeiten, also ganz „japanisch". Wer in Japan im Anschluß an die Schulzeit ein, zwei Jahre tatenlos herumsitzt, wird von Firmen nicht mehr gern akzeptiert.

Ein ehrliches Volk, trotz vieler organisierter Verbrecher

Außer der Gastfreundschaft machten auch die Ehrlichkeit der Japaner und der hohe Grad an Sicherheit unseren Aufenthalt in diesem Lande so angenehm. Nicht *einmal* hatten wir das Gefühl, bedroht zu werden oder in Gefahr zu sein. Zwar war die Zahl der Kriminalfälle ansteigend, vor allem bei Schwindel und Diebstahl, aber es war ein Rückgang bei Mord, Brandstiftung und Überfällen zu verzeichnen. Man muß dazu wissen, daß Mord in der Bundesrepublik zweieinhalb-mal, in den USA viermal häufiger vorkommt. Dort ereignen sich hundertmal mehr Raubüberfälle als in Japan! Ein Viertel aller Verurteilten waren Mitglieder von Banden.

Ich habe bereits erzählt, daß es in unserer Nachbarschaft einen Wohnblock gab, in dem überwiegend Mitglieder der „yakuza" wohnten. Es handelt sich hierbei um die bestbekannte asiatische Verbrecherorganisation. Mit hunderttausend Mitgliedern in 2300 Banden ist sie die größte der Welt. Die „yamagutschi-gumi" ist die mächtigste Gruppierung in der „yakuza". Sie hat eine lange Geschichte. Seit 1963, als die „yakuza" einen Mitgliederhöchststand von 184 000 erreichte, hat die Polizei Erfolge zu verzeichnen. Dennoch wird sie kritisiert, nicht Herr der Lage zu sein, denn die Zahl der „Männer in schwarzen Anzügen", mit schweren, schwarzen Limousinen, wird wieder größer. Dabei verhafteten die Sicherheitsorgane bei Razzien in Tokyo innerhalb zehn Tagen tausend Gangster. In ihren Büros wurden Waffen und Drogen gefunden. Man schätzte die Zahl der Handfeuerwaffen in den Händen der „yakuza" zur Benutzung bei „Territorialdisputen" zwischen einzelnen Banden auf zehntausend, den „Umsatz" im Waffen- und Drogenhandel, bei Erpressungen und beim Glücksspiel auf umgerechnet zehn Milliarden Mark im Jahr. Tausende von Mitgliedern „arbeiteten" in den USA, vor allem auf Hawaii. Das Wort „yakuza" bedeutet so viel wie „ganz unten". Die Organisation steht politisch rechts und gebärdet sich supernationalistisch. Anfügen möchte ich, daß es in Hongkong, mit einem Zwanzigstel der Bevölkerung, dreißig Verbrecherorganisationen mit zusammen ebenfalls hunderttausend Mitgliedern gibt, die selbst bei der Polizei ihre Leute haben.

Wie ehrlich die Japaner sind – abgesehen vom organisierten Gangstertum – zeigt folgendes Beispiel: Umgerechnet 37 Millionen Mark, die im Laufe eines Jahres in den Zügen und Bahnhöfen der nationalen Eisenbahngesellschaft verloren oder vergessen wurden, konnten in deren Fundbüros von den rechtmäßigen Besitzern wieder in Empfang genommen werden. Der größte Einzelbetrag belief sich auf vierzig Millionen Yen, etwa eine halbe Million Mark, die ein Angestellter eines Juwelierladens in einer Tasche im Zug vergessen hatte.

Männer „Vorkriegsmenschen", Frauen „Nachkriegsmenschen"

Der Platz der Frau ist, nach der Tradition, im Hause. Darin unterscheidet sich Japan von vielen anderen Ländern überhaupt nicht. Die Absicht dahinter ist, die Freiheit der Frau einzugrenzen, sie überwachbarer zu machen. Seit dem Kriege hat sich in Japan allerdings einiges geändert. Während

Die Väter von heute sind oft kameradschaftliche Ehepartner. Gesehen im Schloßpark Toyama

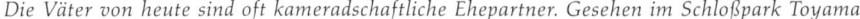

die Männer damals bei der Truppe waren, wurden die Frauen zur Produktion herangezogen. Heutzutage ist es der Normalfall, daß Frauen einer Arbeit außerhalb des Hauses nachgehen. Sie bevorzugen allerdings Teilzeitjobs und sehen im Haushalt weiterhin ihre Hauptaufgabe. In der Realität der Arbeitswelt sind auch heute noch gewisse Berufe für Frauen fast tabu. So kommt auf zwanzig Männer mit Managerstatus nur eine Frau dieses Rangs. Es gibt eine erhebliche Zahl von Wissenschaftlerinnen, die aber von Schlüsselpositionen an Universitäten und Forschungsinstituten gewöhnlich ausgeschlossen sind. Daran änderte auch das „Gesetz für gleiche Chancen bei der Anstellung" nichts, das im übrigen von Feministinnen abgelehnt wird, weil Gleichheit unter den gegenwärtigen schlechten Arbeitsbedingungen der Männer nicht wünschenswert sei. „Wir japanische Frauen sind zu passiv. Wir wurden nicht erzogen, Initiativen zu ergreifen", sagte uns einmal eine Bekannte. Aber das Anstellungssystem macht es den Frauen schwer, zum Zuge zu kommen. Von den Arbeitgebern ist das Argument zu hören, Frauen seien gegenüber der Gruppe (dem Team) nur begrenzt loyal und neigten zum Individualismus. Es gibt allerdings auch liberalere Firmen, bei denen Frauen gleich mehrere wichtige Positionen einnehmen.

Auf manchen Gebieten konnten sich die Frauen nach dem Kriege verbessern. Gegenüber ihnen führen die Männer ein eingegrenztes, reglementiertes Leben. Während diese mit ihrer traditionell feudalen Einstellung manchmal als „Vorkriegsmenschen" bezeichnet werden, gelten die Frauen mit ihrer demokratischeren, liberaleren Haltung als „Nachkriegsmenschen". Über zwei Drittel der Kinder gehen mit ihren Problemen zuerst zur Mutter. Die Frau zieht den widerstrebenden Mann auf ihrem Wege oft mit. Bei der jüngeren Männergeneration ist ein Wandel zu bemerken. Sie verhalten sich durchschnittlich viel kameradschaftlicher gegenüber Ehefrau und Kindern als

An Japans Stränden geht es noch ungezwungen zu. Aber leider sind sie sehr verunreinigt

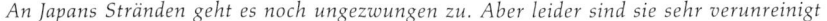

noch ihre Väter es taten. Die Männer werden immer weniger, die in der Beschäftigung mit dem Nachwuchs etwas Ehrenrühriges sehen. Der Familienausflug ist nichts Außergewöhnliches mehr. Väter, die mit ihren Kindern spielen oder den Kinderwagen schieben, sind etwas Alltägliches geworden.

Die Frauen haben sich auf dem Wege über Hobbies und Reisen viel zusätzlichen Freiraum verschafft. 1986 wurde jede zweite Vergnügungsreise ins Ausland von Frauen unternommen. (Sie reisen gern zu zweit.) Knapp die Hälfte von diesen gehört zur Altersgruppe der Zwanzig- bis Dreißigjährigen. Umfragen haben ergeben, daß die jungen Frauen in sexuellen Angelegenheiten besser Bescheid wissen als die jungen Männer, die oft als „neurotisch" bezeichnet werden. Von unverheirateten Frauen wird allerdings allgemein erwartet, daß sie abends zu Hause sind. Verheiratete ziehen jetzt eher die Scheidung vor, als unter den Launen des Mannes zu dulden. Frauen erhalten fast immer eine weniger gerechte Entlohnung für ihre Arbeit. Diskriminierungen in der Arbeitswelt sind vielfältig. So dürfen sie Tunnelbaustellen nicht betreten, weil dies nach einem alten Aberglauben Unglück brächte. Manche Klubs (Golfklubs sind besonders zahlreich) lassen weibliche Spieler nicht oder nur zu bestimmten Zeiten zu. Eine öffentliche Herabwürdigung der japanischen Frau erlaubte sich ein hoher Kulturpolitiker, als er in Zeitschrifteninterviews Vergewaltigungen verharmloste. Feministinnen schrieben Protestbriefe und forderten außer seinem Rücktritt auch eine Diskussion mit ihm, die er ablehnte. Er „entschuldigte" sich aber. An der Angelegenheit fanden wir auffällig, daß sie bei den Frauen allgemein keine besondere Aufregung verursachte.

Erfolge und Nachlässigkeiten beim Umweltschutz

Als wir, von Manila kommend, in Tokyo eingetroffen waren, hatten wir die Luft dort herrlich gefunden. Selbst an den Hauptverkehrsadern war die Sicht durch nichts getrübt gewesen. Da waren die Dieselqualmwolken in der philippinischen Hauptstadt, der grauschwarze Dunst, der den Horizont verdunkelte, nur noch eine unerfreuliche Erinnerung gewesen. Seit Japan für jedes neue Auto einen hochwirksamen Katalysator gesetzlich zwingend vorschreibt – schon seit einigen Jahren – kann man auch in größeren Städten wieder freier durchatmen, kommt es nur noch gelegentlich zu einer Smogsituation. Das Land wird zu zwei Dritteln von Wäldern bedeckt. Von einem großen Waldsterben wie in Europa ist es zum Glück verschont geblieben. Es bedarf noch einiger Anstrengungen auch von Seiten der Industrie, um die schwersten Gefahren für ein so dichtbesiedeltes, hochindustrialisiertes Land zu bannen. Japan hatte in der Vergangenheit seine Umweltskandale.

Angesichts der Erfolge erstaunten uns einige Nachlässigkeiten, so, daß das Stroh auf den Reisfeldern nach der Ernte einfach abgebrannt wird. Da die Bauern in der Ebene von Toyama hauptsächlich Reis pflanzen, sind die Auswirkungen der wochenlangen Strohfeuer auf rund siebzigtausend Hektar landwirtschaftlicher Fläche leicht auszudenken. Die Landschaft liegt unter einem bläulichen Schleier und man leidet unter Brennen der Augen und unter Schleimhautreizungen. Auf die Frage, ob ein technologisch so weit fortgeschrittenes Land wie Japan für die großen Mengen Stroh keine wirtschaftliche Verwendung hätte (es gibt kaum Viehhaltung), erhielten wir leider keine ausreichende Antwort.

Unklar blieb uns auch, warum immer noch gang und gäbe ist, Hausmüll – der übrigens zweimal wöchentlich abgeführt wird – in alten Ölfässern bei den Wohnungen zu verbrennen. Bei diesen

Toyamas Bürgermeister Toschiyuki Schiotani bei Feuerwehrübung. – Mit Kyumatsu Yoschida bei YKK

Zündeleien schwelen auch Plastikabfälle stundenlang stinkend vor sich hin. Wilde Müllablagerungen an einem Rain oder mitten im Wald erinnerten uns an Bilder, die wir in Deutschland gesehen hatten. Mit der Verschmutzung der Badestrände konnten wir uns überhaupt nicht abfinden. Die sonst so sauberen Japaner empfanden es offenbar nicht als störend, mitten unter Bergen von leeren Getränkedosen und -flaschen, Zeitungsfetzen, Verpackungsabfällen und Essenresten in der brütenden Sonne zu liegen. Gelegentlich wird der Müll weggeräumt: Man hebt im Sand eine Grube aus und versenkt ihn darin . . .

Wann immer wir von Journalisten oder Vortragsveranstaltern um unsere Ansichten über Toyama und Japan gebeten wurden, hoben wir außer dem Liebens- und Bewundernswerten auch die weniger vorteilhaften Dinge hervor. Unsere Äußerungen wurden mit Aufmerksamkeit vernommen und die Zeitungen veröffentlichten sie.

Weltfirma in Sachen Reißverschlüssen

Zu den Industriebetrieben, die wir besuchten, gehört die Yoschida Kogyo K. K., kurz YKK. Diese 1934 aus einfachsten Anfängen entstandene Firma ist der Welt größte Herstellerin von Reißverschlüssen. Die Produktion dieser Ware in Japan und in weiteren vierzig Ländern (darunter der Bundesrepublik) beläuft sich jetzt auf jährlich rund zwei Millionen Kilometer. Die Reißverschlußwerke gehören zur YKK-Gruppe, die auch Baumaterial sowie Schiebefenster und -türen aus

Aluminium und Kupfer, Maschinen und Werkzeuge herstellt und den Vertrieb innehat. Die Belegschaft im In- und Ausland umfaßt 25 000 Menschen. Sitz der Gruppe ist Tokyo, doch die Hauptwerke befinden sich in Kurobe nordöstlich von Toyama, nur wenige Kilometer vom Geburtsort Uozu des Firmengründer und -präsidenten, Tadao Yoschida, der aus einer sehr armen Familie stammt. In Kurobe trafen wir mit seinem Bruder, dem Generaldirektor des Unternehmens, Kyumatsu Yoschida, zusammen. Er gab uns alle gewünschten Auskünfte, wir besichtigten mit einem Freund von der Universität das ganze Werk, nur Fotografieren in dem hochmodernen Betrieb war leider nicht erlaubt... YKK hat ein „vertikal integriertes Produktionssystem", das heißt, alle nötigen Arbeiten werden in eigener Regie geleistet. Die verschiedenen Garne, die gewebten Bänder, Metall- und Kunststofflegierungen, die Maschinen, die dieses Material und weitere Zwischenprodukte herstellen, die Werkzeuge, mit denen die Maschinen gebaut werden – alles wird selbstgemacht. Pro Jahr werden etwa zehntausend Maschinen gebaut, die dann in den eigenen Werken der ganzen Welt eingesetzt werden.

Wie die meisten großen Firmen in Japan hat auch YKK eine Unternehmensphilosophie entwickelt, die durch Veröffentlichungen in verschiedenen Sprachen den Werksangehörigen mitgeteilt wird. Sie ist „Kreislauf der Güte" betitelt. Kyumatsu Yoschida erklärte uns das von seinem Bruder entwickelte Konzept. Die Arbeiter geben wenigstens zehn Prozent ihres Einkommens und fünfzig Prozent ihrer Jahresgratifikation der Firma als Spareinlage und erhalten dafür gute Zinsen. Mit dem Geld wird das Kapital aufgestockt; die Arbeiter sind dabei die Aktionäre und bekommen hohe Dividenden. Die Produktionsstätten und die Erzeugnisse werden besser, was die Nachfrage erhöht. Die höheren Einkommen bringen der Firma höhere Spareinlagen, und so weiter.

Als nächsten Schritt will die Firma ihren Maschinenpark großenteils automatisieren. Gegenwärtig trägt etwa jeder vierte neue Reißverschluß in der Welt das Zeichen „YKK". Aber noch billigere Produkte aus Südkorea und China machen der Weltfirma nun Kopfzerbrechen.

Die Diskriminierung der „Dorfleute"

Zu unserem Bedauern mußten wir bei diesem Besuch in Japan feststellen, daß sich in den zurückliegenden zehn Jahren an einem Übelstand fast nichts geändert hat, den wir schon in unserem letzten Buch kritisiert hatten. Es handelt sich um die fortwährende Diskriminierung der sogenannten „burakumin", wörtlich „Dorfleute", der Nachkommen von Angehörigen einer „Kaste", der zum Beispiel der Umgang mit Toten, die Beseitigung von krepiertem Vieh, das Gerben von Häuten, das Fegen von Schinto-Schreinen und ähnliches oblag. Sie wohnten in vergangenen Jahrhunderten in separaten Dörfern und galten wegen ihrer Arbeit bei den übrigen Japanern als unrein. Heute leben nach amtlichen Feststellungen 1,16 Millionen „burakumin" im Lande, doch das Forschungsinstitut der Befreiungsliga dieser benachteiligten Volksgruppe zählte über drei Millionen. Sie leben in etwa sechstausend „buraku", wie jetzt ihre Wohnviertel in Städten und Ortschaften genannt werden. Allein in der Provinz Toyama sollen fast dreizehntausend „burakumin" wohnen.

Abgesehen von der Vergangenheit ihrer Vorfahren – 1871 wurde de jure das Ende des feudalistischen Klassensystems verkündet, de facto besteht es für die „burakumin" weiterhin – sind sie Japaner wie alle anderen. Aber dieser „Makel" wirkt sich gesellschaftlich auf sie aus. Teils versteckt, teils offen werden ihnen Schwierigkeiten bei der schulischen Erziehung, bei der Arbeitssuche und bei der geplanten Heirat mit anderen Japanern gemacht. Die Vorgängerin der jetzigen Befreiungsliga mit Sitz in Tokyo wurde 1922 gegründet. Die Liga versteht sich als Anwältin aller Diskriminierten in Japan, wozu auch die Ainus (die Ureinwohner) sowie die jetzt 675 000 Koreaner, die meist als Zwangsarbeiter aus ihrer Heimat nach Japan verschleppt wurden oder deren Nachkommen sind, und die Opfer der Atombombenangriffe gezählt werden. Es liegt auf der Hand, daß die Liga mit anderen um die Rechte von Diskriminierten und Minderheiten kämpfenden Organisationen Kontakte aufnimmt. Der schwarze Reverend Jesse Jackson (USA), Oliver Tambo, der Präsident des African National Congress ANC, und der anglikanische Erzbischof und Friedensnobelpreisträger Desmond M. B. Tutu (beide Südafrika) gehören zu den prominentesten Persönlichkeiten, die die Führer der „burakumin" in Japan besuchten und dort Reden hielten. Es wäre wünschenswert, daß die Japaner diesen alten Zopf eines ungerechten Feudalsystems endlich abschneiden, ehe die „burakumin" in ihrer Verzweiflung zu Mitteln der Gewalt greifen. Die politische Linke steht ihnen größtenteils zur Seite, und es gibt nun auch ein paar Gesetze zu ihrem Schutz, aber im Volk sind die Vorurteile tief verwurzelt. Die „buraku" wurden früher nicht einmal auf japanischen Landkarten erwähnt. Heute kann man Schmierereien lesen wie „burakumin verrecke!"

Fremdsprachen werden wichtiger genommen

In den Werbesendungen der privaten Fernsehanstalten Japans haben Begriffe aus der englischen Sprache einen Stammplatz. Ausrufe wie „Good!" („Gut!"), „Together!" („Alle zusammen!") und „Very nice!" („Sehr schön!") sind dabei den ganzen Tag zu hören. Einen Zeitungskarikaturisten reizte das zu der bissigen Bemerkung: „Wir Japaner sehen die gleichen Reklamen oft dreimal in ebensovielen Minuten, aber wir können immer noch nicht Englisch verstehen!" Tausende von englischen Wörtern geistern seit einigen Jahrzehnten durch die japanische Sprache. Sie werden aufgesogen, eingebaut, umgedeutet und weiterverarbeitet – so ist „feminist" hier jetzt die Bezeichnung für einen „Mann, der hinter Frauen herläuft", einen Schürzenjäger also – und schließlich oft als überflüssig gewordener wieder ausgespieen.
Obwohl alle Japaner mindestens drei Jahre Englisch in der Schule haben, besitzen nur sehr wenige die Fähigkeit, damit in der Praxis etwas anzufangen. Das liegt zum Teil an den Lehrmethoden. Die Kinder müssen vor allem auswendiglernen. Pädagogen erkennen jetzt mehr und mehr, daß das Erlernen einer Sprache praxisgebundener sein muß. Der Lehrstoff ist langweilig. „Warum protestieren die Schüler nicht dagegen?", fragte der Leiter einer privaten Oberschule. Aber auch die Lehrer sind ein Grund. Die Untersuchung eines indonesischen Dozenten für englische Sprache erbrachte an Mittelschulen in Toyama, daß fast alle Englischlehrer mit Fachkollegen nur japanisch sprachen, und daß achtzig Prozent von ihnen sich selten oder sehr selten mit Ausländern unterhielten. Ausländer sind im heutigen Japan immer noch eine Rarität, und in den vergangenen Jahrhunderten waren sie ein nie gesehenes Wesen. Die Japaner waren nicht daran gewöhnt, sahen weder die Notwendigkeit, noch hatten sie das Bedürfnis, in einer anderen Sprache als ihrer eigenen zu sprechen. Sie stellen fest, daß dies jetzt, in einer „zusammenrückenden" Welt, wichtiger geworden ist. Viele Lehrer und Schüler versuchen während der Sommerferien bei Reisen und in Kursen ihre Fremdsprachenkenntnisse zu verbessern. Aber auch sonst wächst das Interesse. Es gibt so etwas wie einen Fremdsprachenboom, wobei Englisch ganz vornan steht. Nur etwa zehn Prozent der Sprachinteressierten beschäftigen sich mit Deutsch, Französisch, Chinesisch oder Spanisch.

Lernbegierige Damen – Auch Deutsch ist wichtig

Wir spürten dies auch in unserer unmittelbaren Umgebung. Immer mehr Bekannte waren scharf darauf, sich mit uns auf englisch zu unterhalten. Das ging so weit, daß wir ganz offiziell von Englisch-Klubs zu Veranstaltungen eingeladen wurden. Wilma war bei dem neugegründeten „Conversation Room 50", einem Verein hauptsächlich von Frauen und Mädchen, während fünf Monaten die erste „Lehrerin". Jede Woche begab sie sich zweimal zu dem nett eingerichteten Treffpunkt. Hier wurde nicht Unterricht gegeben, sondern bei ungezwungener Konversation in englischer Sprache und einer Tasse Tee der Wortschatz aufgebessert und der Umgang damit geübt. Die „50" im Klubnamen sollte bedeuten, daß jeder willkommen war, der nur halbwegs sich auf englisch ausdrücken konnte. Wilma wurde dabei viele Fragen los, auf die wir noch eine Antwort brauchten, in Kultur-, Frauen-, Familien-, Jugend-, Gesundheits- und Arbeitsangelegenheiten. Die Zeitungen und das Fernsehen wurden auf diesen aktiven, sich ständig vergrößernden Klub aufmerksam und brachten darüber mehrere Reportagen. Die Damen, und einige Herren, gaben Wilma zum Abschied eine große Party und sie gehören noch heute zu den fleißigsten Briefeschreibern. Bei mehreren anderen Klubs war sie gelegentlich Gesprächspartnerin und wir beide hielten Vorträge in den Englischklassen an Schulen, vor allem bei Keiko Kawai und an der uns benachbarten Mittelschule, zu der wir die besten Beziehungen hatten.

Daß es auch Interessenten an der deutschen Sprache gibt, hatte uns schon das Beispiel des Ingenieurs Ikuo Mori gezeigt. In Toyama trafen wir etwa fünfzehn Leute, die sich in unserer Sprache mehr oder weniger gut ausdrücken konnten, darunter einen Arzt. An den Universitäten

Wilma (mit dunkler Bluse, links) in dem Englisch-Klub „Conversation Room 50" (Abschiedsparty)

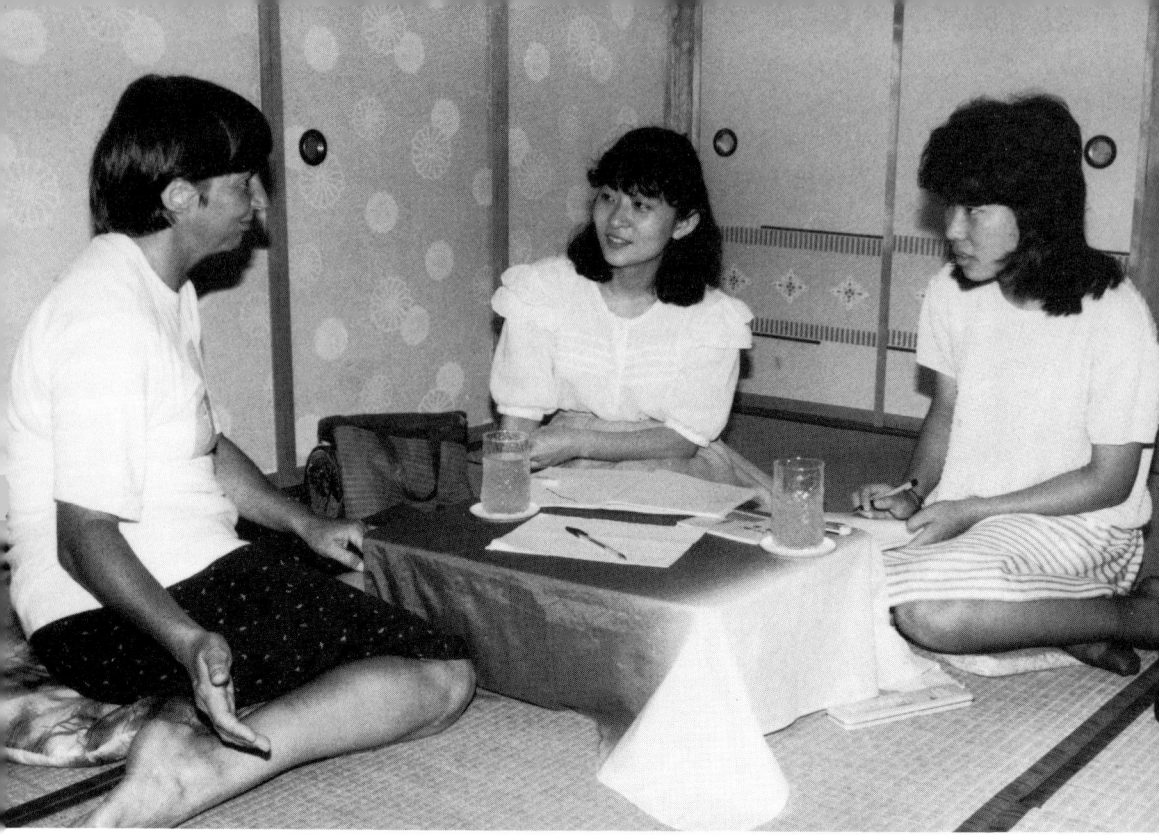

Sie lernten Deutsch mit Wilma: Masae Katagutschi (Mitte) und Tschiemi Nakayama

nahmen die Studenten pflichtgemäß an einem allgemeinen Bildungskurs teil, der Deutsch einschloß. Als Hauptfach hatten es aber nur etwa zwei Dutzend Studenten belegt. Für Ärzte und Wissenschaftler, für Schriftsteller, Künstler und Musiker ist es immer noch von Bedeutung. Während der Sommermonate 1985 kamen zweimal in der Woche zwei junge Damen, Masae Katagutschi und Tschiemi Nakayama, zu uns, um sich für einen „Freundschaftsbesuch" einer von der Provinz Toyama entsandten Gruppe in Süddeutschland sprachlich etwas vorzubereiten. Die Energie, die sie während der zwölf Wochen dafür aufbrachten (für eine nur vierzehntägige Reise), und die Fortschritte, die sie in so kurzer Zeit machten, forderten uns Bewunderung ab. Übrigens machten wir die Erfahrung öfters, daß Japaner ebenso gut im Erlernen von Fremdsprachen wie andere Völker sind, wenn sie die richtige Motivation dafür haben.

Nicht nur die englische, auch die deutsche Sprache muß den Japanern oft als Quelle für Schlag- und Modewörter dienen. Wie das eben so ist, stehen meist kommerzielle Interessen dahinter. Ein paar Beispiele. Wir fanden eine Zeitschrift mit dem Namen „Motorrad" für Fans von, na ja, Motorrädern. „Quark" war allerdings der Titel eines wissenschaftlichen Magazins. Als Untertitel einer periodisch erscheinenden Gesundheitsbroschüre lasen wir: „Sie sind der Hausarzt". Ein Verlag für Bücher über Eisenbahnen hieß „Eisenbahn Presse". Neue Häuser wurden unter dem Begriff „Heim" zum Verkauf angeboten. „Zwei" nannte sich ein Eheanbahnungsinstitut, „Kahnfahrt" ein Restaurant. „Märchen" wurde, oft als Eigenschaftswort im Sinne von „märchenhaft", für Dinge, die mit romantischen Vorstellungen verbunden werden, verwendet, so für

Blumen, Puppen, schöne Bücher, Reisen, hübsche Mädchen und Brautkleiderläden, wobei wir einen mit dem Namen „Melchen Land" (so geschrieben) fanden. Eine Boutique in Toyama hieß „Mischmasch".

Obwohl wir uns rechte Mühe gaben, reichte auch diesmal die Zeit nicht aus, um die japanische Sprache richtig zu erlernen. In neuneinhalb Monaten schafften wir es, mehrere Hundert der komplizierten chinesisch-japanischen Schriftzeichen lesen, an die zweitausend Wörter verstehen und sprechen, und die beiden japanischen Silbenalphabete schreiben zu lernen, aber diese Sprache hat viele uns Westlern ungewohnte Tücken, die ein jahrelanges intensives Studium verlangen. Dabei kommt man aus dem Schwitzen ebenso wenig heraus wie Japaner beim Erlernen europäischer Sprachen.

Zu Gast bei Festen aller Art

Noch eine gute Gelegenheit, mit den Leuten von Toyama zusammenzukommen und mehr über ihre Mentalität und Kultur zu erfahren, waren die zahlreichen Feste. Die Bevölkerung dieser Provinz wird allgemein konservativer und traditionsbewußter als die mancher anderer Gebiete eingeschätzt. Weil sie sich Andersgläubigen gegenüber ebenso tolerant verhielt wie die Menschen anderswo im Land, war das für uns ein Vorteil. Bei jeder Feier in den Schreinen des Schintoismus und daraus entstandener anderer Glaubensgemeinschaften (Farbbild 102), bei jeder Zeremonie in den Tempeln der Buddhisten waren wir nicht nur willkommen, sondern es wurde uns meist auch ein besonders guter Platz eingeräumt, damit wir alles richtig sehen und hören konnten.

Wagenfest: Mit Wucht prallen die Wagen der Mannschaften rechts und links soeben zusammen

Wir erlebten Prozessionen von schweren, buntgeschmückten Schreinwagen, die von starken Männern unter anfeuernden Rufen durch die Straßen der Nachbarstadt Takaoka (Farbbild 105), durch das Dorf Yatsuo im Hügelland und durch einen am Meer gelegenen Stadtteil von Toyama gezogen wurden. Beim letztgenannten Umzug ging es besonders aufregend zu. Nach langem Kräftesammeln, wobei der „Reiswein" Sake eine nicht unwesentliche Rolle spielte, rollten die Wagen verschiedener Ortsteile schließlich aufeinander zu, um dann mit Wucht zusammenzuprallen. Für die Akteure war dies nicht ungefährlich und es gab schon auch Verletzte. Die Zuschauer

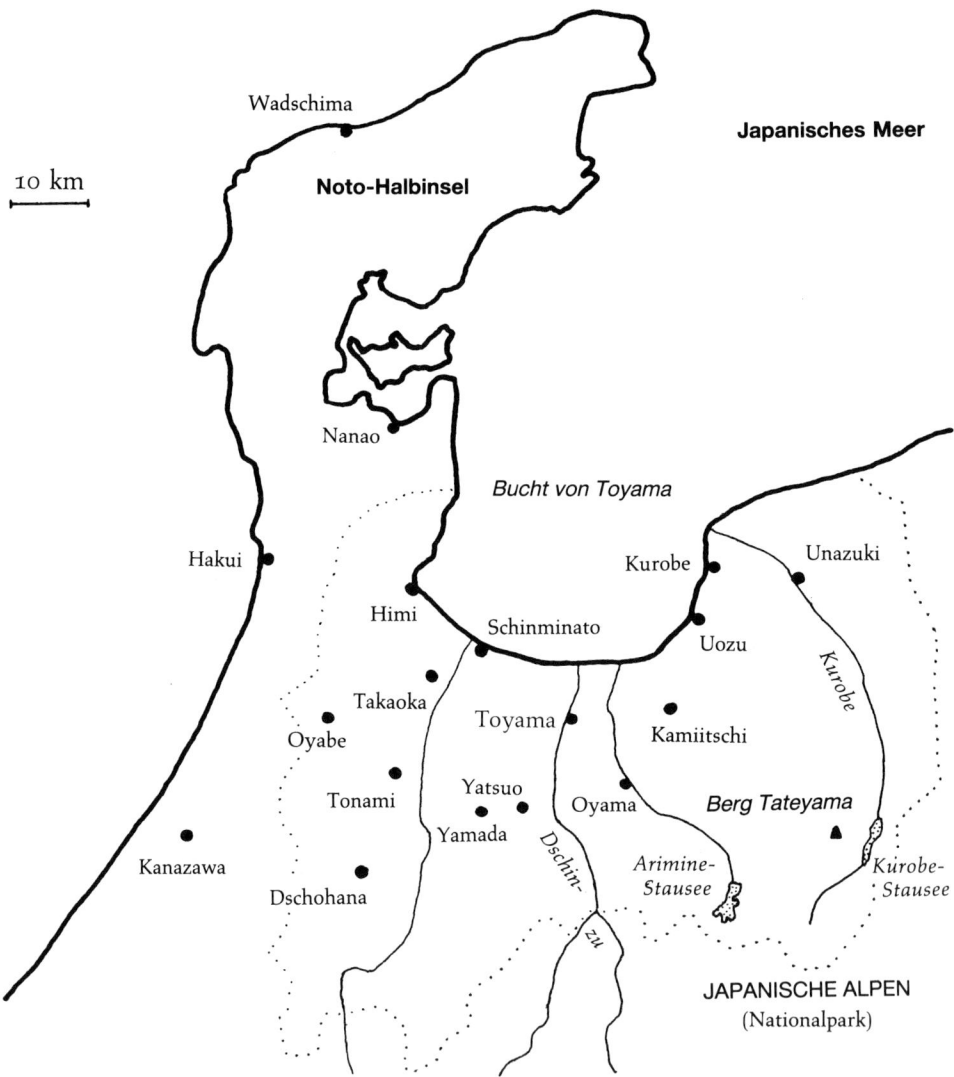

Die Provinz Toyama (Grenzen punktiert angezeigt) in Mitteljapan mit den wichtigsten Orten

wurden von einer Hundertschaft Bereitschaftspolizei zurückgehalten, so aufgeregt waren sie wegen der „Kämpfe". Die Umzüge finden während Schreinfesten statt. Grundidee dabei ist, daß der Geist der lokalen Gottheit sich dann in der Spitze der Wagen niederläßt. Viele dieser Gefährte sind jahrhundertealt und wurden zu „bedeutenden Kulturschätzen" einer Provinz oder des ganzen Landes erklärt. Bei kleineren Prozessionen, zum Beispiel wenn für einen Schrein Geld gesammelt wird, ziehen Erwachsene und Kinder mit einem „mikoschi" genannten tragbaren Schrein durch die Straßen.

Eine neunhundert Jahre lange Tradition hatte ein Fest, das beim Schinto-Schrein eines kleinen Dorfes abgehalten wurde. Unter anderem mußten dabei zwanzig junge Männer einen Stier zwingen, sich auf dem zuvor vom Priester rituell gereinigten Platz vor dem Heiligtum hinzulegen. Trotz der großen Mannschaft fiel es nicht leicht, das widerstrebende Tier in die Knie zu zwingen. Schließlich war es geschafft und rund fünftausend Zuschauer jubelten, denn der den „Gott der Reisfelder" symbolisierende Stier zeigte durch sein Nachgeben an, daß man sich um das Erntejahr keine Sorgen zu machen brauchte. Er würde hier bleiben. Anschließend führten Männer mit alten Masken Freudentänze auf und andere, wie Samurais (Krieger) der Kamakura-Ära vor etwa siebenhundert Jahren gekleidet, bestiegen Pferde und schossen mit drei Meter langen Bogen in vollem Galopp Pfeile auf ein Ziel, das an einem Baum in sechs Meter Höhe angebracht war. Ein Treffer war ebenfalls ein gutes Omen.

Das Städtchen Uozu hat einen wichtigen Fischereihafen. Jedes Jahr im Sommer werden dort nach einer Zeremonie im Schrein riesige, von ihrer Form her Segelschiffen nicht unähnliche Gestelle, über und über mit Lampions behängt, von Männern, Frauen und Kindern unter großer

Wer Sumo-Meister werden will, übt schon im Schulalter. So beginnt der Kampf ...

Geräuschentwicklung durch die Straßen und ans Meeresufer gezerrt. Mit dieser Prozession, die vom frühen Abend bis zum anbrechenden Morgen dauert, bitten die Fischer die Götter des Meeres darum, ihren Wunsch nach reichem Fischfang zu erhören (Farbbild 104).

Vor allem Tanz und Gesang standen im Mittelpunkt eines farbenfreudigen Festes in dem Städtchen Dschohana. Die Menschen tanzten in Kimonos auf verschiedenen Bühnen und in den Straßen, begleitet von der etwas eintönigen Musik mit dem banjoartigen „schamisen", sowie Flöten, Trommeln und anderen Instrumenten (Farbbilder 106 und 118).

Neben diesen und anderen Festen mit vorwiegend religiösem Inhalt besuchten wir auch alle Arten von weltlichen. Bei Festen der Volks-, Mittel- und Oberschulen, auf die sich die Mädchen und Jungen teilweise monatelang vorbereiten, bilden sich jeweils vier Teams mit ihrer Kennfarbe Rot, Blau, Grün oder Gelb. (Die Oberschüler im Farbbild 98 gehören zum roten Team.) Sie bemühen sich, bei der Gestaltung ihrer Dekoration und Kostüme, bei sportlichen Wettkämpfen, bei Aufführung von Volks- und modernen Tänzen und bei komischen Nummern Punkte zu sammeln und Schulsieger zu werden. Bei einem „Erholungstag" im Frühjahr am Ufer des Dschin-zu, des Flusses von Toyama, wurden auf Anregung der Stadt und einiger Vereine Gymnastik, ein Volkslauf und Spiele für Kinder abgehalten (Farbbild 97). Beim „Toyama-Fest" im Sommer gab es außer einem Festzug und einem großen Markt auch einen Wettbewerb der originellsten Bootskonstruktionen auf dem Fluß. Wir waren bei Dorf- und Nachbarschaftsfesten mit lustigen Spielen für jung und alt dabei, bei einem Treffen von fünfzehnhundert Pfadfinderinnen in dem Städtchen Oyabe, bei einem Wettbewerb mit Drachen, die, buntbemalt mit klassischen oder modernen Motiven, oft bis zu sechs Meter groß waren. Sie steigen zu lassen, bedurfte es mehrerer

. . . und so endet er. – Für Spenden zu einer Schreinreparatur wird die Werbetrommel gerührt

Bei der Übergabe unseres zweiten Weltreisebuches an Toyamas Gouverneur Yutaka Nakaoki

Personen. „Sumo", die japanische Form des Ringkampfes, erlebten wir bei einer Großveranstaltung mit Schülern. Es ist eigentlich ein Berufssport, und die eigenartige Verbindung von alten Zeremonien mit der enormen Kraft von superschweren Ringern macht Veranstaltungen zu einem außergewöhnlichen und aufregenden Spektakel. Diese Kämpfe finden allerdings nur in einigen Millionenstädten statt. Es war interessant und amüsant zugleich, mit welchem Ernst die Jungen bei diesen Schülerausscheidungen mitmachten. Und es war wiederum erfreulich, wie man uns beim Fotografieren und Filmen behilflich war. Schließlich sahen wir auch eine große Zahl von Ausstellungen, mit alten Rollbildern, von Amateuren gemalten modernen Bildern, anderen Kunstgegenständen, eine Schau mit zum Teil sehr wertvollen Kimonos (Farbbild 99), Ausstellungen aus geschichtlichen Anlässen wie dem vierzigsten Jahrestag der Zerstörung Toyamas und eine Leistungsschau der Provinz.

Wir lassen noch mehr Freunde zurück

Ein weiterer – nun schon der vierte – Japanaufenthalt ging seinem Ende zu. Vier Wochen vor dem Abschied überreichten wir dem Gouverneur der Provinz Toyama, Yutaka Nakaoki, in seinem Amtszimmer unser zweites Weltreisebuch „Weit über Land und Meere", das ein siebzig Seiten umfassendes Kapitel über Toyama und Japan, mit mehr als fünfzig Bildern, enthält. Herr Nakaoki war sehr überrascht, daß seine Provinz in einem ausländischen Buch so ausführliche Erwähnung gefunden hatte. Wie wir sprach er die Hoffnung aus, daß dieses und ein künftiges Buch der

Freundschaft und der Verständigung zwischen Japan und Deutschland förderlich sein möge. Der Gouverneur lud uns ein, Japan bald wieder zu besuchen und seine Provinz zu unserer „Heimat auf Zeit" zu machen. Die „Nordjapan-Zeitung" berichtete in Wort und Bild über unsere Visite. Trotz unserer vielen Aktivitäten kam unser Aufenthalt in Toyama, sowie in Tokyo, Nara, Kyoto, Osaka, Kanazawa (Hauptstadt der Nachbarprovinz) und in vielen kleineren Orten einer Erholungspause gleich. Was wir nach manchen unerfreulichen Erlebnissen in Afrika und Asien besonders schätzten, war, daß wir uns völlig frei fühlen konnten. Wir mußten uns zwar nach Ablauf von drei Monaten einen japanischen Personalausweis ausstellen lassen, komplett mit Fingerabdruck, aber für uns hatte das nur formelle Bedeutung. Obwohl wir diesmal vieles mit noch kritischerem Blick betrachtet hatten, konnten wir doch sagen, daß wir nur liebenswürdige persönliche Erfahrungen machten. Wir hatten nun noch mehr Freunde als zuvor. Sie eines Tages wiederzusehen, würde uns eine große Freude sein. „Sayonara!"

Überall an Hongkongs Gestaden leben viele Tausende ständig auf Booten

Nach Hongkong, Macao und Südkorea

Auf einer Karte Chinas ist Hongkong lediglich ein Tüpfelchen am Südchinesischen Meer, fast nur ein Zehntausendstel der großen Landmasse daneben. Auf einem Satellitenbild gibt es sich als eine hügelige Halbinsel und einige Inseln zu erkennen. Ein paar von ihnen ziehen drunten vorüber, wenn man sich im Flugzeug dem Ziel nähert. Dann wird in den Fenstern auf beiden Seiten eine große Stadt sichtbar. Bei der Landung von Westen her hat man unwillkürlich das Gefühl, seine Beine anziehen zu müssen, so nahe über den obersten Stockwerken und dem Antennengestrüpp der Hochhäuser drückt der Pilot die Maschine herunter. Beim Abflug nach Osten hin fragt man sich insgeheim, ob nicht doch besser Schwimmwesten angelegt werden sollten. Die Lande- und Startbahn des Hongkonger Flugplatzes Kai Tak beginnt unmittelbar neben den Wohn- und Büroblocks mit zehn und zwanzig Stockwerken und endet nach knapp dreieinhalb Kilometern abrupt am Meer. Sie ragt wie ein ausgestreckter Finger in die Wellen einer Bucht hinaus.

Man tritt aus dem Flughafengebäude und ist augenblicklich in der Stadt, genauer: in Kowloon (gesprochen: Kaulun). Kommt man auf der Fahrt im Taxi oder Bus ans Wasser, so sieht man Hong Kong Island, die Insel, die der britischen Kronkolonie ihren Namen gab. Hüben wie drüben ein Wald von Hochhäusern, ein Gewirr von immer belebten Straßen und Überführungen, ein Chaos von Lichtern, wenn die Nacht anbricht. Dazwischen, in einer Meeresstraße, „der Hafen" genannt, Dutzende von Schiffen auf der Reede, von Leichtern umringt, die Rohstoffe und Waren aus allen Erdteilen aufnehmen und an Land schaffen oder Hongkongs Produkte an die Pötte abliefern, sowie Schlepper und Fähren, Dschunken und Jachten, Ruderboote und Luftkissenschiffe, Lastkähne und Ausflugsdampfer, Passagier- und Kriegsschiffe. Hong Kong Island mit unzähligen Palästen aus Metall, Glas und Beton voll von Banken und Schiffsagenturen, Ämtern, Kontoren, Konsulaten und Reisebüros ist der „Schreibtisch" der Kronkolonie, Kowloon mit seinen Warenhäusern und Märkten, Boutiquen und Discount Shops, Bazaars und Kramläden der „Ladentisch".

Hongkong der Touristen, der Händler und der Einheimischen

Nicht, daß nicht überall in Hongkong Geschäfte gemacht würden – davon lebt es schließlich – aber hierher kommt fast jeder Besucher aus Übersee zum Einkaufen. Fotoapparate, Videogeräte und Uhren aus Japan und Westeuropa, Gold, Perlen, Jade, Edelsteine und (leider) Elfenbein, roh oder bearbeitet, chinesisches Porzellan, Rollbilder, andere Kunstgegenstände, Waren aus Leder und Seide, Möbel von dort, Stickereien von den Philippinen, Puppen aus Indonesien, Antiquitäten von überall her, Textilien aus Hongkong – nur ein Bruchteil dessen, was hier gehandelt wird. Auf Wunsch werden, wie ein Schild besagt, bei Bekleidung „für Amerikaner und Australier Sondergrößen" angefertigt. Und wer hier nicht findet, was er sucht, und sei es das Nachtlokal nach ganz eigenem Geschmack, der spürt es vielleicht auf Hong Kong Island auf, wo andere Ladenstraßen, Warenhäuser und Vergnügungsviertel sind, oder er entdeckt es – zu Hause.

In Kowloon ist es auch, wo die meisten Besucher in einem Hotel – „fast wie zu Hause" –, in einem CVJM-Heim, einer „Jugendherberge", einer Pension oder einem Gästehaus landen. Bei unseren bisher acht Visiten in Hongkong kamen wir stets in einer der kleinen Pensionen unter. Sie waren in den teils heruntergekommenen vielgeschossigen Gebäudeungetümen (aus der Nachkriegszeit, mit labyrinthartigen Korridoren und Treppenhäusern) von chinesischen Familien aufgemacht worden. Diese hatten schlicht einige „apartments" aufgekauft. Nun vermieteten sie die Zimmer einzeln, jedes mit Klimaanlage und – natürlich – Fernsehapparat, allerdings nur mit Etagenbad. Dort waren unsere Nachbarn, außer den Vermieterfamilien, nur Ausländer, das bunteste Gemisch, das man sich vorstellen kann. Hongkong ist wahrlich ein internationaler Treffpunkt nicht nur für kauflustige Touristen, sondern auch für gewiefte Händler aus Indien, Pakistan und Nepal, aus Senegal, Nigeria und Kenya, aus den Golfstaaten, von den Philippinen und aus Indonesien. Diese Geschäftemacher, die oft Kind und Kegel mitbringen, sind den ganzen Tag auf Achse, ständig am Verhandeln und Feilschen, Schimpfen und Augenrollen, sie besiegeln einen guten Abschluß mit Handschlag, schleppen ihre Eroberungen davon, packen sie aus, um und ein, machen sich schließlich mit prallgefüllten Koffern und Taschen auf den Weg zum Flugplatz, von dem jede Woche an die tausend Maschinen in alle Welt starten.

Aber Kowloon und die angrenzenden städtischen Gebiete sind für die Millionen Chinesen, ebenso wie die weniger mondänen Viertel auf Hong Kong Island, vor allem Wohn- und Arbeitsplatz. Die meisten hausen in schauderhaften Betonkästen, mit dünnen Wänden, mit immer rostigen Fensterrahmen und schmutzigen Scheiben, aber jeder versucht, aus dem wenigen das Beste zu machen, mit Vordächern, Blumenbänken, käfigartigen Anbauten für Töpfe, Schüsseln und den Mülleimer, für Behälter mit Eingelegtem, für ein paar Hühner, die Familienkatze oder den Ziervogelkäfig, mit schnurrenden Klimaanlagen und Stangen, an denen die Wäsche zum Trocknen aufgehängt wird (Farbbild 111). Die Mietswohnungen sind klein, muffig und dunkel, weshalb meist elektrisches Licht brennt. Radios und Fernseher laufen, die Nachbarn sind Zeugen von Geschäftsverhandlungen, Familienzwists und fast allem anderen. Mancher hat eine Hauswand direkt vor seinem Fenster. In den meisten dieser schmucklosen Blocks gibt es neben Wohnungen noch Werkstätten, ja kleine Fabriken. Da werden etwa Transistorenradios und Plastikspielzeug zusammengesetzt, Wollsachen gestrickt und Kunststoffsandalen ausgestanzt, Halbedelsteine geschliffen und „Antiquitäten" kunstvoll hergestellt.

Unten, in den Gassen und Straßen, wo die Geschäfte fast nur noch chinesische Firmenschilder haben, wo verschiedene südchinesische Dialekte die Menschen verbinden oder trennen, dampft es aus Garküchen und Waschanstalten, werden Anzüge genäht und Schuhe geflickt, wochenalte Bärte geschoren und Särge zusammengenagelt, Säcke mit Knoblauch und Fässer mit Sojasoße verladen, werden bleich aussehende Kleinkinder von ihren Großeltern spazierengeführt, spielen Halbwüchsige Fußball, läuft ein verstopfter Gully über. Hier geht das bunte Leben Hongkongs ohne die Fremden seinen Gang.

Kolonialära geht ihrem Ende zu

Im Hinterland, mehr nach China hin, sehen sich alte Dörfer südchinesischer Bauern immer mehr von neuen Hochhaussiedlungen eingekreist. Die Märkte haben aber überlebt, und sie werden wohl auch fortbestehen, denn nirgends sonst finden die Einwohner so frische Ware wie hier. Es gibt Gemüsegärten und Reisfelder, Fischteiche und Geflügelfarmen, doch die Erzeugung reicht bei

Hongkonger unter sich: verliebtes Pärchen und ein Obdachloser

Hongkong der Touristen: riesige, beleuchtete Reklame eines Lokals (Querzeile in Japanisch)

weitem nicht. China ist der wichtigere Lieferant von Landprodukten und – Trinkwasser! Oberhalb „Central" auf Hong Kong Island liegt der „Peak", ein steiler felsiger Hügel, knapp fünfhundert Meter hoch, auf den eine Bergbahn führt. Erst wenn man ganz oben ist, hat man einen Blick aufs Festland und die Inseln, die zur Kronkolonie gehören, zuvor ist der Horizont von luxuriösen Wohnhochhäusern begrenzt. (Vor zwanzig Jahren gab es kein einziges.) Zahlreich sind die Villen, verteilt auf den Hügeln der ursprünglich viel grüner gewesenen Insel, deren Name übersetzt „duftender Hafen" bedeutet. Sie gehören wohlhabenden Chinesen, Briten und Ausländern. Sie haben ihre Privatzirkel, aber die Klubs in der Kolonie stehen jedem offen. Auch an den Stränden trifft sich alle Welt, es gibt keine Schranken.

Wie Singapur wurde Hongkong von den Briten entwickelt, wurde es durch den Handel und durch den Fleiß seiner chinesischen Bevölkerung groß, erlebte es in den letzten dreißig Jahren eine stürmische Entwicklung. Aber im Gegensatz zu dem Stadtstaat hatte es 1986 noch keine Wirtschaftsflaute, obwohl seine Zukunft ganz anders aussehen wird. 1997 wird es an die Volksrepublik China fallen. Nach dem sogenannten Opiumkrieg, den China gegen die Briten verlor, wurde diesen 1842 notgedrungen die Insel Hongkong überlassen. Achtzehn Jahre später grabschten die Briten sich die Halbinsel Kowloon („Neun Drachen"; so benannt, weil ein Kaiser vor siebenhundert Jahren hier acht Berge sah, die wie jeder andere Berg nach chinesischer Auffassung von einem Drachen bewohnt wurden; da ein Kaiser aber ebenfalls als ein solches Fabeltier betrachtet wurde, zählte man neun). 1898 schlossen die Briten mit der chinesischen Regierung einen Pachtvertrag auf neunundneunzig Jahre für die „Neuen Gebiete" zwischen Kowloon und der jetzigen Grenze Chinas, zehnmal so groß wie die alten Besitzungen, ab. Im letzten Kriege war Hongkong vier Jahre von den Japanern besetzt.

Und nun bleiben nur noch ein paar Jahre bis zur Rückgliederung an China, mit dem von Großbritannien ein entsprechendes Abkommen ausgehandelt wurde. Zwar hat die Pekinger Regierung zugesichert, daß das gegenwärtige Wirtschaftssystem Hongkongs noch fünfzig Jahre bestehen bleiben soll, aber vielen der fünfeinhalb Millionen Einwohner, die überwiegend dem Privatkapitalismus zuneigen, ist nicht wohl bei dem Gedanken an die nahe Zukunft.

440 Jahre portugiesischer Herrschaft in Macao

Vergleicht man nun die tausend Quadratkilometer Hongkongs mit Macao, so ist dieses noch viel winziger. Die portugiesische Überseeprovinz, ein Stück südchinesischer Küste und zwei Inselchen sechzig Kilometer westlich der britischen Besitzung, mißt nur sechzehn Quadratkilometer. Wir gelangten nach Macao im Anschluß an unseren ersten Chinabesuch. Aus zwei Gründen ist es der Erwähnung wert: Erstens wegen seiner früheren Stellung als einziger Handelsniederlassung zwischen der östlichen und der westlichen Welt, zweitens wegen seines immer noch sehr portugiesischen Charakters, obwohl es inzwischen von 350000 Chinesen, viele von ihnen Flüchtlinge aus der Volksrepublik, neben wenigen Portugiesen, bevölkert wird. Hier gibt es noch Barockkirchen und Stuckfassaden.

Macao wurde 1557 gegründet und hatte mit Erlaubnis des Kaisers vom „Land der Mitte" buchstäblich das Handelsmonopol zwischen China und Japan(!) und zwischen diesen beiden Ländern und Europa. Außer seinen Schiffen sandte es aber auch christliche Missionare nach China und Japan. Die Holländer, lange Zeit die Rivalen der Portugiesen bei der Eroberung von Kolonien, versuchten viermal erfolglos, die Stadt an sich zu reißen. Selbst als in Lissabon ein spanischer

König auf dem Thron saß, wehte über Macao die portugiesische Fahne. Nachdem die Briten sich 1842 in Hongkong niedergelassen hatten und einige Häfen an Chinas Küste auf europäischen Druck hin geöffnet wurden, begann sein Stern zu verblassen.

Seine wirtschaftliche Bedeutung ist heute minimal. Für die Hongkonger ist es aber ein beliebtes da nahegelegenes Ausflugsziel. Wir sahen, wie sie an Wochenenden per Schiff kamen und Macao überfluteten, um sich etwas umzusehen, aber meistens taten sie nicht einmal das. Die vier Spielkasinos Macaos genügten ihnen. So etwas gibt es nämlich bei ihnen daheim nicht. Ab 1997 müssen sie für ihre Spielleidenschaft aber nicht mehr ins Ausland fahren. Dann nämlich wird Macao, wie Hongkong, abkommensgemäß wieder zu China gehören.

Bei der koreanischen Familie Tschon

Das waren die Damen und Herren im katholischen Kulturzentrum natürlich nicht gewöhnt: Kamen zwei „ue-guk-in", zwei Ausländer daher und baten darum, mit einer Familie zusammenleben zu dürfen. Erstaunen und Überlegen waren groß, was man denn mit uns anfangen sollte, aber nachher stellte es sich als gar nicht so schwierig heraus, uns zu helfen. Schon am nächsten Morgen zogen wir ins Haus der Familie Tschon in der Stadt Daedschon ein. Es hilft alles nichts: Wenn man in einem Land völlig fremd ist und niemand kennt, muß man sich Freunde suchen, und es ist am besten, man ergreift sofort die Initiative. Das hatten wir also getan und waren durch das Kulturzentrum Theresia Yoon vorgestellt worden, ihres Zeichens Krankenschwester, die jetzt aber als Familienplanungsberaterin in einem katholischen Krankenhaus arbeitete. Warum gerade

In Korea bei Kindern beliebtes „Kickspiel". – Klogrubenleerer

Theresia? Nun, sie hatte sechs Jahre in Deutschland verbracht, an Krankenhäusern in München und Berlin, und sprach hervorragendes Deutsch (außerdem Französisch, denn sie war zwei Jahre zum Studium der Religionsgeschichte in Frankreich gewesen). Auch sonst war sie ziemlich gescheit, wie sich zeigen sollte. Sie kannte den Krankenwagenfahrer Christopher Tschon, der sich auf Befragen erbot, uns wie gewünscht für zehn Tage aufzunehmen.

Man kann sich die Aufregung bei Christopher zu Hause vorstellen. Genau wie in Japan sieht man außerhalb der Hauptstadt selten Ausländer. Aber weder Sophia, seine Frau, noch die beiden Kinder, die fünfzehnjährige Kristina und der dreizehn Jahre alte Soung Tschol, der sich lieber Pedro nennen ließ (Farbbild 117), machten irgendwelche Umstände. Sophias Mutter, die fünfte Person im Haus, trug es mit Fassung, steckte sich ihre nächste Zigarette an und bekam einen neuen Hustenanfall. Wir wurden in ein Zimmer einquartiert, wo auch der Fernsehapparat stand, und der lief unter Omas Regie viele Stunden am Tag. Die übrigen Mitglieder der Familie – ein anderer Sohn war Austauschschüler in USA – hatten anderweitig zu tun. Abends, nach der Arbeit und Schule, nach dem Essen und der Erledigung der Schulaufgaben, sangen sie zum Beispiel, um den Flügel versammelt, der fast ein ganzes Zimmer einnahm. Die Eltern sangen außerdem im Kirchenchor. Wie Theresia Yoon und weitere eineinhalb Millionen Südkoreaner war die Familie Tschon katholisch. Bei einem Gesangswettbewerb – Kristina begleitete Pedro auf dem Flügel – wurde der Junge immerhin Dritter. Sie nahmen uns zu diesem Ereignis auf Provinzebene mit. Aber meistens saßen sie alle mit uns zusammen und radebrechten, was großen Spaß machte. Eltern und Kinder konnten etwas Englisch, und wir machten unsere ersten zaghaften Gehversuche in ihrer Sprache.

Schreiben ist leichter zu lernen als Sprechen

Sie wird auf eine Art und Weise geschrieben, die sicherlich einmalig in der Welt ist. Auf dem Farbbild 109 – in Daedschon aufgenommen – sind einige Wörter zu sehen. Die einzelnen Kreise, Quadrate, Striche und Häkchen, zum Beispiel auf dem Tischbezug, sind Buchstaben, die jeweils einen ganz bestimmten Laut kennzeichnen. Nun müssen diese Buchstaben nur in der richtigen Kombination geschrieben werden, um Wörter entstehen zu lassen, aber anders als in sonstigen Alphabeten werden die Buchstaben nicht nebeneinander aufgereiht, sondern neben- *und untereinander* geschrieben. Der Name des Alphabets ist „Hangul", was „die Schrift der Koreaner" bedeutet. Ein auch an anderen wissenschaftlichen Projekten interessierter König soll eine Gruppe von Gelehrten mit ihrer Ausarbeitung beauftragt haben und im Jahre 1445 sollen sie damit fertig gewesen sein. Jedes Jahr am neunten Oktober wird dieses Ereignisses mit einem Feiertag gedacht. Nun ist „Hangul" mit seinen nur neununddreißig Buchstaben zwar mit ziemlicher Leichtigkeit zu erlernen, aber mit dem Verstehen und Sprechen der Sprache sieht es aus wie beim Japanischen: Nur nach langem Studium kann man es meistern. Unsere Freunde versuchten nicht, uns vom Gegenteil zu überzeugen. Übrigens wird neben diesem phonetischen Alphabet bei Bedarf auch noch das chinesische Schriftsystem verwendet, zwar sparsam, aber das macht die Sache eben nicht leichter.

Um zu zeigen, was wir bereits konnten, bestickte Wilma zur Freude der Tschons verschiedene ihrer Kleidungsstücke kunstvoll mit ihren Namen, in „Hangul" und in unserem Abc. Davon begeistert waren auch die äußerst lebhaften Freundinnen von Sophia, alle mit einem tollen Lockenkopf, wie es die Mode war (Koreaner haben von Natur aus völlig glattes Haar), und ihre

Sophia Tschon mit Freundinnen und Wilma in angeregter Unterhaltung (in Daedschon)

neunzehnjährige Nichte Heng Tschong Nam, die in Seoul, der Hauptstadt, studierte und zu Besuch kam. Aufgeweckte Leute, die sie alle waren, hatten sie Wörterbuch, Landkarten und Atlas stets griffbereit. Ob wohl eine durchschnittliche Familie in Westdeutschland so viel über Südkorea wußte wie diese Leute über unsere Heimat? Übrigens kamen wir auch mit Theresia Yoon noch einige Male zusammen. Sie war uns sehr sympathisch.

Nationalgerichte „pulgogi" und „kimtschi", Heizsystem „ondol"

Das Haus der Familie Tschon lag an der Peripherie von Daedschon, der fünftgrößten Stadt Südkoreas, aber mit einer günstigen Busverbindung zum Zentrum. Es war gerade groß genug für die Familie. Daß unsere Gastgeber etwas zusammenrückten, freute uns und ehrte sie sehr. Wir konnten die Küche mitbenutzen und tauschten Gerichte mit den Tschons aus, aber gemeinsam essen konnten wir nicht, da kein Tisch vorhanden war, der für alle ausgereicht hätte. Reis und Nudeln, Sojabohnenpudding, Fisch, und „pulgogi", mariniertes und unmariniertes Rind- und Schweinefleisch, das Nationalgericht, auf dem Tisch gegrillt, wechselten miteinander ab. Zu allem aber gehörte immer „kimtschi", Chinakohl, Rettiche und Zwiebeln, die für wenigstens zwei Tage in Wasser von eingesalzenem Fisch und eine Brühe von Stärkemehl, mit Sesamkernen, Knoblauch, Salz, Zucker und rotem Pfeffer eingelegt wurden, wobei sie fermentierten. Man sagte uns, das ziemlich scharfe „kimtschi" sei sehr vitaminreich. Jedenfalls bewahrte Sophia wie alle

Hausfrauen in Korea davon mehrere große Behälter voll auf. Gegessen wurde mit Stäbchen aus Stahl (es gibt aber auch silberne und vergoldete), viel dünner und kürzer als die in Japan und China üblichen. Damit fischte man sich aus den Schüsseln das Gewünschte heraus.

Auch wenn es in einigen Räumen Möbel europäischen Stils neben koreanischen gab – „unser" Zimmer hatte außer einer Frisierkommode und einem großen Schrank für Kleider und Matratzen überhaupt keine –, saß man beim Essen auf dem Boden. Anders als in Japan gibt es keine Matten, aber man zieht dennoch vor dem Betreten des Hauses die Schuhe aus. Der harte Holzboden wird gewöhnlich nur mit gemusterten Plastiktüchern abgedeckt. Ein Grund dafür ist das originelle Heizungssystem „ondol". Dabei ist der Ofen außerhalb des Hauses. Er wird mit runden Briketts befeuert, die einige Löcher haben, in die man mit einer speziellen Zange greift, um die Kohle in den Ofen einzusetzen. In einem Kessel wird heißes Wasser erzeugt, das durch eine Rohrschlange im Fußboden des Hauses läuft. Die Räume werden erstaunlich rasch, gut und völlig sauber beheizt. (Als wir in Japan und China froren, wünschten wir uns, daß die Bewohner dieser Länder von den Koreanern das Prinzip der „Zentralheizung" übernähmen.) Bei einer siebenmonatigen Heizperiode – Korea hat sehr strenge Winter – kostete das der Familie Tschon etwa tausend Mark. Kohle und Strom waren teuer. Es war ein dicker Brocken, denn das Pro-Kopf-Einkommen in diesem Land lag Mitte der achtziger Jahre bei einem Siebentel des westdeutschen. Andererseits hatte die Familie eine ganze Reihe von elektronischen Geräten.

Schließlich nahmen wir Abschied von unseren Freunden. „Miete" wollten sie nicht akzeptieren, aber Geschenke nahmen sie an. Für den Nachschub von Lebensmitteln hatten wir ohnehin die ganze Zeit gesorgt. Wir waren sehr dankbar für die Gastfreundschaft.

An mehreren Tagen sahen wir Christopher und die Seinen vom Morgen bis zum Abend nicht, denn wir besuchten historische Stätten außerhalb – die Verkehrsverbindungen waren sehr gut – und wir machten Touren im nahegelegenen Kyeryong San-Nationalpark. In dem bewaldeten Bergland gelangten wir zu Fuß bis zum mit 845 Metern höchsten Punkt. Das Panorama von weiter entfernten Bergen, von Seen, Reisfeldern und Dörfern entschädigte für die Mühe, auch bei Regen. Am Fuße des Kyeryong San gab es einige alte buddhistische Tempel. Die meisten dieser Gotteshäuser im Land stehen an den Stadt- und Ortsrändern, im Wald oder auf Bergen.

Niedergang des Buddhismus, Aufstieg des Christentums

Manchmal fiel es uns schwer zu glauben, daß die treibende spirituelle Kraft Koreas für über tausend Jahre der Buddhismus gewesen war, daß die Kunst, Literatur und die Doktrin dieser Religion das Leben dieses Landes ebenso durchdrungen hatte wie das Christentum die Kultur Europas während des Mittelalters. Betrachteten wir die Städte und Dörfer, so konnten wir nicht übersehen, daß ihr Bild von Kirchtürmen, mit großen, nachts neonbeleuchteten Kreuzen, beherrscht wurde. Fast neun der vierzig Millionen Einwohner Südkoreas bekennen sich bereits zum Christentum.

An der Zahl der Gläubigen gemessen, dürfte der Buddhismus bald auf den zweiten Platz verdrängt werden. Er erlebte vom zehnten bis vierzehnten Jahrhundert seine Blütezeit, aber die Vermischung der Interessen von Klerus und Staat sowie die Duldung von Elementen der alten koreanischen Naturreligion brachten seinen Niedergang. Als 1392 die Yi-Dynastie mit ihrer zentralisierten konfuzianischen Regierung begann, verloren die buddhistischen Klöster den größten Teil ihres Besitzes und Einflusses. Die Mönche blieben aber weiterhin nationalistisch. Sie schlossen sich den Armeen an, um gegen die Einfälle der Japaner anzukämpfen, konnten allerdings nicht verhindern, daß fast alle Tempel geplündert und zerstört wurden. Daraufhin und wegen Verfolgungen unter der konfuzianischen Herrschaft wurden die meisten Tempel in den Bergen errichtet, viele bestehende dorthin verlegt. Einige wurden befestigt. Erst in neuester Zeit hat der „Berg-Buddhismus" Überlegungen angestellt, wieder in die Orte zurückzukehren und eine sozialere Haltung anzunehmen.

Aber als die Japaner 1910 Korea zu kolonisieren begannen, waren die Mönche noch in der Abgeschiedenheit. Sie verpaßten die Chance, Unabhängigkeitsbewegungen gegen Japan führen zu können. Diese Rolle übernahm das neu aufkommende Christentum. Auf erzieherischem und sozialem Gebiet ist es heute die führende religiöse Gemeinschaft Südkoreas. Dies zeigte sich auch bei den großen Demonstrationen gegen die undemokratische Regierung in Seoul bis zum Sommer 1987. Erst ganz zum Schluß wurden unter den protestierenden Massen auch buddhistische Mönche gesehen. Dabei soll sich ihre Gesamtzahl auf rund zwanzigtausend belaufen! Sie gehören zu zweiundsechzig Sekten, wovon zehn größere Bedeutung haben. Ihnen unterstehen etwa viertausend Tempel (Farbbild 108).

Der erste Koreaner wurde vor zweihundert Jahren getauft. Aber unter Regierungsverboten und Verfolgung konnte sich die (katholische) Kirche nur sehr langsam entwickeln. Vor hundert Jahren gab es ganze 17 500 Christen in Korea. Dann kamen auch protestantische Missionare. Die Entwicklung der Kirchen beschleunigte sich zunächst nicht sehr, doch seit 1940 verdoppelte sich die Zahl der Anhänger in Südkorea alle zehn Jahre und wuchs damit prozentual schneller als die Bevölkerung. Weit vor anderen Ländern Asiens, ausgenommen die Philippinen, hat Südkorea heute, an der Bevölkerung gemessen, die größte christliche Gefolgschaft. Enorme Anstrengungen machten die Kirchen beim Aufbau von Bildungseinrichtungen und Krankenanstalten. Ab 1948 übernahmen Christen auch politische Macht. So gehörten die ersten drei Präsidenten Südkoreas Kirchen an; daß sie sich nicht sehr christlich benahmen, muß dabei erwähnt werden. Aber andersgläubige Politiker gaben kein besseres Beispiel. Fast jeder zweite südkoreanische Soldat ist Katholik oder Protestant. Missionare gehen in alle Welt.

Dabei darf man allerdings nicht außer acht lassen, daß von Einheit der Christen nicht die Rede sein kann. In Südkorea existieren über dreißig verschiedene Kirchen und vermutlich dreihundert sogenannte „neue Religionen", sehr aktive Sekten mit teils beträchtlicher Anhängerschaft. Einige nahmen fremde Glaubenselemente auf. Eine größere Sekte betet einen koreanischen „Messias" an. Im kommunistischen Nordkorea sind christliche Aktivitäten zu einem völligen Stillstand gekommen. Die Verfolgung war dort schlimmer als in der Sowjetunion und in China. Es soll kein einziges Kirchengebäude mehr geben. Zum Vergleich: Allein in der Hauptstadt Seoul stehen rund 1600 Kirchen!

Beide Seiten verhindern Wiedervereinigung

Wer wie wir aus einem geteilten Land kommt, dem kann die Lage, in der sich Korea befindet, nicht ganz gleichgültig sein. Als Folge des Pazifikkrieges und der Abmachungen zwischen der Sowjetunion, den USA und Großbritannien ist es in eine Nord- und eine Südhälfte gespalten. Dies ist noch tragischer als die Teilung Deutschlands, denn erstens war Korea *das Opfer* von Aggressionen, zweitens waren inzwischen die beiden Korea in einen erbitterten Bruderkrieg verwickelt. Die Amerikaner und die Russen schufen sich, getrennt durch den 38. Breitengrad, zwei Einflußphären. Verhandlungen zwischen den beiden Mächten blieben ohne Erfolg, da keine Seite Zugeständnisse machen wollte, durch die sie ihren Einfluß auf eine zukünftige Regierung verlieren konnte. Darum sollte eine UN-Kommission nationale Wahlen überwachen. Die Russen und ihre kommunistischen Gefolgsleute in Nordkorea verweigerten den UN-Vertretern aber die Einreise. So fanden die Wahlen im Mai 1948 nur im Süden statt. Von der daraus hervorgehenden Regierung wurde einseitig die Unabhängigkeit ausgerufen und die Republik Korea gegründet. Der Norden sah sich dadurch herausgefordert, auf die gleiche Weise zu verfahren.

Der schwelende Konflikt kam zwei Jahre später zum Ausbruch. Nordkoreas von den Sowjets bestens ausgerüstete Truppen fielen in Südkorea ein. Die Hauptstadt Seoul war nach drei Tagen genommen, das Land mit Ausnahme des Gebiets von Pusan bald überrannt. Amerikanische Truppen kamen den unterlegenen südkoreanischen Verbänden ebenso zu Hilfe wie Kontingente aus sechzehn weiteren UN-Mitgliedsstaaten. Eine Landung von Truppen unter General MacArthur war so erfolgreich, daß die nordkoreanischen Armeen innerhalb eines Monats zurückgeschlagen wurden. Nun traten aber starke Verbände der Volksrepublik China auf den Plan. Die Front stabilisierte sich schließlich um den 38. Breitengrad. Das Ringen um einen Waffenstillstand dauerte bis zum Sommer 1953. Fast zwei Millionen Menschen, Zivilisten und Soldaten, wurden getötet oder verwundet. Mehrere Millionen verloren Heim und Habe. Seoul zum Beispiel wurde völlig zerstört.

Das Waffenstillstandsabkommen schrieb politische Verhandlungen zwischen beiden Teilen Koreas vor, aber sie gingen kaum über die Zurückweisung von „Provokationen" und gegenseitige Beschimpfungen hinaus. Dahinter stehen weiterhin die Sowjets und die Amerikaner. Wenn wir die Lobgesänge auf den „Führer mit der grenzenlosen Weisheit, den geliebten Genossen Kim Il Sung" lasen, die uns nordkoreanische Landwirtschaftsexperten in Tansania gaben, wenn wir Radio Pyöngyang hörten, das die südkoreanische Regierung als „Lakaien der Amerikaner und Japaner" betitelte, und den Sender in Seoul, der die nordkoreanische Führung als „Aggressoren, Mörder und schwachsinnig" beschimpfte, dann konnten wir uns vorstellen, daß noch viele Jahre vergehen würden, ehe Korea wieder *ein* Land sein könnte. Alte Leute, wie die Mutter von Sophia in Daedschon, meinten, daß die Wiedervereinigung auch nicht in den nächsten zwei Generationen kommen werde.

Japan hat sich noch nicht entschuldigt

Weil wir ein paar Tage zuvor noch in Japan gewesen waren, interessierte uns nun natürlich die Einstellung der Südkoreaner zu ihren östlichen Nachbarn. Insbesondere die älteren Menschen haben den Japanern die fünfunddreißig Jahre lange Gewaltherrschaft noch nicht verziehen, hörten wir, vollends, da kein japanischer Führer es bisher zuwege gebracht hatte, sich im Namen seines Landes für die schweren menschlichen, wirtschaftlichen und kulturellen Verluste, die es angerichtet hatte, zu entschuldigen. Gerade in dieser Zeit besuchte Südkoreas Tschun Doo Hwan als erstes Staatsoberhaupt Japan. (Dessen Premierminister Nakasone war im Jahr zuvor, 1983, als erster Regierungschef in Seoul gewesen.) Gegenüber Tschun sprach der japanische Kaiser sein Bedauern wegen der „unglückseligen Vergangenheit" aus. Aber das war nur eine vage Erklärung. Der „Katholische Rat für Frieden und Gerechtigkeit" verlangte vom japanischen Kaiser eine formelle Entschuldigung „für seine historischen Verbrechen und für die Sünde der Gotteslästerung" (weil er sich bis 1945 als „göttlich" verehren ließ). Tschuns Außenminister Lee wollte, daß dem „Bedauern" Taten folgen sollten, wie die Korrektur der für Südkorea negativen Handels-bilanz und engere technisch-wissenschaftliche Zusammenarbeit.

Aber genau an der Bereitschaft Japans, Südkorea zu High Technology Zugang zu gewähren, hapert es. Die Regierung will die Lösung dieser Frage völlig den Unternehmern überlassen. Diese fürchten den „Bumerang-Effekt", nämlich, daß Südkorea auch auf anderen Gebieten als der Stahlproduktion, dem Schiffbau, bei Fernseh- und Videogeräten, wo dies schon der Fall ist, mit dem ihm vermittelten Wissen zum Konkurrenten Japans werden könne. Der japanische Wirtschaftsdachverband ist der Ansicht, daß Südkorea in zehn Jahren schaffen werde, wozu Japan in der Vergangenheit dreißig Jahre gebraucht habe.

Überall in Südkorea fanden wir Denkmäler, die an japanische Schandtaten in diesem Jahrhundert, aber auch in früheren Zeiten erinnerten. So hatte der General Toyotomi Hideyoschi kurz vor 1600 die koreanische Halbinsel mit Krieg überzogen und in sechs Jahren den größten Teil des Landes und seiner Kulturschätze zerstört. Ein Beispiel für den Schaden ist der bei der Stadt Kyongdschu im Südosten Südkoreas gelegene buddhistische Tempel Pulguksa, eines der eindrucksvollsten Bauwerke seiner Art. Er wurde 1593 in Trümmer gelegt. Erst Anfang der siebziger Jahre konnte er authentisch wiederaufgebaut werden. In dieser Form hatte er seit 751 bestanden. Einige der Gedenkstätten für die Schlachten mit den Japanern, wie die von Kumsan bei Daedschon, wo siebenhundert Koreaner begraben sind, wurden im Laufe der vierhundert Jahre zu wahren Wallfahrtsorten, die bei Schulausflügen auf dem Programm stehen. Wir fanden, daß, was diese so lange zurückliegenden Ereignisse betrifft, die Koreaner etwas zu nachtragend sind. Von Völker-verständigung und Friedensfestigung ist dort nicht die Rede.

Durch Kriege gingen Korea viele alte Bauwerke verloren. Wiederaufgebaut wurde der Tempel Pulguksa

Die Japaner erwiesen sich den Koreanern gegenüber nicht als dankbar. Seit dem sechsten Jahrhundert wurden ihnen durch diese chinesisches akademisches Lernen, die Schrift, technische Fertigkeiten, die bildenden Künste, Architektur, der Buddhismus und vieles andere weitervermittelt. Deshalb ist in Korea manchmal von Japans „kulturellen Schulden" die Rede. Japan verging sich in der Kolonialzeit dieses Jahrhunderts zum Beispiel an Koreas Sprache. Sophias Mutter erzählte uns, daß sie in der Schule geschlagen worden sei, wenn sie ihre Muttersprache Koreanisch anstatt das verordnete Japanisch benutzt habe. Eine Ironie, daß etwa die Hälfte der eineinhalb Millionen Korea besuchenden Touristen Japaner sind.

Perfekte Olympiade 1988?

Man schrieb das Jahre 1984. Noch mußten vier Jahre vergehen, ehe Seoul Austragungsort der Olympischen Sommerspiele sein würde. Aber in Südkorea breitete sich bereits das „Olympia-Fieber" aus. Millionen Koreaner seien begeistert und hätten „Seoul '88 ständig im Sinn", wie es in einer offiziellen Darstellung hieß. Im Fernsehen wurde ununterbrochen darüber geredet. Die Werbung schlachtete das künftige Ereignis bereits geschickt aus. In die Hälfte aller Reklamespots auf den Bildschirmen war die Olympiade irgendwie eingearbeitet. Die Eröffnungszeremonie war schon zum soundsovielten Male durchexerziert worden. Perfektion würde die Losung sein, Elektronik würde eine große Rolle spielen, wenn sich die Jugend der Welt zum edlen Wettstreit in Südkorea versammelte. Sportminister Lee Yong Ho erklärte: „Wir werden uns und der Welt etwas beweisen. Wir denken, wir werden der Welt . . . die besten Olympischen Spiele bieten, die es je gegeben hat." Es war schwerlich vorstellbar, daß dieses Land an seinem Erfolg auch nur den geringsten Zweifel hatte.

Wir waren beeindruckt von dem enormen Bauaufwand nicht nur im „olympischen Dorf" von Seoul, sondern an vielen Plätzen der acht Millionen Einwohner zählenden Hauptstadt, die 1945 noch eine rückständige kleine Stadt gewesen war, mit kaum einer Brücke über den Han-Fluß und fast keinen Motorfahrzeugen. Uns mißfiel aber das kalte Aussehen großer innerstädtischer Gebiete mit nur wenigen Grünanlagen. (Für alle Parks und Stadtgärten mußten Eintrittsgebühren bezahlt werden.) Nicht glücklich waren wir auch über das rüde Verhalten im Verkehr, wo die Regeln selten beachtet wurden. Mit Fernsehspots wurde damals begonnen, die Verkehrsteilnehmer zur Disziplin anzuhalten. Busbenutzern wurde gelehrt, wie sie sich ordentlich in einer Schlange anstellen sollten. Am schlimmsten aber fanden wir die Luftverschmutzung vor allem Seouls, durch den Verkehr, die Kohleöfen und durch Fabriken. Die Zeitung „The Korea Times" schrieb: „Seoul ist eine der am meisten verpesteten Städte der Welt." Jedes zweite Auto Südkoreas verkehrte in der Hauptstadt.

Schauplätze neuer und alter Geschichte

Unsere Rundreise mit der Bahn durch Südkorea begann und endete in Seoul. Außer hier und in Daedschon verbrachten wir auch an anderen Orten jeweils einige Tage. Ein Höhepunkt war unser Aufenthalt in Kwangdschu, einer großen Provinzhauptstadt. Dort trafen wir Augenzeugen des großen Volksaufstandes vom Mai 1980, der in einem Blutbad geendet hatte. Kwangdschu ist die Heimat des Oppositionsführers Kim Dae Dschung. Als er von einer Gruppe Armeeoffizieren unter Führung des Generals Tschun Doo Hwan verhaftet wurde, brachen Studentenunruhen aus.

Sie wurden brutal niedergeschlagen. Dies hatte ein Aufbegehren der ganzen Bevölkerung zur Folge. Nun griff die Armee mit regulären Einheiten, auch mit Panzern, ein. Nach offiziellen Angaben starben hundertneunzig Menschen; unsere Gewährsleute nannten höhere Zahlen. Hunderte wurden ins Gefängnis gesteckt. Bei den kurz darauf folgenden „Wahlen" sicherte sich Tschun Doo Hwan das Präsidentenamt. Zuvor waren fünfhundert unliebsame Politiker ausgebootet worden. Kim Dae Dschung wurde wegen „Hochverrats" zum Tode verurteilt. Nach weltweiten Protesten wurde die Strafe umgewandelt, nicht zuletzt auch, weil Tschun die weitere militärische Hilfe der USA, die der Süden gegen den Norden braucht (jede große Stadt hat amerikanische Kasernen), gefährdet sah. Aber bis zum Sommer 1987 gewährte der Präsident den zahllosen politischen Gefangenen keinen Pardon.

Nach vielen Protestdemonstrationen gegen das Regime gab er schließlich etwas nach, denn sie drohten die Abhaltung der Olympischen Spiele 1988 in Frage zu stellen. Das Beispiel Südkorea sollte dem Internationalen Olympischen Komitee die Überlegung wert sein, ob es ratsam ist, die Spiele in autoritär regierten Ländern abzuhalten, wo gefoltert wird, wo die Gefängnisse mit politischen Widersachern gefüllt sind. Die Regierung in Seoul wird das große Sportereignis mit Sicherheit auch für ihre Propaganda gegen den Norden nutzen.

Yosu liegt auf einer Halbinsel an der bergigen Südküste mit ihren tiefen Einschnitten. Im sechzehnten Jahrhundert war es ein Kriegshafen. Von hier liefen die ersten eisenverkleideten Schlachtschiffe aus, um der Marine der angreifenden Japaner eine vernichtende Niederlage zuzufügen. Admiral Yi Sun Schin, der die Schlacht leitete, wird nicht nur an der Südküste, sondern im ganzen Land mit riesigen Statuen als Held gefeiert. Von Yosu geht der Blick auf eine

Eine Straßenecke mit zwei Lebensmittelgeschäften in Pusan

großartige Berg- und Insellandschaft, von Pusan, der zweitwichtigsten Stadt und dem bedeutendsten Hafen Südkoreas, auch bis zur japanischen Insel Tsuschima. Es gibt einen regelmäßigen Fährbetrieb zwischen Pusan und Schimonoseki in Japan. Im Koreakrieg kampierten am Brückenkopf Pusan vier Millionen Flüchtlinge neben den einenhalb Millionen Einwohnern. An den Krieg erinnerten uns aber nur noch die Gedenkstätten für die gefallenen UN-Soldaten. Sie starben „für die Freiheit", wie es heißt. Dieses Wort stand seitdem nur auf dem Papier.

Auch soziale Gerechtigkeit ließ auf sich warten. In den Industriegebieten um Pusan, Seoul, Kwangdschu und anderer Städte hatten fleißige Arbeiter das koreanische „Wirtschaftswunder" mit aufgebaut, ohne den ihnen zustehenden gerechten Anteil an den Gewinnen, vor allem im Exportgeschäft, zu erhalten. Aber sie verhielten sich bemerkenswert ruhig. Erst Jahre später gingen sie deshalb massiv auf die Straße.

Schließlich sahen wir noch zwei geschichtliche Stätten ersten Ranges. Kyongdschu, heute nur hunderttausend Einwohner groß, war beinahe tausend Jahre die Hauptstadt von Silla gewesen, einem der drei Königreiche Koreas (die anderen waren Paektsche und Koguryo), und für dreihundert Jahre Metropole der ganzen Halbinsel. Kriege zwischen den Reichen und Heimsuchungen durch die Mongolen und die Japaner hatten Kyongdschu schließlich in einen Dämmerschlaf fallen lassen. Die großartigen Reste seiner Glanzzeit machen es heute zum meistbesuchten Touristenziel. Wir sahen uns auch in Puyo um, das bis 660 die Hauptstadt von Paektsche war.

Was uns auffiel...

Zum Schluß ein paar Streiflichter. Einmal im Monat, gewöhnlich um den Fünfzehnten, fanden Luftschutzübungen statt, die etwa zwanzig Minuten dauerten. Koreaner und Besucher wurden einen Tag zuvor durch die Medien darauf aufmerksam gemacht, bei Alarm unterirdische Bunker aufzusuchen. Wir saßen am betreffenden Tag gerade im Zug. – Südkoreanische Oberschüler mußten an paramilitärischen Übungen teilnehmen. Wir sahen die Jungen mit echten Gewehren auf dem Schulhof exerzieren, die Mädchen beim Sanitätstraining. – Jeden Nachmittag um fünf Uhr wurde über öffentliche Lautsprecher in den Stadtzentren die Nationalhymne abgespielt. Alle Menschen blieben dann stehen, legten die rechte Hand auf die linke Brust.

Wir stellten fest, daß sich die Koreaner in vielem ähnlich wie die Japaner verhielten. Manche Dinge waren gleich. Zum Beispiel hielten sich die Frauen beim Lachen die Hand vor den Mund, wurden Kinder von Müttern in speziellen Gurten auf dem Rücken getragen. Über Lautsprecher wurde zum Schulstundenbeginn oft der „Westminsterschlag", von Müllautos die Melodie „Für Eliese" abgespielt. Kinderlieder waren wie in Japan (mit koreanischem Text) „Hänschen klein" und „Alle Vögel sind schon da", deutsch gesungen hörten wir von Schülern „Am Brunnen vor dem Tore", Studenten sangen so „Das Wandern ist des Müllers Lust" und „Sah ein Knab' ein Röslein steh'n". Bei Gelegenheiten hörten wir die Hochzeitmärsche aus „Lohengrin" und „Ein Sommernachtstraum". Der Beginn von Beethovens Fünfter und die „Hymne an die Freude" wurden gerne im Werbefunk verwendet, genau wie im Nachbarland. An vielen Plätzen sahen wir Porträts und Gipsbüsten von Beethoven, Schubert und Karajan.

69 Familienausflug am Nachmittag zum Juhu-Strand von Bombay in Indien

70 Platz für berufsmäßige Wäscher im Bombayer Stadtteil Mahalaxmi

71   *Mit zwei Ochsengespannen wird Wasser aus einem Tiefbrunnen gefördert (Indien)*

72   *Kinoplakat in Bangalore/Südindien. Solche Reklamen beherrschen alle Stadtzentren*

73 *Pilger mit Pfauenfedern ziehen zu einem Hinduheiligtum in Palani/Südindien*

74 *Kinder einer niederen Kaste sammeln Dung, der als Brennmaterial verwendet wird*

75 Eingang zum Ranganathaswami-Tempel in Srirangapatna bei Mysore, erbaut 894

76 Durcheinander auf Zufahrtsstraße zum City Market (Stadtmarkt) von Bangalore

77 *Regenzeit über dem höchsten Gipfel Sri Lankas, dem Pidurutalagala (2525 m), im Südteil*

78 *In Singapur müssen immer mehr typische Chinesenhäuser den Wohnblocks Platz machen*

79 *Ausgelassene Kinder im Fischerviertel der Stadt Cirebon auf der Insel Java/Indonesien*

80 *Reisterrassen wie am Fluß Sungei Ayung auf Bali findet man auch auf Java*

81   Szene vom Gemüsemarkt in der Hauptstadt Balis, Denpasar

82   Jeden Tag wird irgendwo auf Bali ein Fest begangen: Geschmücktes Privathaus bei Ubud

83　Der aktive Vulkan Mayon auf der philippinischen Insel Luzon erschreckt die Menschen oft

84　Die Kirche San Miguel in dem Städtchen Argao auf Cebu in den Philippinen

85   *Paramilitärische Übungen von Oberschülern in Bacolod/Insel Negros*

86   *Umzug auf der Insel Mactan vor Cebu: „Eingeborene" bei Ankunft der Spanier 1521*

87 *Baldwin-Lokomotive von 1926 im Dienste einer Zuckerfabrik auf der Insel Negros*

88 *Reisfelder bei Bontoc/Luzon: Wegen Hitze konnten wir nur in höheren Lagen wandern*

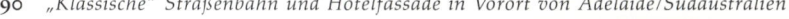

89 *Teil des Festival Centers, des Stadtzentrums und des River Torrens in Adelaide*

90 *„Klassische" Straßenbahn und Hotelfassade in Vorort von Adelaide/Südaustralien*

91 *Strandaufenthalte sind bei den Australiern eine Philosophie, eine Besessenheit*

92 *Im Finke River Gorge-Nationalpark bei Alice Springs in der Mitte Australiens*

93 *Marschierende Mädchen beim „Australia Day" (Australientag) in Adelaide*

94 *Gemälde an Hauswand in Australien: Aufruf zu guter Nachbarschaft der Volksgruppen*

95 Massenpicknick unter Kirschblüten im April in Toyama/Japan

96 Beim Essen „zu Hause" in Toyama. Das Tischchen ist von unten elektrisch beheizt

97 Gymnastik für jung und alt an „Erholungstag" im Frühjahr, anschließend Volkslauf

98 Sporttag in Oberschule. Es gibt vier Teams. Jedes fertigt seine Dekoration an

99 *Ausstellung von japanischen Hochzeitskimonos. Jeder kostet über 5000 Mark*

100 *Professoren und Lehrer der Universität Toyama waren uns treue Freunde und Berater*

101 Der mächtige Todaidschi-Tempel in Nara, Hauptstadt Japans vor 1200 Jahren

102 Vergoldeter Schintoschrein. Der Spiegel (Bildmitte) ist Symbol der Sonnengöttin

103 *Bauernhaus auf Japans Insel Honschu. Die Dielen des Vorraums sind peinlich sauber*

104 *Auf den japanischen Inseln erfreut sich Meeresgetier größter Beliebtheit*

Tempelwagenfest der Stadt Takaoka/Mitteljapan. Der Umzug dauert einen ganzen Tag

106 *Tanz- und Gesangsfest in dem Städtchen Dschohana bei Toyama im September*

107 *Herbstliche Stimmung am Berge Tateyama. In der Ebene liegt die Stadt Toyama*

108 *Giebel eines buddhistischen Tempels in Daedschon/Südkorea*

109 *Schneider arbeiten oft auf der Straße. Auf den Tafeln koreanische Schriftzeichen*

110 *Senioren in typisch koreanischer Herrenkleidung beim nachmittäglichen Plausch*

111 *Die Chinesen Hongkongs sind an sehr beengte Wohn- und Arbeitsverhältnisse gewöhnt*

112   *Am Flusse Li Dschiang bei Guilin, die Lieblingslandschaft der Chinesen*

113   *Dorf mit Reisfeldern in der Provinz Hunan/Südchina*

114 *Bei einem Festzug (Philippinen)* 115 *Tanz auf der Schulbühne (Indien)*

116 *Am Maifeiertag (Singapur)* 117 *Im Nationalkostüm (Korea)*

118 *Bei einem Tanzfest (Japan)*

119 *Sie wird fotografiert (China)*

120 *Kindergartenausflug (China)*

121 *Bei Moslemfest (im Westen Chinas)*

122 *Verkäufer und Käufer von Musikinstrumenten in Kunming (Südwestchina)*

123 *Auf dem Markt der Bai-Nationalität in Schapin, 400 km westlich Kunming*

124 *Mit Herrn Wu (zweiter von rechts) und Freunden in Schanghai beim Essen*

125 *Herr Song begleitete uns einen Tag durch Hengyang. Hier Volkspark und Wohnblocks*

126 *Das Tianschan (Himmelsgebirge) von der Straße Urumtschi–Turfan gesehen*

127 *Mädchen des Volkes der Uyguren zeigen traditionelle Tänze (Turfan)*

128 *Mönche an Festtag im buddhistischen Kloster Ta'er bei Schining*

129 *Fluß, Dorf und Straße in den Bergen westlich von Schining*

130 *Lhasa und der Potala waren seit dreißig Jahren unser Traumziel gewesen*

131 *Szene in der Hauptstadt der Inneren Mongolei, Hohot*

132 Auf dem Heimweg über dem Platz vor dem Tor des Himmlischen Friedens in Peking

133 Tore im westlichen Palastbereich der „Verbotenen Stadt" in Peking

134   *Soldaten der Volksbefreiungsarmee als Touristen*

135   *Achteckiger Pavillon des Mandschu-Kaiserpalastes in Schenyang/Mandschurei*

Australisches Zwischenspiel

Ja, endlich war es soweit! Eineinhalb Jahre waren verstrichen, seit wir uns in Singapur aus klimatischen Gründen für eine Verschiebung der Reise nach Australien entschlossen hatten. Nun, da wir die Flugkarten für Sydney in Händen hielten, konnte nichts mehr schiefgehen. Dort war Frühling, wir hatten uns einen Plan zurechtgelegt, Freunde erwarteten uns. Als wir dann schon unterwegs waren, dachten wir daran, daß wir eigentlich schon vor zwanzig Jahren den Wunsch gehabt hatten, Australien in unsere erste ganz große Reise mit einzubeziehen. Aber damals war uns der Weg zum fünften Kontinent doch zu weit, sprich: zu teuer gewesen. Das fanden wir zwar jetzt auch noch, obwohl wir doch schon in den Genuß eines ermäßigten Flugpreises gekommen waren, aber wir wollten die Chance diesmal auf keinen Fall verpassen.

Unser Bestreben war, die südaustralische Hauptstadt Adelaide zu unserem „Hauptquartier" zu machen und anschließend auf eine lange Tour durch Australien zu gehen. Wir peilten Adelaide deshalb an, weil es ein relativ trockenes Klima hat und zu den nur mittelgroßen Metropolen zählt. Gegen unsere Wahl sprach sicher nicht, daß dort auch Trevor und Ottilie wohnten. Siebzehn Jahre zuvor, 1968, hatten wir das Paar und seine Kinder in einer südindischen Stadt kennengelernt, wo sie damals lebten. Kurz darauf waren sie nach Australien ausgewandert. Seitdem hatten sie uns mehrfach eingeladen. Zuletzt wieder, als wir zum drittenmal durch Indien gekurvt waren, hatten sie uns geschrieben: „Wir erwarten, Euch bald zu sehen. Wir haben ein großes Haus. Wein, Bier und gutes Essen gibt es hier unten genug. Und Geld braucht Ihr nicht, solange Ihr Freunde wie uns habt." Wir freuten uns ebenfalls sehr, aber wir waren auch wieder scharf darauf, eine eigene Wohnung zu haben, um unabhängig zu sein. Diese Taktik hatte sich nun ja schon mehrfach bewährt.

Wieder Glück: Nach drei Tagen eine Wohnung

Nach drei Tagen in Sydney saßen wir im Überlandbus in Richtung Adelaide. Trevor und Ottilie hatten wir telefonisch verständigt, nachdem sie schon ausführliche Post erhalten hatten. Ich möchte dem Leser nun unsere Enttäuschung nicht verhehlen, die wir empfanden, als wir zwar an der Busstation überschwenglich begrüßt und dann zum Haus der Freunde gebracht worden waren, dort aber feststellten, daß es schon für sie und drei ihrer jetzt erwachsenen Kinder zu klein war. Dieser Umstand hatte freilich auch einen Vorteil: So konnten wir uns rascher absetzen und bald in den eigenen vier Wänden leben. Wirklich, sonntags waren wir am Abend angekommen, mittwochs am Nachmittag hatten wir es bereits geschafft! Wie das kam?

Wir lasen eben die Zeitungsanzeigen von Maklern. Durch Anruf bei einem der Büros klärten wir, daß wir noch Chancen hatten. Also nichts wie hin. Wir bekamen zwei Wohnungsadressen. Prima! „Halt, nicht so eilig! Das macht vierzig Dollars." „...??" Die Gebühr war zu bezahlen, ob es nun mit einer Wohnung klappte oder nicht. In der Frederick Street der Adelaider Vorstadt Unley sollten eine Wohnküche, ein Schlafzimmer, eine Dusche, Licht und Gas umgerechnet hundert Mark die Woche kosten. Der Platz war ein altes Haus, das uns vom Stil her gefiel. Die Besitzerin, Mrs. Banks, gerade achtzig Jahre alt, zeigte uns die Wohnung neben der ihren. Wir fanden darin eine kunterbunte Möbelsammlung vor. Manches mochte sie aus ihrer Jugendzeit herübergerettet haben, anderes sah jünger, wenn auch nicht weniger strapaziert aus. Der Gasherd mochte kurz nach dem Ersten Weltkrieg das Licht der Welt erblickt haben. Ein Kühlschrank, vermutlich aus den vierziger Jahren, war uns, da das Thermometer an diesem Tage über 35 Grad anzeigte, gleich sympathisch. Ach, wir wollten beide hier wohnen, das mache dann zehn Dollars mehr pro Woche. Und für Gas, neiiiin, da müßten wir schon selbst bezahlen. Aber die Wohnung lag in günstiger Entfernung zum Stadtzentrum und ganz nahe bei den Läden von Unley, und so sagten wir ja, dem Makler allerdings über die wirkliche Sachlage Bescheid. Der wunderte sich nun über die angeblich veränderte Haltung unserer Vermieterin, sie wiederum schimpfte über seine Unzuverlässigkeit. Wie dem auch sei, wir waren untergebracht. Drei Monate wollten wir bleiben. Trevor und Ottilie sahen wir nur noch gelegentlich. In den siebzehn Jahren hatten wir uns alle zu sehr verändert.

Kolonie und Stadt der Freien

Bevor ich über andere Eindrücke berichte, die wir in Australien sammelten, möchte ich doch erst einmal unsere letzte „Heimatstadt auf Zeit" während dieser Reise kurz vorstellen. Sie hat ihre Existenz vor allem dem Weitblick eines Forschers und Landvermessers, William Light, zu verdanken, der von der Gegend begeistert war. Wo die Stadt und viele Dörfer entstehen sollten, dehnte sich eine Ebene, im Westen von einer Meeresbucht, im Osten von Hügelketten begrenzt. Zwar gab es über den Standort mit dem Gouverneur der neuen britischen Kolonie Streit, aber die ersten 345 Siedler stimmten mehrheitlich für Lights Vorschlag, worauf sie 1837 mit dem Bau der ersten Häuser beginnen konnten. Sie waren Engländer, Iren und Schotten. Aber die Neugründung erhielt den Namen eines deutschen Mädchens. Es war das erste Kind des Herzogs und der Herzogin von Sachsen-Meiningen, die mit fünfundzwanzig Jahren nach England kam, um Prinz William, Herzog von Clarence, zu heiraten. Er bestieg als König William IV. 1830 den Thron, und wenige Jahre später war es sein Wunsch, daß der Name seiner Gefährtin Adelaide der Stadt im südaustralischen Busch, zwanzigtausend Kilometer entfernt, gegeben werde.
Der Staat Südaustralien ist der einzige, der ohne die Arbeit von Sträflingen aus England, Irland und Schottland entstand. Freien Einwanderern, die nicht direkt arm waren, wurde das Land verkauft. Der Kolonisator Wakefield hatte folgende Idee gehabt: Verkauft man das Land teuer, so verhindert man damit, daß einfache Leute es erwerben können, und man gibt es solchen, die schon mit ihm umzugehen verstehen. Das Parlament in London hatte 1834 auf sein Betreiben hin ein dementsprechendes, wenig menschenfreundliches Gesetz verabschiedet. Südaustralien wurde als „der trockenste Staat auf dem trockensten Erdteil" bekannt (der Ganges in Indien soll doppelt so viel Wasser führen wie alle Flüsse Australiens zusammengenommen). Aber in der weiten Umgebung von Adelaide gab es fruchtbaren Boden.
Die Siedler waren, was nicht überraschend sein dürfte, nicht die ersten Bewohner des Gebietes. Schon seit Beginn des neunzehnten Jahrhunderts wußte man, daß hier die Kaurna lebten, Ureinwohner, die Jäger und Sammler waren, bekleidet mit Jacken aus dem Fell der Beutelratte. Sie hatten einige Werkzeuge aus Stein, Holz, Knochen, Gefäße aus Baumrinde, Netze aus Schilf oder

Häuten, Speere zum Jagen aus Hartholz, Kanus aus Rinde. Ihre Zahl war klein und sie waren auf den Ansturm der Europäer nicht vorbereitet. Das Erscheinen der Siedler wirkte sich auf die Kaurna katastrophal aus. Sie verloren ihre Jagdgründe. Obwohl der erste Gouverneur sie unter den Schutz des Königs von England stellte, obwohl auf Mißhandlung oder Benachteiligung der Kaurna Strafen standen, konnte nicht verhindert werden, daß innerhalb eines Jahrzehnts die meisten ausgerottet oder vertrieben waren, daß eine dreißigtausend Jahre alte Kultur zerstört wurde.

Die ersten Eindrücke der Einwanderer wurden vor allem von rauhen Winden, von Hitze, Staub, Schmutz, Fliegen und Moskitos geprägt. Zunächst ging es nicht recht voran mit der Neugründung, denn es fehlte an wirtschaftlichen Initiativen. Doch als Kupfer gefunden worden war, kam ab 1845 Schwung in die Angelegenheit. Die Landwirtschaft blühte auf, an einigen Stellen entstanden Industrien. Inzwischen war die Kolonie von Zehntausenden bewohnt. Adelaide wuchs und hatte einen Schwarm wohlhabend werdender Dörfer um sich. Prächtige Gebäude entstanden, weshalb es bald als „Athen des Südens" und „Stadt der Kirchen" bekannt wurde. Die St.-Peter-Kirche gilt als eine der schönsten Australiens. 1861 gab es bereits Stadtwasser, zwanzig Jahre später eine unterirdische Kanalisation. 1909 kam die elektrische Straßenbahn, vorher und noch ein paar Jahre danach lief eine Pferdebahn. Heute gibt es nur noch eine Straßenbahnlinie zwischen der City und einer Vorstadt am Meer (Farbbild 90).

Uns präsentierte sich Adelaide als eine moderne Großstadt, die noch einige romantische Winkel hat. Doch viele der schönen Gebäude sind verschwunden. Im Zentrum wachsen immer mehr Hochhäuser im Allerweltsstil empor. Das „metropolitan area", Groß-Adelaide mit fast einer

Vor unserer Wohnung in Adelaides Stadtteil Unley. – Koalas lassen sich gern auf den Arm nehmen

Million Menschen, dehnt sich über fünfzig Kilometer von Nord nach Süd und dreißig Kilometer von West nach Ost aus. Es wird von Straßen im „Schachbrettmuster" – mit einigen Diagonalen – durchkreuzt. Die überwiegend ein- oder zweigeschossige Bauweise in den heute über dreihundert Vororten ist die Ursache für immer größeren Landverbrauch. Zwar verkehren Stadtbusse, aber zu gewissen Zeiten und an bestimmten Plätzen ist ein eigenes Fahrzeug unabdingbar. Die Australier, wie so manche andere, haben mit ihrer Einstellung, möglichst ungestört von den Mitmenschen leben zu wollen, selbst dafür gesorgt, daß auf das Auto kaum noch verzichtet werden kann. Zum Glück lag unsere neue Bleibe am Rande der Innenstadt.

Adelaide als Kulturzentrum

Eine Besonderheit in Adelaide ist, daß das Stadtzentrum rings von einem fünf- bis achthundert Meter breiten Grüngürtel mit Parks und Sportplätzen begrenzt wird. An einem Abschnitt wird er von einem schmalen Fluß, dem Torrens, durchquert, an dessen Ufern Freizeitanlagen, ein Zoo und historische Gebäude liegen. Neu ist das sogenannte Festival Center (Farbbild 89), das 1977 eröffnet worden war und zwanzig Millionen Dollars gekostet hatte. Dort findet alle zwei Jahre das „Adelaide Festival of Arts" mit Konzerten, Theater-, Opern- und Ballettaufführungen, mit Kunstausstellungen, Lesungen und Veranstaltungen der leichten Unterhaltung statt. Wir erlebten im März 1986 einen kleinen Teil des Geschehens mit. Es umfaßte insgesamt fast fünfzig Ereignisse mit über dreihundert Vorstellungen, außerdem siebzehn Ausstellungen, darunter eine mit neoexpressionistischer deutscher Kunst. Bei dem Festival handelt es sich, wie man sieht, um eines der wichtigeren Kulturereignisse in der Welt. Es wird von zahlreichen ausländischen Gästen besucht. Doch noch weiterer bedeutender kultureller Einrichtungen kann sich Südaustralien rühmen. Es hat eine Staatsoper, ein Staatstheater, ein Tanztheater, eine Kunstgalerie und eine Filmgesellschaft, die unter anderem mit der Verfilmung des Buches „Picnic at Hanging Rock" (deutsch: „Picknick am Valentinstag") weltweit Anklang fand. Adelaide hat zwei Universitäten. Außer den erwähnten Freizeiteinrichtungen im Grüngürtel und am River Torrens steht allein im Stadtbereich ein dreißig Kilometer langer Strand zur Verfügung (Farbbild 91), laden mehrere Naturparks ein, wo man die australische Tierwelt, wie Känguruhs, Koalas, Emus und Dingos, sehen kann (in der freien Natur ist die Fauna bereits gefährdet). Direkt vor der Haustüre der Stadt liegt ein Hügelland, weiter entfernt sind höhere Berge. Während unseres Aufenthaltes in Adelaide wurde ein Spielkasino eröffnet. Es befindet sich in einem umgebauten, alten Gebäude. Zur gleichen Zeit begannen Veranstaltungen aus Anlaß des 150. Gründungstages der Kolonie Südaustralien. Das ganze Jahr 1986 hindurch sollte die bunte Kette von Gedenkfeiern, Volksfesten, Umzügen, Parties, Aufführungen, Feiern von Landsmannschaften und Märkten aus diesem Anlaß nicht abreißen. In der Neujahrsnacht 1985/86 erlebten wir mit hundertfünfzigtausend Bürgern in einem Stadion den Beginn des Festjahres bei einer Großveranstaltung mit.

Wie erwähnt, wohnten wir in Unley, das mit annähernd fünfunddreißigtausend Einwohnern eine der größten Vorstädte war, obwohl sich ihre Bevölkerung bereits seit 1947 ständig verringerte. Sie entstand ursprünglich aus mehreren Dörfern. Die „City of Unley" hatte alle Einrichtungen, die man sich im Nahbereich als Bürger wünschen konnte. (Unley ist ringsum nahtlos von anderen „cities" eingeschlossen.) In einem „Führer für die Bürger" rief das Stadtoberhaupt alle Bewohner auf, noch mehr Interesse an lokalen Angelegenheiten zu zeigen. Dem Aufruf konnten wir als „Mitbürger" teilweise folgen und wir nahmen regen Anteil am Leben in dieser Kommune, sei es

Adelaides OB James Jarvis mit Amtskette. – Gekleidet wie vor 150 Jahren: „Australia Day"

bei Veranstaltungen, in Schulen oder beim Studium des Lokalblattes. Wir verbrachten eine angenehme Zeit in Unley, wobei uns inbesondere die vielen alten Bäume gefielen. Um Zugang zu wertvollem Informationsmaterial in Schrift, Bild und Ton zu erlangen, wurden wir Mitglied in der uns benachbarten Stadtbücherei (außerdem in der Staatsbücherei). Wir bedauerten aber, daß die Seitenstraßen (nicht nur dieser Vorstadt) meist völlig ausgestorben lagen, und daß um die meisten Grundstücke ein hoher Wellblechzaun, eine Hecke oder gar eine abweisende Mauer errichtet war. Dies trug natürlich nicht gerade zur Gutnachbarlichkeit bei. Nicht erfreulich war, daß es in Unley über viertausend Hunde gab, praktisch bei jeder zweiten Familie einen. Streunende Hunde bereiteten nicht nur der Stadtverwaltung, die einen motorisierten Hundefänger in ihren Diensten hatte, sondern auch uns Kopfschmerzen, vor allem nachts.

Bis 1945 wenig kosmopolitisch

Sechs Jahre vor der Gründung Südaustraliens und Adelaides belief sich die weiße Bevölkerung ganz Australiens auf siebzigtausend Personen. Achtzig Prozent von diesen waren noch Sträflinge, die – oft wegen kleinster Vergehen – in England, Irland oder Schottland zu Verbannung verurteilt worden waren. Nur wenige Freie hatten sich also bis zu diesem Zeitpunkt für ein Leben im fernen „Südland" entscheiden können. Um 1850 machte ihr Anteil aber schon vier Fünftel aus. Angelockt von großen Goldfunden kamen danach weitere Hunderttausende nach Australien. Als die Wirtschaft um die Jahrhundertwende darniederlag, war die Einwanderung gleich Null. Doch bis 1930, beendet erst durch die Weltwirtschaftskrise, strömten Engländer, Iren und Schotten wieder in Massen.

Bis 1945 stammten neunzig Prozent aller Einwanderer aus Großbritannien und Irland. Australien war zu jener Zeit also kaum als kosmopolitisch zu bezeichnen. Danach kamen erstmals auch große Gruppen von Emigranten aus anderen Ländern, zunächst vor allem aus Polen, Lettland, Estland, Litauen und der Sowjetunion, später insbesondere aus Schweden, den Niederlanden, Deutschland, Italien, Jugoslawien und Griechenland. Zuletzt wurden viele Zyprioten, Libanesen und Vietnamesen aufgenommen, die ihre Heimat wegen politischer oder militärischer Konflikte verließen. Alle Metropolen und viele kleinere Städte Australiens bieten heute ein viel bunteres Bevölkerungsbild als ehedem.

Das angelsächsisch-irische Element überwiegt in Australien immer noch bei weitem. Aber die anderen Volksgruppen spielen im kulturellen Bereich eine besondere Rolle. Italiener, Griechen, Deutsche, Polen, Holländer, Libanesen, Vietnamesen und all die anderen haben ihre Vereinigungen, ihre Feste und öffentlichen Veranstaltungen. Wir hatten die Chance, uns an einigen beteiligen zu können. Umgekehrt leistet die Öffentlichkeit ihnen spezielle Dienste. In den Büchereien gibt es Lesestoff für die Landsmannschaften. Der sogenannte „ethnische Sender", zum Beispiel in Adelaide, bietet auf UKW rund um die Uhr ein Programm in fünfunddreißig Sprachen für vierzig Gemeinschaften.

Die Rolle der Deutschen

Die Deutschen in Australien kann man nicht als das auffälligste Element bezeichnen. Die in Deutschland Geborenen waren im Jahre 1985 etwa 115 000. Aber im Staat Südaustralien nahmen Einwohner deutscher Herkunft doch eine besondere Stellung ein. Schon 1838, also zwei Jahre nach Gründung der Kolonie, wanderten hier etwa zweihundertfünfzig Kleinbauern aus dem Dorf Klemzig in Schlesien ein. Sie waren Lutheraner und verließen ihre Heimat, weil sie der preußische König zum Zusammengehen mit den Kalvinisten zwingen wollte. In Australien versprachen sie sich religiöse Freiheit. Sie benannten ein von ihnen gegründetes Dorf neben Adelaide ebenfalls Klemzig. Später folgten außer weiteren Schlesiern auch Gruppen aus anderen Gegenden Deutschlands. Sie siedelten ab 1842 auch im Barossatal, das fünfzig Kilometer nordöstlich von Adelaide beginnt. Sie fanden, daß es sich gut für den Weinbau eignete. Bis heute ist das Tal das wichtigste Weinbaugebiet und eine der Touristenattraktionen Australiens. Die Siedler brachten deutsches Brauchtum mit und gaben hier und in anderen Gebieten ihren neuen Ortschaften deutsche Namen, teils die ihrer früheren Heimatorte, wie Grünberg und Gnadendorf, Neukirch, Krondorf, Lobethal und Hahndorf.

Südaustralien war das bevorzugte Ziel deutscher Emigranten. Aber sie wanderten auch in andere Gebiete ein, so vor allem nach Queensland. Es war ein Mecklenburger, der dorthin das Merinoschaf mitbrachte. Zur Zeit des australischen „Goldrauschs" gingen viele nach Victoria. Bis zum Beginn dieses Jahrhunderts sollen es immerhin hunderttausend Deutsche gewesen sein, die ihre Heimat mit dem fünften Kontinent vertauschten. An seiner Erforschung hatten auch deutsche Entdecker wesentlichen Anteil.

Ab dem Ersten Weltkrieg hatten es die Deutschstämmigen nicht immer leicht, gegen ihre Umgebung zu bestehen. Sie, die zuvor so oft wegen ihres Fleißes und ordentlichen Verhaltens gepriesen worden waren, kamen 1914 plötzlich unter Verdacht und Beschuß. So war bis ins Parlament von Südaustralien hinein von ihren „teuflischen Absichten" die Rede. Deutsche Schulen wurden geschlossen, obwohl sie meist schon seit Generationen bestanden hatten. Unter Druck änderten die Deutschstämmigen die Namen ihrer Dörfer, oft auch ihre Familiennamen, vor allem, wenn sie im öffentlichen Dienst tätig waren. Später konnte dieser Unsinn teilweise wieder rückgängig gemacht werden. Eingeführt wurden aber auch Ortsnamen wie Verdun und Sedan, Flußnamen wie Marne und Somme. Einige Deutsche wurden interniert.

Während der Hitlerherrschaft gab es unter den Deutschen Australiens überzeugte Nazis. Bei einigen ihrer Vereine wurde die Hakenkreuzfahne gezeigt und wurden „patriotische" Lieder gesungen. Manche gingen „heim ins Reich". Im Zweiten Weltkrieg standen sich deutsche und australische Soldaten unter anderem in Nordafrika gegenüber. Andererseits hatten die australischen Behörden 1934 kein Interesse an dem Aufruf zum antifaschistischen Widerstand des Schriftstellers Egon Erwin Kisch gezeigt, als er auf einem Kongreß in Melbourne sprach. Und Demonstranten, die in Sydney „Nieder mit Hitler, wir wollen Frieden, es lebe die Demokratie!" gerufen hatten, mußten sich vor einem naiven Gericht für künftiges „gutes Benehmen" verbürgen. Als der Krieg begann, war Australien fast unvorbereitet. Aber seine größere Sorge war die japanische Bedrohung ab Ende 1941.

In den Nachkriegsjahren trafen vierzehntausend deutsche Einwanderer in Südaustralien ein. Sie bildeten damit die größte Gruppe nach den Italienern und den Griechen. Häufig organisierten sie sich. Unter den siebzig deutschen Vereinen Australiens nimmt der „Süd-Australische Allgemeine Deutsche Verein e. V." (SAADV) einen besonderen Platz ein. Er beging 1986 sein hundertjähriges

Umzug des Deutschen Vereins (hier die Volkstänzer) am Tage vor dem Schützenfest in Hahndorf

Ausflug mit Heinrich und Margarete Hüfner in das von Deutschen besiedelte Barossatal

Bestehen und hatte über vierzehnhundert Mitglieder in zweiundzwanzig Abteilungen. Das Jubiläumsjahr, das mit Südaustraliens „150." zusammenfiel, wurde mit zahlreichen größeren Veranstaltungen begangen. Am 10. Januar bewegte sich ein Festzug durch Adelaides Innenstadt und dann wurde die Vorstandschaft des SAADV von Oberbürgermeister James Jarvis auf dem Rathaus empfangen. Zum zweiundzwanzigstenmal fand am nächsten Tag das „Schützenfest" des Vereins in Hahndorf östlich von Adelaide statt. Im Grunde genommen ist es ein Volksfest mit viel Blasmusik, Bier und deutschen Spezialitäten, aber auch mit einem wirklichen Preisschießen, mit einem Schützenkönig und einer Schützenkönigin. Rund vierzigtausend Besucher aus dem ganzen Staat und darüber hinaus wurden angelockt. Die Schützengruppe „Falkenauge" des SAADV hatte 1964 das Luftgewehrschießen als Sportart in Australien eingeführt. Heute hat es mehrere tausend Anhänger. Schon 1858 sollen bei Adelaide erstmals deutsche Schützen miteinander gewetteifert haben. Eine andere jährliche Großveranstaltung ist der „Deutsche Karneval" der „Adelaider Jungs".

Schwaben, die ein neues Glück fanden

Nach Heinrich und Margarete Hüfners Schwäbisch zu urteilen, hätten sie erst gestern nach Australien eingewandert sein können. Aber dann schlich sich hin und wieder ein englischer Ausdruck in die Sätze ein und zeigte, daß die Zeit des Hierseins doch nicht spurlos an ihnen vorübergegangen war. Da kamen Brezeln, Leberkäs und Spätzle auf den Tisch, und es war dann so, wie es auch „dahoim" gewesen war. Beide konnten es kaum glauben, daß dreiunddreißig Jahre vergangen waren, seit sie das Schiff nach Australien bestiegen hatten, weil ihnen die Heimat unter den damaligen Verhältnissen keine großen Chancen hatten bieten können. „Hätten wir damals noch zwei Jahre zugewartet, so wären wir vermutlich nicht mehr ausgewandert", sagten uns die Hüfners, die wir in Adelaide einfach mal anriefen und uns vorstellten. Sie hatten Heilbronn 1953 verlassen, sich auf eine anstrengende Seereise begeben und eine unerfreuliche Zeit in einem Einwandererlager verbracht, ehe sie sich in Adelaide auf Dauer niederließen – zum Schaffe und zum Häuslebaue. Nun waren sie – beide in den Siebzigern – Pensionäre, nachdem sie einer großen Chemiefirma (als Instrumententechniker und in der Kantine) zwei Jahrzehnte die Treue gehalten hatten. Aber im Ruhestand waren sie noch lange nicht. Beim Deutschen Verein waren sie aktiv, und auch sonst standen sie noch mitten im Leben. Ab und zu waren der alte NSUler und seine Gretel, die australische Staatsbürger wurden, wieder in Heilbronn gewesen, aber das Sichzurechtfinden war ihnen von Mal zu Mal schwerer gefallen: „'s isch halt alles anders worde!"

Ebenfalls in Adelaide trafen wir Henry und Erne Baust, auch schon über siebzig Jahre alt und Freunde der Hüfners. Sie ist eine gebürtige Heilbronnerin, und seine Eltern kamen vom Neckar, obwohl er selbst in London geboren wurde. Im Ersten Weltkrieg kam Henry nach Heilbronn und lernte später als Schuljunge seine Zukünftige kennen. Sie heirateten in London, wo sie vierzig Jahre lebten, bis ihnen das Wetter der Themsemetropole nicht mehr bekam. Auf der Suche nach etwas Angenehmeren brachte sie ein Bekannter auf Australien und bei einem Probebesuch in Adelaide behagte ihnen das milde Mittelmeerklima so sehr, daß sie 1974 umsiedelten. Von ihrem „Alterssitz" aus konnten sie ganz Adelaide überblicken. Übrigens gab es durch unsere Begegnung eine große Überraschung: Die Bausts waren genau das Ehepaar, das ich im Sommer 1960 auf einer Englandreise einmal einen Nachmittag in London besucht hatte. Leider war unsere alte Beziehung in der Zwischenzeit abgerissen gewesen.

Mit den beiden Paaren hielten wir während drei Monaten ständigen Kontakt und bei den Hüfners wohnten wir, nach unserer Rückkehr von der Australien-Rundreise, sogar ein paar Tage, ehe wir nach Hongkong zurückkehrten. Aber wir waren mit ihnen auch sonst mehrfach zusammen und sie unternahmen mit uns einige Fahrten.

Die Bedrohung aus dem Norden

„Populate or perish", bevölkern oder zugrunde gehen, war lange Zeit die offizielle Politik Australiens gewesen. Das Land, das ein Erdteil ist, sah sich in der Nachbarschaft großer und teils mächtiger asiatischer Völker in seiner Existenz bedroht, wenn es nur von ein paar Millionen Menschen bewohnt wurde. Japan, das seit der Jahrhundertwende eine expansive Politik betrieb, trug zum Entstehen dieser Furcht erheblich bei. Den japanischen Imperialisten war bewußt geworden, daß Australien – hätte sich ihr Reich nicht durch die Abschließung unter den Schogunen selbst um den Erwerb überseeischer Besitzungen gebracht – ihre Kolonie geworden wäre. Es war in „ihrer" Hemisphäre. Als der Pazifikkrieg begann, lag es zumindest in der Absicht Japans, auch Australien zu erobern. 1942 bombardierte es die Stadt Darwin im Nordterritorium. Dabei wurden Hunderte von Zivilisten getötet.

Tausende, die glaubten, eine Invasion stehe unmittelbar bevor, flüchteten mit Fahrzeugen, die sie sich aneigneten, nach Süden, einschließlich vieler Soldaten. Das Untersuchungsergebnis einer

Kommission war, daß viele Angehörige der australischen Luftwaffe bei Beginn des Bombenhagels in den Busch geflüchtet waren. „Die beschämendsten Ereignisse in unserer Militärgeschichte", so ein Historiker, wurden dreißig Jahre vor der Öffentlichkeit versteckt gehalten. (Aber als am Weihnachtstag 1974 Darwin durch einen Zyklon zerstört wurde und 25 000 Menschen ihr Obdach verloren, benahmen sich die Streitkräfte wiederum unehrenhaft. Sie halfen der Bevölkerung nicht bei den Rettungsarbeiten.)

Vor dem Krieg wurde im Norden Westaustraliens und an anderen Plätzen durch Japaner Eisenerz abgebaut. Weil Japan aufrüstete, wurde es der australischen Regierung aber unbehaglich, und sie erklärte einen Exportstopp. Es war eine der Maßnahmen, um das mächtige Land im Norden von Nachschub abzuschneiden. Später wollte es sich das Erz mit Gewalt holen. Es gibt heute in Australien noch viele Menschen, die politische und wirtschaftliche Beziehungen zu Japan offen ablehnen. Die hohen Verluste der Armee sind unvergessen, auch die schlechte Behandlung von 22 000 australischen Kriegsgefangenen. Von diesen wurden achttausend getötet oder sie starben nach unsäglichen Leiden, insbesondere auch beim Bau der berüchtigten „Todeseisenbahn" zwischen Siam und Birma. Heute aber sind die Japaner schon lange wieder im australischen Erzabbau im Geschäft.

Für Chinesen und Kanaken kein „Land der Freiheit"

Australien litt unter chronischem Menschenmangel. Es bemühte sich sehr um Einwanderer aus Europa, vor allem aus Großbritannien, auch aus Nordamerika, sogar um Weiße, die in Afrika und Asien lebten. Auf jeden Fall sollte es ein „weißes Australien" („White Australia") bleiben, denn man fürchtete sich auch davor, Asiaten im eigenen Land zu haben. Das hatte eine alte Tradition. 1854 war es in Eureka in Victoria wegen grausamer Methoden der Polizei beim Eintreiben von Lizenzgebühren zu einem Aufstand der hungernden Goldgräber gekommen. Dieses Ereignisses wird seitdem bei zahlreichen Gelegenheiten gedacht. Das eigene bittere Erleben hinderte die weißen „digger" aber nicht daran, drei Jahre später begeistert eine spezielle Steuer für ausländische, sprich: chinesische Goldgräber zu begrüßen. Diese mußten ohnehin eine hohe Kopfsteuer bezahlen. Kamen sie heimlich ins Land, so wurden viele verhaftet und zu harter Arbeit verurteilt. Das entband sie allerdings nicht von der Zahlung der Kopfsteuer. Waren sie dazu bei der Entlassung nicht in der Lage, so wurden sie ausgewiesen und kehrten oft ohne einen Penny nach China zurück. Die Chinesen kamen zu Zehntausenden. Als sie von den Goldfeldern verjagt wurden, ließen sie sich mancherorts als Kleinbauern nieder, mit nichts als der eigenen Kraft und den eigenen Mitteln. Sie erzeugten Gemüse, das bei den Weißen Absatz fand, obwohl sie von diesen als schmutzig und gering eingeschätzt wurden. Aber es gab auch Zeiten, als sie weitgehend in Ruhe gelassen wurden. Damit war es gänzlich vorbei, als sich die Regierungen der australischen Kolonien auf einheitliche Methoden des Ausschlusses Andersrassischer einigen konnten. (Was bis heute von der einstigen enormen chinesischen Präsenz übrigblieb, ist vor allem die stark verkleinerte „Chinatown" von Melbourne.)

Ja, für die europäischen Einwanderer war Australien oft das „Land der Freiheit". Für Asiaten galt dies nicht, aber auch nicht für die Bewohner der Neuen Hebriden – zweitausend Kilometer östlich – und anderer Inselgruppen im Stillen Ozean. Ihr Fall war ganz anders gelagert als der der Chinesen. Sie wurden nach dem hawaiischen Wort für „Mensch" als Kanaken bezeichnet. In Queensland gab es schon im vergangenen Jahrhundert große Zuckerplantagen. Dort wurde viel und billige Arbeitskraft benötigt. So schafften die Queensländer und andere sechzigtausend Kanaken, Männer und Frauen, herbei, zum Teil einfach als Sklaven, zum Teil mit Tricks, die sie in unfreiwillige Arbeit und Prostitution zwangen. Jeder sechste Kanake starb auf den Plantagen, fast keine der viertausend Frauen blieb unversehrt. Diese Kolonie, der heutige Bundesstaat Queensland, hat sich von den Anfängen bis dato nicht für eine menschenfreundliche Politik gegenüber Andersrassischen und auch gegenüber Weißen ausgezeichnet. Dies ist leider viel zu wenig bekannt. Und leider werden die erzkonservativen Führer dieses Staates, auch jetzt, von vielen Australiern auf die leichte Schulter genommen, ihr intolerantes Verhalten manchmal nur mit einem Lächeln quittiert, etwa wie: „Da hat sich Joh aber wieder etwas einfallen lassen." Gemeint ist Johannes Bjelke-Petersen, der Ministerpräsident von Queensland. Ein positiver Aspekt des „Australien nur für Weiße"-Geschreis war, daß die überlebenden Kanaken nach 1900 größtenteils auf ihre Inseln zurückgeschickt wurden. Wir sahen aber bei unserem Besuch von Städten an der Ostküste, vor allem in Townsville in Queensland, Nachkommen der Dagebliebenen.

Jetzt etwas tolerantere Haltung

Mit Erfolg verbarrikadierte sich das Land über mehrere Jahrzehnte gegen nichtweiße Einwanderer. Die Länder Asiens wurden aber nach dem Kriege immer wichtigere Wirtschaftspartner Australiens. So traten 1966 endlich neue Einwanderungsbestimmungen in Kraft. Seitdem dürfen auch Japaner, Chinesen, Inder, sogar Afrikaner einwandern. Aber die Genehmigung der Anträge wird von verschiedenen Vorbedingungen abhängig gemacht, so daß im Endeffekt die Zahl solcher

Schnappschüsse vom Spielnachmittag einer Schule und am Strand bei Adelaide

Neuankömmlinge gering bleibt. Als die „boat people" aus Vietnam in ihren oft überladenen, seeuntüchtigen Booten hilfeheischend aufs Südchinesische Meer hinausfuhren, manche es sogar bis zur australischen Küste schafften, konnten die Behörden nicht mehr anders, als großzügiger Einlaß zu gewähren. Schließlich hatte doch Australien im Vietnamkrieg Seite an Seite mit den USA für die angebliche Freiheit der Menschen dort gekämpft, zuerst mit fünfzehnhundert Freiwilligen (die Labour-Opposition war gegen den Einsatz), im Laufe der Jahre 1965 bis 1972 aber mit insgesamt 53 000 Mann, von denen 450 fielen, 2540 verwundet wurden. So leben heute in allen Städten auch Vietnamesen, so mancher chinesischer Abstammung.

Die jetzige Einwanderungspolitik ist von der Idee des „Multikulturalismus" beeinflußt. Offenbar wird die Bevölkerung jetzt als reif genug erachtet, das Zusammenleben mit Menschen aus andersartigen Kulturen verkraften zu können. Wir fanden es sehr erfreulich, zu sehen, wie nett Kinder und Erwachsene verschiedenster Herkunft vielerorts miteinander zurechtkommen konnten. Die nach dem Kriege eingewanderten Weißen haben zum Teil eine tolerantere Einstellung schon mitgebracht. Dennoch: Die alten Vorurteile sind (wie ja auch in Westdeutschland) nicht leicht abzubauen. Zur Toleranz rufen Wandmalereien, die wir an verschiedenen Plätzen sahen, auf. Das Farbbild 94 zeigt eine davon. „Reißt die Schranken nieder" und ähnlich heißt es darauf in verschiedenen Sprachen. Auf der rechten Seite hat aber jemand „White Australia" eingekratzt... Allein im Zentrum von Adelaide – in einem liberaleren Staat – konnten wir an gut einem halben Dutzend Mauern den riesig aufgesprühten Slogan „Asiaten raus!" lesen. Andere solche Sprüche hießen „White Power", „Nationalsozialismus – der einzige Weg" und „Multikulturalismus bedeutet: keine Kultur". Australiens Premierminister Bob Hawke (Labour) schrieb aber in einem Grußwort zum Jubiläum des Deutschen Vereins in Adelaide: „Meine Regierung legt großen Wert auf die Entwicklung von Programmen..., die Einwanderern dabei behilflich sein sollen, sich als Teil unseres Landes, sich als Australier zu fühlen."

Die Ersten Australier

Die Menschen, die schon viel länger in Australien lebten als jeder Sträfling, Siedler, Weizenfarmer, Schafzüchter, Goldgräber oder Landvermesser, waren von schwarzer Hautfarbe. Mit immer größerem Erstaunen, dann mit Verzweiflung blickten sie auf das, was um sie herum geschah. Sie wurden die ersten Opfer des Hochmuts und des Draufgängertums der Weißen, der Menschenverachtung vieler von diesen, der Rassenpolitik. Die Ersten Australier verloren ihr Land, ihre Kultur und ihre Würde unter dem Ansturm materialistisch denkender Ankömmlinge aus einem Land hinter dem Meer.

Etwa zur gleichen Zeit, als unsere Vorfahren in Europa eintrafen, also vor über dreißigtausend Jahren, erschienen in Australien Menschen, deren Nachkommen man dort heute als die Ureinwohner („aborigines") bezeichnet. Sie hatten das Land entdeckt, erforscht und besiedelt. Wie es auch in Afrika der Fall war, waren all die Berge und Ebenen, Wüsten und Waldgebiete, Flüsse und Seen, Küsten und Inseln den Einheimischen schon längst genau bekannt, als weiße Männer kamen, sie zu vermessen, zu beschreiben und auf Bildern festzuhalten, um die Ergebnisse ihrer Erkundung anderen weißen Männern mitzuteilen, die dann *auch* kamen, um festzustellen, wie man am besten möglichst viel Gewinn aus dem Land ziehen, aber nicht, wie man mit seiner Natur in Einklang leben konnte.

Wie die „Europäer" vor dreißigtausend Jahren hatten die ersten Bewohner Australiens einfache

Ein Erster Australier in Adelaides Fußgängerzone und Tänzer bei einem griechischen Fest

Werkzeuge und sie lebten von der Jagd und vom Sammeln. Aber sie hatten etwas bis dahin wahrscheinlich Einmaliges getan: Sie hatten ein Meer überquert. Zwar waren die Inseln während der Eiszeit größer, die Wassergebiete dazwischen dementsprechend kleiner, aber es bedurfte dennoch vieler Fähigkeiten und großen Wagemuts, eine solche Fahrt – wie, läßt sich heute nicht mehr zweifelsfrei feststellen – zu unternehmen. Als der Meeresspiegel sich nach dem Abschmelzen des Eises wieder hob, die Abstände zwischen den Inseln zunahmen, wurden die Ersten Australier vermutlich ihrer Kontakte mit der Außenwelt beraubt, wenigstens so lange, bis dort seetüchtige Wasserfahrzeuge geschaffen worden waren. Die Forscher haben herausgefunden, daß die Menschen in Australien damals eine weit bessere Umwelt vorfanden als sie heute existiert, mit großen Tieren und möglicherweise viel reicherer Vegetation.

Erste Berichte von holländischen und portugiesischen Seefahrern ab 1601 über Aufenthalte an Australiens Küsten waren abschreckend genug, um die Europäer von einer Besiedelung abzuhalten. Vermutlich spätestens seit dem sechzehnten Jahrhundert hatten die Bewohner Nordaustraliens mit Fischern auf Segelbooten von Inseln, die heute zu Indonesien gehören, vor allem von Celebes, ständigen Kontakt. Diese brachten den Einbaum mit und lehrten die Bearbeitung von Stahl. Einige der Bewohner fuhren mit nach Celebes, manche blieben für immer. Von dort sollen aber auch die Pocken und andere Krankheiten gekommen sein. 1788 wurde in Australien, fern und unwirtlich genug, um als Verbannungsort (das „Sibirien" der Briten) zu dienen, die erste Kolonie, Neusüdwales, gegründet. Die „weiße" Geschichte des Erdteils begann.

493

Die Ordnung wurde umgestürzt

Die Besiedlung durch die Europäer war nicht überall erfolgreich. Rund ein Drittel des Kontinents ist zu trocken und zu weit entfernt von Absatzmärkten. Die Ersten Australier hatten es fertiggebracht, in den feuchteren Küstengebieten im Osten und im Südwesten, im tropischen Klima des Nordens und in der Trockenheit des Zentrums zu überleben. Als Neusüdwales gegründet wurde, zählten sie schätzungsweise 300 000 Menschen. Bis heute ist ihnen von den Weißen zwar ein Viertel der Gesamtfläche wieder überlassen worden, aber zwei Drittel davon sind Wüsten. Die von Regen begünstigten Gebiete wären für die jetzt 175 000 Personen, wenn sie ihre traditionelle Lebensweise fortsetzen wollten, zu klein. Doch daran denkt nur ein Teil der Ureinwohner. Schon zwei Drittel von ihnen leben in Städten, besser gesagt am Rand der Städte, in Ghettos, als Fürsorgeempfänger, oft Alkoholiker.

Die Ersten Australier hatten sich ihrer Umwelt angepaßt, konnten sich dadurch gut ernähren. Weil sie eine gemeinschaftliche Wirtschaftsweise hatten, sahen sie nun in dem Vieh und in den Feldfrüchten der Weißen auch ihr Eigentum. Die Siedler setzten sich dagegen zur Wehr, jagten sie davon. Die ganze Ordnung der Ersten Australier wurde umgestürzt. Sie hatten nie Vieh gehalten oder Land bebaut. Es kam zu Spannungen zwischen den einzelnen Gruppen, zum Ausbruch der von Weißen mitgebrachten Krankheiten wie Tuberkulose und Grippe. Durch beide Ereignisse begann die Dezimierung ihrer Bevölkerung. Ihre Lage war bald aussichtslos. Wo immer Weiße auftauchten, ging ihre Zahl zurück. Bei militärischen Aktionen und regelrechten Jagdausflügen der Weißen kam es zu Gemetzeln. Genau hundert Jahre nachdem die Passagiere der Ersten Flotte („First Fleet") australischen Boden betreten hatten – 759 Sträflinge, davon ein Viertel Frauen, sowie mehrere hundert Seeleute, Soldaten und Beamte, denen selbst ein schweres Leben oder früher Tod bevorstand –, starb auf der Insel Tasmanien der letzte Ureinwohner. 1911 soll es in ganz Australien noch zwanzigtausend, 1920 wieder sechzigtausend „aborigines" gegeben haben. Von den 175 000 heute – die Zahl soll steigend sein – sind nur noch fünfzigtausend reine. Die Mischlinge entstanden aus freiwilligen oder erzwungenen Verbindungen.

Die Ureinwohner heute

Drei politische Konzepte für die Behandlung der Ureinwohner hat es bisher gegeben. Die erste war die Abgrenzung der Rassen, die auch von einigen Wohlmeinenden unter den Weißen unterstützt wurde. Dann begannen die Bestrebungen zur Assimilierung, das heißt der Verschmelzung der einen Gruppe mit der anderen. 1967 gab es eine Volksbefragung, wobei sich die große Mehrheit der Australier für eine Verfassungsänderung zugunsten der Ureinwohner aussprach. Darauf gestützt, wurde unter einer Labourregierung ab 1972 die Förderung zu mehr Selbständigkeit einschließlich der Selbstverwaltung der Ureinwohner zur Politik gemacht. Es wurden das Gesetz und Kommissionen gegen Rassendiskriminierung geschaffen, mit Bundesmitteln Reservate.

Bis heute gibt es in solchen Schutzgebieten Missionsstationen, die überwiegend soziale Dienste leisten. Die Zahl der Bekehrungen dort ist gering. Andere Ureinwohner leben auf Viehfarmen. Noch wie ihre Vorfahren als Jäger und Sammler existiert nur ein Bruchteil von ihnen in Gebieten, die von den Weißen nicht benutzt werden. Vor den größten Problemen stehen jene, die zu Stadtbewohnern geworden sind. Was sie vor allem brauchen, ist eine bessere Vorbereitung auf Berufe. Mit der Übertragung des Eigentumsrechtes auf einer dreiviertel Million Quadratkilometer sind die Ersten Australier zum ersten Mal wieder im Besitz von Land. Die Frage ist allerdings, wieviel sie damit anfangen können. Die Rückgabe(!) von Land ist ja keine Kompensation für die ihnen durch die Besiedlung Australiens mit Weißen entstandenen Schäden. Endgültig geklärt ist die Frage, ob sie auch Bodenschätze ausbeuten dürften, nicht.

In vielen großen und kleineren Orten waren uns die „aborigines", die sich auf öffentlichen Grünflächen trafen, um miteinander zu plaudern oder zu trinken, ein gewohntes Bild. Auf dem Wege nach und auf einer Tour südwestlich von Alice Springs im Nordterritorium kamen wir in mehrere Siedlungen, aber die wackeligen Verschläge der Einwohner und der herumliegende Plunder, Schrott einer Industriegesellschaft, vermittelten uns einen trostloseren Eindruck als die primitiven Hütten und heruntergekommenen Wohnhäuser von Ureinwohnern und Mischlingen an den Stadträndern. In Alice Springs sahen wir zwei Galerien mit von ihnen unter besonderen Förderprogrammen angefertigten kunsthandwerklichen Gegenständen und Bildern. Alle Ureinwohner, die uns auf den Straßen oder in den Supermärkten von Alice Springs begegneten, trugen Kleidung nach europäischer Art, also solche, die keinerlei Motive aus ihrer Umwelt, auch keine Muster, wie sie herkömmlich auf Gegenständen, gemalt oder geflochten, vorhanden waren, zeigte.

Auf einem Heiligtum wird herumgetrampelt

450 Straßenkilometer südwestlich von Alice Springs, in der Wüste Zentralaustraliens, befindet sich ein rostbrauner Felsen, höchste Erhebung einer im übrigen begrabenen Gebirgskette. In der ganzen Welt ist er als „Ayers Rock" bekannt. Er liegt in einem Nationalpark, der wiederum in einem großen Reservat für Ureinwohner liegt, die sich hier selbst „anangu" nennen. Der Felsen ist für sie von höchster spiritueller Bedeutung. Sie bringen ihn mit der Schöpfungsgeschichte in Zusammenhang. Auf diesen annähernd dreihundertfünfzig Meter aus der Umgebung aufragenden, an seiner Basis etwa acht Kilometer im Umfang messenden Block steigen jetzt jährlich Zehntausende von Touristen. Bis 1950 war nur von fünfunddreißig Weißen überliefert, daß sie den Aufstieg unternommen hatten. Heutzutage sind es manchmal Hunderte an einem einzigen Morgen.

Als wir mit dem Bus in Yulara, dem Touristenkomplex am Rande des Nationalparks, ankamen, bereiteten sich dort die potentiellen „Eroberer" beim Anblick des in der Abendsonne rot aufglühenden Felsens moralisch auf ihr Unternehmen vor. Die Hälfte aller Anwesenden waren junge Japaner, die häufig auf einwöchige Touren (die großen Strecken per Flugzeug) ein paar Punkte in Australien besuchten, die „man" unbedingt gesehen haben „mußte". Für sie galt im Moment neben dem Felsen nichts anderes. Deshalb waren sie gekommen, ihn wollten sie, ihn „mußten" sie besteigen. Für alle anderen Berge der Umgebung, die besteigenswert gewesen wären, hatten sie kein Auge. Am nächsten Tag würden sie schon wieder in Sydney oder gar in Japan sein. Nichts gegen die Japaner, denn die übrigen Nationalitäten verhielten sich nicht viel anders. Und die Australier selbst hatten den ganzen Rummel begonnen. Die Anfahrt über gute Straßen ist heute ja so leicht. Die fünfunddreißig, die es bis 1950 hierher schafften, hatten bedeutend mehr Mühe auf sich zu nehmen gehabt. Wir trafen nur wenige, die den Felsen nicht besteigen wollten. Der Aufstieg erfolgt an einer etwas weniger steilen Stelle, verlangt aber ein Aufbieten aller körperlichen und seelischen Kräfte. Er ist nicht ungefährlich, trotz einer Kette zum Festhalten. Unter den Schuhen ist glatter Sandstein. Fast jeder, der nicht unterwegs aufgibt, macht sich schon nach einer verlängerten Verschnaufpause an einer Stelle nicht ganz am höchsten Punkt auf den Rückweg. Es gibt von dort oben nicht mehr zu sehen als von jeder anderen Erhebung in der Gegend. Für die Geologie des Berges oder für die kärgliche Flora und Fauna interessiert sich fast niemand. Wir stellten fest, daß die meisten „Kletterer" wenig mehr als die empfohlene Mindestzeit von zwei Stunden aufwendeten. Sie konnten aber sagen, daß sie „den Felsen gemacht" hatten.

So lächerlich ihr Verhalten war, so traurig war die Tatsache, daß hier mit Billigung des Staates auf einem Heiligtum der Ureinwohner herumgetrampelt wurde. Die Regierung des Nordterritoriums hatte ein privates Unternehmen beim Bau des Touristenkomplexes unterstützt, der unter anderem zwei Luxushotels umfaßte. Hier konnten an einem Tage bis zu fünftausend Gäste beherbergt werden. Bis dahin waren über dreihundert Millionen Mark in das Projekt investiert worden.

Rundreise durch Australien – Selbstbewußte Staaten

Die Skizze Australiens vermittelt einen Eindruck von der Ausdehnung unserer Rundreise. Fünfzehntausend Kilometer legten wir im Auto, Bus und Zug zurück. Von Adelaide bis fast nach Perth (südliche Route auf der Skizze) fuhren wir im Wagen eines Deutschen mit, der Leute gesucht hatte, die ihm auf seinem Trip Gesellschaft leisteten und sich an den Kosten beteiligten. Er hatte schon viele Jahre im Lande verbracht, war aber leider kein guter Informant für uns. Während der vier Tage kamen wir zunächst durch die landwirtschaftlich genutzten Zonen Südaustraliens, danach durch die Steppe, wobei wir mehrmals ans Meer gelangten, das auf eine siebzig bis hundert

Gerät zur Schatzsuche, hier nach Münzen am Strand. – Kork an Schnüren gegen Fliegenplage

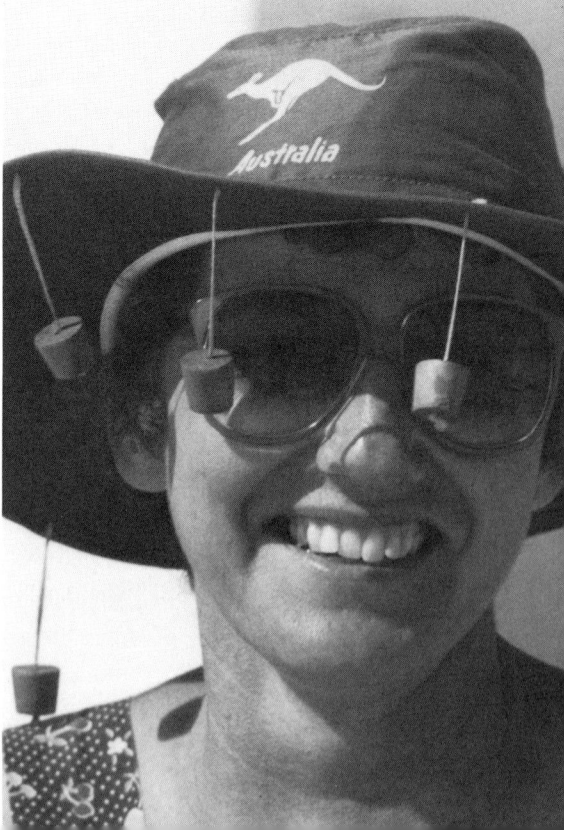

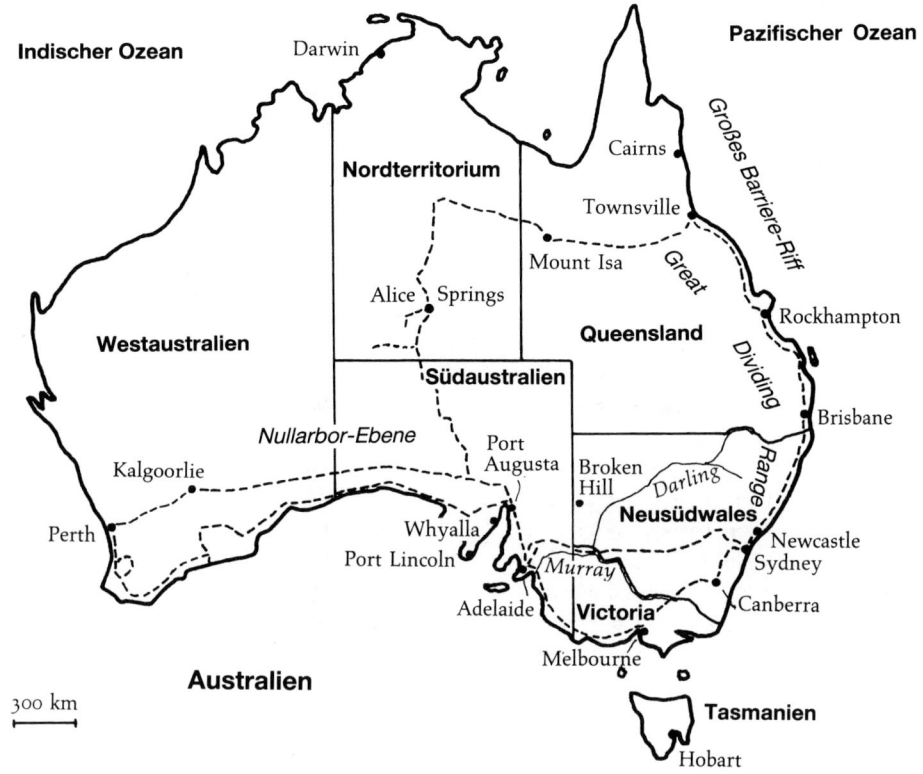

Reiseweg (Strichlinie) durch Australien, beginnend in Sydney im Uhrzeigersinn

Meter hohe Steilküste trifft. Wir erreichten wieder Farmland, dann den Wald in der unteren Ecke Westaustraliens. Bedauerlicherweise sind die Bestände in den letzten hundert Jahren – sie waren einer der Aufenthaltsplätze der Ureinwohner – erheblich geschrumpft. In Perth und in seiner Umgebung hielten wir uns zehn Tage auf. Auf dem Rückweg nach Osten – eine Route von mehreren tausend Kilometern entlang der West-/Nordwestküste war wegen der Regenzeit unbenutzbar – fuhren wir ab Kalgoorlie mit dem berühmten Expreßzug „Indian Pacific" achtzehnhundert Kilometer bis Port Augusta. Er verkehrte viermal in der Woche zwischen Sydney und Perth in beide Richtungen und benötigte dafür jeweils zweieinhalb Tage. Wir durchquerten die Nullarbor-Ebene, wo, wie der Name ausdrücken will, in großen Gebieten „kein Baum", sondern nur Buschwerk zu sehen ist. Dann nahmen wir Busse, durch Steppe und Wüste zum Ayers Rock und nach Alice Springs, weiter zur Bergbaustadt Mount Isa, durch Weideland zur Küste bei Townsville. Durch grüne, bergige Landschaften mit tropischem Charakter reisten wir am Meer entlang bis in gemäßigte Zonen bei Brisbane, Sydney und Canberra. Über Melbourne kehrten wir nach Adelaide zurück. Von hier flogen wir, nach einem weiteren, kürzeren Aufenthalt wieder nach Hongkong zurück.

Wir kamen also durch alle Bundesstaaten außer Tasmanien. Die Australier nehmen ihre Zugehörigkeit zu einem der Staaten ebenso wichtig wie ihre Nationalität. In der Bevölkerung besteht traditionell eine starke Abneigung gegen die Zentralregierung und das Zentralparlament

Gewichtige Australier als Akteure und Zuschauer bei einem Spaßspiel im Schlamm

(jetzt in Canberra). Bis 1901 hatte es nur die einzelnen Kolonien gegeben. Dann schlossen diese sich zum Australischen Bund zusammen. Bei Überquerung der Staatsgrenzen auf Autostraßen oder Eisenbahnen wird man durch Schilder gebührend darauf aufmerksam gemacht. Kontrollen der Einfuhr landwirtschaftlicher Produkte nach Erreichen Westaustraliens sind (selbst im Kofferraum und Inneren von Touristenautos) üblich. In Westaustralien mißtraut man dem Osten des Landes, in Südaustralien auch, aber in Perth mißtraut man auch Adelaide. Der Osten wird der Arroganz gescholten. Als die Eisenbahnen gebaut wurden, sah jede Kolonie darauf, daß sie keine gleiche Spurweite wie die benachbarte hatte. An jeder Grenze mußten die Passagiere in einen anderen Zug umsteigen. Dabei hatten sich die Australier ursprünglich vorgenommen, alles besser als das alte Europa zu machen! In Adelaide und seinem Hinterland kann man Zeitungsanzeigen wie „Haben Sie heute schon südaustralisch gekauft?" lesen. In anderen Staaten ist dies zum Teil noch ausgeprägter. Jeder Staat hat in den anderen Staaten seine eigenen Reisebüros. Bei der Fremdenverkehrswerbung verwendet jeder eine spezielle Auszeichnung für sich, die auch auf Nummernschildern von Autos zu finden ist. So ist Südaustralien „The Festival State", Westaustralien rühmt sich der „aufregenden" Dinge, die es zu bieten hat, das Nordterritorium des „outback" (Wildnis, wegen seiner Abgelegenheit). Queensland nennt sich wegen seines sonnigen Klimas „The Sunshine State". Neusüdwales kann sich zu Recht als „Erster Staat" (eigentlich müßte es „Erste Kolonie" heißen) bezeichnen, Victoria wegen seiner Landschaften als „The Garden State" und Tasmanien als „Ferieninsel".

498

Erfahrungen mit Zügen und Bussen

Wenn wir Eisenbahnkarten einige Wochen vor dem Reisetermin kauften, konnten wir bis zu dreißig Prozent der Kosten einsparen. Das Datum konnten wir aber nicht nachträglich ändern lassen. So bezahlten wir zwischen Kalgoorlie und Port Augusta einen Kilometertarif von sieben Pfennig. Wir fuhren in komfortablen Zweiter-Klasse-Wagen. Für die Fahrt von Port Augusta nach Townsville und wieder zurück nach Adelaide bekamen wir eine Busfahrkarte, die genau für diese Strecke galt. Von ihr durften wir nicht abweichen und auch immer nur in die gleiche Richtung (also nicht zurück) fahren. Sie galt für zwölf Monate. Zum Vergleich: Eine Monatskarte, die man uneingeschränkt auf jeder gewünschten Strecke benutzen konnte, kostete zwanzig Prozent mehr. Bei unserer Karte war der Preis zehn Pfennig pro Kilometer. Allerdings wurde die Fahrt für uns dann doch teurer, weil wir gelegentlich auf Busse anderer Firmen umsteigen mußten, die nicht bei Nacht fuhren. Wann immer möglich, reisten wir ja nur am Tage.

Da von Perth nur abends ein Zug startete, wollten wir nach Kalgoorlie mit dem Bus fahren. Drei Firmen standen zur Auswahl. Die eine fuhr ebenfalls abends ab, die beiden anderen hatten keine Lizenz dafür, auf dieser Strecke Passagiere von einem Ort zu einem anderen innerhalb des gleichen Staates mitzunehmen. Wenn man auf der Reise eine Staatsgrenze überquerte – ja, bitteschön, jederzeit! Kalgoorlie liegt aber mitten zwischen den Grenzen Westaustraliens. Dorthin konnte nur die dritte Firma, für die die Bestimmung nicht galt, Fahrkarten verkaufen, aber die hatte eben nur den Nachtbus. Schließlich gab es doch einen Ausweg: Wenn wir die Karte bis zu einem Ort achtzig Kilometer weiter kauften – für fünf Dollars mehr – dann durften wir in Kalgoorlie aussteigen. „Aber niemandem davon etwas erzählen, bitte!", flüsterte uns die Dame am Fahrkartenschalter verschwörerisch zu. Der Grund für das alles: Die nationale Eisenbahn wollte bis Kalgoorlie keine Konkurrenz (außer der einen Firma). Die Stadt, bis zu der wir nun bezahlten, lag zwar immer noch in Westaustralien, aber nicht an der Bahnlinie.

Übrigens sahen wir in den öffentlichen Fernverkehrsmitteln selten Kinder. In vielen Bussen und Zügen durften Kinder unter zwölf oder fünfzehn Jahren nicht allein reisen. Es wurde also nichts daraus, wenn man sein Kind allein zu Onkel und Tante über Land schicken wollte. Weil's mit einem Begleiter zu teuer geworden wäre, nahm man eben gleich den eigenen Wagen. Bei manchen Busfirmen gab es keine Kinderermäßigung. Andere erlaubten kostenlose Mitfahrt eines Kindes unter vier, drei oder zwei Jahren nur, wenn es von *zwei* bezahlenden Erwachsenen begleitet wurde und wenn es keinen Sitz belegte. In der Praxis – weil nicht alle Busse immer voll waren – geschah dies dann doch, aber prinzipiell fanden wir manche Regeln nicht sehr kinder- und elternfreundlich. Dagegen begrüßten wir das strikte Alkoholverbot in Bussen. Auf der Bahn gab es wegen des Ausschanks viele Betrunkene.

Die einen wollten, der andere mußte weg von Deutschland

Während der Rundreise trafen wir noch einige Leute, die mit Heilbronn auf die eine oder andere Weise in Verbindung standen. Da waren Dieter und Monika Bredow, beide um die vierzig, die einige Zeit dort gelebt hatten. Mit drei Kindern wohnten sie jetzt auf ihrer kleinen Schaffarm südlich von Perth. „Wir wollten raus!", nämlich nach Brasilien, erinnerten sie sich, aber das klappte nicht. Ihrem Drang hatten sie früher schon einmal nachgegeben, Dieter als Schiffsingenieur, dann gemeinsam bei einem mehrjährigen Aufenthalt in Liberia. Australien öffnete sich dann als neue Möglichkeit. Sie wanderten aus. Die Schafzucht war aber nur ein Nebenerwerb. Dieter arbeitete in verschiedenen Betrieben, ehe er bei einem größeren Sägewerk Anstellung fand. Ob die liebe Seele nun ihre Ruhe hat?

Der Veteran unter den Auslands-Heilbronnern war, was die Zahl der in Australien verbrachten Jahre betrifft, Henry Vollweiler, obwohl er erst achtundsechzig Jahre alt war. Sein Vater und seine Mutter waren in einem KZ in Polen zugrunde gegangen. Wenige Tage vor Kriegsausbruch war Henry mit zweihundertfünfzig anderen jüdischen Schülern von Berlin über Holland nach England gebracht worden. Kopfschüttelnd erzählte er uns in Melbourne, wie deutsche Juden auf der Isle of Man interniert und dann nach Australien deportiert worden waren, zusammen mit anderen Deutschen, Kommunisten, Kriegsgefangenen und Nazis. Henry war auf diesem Wege 1940 auf den fünften Kontinent gekommen. Er hatte schlechte Erinnerungen an die Schiffsreise und an das neue Internierungslager. In Melbourne hat er später einen Laden für Damenbekleidung eröffnet. Niemals seit seinem Weggang von Deutschland hatte er persönliche Kontakte mit Heilbronnern gehabt, bis er uns in Melbourne traf. Er war nie nach Heilbronn gegangen, er hatte die Erinnerung daran verdrängt, obwohl er keinem Heilbronner oder Deutschen irgend etwas nachträgt. Im Sommer 1987 endlich besuchte er Heilbronn und auch uns. Das Bild im ersten Kapitel dieses Buches entstand dabei.

Ein Weggenosse aus Afrika

In Alice Springs trafen wir einen alten Bekannten wieder. Michael Owens, ein Australier, war uns 1983 in Ostafrika *sechsmal* zufällig begegnet. Nachdem wir ihm – als Weggenossen – so manchen Dienst geleistet hatten, lud er uns zu sich nach Adelaide ein. In der Zwischenzeit war er aber nach Alice Springs verzogen, wo er Arzt in einer Gesundheitsstation für Ureinwohner wurde. Leider hatte Michael in der Zwischenzeit offenbar vergessen, wie wertvoll freundliche Hilfe Einheimischer für Reisende sein kann. Insbesondere seiner derzeitigen Lebensgefährtin schienen wir nicht sehr willkommen zu sein. Wir blieben daher nur ein paar Tage. Immerhin unternahmen wir mit den beiden und ihren Freunden eine zweitägige Fahrt in den „Busch". Bei dieser dreihundert Kilometer weiten Tour wunderten wir uns ein ums andere Mal, wie jemand, der schon oft solche „Ausflüge" in die Wildnis unternommen hatte, so vieles falsch machen konnte. Bei mittags vierzig Grad im Schatten versäumte er es, eine ausreichende Trinkwassermenge mitzunehmen. Trotz geländegängiger Fahrzeuge blieben wir bei der Durchquerung von trockenen Flußbetten immer wieder stecken, aber es war nur eine einzige Schaufel dabei. Auch hatten unsere Freunde nicht die Kondition für ein so anstrengendes Unternehmen. Nicht einmal eine ordentliche Feuerstelle konnten sie bauen, als wir die Nacht an einem nicht dafür vorgesehenen Platz in einem Nationalpark verbrachten. Wir sagten zu alldem nichts, aber wir waren enttäuscht. Wenigstens lohnten die Szenerien aber die Anstrengungen (Farbbild 92).

Unterschiede zu und Ähnlichkeiten mit den Amerikanern

Manche Charaktereigenschaften der (weißen) Australier fanden wir denen der Nordamerikaner ähnlich. Aber deren Liebe zur Wildnis teilen die „Aussies", wie sie von anderen Angelsachsen zärtelnd genannt werden, auf keinen Fall. Fünfundachtzig Prozent von ihnen leben am Rand des Erdteils, vor allem in den Städten des Südostens. Sie haben keine echte Beziehung zum „outback" zum weit abgelegenen „Busch", oder zu dessen wenigen Bewohnern. Statt dessen haben sie eine falsche Romantik aufgebaut, die von Dichtern wie Andrew Barton „Banjo" Paterson früher und von „bush singers" später gefördert wurden. Anders als in Nordamerika eroberte nicht das Volk die Wildnis. Es waren nur einzelne, wie Forscher, Abenteurer und Farmer, die sich weiter vorwagten. Dies zeigte auch das Beispiel der wenigen, die bis 1950 zum Ayers Rock gelangten. In den siebziger Jahren setzte der Touristenstrom aus Übersee ein. Die Besucher wollten das „outback" sehen. Erst seitdem zeigen viel mehr Australier Interesse daran.

Der Einfluß der Einwanderer von den Britischen Inseln oder ihrer Nachkommen im Leben der Nation ist in den USA stark, wenn auch nicht *so* ausgeprägt wie in Australien. Der Makel, aus einer Bevölkerung hervorgegangen zu sein, die während der ersten fünfzig bis sechzig Jahre vorwiegend aus Sträflingen bestand, hat die Australier lange Zeit belastet, und sie versuchten daher, sich britischer zu benehmen als die Briten. Aber insbesondere mit dem Zweiten Weltkrieg kam auch eine stärkere Hinwendung Australiens zu den USA. Großbritannien konnte Australien gegen die Japaner nicht beistehen. Das taten die Nordamerikaner. Bis zu zweihunderttausend US-Soldaten sollen sich zeitweise im Land befunden haben. Dies soll, so ein australischer Historiker, eine „kleine soziale Revolution" verursacht haben, die auch unerfreuliche Seiten hatte. Während nur noch wenige in Frage kommende australische Männer nicht auf einem der Kriegsschauplätze waren, knüpften viele Mädchen Beziehungen zu den GIs an. Dies verursachte schließlich so viel Bitterkeit, daß es Ende 1942 zu der ruhmlosen „Schlacht von Brisbane" kam, wobei mehrere tausend australische Soldaten US-Eigentum und -Krieger attackierten!

Mit dem erfolgreichen Ausgang des Krieges glichen sich viele Gewohnheiten denen der

Mit Michael Owens (links) und anderen Freunden in der Wildnis südwestlich von Alice Springs

Nordamerikaner an. Filme fast ausschließlich aus US-Produktion, ein ähnlich mit Streifen aus Hollywood aufgefülltes Fernsehprogramm haben den Lebensstil der Australier stark beeinflußt. Das ist bei der Werbung, bei wirklichen oder imaginären Bedürfnissen, bei dem, was man ißt, bei der weitläufigen Anlage von Städten, bei der Ausstattung der Wohnung zu bemerken und bis hin zu der angenommenen Gewohnheit, gern im Stehen oder beim Umhergehen zu essen, auch in Shopping Centers, auf den Straßen, in Busstationen. Auf politischer Ebene gehört wie bei den Nordamerikanern eine gewisse Unbekümmertheit dazu, häufig auch Mangel an Fingerspitzengefühl im Umgang mit anderen Ländern. Aber um die Häuser der Australier findet man viel seltener die nach außen offenen Rasenflächen als in den USA. Hohe Zäune und Mauern sind eher anzutreffen. Anders als bei den amerikanischen „Vettern" ist an den Häusern kaum einmal das Namensschild der Bewohner zu finden. Die Australier sind insgesamt zurückhaltender. Und sie sind weniger kirchenfreudig.

Australier im Spiegel der Zeitungen – Bald bessere Nachbarn?

Da wir auch in Australien aufmerksame Zeitungsleser waren, konnten wir im Laufe der viereinhalb Monate eine ganze Liste von Urteilen über die Australier notieren, wie sie in den Gazetten abgedruckt waren. Ich möchte sie in Kurzform wiedergeben.
An Politik desinteressiert; skeptisch gegenüber der Obrigkeit, auch gegenüber Gesetzen; wollen selten Verantwortung für das Gemeinwohl übernehmen; „fair go", das heißt Chancengleichheit und Anstand im Umgang miteinander, aber selten praktiziert; vom „Klassendenken" der alten Welt im Alltag kaum etwas zu spüren; streikbereit; essen zu viel und trinken zu viel Alkohol (Bier); sehr übergewichtig; sehen zu viel fern; wissen sich nach der Arbeit zu vergnügen; sind strandbesessen (Farbbild 91); lieben es, bronzebraun zu sein; 21 Prozent mögen klassische Musik, bei den anderen gilt sie häufig als „prähistorisch"; sind der Meinung, daß die nichtbritischen Einwanderer eine Bereicherung für Australien bedeuten.
Aus anderen Zeitungsveröffentlichungen entnahmen wir folgende Details: Zwei Millionen der etwa sechzehn Millionen Australier leben in Armut; 25 000 sind Millionäre, 80 000 besitzen ein Viertel allen Eigentums, 800 000 die Hälfte – die Reichtümer wurden vor allem durch Bodenspekulation, beim Hausbau und im Bergbau gemacht; eine Million Australier können nicht lesen und nicht schreiben.
Die Australier waren länger als ein Jahrhundert das am meisten isoliert lebende Volk von Weißen. Früher brauchte man bis zu acht Monaten, um von England hierher zu gelangen. Ihr meist wenig fruchtender Drang, doch „dabei sein" zu wollen – in den letzten hundert Jahren Teilnahme an sechs Kriegen, die nicht ihre waren, angefangen vom Aufstand des Mahdi im Sudan bis zum Konflikt in Vietnam –, änderte nicht viel daran, daß ihr Land von Europa oft „vergessen" war. Von ihren Nachbarn werden sie mit Bewunderung, wenn nicht Neid, für ihre wirtschaftlichen Erfolge vor allem früherer Jahre betrachtet. Ihr manchmal rauhbeiniges Auftreten gegenüber diesen Nationen wird von ihnen oft als unkompliziertes oder kameradschaftliches Verhalten ausgegeben. Indonesier, Filipinos und die Bewohner der Südseeinseln sehen das nicht immer so. Aber das Bewußtsein der Australier für die Belange der Region ist jetzt erwacht. Werden sie sich wohl eines Tages als ihr zugehörig fühlen?

Achteinhalb Monate in China

Es war März 1986, als wir von Australien nach Hongkong zurückkehrten. Vor uns lag noch ein ganz großes Abenteuer. Nach einem ersten Besuch im Süden der Volksrepublik China von Oktober bis Dezember 1984 hatten wir uns vorgenommen, noch während dieser Weltreise für einige Zeit wiederzukommen, um auch den Norden und Westen zu sehen. Wir wollten diesmal so lange wie möglich bleiben. Zwar stand die Tür Chinas zur Zeit ziemlich weit offen, und es sah so aus, als ob es eine Weile dabei bliebe, aber die Volksrepublik hatte in den kaum vier Jahrzehnten ihres Bestehens schon mehrere abrupte Kehrtwendungen gemacht und jedesmal die dann gültige neue Politik als die allein richtige bezeichnet. So war es ja auch jetzt wieder. Die „Öffnung" kam uns freilich sehr gelegen. Wie andere Einzelreisende waren wir erfreut und gleichzeitig erstaunt darüber, daß uns ohne viele Formalitäten Einlaß gewährt und der Besuch der meisten Gebiete dieses riesigen Landes erlaubt wurde. Deshalb gedachten wir, es in seiner ganzen Länge und Breite zu bereisen, denn wußten wir, ob das unter solch günstigen Gegebenheiten je wieder möglich sein würde? So blieben wir diesmal volle sechs Monate. Um nicht zu verwirren, möchte ich über unsere beiden Chinareisen – es lagen nur fünfzehn Monate dazwischen – in *einem* Kapitel berichten. (Siehe auch „Zweijährige Odyssee durch den Fernen Osten", Seite 381.)

Der *erste* Aufenthalt 1984 begann einen Monat später als geplant. Wir saßen bereits in Hongkong. Die politische Führung in Peking wollte einen zu großen Andrang von Auswärtigen in der Hauptstadt am 1. Oktober, dem fünfunddreißigsten Gründungstag der Volksrepublik, vermeiden. Reisen nach Peking wurden stark eingeschränkt. Schon in normalen Zeiten strömten täglich ein- bis zweihunderttausend Besucher aus der Provinz durch den Pekinger Hauptbahnhof in die Metropole. Da der Herbst traditionell Hauptreisesaison ist, hätte sie den zusätzlichen Ansturm nicht verkraften können. Die Unterkünfte hätten hinten und vorne nicht ausgereicht. Aufgrund einer anderen Anordnung konnten Ausländer für die Zeit ab dem 20. September vier Wochen lang keine Visa erhalten. Man wollte wohl möglichst wenige beim Fest dabei haben, Offizielle ausgenommen. Wir flogen nach Südkorea und konnten die Ereignisse in Peking nur aus der Ferne verfolgen. Westlichen Medien entnahmen wir, daß am Nationalfeiertag ein rechtes Propagandaspektakel veranstaltet wurde, das auch die Aufführung des Prunkschauspiels „Lied der chinesischen Revolution" einschloß. Mit tausend Mitwirkenden und von der Inszenierung her soll das neue Epos an das Mammutwerk „Der Osten ist rot", uraufgeführt zu Maos Zeiten 1964, erinnert haben.

„Reiche" bezahlen mehr – „Reiseerlaubnis" für Städte

Schließlich war die Tür aber wirklich wieder offen. (Daß sie es einen Monat lang nicht gewesen war, zeugte vom Abweichen der Führung von den eigenen Prinzipien.) Mit einem noch fast feuchten Visumstempel im Paß stapften wir von der Hongkonger Grenzkontrolle hinüber zur

Einreisestelle der Volksrepublik. Wir wurden ernst, korrekt und – bevorzugt behandelt. Es gab einen speziellen Schalter für Ausländer. Die Hongkong-Chinesen werden nach offizieller Sprachregelung als „Landsleute" bezeichnet. Tausende, die in der Grenzprovinz Guangdong Verwandte besuchen wollten oder als Touristen kamen, mußten in endlos scheinenden Schlangen anstehen. Ihnen gegenüber war unsere Sonderabfertigung sicher keine freundliche Geste. „Unser" Beamter hatte ja nicht viel zu tun . . . Als wir gleich darauf im Grenzbahnhof Fahrkarten kaufen mußten, waren die Hongkonger uns aber plötzlich gleichgestellt, das heißt, sie galten als ebenso „reich" wie wir. Für die Fahrt nach Kanton hatten sie ebenfalls siebzig Prozent mehr zu bezahlen als die Leute, die in China zu Hause waren. An eine Zweiteilung der Menschheit durch die kommunistischen Ideologen mußten wir uns so rasch wie möglich gewöhnen, denn nicht nur bei allen Bahnfahrten, sondern auch in Hotels und bei Flügen wurden zwei verschiedene Maßstäbe angelegt. Das hatten wir bislang nur in Äthiopien erlebt.

Zunächst einmal konnten wir uns beglückwünschen: Wir waren in China! Bei unserer Abreise aus Deutschland vier Jahre zuvor hatten wir wahrlich keine Ahnung davon gehabt, daß es uns diesmal gelingen könnte, dieses Land zu sehen. Insgeheim hatten wir immer gehofft, daß es sich auch für Reisende, die alles selbst organisieren, öffnen würde, wenn wir gerade in der Nähe wären. Nun paßte es uns wunderbar ins Konzept. *Dafür* wollten wir unsere Reise gerne verlängern. Ein alter Wunsch ging endlich in Erfüllung.

Und nun hatten wir ein Visum für einen Monat, wofür mühelos zwei Verlängerungen zu bekommen waren. Wir schafften es so, zweieinhalb Monate zu bleiben, ehe der Winter uns in die Flucht schlug. Wir waren erst zwei Wochen im Land, als sich ein freundlicher Beamter des „Amtes für öffentliche Sicherheit" (umfaßte alles von der Verkehrspolizei bis zum Geheimdienst) erbot, den Verlängerungsstempel schon jetzt in unsere Pässe zu drücken, weil es „doch ganz einfach" sei. Eigentlich waren wir in einer anderen Angelegenheit zu ihm gekommen. Achtundzwanzig Städte Chinas konnten wir ohne jede Genehmigung besuchen. Für fast hundert weitere Orte, die von Ausländern betreten werden durften, benötigten wir aber eine „Reiseerlaubnis", eine mit unserem Paßbild versehene Karte, in die wir alle Plätze eintragen lassen mußten, nach denen uns der Sinn stand. Es waren also rund 125 „offene" und „mit Erlaubnis offene" Städte und Kreise, deren Namen wir auf unserer Chinalandkarte markierten, für den Anfang eine ganze Menge, da gab es keinen Grund zu klagen. Aber wir konnten immer nur zehn Orte auf einmal in unsere „Reiseerlaubnis" eintragen lassen. So mußten wir uns schon vorsehen und unsere Routen in etwa festlegen. In „geschlossenen" Städten und in „offenen", für die wir keine Erlaubnis hatten, hätten wir, obwohl es nur eine Formsache war, ziemlichen Ärger mit der Polizei bekommen können. Diese Regelung galt übrigens auch für die „Landsleute" aus Hongkong. (Als wir 1986 wiederkamen, waren sogar 244 Orte „offen", und wir konnten sie ohne „Reiseerlaubnis" besuchen. Außerdem hatten wir ein Visum, das für *drei* Monate gültig und ebenfalls verlängerbar war. Die „Öffnung" ging weiter!)

„Ausländergeld" und „Volksgeld"

Eine andere interessante Eigenheit Chinas war, daß es zwar nur *eine* Währung, den Yuan, gab, daß aber *zwei* verschiedene Arten von Geldscheinen nebeneinander im Umlauf waren, die eine für Chinesen, die andere für Ausländer, Hongkonger und Auslandschinesen. Der (ständig abnehmende) Wert des Yuan war damals etwa 1,20 Mark. Auf der Bank bekamen wir für unsere Mark und

Waghalsige Fahrt zu viert auf dem Lande nahe Kanton. Fahrräder dienen in China wahrlich ...

... jedem Zweck. Beispiele: Transport von Brennholz und von Enten zum Markt

Dollars meist druckfrische, glatte Scheine, die unter anderem mit dem Aufdruck (in Englisch) „Nachweis über den Umtausch von Devisen" versehen waren. Sie wurden kurz FEC genannt. Man konnte sie offiziell nur in den für Ausländer bestimmten Hotels, Restaurants und Läden, sowie beim Bezahlen von Fahr- und Flugkarten benutzen. Aber erstens waren viele Chinesen daran interessiert, solche FEC-Scheinchen zu besitzen, weil sie nur damit in sogenannten „Freundschaftsläden" und einigen anderen Geschäften importierte oder im Land gemachte Luxusgüter kaufen konnten, zweitens kamen immer mehr Einzelreisende nun auch in etwas entlegene Gebiete, wo die Einheimischen keine Ahnung hatten, was diese seltsamen Banknoten sollten, die also dem fremden Besucher dort wenig nützlich waren.

Wegen der erstgenannten Tatsache entstand sehr bald nach Einführung von FEC 1979 ein Schwarzmarkt damit. Für FEC boten im Auftrag von wichtigeren Personen – oft neue Geschäfts-leute und alte Parteifunktionäre – arbeitende Straßenstrolche zeit- und stellenweise drei Viertel, wenigstens aber ein Viertel mehr. Der Handel schien uns eher geduldet als verboten zu sein, obwohl er das amtlich gesehen natürlich war. Wer bei dem Geschäft mitmachte (und das waren praktisch alle Ausländer, die dazu eine Chance hatten), bekam also Scheine, die weit weniger ansehnlich waren als FEC, nämlich „renminbi", das heißt „Volksgeld". Weil Geld in China gewöhnlich nicht in Börsen, sondern einfach zusammengeknüllt in einem Säckchen, in der Hosentasche, oder zusammengefaltet in der langen Unterhose, im Socken herumgetragen wurde, sah es entsprechend aus. Mit „Volksgeld" konnte man als Ausländer auf jeden Fall in kleinen Läden einkaufen, in den meisten kleinen Restaurants die Zeche begleichen, mit Stadtbussen fahren. Man hatte Glück, wenn man auch Hotelrechnungen und Bahnfahrkarten damit bezahlen konnte, denn selbstredend kam damit im Endeffekt alles billiger. Es gab übrigens weder bei FEC noch bei „Volksgeld" Münzen, auch keine kleinen.

Rebellische, weltoffene Stadt Kanton

Unser Weg durch den Süden begann also in Kanton, einer Fünfmillionenstadt am Perlfluß, deren Geschichte die Kleinigkeit von zweitausend Jahren länger ist als die des benachbarten Hongkong. Im zweiten Jahrhundert unserer Zeitrechnung kamen bereits Inder und Römer hierher, und ab dem siebenten waren Araber vielgesehene Händler, die schließlich die größte Ausländerkolonie bildeten. Nach Zeiten völliger Abschließung unter den Kaisern aus dem Norden, die in der Region um Kanton den Rand der Wildnis sahen, wurden erste Kontakte mit den Portugiesen aufgenom-men, die sich in Macao niederlassen durften. Ab dem Ende des siebzehnten Jahrhunderts holten die Briten dann Tee und Seide, und ließen Silber dafür da. Sie wollten es wiederhaben, und so brachten sie Opium aus Indien, was die chinesischen Herrscher gegen sie aufbrachte. Es kam zum „Opiumkrieg" (1840 bis 1842), aus dem die skrupellosen Briten (sie attackierten Kanton) als die Überlegenen hervorgingen. Sie erhielten danach durch ein „Abkommen" Hongkong.

Die Kaiser hatten aber auch mit den Kantonesen Kummer. Sie galten schon immer als aufmüpfig gegen den Norden. Hier begann die Taiping-Revolution (1851 bis 1864) gegen die Mandschu-Herrschaft in Peking. Später war Kanton eine Hochburg der republikanischen Revolutionäre, die der Dynastie 1911 den Garaus machten. Der erste provisorische Präsident der chinesischen Republik und Gründer der Kuomintang (Nationalpartei) war Sun Yat-sen, der aus der Umgebung Kantons stammte. Von hier gingen in den zwanziger Jahren viele Aktivitäten der jungen Kommunistischen Partei aus. Ein Wunder, daß es das Wort „Alles Neue beginnt in Kanton" gibt?

Die Lage ihrer Stadt nahe des Meeres, ihre häufigen Kontakte mit Vertretern anderer Völker brachten es mit sich, daß die Kantonesen einen weltoffenen Charakter entwickelten. Nirgends sonst in China wurden die neuen Gesellschaftsreformen der siebziger und achtziger Jahre so bereitwillig aufgenommen, nirgends gab es so rasch wirtschaftliche Privatinitiative, eigenständige Läden und Werkstätten, Übernahme abwechslungsreicherer Mode, weg vom Einheitsblau und -grün, mehr Importe und mehr Schmuggel, so viele ausländische Autos und so viele Taxis. Ein Symbol der Aufgeschlossenheit für Neuerungen ist schon seit längerem die Kantoner Messe, die gerade stattfand, als wir eintrafen. Sie wurde von Geschäftsleuten aus aller Welt besucht. Es war für uns eine gute Gelegenheit, einen Blick auf die chinesische Produktion, Textilien, Handarbeiten, Porzellanwaren, Fotoapparate, Maschinen, Kraftfahrzeuge, Nahrungsmittel, Bücher und anderes zu werfen. – Wir kamen während unserer Reisen durch China fünfmal nach Kanton.

Ins Landesinnere

So verlief unsere Route im Süden (siehe Karte): Per Bahn von Kanton nach Guilin, ein Abstecher nach Nanning, über Guiyang nach Kunming, von dort mit Bussen nach Dali und wieder zurück, erneut auf der Schiene nach Tschengdu und Tschungtsching, mit Booten auf dem Jangtsekiang in zwei Etappen nach Wuhan und Nanking, mit dem Zug nach Schanghai, Abstecher nach Sudschou, über Hangdschou nach Fudschou, von dort mit Bussen über Schiamen zurück nach Kanton (und nach Macao).

Wir ließen die Industrievororte Kantons mit qualmenden Schloten, Ziegel- und Kalkbrennöfen, deren Kohlengasschwaden sich bis über die Felder in der weiten Ebene verbreiteten, hinter uns und folgten bald dem Bei Dschiang („Nordfluß"), der uns, sich zwischen fast zweitausend Meter hohen Bergen windend, entgegenkam. In tiefen Schluchten suchten sich schmale Lastkähne, meist mit Motor, aber auch mit Segeln ausgerüstet, ihren Weg. Waren sie beladen, mit Ziegeln, Felsbrocken und Sand, dann fuhren sie zum baumaterialhungrigen Kanton. Auf dieser Strecke, beim Anblick steiler, teils dichtbewaldeter Berglandschaften, wo sich außer auf dem Fluß kaum Leben zeigte, sahen wir zum ersten Mal, daß es auch in den fruchtbaren Regionen Chinas dünnbesiedelte Gebiete gibt. Im flachen Saum am Meer hingegen reihte sich Stadt an Stadt, Dorf an Dorf. Aber sobald unser Zug geräumige Gebirgstäler erreichte, lagen da große Provinzstädte, ebenfalls mit gelben und schwarzen Rauch ausspuckenden Schornsteinen. (Wenn wir anfangs dachten, daß diese eben nur zum Bild aller Orte in der wirtschaftlich besonders aktiven Provinz Guangdong gehörten, so mußten wir uns bald belehren lassen, daß sie in keiner chinesischen Ansiedlung, vom großen Dorf aufwärts, fehlten.)

Nach Erreichen der Provinz Hunan kamen wir durch Hügelland mit Reisfeldern, in die schmucke Dörfer eingebettet lagen, deren Gehöfte noch im alten Stil errichtet waren. Doch bei Neubauten war schon auf das geschwungene Dach mit dem abgestuften Giebel verzichtet worden (Farbbild 113). Die mächtigsten Bauernhäuser hatten einst den örtlichen Großgrundbesitzern gehört. Auf den Anhöhen war Wald zu finden, aber die Hänge waren stark erosionsgeschädigt, eine Folge unvernünftiger Abholzung. China war in alten Zeiten ein einziges Waldland (ausgenommen der Westen). Durch Rodung auch dort, wo man nicht Felder anlegen, sondern nur Brenn- und Bauholz holen wollte, verringerte sich der Waldbestand immer mehr. Tatsächlich stand er vor einigen Jahren kurz vor der Vernichtung. Eine Bewirtschaftung der Forsten war früher unbekannt, jetzt bemüht man sich aber mehr darum. Eigentlich existieren richtige Wälder nur noch in der

Mandschurei. Im ganzen Land sind die schrecklichen Spuren der Erosion zu finden, die schwerwiegende Folgen hat. Die Krume wird davongetragen, ganze Gebiete veröden, die Flüsse wälzen Schlammassen dem Meere zu.

Begegnung mit Herrn Song

Wir langten in Hengyang an, über fünfhundert Kilometer nördlich Kantons, ein wichtiges Blei- und Zinkbergbauzentrum mit vierhunderttausend Einwohnern. Es liegt an der 1937 fertiggestellten Eisenbahnlinie Kanton – Wuhan und an der Abzweigung nach Guilin. Hier mußten wir umsteigen. Es war einer der Orte, die wir nur mit Erlaubnis betreten durften. In die rauchige Stadt verirrte sich kaum einmal ein Ausländer. Während in Kanton nur die aus der Provinz kommenden Besucher lange, neugierige Blicke auf uns gerichtet hatten, erregten wir in Hengyang bei allen Passanten größtes Aufsehen. Wohin wir auch gingen, wo wir stehenblieben und was wir taten, wir waren stets von einer in blaue und grüne Anzüge gekleideten Menge umlagert, die uns genauer betrachten wollte. (Diese Eigenart war aber nicht nur für Hengyang kennzeichnend, wie wir bald erfahren sollten.)
Erfreulicherweise waren wir hier nicht allein. Wir hatten kaum unser Hotel verlassen, als uns schon Song Kaiyuan ansprach, der, ebenfalls im blauen Mao-Anzug, mit dem Fahrrad des Weges kam. Er stellte sich uns als Leiter einer privaten Abendschule, zugleich als Englischlehrer vor. Früher sei er, jetzt dreißigjährig, Elektriker gewesen. Aber die englische Sprache interessierte ihn sehr. Da erst Morgen war, hatte er Zeit. Er stellte sein Fahrrad irgendwo ein und blieb den ganzen Tag mit uns zusammen, als wir uns in der Stadt, ihren Geschäften, Märkten und Parks umsahen, mit ihm das stadtgeschichtliche Museum besichtigten, in einer verwahrlosten städtischen Gaststätte (auf seine Empfehlung hin) essen gingen (Farbbild 125). Ja, meinte er, alle Läden, Werkstätten und Restaurants von Hengyang seien noch in der Hand der Regierungen von Stadt und Provinz. Es gäbe eben Orte, wo die Reformpolitik viel später greife als anderswo. Allerdings sahen wir später doch einige Eßschüppchen privater Eigentümer, die übrigens durch Ausrufen versuchten, Passanten zum Einkehren zu bewegen. Fast jede Straße hatte Gehsteige, und sie waren sehr belebt, während kaum Autoverkehr herrschte. Herr Song war voll des Lobes für den „Führer" Deng Schiaoping, amtlich der „Vorsitzende der Zentralen Beraterkommission der Kommunistischen Partei Chinas". Wegen der Gewalttaten und Unterdrückungsmethoden der „Roten Garden" während der „Kulturrevolution" gegen Studenten, Lehrer und Professoren sagte er unverblümt: „Mao Zedong war ein schlechter Mann!" (So offen hörten wir dies von den kleinen Leuten nur selten. Aber prinzipiell wurde die Vergangenheit sehr kritisch gesehen, während jeder mit der neuen politischen Richtung unter Deng einverstanden war. Die Leute lagen damit ganz auf der Linie der Reformer. Eine gegenteilige Meinung hörten wir nie.)

Die Rollbilder-Vorlage

Keine Landschaft Chinas wurde von Dichtern so schwärmerisch besungen, von Malern so idealisierend in Rollbildern verewigt wie die Berg-Fluß-Szenerien von Guilin am Li Dschiang (Farbbild 112). Dies ist Karstland, mit einer dicken Schicht von Kalkstein zu Beginn, die durch Wind und Wetter ausgewaschen wurde. Dadurch entstanden die wunderlichsten Gebilde, manche in phantastischen Farben, wie scheinbar in den Himmel ragende Kegelberge, schroffe, detailreiche

Klippen, schlanke Säulen, zierliche Spitztürmchen, tiefe Tropfsteinhöhlen. Die Chinesen haben eine Neigung, jeder Sehenswürdigkeit malerische Namen zu geben. So heißt eine der Grotten „Kristallpalast des Drachenkönigs", und in der „Sieben-Sterne-Höhle" findet man Tropfsteine mit Bezeichnungen wie „Pfirsichpflückender Affe" und „Zwei ballspielende Drachen". Felsformationen wurden zum Beispiel „Farbpinsel-Hügel", „Bronzespiegel-Gipfel" und „Weißer-Kranich-Hügel" genannt. An einem Kliff erkennen begabte Menschen neun Pferde in unterschiedlichen Positionen, die einen Wasser trinkend, die anderen auf dem Boden liegend. Aber ohne den Fluß wären die Felsen nicht so reizvoll. Eine Reise auf ihm ist so, „als ob man auf einem Rollbild heruntersegelt", wie eine chinesische Veröffentlichung es beschrieb.

Weil die Szenerie entlang des Li Dschiang als die schönste des Landes gilt, kommen in jedem Jahr Millionen chinesischer Touristen. Wenn der Fluß genügend Wasser führt, verkehren zwischen Guilin und einem Städtchen achtzig Kilometer weiter südlich zahlreiche Ausflugsschiffe, während der Trockenzeit nur auf dem halben Wege. Leider hat Guilin selbst in den letzten Jahrzehnten das meiste seines einst malerischen Charakters eingebüßt. Wohnblocks und Fabriken beherrschen das Bild und über allem liegt blauer Dunst, wenn nicht gerade ein besonders gnädiger Wind weht. Es gibt aber noch ein paar bemerkenswerte alte Winkel. Und von Felsen, die sich mitten in der Stadt fast senkrecht erheben, geht der Blick auch auf das beeindruckende Bergpanorama, den Li Dschiang, auf Bauerndörfer und Flußfischer in ihren Booten.

Wir blieben eine Woche in dieser Landschaft und hatten Gelegenheit zu einer geruhsamen Bootsfahrt. Die Touristen fuhren alle flußabwärts. Am Endpunkt nahmen sie den Bus zurück nach Guilin. Wir machten es umgekehrt. Auf einem der nun fast leeren Schiffe zuckelten wir zurück,

Blick von Felsen in Guilin auf (trotz Rauchs) beeindruckende Szenerie. Vorn der Li Dschiang

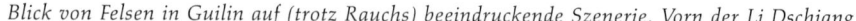

viel langsamer, da gegen die Strömung. Wir hatten uns mit dem Personal etwas angefreundet und ein Trinkgeld für die Leute ausgehandelt, inoffiziell natürlich. So kostete uns der Spaß nur einen Bruchteil des Ausländern abverlangten Preises. Sie hatten vierzig Yuan (fünfzig Mark) für die Tagesfahrt zu bezahlen, Chinesen nur vier.

Zug 439, Hsieh Ting und die Minderheit der Yao

Eines der nettesten Erlebnisse mit chinesischen Menschen hatten wir einige Tage später. Von Nanning, einer Provinzhauptstadt voller Fabriken (in fünfunddreißig Jahren hatte sie ihr Industriepotential um das Hundertfache vergrößert) kommend, hatten wir am Eisenbahnknotenpunkt Liudschou südlich von Guilin dreist Fahrkarten zu einem Ort verlangt und auch prompt bekommen, der nicht „offen" war. Der Grund: Zwei Züge gingen abends und kamen am nächsten Mittag in Guiyang, der nächsten „offenen" Stadt, an. Uns war an einer Nachtfahrt aber gar nicht gelegen, denn die Landschaften sollten ebenso pittoresk sein wie die bei Guilin. Wir wollten die 610 Kilometer in zwei Portionen teilen. 388 Kilometer waren es nach Duschan. Und nun saßen wir um 6.50 Uhr im einzigen Tagzug, Nummer 439, als schon der Schaffner auftauchte und uns freundlich begrüßte – auf englisch! Auch ein paar der Wagenbetreuerinnen kamen aufgeregt gelaufen. Hsieh Ting erzählte uns, daß er bereits drei Jahre auf diesem Zug arbeite, aber seit mindestens einem Jahr keinen ausländischen Fahrgast mehr gehabt habe. Sein Hobby waren Fremdsprachen. Begeistert brachte er seine Englisch-, Deutsch- und Russischbücher, und wir verbrachten mit ihm vor- und nachmittags je ein paar Stunden, für die er sich offenbar beurlauben

Der freundliche Zugschaffner Hsieh Ting, der zu einem treuen Freund wurde

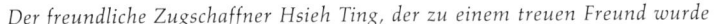

ließ. Für uns fiel dabei auch eine kleine Chinesischlektion ab. Zwischendurch aßen wir an unserem Platz ein besonderes Mittagsmahl, das die Chefköchin des Zuges – sie zog sich eigens einen frischen weißen Kittel an – auf einem Tablett mit weißem Deckchen servierte. Die Freude beruhte auf Gegenseitigkeit. (Es war Wilmas Geburtstag, aber das verrieten wir nicht.)

Hsieh Ting konnte uns auch einiges über das Volk der Yao erzählen. Wir kamen hoch in ihre Berge, die sie durch kunstvoll angelegte Terrassenfelder schützten, zwischen denen weitverstreute Siedlungen zu erkennen waren. Viele Yao warteten an Bahnhöfen auf unseren Zug und fuhren bis zum nächsten oder übernächsten Stopp mit. Die Männer hatten wadenlange weiße Hosen und weiß-dunkelblaue Jacken an, die Frauen kurze Faltenröcke und ärmellose blaue Blusen mit roten und gelben Streifen, alles aus Baumwolle. Die Blusen waren seitlich fast offen und die Mädchen trugen nichts darunter. Lustig, wenn wir die hochgeschlossenen Anzüge der chinesischen Männer und Frauen daneben betrachteten! Rund eineinhalb Millionen Yao, eine von fünfundfünfzig Minderheiten neben den eigentlichen Chinesen (die sich selbst Han nennen), leben in fünf Provinzen Südchinas, aber auch in Indochina, wo sie uns im Norden Thailands und Laos' schon einmal begegnet waren. Vor zweitausend Jahren sollen sie am mittleren Jangtsekiang gelebt haben und durch die chauvinistischen Han in die Bergregionen vertrieben worden sein.

Illegal in Duschan, unter dem Schutz eines Freundes

Aber zurück zu Hsieh Ting. Er hatte keine Einwände dagegen, daß wir in Duschan ausstiegen. Wahrscheinlich wußte er von speziellen Regeln für Ausländer gar nichts. Um sieben Uhr abends kamen wir an, und unser Freund bat, bevor sein Zug weiterfuhr, den Stationsvorsteher, uns bei der Suche nach einem Nachtquartier zu helfen. Das gesamte Bahnpersonal von Duschan und noch jede Menge anderer Neugieriger erschienen in der Wartehalle. Sie waren ganz aus dem Häuschen. Brauchten wir heißes Wasser zum Händewaschen? „Nein, kaltes genügt!", doch zu spät, heißes war schon da. Fahrkarten für die Weiterreise? Gern! Ein Abendessen? Danke, das hatten wir schon. Unterkunft? Was bisher mit wenigen Wörtern und Zeichensprache nicht geklappt hatte, wurde durch den Englischlehrer geklärt, der von zu Hause geholt wurde. Wir wurden in einem Quartier für Bahnangestellte untergebracht, gegen eine kleine Gebühr. Im Hof gab es einen Wasserhahn, statt eines Klos nur einen Nachttopf. Ging es uns nicht blendend, da wir doch illegal in Duschan waren? Da, Pochen an der Tür, ein Telefonanruf für uns. Die Polizei? Es war Hsieh Ting, der sich sofort nach der Ankunft am Fahrtziel seines Zuges erkundigte, wie es uns ergangen war. Am anderen Morgen um fünf Uhr wurden wir von den Eisenbahnern geweckt, damit wir den Anschluß um sechs Uhr nicht verpaßten. Welch ein Service! Sie verschafften uns in dem ziemlich vollen Zug sogar Sitzplätze. Zur gleichen Zeit machte sich Hsieh Tings Zug in die Gegenrichtung auf, jetzt mit der Nummer 440. Laut Fahrplan trafen sein und unser Zug sich kurz vor acht Uhr an einem kleinen Bahnhof. Wir machten rasch einen Dankesbrief fertig. Unser Freund stand in der Tür des Mannschaftswagens, als er ankam und winkte – mit einem Brief. Ein Schaffner von uns rannte hin und tauschte die Schreiben aus. Und schon fuhren wir ab. Hsieh Ting schrieb unter anderem: „Ich rief gestern abend an, weil ich dachte, Sie hätten Verständigungsschwierigkeiten. Als ich hörte, daß alles in Ordnung sei, war ich glücklich. Reisen Sie gut!"

Eineinhalb Jahre später waren wir wieder in der Minenstadt Hengyang. Hsieh Ting hatte uns wissen lassen, daß er nun auf dem Schnellzugpaar 161/162 arbeite. Wir ersahen aus dem Fahrplan, daß sich die beiden Züge nachts um 2.30 Uhr hier begegnen würden. So standen wir auf und gingen zum Bahnhof, wo uns freundliche Leute einen Brief in Chinesisch schrieben, damit uns das Zugpersonal rascher behilflich sein konnte. Wir hatten dann nur wenige Minuten Zeit. Doch wir fanden Hsieh Ting auf keinem der Züge. Später schrieb er uns, daß er ausgerechnet an jenem Tage Urlaub gehabt habe.

Im trübseligen Guiyang und neue Bekannte

Wir hatten uns vorgenommen, in jeder Provinzhauptstadt wenigstens zwei Tage zu verweilen, auch wenn sie einen noch so trübseligen Eindruck auf uns machen sollte. Auch darin lagen Chinaerfahrungen. Guiyang war erst seit zwei, drei Monaten „mit Erlaubnis offen". Waren wir in Hengyang nur neugierig bestaunt worden, so starrten uns die Menschen dieser Stadt verwundert an, reagierten auch kaum auf ein Lächeln, als ob sie absolut nicht wüßten, was sie mit uns anfangen sollten. (Nur noch an wenigen anderen Orten würden sich die Leute so anstellen.) Wir konnten uns zwar in einer Herberge mit dem tollen Namen „Goldbrücken-Hotel" unterbringen, aber sonst war in Guiyang nicht vieles golden. Eine riesige Mao-Statue, inzwischen in den meisten Städten schon ein Symbol für geringe Reformbereitschaft, stand auf dem größten Platz. Die Hauptstraßen im Zentrum sahen mit ihren monströsen Bauten – Regierungspaläste und verschiedene Institute – dreimal schlimmer aus als die Stalinallee Ostberlins in den fünfziger Jahren. Als wir einen Bergpark unweit der Stadt besuchten, sahen wir, daß während der „Kulturrevolution" kein Tempel, keine Pagode, kein Pavillon Zerstörung oder Beschädigung entgangen war.
Für den Weg nach Kunming versuchten wir es mit der gleichen Methode wie zuvor, aber diesmal wollte uns leider keiner eine Fahrkarte zu einem Ort dazwischen ausstellen. (Die kleine Stadt, die wir im Auge hatten, war dann erst ab 1986 „offen".) So mußten wir doch nachts fahren, waren aber auch noch den ganzen Tag unterwegs, denn zum Glück war es ein langsamer Zug. Den interessantesten Teil der Strecke von 640 Kilometern passierten wir bei Licht. Der Schienenstrang, erst 1966 vollständig verlegt, wand sich über tiefen Schluchten, unter hohen Bergen und einem erstmals in drei Wochen wirklich blauen Himmel der „sonnigen" Stadt Kunming entgegen, die wegen ihres durchgängig milden Klimas – bei annähernd zweitausend Meter Höhe – bei Besuchern aus dem In- und Ausland beliebt ist.
Bevor wir sie aber erreichten, machten wir wieder eine erfreuliche Bekanntschaft. Sechs Angestellte einer Schanghaier Fabrik für Elektrogeräte waren gemeinsam auf einer „Studien-fahrt" zu ähnlichen Betrieben in Kunming. Zwei saßen uns gegenüber. Wir hätten es nicht besser treffen können: beide konnten Englisch. Sie waren nicht nur unsere „Beschützer", wenn das Gedränge um uns zu stark wurde, sondern auch interessante Gesprächspartner. Insbesondere mit dem siebenunddreißig Jahre alten Wu Yetsching freundeten wir uns rasch an. Wir freuten uns darüber, daß er seine Zeitgenossen und sich selbst mit ironischem Blick betrachten konnte. In Kunming half er uns bei der schwierigen Hotelsuche. Bis zu unserem Abschied von der Stadt nach zehn Tagen trafen wir uns immer wieder. Er organisierte es, daß wir bei einer Ausflugsfahrt seiner „Studiengruppe" im Minibus nach Schilin („steinerner Wald") über hundert Kilometer südlich dabei sein konnten. Es handelt sich um eine Ansammlung von grauen Kalksteinsäulen in den seltsamsten Formen. Die höchste mißt dreißig Meter, das „Waldgebiet" ist mehrere hundert Hektar groß. Man kann sich darin verlieren. Die ungleichmäßigeren Gebilde haben Namen wie „Elefantenbaby" und „Nashorn beim Betrachten des Mondes".

Lastwagen der Marke „Jiefang" (Befreiung) sind meistverbreitet. Ein Sowjetmodell war Vorbild

Bevor wir uns trennen mußten, lud Wu Yetsching uns zu sich nach Schanghai ein. Um keinen Zweifel an der Ernsthaftigkeit dieser Geste zu lassen, füllte er das Formular für ein von uns an ihn gerichtetes Telegramm aus, in das wir nur noch unseren Ankunftstag und die Uhrzeit einsetzen mußten. Wir waren drei Wochen danach wirklich seine Gäste (Farbbild 124). Doch darüber später mehr.

Bei den Bai von Dali

Zunächst durch hübsche Waldgegenden, bald aber durch kahles Bergland, fuhren wir mit einem Bus über vierhundert Kilometer in den Westen der Provinz Yunnan, zu dem Städtchen Dali, an einem See gelegen, das ein Zentrum der Minderheit der Bai ist. Unterwegs überholten wir lange Kolonnen von Lastwagen der „Volksbefreiungsarmee", die vor allem mit Treibstoff zu Lagern im ganzen Gebiet unterwegs waren. Die Bai-Nationalität, Reisbauern, deren Vorfahren zu den ursprünglichen Bewohnern der Region zählten, gehört mit über einer Million Menschen zu den großen Minderheiten. Obwohl sie seit Jahrhunderten Verbindung mit den Han hatten und zum Beispiel deren Schriftzeichen verwenden, gibt es doch immer noch Aversionen gegen die übermächtigen Chinesen. Von den Kommunisten wird der Fleiß der Bai und anderer Völkerschaften durch die Zeiten als eine „Vorleistung zur Gründung eines vereinigten China" ausgelegt. In Wirklichkeit waren die König- und Fürstentümer des Südens im dreizehnten Jahrhundert von den

Mongolen und dann von den Chinesen überrannt worden. Man kann immer wieder lesen, daß nach der Gründung der Volksrepublik Modernisierung und Autonomie zu den Bai, Dong, Hani, Miao, Yao und vielen anderen Minderheiten gekommen seien, aber heute kann freilich nicht mehr verhehlt werden, daß es während mindestens zehn Jahren der Geschichte dieses Staates, in der „Kulturrevolution", den Minderheiten weder erlaubt war, ihre Nationalkostüme zu tragen, noch ihren Religionen zu folgen (Islam, Buddhismus, Lamaismus, Naturreligionen). Auch die Han wurden damals gezwungen, blaue, grasgrüne oder graue Uniformen zu tragen, und Frauen, die einen Rock anzuziehen wagten, wurden schikaniert. Auch die Han verloren das Recht der Religionsausübung. Aber das Chaos jener Zeit war ja von ihnen ausgelöst worden, die 94 Prozent der Bevölkerung ausmachen, von *ihren* Führern. Es war im Grunde ihre Angelegenheit. Die Minderheiten waren diejenigen, die am meisten darunter zu leiden hatten. Wir konnten uns des Eindrucks nicht erwehren, daß das Gebiet der Bai (wie auch die Hochlandregion der Tibeter, und Sinkiang der Uyguren, Kasaken und Usbeken) ein chinesisches Besatzungsgebiet war. Die Allgegenwart des Militärs, auch in Dali, war nicht zu übersehen.

Wir erreichten den Ort an seiner Südseite und betraten ihn durch ein etwa vierzig Meter breites und dreißig Meter hohes Torgebäude mit einem mächtigen, geschwungenen Dach. Auf der Hauptstraße konnten wir ihn in etwa fünfzehn Minuten bis zum Nordtor durchqueren. Noch war auch eine Stadtmauer großenteils vorhanden. Außerhalb standen drei Pagoden, deren höchste dreiundsechzig Meter maß. Innerhalb gab es eine katholische Kirche und eine Moschee – die Hüter durften uns alles sehen lassen –, beide in chinesischem Baustil und einem Tempel sehr ähnlich, von Symbolen und der Anordnung der Räume abgesehen, beide renoviert. Die

Gemüsemarkt in Kunming, der „sonnigen" Stadt. Noch hat sie viele alte Holzhäuser

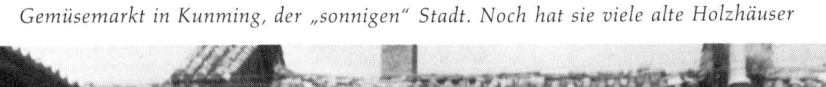

Bauernhäuser waren zweistöckig und hatten entlang der ganzen Vorderseite ein Vordach. Ein Vorplatz wurde von einer etwa drei Meter hohen Mauer umgeben, in die ein eindrucksvolles Tor eingelassen war, mit schwarzen Ornamenten auf dem weißen Verputz, oder über einem Steinsockel ein grauer Ziegelaufbau mit Kacheln, die im Relief, teils farbig bemalt, Blumen, Kraniche, Löwen und anderes zeigten. In der Ladenstraße waren bei den älteren Häusern die Fassaden fast ganz aus Holz. Auf einem Markt der Bai in der Ortschaft Schapin dreißig Kilometer nördlich von Dali konnten wir die malerischen Trachten der Mädchen und Frauen bewundern, die auch auf dem Farbbild 123 noch zu erkennen sind. Die Männer waren völlig uninteressant gekleidet – in den langweiligen Anzügen, komplett mit Mao-Mütze. Die Bauern brachten Obst und Gemüse in Körben, auch Reis und Weizen, und sie kauften Werkzeuge und hölzernes Gerät, Matten, Grasbesen, Seiler- und Korbwaren, Garne, Bänder, Knöpfe und mit weißen Blumen auf knallrotem Grund bemalte Möbel und Truhen, oder sie ließen sich unter freiem Himmel von einem „Dentisten" den Zahnstein entfernen. Vom Waren- und Dienstleistungsangebot her glichen Minderheitenmärkte denen der Chinesen ziemlich.

Relikte vergangener Tage

Kunming, mit dem schmeichelhaften Beinamen „Stadt des ewigen Frühlings" versehen, hatte außer seinem angenehmen Klima einige beliebte Ausflugsziele mit Tempeln und großartigen Aussichten von hohen Klippen über einen See zu bieten. Uns gefiel aber die Altstadt am besten, wo wir durch viele Gassen mit wenig Verkehr gehen und das nachbarschaftliche Leben der Bewohner beobachten konnten. Hier fanden wir ganze Viertel mit doppelstöckigen, grüngestrichenen Holzhäusern, die lediglich eine massive Wand zur Abtrennung der aneinandergereihten Gebäude hatten. Oben befanden sich die Wohnungen, mit Fenstern fast über die ganze Breite, um bei warmem Wetter die Luft durch die Wohnung streichen zu lassen, unten Lebensmittelgeschäfte, Restaurants, Werkstätten, Bäckereien, kleine Fabriken für in China zu jeder Jahreszeit gefragtes Eis am Stiel, Friseur- und Fotoläden, Buch- und Kleiderhandlungen, Malerstudios.
Noch etwas Nettes sahen wir in Kunming – wo man übrigens auf Schritt und Tritt die Vertreter verschiedener Nationalitäten aus ganz Yunnan treffen kann –, nämlich im Grüner-See-Park ältere Leute, die miteinander musizierten, vergnügt Lieder und Kehrreime sangen und tanzten. Die Musikinstrumente, die sie dabei benutzten, hielten andere, die sie manchmal auch selbst gemacht hatten, feil (Farbbild 122). Die Jugend, die den Park besuchte, blieb bei den geselligen Herrschaften zwar stehen, schaute aber drein, als ob sie zu dem Treiben nicht mehr die geringste Beziehung hätte.

Durch Gebirge zum größten Buddha

Nach dieser ersten Durchquerung des Südens brachte uns die Eisenbahn nun zunächst einmal ein Stück nach Norden. Auch hier gab es unterwegs keine Möglichkeit zum Aussteigen. Wie wir später hörten, befindet sich auf halbem Wege, bei Schitschang, ein Entwicklungs- und Testzentrum für Weltraumraketen. Kein Wunder... Wir fuhren ein Stück den Dschinscha Dschiang („Goldsand-Fluß"), den Oberlauf des Jangtse, entlang, die ganze übrige Zeit folgten wir seinen meist eilig dahinströmenden Nebenflüssen, durch Gebirge, die bereits zu dem riesigen zentralasiatischen System mit Himalaya, Kunlun, Pamir und Tianschan gehören. Die elfhundert

Kilometer lange Eisenbahnstrecke Kunming – Tschengdu, erst 1970 eröffnet, ist sicherlich eine der großartigsten Ingenieurleistungen des neuen China. Die Erbauer fanden selten flaches Terrain vor. Während der letzten Stunden der Reise wurde es immer dunkler und kälter. Mit dem Süden hatten wir auch die Sonne zurückgelassen. (In den nächsten Tagen würden die Temperaturen bis fast zum Gefrierpunkt fallen und wir würden uns eine Erkältung zuziehen, die uns für den Rest der Zeit nicht mehr verlassen sollte.)

Am ersten Ort, den wir betreten durften, stiegen wir aus. Wir waren in Emei, einer kleinen Stadt südlich von Tschengdu, die an sich etwas unansehnlich war. Aber sie hatte in ihrer Umgebung zwei Besonderheiten: den über dreitausend Meter hohen Emei Schan, einen der vier heiligen Berge der Buddhisten in China, der jährlich von vielen Tausenden Pilgern bestiegen wird, und den Großen Buddha von Leschan, einer Nachbarstadt. Bei naßkaltem Novemberwetter konnten wir den Berg zu unserem Leidwesen natürlich nicht besteigen. Aber wir konnten mit dem Bus nach Leschan fahren, um die – wie es heißt – größte Buddhafigur der Welt (obwohl es sich hier sogar nur um ein sitzendes Abbild des Erleuchteten handelt) zu sehen. 71 Meter hoch, war sie aus dem Fels am Treffpunkt des Min- und des Dadu-Flusses (gehen zum Jangtse) gehauen worden. Neunzig Jahre lang war im achten Jahrhundert daran gearbeitet worden. Bevor wir nach zwei Tagen in Richtung Tschengdu weitergingen, erlebten wir den Sonntagsmarkt von Emei mit. Die Bauern strömten aus allen Richtungen herbei, mit Waren auf dem Fahrrad, dem Schubkarren, auf dem Rücken oder an Tragstangen über der Schulter hängend, wobei lebende Schweine vorzugsweise von *zwei* Männern so getragen wurden. Nachher überboten sie sich gegenseitig beim Anpreisen von Hühnern und Enten, Fleisch und Fisch, Eiern und Reis, etwas, das früher undenkbar gewesen wäre.

Wird die Partei ihren neuen Weg weitergehen?

Wieder ein Wendepunkt war für uns Tschengdu, die Hauptstadt von Sitschuan. Da uns der Winterwind nun ins Gesicht blies – obwohl dieser Teil der Provinz noch mit einem relativ milden Klima gesegnet ist – hatten wir keine Hoffnung mehr, dieses Mal noch Orte nördlich des Jangtsekiang aufsuchen zu können. Schon jetzt befaßten wir uns mit dem Gedanken, in einer günstigeren Jahreszeit China noch einmal einen Besuch abzustatten.

Tschengdu war ein Schatzhaus für Beobachtungen, denn hier, in der Heimat des „Führers" Deng Schiaoping, war die Aufforderung an die Massen, sich jetzt mehr selbst ums eigene Wohl zu kümmern, mit mehr Begeisterung aufgenommen worden als in vielen anderen Inlandszentren. An allen Ecken und Enden wurden neue Straßenmärkte eröffnet, boten Männer und Frauen landwirtschaftliche Produkte, abgepackte Lebensmittel, neuartige kleine Helfer für den Haushalt, Plastikspielzeug, Textilien, ja sogar Alkoholika an. Von immer mehr Geschäften verschwanden die einheitlichen Schilder, die auf die Stadt, einen Landkreis oder die Provinz als Besitzer hinwiesen, und sie wurden durch einfallsreichere, werbewirksamere Tafeln, wenn nicht Leucht-schriftreklamen, ersetzt, die auf ein gemeinschaftliches Unternehmen mehrerer Leute (eines Kollektivs) oder einer Familie hinwiesen. Sah das nicht ganz nach Rückkehr zum Kapitalismus aus? Und draußen auf dem Land gab es bereits Versuche, Bauern – auf Staatsland – die Initiative zu überlassen, damit sie mehr produzierten als die Norm war, wobei sie den Überschuß verwenden konnten, wie es ihnen beliebte. Ihr Erfolg spiegelte sich in den Straßenmärkten wider. Andererseits stiegen die Preise, die jahrzehntelang stabil gehalten worden waren. War es

Touristen am Großen Buddha von Leschan. Vorn eine Hand und ein Fuß, links der Fluß Min

tatsächlich noch die gleiche Partei, die all das zuließ? Waren die Konservativen wirklich so sehr in den Hintergrund gedrängt worden?

Produktionserfolge hatte Sitschuan aber nötig. Hier lebte jeder zehnte Einwohner Chinas. Zur Zeit waren es 107 Millionen Menschen, die sich vor allem im östlichen Teil, dem Roten Becken, etwa so groß wie die Bundesrepublik, zusammendrängten. In keiner anderen Provinz wurde auch das Thema Familienplanung so ernst genommen. Das Bevölkerungswachstum war von drei Prozent im Jahre 1971 auf (wie es hieß) unter ein Prozent gedrückt worden, ein Erfolg der von den Pragmatikern um Deng vertretenen Nur-ein-Kind-Politik, die wiederum eine Abkehr von einer einst geheiligten Mao-Maxime bedeutete, nach der die Bauern möglichst viele Kinder haben sollten, die dann auf den Feldern arbeiten konnten.

Ein drittes Symptom der Abkehr von zuvor geübten Praktiken war die Restaurierung zahlreicher buddhistischer, taoistischer und konfuzianischer Tempel, die in einem schlimmen Zustand gewesen waren. Die Anlagen befanden sich jetzt in der Hand von Stadt- und Provinzregierungen. Sie finanzierten die Wiederherstellung, zum Teil mit dem minimalen Eintrittsgeld, das von jedem Besucher verlangt wurde. Es war faszinierend zu sehen, wie nun, nach vielen Jahren der Verächtlichmachung von Religionen, der Verfolgung von Gläubigen, der Zerstörung von Gotteshäusern (auch von Kirchen) durch die Funktionäre und Handlanger der KP, eine hektische Geschäftigkeit an den Tag gelegt wurde, den angerichteten Schaden wenigstens teilweise wiedergutzumachen. Der Maoismus schien wie vom Erdboden verschluckt. Tschengdu gewann durch viele der Maßnahmen einen Teil seiner alten Reize zurück. Aber könnte durch eine neuerliche Kehrtwendung nicht eines Tages alles wieder rückgängig gemacht werden?

Bei der zweiten Chinareise waren wir erfreut, Tschengdu, von Lhasa kommend, im Sommer einen Besuch machen zu können. Die Stadt hat überdurchschnittlich viele Parks und Gärten. Eine besonders nette Sache sind die vielen Teehäuser darin, wo man, auf Bambusstühlen unter Dach oder im Freien sitzend, für wenige Pfennige ein grünliches Gebräu bestellen kann (heißes Wasser bekommt man soviel man will) und Gelegenheit zum Karten- oder Schachspiel hat. In früheren Zeiten, vor 1949, wurde hier über Politik diskutiert. *Unsere* Lieblingsbeschäftigung war, den Leuten bei ihren Gewohnheiten zuzusehen.

Ermunterung zur Privatinitiative in Tschungtsching

Von der Größe her war die Hauptstadt mit ihren rund einundhalb Millionen Einwohnern im Vergleich zur am Zusammenfluß von Jangtsekiang und Dschia Ling gelegenen Industriemetropole Tschungtsching klein. Annähernd sechs Millionen sollten im Stadtgebiet leben, und zusammen mit den ihr unterstehenden Landkreisen sollte sie gar dreizehn Millionen Einwohner zählen, eine der ganz großen Städte Chinas. Tschungtsching war zum Wirtschaftszentrum für den ganzen Südwesten des Landes erklärt worden. Die Umsetzung der Reformideen in die Praxis hatte dort schon 1978 begonnen. 1980 hatten einige staatliche Fabriken ihre bisherigen Profitablieferungen durch Steuerzahlungen ersetzt, und sie hatten die Verantwortung für Gewinne und Verluste übernommen. Tschungtsching wurde mit Rechten ausgestattet, die sonst nur Provinzen hatten. Mit vielen Ländern hatte es direkte wirtschaftliche Verbindungen.

Auf lokaler Basis wurden kleine Mahlzeiten, Bekleidung (es schien, als ob jeder dort plötzlich einen farbigen Anorak und Hosen mit Bügelfalten haben wollte), Schuhe, Taschen, Koffer und Plastikartikel aus heimischer Produktion in Massen vom frühen Morgen bis zum späten Abend an

Sonntagsmarkt des Städtchens Emei in Sitschuan: Verkauf von Rattengift, tote Nager als „Beweis"

Mit 71 Metern in Leschan der größte Buddha der Welt. – Segel-Ruderboot auf dem Jangtse

Reiseweg (Strichlinie) durch Japan, Südkorea, China und die Mongolei. Erste Reise durch China: der Süden bis zur Linie Tschengdu – Schanghai; zweite Reise durch China: alle übrigen Gebiete. Bei China sind die

Namen der Provinzen und „Autonomen Regionen" fettgedruckt. Erklärung von Abkürzungen bei Städte-
namen: Sch. = Schidschiadschuang, Dsch. = Dschengdschou

Die Flußfähre nach Wuhan auf dem Jangtse-Nebenfluß Dschia Ling in Tschungtsching

Ständen auf den Straßen, an der Bus- und Bahnstation und an den Bootsländen am Jangtse von individuellen Händlern angeboten. Zwei Drittel von über hunderttausend Geschäften aller Art (sicher vornehmlich die kleinsten) sollen sich bereits in Privathand befunden haben. Die von der KP gelenkte Presse, Lokalblätter wie große Parteizeitungen und Informationsschriften in Fremdsprachen, wurden nicht müde, solche Zahlen und die Vorteile des nun gültigen Systems hervorzuheben.

Die hügelige Stadt (deshalb die einzige in China, wo wir kaum ein Fahrrad zu sehen bekamen) war während des antijapanischen Krieges Sitz der Kuomintang-Regierung unter Tschiang Kai-schek und dementsprechend häufig Ziel japanischer Luftangriffe gewesen. Im Sommer steigen die Temperaturen hier mühelos bis vierzig Grad. Es ist einer der „Vier Backöfen" des Landes. Die anderen sind Wuhan, Nanking und Tschangscha.

Reise auf dem „Langen Strom"

Von Tschungtsching fuhren wir auf großen Flußfähren den Jangtsekiang bis Wuhan und dann bis Nanking hinab. Diese Reise von 2200 Kilometern an fünf Tagen auf einem der mächtigsten Ströme der Erde gehört zu unseren großen Erlebnissen. Abfahrt war nach einem Morgen des Wartens wegen dichten Nebels. In der dritten Klasse (es gab nur zweite, dritte und vierte Klasse; den Begriff „erste Klasse" hatte man wegen der angeblich klassenlosen Gesellschaft des neuen

China „schamvoll" unter den Tisch fallen lassen) bezahlten wir je rund fünfundsechzig Mark. Auf speziellen Touristenschiffen hätte es ein Mehrfaches gekostet. Es waren rund vierhundert Chinesen an Bord, und fünf weitere Ausländer, mit denen wir eine Kabine teilten. Man hatte uns zusammengelegt, weil wir sieben uns, wie man glaubte, untereinander besser arrangieren könnten als mit Chinesen. Wir aßen, was wir mitgebracht hatten, Nudeln, die man nur überbrühen mußte, mit Büchsenfleisch und gekochten Eiern, in Fett gebackene chinesische Krapfen und Obst. In der Schiffskantine gab es täglich nur Reis mit etwas Gemüse, auf Wunsch mit ein paar Stückchen Fleisch.

An den Ufern des Stromes, der während der Hälfte unseres Weges nicht breit, aber sehr tief war, sahen wir (wie auch schon an den Nebenflüssen) zahllose Steinbrüche, wo schon seit vielen Jahrhunderten das Baumaterial für ganze Städte beschafft worden war. Aber immer noch waren Heerscharen von Männern und Frauen mit dem Losbrechen und Bearbeiten von Steinquadern beschäftigt, die in Nachen verladen wurden, auf denen sie die Reise zu Baustellen antraten, meist talwärts. Fast keines der Boote hatte einen Motor. So mußten Segel gesetzt, oder die Fahrzeuge bei Flaute stromaufwärts gerudert oder vom Ufer aus an Seilen gezogen werden, ein langer, mühevoller, steiniger Weg. Auch Sand und Kieselsteine wurden so befördert. Früher waren große Schiffe oft von Hunderten von Kulis auf diese Weise gegen die Strömung bewegt worden.

Am Ende des zweiten Tages erreichte unser Schiff die Ebene, wo der Jangtse plötzlich zwei Kilometer breit wird. Beim Verlassen der Berge hatte es die Schleuse des riesigen Gedschouba-Staudamms bei Yitschang zu passieren, bevor es, nun dreißig Meter tiefer schwimmend, seinen Weg fortsetzen konnte. Es handelt sich hierbei um das größte Kraftwerk Chinas. Entlang des

Die drei Schluchten des Jangtse an seinem Mittellauf erstrecken sich über 200 Kilometer

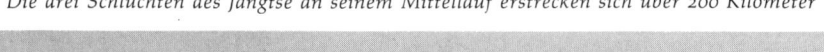

ganzen Weges lagen Industriestädte, aber ihre Dichte nahm nun erheblich zu. Dementsprechend verstärkte sich der Verkehr von Frachtschiffen. Die Führer von Schleppverbänden mit bis zu zehn Einheiten mußten in der etwa fünfhundert Meter breiten Fahrrinne mit äußerster Vorsicht navigieren.

Es gab für die chinesischen Fahrgäste auf unserem Schiff zwei Gründe, diese Reise zu machen. Der eine war, daß es zwischen Tschungtsching und Nanking keine in West-Ost-Richtung verlaufenden Eisenbahnen und nur sporadisch Straßen gab. Der zweite, für die Mehrheit wichtigere Grund (denn sie waren überwiegend Touristen) waren die legendenumwobenen drei Schluchten des Jangtsekiang. (Sein richtiger Name Tschang Dschiang, das heißt „Langer Strom"; von der Quelle im Hochland von Tibet bis zur Mündung ins Gelbe Meer mißt er über sechstausend Kilometer.) Die Tschutang-Schlucht ist die erste, wenn man von Sitschuan herunterkommt. Sie ist mit acht Kilometern die kürzeste, aber berühmt wegen ihrer majestätischen Kalksteinklippen, die an einigen Stellen weniger als hundert Meter auseinanderliegen (siehe Bild). Unter Getöse schießen die Wassermassen durch dieses Tor als ob „tausend Meere in einen Kelch gegossen" würden, wie ein Dichter des fünften Jahrhunderts es bereits beschrieben hatte. Wegen der eleganten Schönheit waldbedeckter Gipfel wird die Wuschia-Schlucht gepriesen, und Schiling, die längste, ist wegen ihrer vielen Riffe, Sandbänke und Wirbel bekannt und berüchtigt. Plätze an dem achtzig Kilometer langen Durchbruch tragen so bedeutungsvolle Namen wie „Spiel der Schatten" und „Leeres Boot". Der Jangtsekiang führt in den drei Schluchten durchschnittlich über sechzehntausend Kubikmeter Wasser in der Sekunde (Rhein bei Kaub: 1570).

Wenn es nach dem Willen gewisser Planer und Politiker in der Volksrepublik ginge, würden die

Kalter Wintertag in Wuhan: Hier werden Maultaschen gekocht und verspeist

Naturwunder in einem riesigen Stausee untergehen. Wissenschaftler meinen zu dem bereits seit dreißig Jahren diskutierten Projekt, daß die Lage zwischen den Felsmassiven „ideal" sei. 1986 wurde aber verkündet, daß das Vorhaben „noch einmal besprochen" werden sollte. Gegner der Zerstörung der drei Schluchten kritisieren die hohen Investitionen, die Umweltschäden und die Probleme der Umsiedlung der dort lebenden Menschen – in dieser Reihenfolge.

Wiedersehen mit Herrn Wu

In Nanking sandten wir wie mit ihm in Kunming drei Wochen zuvor verabredet an Herrn Wu in Schanghai das Telegramm ab. Obwohl unser Freund bei unserer ersten Begegnung sein Wort stets gehalten hatte, waren wir doch etwas überrascht, ihn bei unserer Ankunft schon am Bahnsteig zu treffen. Vor dem Bahnhof wartete ein Wagen, den ein Freund von Herrn Wu fuhr. Beide wohnten und arbeiteten in einem Vorort, etwa vierzig Kilometer entfernt, aber zunächst nahmen sie uns zum Hause von Tschen Dscheng, einem anderen Freund, mit. Herr Tschen war Designer, der vor allem Plakate und die Hüllen von Tonbandkassetten gestaltete. Seine Frau trug das Mittagessen auf und dann saßen wir zu fünft beisammen. Für die Dame des Hauses blieb an dem runden Tisch kein Platz. Es gab eine Hühnerfleischsuppe, die mit kurzstieligen Porzellanlöffeln aus *einer* Schüssel gegessen wurde, dazu Reis, süßsaures Schweinefleisch, Omelett, Chinakohl und Salat von Sojasprößlingen, alles in allem etwa so wie auf dem Farbbild 124 zu sehen, das allerdings bei Herrn Wu zu Hause aufgenommen wurde.

Die Wohnung der Tschens in einem aus grauen Ziegelsteinen erbauten einstöckigen Reihenhaus in einer Siedlung mit engen Gassen im inneren Stadtbezirk war etwa fünfundzwanzig Quadratmeter groß und wurde von vier Personen bewohnt: von den Eltern, dem Sohn (er spielte die erste Geige im Schanghaier Sinfonieorchester) und Herrn Tschens Mutter. Bei sechs Quadratmeter pro Person kamen sie nicht einmal schlecht weg. Sie wohnten und schliefen auf drei Räume verteilt. Das Zimmer am Eingang, wo wir aßen, war zugleich Arbeitsplatz des Designers. Die „Küche" war eine Ecke im Hinterhof, mit Wasserhahn, einem Tischchen und einem zweiflammigen Gaskocher. Eine eigene Toilette hatte die Familie nicht, wie auch sonst niemand in der Siedlung, dafür aber einen etwa vierzig Zentimeter hohen hölzernen Bottich mit einem Deckel. Die ganze Familie benutzte morgens diese transportable „Kloschüssel", die dann in der nächsten öffentlichen Bedürfnisanstalt (so an die hundert Meter entfernt) ausgeleert, anschließend gewaschen und vor dem Haus zum Trocknen in der Sonne und an der Luft aufgestellt wurde. Vor allen Häusern konnten wir diese Gefäße stehen sehen. Aber auch in einigen anderen Städten des Ostens und Südostens entdeckten wir sie.

Musikalische Mediziner mit Deutschkenntnissen

Beengter lebte das ältere Ärzteehepaar Dr. Tschen Dsching-dao und Dr. Liang Mien-tschen, ebenfalls Freunde von Herrn Wu, unweit des Huangpu-Flusses im Hafengebiet im Gebäude eines ehemaligen Hotels. Wir stiegen durch das düstere Treppenhaus in den dritten Stock. Auf jeder Etage gab es einen Vorplatz, von dem aus man die Zimmer erreichte. Jedes war etwa sechzehn Quadratmeter groß. Wo früher Hotelgäste ein und aus gegangen waren, wohnten nun die Familien von städtischen Angestellten und Beamten. Die Zimmer waren mit einer fast durchgehenden Bretterwand abgeteilt, wodurch zwei Räume entstanden. Dr. Tschen und Dr. Liang empfingen uns in ihrem „Wohnzimmer", wo außer einem Sofa, einem Sessel, einem Tischchen und einem kleinen Schrank auch ein Klavier stand, denn unsere Gastgeber waren musikalisch. Der Herr spielte Violine und die Dame Klavier. Daneben stand noch ein Cello. Sie gaben uns mit der „Träumerei" von Schumann eine Kostprobe. Beide sprachen Deutsch, das sie während ihres Studiums an einer Medizinhochschule in Schanghai von Missionaren gelernt hatten. Unsere Überraschung war komplett.

Dr. Tschen arbeitete immer noch am 1. Städtischen Krankenhaus, und zwar als Berater in der Tbc-Abteilung. Er erzählte uns, daß die Tuberkulose, die früher bei den Seuchen an erster Stelle gelegen habe, nun auf den siebenten Platz verdrängt worden sei. Herz- und Gefäßkrankheiten seien das größte Problem. Seine Frau war Leiterin der gynäkologischen Abteilung des Zentral-krankenhauses. Die Ärzte bekannten uns, daß sie mit ihrem Leben, nach Erfahrungen unter japanischer Besatzung, im Kriege, bei der „Befreiung" und während der „Kulturrevolution" jetzt zufrieden seien. Sie wohnten mit ihrer Tochter und deren kleinem Mädchen zusammen. Auf den Vorplätzen im Treppenhaus standen auf Tischen die Gaskocher und Geschirregale der Familien, wo bereits mit der Zubereitung des Abendessens begonnen wurde.

Spartanische, kleine Wohnungen die Norm

Unser Freund Wu Yetsching lebte mit seiner Frau, einer Verkäuferin, und seiner fünfjährigen Tochter in einem von mehreren Wohnblocks der Fabrik für Elektrogeräte, wo er arbeitete. Ihr Zuhause war etwa achtzehn Quadratmeter groß und hatte zwei Räume. Im ersten standen ein

Musikalische Ärzte Dr. Tschen Dsching-dao und seine Frau Dr. Liang Mien-tschen in Schanghai

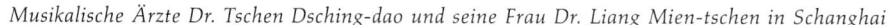

runder Tisch, ein Schränkchen, eine Liege und befand sich ein Spülstein, auch für die einfache Toilette gedacht. Das Paar kochte grundsätzlich bei den Eltern von Frau Wu in einem Nachbarhaus. Dort stand auch ein Kühlschrank, der ihnen gehörte. Sie badeten mit einem Zuber oder in einem öffentlichen Badehaus. Das zweite Zimmer war das Schlafgemach, wo auch ein Farbfernseher stand, den unser Gastgeber gleich stolz vorführte. Hier wurden wir einquartiert, während er auf der Liege im Wohnzimmer schlief und seine Frau mit dem Kind zu den Eltern ging. Herr Wu stellte uns fürsorglich einen der hölzernen Nachtkübel ins Zimmer, aber wir zogen es vor, zu einer öffentlichen Latrine in der Straße beziehungsweise zu einem hauseigenen Ausguß für die Bottiche unter dem Treppenhaus – in beiden Fällen ohne Tür – zu gehen. Obwohl das Thermometer tagsüber nur neun Grad anzeigte, hatte die Wohnung keine Heizung (auch die unserer anderen Bekannten nicht).

Unser Freund war Ingenieur und verdiente im Monat etwa achtzig Mark. Damit war er einer der besseren Verdiener. Seine Frau bekam nur vierzig Mark. (Die Wohnungsmiete betrug zwei Mark.) Speziell wegen unseres Besuchs hatte er drei Tage Urlaub genommen. Zwar ist in China das Urlaubssystem anders als bei uns – Herr Wu als leitender Angestellter mußte sich nur freistellen lassen –, aber wir fanden seine Bereitschaft doch sehr nett. Er zeigte uns seinen Vorort, der einige historische Stätten aufzuweisen hatte, und führte uns auch zu Sehenswürdigkeiten in Schanghai. Er hatte damit alle seine Versprechungen wahr gemacht. Selbstverständlich bedankten wir uns mit einem Geschenk.

Gleich am ersten Abend waren wir drei zum örtlichen Polizeiposten gegangen, denn wir mußten für uns beide eine Genehmigung einholen, bei Herrn Wu zu wohnen. Das war schnell geschehen. Man gab uns einen Zettel mit einer entsprechenden Notiz und einem Stempel darauf – fertig. Bei unserer Rückkehr am nächsten Tag wurde er dorthin gerufen. Die Beamten erklärten ihm kleinlaut, daß sie doch nicht ganz die richtige Anlaufstelle gewesen seien. Sie hatten zuvor noch nie mit so etwas zu tun gehabt. Wir müßten zur „Abteilung für auswärtige Angelegenheiten" beim „Amt für öffentliche Sicherheit" (der Leser kennt es schon) in Schanghai-Mitte. Dort dauerte das Ausfüllen eines Antragsformulars und die Bearbeitung etwa eine Stunde. Dann war wirklich alles klar. Oder *doch* nicht? Mit Ablauf von Herrn Wus Urlaub wollten wir seine Gastfreundschaft nicht überbeanspruchen. Auch fanden wir die Entfernung seiner Wohnung zur Stadtmitte ungeschickt. So zogen wir in ein dort gelegenes Hotel um. Beim Abschied verabredeten wir uns für den Abend in unserer neuen Bleibe. Aber so lange wir auch warteten und Ausschau hielten, auch am nächsten Abend, er tauchte nicht in der Hotelhalle auf. Danach schrieben wir Wu Yetsching mehrmals, aber wir bekamen nie eine Antwort . . .

Lieblinge der Dichter veränderten ihren Charakter

Wenn chinesische Dichter ins Schwärmen gerieten, dann kam dabei manches heraus, das in den Ohren von uns heutigen (westlichen) Zeitgenossen wie eine frühe Fremdenverkehrswerbung klingt. „Was im Himmel das Paradies ist, das sind Sudschou und Hangdschou auf Erden", ließen sie sich zum Beispiel vernehmen. Die beiden Städte liegen etwa neunzig und zweihundert Kilometer von Schanghai. Sie gehören zu den beliebtesten Zielen chinesischer (und jetzt auch ausländischer) Touristen.

Sudschou wird vor allem wegen seiner Gärten gerühmt, die nicht groß, aber mit Feingefühl angelegt wurden. Natur und Architektur scheinen miteinander zu verschmelzen. Felsen und

Winterstimmung am Westsee in Hangdschou. Wir sahen ihn im Frühling wieder

Wasser sind die beiden wichtigsten Elemente. Damit wurden Minilandschaften gestaltet. Blumen spielen eine geringere Rolle. Die Gärten – man spricht von Dutzenden – spiegeln den persönlichen Geschmack der Dichter und Gelehrten wider, denen sie einst gehörten. Die Einwohner Sudschous sind Blumenliebhaber. Wir konnten es daher kaum glauben, als wir hörten, daß die Volksrepublik auch eine „Gartenbau-Revolution", Teil der „Kulturrevolution", durchlebt hatte, während der das Züchten und Pflanzen von Blumen mißbilligt worden war. Der Anbau von Getreide und anderen Nahrungspflanzen war allein wichtig gewesen – für immer mehr Menschen, denn die Ideologen von damals hatten die Bevölkerungsexplosion begrüßt.

Der hohe Grundwasserspiegel Sudschous ließ die vielen Teiche entstehen, die ein so wichtiger Bestandteil der Gärten wurden. Er ermöglichte auch die Anlegung von zahlreichen Kanälen, die noch heute wichtige Verkehrswege sind. Die Stadt wird daher von Fremden oft als „Venedig des Ostens" bezeichnet, ein Ruf, den sie sich allerdings mit einigen anderen Städten Asiens teilen muß. (Warum nennt man Venedig eigentlich nicht das „Sudschou des Westens"? Venedig und Sudschou sind allerdings Partnerstädte.) Der Große Kanal, der bei Hangdschou beginnt, Sudschou berührt, zum Jangtsekiang, weiter zum Huang He (Gelber Strom) und schließlich bis in die Nähe Pekings führt, sieht bei Sudschou eine ununterbrochene Prozession von Schiffen. Sie transportieren landwirtschaftliche Erzeugnisse, Industriegüter, Rohstoffe und Baumaterial. Millionen bauten in zweieinhalbtausend Jahren in vielen Abschnitten diesen Wasserweg. Die Handelsstadt Sudschou profitierte davon und blühte auf. Seit ein paar Jahren hat es etwas von seiner früheren

Geschäftigkeit zurückgewonnen. Von „Paradies" konnten wir allerdings weit und breit nichts sehen.

Auch in Hangdschou haben sich die Zeiten geändert. Marco Polo, der es im dreizehnten Jahrhundert besuchte, beschrieb es als „eine der vornehmsten Städte der Welt", was sicher nicht übertrieben war. China brachte viele große und wohlhabende Metropolen hervor, die heute manchmal nur noch kleine Provinznester sind. Ein Beispiel ist Tschwandschou, etwa in der Mitte zwischen Schanghai und Hongkong gelegen, das früher Zaytun hieß und in Marco Polos Tagen der bedeutendste Seehafen Chinas war. Es war eine der großen Städte der Welt. Zehntausende von Ausländern, meist Moslems, lebten hier als Händler. Ihre und chinesische Schiffe segelten bis zur Südsee und zur ostafrikanischen Küste. Doch zurück zu Hangdschou: Es war die Hauptstadt der Südlichen Song-Dynastie, als der Venezianer hier ankam, und hatte wahrscheinlich zwei Millionen Einwohner. Eine Ironie ist, daß es vom Mongolensturm verschont wurde und einige weitere Jahrhunderte heil überstand, nur um dann 1861/63 während der Taiping-Revolution in Schutt und Asche gelegt zu werden. Nie mehr gewann es seine alte Bedeutung als Handelszentrum zurück.

Heute hat Hangdschou viele Industrien. Aber eine ebenso wichtige Einnahmequelle ist der chinesische Massentourismus. Der Ruhm der Stadt rankt sich um den sechs Quadratkilometer großen Westsee, seine drei kleinen Inseln und die bewaldeten Hügel an drei Seiten. Überall findet man Pavillons, Pagoden, Tempel und Gärten, die großenteils restauriert wurden. Die Attraktionen wurden seit vielen Jahrhunderten von den Poeten besungen. Heutzutage versuchen in jedem Jahr Millionen Touristen in deren Fußstapfen zu treten. Sie absolvieren ihr Pensum in ein paar Stunden

Blick auf die Insel Gulangyu, nach Schiamen und auf das Hotelschiff „Ludschiang"

Schiao Dschun, Lehrer am Institut für Elektroenergie in Nantschang, mit seinem Sohn

und ziehen wieder davon. Um sich den Rummel vorstellen zu können, muß man wissen, daß Hangdschou 1986 rund *tausend* Hotels, Herbergen und Pensionen hatte. (Aber nur fünf durften von Ausländern bewohnt werden.) Wenn man am Seeufer in der Hauptsaison nicht von den Massen überrannt werden wollte, mußte man die Essenszeiten für Spaziergänge nützen, denn fast alle Chinesen begeben sich genau gleichzeitig zum Mahl. Im Winter war der Besucherstrom wesentlich schwächer. So war es einer der ruhigeren Tage, als uns das Wetter mit dem ersten Schneefall überraschte, den die Stadt seit Jahren erlebt hatte, für uns eine willkommene Gelegenheit, Hangdschou aus einem ungewöhnlichen Blickwinkel zu sehen.

In der Heimat der Auslandschinesen

Schließlich fuhren wir zur Südostküste, nach Fudschou, Schiamen und anderen Städten in den Provinzen Fudschian und Guangdong. Sie sind die Heimat von Hunderttausenden von Auswanderern, die sich in Indonesien, auf den Philippinen, in Thailand, Singapur, Vietnam und auf der malaiischen Halbinsel niederließen. Schon seit dem siebzehnten Jahrhundert zogen sie hinaus. Keine Drohung der Mandschu-Kaiser konnte sie zurückhalten oder -bringen. Die Armut im Landesinnern war so groß, daß die Besitzlosen oft keinen anderen Ausweg mehr wußten. Erst 1860 wurde es legal, der Heimat den Rücken zu kehren und anderswo sein Glück zu suchen. Aber schon lange zuvor waren die südchinesischen Emigranten auch auf den Goldfeldern von

Kalifornien und Australien erschienen. Sie wurden zu Miterbauern der transkontinentalen Eisenbahn Nordamerikas, was man ihnen aber wenig dankte. Dort wie in Australien (ich habe darüber schon geschrieben) wurden sie unmenschlich behandelt. Zäh und fleißig, wie sie waren, brachten sie es aber in den Ländern Südostasiens häufig zu Wohlstand. Manche wurden sehr reich. Der Handel befindet sich in dieser Region großenteils in der Hand der „Überseechinesen", trotz gesetzlicher Beschneidung ihrer Rechte. Sie wurden nicht selten als die Sündenböcke betrachtet, wenn die Wirtschaft nicht mehr florierte. Indonesien war zuletzt in den sechziger und siebziger Jahren Schauplatz großer Pogrome. In Südostasien wurden viele Chinesen verdächtigt, Agenten des Kommunismus zu sein. Die Pekinger Führung ist aber mehr daran interessiert, in ihnen Patriotismus zu wecken, um sie zu Investitionen im „Mutterland" zu bewegen. Wir konnten in den Küstenstädten und Dörfern (vor allem durch Tafeln an zahlreichen Baustellen, auch in englischer Sprache beschriftet) erkennen, daß sie der Verlockung nicht widerstanden. Hotels, Fabriken, Handelshäuser und Läden, manchmal Supermärkte, waren im Entstehen, in die sie ihr Geld steckten. Weit davon entfernt, Kommunisten zu sein, hofften sie, daß die KP bei ihrer „offenen" Wirtschaftspolitik bliebe. –

Ich habe versucht, in einem Querschnitt einige Eindrücke von unserer Reise durch den Süden Chinas zu schildern. Im zweiten Teil dieses Kapitels möchte ich den viel längeren Weg durch die anderen Gebiete in geraffter Form beschreiben und auf einige Einzelthemen ausführlicher eingehen.

An Maos Geburtsort und bei freundlichen Leuten

Genau eineinviertel Jahre später kehrten wir also nach China zurück. Kanton war wieder Ausgangspunkt. Wenn hier nicht anders erwähnt, bewältigten wir unseren Weg mit der Eisenbahn, immer noch die praktischste Art zu reisen. Zunächst fuhren wir wieder nach Hengyang, das eine gute Tagesstrecke entfernt lag, dann bis Tschangscha. In dieser Stadt mit zweieinhalb Millionen Einwohnern war es, wo Mao Zedong seine Erziehung erhalten hatte, bevor er als Hilfsbibliothekar nach Peking ging. (In Schanghai sahen wir das Zimmer, wo er 1921 die KP mitbegründet hatte.) Er war in dem Dorf Schaoschan, hundertdreißig Kilometer entfernt, 1893 geboren worden. Nach 1949 war es „Wallfahrtsort" der chinesischen Kommunisten. Auf dem Höhepunkt der „Kulturrevolution" sollen jährlich drei Millionen Menschen hierhergepilgert sein. Als wir Schaoschan besuchten, verbrachten während zwei Tagen schätzungsweise fünfhundert Touristen jeweils etwa drei Stunden hier, um Maos Geburtshaus aus Lehm und mit Strohdach, eine Ausstellung und die Souvenirstände abzuklappern. Er selbst hatte seinen Heimatort 1959 nach zweiunddreißigjähriger Abwesenheit erstmals wieder besucht. – In Tschangscha lernten wir ein junges Paar, Fräulein Wang und Herrn Yang, beide Studenten für Touristik, kennen, die uns einen Tag Gesellschaft leisteten, und gelobten, für ausländische Besucher in ihrem späteren Berufsleben immer ein Lächeln bereit haben zu wollen.

Nächstes Ziel war Nantschang, wo wir bei einem Spaziergang Schiao Dschun trafen, einen Lehrer am Institut für Elektroenergie. (Verständigung wie immer in Englisch.) Wir folgten seiner Einladung zum Besuch dieser Einrichtung außerhalb der Stadt, wo wir mit den freundlichen leitenden Herren bei einem Mittagessen mit sechs Gängen, dort zubereitet, und mit Studenten im Unterricht und in ihren Schlafsälen sprechen konnten. Das Institut war leider völlig schmucklos und ziemlich schmutzig. Mit Herrn Schiao fuhren wir im Personalbus hin, in einer Karosse der russischen Marke „Wolga" zurück zur Stadt. Durch ihn lernten wir Louis Tsai kennen, den Direktor eines Trainingsinstituts für die englische Sprache, und gleichzeitig Führer der Protestanten von Nantschang. Er äußerte sich zufrieden über die neue Religionspolitik Pekings innerhalb der Reformen. Die Rückgabe eines Kirchengebäudes stehe kurz bevor.

Im „deutschen" Tsingtau, auf dem heiligsten Berg und bei Konfuzius

Noch einmal ging es nach Hangdschou am Westsee, nach Sudschou, und nach Nanking am Jangtsekiang, nur eben diesmal im Frühjahr. Dschinan am Gelben Strom, wo wir den 1.-Mai-Feiertag erlebten, war eine wichtige Drehscheibe für uns. Von hier ging es nach Tsingtao, der Hauptstadt der Provinz Schandong (Schantung), einem bedeutenden Seehafen mit sehr vielen Industrien, zugleich – trotz starker Luftverschmutzung – einer der beliebtesten Seekurorte (!). Tsingtao war bis 1898 ein Fischerdorf mit einem Marineposten. Dann zwangen die Deutschen die chinesische Regierung zur Überlassung einer Konzession „auf 99 Jahre". Sie erbauten in wenigen Jahren eine Stadt mit Universität, Eisenbahnanschluß, Strom und einer Brauerei, die heute noch Gerstensaft für China und für den Export ausstößt. Die Deutschen und die Chinesen lebten in verschiedenen Vierteln. Im Stadtbild ist die deutsche Vergangenheit noch sehr klar erkennbar. Tsingtau wurde 1914 von den Japanern besetzt, fiel acht Jahre später an China zurück, wurde 1938 erneut von Japan eingenommen, schließlich wieder chinesisch. Von Tsingtao aus besuchten wir den 1133 Meter hohen Berg Laoschan, der wegen seiner Schönheit gepriesen wird.

Dschinan war Ausgangspunkt für eine Fahrt zum 1545 Meter hohen Taischan, den am meisten verehrten Berg des Landes. Von hier, so hatten die alten Chinesen geglaubt, beginne die Sonne ihre tägliche Reise nach Westen. Zusammen mit Tausenden von Pilgern und Touristen stiegen wir vom frühen Morgen an die sechstausend Treppen auf das mit taoistischen, buddhistischen und konfuzianischen Heiligtümern gespickte Massiv. Selbst Großmütter mit „Lotosfüßen" und Kinder, die schließlich schlafend von Stufe zu Stufe weitergeschleift wurden, erreichten irgendwie den Gipfel. „Wer den Taischan besteigt, wird hundert Jahre alt", sagt ein Spruch. (Auch Mao hatte die Tour gemacht. Er starb mit dreiundachtzig.) Bis zum Abend waren wir wieder in dem Städtchen (250 Meter hoch) am Fuß des Berges.

Von Dschinan aus besuchten wir auch Tschufu, die Kleinstadt, wo der Philosoph Konfuzius (chinesischer Name Kong Tse) 551 vor Beginn unserer Zeitrechnung geboren worden und 479 gestorben war. In dem 50 000-Einwohner-Ort hatten die „Roten Garden" während der „Kulturrevolution" ganz besonders schlimm gewütet, denn ein Fünftel der Bevölkerung führt seine Abstammung auf den Weisen zurück, und es gibt viele Tempel und Hallen, die nach der Restaurierung seit 1979 wieder geöffnet sind. Konfuzius' Grab ist ein sechs Meter hoher, mit Gras bewachsener Hügel im guterhaltenen Friedhof der Kong-Familie, der in einem eigens angelegten Wald liegt.

In Städten voller Geschichte und nach Sinkiang

Anschließend ging es über Dschinan nach Taiyuan, einer der vielen chinesischen Großstädte mit häßlichen Industrien und langer Geschichte. (Fast jede ist zweieinhalb- bis dreieinhalbtausend Jahre alt.) In der Umgebung liegen mehrere Klöster und Tempel. – Kaifeng, siebenhundert Bahnkilometer weiter südlich, war, nach weiteren Stopps in menschenreichen Zentren mit

Aprilwetter am Jangtse in Nanking. Die Brücke für Autos (fahren oben) und Züge ist 6700 m lang

Alte Dame mit „Lotosfüßen". – Rauchendes (!), etwa vierjähriges Mädchen

historischen Stätten, einmal ein verschlafen wirkender Ort, obwohl auch hier 300 000 Einwohner lebten. Bis es vor 850 Jahren von Invasoren aus dem Norden zerstört wurde, war es die prächtige kaiserliche Hauptstadt der Song-Dynastie gewesen, die von da an in Hangdschou hofhielt. – Wir besuchten das Kloster Schaolin weiter westlich, am Fuße des Songschan, eines weiteren heiligen Berges. Die buddhistischen Mönche von Schaolin hatten in alten Zeiten eine Form unbewaffneten Kampfes entwickelt. (Darüber gibt es heute verfälschende reißerische Filme.) – Bei Luoyang, der Hauptstadt von zehn Dynastien, sahen wir unter anderem die Longmen-("Drachentor"-)Höhlen, ein buddhistisches Heiligtum höchster Bedeutung, bei Schi'an die über zweitausend Jahre alte, 1974 aufgefundene Armee von Terrakotta-Soldaten in Lebensgröße, und die Ruinen eines neusteinzeitlichen Dorfes, etwa sechstausend Jahre alt. – Wir ließen uns Zeit. Nun waren wir schon wieder zwei Monate im Land. Allein für den Abschnitt von Kaifeng bis Schi'an benötigten wir zwölf Tage.

In weiteren zehn Tagen kamen wir über Landschou am Huang He nach Urumtschi, der Hauptstadt der „Uygurischen Autonomen Region Sinkiang", von dort mit Bussen nach Turfan, in den Tianschan und nach Kaschgar, schon auf dem halben Wege nach Europa. (Darüber mehr in einem gesonderten Abschnitt.) Auf dem Rückweg nach Landschou hielten wir uns bei den Mogao-Grotten nahe der Oase Dunhuang mit ihren buddhistischen Statuen und Wandgemälden, und dann am westlichsten noch befestigten Teil der Chinesischen Mauer auf.

Tschinghai und Tibet

Von Landschou, wieder eine Drehscheibe, setzten wir unseren Weg nach Schining in der Provinz Tschinghai fort, in dessen Nähe sich der erste Vorbote tibetischer Kultur, das große buddhistisch-lamaistische Kloster Ta'er befindet. Es war früher eines der sechs bedeutendsten Klöster der „Gelben Sekte" gewesen und ist über vierhundert Jahre alt. Am Fuße des Lotos-Berges breiten sich in einem Tal Tempel, Hallen, Stupas und Unterkünfte der Mönche aus. In den Andachtsräumen mit geschnitzten Balken und leuchtend bunt bemalten Pfeilern werden einige als heilig erachtete Gegenstände aufbewahrt, die dem hier geborenen Gründer der „Gelben Sekte", Tsongkhapa, gehört hatten. Seine vergoldete Statue ist hier ebenfalls zu finden, wie auch eine große Sammlung von geistlichen Schriften. Wir folgten dem Pilgerpfad um den ganzen Komplex. Die Wallfahrer maßen den Weg mit ihrem Körper, indem sie sich wieder und wieder lang ausgestreckt hinwarfen. Das Kloster ist auch für seine außergewöhnlichen Skulpturen von Menschen, Tieren und Landschaften aus Yakbutter bekannt. Während unseres zweitägigen Aufenthalts erlebten wir das Ende eines Festes mit, das 1985 erstmals nach einundzwanzig Jahren wieder abgehalten worden war. Bei der Zeremonie bringen die Mönche drei etwa zwanzig mal dreißig Meter große Stoffbildnisse Buddhas aus dem Tempel, breiten sie ganz aus und legen sie in die Sonne. Die Gläubigen kommen dazu aus nah und fern und beten um Regen. Die Mönche (mit gelben Hüten) ziehen mit Tschinellen und Trommeln von Tempel zu Tempel (Farbbild 128). Danach fuhren wir von Schining nach Westen (Farbbild 129) durch den Riyueschan, die „Sonne-Mond-Berge", und entlang des 3200 Meter hoch gelegenen vogelreichen Salzsees Tschinghai („Blaues Meer", früher Gök Nur, was dasselbe bedeutet) 860 Kilometer nach Golmud. Die Provinz ist dreimal so groß wie die Bundesrepublik und wird außer von Chinesen und Tibetern auch von Mongolen, Kasaken und anderen Minderheiten, alles zusammen nur vier Millionen Menschen, bewohnt. Bis zum achtzehnten Jahrhundert war Tschinghai ein Teil von Tibet gewesen. Es ist das

Hungriger alter Stadtstreicher vor Restaurant. – Krankentransport per Rikscha (in Schi'an)

Landschou, Hauptstadt von Gansu, sieht so trostlos aus wie viele chinesische Städte

„Sibirien" Chinas mit mehreren Verbannungslagern für Kriminelle ebenso wie für Mitglieder der ehemaligen „Roten Garden" und für neue politische Widersacher. Nicht erstaunlich daher, daß es in der Provinz einschließlich Schining, Ta'er und Golmud nur vier für Ausländer „offene" Orte gab. Im Winter ist sie, so hoch gelegen, übrigens vollkommen eingeschneit. Jetzt war Mitte Juli. Auf der zweitägigen Fahrt per Bus nach Lhasa überquerten wir mehrere Quellflüsse des Jangtsekiang und wir erreichten Paßhöhen von weit über fünftausend Metern im Kunlun- und Tanggula-Gebirge. An einigen Stellen sahen wir tibetische Gazellen und Wildesel. Wir blieben zwei Wochen im Gebiet von Lhasa. (Auch darüber mehr an anderer Stelle.)

Gelber Strom, Innere Mongolei und nach Peking

Weil der Landweg von der tibetischen Hauptstadt nach Osten Ausländern unter Strafandrohung verboten war, mußten wir nach Tschengdu ein Flugzeug nehmen. Es gab also nach anderthalb Jahren ein Wiedersehen mit der Stadt. Anschließend kehrten wir noch einmal nach Landschou zurück, wo wir während der zweimonatigen Abwesenheit einen Teil unseres Gepäcks eingestellt hatten. Dann fuhren wir über tausend Kilometer den Gelben Strom entlang. An mehreren Orten, so in der Hauptstadt Yintschuan der „Autonomen Region Ningschia der Hui" (eine mit den Han-Chinesen verwandte islamische Minderheit), machten wir Pause. Wir hatten immer wieder Gelegenheit, zum Ufer des Huang He zu gehen und Teilstücke der Großen Mauer zu sehen. Nach einer Woche trudelten wir in der Hauptstadt der „Innermongolischen Autonomen Region" ein, in Hohot (Farbbild 131). Die Hui stellen etwa ein Drittel der Bevölkerung „ihrer" Region, die

Weizentransport auf dem Wege zu einem Lagerhaus in Baotou/Innere Mongolei

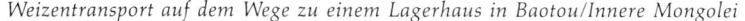

Bauer eggt ein Feld in Maos Geburtsort Schaoschan. – Dorf Hekou bei Hohot/Innere Mongolei

Mongolen aber nur zehn Prozent. Der Rest sind meist Han-Chinesen, mit einem kleinen Teil von anderen Minderheiten. Daß es unter diesen Umständen mit der „Autonomie" nicht weit her sein kann, läßt sich denken. Die Bezeichnung ist Aushängeschild, einige Angehörige der Minderheiten in höchsten Positionen sind es auch. Diese sind in erster Linie kommunistische Funktionäre, erst danach Mongolen, Hui, Uyguren, Tibeter und so weiter. Die Chinesen haben überall auch einige der wichtigsten Posten. In der Inneren Mongolei, wo sie die Stadtbevölkerung stellen, werden zudem große Anstrengungen unternommen, die Mongolen zu assimilieren. Unterdessen freuen sie sich über den propagandistischen Erfolg, den sie durch Organisation von Fahrten ausländischer Touristen zu den Lagern mongolischer Hirten im Grasland haben.

Bevor wir Peking erreichten, sahen wir noch die Stadt Datong, die eines der größten und besterhaltenen Viertel alten Stils hat. In ihrer Nähe besuchten wir die Yungang-Höhlen, wiederum ein buddhistisches Heiligtum, das in recht gutem Zustand ist. Es ist einer der Skandale der Kulturgeschichte, daß in China große Mengen wertvoller Statuen, ganze Wandgemälde und Fragmente durch gewinnsüchtige Einheimische an ebenso raffgierige Ausländer verscherbelt wurden. Viele Kunstwerke wurden an Ort und Stelle durch Zerkleinern in handliche Stücke zerstört oder beschädigt. Die Gegenstände schmücken seit hundert und mehr Jahren europäische, amerikanische und selbst japanische Museen oder dienen gewissen gedankenlosen Leuten als Briefbeschwerer auf ihrem Schreibtisch. Aber auch bilderstürmende Moslems und fanatische chinesische Kommunisten hatten ihren Anteil an der Verstümmelung solcher Stätten.

Schwer beladen nach Hongkong, dann in die Mandschurei

Wir hatten nach drei Monaten in Kaschgar, danach in Lhasa und in Hohot durch verständnisvolle Offizielle des „Amtes für öffentliche Sicherheit" Verlängerungen unserer Visa bekommen, aber es sah ganz danach aus, daß wir bei einem vierten Versuch ablehnenden Bescheid erhalten würden. Da wir zudem inzwischen Unmassen von Unterlagen, belichtetem Filmmaterial und Büchern angesammelt hatten, entschieden wir uns für die Reise zum fernen Hongkong. Wir brauchten dafür, langsam wie wir nun mal fahren wollten, mehrere Tage. In Hongkong bekamen wir ganz neue Visa, frisches Filmmaterial, und schickten wir große Pakete nach Deutschland. Fünfzehn Tage später waren wir wieder in der Hauptstadt der Volksrepublik. Nun machten wir noch einen Abstecher in den Nordosten, auch unter dem Namen Mandschurei bekannt. Als Ende September der erste schwere Herbststurm das Gebiet heimsuchte, gingen wir nach Peking zurück. Schließlich und zuallerletzt (wir verbrachten insgesamt drei Wochen in Peking) nahmen wir den Zug, der uns durch die Innere und Äußere Mongolei Richtung Moskau brachte.

Anstrengendes Eisenbahnfahren

Alle Provinzen und Regionen außer Tibet sind an das Eisenbahnnetz angeschlossen, das 54 000 Kilometer lang ist. Da die meisten Landstraßen unmodern und in schlechtem Zustand sind, kommt der Eisenbahn eine umso größere Bedeutung zu. Seit Vergnügungsreisen für die Chinesen ideologisch und finanziell vertretbar geworden sind, nützen sie das weidlich aus. Da auch uns die

Chinesische Bubenmode das ganze Jahr hindurch. – Sie macht Schularbeiten (in Tiandschin)

Bahn – nicht zuletzt aus Sicherheitsgründen – das geeignetste Verkehrsmittel schien, legten wir damit 31 000 Kilometer, beinahe drei Viertel unseres Weges, zurück. Die Züge waren fast immer pünktlich, Pannen unterwegs kamen nicht vor. Wir hörten nur selten von Unfällen. Wir bedienten uns von Anfang an eines Fahrplans, den wir in Hongkong zufällig in einer Buchhandlung entdeckt hatten und um den uns andere Ausländer oft beneideten. Später gab es ihn auch auf einigen Bahnhöfen und Zügen zu kaufen. Er war zweisprachig und enthielt auch Fahrpreistabellen.

Eisenbahnfahren in China ist allerdings recht anstrengend. Schon die Mühen um den Erwerb einer Fahrkarte nahmen uns manchmal alle Kraft. Da Wilma die besseren Nerven hat, übernahm sie dankenswerterweise diese Aufgabe. Manchmal war sie aber dem Heulen nahe, weil es viele Stunden dauerte, bis sie im Besitz der Karten war. Der Durchschnitt waren zwei Stunden Wartezeiten. Erfreulicherweise gab es immer wieder Leute, die ihr dabei halfen. Vor dem Gang zum Fahrkartenschalter hatte sie auf einen Zettel in chinesischen Schriftzeichen Zugnummer, Fahrtziel, Abfahrtstag und -stunde, Klasse und Fahrpreis vorbereitet. Es gab also keine Verständigungsschwierigkeiten. Die Probleme waren anderer Art. Wir hätten einen Teil der Mühen vermeiden können, wenn wir die Dienste des staatlichen Reisebüros in Anspruch genommen hätten. Aber erstens hatte es nicht überall Vertretungen, zweitens war es nicht zuverlässig, drittens lagen die Preise bei einer solchen Vermittlung viel höher. Außerdem wollten wir die Situation *so* erleben und schildern, wie sie die einfachen Chinesen auch vorfinden.

Klassen in der „klassenlosen" Gesellschaft

Trotz eines angeblich auf Gleichheit aller bedachten politischen Systems gibt es in China verschiedene Klassen in allen Lebensbereichen, also auch auf den Zügen. Die einfachste und billigste ist mit „hartgepolsterten Sitzen" (offizielle Bezeichnung) ausgestattet. Auf der einen Seite des Ganges können zwei, auf der anderen müssen drei Personen Platz nehmen. Da heißt es zusammenrücken. Sind die Züge überfüllt, kommt immer noch einer dazu. Wenn es sich nicht gerade um einen lokalen Bummelzug handelt, sind die Wagen dieser Klasse immer überbesetzt. Die nächstbessere Klasse sind Schlafwagen mit „hartgepolsterten Betten". Jedes Abteil – zum Gang hin offen – hat sechs Betten, auf jeder Seite drei übereinander. Sie sind nicht immer alle belegt. Am bequemsten kann man in den Wagen mit „weichgepolsterten Betten" reisen. Es sind vier pro Abteil, das eine Tür hat. Sie sind oft nicht belegt. Die Ausstattung ist gediegener. Bei den Zügen gibt es drei Hauptkategorien: sehr langsame, langsame und weniger langsame. Sie fahren im Schnitt 35, 40 und 50 Stundenkilometer. Der schnellste Zug wird Expreß genannt. Wir gaben uns mit den Eilzügen zufrieden. Der Preis einer Fahrkarte richtet sich nicht nur nach Entfernung und Klasse, sondern auch nach der Art des Zuges. Wer's eilig hat, muß Zuschläge bezahlen. Im Vergleich zum Aufpreis für die besseren Klassen sind sie allerdings harmlos. Für tausend Kilometer auf harten Sitzen mußte man 1986 im Personenzug 14,70 Yuan, im Eilzug 17,60 Yuan und im Expreß 20,50 Yuan bezahlen. Ein hartes Bett im Expreß kostete aber 32 Yuan, ein weiches Bett sogar 61,70 Yuan. Diese Summe war das durchschnittliche Monatseinkommen eines Arbeiters, und tausend Kilometer sind in diesem riesigen Land keine lange Strecke. Beispiel: Von Peking nach Wuhan sind es 1200 Kilometer. Logische Folge: Wer wenig Geld hat, fährt in der einfachsten Klasse des langsamsten Zuges.

Wer kann aber die teuerste im schnellsten bezahlen? Es gibt im China von heute Leute, die bei

Geschäften gut verdienen. Aber die Abteile mit weichen Betten wurden zu einer Zeit geschaffen, als diese Möglichkeit nicht bestand. Die Passagiere waren (und sind heute überwiegend noch) hohe Parteifunktionäre und Militärs, die auf Staatskosten Dienstfahrten unternahmen, welche oft recht privaten Charakter hatten. In den beiden anderen Klassen fuhren (und fahren) Kader und Soldaten mittleren und niederen Ranges ebenfalls kostenlos. Das gleiche gilt für alle Eisenbahner. Sie haben so viele Freifahrten wie sie wollen. Ehepartner und Kinder bezahlen die Hälfte. Von vornherein ist also gesichert, daß die Züge nicht leer fahren. Der Werbeslogan auf Transparenten und in Leuchtschrift ist übrigens: „Volkseisenbahn für das Volk"... Wir hatten einmal unfreiwillig Gelegenheit, in einem Wagen mit weichen Betten vierhundert Kilometer zu fahren. Am Ausgangsbahnhof hatten sich die Beamten geweigert, uns Fahrkarten für eine andere Klasse auszustellen.

Der Kampf um die Fahrkarte und der Weg bis in den Zug

Ich möchte einmal eine Bahnreise schildern, beginnend beim Fahrkartenverkauf (in einem Großstadtbahnhof) für harte Sitze. Wer glaubt, er könne das Billet gerade noch so vor der Abfahrt bekommen, täuscht sich. An den einzelnen Schaltern werden jeweils Karten für bestimmte Züge verkauft. Dort muß man sich anstellen. Gewöhnlich warten schon an die hundert andere auf die Öffnung kleiner Türchen, durch die das Geld hinein- und das begehrte Stückchen Karton herausgeschoben wird. Davor herrscht meistens eine arge Drängelei. Während der Essenszeiten und der Ruhepausen des Personals ist aber überhaupt nichts drin. Wer sich dem Schalter bereits

Funktionäre: Teilnehmer an einem Treffen und Erinnerungsfotos vor Maos Bild (Peking)

Eilzug 303 von Schining nach Golmud beim Aufstieg zu den Sonne-Mond-Bergen

ziemlich genähert hat, schaut verdutzt drein, wenn die Ausstellung der Fahrausweise plötzlich für zwei Stunden eingestellt wird. Soll er warten, wo er ist, oder gehen und später wiederkommen? Dann würde er allerdings wieder ganz hinten anstehen müssen. Irgendwann hat er doch das Glück, daß die Reihe an ihm ist. Wenn es ihm weiterhin treu bleibt, bekommt er was er will. Meistens wird ihm aber gesagt, daß der entsprechende Zug an dem und dem Tag bereits voll sei und er früher oder später fahren müsse. Seine Einwände werden nicht abgenommen. Der nächste! Zwei Tage vor der Abfahrt zu kommen, ist am besten. Vorverkaufsgrenze ist drei Tage. Hat man genug Stehvermögen in der Schlange und findet einen gutgelaunten Schalterbeamten vor (es darf also nicht zu früh und nicht zu spät am Tage sein, am besten einige Zeit nach den Mahlzeiten), dann ist es einem vergönnt, irgendwann doch mit der Fahrkarte davonzugehen. Der Idealzustand tritt aber selten ein. Ein Kartenkauf, der sich über einen vollen Tag erstreckt, ist keine Seltenheit. Obwohl wir auch freundliche Leute am Schalter getroffen haben, sahen wir doch, daß sie das Volk, dem sie zu dienen vorgaben, ganz nach Lust und Laune behandelten. Die Wartenden wurden dadurch oft nervös, es gab Streit und Gegeifer.

Angenommen, man hat seine Karte – mit aufgedruckter Zugnummer, obligatorisch, und aufgeklebtem Platzausweis, sonst muß man stehen –, dann ist es ratsam, wenigstens eine Stunde vor der Abfahrt in der riesigen Wartehalle für die Passagiere der Klassen mit harten Sitzen und harten Betten zu sein, denn man muß sich zwischen den langen Bankreihen vor Tafeln mit Angabe der Zugnummer und des Fahrtziels zu zweit oder dritt nebeneinander in der Schlange aufstellen.

(Der Warteraum für die Klasse mit weichen Betten wird nur aufgeschlossen, wenn Besitzer der entsprechenden Fahrkarten kommen. Er ist komfortabel mit Sesseln und Tischchen und mit einer Waschgelegenheit ausgestattet. Positiv: In vielen Bahnhöfen gibt es Mutter-und-Kind-Warteräume, die aber auch Vätern oder Paaren mit Kindern offenstehen.) Hunderte von Leuten warten bereits, zur Zeit des Einlasses werden es an die tausend sein. Es sind Arbeiter, die zwischen weit auseinanderliegendem Wohnort und Arbeitsplatz pendeln (vielleicht nur einmal im Vierteljahr), Bauern, die in der Stadt ein- oder ihre Produkte verkaufen, Kader, die auf Inspektions-, Studien- oder Erholungsreisen geschickt werden (wie unser Freund Wu Yetsching und seine fünf Genossen), Studenten, die in die Ferien fahren oder zur Schule zurückkehren, Touristen, die sich im Land umsehen wollen. Frauen und Männer in blauen Eisenbahneruniformen (im Sommer mit weißen Blusen) kontrollieren die Fahrkarten der Wartenden, verteilen an nicht korrekt Aufgereihte Püffe. Wer zu viele Taschen, Koffer oder Säcke hat, muß für Übergewicht bezahlen; die Waage steht schon bereit. Endlich darf man auf den Bahnsteig, etwa zwanzig Minuten vor der Abfahrt. Noch einmal Kontrolle an der Sperre. Plötzlich wird zur Eile angetrieben, wer nicht spurt, hört Vorwürfe. Es wird gedrängelt und gezankt. Sturmlauf zum Zug, denn eine Platzkarte garantiert noch nicht, daß man auch Platz für sein Gepäck findet. Das Heer der Reisewilligen wird an der einzig offenen Tür der numerierten Wagen jäh gebremst. Die Billetts werden einer dritten Überprüfung unterzogen. (Nach Beginn der Fahrt wird es ein viertes Mal getan, am Zielbahnhof beim Aussteigen noch ein fünftes Mal.) Ist der Kampf um die Gepäckablage durchgestanden und hat jeder erleichtert seinen Platz gefunden (die Nummernschildchen an den Sitzen sind oft lustig durcheinander; dann, und wenn Zusammengehörige weit auseinanderliegende Plätze haben, wird hin- und hergetauscht), kann es ja losgehen.

Strenges Regiment, aber für Unterhaltung und den Magen wird gesorgt

Die Wagentüren sind nun alle geschlossen. Dafür werden einige Zeit nach dem Start die Klotüren entriegelt. In Bahnhöfen sind sie immer zu. Aus den Bordlautsprechern erklingt fröhliche Marsch- oder Schlagermusik. (In früheren Zeiten waren es kommunistische Kampflieder.) Der Bahnhof verabschiedet den Zug ebenfalls musikalisch. Jetzt ist er ganz in der Macht des Begleitpersonals. Ein Eilzug hat etwa fünfzig Mann und Frau Belegschaft (die Eisenbahn ist der größte Arbeitgeber Chinas), nämlich technisches Personal, Zugschaffner und Kontrolleure, Bahnpolizei, Ansagerinnen, Köche, Kellner und Essensverkäufer, und für jeden der fünfzehn Personenwagen zwei Betreuerinnen. Der Zug wurde vor der neuen Fahrt geputzt. Bald gehen die beiden Damen durch die Gänge, klettern auf die Sitze und ordnen das Gepäck auf der Ablage über den Fenstern. Beinahe niemand kommt ohne Rüffel davon. Werden die Leute denn nie lernen, ihre Taschen und Säcke richtig hinzulegen! Alles muß in der Reihe stehen, parallel zur Fahrtrichtung (ein andermal ist es genau andersherum). Auf beiden Seiten ist eine Leine gespannt, an der die Passagiere ihre Handtücher und Waschlappen aufhängen, aber nicht einfach so, sondern soooo! Die Damen kümmern sich stirnrunzelnd darum. „Lukimin!" Die Ansagerin wendet sich mit engelssüßer Stimme an die Reisenden. Sie gibt Fahrtziele, Entfernungen und Ankunftszeiten bekannt. Bei Passieren oder vor Erreichen geschichtlicher Stätten oder landschaftlich schöner Plätze werden Erklärungen gegeben oder wird sogar ein klassisches Gedicht aufgesagt. (Früher wurden Maos Werke rezitiert.) Die meiste Zeit, tags oder nachts, läuft Musik. Die Lautsprecher können nur vom Personal abgestellt werden (in den anderen Klassen auch von den Passagieren). Es

Schlafwagen mit „harten Betten" (dreistöckig). Wir fuhren damit möglichst nur am Tage

hat auch Gewalt über die Ventilatoren, die sommers an der Decke befestigt sind. Ob es erst warm oder doch schon heiß ist, darüber entscheiden die Volkseisenbahner. Die Fenster dürfen die Reisenden jedoch öffnen, was sie aber nur bei großer Hitze tun, trotz des dicken Zigarettenrauchs – weil fast alle Männer qualmen, die Mehrzahl sind Männer –, denn Chinesen sind empfindlich gegen eine kühle Brise, weshalb sie sich auch warm anziehen, selbst wenn ein Europäer sich schon längst entblättern würde. Bei Nachtfahrten bleiben alle Lampen an (im Schlafwagen mit harten Betten dagegen löscht das Personal irgendwann nach zehn Uhr das Licht).

Niemand muß verhungern oder verdursten. Aus Gießkannen wird durch die Betreuerinnen kochendheißes Wasser verabreicht. Damit brüht man sich einen grünen Tee auf oder man trinkt es pur, weil es gut für den Magen ist. Die Tassen mit einem Deckel (oft sind es auch Marmeladegläser mit Schraubverschluß) der Reisenden stehen auf Tischchen am Fenster, die sich vier bis sechs Leute teilen müssen. Dreimal am Tage wird Reis oder werden Nudeln mit Gemüse, etwas Fisch oder Fleisch in Papp- oder Styroporschachteln zum Preis von ein bis zwei Yuan angeboten. Man kann auch im Speisewagen essen, aber bei über tausend Passagieren herrscht dort großer Andrang. Optimisten stehen eben Schlange. An den Bahnsteigen der Zwischenstationen stehen Karren, deren Personal ohne jede Werbung hartgekochte Eier, gebratene Enten, gebackenen Fisch, Brot, Krapfen und Kekse, Obst, Bier, Limonaden, Schnaps, Zuckerzeug und Sonnenblumenkerne in Windeseile los wird. Die Augen der Mitglieder dieser Schicksalsgemeinschaft in den Waggons werden von Mal zu Mal größer, ihr Magen wird es offenbar auch. Des Schlemmens ist eigentlich kein Ende. Zwischendurch kann man sich am Ende des Wagens an einem kleinen Waschbecken Hände und Gesicht säubern. Wegen der Obst- und Eierschalen, Knochen und Fischgräten, Papierfetzen und Krümel, weil jeder seine Zigarettenasche auf den Boden schnippt und – zumal bei geschlossenen Fenstern – dorthin ausspuckt, müssen die Betreuerinnen jede zwei, drei Stunden den ganzen Wagen durchfegen – alle Mann die Beine hoch! – und feucht wischen. Eine halbe Stunde vor dem Ende der Reise wiederholt sich die Prozedur ein letztes Mal. Auch das Klo wird noch einmal geputzt und dann für den Rest der Fahrt abgeschlossen, komme was da wolle.

Erfreuliche Erfahrungen – und andere

Eine Bahnreise in China hat also auch amüsante Seiten. Aber viel mehr zählen die netten Erlebnisse in den Zügen, die Gespräche, die wir mit vielen männlichen und weiblichen Reisegefährten während der langen Fahrten hatten, das gute Verhältnis zu Leuten, mit denen wir auch ohne zu reden auskamen. Bei Guilin kamen ein kleines Mädchen und ein Junge zu uns, schenkten uns Mandarinen und die Kleine sang dann noch ein Lied für uns. Auch unter den Bahnbediensteten lernten wir viele freundliche, verständnisvolle Leute kennen, die, ich möchte es mal so sagen, uns keine Schwierigkeiten bereiteten. Das Beispiel unseres Freundes Hsieh Ting zeigt dies wohl am deutlichsten. Manche sorgten dafür, daß wir von Mitreisenden, die uns belagerten, zwischendurch einmal in Ruhe gelassen wurden. Andere hielten besonders unsere Umgebung sauber. Bei Maos Dorf Schaoschan kam die junge Ansagerin zu uns und haspelte ihr Sprüchlein über Ziel und Länge der Reise noch einmal in Englisch ab, ganz für uns allein. Beim

Restaurant-Personal posiert für ein Foto. – Abladen von Büchern am staatlichen Buchladen

Fahrkartenkauf wurde Wilma manchmal von Eisenbahnern aus der Schlange geholt und zu einer anderen Stelle geführt, wo sie unsere Fahrkarten rascher (Rekordzeit war einmal fünfzehn Minuten) bekam. Ein paarmal durften wir als erste auf den Bahnsteig. Zweimal ließen uns junge Mädchen nachts ein paar Stunden in ihren Diensträumen ausruhen, als wir auf einen Anschlußzug zu warten hatten.

Aber wir erinnern uns auch des Tages, als wir, obwohl wir Karten für die Klasse mit weichen Betten hatten, vom Personal erst nach unseren Vorhaltungen in den dafür vorgesehenen Warteraum geführt und dann aus reiner Boshaftigkeit eingeschlossen wurden, weshalb wir beinahe den Zug verpaßten, und an die Ankunft in Luoyang, als ein über das ungeduldige Drängeln der Aussteiger verärgerter Schaffner die Wagentür (sie ging nach innen auf) mit Gewalt öffnete, wobei die Glasscheibe zerbarst und mich Splitter an Hand und Gesicht verletzten.

Übrigens hatte der von Wilma vorbereitete Zettel zum Fahrkartenkauf immer eine sehr beruhigende Wirkung auf die Schalterbeamten. Da sie keine Probleme durch uns zu erwarten hatten, waren sie erleichtert. Selbst der exakte Fahrpreis stand ja auf dem Stück Papier. Dies brachte es mit sich, daß wir auf fast allen unseren Bahnfahrten nur *den* Preis zu zahlen hatten, der für die Chinesen galt, also *ohne* Ausländerzuschlag. Wilma legte außerdem die passende Summe der Einfachheit halber gleich in „Volksgeld" hin, nicht in FEC, was fast immer kommentarlos akzeptiert wurde.

Wo man sich nicht um Hotelgäste reißt

Das von Chinesen und von uns „ausländischen Freunden" (offizielle Bezeichnung) am Fahrkartenschalter, am Hotelempfang, in Amtsstuben und am Ladentisch wohl am wenigsten geliebte Wort war „meiyo", was soviel wie „gibt es nicht" bedeutet. Man hörte es so oft auf Fragen und Bitten, daß man gelegentlich überrascht war, eine andere Antwort zu erhalten. „Meiyo" brachte uns nicht nur bei der Bahn, sondern auch bei der Zimmersuche in manche schwierige Situation. Zwar gab es in China sehr viele Hotels, aber für ausländische Besucher waren – außer in den Städten Peking, Schanghai, Kanton, Schi'an und Guilin – nur wenige vorgesehen. In kleineren Orten oder solchen, die erst seit kurzem „offen" waren, gab es oft nur eines für uns. Der Ärger begann, wenn die Antwort bei diesem einen oder andernorts bei allen „meiyo" war. Als Ausländer konnte man schließlich nicht auf der Straße bleiben. Wie beim Fahrkartenkauf hing es auch hierbei oft von der Laune und dem Arbeitseifer einer Bediensteten – meistens waren Damen am Empfang – ab, wann man sein müdes Haupt zur Ruhe betten konnte. Nirgends war es ganz aussichtslos. Man brauchte nur viel Zeit und Geduld. Nicht selten war ein Zimmer „belegt", obwohl der Gast an diesem Tage ausgezogen oder ein Angemeldeter nicht aufgekreuzt war. Das war lediglich noch nicht bis zur Rezeption vorgedrungen. Im äußersten Fall war unsere Taktik, uns in der Halle in einem Sessel niederzulassen und darauf zu warten, daß bei den Mädchen der Groschen fiel. Wir hörten aber von anderen Ausländern, daß sie darauf einmal vergeblich gehofft hatten und so eben die ganze Nacht dort sitzend zu verbringen genötigt waren. Wir waren immer froh darüber, wenn wir mehrere Tage an einem Ort ein Zimmer und erst einmal keine Mühe mehr mit dem Problem hatten. War man nämlich einquartiert, hatte man gute Chancen, nicht vertrieben zu werden, daß man so lange bleiben konnte, wie man wollte. Uns geschah es nur einmal, daß wir ein Hotel räumen mußten.

Der Preis für ein Doppelzimmer schwankte je nach Kategorie zwischen umgerechnet etwa zehn und hundert Mark. Extreme Abweichungen nach unten und oben gab es. Stand ein Hotel außer Ausländern auch Einheimischen offen (den umgekehrten Fall gab es häufig, wenn es sich nicht um hohe Funktionäre handelte), dann bezahlten wir für gleiche Zimmer das Doppelte oder dreimal mehr als Chinesen. Ich hatte ja zu Beginn des Kapitels bereits einmal erwähnt, daß Ausländer allgemein als „reich" betrachtet werden. Wurden wir umgekehrt in ein „Chinesenhotel" aufgenommen, so stellten wir diese Diskrepanz nicht fest. Aber „meiyo" war dort ebenso oft zu hören. Tatsächlich waren fast alle Hotels immer ziemlich voll, denn allerorts fanden Konferenzen und Tagungen statt, zu denen die Kader von Landkreisen, aus einer Provinz oder aus dem ganzen Land herbeiströmten. Gegen solche Massen hatten wir natürlich geringe Chancen. Andererseits hatten die Bediensteten kein besonderes Interesse an unserer Unterbringung. Sie verdienten in diesen städtischen oder der Provinz gehörenden Herbergen ja durch uns keinen Yuan mehr.

„Russische", „chinesische" und „internationale" Hotels

Die Mehrzahl der Hotels in China waren in den fünfziger Jahren, in Zeiten engster chinesisch-sowjetischer Freundschaft, von Russen erbaut und meist auch von ihnen bewohnt worden. Sie waren die Entwicklungsexperten jener Tage gewesen, die in fast allen Bereichen tätig waren. Als die beiden Länder sich dann zerstritten, zogen sie ab. Zurück blieben oft monströse Bauwerke im Zuckerbäckerstil, mit Säulen an den Fassaden, mit Türmen und Kuppeln, mit enormen Empfangshallen. Sie blieben häufig ganz oder teilweise verwaist stehen. Manche dieser Hotels haben über tausend Zimmer. Aber an vielen nagte der Zahn der Zeit, wenn sich niemand um ihre Erhaltung kümmerte. So waren manchmal ganze Trakte unbewohnbar geworden. Einmal wohnten wir in einem Gebäude, in das ein Schwimmbad integriert war, welches aber schon seit Jahrzehnten nicht mehr gefüllt gewesen sein dürfte. Einige dieser „russischen" Hotels sind jedoch immer noch die ersten Häuser am Platze. Sie stehen Ausländern bevorzugt offen.

Andere, einfachere Hotels wurden von den Chinesen danach in eigener Regie gebaut. In gewissem Sinne wurde nachgeahmt, aber sie haben dennoch unverkennbar chinesischen Anstrich. Dazu gehört, daß viele keine Heizmöglichkeiten haben, daß es nur Etagenbad und -toilette gibt, beides gewöhnlich ohne Türen, im günstigen Fall mit Wänden. Da diese Situation oft zu Verstimmung zwischen „weiguoren" (Ausländern) und Einheimischen führt, dürfte sie wohl der entscheidende Grund dafür gewesen sein, daß erstere ursprünglich generell daraus verbannt waren. Mit der „Öffnung" immer weiterer Städte, die nichts Besseres zu bieten hatten, kamen die Behörden aber nicht darum herum, auch solchen Hotels die Aufnahme der geldbringenden Fremden zu empfehlen. Wir waren dort des öfteren Gäste, müssen aber gestehen, daß uns die Mentalität der Chinesen nicht ganz verständlich war, denen es absolut nichts ausmachte, völlig ungeschützt vor Blicken ihr Geschäft zu verrichten. Andererseits interessierten sie sich nicht sehr füreinander, wenn sie da so zu fünft oder zehnt in einer Reihe kauerten. Anders lag die Sache, wenn *wir* auftauchten! Unsere Gesichter sahen doch anders aus, also... Wir gewöhnten uns an, solche Örtchen am Tage zu meiden. Nachts gab es dort nur trübe oder gar keine Beleuchtung.

Die dritte Art von Hotels war gewöhnlich die teuerste, komfortabelste und langweiligste. Hier handelte es sich um die Kreationen im „internationalen" Stil, die meist mit ausländischem Kapital in neuester Zeit, seit Beginn der „Öffnung", gebaut worden waren. Sie waren mit allerlei modernem Zubehör ausgestattet, auch mit zentraler Klimaanlage, in einigen Fällen mit hausinternem Videosystem. (Fernsehgeräte gehörten auch zu den Zimmern der schäbigsten Schuppen!)

Immer Ärger mit dem Personal

Der Aufenthalt in Hotels in China war nur in seltenen Fällen ein wirklich erholsames Erlebnis. Meist funktionierten ein paar Sachen nicht, oder die Angestellten hatten vergessen, nach Auszug des Vormieters die Betten frisch zu beziehen, oder man kam wegen des dauernden Türenschlagens und der lauten Unterhaltung des Personals draußen auf dem Gang nicht zum Schlafen. Meist hatten wir keinen Zimmerschlüssel. Er war in der Obhut einer Bediensteten, die für eine Etage oder eine Zimmerflucht zuständig war. Sie schloß die Türe bei unserem Kommen auf und sperrte sie ab, wenn wir gingen. Problematisch wurde es, wenn das Mädchen gerade beim Essen oder sonstwo war und den Schlüssel mitgenommen hatte. Überraschungen erlebten wir, wenn an der Innenseite der Türe kein Riegel war (sie hatte dann aber außen auch keinen Griff oder Knopf), denn die Angestellten mit Schlüsselgewalt konnten sie jederzeit öffnen und ins Zimmer stürmen. Sie brachten meistens heißes Wasser in großen Thermosflaschen für den unvermeidlichen grünen Tee, oder sie wollten „putzen".

So geschah es einmal, daß ich, eben aus dem Badezimmer kommend, im Adamskostüm dastand, als die Pforte sich unvermutet auftat. Mein Zustand veranlaßte die Dame zu einem schleunigen Rückzug. Ein andermal sah ich morgens um fünf Uhr, im Halbschlaf die Augen öffnend, eine dunkle Gestalt an meinem Bett vorbeihuschen. Böses ahnend sprang ich auf und fiel über den Eindringling her, der sich laut schreiend als eine Sie zu erkennen gab, die nur eben schnell mal die leere gegen eine volle Thermosflasche hatte austauschen wollen. Später schraubten wir in solchen Hotels an der Tür innen einen Riegel an. Deshalb hatten wir einmal auch Ärger. Das Personal war,

Ausländer als „Attraktion". – Für gewöhnliche Chinesen kein Zutritt zu Luxushotels (Schi'an)

verschnupft weil es ausgeschlossen worden war, zum Leiter seiner Arbeitseinheit (wir würden ihn Manager nennen) gegangen und hatte sich über uns beschwert. Wir waren abends kaum zurück, als schon eine vierköpfige Delegation ernst dreinschauender Damen und Herren kam, die sich unsere „Gegenwehr" verbaten.

In Tsingtao hatte unser kleines Hotel nur gemeinschaftliche Badezimmer, je eines für Frauen und Männer. Die Bediensteten waren zu bequem, das Damenbad aufzuschließen. Sie hätten keinen Schlüssel dafür, sagten sie. Als Wilma das Bitten und Warten zu dumm wurde, ging sie zum Entsetzen der Mädchen geradewegs in das Herrenbad, in dem sich aber eben niemand befand, und sie verriegelte die Tür von innen. Am nächsten Tag hatte sie das gleiche Problem. Die Angestellten reagierten wiederum nicht, obwohl sie vorgewarnt waren. Da begab sich Wilma zum Leiter ihrer Einheit und erklärte, sie werde wieder in das Herrenbad gehen, selbst wenn sich darin gerade Männer aufhielten. Von da an dauerte es nur ein paar Sekunden, bis man ihr den Schlüssel für das Damenbad aushändigte.

Immer noch viel Sicherheit – Machtmißbrauch durch Funktionäre

Wir wurden während der achteinhalb Monate kein einziges Mal bedroht, und es wurde uns auch nichts von unserem Eigentum entwendet, obwohl wir häufig in Bahnhöfen und Busstationen – in anderen Ländern für uns die gefährlichsten Plätze – und abends in dunklen Straßen zu tun hatten. Auch die Hotelzimmer waren in dieser Hinsicht in Ordnung. China dürfte während der Zeit unserer Besuche eines der sichersten Länder der Welt gewesen sein. Andere ausländische Besucher teilten diese Ansicht. Wir hörten aber auch von einigen Diebstahlfällen.

Das „Amt für öffentliche Sicherheit" in der Hauptstadt Peking zerbrach bei einem Feldzug gegen organisierte Kriminelle im Sommer 1986 rund hundertdreißig Banden. Dadurch konnten über sechshundert Schwerverbrechen aufgeklärt werden. Besonders in Peking nahm die Kriminalität zu, denn durch die größere Mobilität der Bevölkerung nach Beginn der Wirtschaftsreformen kamen auch immer mehr Rechtsbrecher aus anderen Teilen des Landes. Offenbar war die Metropole vielversprechend. Auch Ex-Sträflinge aus entfernten Grenzgebieten sollen nach Peking gekommen sein, um sich durch neue Straftaten an der Gesellschaft zu „rächen", wie es in der amtlichen englischsprachigen Tageszeitung „China Daily" im September 1986 hieß. Verbrechen gab es (und gab es sicher auch schon, bevor dieses Blatt existierte und bevor solche Nachrichten an die große Glocke gehängt wurden) aber auch in anderen Städten und in ländlichen Gebieten. So flog ein Ring von 126 Familien in einem Dorf der Provinz Hunan auf, der 180 000 falsche „Silber"münzen gemacht und für echt verkauft hatte. Es wurden vierhundert Personen festgenommen. In der Zeitung wurde über eine „Welle von Hauseinbrüchen", auch auf dem Lande, geklagt. Ein Grund für die Zunahme: Die Haushalte werden immer wohlhabender. Ein Ladenbesitzer in Kanton wurde zu „Umerziehung durch harte Arbeit" verurteilt, weil er Jugendliche zum Stehlen angeleitet und dann große Mengen von Taschenrechnern, Radios und Videorecordern von ihnen angenommen hatte. In Schanghai stellten sich, so hieß es, als Milde für Reuige angekündigt worden war, rund dreitausend Übeltäter. In Peking waren es innerhalb eines Monats „viele", die sich freiwillig bei der Polizei meldeten. Sicher sind all diese Nachrichten spektakulär. Aber im Vergleich zu vielen anderen Ländern dürften Chinas Kriminalitätsraten niedrig sein.

Eine gewisse Nervosität, die zu Streitigkeiten führte, war unübersehbar. Unser Freund Wu

Rikschafahrer geraten sich nach Unfall in die Haare. – Hier rauft man sich um Kinokarten

Sechs Kriminelle (links) werden gefesselt auf einem Lkw zur Schau gestellt. Vorn ein Markttor

Yetsching bestätigte, daß die Verhältnisse mit der immer materialistischer werdenden Einstellung der Chinesen unerfreulicher geworden seien. Wir sahen mehrere Schlägereien auf den Straßen, auch Blutvergießen. Wenn die Dichte des Zusammenlebens etwas mit dem Grad an Aggressivität zu tun hat, wie manche Wissenschaftler sagen, dann muß man Chinas Bevölkerung auch aus diesem Blickwinkel sehen. Die durchschnittliche Wohnfläche pro Person ist in den chinesischen Städten etwa vier Quadratmeter. In Stadtbussen für höchstens hundert Fahrgäste müssen bis zu hundertfünfzig Platz finden, weil der Wagenpark zu klein ist. Aber das war natürlich alles vorher auch schon so gewesen.

Mehr Offenheit in der Presse über das Verhalten von Parteifunktionären ist in den letzten Jahren ebenfalls festzustellen. So berichtete „China Daily" im September 1986 auch über einen tyrannischen Dorfchef, der Mitglied des Nationalen Volkskongresses, des nach der Verfassung höchsten Organs, und „Modellarbeiter" war. Er hatte seine Stellung und Macht mißbraucht, um Autos mit Profit zu verkaufen, Leute zu schlagen, ohne Grund einzusperren. Jeder, der sein Benehmen anprangerte, fiel seiner Rache zum Opfer. Machtmißbrauch der Kader steht Angaben der Zeitung zufolge an der Spitze der Beschwerdenliste, die bei einer Umfrage über die Reformen erstellt wurde. Das Benehmen solcher Funktionäre „schadet den Beziehungen zwischen Partei und Volk". Die Zentrale Kommission für Disziplin-Inspektion stellte fest: „Einige Parteikader wissen wenig über das sozialistische Gesetzessystem und meinen, ihr Wort sei das Gesetz."

Putonghua – „gemeinsame Sprache" der Chinesen

Jeder Besucher eines fremden Landes steht vor dem Verständigungsproblem, wenn er die dort gebräuchliche Sprache nicht beherrscht. Wir waren in China keine Ausnahme. Während der ganzen Zeit trafen wir aber nur fünf Ausländer, die des Chinesischen mächtig waren, und einige weitere, die es gerade studierten. Das Erlernen dieser Sprache erfordert wie das aller ostasiatischen Sprachen einen Aufwand von Jahren. Ich habe in diesem Buch des einfacheren Verständnisses wegen stets den im Westen üblichen Begriff „Chinesisch" verwendet. Ganz genau ist er aber nicht. Beim Volk der Han, jenen 94 Prozent der Einwohner dieses Landes, die wir als „Chinesen" bezeichnen, werden zahlreiche (darunter acht wichtige) Dialekte gesprochen. Allen gemeinsam ist die Benutzung der Han-Schriftzeichen. Die Grammatik ist fast gleich. Aber je nach Dialekt werden die Zeichen unterschiedlich (oft aber ähnlich) ausgesprochen. Die Gebiete von Kanton, Schanghai und die Provinz Fudschian zum Beispiel haben sehr ausgeprägte eigene Dialekte, die von Bewohnern anderer, entfernter Regionen oft nicht oder nur mit größter Mühe verstanden werden. Um die Verständigung zu fördern, wurde *ein* Dialekt, der im Norden verbreitete mit Pekinger Aussprache, zum „Standardchinesisch" erhoben. Der amtliche Begriff dafür ist Putong-hua, der „gemeinsame Sprache" bedeutet. Nur wer als Ausländer Putonghua gründlich lernt, kann sich überall im Land verständigen. Es gibt aber heute immer noch viele Einwohner der Volksrepublik, die nur ihren *eigenen* Han-Dialekt sprechen. Hinzu kommt, daß in China über fünfzig nationale Minderheiten leben, die ihre eigene Sprache haben. Angehörige dieser Gruppen (einige sind mehrere Millionen stark) sprechen oft keinen Han-Dialekt und noch häufiger kein Putonghua. Verständigung bleibt für den ausländischen Reisenden daher auch dann manchmal ein Problem, wenn er Putonghua gelernt hat oder es gerade studiert.

Wir sprachen kein Putonghua, aber wir hatten den Vorteil, durch unsere Aufenthalte in Japan und Südostasien an den Umgang mit den komplizierten Schriftzeichen etwas gewöhnt zu sein. In

Japan hatten wir Gelegenheit, mehrere Hundert dieser Symbole verstehen zu lernen. Das war uns in China von großem Nutzen. Auf Anhieb konnten wir chinesische Landkarten und Aufschriften auf Ortstafeln und Hinweisschildern leichter lesen als andere Besucher, mit einiger Mühe auch die Bezeichnungen von Geschäften, Hotels und Ämtern enträtseln. Es ist bekanntlich immer leichter, wenn „schon etwas da" ist. Zur Orientierung reichte es fürs erste, weiteres kam dann noch hinzu. Zum Glück wurden in den letzten Jahrzehnten viele der gebräuchlichsten Zeichen durch Weglassen einiger Striche vereinfacht. Von Ausnahmen abgesehen, half uns die Kenntnis der japanischen Aussprache der Symbole (weil sie häufig ähnlich oder manchmal gleich ist) aber nicht. Bei der Aussprache eines chinesischen Wortes kommt es vor allem auf die Betonung an. Ich möchte hier ein einfaches Beispiel geben: tōng (hoher, gleichbleibender Ton) bedeutet „durch", tóng (ansteigender Ton) ist „Bronze", tǒng (fallender und dann ansteigender Ton) bedeutet „Faß" und tòng (fallender Ton) „schmerzen". Es ist also gewiß nicht leicht, auch nur einen kurzen Satz richtig auszusprechen. Ich habe „tōng" und so weiter hier in dem in China heute neben den eigentlichen Schriftzeichen üblichen phonetischen Alphabet, das Pinyin heißt, geschrieben. Hier ein Satz, ebenfalls auf diese Weise geschrieben: „Tā bú shì Běijīng rén" („sh" wird wie deutsch „sch" und „j" wie „dsch" gelesen). Die Übersetzung: „Er ist nicht aus Peking." Ein chinesischer Satz sieht wörtlich übersetzt zum Beispiel so aus: „Elf Jahre vorher, Peking hatte fünf Kinder, ihr Vater Mutter beide waren Arbeiter, gleich später wegen Krankheit starben, hinterließen Brüder Schwestern fünf Leute zusammen lebten." (Vor elf Jahren gab es in Peking fünf Kinder, deren Eltern, beide Arbeiter, bald an einer Krankheit starben. Sie hinterließen die fünf Brüder und Schwestern, die zusammen lebten.)

Gedränge beim Einsteigen in einem Lokalbus in Hangdschou. Aussteigen ist oft noch schwieriger

Schon chinesische Namen sind nur richtig aussprechbar, wenn man die Betonung der Silben kennt. Aber wir können uns damit trösten, daß die Chinesen mit unseren Sprachen dieselben Probleme haben. Der Name Marx wird in Putonghua „Makusu" ausgesprochen, Stalin „Sidalin", Lenin „Liening" und Shakespeare sogar „Schaschabi". Vor allem waren wir darüber erleichtert, daß so viele überwiegend junge Chinesen nicht nur sprachbegeistert (während der „Kulturrevolution" war Sprachstudium als „bürgerlich" verpönt gewesen), sondern auch sprachbegabt waren. Englisch war die wichtigste Fremdsprache und dürfte auch in Zukunft unangefochten vor Französisch, Japanisch und Deutsch stehen. Das Chinesische Zentrale Fernsehen will 1988 mit Deutschlektionen beginnen. Für die erwähnten anderen Fremdsprachen gibt es schon seit längerem Sendungen. TV Schanghai war die erste Station, die Nachrichten in Englisch brachte. Radio Peking hat in seinem Dienst für die Hauptstadt mehrere Stunden Programme in dieser Sprache. Bei einem „Sonntags-Englisch-Klub" in Kanton meldeten sich in kürzester Zeit Tausende von jungen Leuten, als er eröffnet wurde. Aber offiziell wird jetzt auch mehr Wert darauf gelegt, daß sich die chinesische Sprache, also Putonghua, international ausbreitet. Schließlich wird sie von einer Milliarde Menschen gesprochen. Bei der UNO ist sie eine der offiziellen Sprachen.

Haarsträubende Umweltverschmutzung

Was uns von Beginn an auffiel, war die immense Verschmutzung der Gewässer, des Bodens und der Luft, vor allem durch Industrien. Bis kürzlich glaubte die sozialistische Volkswirtschaft Chinas ungestraft rücksichtslos aus dem vollen schöpfen zu können. Der Bau von immer mehr Fabriken und die Produktion waren das einzige, was zählte. Ausländische Experten, die die Volksrepublik besuchen, gehen oft kopfschüttelnd umher. Die laufenden Wirtschaftsreformen schließen allerdings eine Modernisierung der Industrie und der Städte ein. Es gilt abzuwarten, wie viele Absichten in die Tat umgesetzt werden.

Obwohl nur ein Fünftel der Bevölkerung in den großen und mittleren Städten lebte, kamen 1986 achtzig Prozent der Abwässer Chinas von dort. Sie wurden fast nie geklärt. In Schanghai zum Beispiel flossen bisher beinahe alle Industrieabwässer in den Huangpo-Fluß, der die Stadt passiert. Bis 1987 wollten die Behörden erreichen, daß für die sechs Millionen Einwohner „Trinkwasser, relativ frei von industrieller Verschmutzung" zur Verfügung stehe. Dazu wollte man einen 43 Kilometer langen Kanal von weiter oberhalb am Fluß bis zu einer Filteranlage in der Stadt bauen. In Peking waren 1986 neunzig Prozent des Oberflächenwassers verseucht. In einigen Flüssen gab es bereits seit Jahren kein Leben mehr. Eine chinesisch-britische Expertenkonferenz rief deshalb zum Recycling der Abwässer auf. Sie forderten Gesetze zur Schaffung von Kläranlagen in Peking, vor allem für Kraftwerke und Papierfabriken, und Ablassen von Schmutzwasser in die Gewässer zu verbieten und unter Strafe zu stellen. Die meisten Flüsse Chinas, auch der Jangtsekiang, waren durch Quecksilber, Cadmium, Chrom, Nickel und Phenol verseucht. Mit ihrem Wasser werden aber Felder mit Reis, Mais und anderem bewässert.

Eine der am stärksten industrialisierten Städte ist Luoyang. Es hatte 1986 nicht weniger als 810 Fabriken mit einer Viertelmillion Beschäftigten. Seit vielen Jahren waren die Tausende von Schornsteinen mit ihren schwarzen und gelben „Drachen", wie die dicken Rauchwolken bezeichnet werden, Symbol des Fortschritts gewesen. Vor 1982 hatten die Schlote pro Jahr 54 000 Tonnen Schwefeldioxid ausgespuckt. In den Fluß der Stadt hatten sich im gleichen Zeitraum

Trotz der vielen Radfahrer und der O-Busse gibt es noch genug Smog (Schi'an)

siebzig Millionen Kubikmeter ungeklärter Abwässer aus den Fabriken, weitere vierzig Millionen aus den Ämtern, Geschäften, Werkstätten und Haushalten ergossen. Die Petroleumabscheidungen in das Gewässer hatten 1600 Tonnen betragen. Ein Kohlekraftwerk war seine Asche ausschließlich auf diese Weise losgeworden.

Luoyang erkannte zu diesem Zeitpunkt, daß es so nicht weitergehen konnte. Der Direktor des städtischen Umweltbüros sagte 1986: „Wir haben eine bittere Lektion erhalten!" Die Bewässerung mit verseuchtem Wasser zum Beispiel brachte die benachbarten Landkreise um Tausende Tonnen Weizen. Danach wurden siebenunddreißig Verzinkereien geschlossen. Das Kraftwerk mußte seine Asche zu einer Deponie bringen. Eine petrochemische Fabrik holte durch Recycling zehn Tonnen Petroleum aus seinen Abwässern. Ein anderes Werk gewann durch Abgasfilterung 1500 Tonnen Eisenoxid zurück. Von vierzig Krankenhäusern bauten sich zwei Drittel eine Kläranlage. Die übrigen leiteten auch danach ihre Abwässer immer noch in den Fluß ein. Weiterhin kamen durch Abwässer auch sechshundert Tonnen Petroleum, zehn Tonnen Chrom und vierzig Tonnen Phenol pro Jahr in das Gewässer. Die Müllhalden entlang des Flusses wurden zunächst eher noch höher. Aber Luoyang wollte sich verstärkt um den Umweltschutz kümmern. In vier Jahren wurden in der Stadt eine Million Bäumchen gepflanzt. Immerhin, es wurde etwas getan. Aber Luoyang war eine Ausnahme. Das Umweltbewußtsein in China dürfte nicht weiter entwickelt gewesen sein als in Deutschland vor sechzig Jahren. Nicht auszudenken, was geschehen würde, wenn Millionen Chinesen vom Fahrrad auf das eigene Motorfahrzeug umstiegen!

Sommermode trendbewußter Damen in Peking und „letzter Schrei" bei den Herren

Lockere Mode, westliche Klänge und Tänze

Zum Schluß dieser Betrachtungen möchte ich einige Randbeobachtungen schildern. China hatte sich auch modischen Einflüssen geöffnet. Noch ein paar Jahre zuvor wäre es undenkbar gewesen, daß Frauen sich anders als sittsam in unförmige Einheitsanzüge gehüllt auf der Straße gezeigt hätten. Der Maoismus ist puritanisch. Hinter Damen, die es wagten, in knielangen Röcken umherzugehen, wurde aber auch noch 1984 selbst in Schanghai getuschelt. In manchen Zeitungen der Partei wurde der Begriff „skandalös" dafür verwendet. Im Sommer 1986 jedoch hatten die Moralprediger noch viel mehr zu kritisieren. Bei der holden Weiblichkeit waren Shorts und Strümpfe der letzte Schrei, eine Kombination, die immerhin etwa fünfzehn Zentimeter Oberschenkel völlig bloß ließ, und duftige Kleider aus transparentem Material. Ein chinesisches Sodom und Gomorrha! Der modebewußte Herr trug während der heißen Jahreszeit ebenfalls gern Shorts, das langärmelige Hemd salopp darüber. Die Füße steckten außer in Socken in Schuhen mit erhöhten Absätzen.

Auch auf dem Gebiet der Musik tat sich einiges. Erfreulicherweise war wieder oft chinesische Klassik zu hören. In Tschengdu hatten wir Gelegenheit, in die Oper zu gehen. Aber ich wollte hier von Moden reden. Das Angebot an chinesischer Schlagermusik war schon beachtlich. Dabei erfreuten sich die Schöpfungen eines Komponisten aus Taiwan (das aus der Sicht der Pekinger Führung und wohl auch der meisten Chinesen nach wie vor eine Provinz Chinas ist) größter

Beliebtheit. Auf dem zweiten Platz rangierten japanische Hits, auf japanisch gesungen. Ein besonderes Gremium der Partei wählte die ausländische Musik für den chinesischen Hausgebrauch sorgfältig aus. Es achtete darauf, daß der nordamerikanische Einfluß nicht dominierend wurde. Fast alle westlichen Länder waren vertreten. „Dschingis Khan", „Rasputin" und „Ali Baba" waren bei der Jugend sehr populär. „Zwei kleine Sterne steh'n . . ." wurde auf chinesisch und deutsch von einem Imitator Klein-Heintjes (er war dem Volk aus Filmfotoromanen bekannt) gesungen. Hier eine kleine Aufstellung, unter welchen Umständen wir wohlbekannte Melodien zu hören bekamen. Per Lautsprecher klangen von einem Wassersprengwagen in Hangdschou „Jingle Bells". Von einem ebensolchen Gefährt in Lhasa jubelte es: „Freude schöner Götterfunken". Im Werbefernsehen war die Begleitmusik bei Reklamen für Waschpulver „Tulpen aus Amsterdam", für TV-Geräte „Am Abend auf der Heide" und für Dachpappe „Wenn ich ein Vöglein wär'". Bei der Einfahrt eines (grünen) Zuges in die Endstation wurde des öfteren „Hoch auf dem gelben Wagen" gespielt. In einem Fall erklang bei der Abfahrt aus dem Bordlautsprecher sinnigerweise „Dreh' dich noch einmal um", draußen auf dem Bahnsteig gleichzeitig der „Kuckuckswalzer". Ihn hörten wir auch an einem Schießstand, wenn Treffer erzielt wurden.
Auch Tanzen nach westlicher Manier war zugelassen worden und erfreute sich wachsender Beliebtheit. Chinas Jugend machte mit Freuden diese neue Erfahrung. Ballsäle öffneten ihre Pforten, unter anderem in großen Hotels. Sie waren aber eher Tanzschulen. Das Fernsehen gab Lektionen. In Peking wurde eine „Tanzakademie" gegründet, und das Pekinger Kulturbüro veranstaltete einen Tanzwettbewerb, auch für ältere Herrschaften. Selbst zum Tanzen in Discos wurde ermutigt. „Tanzen eignet sich gut dafür, mehr Leute kennenzulernen", wurde offiziell verkündet. Man dachte dabei wohl in erster Linie an die Jugend auf der Suche nach einem Partner – fürs Leben. Denn noch immer kam die Mehrzahl der Ehen durch eine Mittelsperson zustande, eine Tradition, die der KP schon lange nicht mehr in den Kram paßte.

Durch die Gobi nach Sinkiang

Im Gegensatz zu vielen Besuchern, die zwar gern nach China gekommen waren, aber bald möglichst wenig mit den Han-Chinesen in überfüllten, lauten und rauchigen Städten zu tun haben wollten, „flüchteten" wir nicht in die Gebiete der Minderheiten. Die meiste Zeit verbrachten wir ja im Osten. Aber wir freuten uns sehr auf unseren Besuch in den westlichen Regionen. Auf einer durchgehenden Bahnfahrt – unserer bis dahin längsten – von zwei Tagen und zwei Nächten gelangten wir 1900 Kilometer weit von Landschou nach Urumtschi, Verwaltungs-, Wirtschafts- und Verkehrszentrum der „Uygurischen Autonomen Region Sinkiang". Dabei überquerten wir nach neuen Farmgebieten mit Weizen- und Rapsfeldern und Dörfern aus Lehm – im Süden lagen Schneegipfel des Tschilianschan, früher Richthofengbirge – die Gobi (mongolisch: „Wüste"). Die Temperaturen lagen nicht über dreißig Grad, es war trocken, mäßig windig und sonnig. Wir hatten damit mehr Glück als die zehntausend Passagiere von sechzehn Zügen, die drei Wochen zuvor vom schwersten Sandsturm seit zwanzig Jahren überrascht worden waren. Er hatte zwei Tage lang mit Stärken 8 bis 12 getobt und den Bahnkörper auf fünfhundert Kilometer streckenweise unter Sand begraben. Während der beiden Tage war in den Personenzügen das Wasser ausgegangen. Die Rettung war durch Tausende von Bahnarbeitern gekommen, die Berge von Sand wegräumen mußten. Es waren außerdem dreißig Güterzüge eingeschlossen gewesen. Die Gobi hat also noch nichts von ihren Gefahren verloren.

Man müßte annehmen, daß man auf der Fahrt zur und durch die Region von über sechs Millionen Uyguren, einer Million Kasaken, einer weiteren halben Million Kirgisen, Usbeken, Mongolen, Tadschiken und anderer vor allem Vertreter dieser Völker um sich haben würde. Doch weit gefehlt. So sehr wir uns auch bemühten, wir konnten unter den tausend Passagieren unseres Zuges keine ihrer Angehörigen ausmachen. Es waren Han-Chinesen, die in den Städten entlang und jenseits der 1965 fertiggestellten Eisenbahnlinie lebten und arbeiteten. Als wir über die Grenze nach Sinkiang hineinrollten, hörten wir über die Lautsprecher nicht etwa uygurische Musik, sondern bayrische Polka. Die erste größere Stadt in der Region war Hami, noch 550 Kilometer vor Urumtschi. Es hatte über hunderttausend Einwohner, die in einstöckigen Häusern aus Lehm mit Dächern aus dem gleichen Material lebten. Sie waren überwiegend Han und Hui. Überall ragten Fernsehantennen empor. Die Menschen langweilten sich, und die vorbeikommenden Züge waren für viele eine willkommene Abwechslung. Hier hörten wir wieder ein Sprichwort, das nach Touristenreklame klang: „Hami ist berühmt wegen seiner Melonen, Turfan wegen seiner Weintrauben, Kuldscha wegen seiner Pferde und Kutscha wegen seiner Frauen." Wir würden Turfan und Kutscha besuchen, aber Kuldscha (heute Yining) war nicht „offen".

Entwicklung der Gebiete an der Seidenstraße

Durch die Uyguren-Region führen zwei Routen der alten Seidenstraße, mit einer Abzweigung nach Norden durch die Sowjetunion. Sie verband einst China und das übrige Ostasien mit Vorderasien und dem Mittelmeerraum. Die Eisenbahnlinie bis ins Herz Sinkiangs, moderner Nachfolger der Karawanenstraße in einem Abschnitt, ist ein Ergebnis der Bemühungen um die bessere Verkehrserschließung eines Gebietes, das der siebenfachen Größe der Bundesrepublik entspricht. Im Nordwesten Chinas, in der Nähe dieser Bahnlinie noch in der Provinz Gansu, sowie in Sinkiang und in der benachbarten Provinz Tschinghai, waren die größten Erdölvorkommen und bedeutende Kohlenlager entdeckt worden. Die Volksrepublik hatte deshalb großes Interesse daran, nach der politischen auch die verkehrsmäßige Kontrolle über Sinkiang weiter auszudehnen. Inzwischen bestand eine Eisenbahnverbindung bis nach Korla und es gab Pläne, sie bis Kaschgar zu verlängern.

In einer mehrseitigen Sonderbeilage in der Zeitung „China Daily" kam allen voran der Vorsitzende der Region, Ismayil Amat, zu Wort, der schrieb, unter der Führung der Zentralregierung in Peking und dank der harten Arbeit aller Nationalitäten habe Sinkiang seit 1949 den Wert seiner landwirtschaftlichen Produktion um das Fünfeinhalbfache, den der Industrieerzeugung um mehr als das Fünfzigfache steigern können. Seine Landwirtschaft ernähre nicht nur die einheimische Bevölkerung, es sei auch noch einiges für den Versand in andere Teile Chinas übrig. Im Rahmen seiner Autonomie habe Sinkiang bereits viele Wirtschafts- und Handelsabkommen mit dem Ausland geschlossen und in Zusammenarbeit mit auswärtigen Firmen industrielle Gemeinschaftsprojekte begonnen. Partner im Handel war auch die Sowjetunion. Im Laufe des nächsten Jahrzehnts soll eine durchgehende Eisenbahnverbindung von Urumtschi zum Nachbarland hergestellt werden. Internationale Flugverbindungen bestehen bereits.

Fremdenverkehrswerbung hatte Sinkiang eigentlich gar nicht nötig, aber sie wurde von der Regionalregierung intensiv betrieben. Insbesondere wurde dabei auf der Seidenstraße herumgeritten; diese Redewendung zu verwenden reizte mich, seit ich in einem Artikel der Zeitschrift „China im Aufbau" gelesen hatte, daß in Sinkiang Esel und Kamel durch Eisenbahn und Flugzeug ersetzt worden seien. So weit war es noch nicht, sonst hätten sich die Tourismusmanager ihre ganze Reklame an den Hut stecken können. Die Seidenstraße in China hat nur so lange ihre Reize, wie der ausländische Tourist dort vorfindet, was er erwartet, darunter eben auch Esel und Kamele, selbst wenn er nach Sinkiang mit dem Flugzeug reist. Obwohl moderne Verkehrswege existieren, die wir ja ebenfalls benutzten, hatten die herkömmlichen Verkehrsmittel der Einwohner noch längst nicht ausgedient. Und zum Glück hatten Industrielandschaften noch nicht ganz den Ausblick auf angenehme Szenerien verdeckt oder verräuchert. So konnte Sinkiang immer noch locken. Kaschgar, im äußersten Westen, soll 1986 täglich etwa dreißig Westler empfangen haben (wir halten die Zahl für überhöht), Turfan, südöstlich von Urumtschi, noch mehr. Bemerkenswert, daß es kaum chinesische Touristen in Sinkiang gab. Es war immer noch sehr abgelegen, und die Han des Osten verbanden es gefühlsmäßig mit „Wildnis" ohne Kultur. Das gleiche galt für Tibet. Tatsächlich betrachten sie traditionell Angehörige der kleineren Völker als Barbaren, und erst nach der Gründung der Volksrepublik wurden beleidigende Bestandteile, die eher auf Tiere als auf Menschen hinwiesen, aus den Schriftzeichen für die Namen der Minderheiten entfernt.

Für uns beide hatte der Besuch in Sinkiang eine besondere Bedeutung, was die Seidenstraße betraf. Im Laufe von drei Weltreisen und mehreren anderen Auslandsfahrten hatten wir diese alte Ost-West-Verbindung, abgesehen von der durch die Sowjetunion führenden Nordroute und Abschnitten zwischen Irak und Iran und zwischen Pakistan und China, in ihrer ganzen Länge benutzt. Von Schi'an in China am östlichen Ende über Sinkiang und Peschawar nach Kalkutta und nach Kabul, über Meschhed nach Teheran, in Syrien, Jordanien und Ägypten, in der Türkei und in Griechenland, bis nach Venedig und Genua hatten wir an die zweihundert an der Seidenstraße liegende große Städte und historische Stätten besucht.

Die Uyguren sind Verwandte der Türken

Wir kamen also zunächst nach Urumtschi, das knapp neunhundert Meter hoch an der Nordseite des Tianschan („Himmelsgebirge") liegt. Ohne leichtfertig verallgemeinern zu wollen möchte ich sagen, daß es sich in puncto Aussehen mit der häßlichsten chinesischen Stadt messen konnte. Drei Viertel der knapp eine Million Einwohner waren Han-Chinesen. Aber auch schon zu Zeiten, als hier viel weniger Menschen gelebt hatten, waren sie wie eine Insel in einem Meer von Moslems gewesen. Urumtschi hatte zu viele Fabriken, zu viel Smog, zu viele Wohnblocks aus Beton, um attraktiv zu wirken. Es erstreckte sich im wesentlichen längs einer Nord-Süd-Achse von fünfzehn Kilometern. Vom Hongschan, einem „Roter Berg" genannten felsigen Hügel nahe des Zentrums, hatten wir einen Blick auf die meisten Teile der Stadt. Aber lediglich die Viertel der Uyguren und der anderen Nationalitäten waren interessant. Wir hatten insgesamt sieben Tage in Urumtschi zu verbringen – teilweise nur zur Vorbereitung von Fahrten in verschiedene Richtungen –, aber so oft wie möglich begaben wir uns dann zu den Moslems, die gerade das Ende des Fastenmonats Ramazan feierten.

Die Uyguren sind nach den Han, den Dschuang (in Südchina) und den Hui die viertgrößte Nationalität. Sie sind enge Verwandte der osmanischen Türken. Beide gehören zu einer größeren Anzahl von Völkern, die Mitglieder des türkischen Zweigs der altaischen Sprachfamilie sind. Innerhalb Sinkiangs sind es außerdem noch Kasaken, Kirgisen, Salaren, Yuguren, Usbeken und Tataren. Für uns war es – nach früheren häufigen Besuchen in der Türkei – ein Erlebnis, in Zentralasien gleichartigen Menschen wie dort zu begegnen. Wir konnten hier sogar unsere

Türkischkenntnisse anwenden, denn die Ähnlichkeit zwischen den beiden Sprachen ist groß. Im Uygurischen (wie im Türkischen) entstammen viele technische, wissenschaftliche und politische Begriffe europäischen Sprachen, zum Beispiel „raschisor" (Regisseur), „masischtab" (Maßstab) und „sotsiyalisim" (Sozialismus). Geschrieben wurde Uygurisch seit altersher und auch jetzt wieder in arabischen Buchstaben, nachdem zwischendurch unter Druck Pekings das lateinische Alphabet mit einigen zusätzlichen Buchstaben (mehrere andere Nationalitäten verwenden solche Systeme) eingeführt worden war. Wir fanden noch damit geschriebene Literatur.

Zum Fest am Ende des Fastens ging es bei den Moslems hoch her. Auf den Dächern der Moscheen oder vor den in lebhaften Farben bemalten Gotteshäusern spielten Kapellen mit kleinen Trommeln und oboeähnlichen Instrumenten, und Männer und Frauen tanzten. Die Uygurenfrauen, die auch sonst (im Kontrast zu den hosentragenden Chinesinnen Urumtschis) Röcke oder Kleider und Kopftücher in leuchtenden Farben trugen, hatten nun ihr Bestes hervorgeholt. Auf den Märkten wurde noch mehr würziges Kebab und duftendes Fladenbrot als an anderen Tagen verkauft.

Wir wurden von einem jungen Paar, Ferhat und Gulnar Hapiz, angesprochen und spontan in die Wohnung der Eltern des Mannes eingeladen. Er konnte Englisch und sprach auch etwas Türkisch, denn beim Studium in Peking war er mit Türken zusammen gewesen. Sein Vater war Arzt. Die Wohnung befand sich in einem Block, war noch ziemlich neu und etwa dreißig Quadratmeter groß. Sie diente außer den Eltern auch einer Schwester und häufig dem Paar als Quartier, denn sein Zuhause befand sich am Stadtrand. Die Möbel waren neu. Im Wohnzimmer standen ein niedriger Tisch mit einem Sofa, in der Ecke ein Toilettentisch mit großen Spiegeln, an der einen Wand ein Schrank mit bemerkenswert vielen Büchern und hinter dem Sofa hing ein Teppich. Auf

Am Himmelssee (Tiantschi) im Himmelsgebirge (Tianschan). Die Berge sind bis 5400 Meter hoch

dem Tisch waren verschiedenes Gebäck und Süßigkeiten aufgebaut, ein typischer Brauch zum Fest. Ferhat war Musiker, und er spielte Cello und Schlagzeug. Genau als wir zusammensaßen, kam im Fernsehen eine Sendung über eine Veranstaltung mit uygurischer Unterhaltungsmusik, und wir sahen ihn dabei am Schlagzeug in Aktion. Gulnar war Lehrerin für uygurische Volkstänze. (Wir hatten drei Wochen später, in Turfan, Gelegenheit, solche Tänze zu sehen – Farbbild 127.) Wir wurden für den nächsten Tag noch zum Essen eingeladen.

Am „Himmelssee" und auf dem Wege nach Kaschgar

Höhepunkte waren zwei Besuche an dem kristallklaren Tiantschi („Himmelssee"), beinahe zweitausend Meter hoch im Tianschan gelegen. Über die vielen schneebedeckten Gipfel ragte als höchster der 5400 Meter hohe Berg Bogda Ola, der „Götterberg", empor. Er ist der zweithöchste des „Himmelsgebirges". (Im Farbbild 126 ist er rechts zu erkennen.) Wir schliefen oberhalb des Sees in einer Jurte von Kasaken, die auf saftigen Weiden Rinder, Schafe und Pferde hielten. Im Winter ist es hier sibirisch kalt und der Tiantschi hat einen dicken Eispanzer. Die Hirten leben dann in den tieferen Gebieten Sinkiangs, obwohl auch dort zehn und zwanzig Minusgrade (in Urumtschi bis dreißig) keine Seltenheit sind. Doch jetzt war erst Mitte Juni und die letzten Kasaken zogen gerade bergwärts. In dem Rundzelt ließen wir unsere Sachen zurück, wenn wir auf Wanderungen gingen. Für Tage hätten wir uns in der Umgebung der Bergriesen, in den Tannenwäldern und auf den Matten voller Wildblumen in die Alpen versetzt vorkommen können, wenn da nicht auch chinesische Pavillons und Ruinen von buddhistischen und taoistischen Tempeln gewesen wären. Die Luft war frisch und kühl; dennoch – von den Höhen aus sahen wir eine schwarze Dunstglocke in der Richtung, wo Urumtschi lag. Der „neuen Zeit" in China konnte man nicht leicht entwischen. Zu dem See konnte man übrigens mit einem Bus fahren, der chinesische und einige ausländische Touristen dort für ein paar Stunden absetzte. Nur die Ausländer blieben öfters über Nacht. Es waren hundertzehn Kilometer von der Stadt.
Tausendfünfhundert Kilometer waren es von Urumtschi über Korla, Kutscha und Aksu nach Kaschgar. Wir bewältigten sie in dreieinhalb Tagen mit einem klapprigen Bus, der unterwegs einmal wegen Motorschaden liegen blieb. Am ersten Tag überquerten wir den Tianschan nach Süden, danach hatten wir die Berge immer zur Rechten. Schneegipfel leuchteten in der Sonne. Linker Hand dehnte sich die Wüste aus, die aber immer wieder durch große alte und neue Oasen unterbrochen wurde. Es war das Tarim-Becken. Die Straße war bis auf etwa hundert Kilometer durchgehend geteert, wenn auch löcherig und holprig. Aber was erwartet man in dieser abgelegenen Weltgegend!
Wir freundeten uns mit einigen Leuten im Bus an, denn schließlich mußten wir eine halbe Woche zusammen verbringen. Die Passagiere waren meist Uyguren. Hinter uns saß Mamat Aschimu, ein freundlicher älterer Mann aus Urumtschi. Mit ihm waren seine Tochter und eine andere Angehörige. Sie fuhren bis Aksu. Eine andere Frau hatte zwei kleine Töchter dabei, die zum Vergnügen aller Mitreisenden für uns in ihrer kindlichen Art uygurische Tänze vorführten, gar nicht so leicht in einem schwankenden, rüttelnden Omnibus. Ein Fahrgast hatte eine Gitarre dabei, und es wurde viel, laut, wenn auch nicht unbedingt schön gesungen. Die Uyguren sind für ihre Musikfreudigkeit bekannt. Leider kam es wiederholt zu Streitigkeiten zwischen den Leuten, einmal sogar zu Handgreiflichkeiten zwischen einem Mann und einer Frau.
Die Rastplätze für Lastwagen und Omnibusse, wo die Fahrt zum Essen unterbrochen wurde,

waren an Scheußlichkeit nicht zu übertreffen. Wir aßen und tranken so wenig wie möglich, um nicht allzu oft einem dringenden Bedürfnis nachgeben zu müssen. Die ganze Mannschaft stürzte sich in die mal wieder sehr luftigen Klos, sobald der Wagen anhielt. Nachts schien sich dort aber mancher vor der Grube zu fürchten, wie die Spuren in ihrer Umgebung bewiesen. An einer Stelle hielt ein Lastwagen voll offener Bienenkörbe neben uns. Natürlich kamen viele der Insekten ins Innere des Busses. Jeder schlug mit Händen und Füßen um sich. Ein Kind wurde zweimal gestochen.

An zwei Abenden erreichten wir Raststätten mit einfachen Herbergen für etwa zweihundert Personen. Flache Gebäude waren im Viereck errichtet, das Ganze war einer Karawanserei nicht unähnlich. Kamele gab es dort nicht, sondern es waren Motorfahrzeuge in dem Innenhof abgestellt. Man konnte Zimmer mit zwei und mehr Betten bekommen. Die Wände waren aus Lehm, der Boden aus Zement. Die eisernen Bettgestelle waren mit dünnen Matratzen gepolstert. Bettzeug gab es ebenfalls, ein Leintuch und eine Wolldecke. Beides sah aus, als ob es seit Wochen ungewaschen in Benutzung gewesen wäre. Wasser konnte man sich eimerweise besorgen, das eine Mal sogar heißes. Irgendwie mußte man Staub und Schweiß doch loswerden. (An einem Nachmittag brach ein Staubsturm los.) So primitiv auch alles war, aber in der einen Herberge hatte man auf Strom nicht verzichten wollen. Bei Sonnenuntergang wurde ein Generator in Betrieb gesetzt. War das etwa, weil man sonst den Farbfernseher nicht hätte laufen lassen können? Keiner der Orte zwischen Urumtschi und Kaschgar war „offen", aber man durfte sich dort auf der Durchfahrt und zum Übernachten aufhalten. Wir erinnern uns, daß in Korla morgens eine Stimmung wie bei einer Sonnenfinsternis herrschte. Die Sonnenstrahlen schafften es für ein paar Stunden nicht, den dicken Rauch, der über der Stadt lastete, zu durchdringen. Auch hier gab es viele Fabriken. Kutscha hingegen war eine echte Oase, überwiegend von Uyguren bewohnt. Sie wurde von Kanälen kreuz und quer durchzogen, deren Wasser auf die Weizenfelder abgezweigt wurde. Jedes Haus war zwar von einer Mauer umgeben, aber die Tore standen offen. Nie fehlte eine Weinlaube, immer waren Aprikosenbäume gepflanzt. Auf den Oasenwegen verkehrte nur ab und zu einmal ein Lastwagen. Esel- und Pferdewagen waren das wichtigste Transportmittel.

Freundliche Bevölkerung der alten Handelsstadt

Wie ein krönender Abschluß lag Kaschgar am Ende unseres Weges in westliche Richtung. Wie lange hatten wir uns gewünscht, diese Stadt einmal zu sehen! Zwölf Jahre zuvor, 1974, waren wir in Leh in Ladakh (Nordindien) nur noch sechshundert Kilometer in der Luftlinie von ihr entfernt gewesen, und 1967 in Gilgit (Nordpakistan) sogar nur vierhundert Kilometer. Damals waren die Grenzen Chinas noch hermetisch dicht gewesen. 1982 wurde ein Grenzübergang nach Pakistan – auch nach Gilgit! – geöffnet, vier Jahre später durfte er auch von Angehörigen dritter Länder benutzt werden. Aber wir waren hier, angesichts des Pamirgebirges hinter einer großen Ebene, zufrieden. Wir wollten ja noch nach Tibet und das war von hier aus nicht erreichbar.

Uns gefiel es in Kaschgar so sehr, daß wir volle zehn Tage blieben, drei Fahrten zwischen zwanzig und fünfzig Kilometer mit lokalen Bussen in die Umgebung inbegriffen. Es hat drei Teile: die Altstadt und die Oase, von Uyguren und anderen Nationalitäten bewohnt, und die Neustadt der Han-Chinesen, wie gehabt mit Wohnblocks und keiner weiteren Erwähnung wert. Immerhin war Kaschgar die Industrialisierung bisher erspart geblieben. Es hat eine über zweitausend Jahre lange Geschichte. Trotz der großen Entfernung stand es immer wieder unter dem Einfluß der Chinesen,

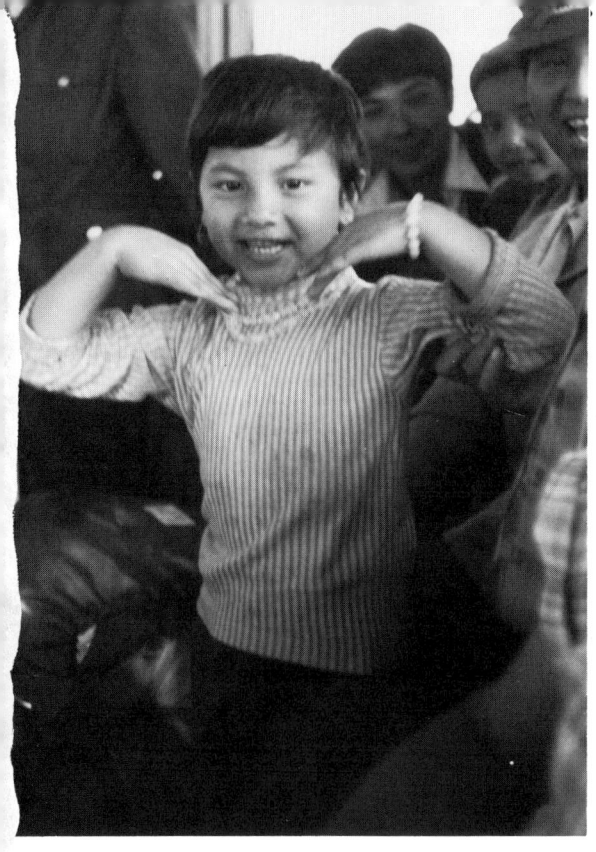

Uygurisches Kind tanzt für uns im Bus Urumtschi–Kaschgar. – Mamat Aschimu, ein älterer Uygure

Uygurenmädchen in Kaschgar erzählen sich 'was. – Heimliche Mitfahrer (Kaschgar)

die sich in Sinkiang naturgemäß für den Handel auf der Seidenstraße interessierten, aber auch versuchten, die „barbarischen" Nomadenstämme unter ihre Kontrolle zu bringen, die des öfteren plündernd ins „Land der Mitte" einfielen. Marco Polo nannte die Stadt einen Ausgangspunkt für die Händler, die ihre Waren „überall auf der Welt" vermarkten wollten. Es blieb auch ein wichtiges Handelszentrum durch die Jahrhunderte – von China aus gesehen am anderen Ufer eines Sandmeeres. Vor und nach der Jahrhundertwende, bis in die dreißiger Jahre und noch danach war immer wieder von der Gefahr die Rede, daß die Russen sich Sinkiang einverleiben könnten. Es wäre nicht überraschend gekommen, wenn Kaschgar wegen seiner exponierten Lage einen neuen Oberherren bekommen hätte. In keiner Hinsicht haben die Uyguren mit den Chinesen Gemeinsamkeiten. Aber es gab Zeiten, als auch die Briten von Indien aus auf Sinkiang schielten. Nun, schließlich kam die Volksrepublik und das erste, was sie Kaschgar antat, waren der Abriß seiner Stadtmauer (Reste waren 1986 noch zu sehen) und die Aufstellung einer Mao-Statue (sie stand immer noch). Soldaten der „Volksbefreiungsarmee" begegneten uns auf Schritt und Tritt. Ich habe nicht vor, hier die Bauwerke Kaschgars im Detail zu beschreiben. Ich möchte aber darauf hinweisen, daß der chinesische kulturelle Einfluß auf diese Stadt nicht sehr stark gewesen war. Die Id-Kah-Moschee steht in schlagendem Kontrast zu islamischen Gotteshäusern zum Beispiel in Kunming, Dali und Schi'an. In ihr erkannten wir die Nähe des persisch-indischen Raums, dem sich die Bevölkerung in ethnischer und religiöser Hinsicht auch mehr verbunden fühlt. Die anderen noch bestehenden – meist kleineren – Moscheen tragen ebenfalls südwestasiatische Züge. Während der „Kulturrevolution" waren die meisten geschlossen und viele zerstört worden. Viele islamische Schriften waren damals in Flammen aufgegangen. Geistliche waren mißhandelt, vertrieben und sogar getötet worden. Wieder einmal fragten wir uns, ob denn heute eine andere Partei an der Macht sei, als wir in der deutschsprachigen „Beijing Rundschau", die wie alle Presseorgane der KP untersteht, lasen: „Die über fünfhundert Jahre alte Moschee ist heute" (heute!) „ehrfurchtgebietendes Wahrzeichen..." Wir sahen, wie am Freitag Tausende von Moslems zum Gebet in die Id-Kah-Moschee schritten.

Mit 150 000 Einwohnern war Kaschgar nicht so groß, daß wir uns in seinen Altstadtgassen hätten verlieren können. Es war immer jemand da, der uns half, wenn wir in eine Sackgasse gingen. Über die Bevölkerung können wir uns nur lobend äußern. Insbesondere die Kinder waren sehr kontaktfreudig, betrachteten uns mit einem Lächeln, begrüßten uns mit einem Handschlag und vertrauten uns vorbehaltlos (Farbbild 121). Unsere Ansicht, daß die Kinder das Spiegelbild der Erwachsenen sind, fanden wir hier wieder einmal bestätigt. Diese verhielten sich ebenso freundlich. Anders als die vielen Han-Chinesen, die Mitmenschen auf der Straße oft gedankenlos den Weg abschnitten oder anrempelten, verhielten sie sich diszipliniert, selbst auf dem großen Sonntagsmarkt, bei dem sehr starker Andrang herrschte (und der allein schon eine Reise nach Kaschgar wert gewesen wäre). Vor allem aber wollte jedermann fotografiert werden: „Menim resim tat!!" – „Mach' ein Bild von mir!" – hörten wir in jeder Gasse und auf jedem Weg in den Feldern der Oase. So leicht hatten wir in China noch keine Porträts machen können. Wir wurden immer wieder mit Früchten beschenkt oder ein Stück des Weges begleitet. Sahen die Uyguren in uns Europäern „Verwandte"? Andererseits hatten wir in Sinkiang (und in Tibet) den Eindruck, daß manche Han-Chinesen sich uns gegenüber überdurchschnittlich freundlich verhielten, etwa nach dem Motto: „Ihr und wir, wir sind hier beide Fremde, wir müssen doch zusammenhalten!" Auf uygurisch heißt Deutschland übrigens „Germania". Den meisten unserer Bekanntschaften war der Name unserer Heimat durchaus ein Begriff.

Die Id-Kah-Moschee und der Uhrturm mit Westminsterschlag auf dem Hauptplatz von Kaschgar

Ein Zahn wird gezogen und ein Unfall mit einem Pferd

Obwohl Kaschgar uns viel Spaß machte, hatten wir, genauer gesagt Wilma, dort auch zweimal Pech – und dann doch wieder Glück. Ein Eckzahn hatte schon ein paar Wochen rumort, aber plötzlich hatte sie solche Schmerzen, daß sie es nicht mehr aushielt. So gingen wir zum „Volkskrankenhaus", um mit jemandem darüber zu sprechen. Im ersten Korridor kam uns ein Arzt entgegen, der, obwohl er uns sah, genau neben dem Schild „Nicht ausspucken!" tat, was er nicht tun sollte. Uns schwante nichts Gutes, als wir in die zahnärztliche Abteilung kamen. Den Ärzten klarzumachen, um was es ging, war kein Problem. Sie nahmen Wilma auch sofort dran. Sie durfte sich in den Stuhl setzen, der am wenigsten wackelte. Drei Patienten wurden gleichzeitig behandelt. Der Arzt, der sich mit meiner Frau beschäftigte, konnte zwar etwas Englisch, aber er mußte alles aufschreiben, was er sagen wollte. Aus den kuriosen Sätzen entnahmen wir, daß der Eckzahn im Eimer und daß nur eine Radikalkur möglich sei. Was blieb Wilma als Alternative? Für die Injektion wurde eine frische Nadel verwendet; auch die Zange war sauber.

Eine viel schlimmere Sache war das zweite Gesundheitsproblem. Weil wir uns auch immer gern in ländlichen Gebieten umsahen, fuhren wir mit dem Lokalbus in den Landkreis Schufu. Der Hauptort gleichen Namens war ein Städtchen. Es kam uns vor wie Kaschgar im kleinen. Umherschauend gingen wir nichtsahnend an einem der vielen Pferdewagen vorbei, die in der Gegend die „Taxis" waren. Wilma war an der Seite des Pferdes, als dieses plötzlich einen Schritt zu ihr hin machte. Im selben Augenblick spürte sie einen höllischen Schmerz in ihrem linken Oberarm. Was war geschehen? Das Pferd hatte einen Futtersack umgehängt und fraß. Weil der

In Kaschgar wurden Pferdewagen noch nicht durch moderne Taxis abgelöst: Heimweg vom Markt

Sack nicht mehr voll war, warf es ihn hoch und zur Seite, um an den Rest seiner Mahlzeit zu kommen. Dabei kam Wilma ihm in die Quere. Als es nach dem Futter schnappte, war ihr Arm zwischen seinen Zähnen. Zum Glück milderte das Sackmaterial die Wirkung etwas. Der Arm schwoll sofort fürchterlich an und begann nach ein paar Minuten grün und blau zu werden. Wir machten dem Kutscher, der im Teehaus nebenan saß, Vorwürfe, daß er seinen Gaul nicht angebunden hatte. Das war natürlich ziemlich sinnlos. Wir gingen ein Stück davon, bis Wilma beinahe ohnmächtig wurde. Dann bestrichen wir die Stelle mit antiseptischer Salbe und verbanden sie notdürftig. Wilma nahm ein Antibiotikum ein. Der Schreck über den Zwischenfall saß uns noch nach Tagen in den Gliedern. An dem Arm blieb aber offenbar kein dauernder Schaden zurück.

In der fast regenlosen Turfansenke

Ausnahmsweise nahmen wir ein Flugzeug, als wir nach Urumtschi zurückkehrten. Eine Fahrt mit dem Bus auf dem gleichen Wege hätte uns nicht viel eingebracht. Nun besuchten wir noch Turfan, zweihundert Kilometer südöstlich von Urumtschi gelegen. Von der Höhe der Hauptstadt ging es unablässig abwärts. Während der längsten Zeit hatten wir Gelegenheit, die Schönheit des Tianschan noch einmal aus der Ferne zu bewundern (Farbbild 126). Dann kamen wir in die Senke. Der Name Turfan bedeutet „niederes Land". Der tiefste Punkt ist 154 Meter unter dem

Meeresspiegel, während das politische Zentrum der Oase mit dem Markt etwas höher liegt. Das Tal ist rundum von hohen Bergen umgeben, weshalb im Sommer die Hitze eingeschlossen wird. Während der Tage, die wir dort verbrachten, kletterte das Quecksilber auf knapp vierzig Grad. (Das Maximum liegt sieben Grad höher.)

Es war eines der seltsamsten Gebiete, die wir je kennenlernten. Die Oase grünte und blühte, und die Wege waren von Bäumen gesäumt, obwohl es hier nur an fünfzehn Tagen im Jahr regnet, und dann nur insgesamt sechzehn(!) Millimeter. Die Ursache dafür, daß in der Turfansenke 200 000 Menschen (zwei Drittel Uyguren) existieren konnten, waren unterirdische Kanäle, in denen aus den Bergen Schmelz- und Regenwasser herbeigeführt wurde. Sie sind 1600 Kilometer lang und wurden im Laufe von zweitausend Jahren angelegt. Innerhalb der Oase sind sie teilweise an der Oberfläche. Diese Wasserleitungen müssen ständig von Ablagerungen freigehalten werden, wozu Arbeiter in Schächte hinabzusteigen haben. In Kriegszeiten, wie bei der langen Moslemrebellion gegen die Chinesen des vergangenen und im Bürgerkrieg während der ersten Hälfte dieses Jahrhunderts blieben sie ungepflegt und versandeten, weshalb das Wasser nicht mehr bis zu den Feldern gelangte. Traditionell sind Weizen, Trauben, Melonen und Aprikosen die wichtigsten Produkte Turfans.

Hier machten wir wieder sehr erfreuliche Erfahrungen mit den Uyguren, aber auch die Hui und die Han waren jovial. Galt ihr Interesse morgens dem Markt und verkrochen sie sich in der Mittagshitze hinter ihren Lehmmauern, so kamen sie am späten Nachmittag hervor, um vor den Häusern in den Gassen zu plaudern oder an den Kanälen Wäsche zu waschen und ihre Kinder zu baden. Auch Turfan bot sich für Wanderungen an, die besonders in den Traubenfeldern angenehm

Nach dem Bad im Kaschgar-Fluß. – „Gefesseltes" uygurisches Baby in der Oase von Turfan

waren, wo die Bauern auch wohnten. Dort stand das Wahrzeichen der Oase, ein aus Lehmziegeln im uygurischen Stil errichtetes, vierundvierzig Meter hohes Minarett einer zweihundert Jahre alten Moschee. Seit sechshundert Jahren nicht mehr bewohnt war eine zehn Kilometer entfernte Ruinenstadt, Dschiaohe. Obwohl sie ganz aus Lehm erbaut worden war, waren die Gemäuer wegen der extremen Niederschlagsarmut der Turfansenke bemerkenswert gut erhalten. Es war eine chinesische Garnisonsstadt gewesen, hatte aber Dschingis Khan nicht die Stirn bieten können. Ebenfalls in dem Tal an der Karawanenstraße lag die Ruinenstadt Gaotschang. Von den Chinesen gegründet, wurde es im neunten Jahrhundert Hauptstadt der Uyguren, als sie von der Mongolei nach Sinkiang gezogen waren.

Über hohe Pässe nach Lhasa

Unser Bus erreichte schnaubend am über fünftausend Meter hohen Tanggula-Paß die Grenze der „Tibetischen Autonomen Region". Am Morgen waren wir von Golmud in der Provinz Tschinghai gestartet, und nun lag schon über die Hälfte des mehr als tausend Kilometer langen Weges nach Lhasa hinter uns. Peking maß dieser Straße über das Hochland eine große strategische Bedeutung bei und hatte sie deshalb asphaltiert. Eine andere Route, in schlechterem Zustand, kam 2400 Kilometer aus Südchina von Tschengdu herauf, aber sie führte durch viel schwierigeres Gelände, durch die tiefeingeschnittenen Täler des oberen Jangtsekiang, Mekong und anderer Flüsse, und über steile Berge. Lastwagen und Busse benötigten für diesen Weg, der für Ausländer „nicht offen" war, eine Woche bis vierzehn Tage. Uns begegneten lange Kolonnen von Lastwagen der „Volksbefreiungsarmee". In dieser Jahreszeit schaffte sie Ausrüstung, Treibstoff und Proviant nach Lhasa, zu anderen Orten und in die Gebiete an der Grenze mit Indien, die in einigen Abschnitten umstritten ist, und wo es 1962 zu einem schweren Konflikt gekommen war.
Bergriesen, bis zu siebentausend Meter hoch, säumten unseren Weg. Es wurde immer feuchter und grüner. Hatten wir zuvor nur Hirten mit Schafen, Yaks und Pferden um uns gehabt, so sahen wir jetzt auch Bauern. Sie bauten vor allem Gerste an. Auf den letzten hundert Kilometern begleitete uns ein Bergfluß. Dann durchfuhren wir den westlichen Teil von Lhasa („Ort der Götter") mit nüchternen Zweckbauten der Behörden, der Armee und der chinesischen Einwohner der Regionalhauptstadt, ehe unser Bus am Rande der Altstadt zum Stehen kam. Wir hatten die Reise zusammen mit Tibetern, Chinesen und Ausländern gemacht. Letztere begaben sich wie wir auf die Suche nach einer Bleibe. Es gab bereits Hotels im „internationalen" Stil, sowie einfache Herbergen. Wie üblich entschieden wir uns, wie die Mehrheit von Einzelreisenden, für die zweite Kategorie. Die kleinen Hotels standen im Marktgebiet der Altstadt, im eigentlichen Lhasa. Wegen des Andrangs – in Europa und Nordamerika war Ferienzeit – konnten wir nur noch die zwei letzten Betten ergattern. Später hatten wir ein eigenes Zimmer.
Wieder waren wir an einem Ort angelangt, der seit Jahrzehnten eines unserer Traumziele gewesen war. Im Mittelpunkt unserer gespannten Erwartungen stand der Potala, die Residenz der Dalai Lamas (Farbbild 130). 1975 hatten wir uns in Darjeeling in Nordindien nur vierhundert Kilometer in der Luftlinie von der tibetischen Hauptstadt aufgehalten. Aber hatten schon kaum Aussichten auf eine Einreiseerlaubnis nach China bestanden, so waren die Chancen für einen Besuch Tibets gleich Null gewesen. Das hatte sich Anfang der achtziger Jahre zu ändern begonnen. 1984 hatten wir erstmals Ausländer getroffen, die als Einzelreisende zum 3600 Meter hoch gelegenen Lhasa *geflogen* waren. 1986 schließlich konnten wir den Landweg benutzen. Offiziell war nur Lhasa

„offen", aber es wurde stillschweigend darüber hinweggesehen, daß ausländische Besucher sich auch in der weiten Umgebung umsahen. Eine Überlandroute nach Nepal war bereits seit einem Jahr geöffnet. Erstmals nach zwei Jahrzehnten fast völliger Isolation Tibets war wieder Handel mit dem Königreich im Süden möglich geworden. 1985 sollen angeblich zweitausend ausländische Besucher nach Lhasa gekommen sein. Allerdings wäre es falsch zu sagen, daß Ausländer früher *jemals* wirklich willkommen gewesen wären. Die Tibeter hatten es jahrhundertelang vorgezogen, auf ihrem Hochland abgeschieden und ungestört zu leben.

Zweitausend Jahre Tibet

Das im zweiten Jahrhundert gegründete Königreich Tibet wurde fünfhundert Jahre später ein Militärstaat, der seine Nachbarn ebenso bedrohte wie die Hunnen Europa. Nepal gelangte unter seine Herrschaft, andere angrenzende Gebiete mußten ihm Tribute zahlen. Die Seidenstraße einschließlich Kaschgars wurden von ihm kontrolliert. Schließlich, im neunten Jahrhundert, nahmen die tibetischen Heerscharen Tschang'an, die Hauptstadt der Tang-Dynastie, das heutige Schi'an ein. Als ihr König umgebracht wurde, zogen sie sich für immer zurück. Vierhundert Jahre später machten die Mongolen Tibet zu einem Teil ihres Einflußbereiches. Im gleichen Zeitraum gewannen die buddhistischen Klöster viel politische Macht. Die „Gelbe Sekte" verschaffte sich im siebzehnten Jahrhundert mit Hilfe der ebenfalls buddhistischen Mongolen gegen die „Rote Sekte" die Vorrangstellung. Diese waren verheiratete Mönche, die sich immer weltlicher verhielten. Tsongkhapa, der an der Stelle des heutigen Klosters Ta'er in der Provinz Tschinghai (früher

Trotz aller Wirren hat Lhasas tibetischer Teil seinen Charakter nicht völlig verloren

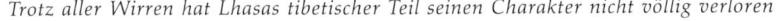

gehörte dieses Gebiet zu Tibet) geboren worden war, hatte die „Gelbe Sekte" der unverheirateten Mönche, die züchtiger und religiöser leben sollten, gegründet. Sie trugen gelbe Hüte (die anderen rote). Ihre Führer nannten sich Dalai Lama, ein mongolisches und ein tibetisches Wort, was „Ozean des gelehrten Wissens" bedeutet. Den vierten Dalai Lama (jeder soll eine Inkarnation eines Bodhisattva, eines speziellen Schutzheiligen Tibets, und somit seines Vorgängers sein) „fand" die „Gelbe Sekte" als Kind bei den mongolischen Herrschern. Diese erhoben danach Besitzanspruch auf Tibet. Sie waren den Chinesen aber ein Dorn im Auge, die sie militärisch zum Abzug zwangen. Seitdem stand das Hochland unter direktem Einfluß Chinas.

Die Tibeter betrachten die Zeit zwischen 1911, als in China die Republik ausgerufen wurde, und 1950, als die chinesische „Volksbefreiungsarmee" einmarschierte, als eine Periode nationaler Unabhängigkeit ihres Landes. Die chinesischen Kommunisten hingegen werden nicht müde, ihren Anspruch auf Tibet mit „Beweisen" zu untermauern. Dazu dienen ihnen vor allem Beispiele aus der von ihnen ansonsten verdammten Feudalzeit, so zwei chinesischen Prinzessinnen, die vor etwa dreizehnhundert Jahren mit tibetischen Königen verheiratet wurden, und Besuche von Dalai Lamas beim chinesischen Kaiser. Die Besetzung Tibets 1950 wird von Peking als „friedliche Befreiung" vom Joch der Feudalherrschaft der Klöster gefeiert. Ab 1956 sollte ein Komitee die „Autonomie" Tibets innerhalb der Volksrepublik China vorbereiten. Ihm stand sogar der Dalai Lama vor. Die Mönche, wie die Kommunisten sagen, das Volk und ihre rechtmäßigen Führer, wie nationalistische tibetische Kreise und das westliche Ausland behaupten, wagten drei Jahre später einen bewaffneten Aufstand gegen China, der mit der Flucht des Dalai Lama und Zehntausender seiner Landsleute nach Nepal und Indien und mit dem Tod von möglicherweise Hunderttausenden endete.

1985, zwanzig Jahre nach Schaffung der „Tibetischen Autonomen Region", bezeichnete die Zeitschrift „China im Aufbau" rückblickend 1959 als das „Jahr der demokratischen Reform". Tatsächlich hatten damals dreizehn Jahrhunderte der Leibeigenschaft geendet, waren die mächtigen Klöster enteignet worden. Aber was danach gekommen war, hatte den Bauern auch keine Freiheit gebracht. Von Demokratie kann wohl kaum die Rede sein, wenn genau festgelegt wird, was das Landvolk privat an Vieh besitzen darf und was gesät werden muß, auch wenn es sich um Pflanzen des Tieflandes handelt, die im Hochland kaum gedeihen. Unter den Kolonialherren (sind die Chinesen in Tibet etwas anderes?) ging die Produktion überall zurück; den Leuten ging es nicht besser als zuvor. Noch heute ist Tibet das „Armenhaus" Chinas.

Das Schicksal der Klöster und Tempel

Der Lamaismus ist eine Form des Buddhismus, die sich in Tibet herausgebildet hat. Sie entstand durch Berührung mit der ursprünglichen Religion des Landes, des Bon-Glaubens, in dem Geister, Dämonen und Zauber eine große Rolle spielen. Einiges davon ist im Lamaismus zu finden. Er ist ausschließlich Mönchsreligion. 1950 soll ein Viertel der Einwohner Tibets Mönch oder Nonne gewesen sein. Die Laien tun im Grunde nichts als (immer links beginnend) geweihte Stätten zu umkreisen, Überreste von Heiligen anzubeten und „Gebetsmühlen" zu drehen, zylinderförmige Behälter beliebiger Größe, in denen sich Papierstreifen, mit Gebeten darauf, befinden.

Wer Berge und Viehherden sehen will, braucht nicht unbedingt nach Tibet zu gehen. Weswegen Besucher vor allem kommen, das ist nicht mehr vorhanden, wie es sich noch vor wenig mehr als zwanzig Jahren darbot. Die „Roten Garden" verschonten auch Tibet nicht, ja es war sogar einer ihrer bevorzugten Tummelplätze. Die Pekinger Führung wollte auch Tibets Kultur zerstören. Mao Zedong verbot Religion als eines der Relikte vergangener Zeiten. Die Zeitschrift „Beijing Rundschau" berichtete, daß Tibet 1950 mehr als zweitausend Lamaklöster und -tempel gehabt habe. Wenn man in dieser Schrift und ähnlichen für das Ausland bestimmten Publikationen liest, glaubt man manchmal, die Verfasser der Artikel, allesamt von der KP Chinas überwacht, redeten von jener Zeit, als ob Marsmenschen die Untaten begangen hätten. „Die Kommunistische Partei", hieß es in der Zeitschrift einmal, „meint, daß sie die Menschen nicht zwingen kann, einer Religion zu folgen oder nicht zu folgen. Darum hat sie eine Politik religiöser Freiheit eingeführt und beschützt religiöse Heiligtümer. Während der chaotischen ‚Kulturrevolution' wurde auf der religiösen Freiheit herumgetrampelt und eine Anzahl von Klöstern wurde zerstört." Gemeint mit „eine Anzahl" sind alle außer zehn, die nicht zerstört wurden! Und weiter: „Einige alte Klöster . . . wurden dank des rechtzeitigen Schutzes durch die Regierung und die ‚Volksbefreiungsarmee' gerettet." Da konnten wir nur staunen.

1986 sollen fünfzig Klöster der Öffentlichkeit wieder zugänglich gemacht worden sein, weitere hundertsiebzig sollen sich in Reparatur befunden haben. Ausländische Besucher konnten wahrscheinlich nur zehn Klöster betreten. Wir verbrachten zwei Tage im Kloster Drepang, einst das größte der Welt mit zehntausend Mönchen. Es ist zehn Kilometer westlich des Stadtzentrums von Lhasa. Ein Teil des Komplexes lag in Trümmern. 1959 war die Hälfte aller Mönche, einschließlich aller hohen Lamas, mit dem Dalai Lama nach Indien geflüchtet. Die klösterlichen Aktivitäten waren dann unter dem Druck der Chinesen beinahe zum Erliegen gekommen. Als die „Roten Garden" ab 1966 das Land tyrannisiert hatten, waren Mönche umgebracht, eingesperrt

Das Kloster Drepang bei Lhasa hatte einmal zehntausend Mönche. Ein Teil der Anlagen liegt in Trümmern

und zur Feldarbeit geschickt worden. Manche der Mönche, die wir trafen, waren erst wieder seit wenigen Monaten in Drepang. Zahlreiche Fresken und edelsteinbesetzte Statuen waren zerstört worden. Das Kloster war 1416 durch einen Jünger Tsongkhapas gegründet worden. In seinen besten Zeiten hatte es über siebenhundert andere Klöster die Oberaufsicht und riesige Ländereien gehabt. Nördlich von Lhasa steht das Kloster Sera, wo wir einen ganzen Tag verbrachten. Es war drei Jahre später gegründet worden, hatte siebentausend Mönche, ebenfalls Macht und Reichtümer gehabt.

Geld für Restaurierung nur wegen Tourismus?

An drei Tagen hielten wir uns im Potala („Buddhas Berg" in Sanskrit), dem Sitz des vierzehnten Dalai Lama (und seiner Vorgänger) bis 1959, auf. Der wuchtige Gebäudekomplex, zu dem lange und breite Steintreppenfluchten führen, ist dreizehn Stockwerke und hundertzehn Meter hoch, und hat rund tausend Räume. Er wurde im siebzehnten Jahrhundert unter astronomisch hohen Kosten und großen Verlusten an Menschenleben errichtet, und zwar an der Stelle eines bereits tausend Jahre zuvor erbauten, durch Blitzschlag und Krieg zweimal zerstörten Palastes. Da der Potala auf einem Hügel steht, ist er im ganzen Tal von Lhasa aus allen Richtungen sichtbar. Er entstand vor allem in der Zeit des fünften Dalai Lama. Als der siebente Dalai Lama eine Sommerresidenz im Tal schuf, wurde der Potala ab 1755 der Winterpalast. Er blieb aber das Zentrum der politischen und religiösen Macht der Dalai Lamas. Sie hatten ihre Gemächer dort, solange sie lebten, und ihre prächtigen vergoldeten Gräber, wenn sie starben (einige wurden umgebracht). Auch andere hohe Lamas hatten dort ihre Wohnung. Außerdem gab es Regierungsämter, eine große Druckerei, und ein Seminar eines elitären Mönchsordens aus der Umgebung des „Gott-Königs", wo Regierungsbeamte ausgebildet wurden. Hunderte von kunstvoll geschmückten Kapellen und Schreinen, Hallen und Korridoren enthielten Tausende von vergoldeten Statuen. Unter den prachtvollen Räumen für die Zeremonien lagen, wie Bienenwaben, die durch das Verbrennen von Yakbutter rußgeschwärzten Zellen der Mönche und Diener und zwei Schatzhäuser. Weiter unten waren Kornkammern und Lager voll mit Geschenken der Pilger und einem großen Vorrat an Yakbutter. An der tiefsten Stelle, schon in den Fels gehauen, lagen die Verliese, aus denen Feinde der Dalai Lamas selten wieder lebend ans Tageslicht gelangten (Farbbild 130). Als wir den Potala besuchten, war er ein staatliches Museum geworden, wo etwa vierzig Mönche als Angestellte etwa ebenso viele für das Publikum geöffnete Räume aller Art, auch die Gemächer des vierzehnten Dalai Lama, bewachten. Für viele tibetische Pilger war er aber immer noch ein hochverehrter Schrein, den sie, Gebete murmelnd oder die Gebetsmühlen in der Hand, auch immer noch umrundeten.

Die chinesische Regierung hat nach der „Kulturrevolution" mehrere Millionen Mark für die Restaurierung des Potala aufgewendet. Weitere Summen flossen in die Wiederherstellung des Dschokang-Tempels, der dreizehnhundert Jahre alt ist und eine Buddhastatue aus reinem Gold enthält, weshalb er als das wichtigste Heiligtum Tibets gilt. Er steht in der Stadtmitte Lhasas, im Marktgebiet. Die Pekinger und die regionale Regierung haben auch für andere der alten Klöster und Tempel, auch an anderen Orten Tibets, Gelder zur Verfügung gestellt. Von vielen aber sind nur noch die Grundmauern vorhanden. Das von Tsongkhapa 1409 gegründete Kloster Ganden, siebzig Kilometer östlich Lhasas, wurde schon 1959 gesprengt und später vollends vernichtet. Einheimische Freiwillige waren 1986 dabei, einige Hallen und andere Gebäude aufzubauen,

In einem Wohnviertel von Lhasa. – Junge Tibeterin auf dem Markt

allerdings unter Verwendung von Beton. Ungefähr zweihundert Mönche waren dorthin zurückgekehrt, ohne offizielle Erlaubnis. Wir entnahmen westlichen Publikationen, daß Freunde Tibets befürchteten, die Restaurierung von Klöstern und Tempeln geschähe lediglich, um sie Touristen als Attraktionen anzubieten.

Daß dem Tourismus in Tibet von Amts wegen eine glänzende Zukunft vorausgesagt wird, dürfte sich im Bau von mehreren großen Hotels widerspiegeln. Allein das Lhasa-Hotel, von Holiday Inn (USA) und der Tourismus-Gesellschaft der Region gemeinsam geleitet, hat elfhundert Betten. Wie die Zeitung „China Daily" berichtete, würden Private durch die Regierung ermutigt, ebenfalls Hotels zu errichten. Selbst Pensionen würden erlaubt sein. Zur Zeit unseres Besuches war die Hotelsituation aber eher schwierig. Kurz vor unserer Ankunft mußten alle Hotels, auch unsere tibetische Herberge, unter Druck des staatlichen Reisebüros ihre Preise für Ausländer verdoppeln. Der Engpaß wurde also weidlich ausgenutzt.

Politische und wirtschaftliche Entwicklungen

Von den 1,9 Millionen Einwohnern Tibets (in vier Nachbarprovinzen leben weitere zwei Millionen Tibeter) sollen nach amtlichen Angaben nur etwa hunderttausend Han-Chinesen, Hui und andere Minderheiten gewesen sein. Was dabei verschwiegen wurde ist, daß die meisten dieser Ortsfremden in der Verwaltung tätig waren, was den Begriff „Autonome Region" zur Farce machte. Die Tibeter selbst hatten wenig zu sagen. 1986 waren auch zehntausend Bauarbeiter in Tibet, die angeblich wieder in ihre Heimat zurückkehren würden, wenn ihr Job auf Baustellen von Kraftwerken bis hin zu Schulen getan sei, wie es hieß. Da die Regierung jedoch ständig neue Vorhaben plant, dürften auch immer mehr Han-Chinesen ins Hochland kommen. Das Büro des Dalai Lama in Indien kritisierte bereits 1984 den „massiven Zustrom" von „sechzigtausend Han-Chinesen innerhalb eines Jahres".

Der Dalai Lama hat übrigens mehrfach den Wunsch geäußert, seiner Heimat einen Besuch abstatten zu dürfen. Er war 1935 in einer tibetischen Bauernfamilie in der Provinz Tschinghai als neueste Inkarnation eines Bodhisattva gefunden, und 1950, also nur fünfzehnjährig, als Herrscher eingesetzt worden. In Tibet ist die Hoffnung immer noch weit verbreitet, daß der Dalai Lama für immer zurückkehren werde. (Auf den Straßen und in den Klöstern wurden wir wie alle ausländischen Besucher häufig gefragt: „Haben Sie ein Dalai-Lama-Bild?" Viele, darum wissend, hatten Fotos oder Kopien aus Büchern oder Zeitschriften mitgebracht. Das freilich verstärkte nur noch die Nachfrage. Es war wie eine Epidemie.) Die Regierung in Peking empfing zwar Abgesandte von ihm, will ihm aber hinsichtlich seiner früheren Stellung als Oberhaupt Tibets keine Zugeständnisse machen. Der Pantschen Lama, der neben dem Dalai Lama höchster geistlicher Würdenträger ist – er gilt als eine Inkarnation Buddhas – steht mit Peking auf sehr gutem Fuß. Er ist ein Abgeordneter des Nationalen Volkskongresses und ein Vizevorsitzender des ständigen Ausschusses dieses Parlaments, das nur einmal im Jahr zusammentritt. Er hat also eine Doppelfunktion, eine geistliche und eine politische.

Nachdem sie durch Mao Zedong in Kommunen gezwungen worden waren, was weitverbreitete Hungersnot verursachte, waren die meisten tibetischen Bauern wieder zu ihrer traditionellen eigenen Herde und zum Gerstenanbau zurückgekehrt, als ihnen dies durch die pragmatischen Reformen unter Maos Nachfolger Deng Schiaoping erlaubt worden war. Bauern wurde sogar das Recht auf eigenes Land zugestanden. Da Tibets Rückständigkeit von der Pekinger Führung erkannt wurde, hat sie die Bevölkerung von Steuerzahlungen entbunden. Angesichts der weitverbreiteten Armut – Hongkonger Beobachter bezeichnen Tibet als das Land mit dem niedrigsten Pro-Kopf-Einkommen in der Welt – wirkte eine Geste zum zwanzigsten Jahrestag der Proklamierung der „Autonomen Region" etwas komisch: Die KP und der Staatsrat ließen, wie es hieß, jeder Familie ein halbes Kilo Tee überreichen. Außerdem sollen neunzigtausend Digitaluhren und zehntausend Meter Seide verteilt worden sein, unter anderem an die religiösen Führer und an alle Klöster.

Früher verbotener freier Handel war jetzt wieder zugelassen. In den Gassen der Altstadt, vor allem rings um den Dschokang-Tempel, fanden wir von buddhistischen Schriften und Räucherstäbchen über Textilien und Kosmetikartikel bis zu Tonbandkassetten viele Dinge, die oft über die Straße von Nepal her ihren Weg nach Lhasa gemacht hatten. In den staatlichen Läden staunten wir ein ums andere Mal über das große Angebot in Fernsehapparaten, Kassettenrecordern und sogar Video-Ausrüstungen, letztere aus Japan importiert. Übrigens hatte Tibet bei unserem Besuch gerade ein Jahr eigenes Fernsehen. Ein großer Teil der siebzigtausend Einwohner Lhasas hatte bereits TV-Geräte. Und es gab auch schon zwei Läden mit Video-Verleih. Da die meisten Han-Chinesen in Lhasa konzentriert lebten, kamen vor allem *sie* in den Genuß solch technischen „Fortschritts". Aber das verschwiegen die KP-Medien natürlich. Hingegen hoben sie unentwegt die angeblichen Vorteile hervor, die der Bevölkerung aus der Anwesenheit der Han-Chinesen erwüchsen. Viele Tibeter hätten deshalb kleine Geschäfte eröffnen können.

Blutige Unruhen mit Mönchen in Tibet 1987

Zu Auseinandersetzungen zwischen für die Unabhängigkeit Tibets demonstrierenden Mönchen und tibetischen Zivilisten auf der einen und chinesischer Militärpolizei auf der anderen Seite kam es Anfang Oktober 1987 in Lhasa. Erstmals seit vielen Jahren wurde die Welt wieder auf die Situation in Tibet aufmerksam. Bei den Unruhen wurden mehrere Menschen getötet, viele verletzt. Die Polizei schoß auf die Demonstranten, die ihrerseits Gewalt anwendeten. Peking warf dem Dalai Lama Anstiftung vor. Er hatte kurz zuvor in den USA Unabhängigkeit für Tibet gefordert. Die Ereignisse spielten sich vor allem beim Dschokang-Tempel ab. Einer der Demonstrationszüge hatte beim Kloster Drepang begonnen. Zwei der toten Mönche kamen vom Kloster Sera. Die Klöster und die Straßen dorthin wurden dann von Polizei bewacht. Die Behörden forderten Ausländer auf, sich nicht in innere Angelegenheiten einzumischen. Mönche hatten Handzettel gegen die Herrschaft Chinas an Touristen verteilt. Tibet wurde für Einzelreisende zum Sperrgebiet erklärt. Wenig bekannt ist, daß die Mönche sehr fanatisch und gewalttätig sein können. Die des Klosters Sera griffen 1947 – also *vor* dem chinesischen Einmarsch – zu den Gewehren, als eine von ihnen angezettelte politische Verschwörung scheiterte. Um die Tausende von Mönchen an Plünderungen in Lhasa zu hindern, wurde die tibetische Armee eingesetzt. Es gab eine wüste Ballerei. Die Armee nahm Sera mit Geschützen unter Feuer. Viele Mönche wurden verurteilt, die meisten flüchteten aber nach China. Daß Tibet auch solche Seiten hat, wird erstaunlicherweise kaum einmal gesehen.

Opfer von Invasoren und Erdbeben

Eine bei Ausländern wenig populäre Ecke Chinas war der Nordosten, auch Mandschurei genannt, obwohl er zu den Gebieten mit den meisten „offenen" Städten gehörte. Aber die Vorstellung, zwischen noch mehr qualmenden Schloten als sonst umhergehen zu müssen, schreckte ausreichend ab. Der Nordosten ist das bedeutendste Industriezentrum der Volksrepublik, mit Eisen- und Stahlwerken, Textil- und Maschinenfabriken und chemischen Industrien. Aus dem Boden werden unter anderem große Mengen Steinkohle und Eisenerz, Bauxit und Petroleum, auch Zink und Gold geholt. Wir können nicht leugnen, daß wir während unserer Visite dort ein gehöriges Quantum Rauch, Ruß und Staub sahen.
Zunächst besuchten wir aber die noch mehr bei Peking gelegene große Industriestadt Tiandschin. Die Engländer, Franzosen, Deutschen, Japaner, unter anderem auch noch die Österreich-Ungarn hatten sich dort seit Mitte des letzten Jahrhunderts mit allerlei Tricks das Recht zu Niederlassungen verschafft. Jede Nationalität hatte ihr Viertel, was heute noch deutlich im Stadtbild auszumachen ist. – Danach sahen wir Tangschan, das im Juli 1976 durch ein Erdbeben der Stärke 8 auf der Richter-Skala vollständig zerstört worden war. Nach offiziellen Mitteilungen kamen 148 000 Menschen dabei ums Leben, weitere hunderttausend in benachbarten Gebieten. Westliche Schätzungen sprachen von dreimal so hohen Verlusten. Wir sahen, daß die Stadt zehn Jahre nach der Katastrophe wieder weitgehend aufgebaut war. Die Bevölkerung von rund einer Million lebte fast ausschließlich in Wohnblocks. Die Fabriken produzierten (und verschmutzten die Umwelt) wieder auf Hochtouren. Erst wenn man eine solche Stadt besucht, die Spuren und die Bilder sieht, kann man nachfühlen, welche Tragödie das Erdbeben gewesen sein muß. Unbegreiflich ist aber, daß das wichtigste Organ der KP Chinas, die „Volkszeitung", zwei Jahre zuwartete, ehe sie einen kleinen Artikel darüber brachte, und dann nicht einmal auf der ersten Seite. – Eine weitere Station

an unserem Weg in den Nordosten war Schanhaiguan, wo die Große Chinesische Mauer endet. Damit hatten wir dieses gewaltige Bauwerk an seinen verschiedenen Abschnitten von der Gobi bis zum Meer gesehen. Eben war in Schanhaiguan ein über ein Kilometer langes Teilstück wieder aufgebaut worden, das zu Beginn des zwanzigsten Jahrhunderts von europäischen Invasoren zerstört worden war. „Liebt China und baut die Große Mauer wieder auf", hieß ein Spendenaufruf.

In der Mandschurei, dem Nordosten

Dann durchquerten wir die zwei Provinzen Liaoning und Dschilin und wir kamen bis zur nordöstlichsten Provinz Heilongdschiang. Aus dem Gebiet waren 1644 die Mandschus aufgebrochen. Sie erstürmten die Große Mauer bei Schanhaiguan und eroberten bis 1660 China. Bis 1911 dauerte ihre Dynastie. Von China aus war die Mandschurei lange Zeit als ein Außenland, wie Sinkiang, Tibet und die Innere Mongolei, betrachtet worden. Aber hierher kamen immer wieder nordchinesische Einwanderer, zumal große landwirtschaftlich nutzbare Flächen zur Verfügung standen. Auf dieses menschenarme Land, auch mit vielversprechenden Bodenschätzen und großen Wäldern, warfen Rußland und Japan seit kurz vor der Jahrhundertwende habgierige Blicke. Vor allem diese beiden Länder rangelten bis zum Ende des Zweiten Weltkrieges um die Mandschurei. Jeder baute zu seiner Zeit Eisenbahnen und formte die Städte nach seinem Gutdünken. Als die Japaner den ganzen Nordosten von 1931 bis 1945 besetzt hielten, leiteten sie die Entwicklung der Schwerindustrie ein und sie bauten das dichteste Eisenbahnnetz, das ein Gebiet Chinas heute hat. Die Auseinandersetzungen zwischen den kommunistischen und den Kuomintang-Truppen um die Herrschaft über China nutzten die Russen nach der Niederlage Japans aus, in den mandschurischen Städten die Fabriken und sogar die Eisenbahngeleise zu demontieren und in die Sowjetunion zu schaffen. Diese Plünderung haben viele Chinesen, vor allem des Nordostens, den Russen noch nicht verziehen. Im Stadtbild von Schenyang und von Harbin ist noch deutlich der russische Einfluß zu erkennen, in Tschangtschun der japanische Stil. In Schenyang, das unter den Mandschus Mukden hieß und ihre Nebenhauptstadt wurde, besuchten wir unter anderem den Kaiserpalast (Farbbild 135). Hier hatte sich Kaiser Schundschi krönen lassen, ehe er zum Sturm auf die Große Mauer ansetzte.
In Harbin, der Hauptstadt der Provinz Heilongdschiang, sahen wir einen Freund wieder. Tscheyi war einer jener Bekannten, die uns über längere Zeit die Treue hielten (und der, wie Hsieh Ting und Wu Yetsching, weder rauchte, noch ausspuckte, noch Sonnenblumenkerne knackte, drei übermäßig stark verbreitete chinesische Gewohnheiten). Wir hatten ihn beinahe zwei Jahre zuvor, auf der Reise den Jangtsekiang hinunter, kennengelernt, und versprochen, seiner Einladung zu folgen, nachdem wir uns während der fünf Tage sehr gut mit ihm verstanden hatten (er sprach Englisch). Insbesondere seine politischen Ansichten hatten uns interessiert. Er hatte vor allem voller Abscheu über die „Kulturrevolution" gesprochen, die ihm drei Jahre seiner Mittelschulzeit gekostet habe, weil er zur Feldarbeit geschickt worden sei. Er war Arzt, der am Institut für traditionelle chinesische Medizin arbeitete und insbesondere mit der Erforschung von Möglichkeiten, die Vorteile der Akupunktur mit den Vorteilen westlicher Medizin zu verbinden, beschäftigt war. Tscheyi begleitete uns einen halben Tag durch seine Heimatstadt und wir folgten gern seiner Einladung zum Essen mit seiner Familie. Seine Frau war Englischlehrerin, sein Vater Philosophieprofessor. Harbin blieb uns auch wegen seiner russischen Spezialitäten in guter Erinnerung, wie dunkles Brot, Wurst, saure Gurken und Konfekt.

Eine Straße im Zentrum von Harbin. Diese Häuser wurden in der „russischen Zeit" erbaut

Der Arzt Tscheyi (links) mit Frau, Mutter und Vater in Harbin

Drei Wochen in Peking

Wie erwähnt, verbrachten wir insgesamt drei Wochen in der Hauptstadt der Volksrepublik China, Peking, um unsere verschiedenen Fahrten von hier zu planen (darunter die Heimreise), und um große Teile dieser riesigen Metropole mit ihren vielen Sehenswürdigkeiten aus den unterschiedlichsten Epochen kennenzulernen. Allein in der ehemaligen „Verbotenen Stadt", dem Palast von vierundzwanzig Kaisern aus der Ming- und der Tsching-(Mandschu-)Dynastie, hielten wir uns zwei Tage auf (Farbbild 133). Wie bei allen unseren Unternehmungen fanden wir es unklug, dort zu eilen, wo es sich am meisten zu verweilen lohnte. Auch wenn nur ein Bruchteil der achthundert Gebäude besichtigt werden konnte, so glaubten wir mit den wenigen Stunden, die Tourgruppen aufwendeten, nicht auskommen zu können. Von Peking fuhren wir noch einmal zur Großen Mauer, etwa achtzig Kilometer von der Hauptstadt.

Dann erlebten wir noch den Gründungstag der Volksrepublik am 1. Oktober mit. Zwei Jahre zuvor hatte man uns wegen des Feiertags nicht ins Land gelassen. Diesmal ging es sehr ruhig, beinahe bürgerlich zu. Der riesige Platz zwischen dem Tor des Himmlischen Friedens vor der „Verbotenen Stadt" und dem Mausoleum des „Großen Vorsitzenden" Mao Zedong (starb 1976) war über und über mit Blumen und roten Fahnen geschmückt, und mit Hunderttausenden von Menschen in Festtagsstimmung gefüllt. In der Großen Halle des Volkes (dem Treffpunkt des Nationalen Volkskongresses, Farbbild 132) wurden abends Vertreter aller Schichten und Gruppen der Bevölkerung empfangen. Alle größeren Gebäude der Innenstadt Pekings waren mit Lichtergirlanden geschmückt. Von riesigen Porträtwänden schauten Marx und Engels, Lenin und Stalin auf das bunte Treiben herab.

Wachabteilung am Mao-Mausoleum in Peking marschiert nach Schließung des Grabmals davon

Die Heimkehr

Es war der 2191. Tag seit dem Beginn unserer Reise, das Ende des sechsten Jahres unterwegs, als sich am 8. Oktober 1986 vom Pekinger Hauptbahnhof der chinesische „Internationale Personenzug Nr. 3" in Richtung Moskau in Bewegung setzte. An diesem Morgen begann der letzte Abschnitt der großen Fahrt: Es ging der Heimat entgegen. Wenn uns auch nie das Heimweh geplagt hatte, so waren wir nun doch etwas aufgeregt. Wir würden wieder in vertrauter Umgebung leben, die gleiche Sprache wie die Einheimischen sprechen, essen was und schlafen wann es uns beliebte, aber es würden uns neue Pflichten erwarten, auch die Umstellung von einem sehr mobilen auf ein seßhaftes Leben. Dennoch, wir wußten, daß es uns früher nicht schwergefallen war, uns nach Reisen zu Hause einzuleben. Das würde wohl diesmal nicht anders sein.

Nach all den Mühen und Strapazen, nicht nur in China, hatten wir uns für die Fahrt nach Europa ausnahmsweise etwas Besonderes genehmigt. Wir hatten die beste Klasse gewählt, um einmal ein paar Tage in völlig sauberer Umgebung und nicht von Rauchern umgeben reisen zu können. Unser „de Luxe"-Abteil hatte ein Tischchen, einen Sessel und ein auch als lange Sitzbank benutzbares Bett. Darüber befand sich noch ein Bett, das tagsüber hochgeklappt wurde. Das war sehr bequem. Wir hatten außerdem einen kleinen eingebauten Schrank für die Kleider, Gepäckfächer sowie einen eigenen Waschraum mit Becken und Handdusche. Auf beiden Seiten konnten wir aus dem Fenster schauen, wenn wir die Tür des Abteils offen ließen. Niemand versperrte uns die Sicht, begaffte uns oder störte unseren Schlaf. Nur vier der Abteile unseres Wagens waren belegt. Aber wir hatten europäische und chinesische Bekannte in den anderen Klassen, die uns ab und zu besuchen kamen. Weil nach Verlassen der Mongolischen Volksrepublik im Speisewagen Russen den Kochlöffel schwangen, und bekannt war, daß sie nur eintönige Kost produzierten, hatten wir (wie die anderen Reisenden) einen beachtlichen Vorrat an Lebensmitteln und Getränken einschließlich Bier und Kognak aus China dabei, denn in der Sowjetunion waren bereits die „trockenen" Zeiten unter Herrn Gorbatschow angebrochen.

In den übrigen Wagen jedoch blieb bis Moskau chinesisches Personal. Unser Wagenbetreuer hatte bereits seit sechs Jahren alle zwei Monate die Rundreise nach Moskau mitgemacht. Für ihn bot sich bei der zweiwöchigen Tour eine gute Gelegenheit, durch Verkauf von neuen oder gebrauchten chinesischen Textilien in der sowjetischen Hauptstadt sich noch etwas dazuzuverdienen. Er und die anderen Eisenbahner verhielten sich uns gegenüber ordentlich. Sie hatten ja schon eine gewisse Praxis im Umgang mit Europäern. Unser Mann sprach Englisch, auch dies ein Ergebnis seiner Tätigkeit. An der Grenze zur Mongolei wurden die Drehgestelle der Wagen gegen breitere ausgetauscht. Die Spurweiten von China und Mongolei/Sowjetunion sind verschieden. Wir konnten ohne Schwierigkeiten von diesem Vorgang Fotos machen, wie wir auch sonst nirgends in China Probleme beim Aufnehmen gehabt hatten. Das war eine der erfreulichsten Seiten der weiteren „Öffnung". Wir hatten uns auch nie beobachtet oder verfolgt gefühlt. Anders wurde es auf dem Weiterweg durch die Mongolei und die Sowjetunion. Wir konnten nur aus dem Zug und nur außerhalb der Städte unbeobachtet fotografieren. In Ulan Bator, der mongolischen Hauptstadt, wurde jedoch nicht dagegen eingeschritten, daß wir (und andere) den malerischen Bahnhof aufnahmen. Unter den westlichen Ausländern waren Polen auffällig. Dieses Volk wurde jetzt immer reisefreudiger. Mehrfach in China hatten wir polnische Touristen getroffen, in Gruppen und einzeln. Außer unserer Klasse gab es noch Vierbettabteile mit weichen oder harten Betten.

Mit der Bahn quer durch Asien und Osteuropa

Kurze Zeit nach Verlassen Pekings sahen wir noch einmal einen Abschnitt der Großen Chinesischen Mauer, den wir ein paar Tage zuvor besucht hatten. Nach ein paar Stunden wurde es ziemlich kalt und es begann zu schneien. Die Felder waren schon gepflügt, hier begann der Herbst. Dann gab es keine Bäume mehr. Das setzte sich in der Mongolei fort. Erst als wir uns der sowjetischen Grenze näherten, wurde die Landschaft abwechslungsreicher, mit Bergen, Wäldern, Bächen. Morgens erreichten wir den Baikalsee, dessen Umgebung ebenfalls bewaldet war. Die wichtigsten sowjetischen Städte entlang der Strecke: Irkutsk, Krasnojarsk, Nowosibirsk, Omsk, Swerdlowsk, Perm und Kirow, mit Aufenthalten zwischen zwei und fünfzehn Minuten. Zuerst war es gebirgig, dann verlief der Schienenstrang durch das Sibirische Tiefland, vor allem mit herbstlich gefärbten Birken bestanden. Bis zum Erreichen des Ural hatten wir sonniges Wetter, dann schneite es stark. Bis kurz vor Moskau war die Landschaft weiß, die Stimmung trübe. 5647

Europa kündigt sich an: Trüber Frühwintertag über einem Waldweiler im Ural

„Großer Bahnhof" in Heilbronn zur Rückkehr nach sechs Jahren und zehn Tagen am 18. Oktober 1986

der insgesamt 7865 Kilometer von Peking nach Moskau fuhren wir auf den Geleisen der Transibirischen Eisenbahn. Von Moskau gingen wir noch am Abend des Ankunftstages – wir hatten nur Zeit für einen Bummel durch einige Straßen, Läden und Buchhandlungen – weiter in Richtung Smolensk, erreichten an einem sonnigen Morgen Minsk, dann die Grenze, fuhren quer durch Polen und bis zum Bahnhof Zoo in Westberlin. Auch für den zweiten Abschnitt von über zweitausend Kilometern hatten wir die bessere Schlafwagenklasse. Für die 10 000 Kilometer quer durch Asien und Osteuropa von Peking nach Berlin (sieben Tage) bezahlten wir je 700 Mark. Wir meinten am Ende, daß es sich gelohnt hatte.

Wir wollten nicht direkt nach Hause fahren, sondern versuchen, uns an die äußeren Umstände des Lebens in Westdeutschland erst wieder etwas zu gewöhnen. So verbrachten wir noch je einen Tag in Nürnberg und Ansbach in Bayern. Dann, am 18. Oktober 1986, trafen wir wieder in Heilbronn ein, „von den Eltern, Freunden und Bekannten . . . ungemein herzlich empfangen und begrüßt", wie die Heilbronner Stimme schrieb. Hinter uns lagen erlebnisreiche sechs Jahre und zehn Tage, zweiundvierzig Länder und 233 000 Kilometer. Der Kollege von der Zeitung konnte es sich nicht verkneifen, in seinem Bericht über unsere Heimkehr anzumerken: „Bei ihrem Drang, immer wieder Neues kennenzulernen, würde es nicht überraschen, wenn sie in einigen Jahren zu ihrer vierten Reise um die Welt aufbrächen."

„Wer viel gereist ist, hat vieles durchgemacht", lautet ein chinesisches Sprichwort. Wir können dem aus eigenem Erleben beipflichten. Aber unsere erfreulichen Erfahrungen überwiegen bei weitem. Wie arm müßten wir uns heute fühlen, wären wir nicht wieder hinausgezogen! Und wie sehr hätten wir an Heimweh nach der Ferne gelitten! Das soll freilich nicht heißen, daß unsere Sehnsucht nun gestillt wäre.

Mancher unkte, als wir die Reise immer wieder verlängerten: „Diesmal kommen sie nicht mehr zurück!" Doch das war nicht unser Plan. Nun freuen wir uns darüber, wieder in der Heimat zu sein. Wir wollen aber nicht verhehlen, daß wir uns während der ersten Tage nach der Rückkehr nicht des Gefühles erwehren konnten, *in ein weiteres Reiseland* gekommen zu sein. Sechs Jahre sind eine lange Zeit, und der Aufenthalt in der Fremde gab uns ausreichend Gelegenheit, Deutschland aus kritischer Distanz zu betrachten. Werden wir sie eines Tages doch finden, ohne sie eigentlich gesucht zu haben: die „Heimat unterwegs"?

Dies zum Schluß: Wir starteten von Deutschland, als Wilma erst fünf Monate eine zweite Operation an einer rätselhaften Geschwulst ihres rechten Oberarms hinter sich hatte. Wir hätten es selbst nicht geglaubt, daß nach zwei Jahren die lange Narbe kaum noch zu erkennen sein würde. Wir sind glücklich, daß es dabei blieb. Wilma bin ich dankbar für ihr tapferes Durchhalten.

Erläuterung der Schreibweise ausländischer Namen

In diesem Buch wird bei Ortsnamen aus afrikanischen Ländern, die früher unter französischer oder britischer Kolonialherrschaft waren, die amtliche französische oder englische Schreibweise beibehalten, außer wenn es dafür eine allgemein übliche deutsche Schreibweise gibt. Beispiele: Marrakesch und Algier (deutsch) statt Marrakech und Alger (französisch), Sansibar (deutsch) statt Zanzibar (englisch). Einige wenig bekannte Namen werden zur Erleichterung des Lesens gemäß ihrer deutschen Aussprache geschrieben. Beispiel: Tscherangani statt Cherangani. Namen aus Indien, Sri Lanka, Philippinen und Australien werden in der amtlichen englischen Schreibweise wiedergegeben. Ausnahmen: Südaustralien statt South Australia usw. Namen aus Indonesien werden getreu ihrer Schreibweise in Bahasa Indonesia („indonesische Sprache") wiedergegeben. Dort wird ein lateinisches Alphabet verwendet, aber die Aussprache der Zeichen weicht von der deutschen manchmal ab. Deshalb wird „j" zum Beispiel in Jakarta wie deutsch „dsch", und „c" in Cirebon wie „tsch" ausgesprochen. Bei japanischen Namen und Begriffen wird in Japan das dem Englischen entliehene „Romadschi", Alphabet zur „lateinischen" Schreibweise, verwendet. In diesem Buch werden die Wörter gemäß ihrer deutschen Aussprache geschrieben, mit Ausnahme des „y", das im Englischen beinahe dem deutschen „j" gleichkommt. Beispiele: Tokyo, Kyoto, Toyama. Auch Koreanisch hat eine eigene Schrift. Namen aus Korea werden hier nach ihrer deutschen Aussprache geschrieben. In der Volksrepublik China werden die Namen von Orten und Personen außer in chinesischen Schriftzeichen auch in einem chinesischen phonetischen Alphabet, Pinyin genannt, in lateinischen Buchstaben geschrieben. Die Aussprache der Buchstaben weicht aber oft erheblich von der deutschen ab, z. B. werden „ch" und „q" etwa wie deutsch „tsch", „x" etwa wie „sch" und „zh" etwa wie „dsch" ausgesprochen. Um Verwirrung zu vermeiden, werden die chinesischen Namen in diesem Buch ihrer deutschen Aussprache folgend geschrieben, z. B. Tschengdu und Urumtschi statt Chengdu und Ürümqi. Die im Deutschen geläufigen und in diesem Buch so verwendeten Namen Peking, Tsingtau, Nanking und Kanton werden nach dem neuen amtlichen Alphabet Beidsching, Tschingdao, Nandsching und Guangdschou ausgesprochen.